浙江 人力资源和社会保障年鉴

ZHEJIANG RENLI ZIYUAN HE SHEHUI BAOZHANG NIANJIAN

2014

《浙江人力资源和社会保障年鉴》编纂委员会 编

ZHEJIANG UNIVERSITY PRESS
浙江大学出版社

2013年1月17日，省委书记夏宝龙（右二）在省人力资源和社会保障厅检查2012年度推进惩防体系建设和落实党风廉政建设责任制情况，并参加厅党组民主生活会。

2013年1月25日，李强代省长在人大十二届一次会议上作政府工作报告，提出倡导企业关爱职工、职工热爱企业，积极构建和谐劳动关系的要求。

2013年8月30日，省委副书记王辉忠出席全省构建和谐劳动关系先进表彰电视电话会议并讲话。

2013年2月27日，省委常委、省纪委书记任泽民（中）一行在省人力资源和社会保障厅调研指导阳光政务工作。

2013年12月18日，省委常委、省委组织部部长胡和平在省人力资源和社会保障厅调研指导工作，观看厅阳光政务视频演示，听取工作汇报。

2013年6月27日，熊建平副省长出席首届浙江省岗位大练兵技能大比武活动开幕式并讲话。

2013年10月11日，省政府在省人民大会堂举行2013年浙江省外国专家“西湖友谊奖”颁奖大会。熊建平副省长（前排中）出席大会并与获奖外国专家合影。

2013年3月27日，卢子跃副省长（右二）出席全省技能大师工作室现场推进会暨高技能人才服务企业活动启动仪式，为浙江省高技能人才培养协作联盟授牌。

2013年10月30日，人力资源和社会保障部副部长何宪（中）在江山市双塔街道办事处调研。

2013年4月15日至19日，人力资源和社会保障部副部长胡晓义带队在杭州、宁波、舟山等地调研。图为胡晓毅副部长在省人力资源和社会保障厅听取工作汇报。

2013年4月17日，人力资源和社会保障部副部长、国家外国专家局局长张建国（前排左五）在杭州会见参加高层次外国专家座谈会的外国专家并合影留念。

2013年11月19日，人力资源和社会保障部党组成员、中纪委驻部纪检组组长袁彦鹏（右二）实地考察杭州市12333电话咨询服务工作情况。

2013年3月27日，省人力资源和社会保障厅厅长吴顺江（右）在全省技能大师工作室现场推进会上为第二批省级技能大师工作室授牌。

2013年6月16日，省人力资源和社会保障厅厅长吴顺江（右二）巡视2013年浙江省校企对接综合性高校毕业生就业专场招聘大会，与应聘毕业生交谈。

2013年7月15日至16日，省人力资源和社会保障厅厅长吴顺江（中）带领厅相关处室负责人在青田县仁庄镇开展省级机关干部“走亲连心”活动，走访慰问部分困难群众。

2013年7月29日，省人力资源和社会保障厅厅长吴顺江（右三）一行慰问建筑工人，将防暑用品送到工人手中。

2013年6月14日，省人力资源和社会保障厅副厅长袁中伟（右三）在宁波市江东区参加全省首家省级人力资源服务产业园区授牌仪式。

2013年4月23日，省人力资源和社会保障厅副厅长黄亚萍（中）在2013年浙江省技能人才校企合作交流大会上和与会代表交流。

2013年8月13日，省人力资源和社会保障厅副厅长傅玮（右二）参观全省企业技能人才评价工作情况展。

2013年7月17日，省人力资源和社会保障厅副厅长蔡国春（右二）在衢州市衢江区大洲镇调研。

2013年7月25日，省人力资源和社会保障厅党组成员、省纪委驻厅纪检组组长、省监察厅驻厅监察专员郭敏（中）在安吉县人力资源和社会保障局调研。

2013年3月20日，省人力资源和社会保障厅副厅长宓小峰（中）在杭州吴山广场参加“政策咨询·服务公众——浙江省暨杭州市12333统一咨询日”活动和全国“12333”统一标识揭牌仪式。

2013年11月15日，省人力资源和社会保障厅副厅长龚和艳（左二）在“浙江之声”直播室接受“阳光行动·厅长在线”节目专访，并就“公务员阳光考录”与听众通过电话、微信等形式互动交流。

2013年11月11日，省人力资源和社会保障厅副厅长仇贻泓（右三）在浙江省技工院校技能大赛现场巡视。

2013年5月4日，省委组织部副部长、省委人才办主任姚志文（左）在美国硅谷为浙江杭州未来城驻美国办事处授牌。

2013年1月9日，全省人力资源和社会保障工作电视电话会议召开。

2013年4月29日，全国军队转业干部安置工作电视电话会议召开。图为浙江分会场。

2013年6月4日，全省人力资源社会保障系统党风廉政建设工作座谈会在杭州召开。

2013年6月27日至28日，省人力资源和社会保障厅务虚会在杭州召开。

2013年8月13日，全省企业技能人才评价工作现场会在台州临海伟星集团召开。

2013年8月29日，浙江省人力资源服务行业协会成立大会暨第一届会员大会在杭州召开。

2013年11月19日，人力资源和社会保障部在杭州召开全国人力资源社会保障政务公开工作座谈会。

2013年12月5日，全省防范处置企业拖欠工资工作电视电话会议召开。

2013年12月5日，中央和省级新闻媒体在省人力资源和社会保障厅进行阳光政务集中采访。

2013年浙江省校企对接高校毕业生就业专场招聘会现场

2013年7月6日，舟山市人力资源和社会保障局、浙江国际海运职业技术学院联合举办2013年舟山群岛新区夏季高校毕业生公益性人力资源交流大会。

2013年7月20日，正在浙江的清华大学和香港、台湾知名高校大学生在杭州举行“同根同源·情系江南”“两岸三地”大学生暑期实习交流联谊活动。

衢州市高校毕业生就业见习基地——联通公司的指导老师为见习学员作服务礼仪指导

宁波市镇海区创业创新基地落成暨大学生创业启动资金发放仪式

长兴县“村镇银行杯”首届青年创业大赛决赛暨颁奖典礼现场

湖州市吴兴区残疾人就业专场招聘会现场

金华市就业管理服务局在农民家门口举办农村劳动力转移就业专场招聘会

“衢州保姆”学习给宝宝换尿布

云和县大源乡外出务工返乡妇女在老师指导下学习来料加工操作

2013年10月，新建的绍兴市人力资源社会保障办事大厅投入使用。大厅面积1万余平米，设有各类办事窗口120多个，配备电子叫号和自助查询等设备。

龙泉市剑池街道便民服务中心大社保服务窗口

桐庐县原农村社会养老保险（简称“老农保”）参保人员办理参加职工养老保险折算补缴手续

永嘉县城乡居民社会养老保险金首发仪式

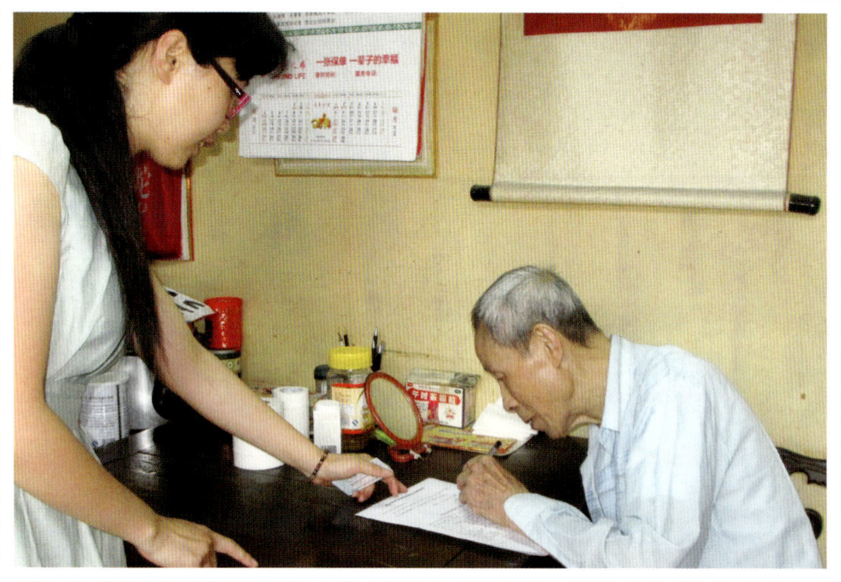

绍兴市越城区府山街道鉴湖社区工作人员上门为企业退休老人办理养老保险待遇享受资格认证手续

海盐县人力资源社会保障部门突击检查市民卡专卡专用情况

义乌市人力资源社会保障部门为在义乌就业的外国人办理社会保险参保登记手续

杭州市江干区企业退休人员优秀文娱团队展示秀舞蹈专场演出

2013年3月27日，省人力资源和社会保障厅、浙江日报报业集团在杭州和平国际会展中心联合举办2013年浙江省春季人才交流大会。

2013年12月13日，第一届浙江省人力资源服务业博览会暨浙江（杭州）人力资源服务产业园开园仪式举行。

2013年3月30日，省委人才工作办公室、省人力资源和社会保障厅、省政府港澳事务办公室在香港联合举办2013年浙江·香港现代服务业高端人才招聘会。

2013年6月8日至12日，部分海外高层次人才、外国专家组织和机构代表在宁波参加第十五届浙江省投资贸易洽谈会期间举办的智力洽谈活动。

2013年8月16日，省“151人才”与安吉县学术技术人才结对帮带协议书签约仪式在安吉县举行。

2013年中国宁波人才国际研讨会

2013年浙江省丽水市—武汉高层次、高技能人才招聘会新闻发布会现场

2013年4月1日，东阳市第五届百家规模企业赴杭院校人才招聘会暨人才智力合作座谈会及签约仪式在浙江工商大学举行。

温州医学院附属第一医院专家赴泰顺开展市“新世纪551人才扶工扶农”活动

2013年6月27日，首届浙江省岗位大练兵技能大比武活动在杭钢集团高速线材有限公司举行。

2013年10月24日，“武阳春雨杯”第二届全国茶艺职业技能竞赛总决赛在武义县结束。浙江代表队分别获得茶艺设计大赛、个人赛、团体赛等所有项目第一名，包揽个人赛前三名。

2013年10月26日至27日，2013年舟山市特种作业人员职业技能大比武在舟山市技工学校举行。

2013年12月3日，全省首期“金蓝领”高技能人才国内培训班（汽车维修专业）在杭州技师学院开班。德国弗莱堡手工业协会培训专家为学员进行为期两周的授课。

磐安县职工技能比武活动钳工赛区

2013年4月21日，省人力资源和社会保障厅、省总工会、省企业联合会/企业家协会、省工商联、浙江日报、浙江广电集团，杭州市人力资源和社会保障局、市总工会、市企业联合会/企业家协会、市工商联等10家单位，在杭州吴山广场联合举办浙江省暨杭州市首届"双爱"宣传周大型宣传咨询活动。

桐乡市劳动监察大队开展企业工资支付情况执法检查

台州市劳动保障监察支队在检查企业用工情况

2013年7月31日，嘉兴市企业劳动争议调解组织建设现场会上，与会人员参观浙江良友木业公司劳动争议调解室。

宁波市军队转业干部安置考核面试现场

浙江省人力资源和社会保障厅领导班子成员

（2013年12月）

吴顺江
省委组织部副部长、
厅党组书记、厅长

傅　玮
厅党组成员、副厅长

蔡国春
厅党组成员、副厅长

郭　敏
厅党组成员、纪检组长、
监察专员

宓小峰
厅党组成员、副厅长

龚和艳
厅党组成员、副厅长

仇贻泓
厅党组成员、副厅长

宋云峰
厅党组成员、人事处处长

《浙江人力资源和社会保障年鉴》编纂委员会成员

《浙江人力资源和社会保障年鉴》
编辑部成员

编纂说明

一、《浙江人力资源和社会保障年鉴》是一部全面反映浙江人力资源社会保障事业发展情况的资料性年刊，由省人力资源和社会保障厅年鉴编纂委员会组织编纂，每年编纂出版。编纂工作具体事务由年鉴编纂委员会设在省劳动和社会保障科学研究院的编辑部承办。

二、《浙江人力资源和社会保障年鉴 2014》（以下简称《2014 年鉴》）记载了 2013 年全省人力资源社会保障工作基本概况和主要成就。记载起止时间为 2013 年 1 月 1 日至 12 月 31 日。

三、《2014 年鉴》收录了反映 2013 年全省人力资源社会保障工作重要活动的部分图片资料。全书由特载、机构情况、大事记、全省工作情况、各市工作情况、重要文件选载、省人力资源和社会保障厅发文目录、主要统计资料、各市人力资源市场工资指导价位等部分组成。

特载，收录了 2013 年中央、省和国家有关部门领导关于人力资源社会保障工作的部分批示和讲话；省人力资源和社会保障厅领导在有关工作会议上的部分讲话。

机构情况，按“单位领导”、“机关处室”、“直属单位”三个层面，分别记录了截至 2013 年底省和各市人力资源社会保障部门领导班子和机构设置情况。

大事记，记录了 2013 年全省人力资源社会保障工作的重要事项和活动。

全省工作情况，按照人力资源社会保障部门各项职能，综合记载了 2013 年全省人力资源社会保障部门的主要工作，取得的成绩和荣誉。

各市工作情况，按照人力资源社会保障部门各项职能，分别记载了 2013 年各市人力资源社会保障部门的主要工作，取得的成绩和荣誉。

《2014 年鉴》增加了“部分专有名词背景简介”。

本年鉴记载的荣誉，是指以党中央、国务院、省委、省政府，国家和省人力资源社会保障部门以及所属机构名义评选表彰，涉及人力资源社会保障部门主要职能和工作业务，冠以“先进”、“优秀”、“突出”等称谓的事项。记载的对象是被表彰的全省人力资源社会保障系统单位、部门、个人，市、县（市、区）、街道（乡镇）、社区（行政村）以及上述地方从事人力资源社会保障相关工作的单位、个人。

重要文件选载，收录了2013年省委、省政府、省级有关部门关于人力资源社会保障工作的部分重要文件。

主要统计资料，收录了2013年全省以及11个市劳动就业、社会保障、收入分配、劳动关系等方面的基本统计资料。

各市人力资源市场工资指导价位，收录了2013年全省11个市不同行业、不同职业（工种）人力资源市场工资指导价位。

四、《2014年鉴》记载的基本情况和收录的统计资料，由省人力资源和社会保障厅以及全省各级人力资源社会保障部门提供。

五、《2014年鉴》的编纂、出版工作得到了各市和义乌市人力资源社会保障部门的大力支持，在此深表谢意。由于我们水平有限，书中难免存在疏漏或不足之处，恳请读者批评指正。

《浙江人力资源和社会保障年鉴》编辑部

2014年10月16日

目 录

特 载

一、中央、省、部领导批示

二、省领导讲话

三、厅领导讲话

机构情况

大事记

全省工作情况

各市工作情况

部分专有名词背景简介

重要文件选载

浙江省人力资源和社会保障厅发文目录

主要统计资料

一、综合

二、职工人数、职工工资

三、就业和失业

四、技工学校和就业培训

五、监察和仲裁

六、社会保障

七、各市资料

各市人力资源市场工资指导价位

索　引

特　载

一、中央、省、部领导批示

中共中央书记处书记、中央纪律检查委员会副书记赵洪祝在《浙江省人力资源和社会保障厅关于开展“阳光政务”工作情况的汇报》上的批示

浙江省人力社保厅推行的“阳光政务”，以规范和制约权力运行为核心，在政务公开的内容、流程、方式等方面作了一些探索，取得了初步成效，送请蔚民同志阅。

二〇一三年八月二十四日

国务院副总理刘延东在国办秘书一局专报信息：浙江出台措施促进高校毕业生就业创业上的批示

浙江的经验值得推广。

二〇一三年八月三日

省委书记夏宝龙在浙江省人力资源和社会保障厅《关于完善事业单位绩效工资和加强医疗保险监管工作的情况报告》上的批示

顺江同志：你们作了很好的调研，并针对性的采取相应措施，有效果。建议要继续关注此两项工作，就出现的问题随时调整，以取得更好的效果。

二〇一三年五月二十三日

李强省长在浙江省人力资源和社会保障厅《关于“2013海外引才系列活动”有关情况的报告》上的批示

这项活动搞得很好。我省产业转型升级需要高层次人才和创新型团队的有力支撑，海外引才是一个重要渠道。在总结经验的基础上，下一步要重点突破两个问题：一是瞄准我省主导产业的需求，寻找、引进国际一流的创新人才和团队，迅速提升产业的自主创新能力；二是更加注重“以外引外”，让已经回国创业创新的拔尖人才去吸引新的研究开发团队，他们更有说服力、更有效。

二〇一三年六月十八日

省委副书记王辉忠在浙江省人力资源和社会保障厅《关于我省构建和谐劳动关系工作的汇报》上的批示

开展“双爱”活动是推动和谐劳动关系构建非常好的一个载体，“双爱”的内涵也就是“双维护”，相对全面，要持之以恒地抓下去，不断深化不断完善。原则上同意开两个会，具体请才方、综合二处与人社厅研定。

二〇一三年六月十七日

熊建平副省长在浙江省人力资源和社会保障厅《1—8月就业形势分析》上的批示

密切关注，尤其是特殊行业、群体就业问题，切实将有关措施落实到位，确保今年目标任务的完成。

二〇一三年九月二十六日

卢子跃副省长在浙江省人力资源和社会保障厅《关于全省防范处置企业拖欠工资和推进“双爱”活动督查情况的报告》上的批示

“双爱”主题充分体现了和谐劳动关系的本质要求。省人力社保厅要深入推进这一活动，力争在解决重点问题上有新突破，在长效机制建设上有新成效，推动我省这方面工作继续走在全国前列。

二〇一三年二月五日

人力资源和社会保障部部长尹蔚民、副部长信长星、纪检组长袁彦鹏在浙江省人力资源和社会保障厅《关于开展“阳光政务”工作情况的汇报》上的批示

尹蔚民部长批示：请长星、彦鹏同志阅。浙江省厅开展“阳光政务”的做法很好，既转变了作风，方便了群众，提高了办事效率；又有效监督权力，预防腐败。可以适当推广浙江省厅的经验。

二〇一三年八月二十六日

信长星副部长批示：请赵敏同志阅研。如何考虑商省厅修改整理一个经验材料，在部工作信息印发交流推广（可加按语）。其好的理念和做法亦请办公厅在政务公开工作中借鉴。

二〇一三年八月二十六日

袁彦鹏组长批示：请胡驰、清新同志阅。请驻部监察局积极协助办公厅总结推广浙江省厅的做法和经验，必要时可做专题调研。这是浙江省纪委抓的一个试点，我去浙江时，省纪委任泽民书记希望与部里共同推动这项工作。

二〇一三年八月二十七日

二、省领导讲话

李强代省长在浙江省第十二届人民代表大会第一次会议上的政府工作报告(摘要)

(2013年1月25日)

今后五年,要重点实施以下举措。

大力推进海外高层次人才引进"千人计划",实施浙江青年科学家培养计划,加快引进和建设一批科技创新团队。

实施就业优先战略,促进创业带动就业,推动实现更高质量的就业。坚持全覆盖、保基本、多层次、可持续方针,完善养老、医疗等社会保障制度,推进住房保障体系建设,完善新型社会救助体系和社会福利体系。健全社会养老服务体系。完善扶贫开发机制和结对帮扶机制,促进低收入农户、城镇低收入家庭、城乡困难残疾人家庭和欠发达地区群众加快增收。

综合考虑经济社会发展趋势和工作导向,建议2013年全省经济社会发展的主要预期目标为:城镇新增就业70万人,城镇登记失业率控制在4%以内。

实现上述目标,必须全面落实党中央、国务院和省委各项决策部署,抓好政府五年各项工作的启动实施,特别注重抓好以下工作:

积极促进科技创新和成果转化。抓好各类重大科技创新平台和高新技术产业园区建设。加强产学研用协同创新,建设一批重点企业研究院、企业技术中心、产业技术创新战略联盟和公共科技创新平台。实施重大科技专项和重大关键技术"双十计划",推进产业技术创新综合试点。加强成果转化中试基地建设,加大重大创新产品的应用示范力度,建立健全科技与金融结合的有效机制,促进科技成果转化。支持企业产品创新、品牌创新和商业模式创新,加强知识产权保护。努力改善创业创新环境,大力引进国内外一流的科研机构和高层次人才,加强高技能人才队伍建设。

加强就业和社会保障。实施更加积极的就业政策,建立政策扶持、创业培训、创业服务三位一体的工作机制,重点解决好高校毕业生、退役士兵、就业困难人员和农村转移劳动力就业问题,开展公益性岗位进村活动。深入实施"五费合征",完善社会保险扩面长效机制。加快基本医疗保险制度城乡统筹,建立健全城乡居民大病保险制度。制定实施失业保险省级统筹方案。

深入实施医药卫生体制改革,开展省级公立医院综合改革试点,全面推进市县两级公立医院综合改革,鼓励发展民营医疗机构,扩大基本药物制度实施范围,完善药品招标制度,有序推进村卫生室实施基本药物制度。加强基层医疗卫生服务，推动省级医院与市县合作，推进优质医疗资源共享，鼓励医学类毕业生到基层服务，提高公共卫生和基本医疗服务水平。

倡导企业关爱职工、职工热爱企业，积极构建和谐劳动关系。支持工会、共青团、妇联等群团组织开展工作。加强网络社会管理。积极做好信访工作，加强社会矛盾排查调处，预防和妥善处置各类群体性事件。

今年我们要继续围绕事关人民群众切身利益的问题，重点办好以下实事。围绕促进城乡困难群众增收，实现城镇“零就业家庭”发现一户帮扶一户。围绕扩大社会保险覆盖面，新增养老保险参保人数80万以上，医疗保险、失业保险、工伤保险、生育保险新增参保人数均为60万以上。对纳入医疗救助范围的困难家庭，其成员患尿毒症、儿童白血病等八类重特大疾病，政策范围内门诊和住院自费医疗费用救助比例不低于50%，低保对象政策范围内住院自费医疗费用救助比例达到50%以上；对参保的城乡居民开展两年一次的健康体检。

全面加强政府自身建设。推动政府管理重心下移，加强乡镇(街道)基层建设，关心爱护乡镇干部，推行干部住夜和联村联户等制度。推动政务服务向基层延伸，巩固完善村级(社区)便民服务中心。

省委副书记王辉忠在全省构建和谐劳动关系先进表彰会议上的讲话(摘要)

(2013年8月30日)

近年来,省委、省政府坚持从改革发展稳定大局的高度,来谋划和推进和谐劳动关系构建工作。全省各级党委、政府和各有关部门、工会组织,认真贯彻中央和省委的决策部署,广泛开展劳动关系和谐企业、和谐园区创建,深入推进"双爱"活动,劳动合同制度得到较好落实,企业职工工资稳步增长,社会保障体系不断健全,劳动关系和谐发展的观念日益深入人心,与社会主义市场经济体制相适应的社会主义新型劳动关系逐步形成,为促进我省经济社会持续平稳较快发展作出了积极贡献。

但是,我们也要看到,随着我省经济发展方式的不断转变、产业结构的不断调整、新社会阶层的不断出现,劳动关系日趋复杂化、多样化,构建和谐劳动关系工作面临着许多新情况新问题,突出地表现在"一小一大"两个方面。"小"是指量大面广的中小企业,主要是不规范的问题。由于历史、现实、文化和社会习惯等各方面的原因,我省相当数量的小企业在履行劳动合同、贯彻法律法规方面的情况不尽如人意,侵害劳动者权益的现象还时有发生;一些企业的劳动条件差,劳动安全卫生保护不够到位,存在不少安全隐患;部分中小企业尚未建立工会组织,劳动者与企业经营者在集体协商上还处于弱势。"大"是指国有企业和部分垄断行业,主要是不平等的问题。一些大型国有企业大量使用劳务派遣用工,同工不同酬的现象仍较为突出,职工归属感缺乏;部分垄断行业职工工资水平和国有企业高管人员收入偏高、增长较快,而劳动密集型竞争行业、私营企业职工特别是一线职工的工资收入偏低、增长缓慢。这些问题,如果处理不好,小问题往往会演变成大问题,简单问题往往会演变成复杂问题,局部问题往往会演变成全局问题。

当前,全省上下正在深入开展党的群众路线教育实践活动,我们要从保持党同群众的血肉联系、巩固党的执政基础的高度,深刻认识构建和谐劳动关系的重要意义,切实增强工作责任感和使命感,把构建和谐劳动关系作为深入开展教育实践活动的重要内容,深入推进和谐劳动关系构建的各项工作。

一、要把塑造"盆景"与打造"风景"有机统一起来

这几年,我省构建和谐劳动关系工作成效明显,涌现出了一批先进典型,在全国范围内都产生了不小的影响。但是,站在全省角度来看,我省现有70多万家企业、200多万个体工商户,目前被评为全国模范劳动关系和谐企业只有43家,被评为全国模范劳动关系和谐工业园区的仅2个;省级创建和谐劳动关系先进企业只有538家,省级先进园区只有38个。可以说,现在我们的和谐企业、和谐园区,还都只是一个个孤立的"盆景",尚未形成一道道连绵的"风景"。而且,单就"盆景"来说,一方面"盆景"的数量也太少,另一方面,"盆景"的分布也

不均衡，大多数集中在杭甬等浙东北地区，温州、浙西南等地区的偏少，这说明各地在创建工作上也不均衡。下一阶段，我们要把“盆景”做多，串联起来，最后形成一道跨越各个地区、各个行业的亮丽风景线。做好“扩面”工作，关键还是要抓住“创建”这个有效抓手，通过开展省、市、县三级创建，把各地、各个单位、各家企业的积极性、创造性调动起来。特别要注意的是，不同地区、不同类型企业、不同用工性质之间的劳动关系差异很大，各地在创建和培育过程中要注重因地制宜，对大、中、小企业，对民资、国资、外资企业，对普通员工、合同工、劳务派遣工，都要探索出符合实际、易于推广的模式。要加强创建和谐劳动关系的舆论宣传，加大典型推广力度，充分发挥典型的示范带动作用，使更多的企业加入到创建队伍中来，使更多的企业主把创建作为一种自觉自愿的行动，使浙江大地的和谐劳动关系“风景这边独好”。

二、要把“扩大覆盖”与“提升质量”有机统一起来

从当前情况来看，我省和谐劳动关系已经有了一定的基础，有些指标已经接近完成。比如，就工资集体协商工作来说，据省总工会统计，截至今年6月底，全省85%以上建会企业都开展了工资集体协商，累计签订工资协议13.22万份，覆盖企业28.18万家。其中区域性工资协议累计4290余份，覆盖企业14.5万家。又比如，我省的劳动合同签订工作，从覆盖面来看，全省企业劳动合同签订率达96.8%，已经接近了全覆盖。但是，如果深入一步，我们就会发现问题。尽管现在稍微有点规模的企业都开展了工资协商，但在实际工作中，不少企业为了完成目标，搞形式、走过场，没有围绕职工工资增长真正开展实质性的集体谈判，出现了很多抽屉协议、纸面协议，甚至企业主和工会主席之间的“两人协议”。劳动合同的质量和履约情况也不尽如人意，相当数量的劳动合同缺乏实质性内容，没有对职工工资福利待遇、劳动岗位、工作时间等加以明确，有的合同中部分内容甚至还与法律规定相违背；相当数量的企业和职工没有按照合同履行义务，随意解除、随意变更合同的现象屡见不鲜。因此，当前我省和谐劳动关系工作的重点，应该从“扩量”转移到“提质”上来，更加注重实质性、实效性。实现这一目标，关键是要提高标准，把工作的着力点从签订率、覆盖率等最基本的方面，转移到抓履行率、达标率上面来，让集体协商真正具有实质性内容，让劳动合同真正具有约束性，让劳动关系双方真正在制度框架内化解纠纷、解决问题。相关部门在调解劳动纠纷时，要以劳动合同等双方约定的内容为标准，该是哪一方的问题就问哪一方的责，使劳动关系双方都对签订合同、协商工资、劳动保障等问题重视起来，通过“倒逼”提升劳动关系的规范化水平。

三、要把“块块”给力与“条条”发力有机统一起来

经过多年的实践，我们已经形成了党委领导、政府主导、企业主体、工会推动、各方参与的构建和谐劳动关系的工作格局。和谐劳动关系创建活动，是一个系统工程，条条和块块都有责任，做好了也都能受益。具体来说，一是块块要“给力”，为构建和谐劳动关系提供有力保障。各级党委、政府要把发展和谐劳动关系作为建设平安浙江、构建和谐社会的一项重要任务，纳入经济社会发展的总体规划，及时研究解决存在问题。要结合本地实际，抓紧制定相关规划和具体政策意见，明确当前和今后一个时期发展和谐劳动关系的重点任务和工作举措。同时，积极发挥各级人大、政协以及工会、共青团、妇联等人民团体的作用，人大、政协要加强劳动关系立法、执法检查和民主监督工作，群团组织要做好各自联系劳动者群体的劳动权益保障工作。二是条条要“发力”，充分履行好自身职能。各级构建和谐劳动关系工作领导小组要切实承担职责，进一步丰富创建内容、规范创建标准、改进创建评价、完善创建激励，加强督促检查和考核。领导小组各成员单位要坚持分工不分家，拧成一股绳，各司其职、各负其责，统一步调、协同配合，共同推进各项工作落实，形成构建和谐劳动关系的强大合力。人力资源和社会保障部门要落实好《劳动合同法》等法律规定，加大执法监察力度，重点解决好不与职工签订劳动合同、不为职工交纳社会保险、不及时支付农民工工资、使用童工等方面存在的问题。各级工会组织要利用组织优势，始终站在协调劳动关系的第一线，做好开展工资集体协商、有效实施工会法律监督、主动参与劳动争议调解仲裁、及时提供法律援助等工作。各级工商联、企业家联合会等组织要及时反映企业诉求，引导企业经营者严格执行劳动法律法规、主动履行社会责任，在劳动关系协调中发挥积极作用。总之，要通过条块结合、上下联动，形成社会各方共同参与和谐劳动关系构建的新局面。

熊建平副省长在省构建和谐劳动关系工作领导小组第二次全体会议上的讲话(摘要)

(2013 年 7 月 4 日)

一、进一步深化“双爱”活动

去年以来,省协调劳动关系三方四家在全省组织开展了以“六有六要”为主要内容的企业关爱职工、职工热爱企业“双爱”活动。这项活动主旨明确、主题鲜明,抓住了构建和谐劳动关系的关键,为新形势下进一步加强和改进劳动关系工作、充分发挥企业和职工的主体作用、促进劳资双方共建共享共谋发展搭建了重要平台。这是我省构建和谐劳动关系工作的又一创新举措。一年来,各地采取发放宣传资料、举办咨询活动、开辟专题专栏、组织宣传周等多种形式,大力开展“双爱”宣传,引导广大企业和职工积极参与到活动中来;省构建和谐劳动关系工作领导小组先后两次组成督查组,对全省活动情况进行检查指导,推动“双爱”活动顺利展开;各地各有关部门围绕“六有六要”目标,广泛开展劳动合同签订行动、社保扩面行动、工资集体协商要约行动、工资清欠行动和企业岗位大练兵技能大比武活动,确保“双爱”活动取得实效。下一步工作要重点抓好三个方面:一要强化企业责任。引导广大企业依法落实劳动合同制度、不断提高劳动合同签订率,建立工资正常增长机制、稳步提高职工工资,依法为职工缴纳社会保险、提高职工社会保险参保率,加强企业民主管理、提高职工主体地位,丰富职工精神文化生活、不断增进对职工的人文关怀。二要激发职工热情。引导广大职工爱岗敬业、做好本职工作,自觉遵守劳动纪律、服从企业管理,积极参加劳动竞赛、努力提高技能水平,发扬主人翁精神、为企业发展建言献策。三要加强组织领导。各地各部门要按照省委、省政府的部署和今天会议的要求,加强组织协调,强化工作指导,努力把“双爱”活动打造成特色品牌。特别是协调劳动关系三方四家要加强合作,定期分析活动开展情况,及时研究活动中遇到的问题,为党委、政府决策提供依据。

二、进一步细化和谐企业园区创建工作

我省自 2006 年起开展和谐劳动关系先进企业和园区创建工作,各地对先进评选工作十分重视,广大企业和园区积极踊跃参加创建活动,通过这些年的努力,我省基本建立了省、市、县、镇、村、企业六级创建工作组织机构,初步形成了省、市、县、乡镇多层次的创建工作考评激励机制,呈现出创建工作从企业向园区、行业、区域不断延伸,从规模企业向中小企业不断拓展的良好发展态势。刚才,省总工会汇报了第三轮省级创建和谐劳动关系先进企业、先进园区和先进组织、先进个人评选情况。总的看,省总工会等部门和单位对评选工作十分重视,做了大量细致的工作,省协调劳动关系三方会议多次进行研究,并征求了领导小组各成员单位意见,评选工作组织周密、把关严格,评选出的单位和个人具有较强的先进性和代表性,应予充分肯定。下一步,创建工作应进一步细化:

一要改进评比办法。坚持从实际出发,实行分类指导,进一步健全完善先进和谐企业园区评比标准,引导广大中小微企业都能参与到创建活动之中,不断扩大创建工作的覆盖面。二要完善激励机制。引导各地把创建工作与各类先进评选、政策优惠、企业人大代表推荐等方面挂起钩来,提高先进和谐企业园区的含金量,不断激发企业参与创建的积极性。三要搞好总结表彰。筹备好全省构建和谐劳动关系工作第三批先进表彰会,并以此为契机,认真总结经验,加强舆论宣传,扩大社会影响,营造浓厚氛围,推动创建工作持续深入开展。

三、进一步完善劳动关系和谐指数评价体系

当前,劳动关系矛盾进入易发期和多发期,加强对劳动关系形势的分析判断显得尤为重要。省人力社保厅于2011年在全国率先建立了劳动关系和谐指数评价体系,采取政府考核与中介评价相结合、全面调查与抽样调查相结合、定性分析与定量分析相结合的方式,用指数化的形式直观反映我省劳动关系和谐状态,这也是我省的一大创新。总的看,这个评价体系指标设计较为合理,评价方法较为科学,涵盖面广,引领性强,对于及时准确掌握劳动关系状况,推动和谐劳动关系工作持续发展必将起到积极作用。刚才,省人力社保厅提出了劳动关系和谐指数评价体系修订意见,并建议提高和谐指数发布规格,我觉得很有必要。增设评价指标,增加社会综合治理、文化基础建设、职工生活保障等方面内容,有利于把劳动关系工作更好地纳入经济社会发展大局进行谋划部署;调整指标权重,突出对企业和职工和谐度的评价,有利于更加客观公正地反映劳动关系状况;提高发布规格,由省人力社保部门上升到省领导小组层面,有利于增强和谐指数的权威性和严肃性。今后,根据形势变化和工作需要,要进一步健全完善这个指标体系,充分发挥劳动关系和谐指数的导向作用。下一步,应重点抓好以下几方面工作:一要讲究统计方法。采取更加合理的调查方法,注重发挥第三方机构的作用,确保数据的准确性、全面性、客观性、公正性。二要注重成果运用。充分运用评价结果分析研判劳动关系发展趋势,查找工作中薄弱环节,不断增强工作的针对性和有效性。三要周密组织实施。省人力社保部门要认真履行领导小组办公室的职责,做好牵头工作,会同有关部门认真制订评价工作方案,周密组织,全面提升构建和谐劳动关系工作水平。

最后,强调一下规范劳务派遣用工问题。今年7月1日开始,全国人大常委会颁布的劳动合同法修正案正式实施。这次劳动合同法修正案主要是对劳务派遣用工问题作出了新的规定。一是提高了劳务派遣企业准入门槛,规定注册资本由原来的50万元提高到现在的200万元,并有与开展业务相适应的固定的经营场所和设施;二是增设了对劳务派遣单位实行行政许可规定,经营劳务派遣业务需向劳动行政部门申请行政许可;三是进一步明确了劳务派遣用工范围,从原来的"劳务派遣一般在临时性、辅助性或替代性的工作岗位上使用"改为"只能在临时性、辅助性或替代性的工作岗位上使用",并对单位劳务派遣工使用比例做出了限制性规定,具体比例由人力社保部另行制定;四是设置了处罚条款。人社部目前已就行政许可问题下发了实施办法,近期还将出台劳务派遣用工规定。下一步,省人力社保厅要会同有关部门按照要求,在全省认真开展劳动合同法修正案的贯彻实施工作,加强宣传培训、行政许可和执法检查,依法规范劳务派遣机构和用工单位的行为,确保劳动合同法修正案平稳实施。

三、厅领导讲话

吴顺江厅长在全省人力资源和社会保障工作电视电话会议上的讲话(摘要)

(2013 年 1 月 9 日)

一、今后五年的目标和工作要求

党的十八大对建设人才强国、保障和改善民生做出新部署。省第十三次党代会和省委十三届二次全会明确了“两富”现代化浙江建设的目标任务和“进度表、路线图”,提出到 2020 年实现“四个翻一番”。在推进全面小康和“两富”现代化浙江建设进程中,人力资源社会保障工作面临难得的发展机遇,同时也面临一系列新使命、新挑战。

使命来自人民群众对更加美好生活的向往。党的十八大报告提出要在“五个有”上持续取得新进展,努力让人们过上更好生活。习近平总书记在中央政治局常委见面会上强调人民期盼的“十个更”,强调人民对美好生活的向往,就是我们的奋斗目标。无论是“五个有”、“十个更”,还是“四个翻一番”,其中很多都涉及人力社保部门的职能。特别是总书记强调“更稳定的工作、更满意的收入、更可靠的社会保障”,为我们今后工作明确了要求、指明了方向。我们的任务就是要顺应全省人民过上更加美好生活的新期待、新要求,找准定位,真抓实干,切实做到服务发展不动摇,改善民生不懈怠,造福百姓不停步。

挑战来自我们工作中还存在不少突出的问题。一是在经济下行压力增大和转型升级的背景下,如何化解企业“招工难”与劳动者“就业难”、企业增效难与职工增收难“两难”问题。二是在工业化、城市化和人口老龄化加速发展的背景下,社会保障制度如何实现衔接顺畅、城乡统筹和可持续发展的问题。三是在实施创新驱动发展战略、建设科教人才强省的背景下,如何解决人才投入产出不匹配、评价激励机制不合理、人才发展与经济增长不够衔接的问题。四是在利益诉求和表达方式日趋多样化的背景下,如何统筹协调工资收入分配政策,优化利益结构,逐步缩小各类人群间收入差距的问题。五是在社会矛盾增多、管理压力增大的背景下,如何进一步发挥政府、企业、职工和社会的作用,加强劳动关系协调,促进劳资共建共享的问题。同时,自身建设还有薄弱环节,一些干部职工大局意识、责任意识和廉洁意识不强,廉政风险在个别领域依然突出。我们要保持清醒头脑,切实加以解决。

综合考虑各方面因素,今后五年全省人力资源社会保障工作要朝着以下目标奋力开拓:

——人才发展优势更加明显。人才优先发展战略进一步落实，人力资源对经济增长的贡献率明显提升。人才发展体制机制改革不断深化，激发创造活力、具有区域竞争力的制度优势加快形成。企业人才战略深入实施，人才流动“门槛”逐步消除，更多优秀人才向企业、科研生产一线集聚。高层次、高技能人才队伍建设统筹推进，高技能人才年均增长10%以上，人才综合实力、核心竞争力和国际化水平走在全国前列。

——城乡就业更加稳定优质。实施就业优先战略，就业政策与职业培训、社会保险等政策更加协调。五年内城镇新增就业300万人，城镇登记失业率控制在4.0%以内。面向全体劳动者的职业培训制度深入实施，统一规范的人力资源市场建设加快推进，就业服务体系更加完善，就业稳定性和质量显著提高。创业环境更加优化，政策扶持进一步加强，高校毕业生自主创业人数年增长15%，越来越多的劳动者走上创业致富道路。

——社会保障体系更加可靠完善。基本社会保障制度实现城乡一体化发展，同类政策制度之间有效衔接，从制度全覆盖逐步走向人群全覆盖。社会保障待遇水平稳步提高，兼顾各类人群、适应经济发展水平的待遇确定机制和正常调整机制基本建立。社保基金筹资渠道不断拓宽，统筹层次逐步提高，抗风险、可持续发展能力明显增强，监管力度进一步加大。社会保障卡实现全覆盖，社保经办管理服务体系更加便民快捷。

——工资收入分配更加公平合理。机关事业单位工资收入分配制度改革稳步推进，各项政策更加统筹协调。企业收入分配调控更加有效，最低工资标准与社会平均工资的联动增长机制进一步落实，工资集体协商广泛开展，职工劳动报酬增长与经济发展、劳动生产率水平提高相同步。劳动价值更加充分体现，低收入群体、一线职工工资合理稳定增长。社会保障调节收入分配、促进分配公平的作用进一步发挥。

——人事管理更加规范科学。公务员法配套政策法规更加健全，公务员考录培训、考核评价、激励监督等管理机制不断完善，公务员队伍思想、能力、作风建设进一步加强。事业单位人事制度改革更加配套衔接，单位自主用人权得到进一步落实，符合事业单位特点和人才成长规律的人事管理制度健全完善。军转安置工作更加阳光透明公正。

——劳动关系更加和谐稳定。劳动合同制度全面实施，集体合同制度普遍建立。劳动关系协调机制更加健全，劳动保障监察、争议调解仲裁效能明显提升，劳动争议结案率超过92%。职工工资支付保障机制进一步强化，防范和处置企业欠薪长效机制更加完备，拖欠工资案件数年均下降10%。“双爱”活动持续深入推进，企业与职工共建共享格局基本形成。

实现上述工作目标，要切实把握好以下要求：

（一）必须坚持服务大局。人力社保部门是重要的民生部门，服务大局是我们的政治责任。老百姓关心的、党委政府关注的就是大局，就是我们努力的方向。无论什么时候，我们都要关注群众的所需所想，贯彻党委政府的部署要求，自觉把部门工作定位在建设现代化浙江的目标下，主动融入党委政府的工作全局，找准结合点、着力点，努力为经济转型、社会进步和增进人民福祉贡献自己的力量。

（二）必须坚持狠抓落实。空谈误国、实干兴邦。当前，关于人力资源社会保障工作的大政方针已定，定下来的事情就要抓紧去办，这是全系统的共同责任。要以更有力的措施、更完善的制度，把共同责任具体转化为各级人力社保部门和每位干部职工的责任，每一项工作都要责任到领导、到部门、到岗到人，形成一级抓一级、层层负责任、人人抓落实的工作机制，确保各项重大部署、重大任务真正落到实处。

（三）必须坚持改革创新。改革是发展的最大红利。当前，我们不仅要面对诸多历史遗留问题，更要面对大量发展起来后的问题，很多领域进入改革的攻坚期。只有坚持改革、依靠改革、深化改革，才能不断突破瓶颈、化解“两难”，更好地担负起服务发展、保障民生的使命。必须把改革创新精神贯穿始终，加强前瞻研究，尊重基层首创，鼓励探索实践，做到思想再解放，工作再创新，改革再出发。

（四）必须坚持统筹兼顾。人力资源社会保障工作面对的人群多、诉求多、矛盾多，必须坚持统筹兼顾的根本方法。要妥善处理各种利益关系，既讲公平又要激发创造活力，既讲惠普又要避免“养懒汉”，努力使各方面利益诉求、发展要求都得到兼顾。要把握改革的时机、力度和节奏，没有充分评估的政策不出台，缺乏有效配套的制度不推开，增强改革的系统性整体性协同性，不断聚合推进改革的正能量。

（五）必须坚持夯实基础。当前，人力资源社会保障工作事多人少的矛盾十分突出，必须把基层基础作为关系事业发展的全局性工作来抓。要以提升服务能力为核心，以信息化建设为手段，加快构建功能完备、方便快捷的公共服务体系。要更加重视统计分析工作，完善相关统计指标体系，健全统计调查、定期发布制度，加强数据分析和成果运用，为科学决策服务。

二、2013 年主要工作任务

2013 年是全面贯彻落实党的十八大精神的开局之年，是实施“十二五”规划承前启后的关键一年。全省人力资源和社会保障工作要以邓小平理论、“三个代表”重要思想、科学发展观为指导，紧紧围绕实施“八八战略”和“两创”总战略，按照省委、省政府“干好一三五、实现四翻番”的决策部署，坚持为经济转型升级服务、为人民生活幸福服务、为维护公平正义服务，稳中求进、扎实开局，努力为建设“两富”现代化浙江做出积极贡献。

（一）推动实现更高质量就业。这是今后一个时期全省就业工作的主要任务。要适应就业形势的新变化，在政策指导、搭建平台、加强服务、资金扶持上下功夫，推动就业工作重心逐步从扩大规模向提高质量转变。一是把 2013 年确定为“政策落实年”，加强督促落实，及时充实完善，推动城乡劳动者平等享受各项政策。发挥失业保险促进就业的作用，加大援企稳岗力度。二是全力做好高校毕业生、就业困难人员、农村转移劳动力等重点群体的就业工作。加快发展养老服务等家庭服务业，努力创造更多的就业机会。三是推进就业公共服务信息化建设，发挥无形市场的作用，优化人力资源配置，着力缓解就业“两难”问题。四是完善政策扶持、创业培训、创业服务三位一体工作机制，以创业带动高质量的就业。五是加强就业局势和企业用工情况的监测分析，定期分析和发布人力资源供求状况，为党委政府决策和劳动者求职服务。

（二）创新高层次人才培养引进使用工作。高层次人才是实施创新驱动发展战略的重要支撑。要坚持自主培养、重点引进、优化环境，努力把人才工作成果转化为经济社会发展成果。一是继续推进人才强企战略。完善人才向企业集聚的政策措施，全面推进企业技术创新团队“121”工程，加强服务、搭建平台，帮助企业引进建设一批创新团队和领军人才；完善人才评价导向，鼓励高校科研院所高层次人才服务经济转型升级。二是深入实施省“151 人才工程”、现代服务业高端人才培养计划、专业技术人才知识更新工程等人才工程，加大投入、创新举措，提高培养工作的针对性、有效性。三是围绕新兴产业技术创新综合改革试点，大力推进“外专千人计划”、“海外工程师计划”，支持省级企业研究院引进海外工程师。四是加快发展人力资源服务业，培育扶持一批本地企业，引进一批国际知名人力资源服务机构，争取形成规模、产生更大效益。

（三）切实抓好高技能人才队伍建设。技能人才关系到企业核心竞争力，关系到“浙江制造”的转型升级，必须一抓到底，抓出成效。一是在规模以上企业全面推进技能人才自主评价，促进技能人才增量提质。二是在1000家企业、50个以上职业工种开展岗位大练兵技能大比武活动，积极发挥工会、妇联、共青团等部门和行业协会作用，确保有声势有影响，取得实效。三是加大对“非遗”项目传统技能人才的培养扶持力度，争取制定青瓷、石雕等国家职业标准，促进绝技绝活代代传承。四是提高“金蓝领”培训质量，既要走出去，更要请进来，引进国外优质师资开展培训指导。五是加强公共实训基地建设，新建企业技能大师工作室60家，深化技工院校一体化课程教学改革，鼓励各地建立高技能人才培养协作联盟，加快造就高素质的技术工人队伍。

（四）积极稳妥推进事业单位改革。事业单位改革涉及面广，情况复杂。要从我省实际出发，积极稳妥推进。一是坚持分类管理，注重统筹协调，研究建立岗位设置动态管理机制，加强相关制度间的配套衔接，健全岗位聘任考核制度，强化竞争激励，激发创造活力。二是完善绩效工资正常运行办法，在确保大体平衡的基础上，积极发挥绩效考核的作用，研究制定对有突出贡献高层次人才的奖励政策。三是加强对事业单位养老保险制度改革的政策研究，目前这方面的改革呼声比较高，我们要按照国家有关精神积极做好政策储备。

（五）大力构建和谐劳动关系。认真落实党的十八大报告提出的构建和谐劳动关系的要求，调动企业职工双方的积极性，推动实现共建共享。一是全面推进“企业关爱职工、职工热爱企业”活动。开展“双爱”活动，基础是深入宣传发动，做到企业与职工广为知晓、积极参与；关键是设计好载体，促进企业和职工各尽其职、自觉履行“六有六要”；目标是实现职工体面劳动和企业健康发展。各地要把“双爱”活动作为重中之重，整合力量、强势推进，确保取得实效、打出品牌。二是完善劳动关系和谐指数评价指标体系，增加企业履行责任和职工满意度分值，提高评价的科学性。三是实施“无欠薪”创建行动，加大防范和处置企业欠薪力度，维护劳动者合法权益。四是加强调解仲裁工作，推进仲裁庭标准化建设，劳动争议案件结案率和调解成功率分别达到92%、70%以上，争议调解组织在规模以上、已建工会组织企业和较大事业单位普遍建立。

（六）确保社会保险基金安全运行。社保基金是老百姓的“养命钱”，每一分钱都必须管好用好。要以对人民群众、对社会保障事业发展、对政府公信力高度负责的态度，切实履行好监管职责。一是坚持“规范医疗、控费控药”，推进常见病按病种付费，着力打造“阳光医保”，加强对医疗行为事前事中事后的全程监控，80%以上统筹区启动支付制度改革。二是完善社保经办机构内控机制，探索社保基金安全运行责任制，建立健全“分段把关、分人负责、相互制衡”的监管体系。三是推进“阳光监管”向基层延伸，全面联网应用基金监管软件，及时发现和处理重复参保、重复领取等问题。四是组织城乡居保基金等专项检查，认真抓好问题的整改落实，推动制度完善、流程优化和规范管理。

（七）加强公务员队伍建设。高素质干部队伍是浙江未来发展的关键。要准确把握新形势、新任务对公务员队伍提出的新要求，进一步创新管理和建设工作，更加积极有为。一是精心组织“四级联考”和紧缺职位公务员招录工作，确保安全、科学、公正。二是推进公务员分类管理，深化行政执法类公务员分类改革试点，在舟山市开展公务员聘任制试点工作。三是完善公务员考核联系点制度，加强平时考核，注重结果运用，增强公务员队伍活力。四是加强公务员队伍作风建设，在公务员队伍中深入开展为民务实清廉群众路线教育活动，争做人民满意的公务员。五是进一步做好规范公务员津贴补贴工作，研究建立地区附加津贴制度。六是配合组织部门加强乡镇(街道)干部队伍建设，在激励、待遇等方面给予一定倾斜，为服务群众、完成繁重的工作任务提供保证。

(八)加快社会保障卡推广应用。社会保障卡建设，既是建立便民快捷服务体系的重要举措，也是加强公共服务和社会管理的一项基础性工作，要以更大的决心和力度推进。一是深化医保“一卡通”建设，完善异地就医管理政策，加快定点接入，扩大服务网络，健全运维管理和应急响应机制，确保能用、好用、管用。二是增发社会保障卡600万张，层层分解落实任务，确保如期完成；加强规范管理，完善服务体系，保证持卡人信息安全。三是在支持医疗保险费用结算的基础上，稳步推进社会保障卡在其他社会保险、就业等相关业务和政府公共服务领域的应用，努力实现“一卡多用、一卡通用”。

(九)全力推进“阳光政务”建设。去年4月推行“阳光政务”以来，经过全系统共同努力，取得了明显成效，认为我们是真重视、真公开、真监督。这项工作事关作风转变，事关党风廉政建设，下一步要在网上办事大厅建设上下功夫，努力为基层、为老百姓办事提供更便捷、更优质的服务。一是进一步规范公开事项，对照系统行政权力和公共服务事项目录，能公开的一律公开，做到全面、准确、规范。二是加快建设网上办事大厅，省厅计划今年3月完成软件开发，4月试运行，5月正式运行。各地也要提前准备、积极推进，确保年底前基本建成并投入运行。三是完善相关配套制度，建立长效机制，用制度保障“阳光政务”运行规范化、常态化。四是加大宣传力度，扩大“阳光政务”影响，发挥更大效用。同时，注意收集各方面的意见建议，不断调整、完善和改进。

(十)进一步加强系统干部队伍自身建设。新形势、新使命、新任务，要求我们有更加坚定的信心、更加务实的作风，为各项任务落实提供保证。一是进一步改进工作作风。认真贯彻落实中央和省委关于改进工作作风密切联系群众的要求，切实改进文风会风，发言之有物、管用的文件，开目的明确、真正解决问题的会议；切实改进调查研究，走出机关、走到一线、深入群众，用脚步丈量民情；坚持把工作当作事业，立说立行、善作善成，始终保持昂扬向上、奋发有为的精神状态。二是自觉践行公平正义核心价值观。“公平正义”集中体现了我们工作的价值取向。全系统同志必须牢固树立、自觉践行。无论是设计制度还是推进改革，都要着眼于使广大群众平等获得发展机会，要切实解决好老百姓关心的现实问题，多替弱势群体着想，多为弱势群体呼吁，推动发展成果惠及全省人民。三是坚守廉洁从政底线。党员干部要自觉加强党性修养，严格依法行政，敬畏权力、敬畏法纪、敬畏良心，始终保持清正廉洁的政治本色。要以近年来系统内违纪违法案件为反面教材，深入开展警示教育和从政道德教育，做到举一反三、警钟长鸣。要结合工作实际，深入推进惩防体系建设，完善管权、管事、管人各项制度，有效预防腐败问题的发生。

在做好上述工作的同时，还要统筹推进社会保障扩面提待、制度完善以及职称评审和改革、事业单位公开招聘、人事考试、军转安置、农民工权益保障、信息化建设、新闻宣传、舆情监控和信访维稳等工作，确保取得新的成绩。

吴顺江厅长在省人力资源和社会保障厅务虚会上的讲话(摘要)

(2013年6月28日)

一、以改革创新的精神抓好省委十三届三次全会决策部署的贯彻落实

省委十三届三次全会吹响了创新驱动发展的号角,这是省委省政府把握新阶段新形势做出的重大战略决策。当前,浙江人均GDP已跨过1万美元,经济发展处于“转型期”,发展动力处于“换档期”。车越快越难开,山越高越难爬。经济增长过多依赖低端产业、低成本劳动力和资源环境消耗的模式已难以为继,加快发展、高质量发展需要有新的动力。这个动力哪里来,从根本上讲一靠创新,二靠改革,向创新要动力,向改革要红利。唯有牢牢把握这两条,才能破解深层次的矛盾和问题,才能从“标兵渐远、追兵渐近”的形势下突围,再领风骚数十年甚至更长时间。

(一)增强为创新驱动发展提供人才支撑的责任感、紧迫感。人才是创新的核心要素。相对于以资源、环境、土地等为代价的要素驱动,创新驱动强调的是人才、科技、资本、市场的高度融合,以“知识经济”、“人才经济”来代替资源经济。我省人才资源总量超过750万,居全国第4位,这是浙江发展取之不竭的“矿藏”。但总的看,高层次人才、高水平载体以及创新环境,还不能适应创新驱动的要求,与一些兄弟省市相比还存在较大差距。如入选国家“千人计划”人数,江苏383人,我省只有236人;两院院士江苏91名,我省只有32名;江苏有211高校11所、大型企业1174家、国家级重点实验室32家、国家海外人才基地9家,而我省分别只有1所、621家、12家、4家。江苏从2010年起,各级财政设立人才发展专项经费,总量不低于本级财政一般预算收入的3%,每年用于高层次人才培养引进的经费为7亿元,而我省除“千人计划”奖励基金外,人才专项资金仅为8000万元。建设创新型省份,抢占科技和产业发展制高点,没有一支实力强劲的人才队伍,那是“不可能完成的任务”。作为政府人才工作综合管理部门,我们要找准定位、认清差距,推进人才工作不断改革创新,为创新驱动发展提供强大正能量。

(二)确立为经济转型升级、为企业发展服务的工作理念。创新驱动发展,重在提升企业创新能力,旨在打造浙江经济“升级版”。企业是经济与人才、科技的关键结合点,创新只有内化为企业行为、市场行为,才能落地生根、开花结果。但目前优秀人才向企业集聚的机制尚未形成,企业的创新能力特别是持续创新能力还不够强,难以适应创新主角定位,难以适应转型升级主力军的定位。去年务虚会上我就说过,企业要转型升级,首先是人才要转型升级,如果企业不能培养集聚大批优秀人才,转型升级就是一句空话。为此,人才工作要更加突出为经济转型升级服务、为企业发展服务,把“两个服务”作为工作的出发点、落脚点,围绕结构调整、产业转型的重点领域,深入实施企业人才战

略,工作重心向企业延伸、人才政策向企业倾斜、公共服务向企业拓展,努力为“腾笼换鸟”、“机器换人”提供人才智力支撑。

（三）认真研究解决当前人才工作中存在的体制机制问题。体制机制是影响创新驱动的核心问题。夏宝龙书记多次指出,当前科技创新中突出存在的“四不问题”,归结起来都可以从体制机制方面找到根源。浙江人才工作与兄弟省市的差距,表面上是数字的差距,但根子在体制机制上。我们要勇于改革、大胆创新,坚决破除束缚人才发展的体制机制障碍,不断提升我省人才核心竞争力。当前,要着重研究五个方面的问题:

一是人才培养机制方面。总体上我们办法不够多,主要靠评,真正培养方面工作做得较少,包括一些培养工程、项目也有评审化的趋向,培养作用发挥不够充分。当然这里的原因是多方面的,但人才培养不能靠“评”一种手段,评是“评”不出真正人才的。我们要遵循人才成长规律,拿出更加科学、管用的举措,支持各类人才成长发展、脱颖而出。

二是人才评价机制方面。目前人才评价中重学历、重论文、重课题、重奖项的倾向还没有根本扭转,制约了各行各业创新活力的激发。我们要以“革自己命”的勇气,对人才评价的标准、政策和机制进行系统改进和完善,真正确立以业绩论英雄、以转化实绩论英雄的导向,鼓励人才把论文写在车间里、写在流水线上,使更多的成果走出实验室、走向市场。

三是人才流动机制方面。让一流人才到企业去,这些年我们做了大量的工作,但真正有效的机制还没有建立起来。鼓励企业引进人才、留住人才、用好人才,特别是体制内人才怎么样向体制外、向企业有序流动,需要有一套管用的制度,包括社保制度如何配套、人才的后顾之忧如何解决等。我们要深入研究,优化配置,引导人才走向经济建设主战场。

四是人才引进机制方面。新华社报道,中国流失的顶尖人才数量居世界首位,其中科学和工程领域滞留率平均达87%。现在人才争夺愈演愈烈,很多国家纷纷加大人才吸引或留置力度。如何吸引人才“回流”,我认为要解决一个待遇机制问题。待遇是硬“环境”。待遇决定人才流向,没有一流的待遇,吸引不了一流的人才。这几年江苏、广东引进人才力度很大,其中优厚的待遇,特别是灵活的待遇确定机制是重要原因。还要解决一个信息对称的问题。现在大家都想引进优秀的人才、团队。但领军人才、一流团队在哪里,哪些是符合浙江转型升级需要的,我们缺少这方面的信息。解决这个问题需要一个机制,比如发挥企业的信息优势,比如依托咨询机构和猎头公司等,来提高人才引进的效率。

五是人才创业机制方面。加快培育数以万计科技型、创新型的新生代浙商,是创新驱动发展的重要内容。这方面我们有很多成功的例子,像阿里巴巴的马云,像余杭区引进的丁列明博士,他研制的肺癌小分子靶向药,被誉为民生领域的“两弹一星”。还有康恩贝的胡季强、数控机床专家潘旭华等。前段时间我到西湖区调研,留下街道有一个福地创业园,集聚了一批年轻大学生在那里创业,势头很好。但目前我们支持创业创新的力度还不够,一些政策没有很好落地,像小额担保贷款政策在一些地方鲜有人问津。我们要加大扶持力度,推动创业促创新。

二、以奋发实干的状态抓好下半年工作任务落实

（一）全力以赴打好高校毕业生就业攻坚战。今年这项工作可以用“三个前所未有”来形容:形势严峻程度前所未有,领导重视程度前所未有,社会关注程度前所未有。今年我省应届高校毕业生26.81万,加上历年未就业和外省来浙求职的人数，总量将超过40万。5月底签约率为50.8%，同比下降4.3个百分点。两组数据一升一降，确实不容乐观。高校毕业生就业不单单是个民生问题、经济问题，还关系到社会和谐稳定。熊建平副省长6月4日来厅里走访调研时说："大学生就业确实不一样，特别是贫困家庭大学生更是家里的希望、寄托，好不容易培养这么多年，结果大学毕业还是流落到社会上，影响确实很大。"前段时间厅里多次深入研究，拿出了一整套政策措施，接下来省政府办公厅将印发专门文件，厅里还要出配套办法，指导性意见已经印发给大家。各地要认真落实，把文件中的"真金白银"送到高校毕业生手中，帮助他们实现"就业梦"。具体要注意把握这样几点：一是把本省籍离校未就业高校毕业生作为重点，同时也要积极做好外省来浙毕业生的就业工作。二是既要有规定动作，也要有自选动作，多措并举，把省里的政策、任务落实好。厅里将适时组织专项督查。三是加强对困难家庭、残疾高校毕业生的帮扶，该兜底的要兜底，绝不让一个贫困大学生失业。四是重视创业带动就业，扶持高校毕业生自主创业特别是网络创业。各地要加强探索，扶上马并且送一程。五是注重发挥相关部门作用，加强信息互通和工作协同，形成合力。

（二）进一步把"双爱"活动做深做细做实。总的来看，绝大部分地区对这项活动高度重视，推进有力，企业和职工积极响应。但还不平衡，个别地区认识不够到位、宣传不够深入、效果不够明显。"双爱"活动包括我们提出的"六有六要"，说到底，就是坚持了劳资权益双维护的原则，坚持了企业与职工的主体地位，体现了社会主义市场经济条件下劳动关系的本质要求。这是今后我省劳动关系工作的"纲"，"双爱"活动开展好了，劳动关系也就和谐了。我向李强省长汇报时他就说，"双爱"活动的内容比较全面，要作为劳动关系工作的总抓手，切实抓实抓好抓出成效。下半年，省厅将适时召开经验交流大会，总结推广各地的经验、做法，并评选表彰一批先进企业、先进职工和先进工作者。先进的经验、典型哪里来，关键看我们工作做得怎么样。各地务必把"双爱"活动作为重中之重，加强与就业、社保、劳动监察、收入分配等工作的协同，深入推进，再创浙江劳动关系工作新品牌。

（三）大力培养引进高层次人才。高层次人才对科技创新具有引领作用。我们要按照全会的部署，一手抓培养，一手抓引进，努力打造高层次人才新优势。重点抓好以下工作：一是会同相关部门研究制定产业教授（研究员）实施方案。从企业中遴选优秀研发人才，到高校、科研院所参与课题研究和人才培养。二是支持省级重点企业研究院引进"海外工程师"。对到我省企业研究院工作的高层次外国专家，给所在企业10万元的年薪资助。目前政策已经出台，要尽快付诸实施。三是大力培养引进优秀创新团队。加强对省重点创新团队的培育，同时，探索开展人才猎头中介服务，争取每年引进1—2个真正高水平的团队。这里我强调一下加强对引才活动跟踪的问题。厅里和各地每年都组织企业到海外或省外开展引才活动，这些活动效果怎么样，事后要跟踪、要评估，特别是对现场达成的合作意向，一定要跟踪落实，不能活动搞得轰轰烈烈，事后就没有下文。四是实施专业技术人员知识更新工程。这是一项实实在在的培养工作，我们要牵头抓总、做精做实，促进专技人才持续提升创新创业能力。五是深化企业博士后工作。全省现有140家国家级工作站、199家省级试点单位，已成为推进产学研结合的重要平台。今年争取再建30家工作站，新引进200名左右博士后。这是我们直接为经济建设服务的一项工作，要争取党委政府重视，进一步加大投入，提升质量。

（四）加强高技能人才队伍建设。全会提

出到2017年新增高技能人才100万名，这意味着年均要新增20万名。从现在开始我们就要倒排进度、倒排工作，有条件的要争取多增一点、增快一点。既要做大增量，为高技能人才队伍提供“源头活水”，又要提升存量，提高现有600多万技能人才的水平。一是全面推行企业技能人才自主评价。去年我们在298家企业搞试点，实践证明效果很好。今年扩大到所有符合条件的企业，重点是2000家规模以上企业。各地要解放思想、相信企业，大胆把评价权交给企业。二是广泛开展岗位大练兵技能大比武活动。今年省里的计划是1000家企业、50个职业工种。各地要结合实际，积极发挥相关部门和行业协会的作用，组织多种形式的比武练兵活动，要形成声势。三是加大企业员工技能培训力度。深化校企合作，推进面向企业的订单式培养，帮助企业员工提高技能。四是夯实基础。建设一批有影响的技工学校和公共实训基地，特别在机器、设备等硬件方面，要舍得投入，用一流设备造就一流技术工人。

（五）严格做好参照管理审批工作。参照管理审批只能从严、不能从宽。目前我省参照管理人员占比已超过20%，克强总理上任之初“约法三章”，其中一项就是本届政府内财政供养人员只减不增，我们要有高度的政治自觉。我反复强调，审批工作一定要严格把关、认真审核。各地也要严肃纪律，严格按照权限和程序办事。目前看来，随着这项工作进入扫尾阶段，一些矛盾、问题集中涌现。各地在申报过程中，要加强与机构编制部门的沟通，对职能划分不清、承担的职能与履职的人员不对应的，不能列入参照管理。6月份之后，新提出要求纳入参公序列的机构，省里原则上不再新开口子。对因国家、省机构改革以及新的法律法规授权等因素产生的、确有必要申报参公的机构，我们将按规定条件酌情进行审批。

（六）高度重视工伤预防工作。我省工伤保险参保人数占全国总数不到10%，但每年工伤人数却占全国近20%，这与我省产业层次、用工结构和劳动力素质有关。工伤事故高位运行，不利于企业发展和社会稳定，同时也给基金支付带来巨大压力。高发生率、高赔付率，这不是目标，在降低工伤发生率的前提下逐步提高待遇，才能可持续。因此，要高度重视工伤预防工作，从源头上把工伤发生率降下来。这方面宁波、安吉等地作了一些探索。根据工伤事故发生情况实行浮动费率，发挥费率的杠杆作用，事故多的提高费率，事故少的降低费率。还有一些办法，比如对工伤发生率高的企业主进行约谈，比如与卫生、安监等部门配合，强化安全生产等，各地要积极探索。今年部里将开展工伤预防试点，每个省选择2个市，我们的想法是扩大到所有市，并适时召开现场会推进这项工作，同时强化考核，重点考核千人工伤事故发生率，力争通过几年的努力，改变工伤事故居高不下的局面。

（七）深化事业单位改革。目前事业单位改革已经进入“深水区”。新的改革要啃“硬骨头”，已经实施的一些改革如果配套措施不跟上，也会流于形式甚至退回原点。当前有三项工作要抓紧着手：一项是行政审批前置中介服务事业单位改革。省委省政府提出，今年要围绕行政审批制度改革动几个大的“外科手术”，中介服务事业单位改革就是其中的一项。这也是一个难点问题，特别是转企改制，涉及职工切身利益，极易引发矛盾。这项改革我厅牵头，编办、财政共同负责，各地也有这方面任务。我们要按照省里统一部署，积极稳妥地推进，该转制的抓紧转制，该剥离的抓紧剥离，该脱钩的抓紧脱钩，同时妥善处理各种关系，过细工作，完成好这项改革任务。一项是事业单位人事制度改革。随着人员聘用、岗位管理制度的入轨运行，事业单位的人事管理机制得到一定程度转变。但如何强化竞争激励，避免“一聘定终身”、“养懒汉”,还有不少工作要做。这个问题不解决,改革就没有真正成功。这里很重要的一条,就是要建立岗位聘任考核制度,强化岗位考核和动态管理,真正使能者上、庸者下,激发创造活力。还有一项是事业单位养老保险制度改革。每年全国“两会”之前,“双轨制”问题都是社会关注的热点。十八大报告对改革完善企业和机关事业单位社会保险制度有明确要求,目前人社部正着手这方面的调研。这项改革如何推进,关键在顶层设计,但我们也要超前谋划,做好相关政策、措施的储备。

(八)认真落实事业单位绩效工资政策。2011年底,我省已基本完成绩效工资“三步走”任务。但随着实施工作的推进,制度本身的一些问题逐渐显现,也引起了一些反映。今年以来,经过集中调研,广泛听取意见,我们出台了进一步搞活事业单位绩效工资分配的指导意见。在上一轮“规范统筹”的基础上,实行“规范统筹”与“搞活激励”并举,基本思路是“总量控制、自主分配、优绩优酬、保住底线”。绩效工资在总量控制的前提下,交由单位自主分配,并与绩效考核相挂钩,同时守住考核合格在职人员的收入水平原则上高于同职级退休人员这一底线。上个月厅里已经作了部署,各地要吃透精神,尽快把政策落实下去。实施过程中,既要落实搞活的要求,又要防止单纯为了追求经济效益、创收而搞活;既要坚持总量控制,又要指导事业单位理顺内部分配关系,不搞平均分配;既要发挥单位主体作用,又要发挥行业主管部门的调控作用,避免出现“一管就死、一放就乱”的情况。

(九)积极推进信息化建设“省集中”。所谓“省集中”,简单地说,就是全省“软件统一、真实采集、分级存储、实时传输、共享使用”,实现对人员动态管理、对服务实时支持,这是今后一个时期我省人力社保信息化建设的基本方向和核心任务。信息化建设是一项重要的基础性工作,也是我们的优势所在。当前,我们工作越来越呈现出全覆盖、跨制度、跨城乡、跨区域的趋势,社会民众对公共服务不断提出新要求,政府决策越来越依赖于对数据的精确分析,要适应这种趋势,就必须把信息化这面旗子树得更高一些。现在是云时代、大数据时代,所谓“大数据”,就是“一切皆可量化”,海量的数据、爆炸的信息,使得各领域决策包括政府决策,将日益基于数据和分析来作出,“省集中”就体现了这个要求。全系统要按照“统筹规划、分步推进、上下联动、保障安全”的要求,坚定不移地朝着“省集中”迈进,牢牢掌握未来发展制高点。接下来省厅将制定“省集中”的中长期规划,明确路线图、时间表,各地要积极做好系统、数据等方面的准备,确保“省集中”有序推进。

(十)认真做好外来务工人员相关工作。目前我省约有960多万外来务工人员,初中及以下学历占80%以上。外来务工人员曾经为浙江发展做出过积极贡献,但浙江发展到现在这个阶段,显然不能再靠低成本的劳动力。大量低端劳动力挤在低端产业,不仅增加了产业转型升级的难度,而且还给社会管理带来诸多问题。去年我到厅里不久,果断叫停了与外省的劳务对接活动,明确今后不再组织企业到外省招揽低端劳动力。但这只是一个方面,怎么样让外来务工人员回流,包括企业用工层次、劳动力市场的层次如何提升,我们可以做什么,各地要结合实际进一步探索。同时,还要考虑企业缺工的问题。转型升级有一个过程,不可能所有企业一夜之间都转型升级了,对普工和低端劳动力一定时期内可能还是有一个比较大的需求,这个矛盾该如何解决。比如加强省内欠发达地区与发达地区的劳务对接、加大农村转移劳动力培训、引导高校毕业生到企业去等等,我们要动脑筋、想办法。

此外,我再强调一下台湾大学生来浙江暑期实习的事情。今年夏书记在对台工作会议上要求继续开展这项活动。主要是有实习任务的7个市，思想上要重视，因为这里涉及一个两岸关系，不能作为一般的实习任务来对待。保障上要有力，专人负责、周密部署，保证台湾学生的人身安全、财产安全、政治安全。服务要到位，让台湾学生在浙江安心学习，学有所得。

三、围绕"过得硬、打胜仗"抓好系统干部队伍自身建设

夏书记在5月31日全省干部队伍建设会议上明确提出，要建设一支"过得硬、打胜仗"的干部队伍。我理解，"过得硬"就是干部作风要过硬，"打胜仗"就是要有干事成事的能力。我们要对照这一标准，结合深入开展党的群众路线教育实践活动，加强提高自己，带好管好队伍，为完成全年任务提供坚强保证。

（一）提升精神状态，做"狮子型"干部。精神状态是干事创业的前提，精神懈怠是最大的危险。领导干部的精神状态决定一个单位的精神状态。"兵强强一个、将熊熊一窝"。"一把手"精神状态好、为人正，这个单位的战斗力、执行力就会强，作风会正，会有团结向上的正气，"人正道正、道正人正"就是这个道理。夏书记多次强调"狮子型"干部，要求激情干事、勇于担当、善打硬仗。蔡奇部长对"狮子型"干部有全面阐述：充满智慧，善谋与驾驭全局；勇往直前，克难攻坚；团队作战，带好班子与队伍；坚守领地，为党委政府站岗放哨；具有王者风范，以实绩与品行树立威信。当前我们任务很重，既要努力完成全年工作目标任务，又要推动人力社保事业改革创新，不但要"循吏"，更要"能吏"；不但需要"老黄牛"式干部的"韧劲"，更需要"狮子型"干部的"闯劲"。希望大家保持干事创业的激情，戒骄戒娇戒空，带出一支敬业为民、创新实干、高效清廉的干部队伍。

（二）转变工作理念，做解放思想的干部。创新驱动发展，本身就包含解放思想的要求。没有思想的大解放，就不可能有创新的大发展。人力社保工作要承担起服务创新驱动、服务"两富"浙江建设的使命，同样要解放思想。思想如何解放，我认为关键是把握好"三个有利于"。第一是有利于事业发展。现在我们最大的事业是什么？就是"两富"现代化浙江，就是干好"一三五"、实现"四翻番"。只要有利于"两富"浙江建设，有利于"四翻番"实现，就要大胆地去想去做。目前我们在用的文件超过1000个，时代在变、实践在变，如果总是习惯于找政策、找依据，不敢越雷池半步，我们的事业就不可能发展。前段时间，省委省政府提出支持"个转企"、"小升规"，如果我们死守规定，没有作为，能行吗?！所以，必须要敢于突破条条框框，突破的标准就是有利于事业发展。第二是有利于广大民众。我们是一个特别贴近民生的部门，无论是出政策还是想问题，心里都要装着老百姓，从大多数人的利益出发，为大多数人服务，多想想如何造福百姓、方便群众。包括为人才服务、为机关部门服务也是如此。有时候我们举手之劳，就能为老百姓解决大难题；我们笑脸相迎，就能在老百姓当中树立党和政府的良好形象。厅人才对外联络处主要工作在北京，我交代他们除了要为厅里搞好服务外，还要为市县引进人才服务，今年联络处帮助舟山、衢州做了一些工作，下面同志专门跟我讲对联络处的工作感到满意。我们就是要多办这样的好事、实事。第三是有利于问题解决。当前我们既面临许多历史遗留问题，也面临不少发展中产生的新问题，对此我们不能回避，不能遇到困难绕着走，特别是不能简单地说"不"，而是要多想想怎么样才"行"。比如信访问题，李强省长说过，信访工作是体现作风建设的重要窗口，要把工作的着力点放在联系群众、解决问题上。现在一些信访问题不是完全没有道理，无理取闹的毕竟是少数，我们要想办法，积极从源头上解决。再比如企业军转干部的问题，我们要主

动换位思考,对确有困难的要个案解决。总之,要按照“三个有利于”要求进一步解放思想、转变理念、形成文化,推动工作不断与时俱进。

（三）善于见微知著,做研究问题的干部。有没有强烈的问题意识,能不能发现问题、研究问题、解决问题,这是领导干部的基本政治素养,也是重要的工作方法。当前摆在我们面前的问题不少,比如老百姓对民生保障有很多新期待,如何守住底线、保证重点;比如在腾笼换鸟、机器换人的背景下,充分就业如何实现;比如企业欠薪如何防范,职工如何更加体面地劳动;比如社保基金尤其是医保基金如何安全运行;再比如人才培养引进工作如何创新,评价机制如何完善等等。有问题不可怕,关键看我们有没有发现问题的智慧、直面问题的勇气、解决问题的本领。不去发现、研究、解决,问题就始终会是问题。智者见于未萌。我们确实要敏感起来,对工作中的新情况、新问题要敏感,对中心大局特别是党委政府主要领导的所思所想要敏感,对社会上的反映包括网络上的舆情要敏感,敏于思、勤于行,做一个有前瞻意识、战略思维的领导干部。

（四）坚持实干实效,做求真务实的干部。为政贵在行。实干才能兴邦。党的十八大以来,从中央到省委、省政府都反复强调实干,夏书记更是逢会必提实干,信号之强烈,令人振奋。我们要深刻领会,把精气神凝聚到实干上来。实干要察实情、摸实情。对此夏书记有过生动描述,叫眼耳鼻手脑“五官联动”。人力社保工作直接和群众打交道,更要“接地气”,只有深入了解人才的真实想法,深入了解老百姓的所思所盼,我们工作才能更加有的放矢。实干要出实招、办实事。事情都是干出来的,有唱功更要有做功。李瑞环同志说,说空话、唱高调连野猪都骗不了!全系统同志要围绕工作目标,真正把心思用在干事上,把功夫放在成事上,一天接着一天干,切实做到善始善终、善作善成。实干要求实效、看实绩。我们讲实干,是要有实效、见实绩的真实干,不是偏离目标的盲干、蛮干,否则用力越大、效果越差。当前,就是要看服务创新驱动有没有真举措,推进改革有没有真成效,老百姓满意度有没有真提高,目标任务有没有真落实。希望各地“干”字当头,以实干抓落实、求实效。特别是对交办的任务、部署的工作,一定要立说立行、及时完成,我们拖不起。

（五）时刻自省自警,做干净干事的干部。人力社保系统虽然不像有些部门握有大量的资源分配权,但或多或少也还是有一些权力,而且想“要权”、“弄权”也总是有办法的。有权力就会有风险。去年以来,我们系统被立案查办的违法违纪案件有32件,涉案33人,涉及两名副厅级干部,每个市都有1件以上的案件,其中杭州7件(萧山5件),宁波4件、温州6件(苍南4件)、湖州和嘉兴各3件;从领域看,医疗保险方面7件、工伤保险2件,其中东阳工伤骗保案,一个人侵吞100多万,影响极坏。在座的局长都是党风廉政建设第一责任人,要切实警醒起来!特别是案件多发地区的“一把手”,要深刻查找原因,平时是不是经常提醒“拉袖子”,教育是不是到位、防控机制是不是健全,要做到举一反三。当然作为“一把手”,首先自己要过硬,能站得稳立场,挡得住诱惑。此外,对案件高发的医保定点、社保基金等领域,要从制度上反思。预防和反腐败,关键要靠制度,尤其是要建立阳光透明的权力运行机制。一个清醒的领导都会欢迎“阳光政务”,阳光是最好的防腐剂,权力越公开,廉政风险就越小。今年“阳光政务”的重点是推行网上办事,各地要抓紧准备硬件环境,梳理首批上网事项,全省争取下半年完成。

袁中伟副厅长在全省人力社保依法行政工作座谈会上的讲话（摘要）

（2013年7月2日）

一、对政策、法规的一点认识

前一段时间，我正好处理一起信访案件。案情很简单，有一名企业职工在1989年的时候因为“累计”旷工28天，被单位根据国务院相关法规的条款除名。但前几年，他发现国务院的规定是：连续旷工15天或累计旷工30天，可以除名。于是，他拿着国务院的法规和单位当年“累计旷工28天”的除名决定找到单位，单位看后表示“我们处理错了，但恢复工龄要劳动部门同意”。当他找到劳动部门时，答复是：根据省劳动厅2003年的一个批复：单位处理错了改正的，劳动部门不认可。这样，他就开始了对我们人力社保部门的信访，要求解决问题。后来信访材料到了我这里，本来我想两份白纸黑字的材料在，又是国务院法规明确的，应该容易解决。但直到现在仍未解决。由此，我感觉到一个问题：政策文件的力量太强大了，各级基本是按政策行政。而这恰恰是我们不能依法行政的重要原因，也是我们现在上访和官司不断增加的重要原因。

因此，对于我们系统从事政策法规工作的同志来说，应当首先认识到政策与法律法规是有区别的，政策与法规实际上是两码事！国家人社部法规司和政策研究司就是分设的。两厅整合时，我们也想分设法规处和政研处，后考虑机构等因素，只设了政策法规处，但给了七个编制，分别承担法规和政策研究的职能。因此，作为我们从事政策法规的同志，既要看到二者的联系，更要看到二者的区别。那么政策和法规到底有哪些差别呢？我初步归纳了七点差别。

第一、制定目的不同。政策主要是以解决已经存在的实际问题为目标的。比如说我们前年出台三个政策文件，就是为了解决养老方面多年存在、并严重影响社会稳定的“历史遗留问题”而制定的；法规主要是以预防和解决今后可能发生的问题为目标的。比如对外开放，外资要进来，我们就要针对可能出现的问题设计制定一整套规定和程序，形成法律法规和体制机制，来依法预防及处理这些今后可能出现的问题。

第二，制定主体不同。政策往往是由政策执行者自己制定，领导决定，并以红头文件的形式下发执行的；法律法规，理论上是由被法律法规规范的老百姓自己制定。在我国，现阶段主要是由代表人民权力的人大常委会和国务院，依照法定程序制定，并向全社会公布施行。国外现代国家的法律都是由老百姓选举的议会制定公布，然后交给执法者来执行。此外，在我国法律法规只有中央和省及较大的市才能制定；而红头文件却是哪一级都可发。

第三，调整范围不同。政策往往是针对部分群体制定的，是根据问题调整部分群体的利益。有句话叫“没有特殊就没有政策”，但特殊就容易带来不平衡和上访；法律法规是本着公平正义原则，针对所有群体的利益制定，并对所有的群体适用。

第四，刚性程度不同。政策的执行相对灵活、变通，不太讲究程序；法律法规的执行就比较严格、不可变更，而且每一个环节都要严格依照法定程序。

第五，稳定性不同。政策的有效期比较短，会随着情况变化做出相应调整。所以说“政策像月亮，初一、十五不一样”；法律法规的规范时效是长期的、稳定的。不经过法定程序的修改或废止，法律法规的规范就始终是有效的。

第六，执行主体不同。政策的执行主体往往根据制定政策部门的工作职能来确定，并且可以授权；法律法规的执行主体就比较严格、明确。比如，在依法处理交通违法行为时，公安警察有法定处罚权，而协警没有处罚权。因为交通管理方面的法规没有授予协警执法权限，他就不是法定的执法主体。

第七，执行过程不同。政策执行过程相对比较封闭；法律法规的执法过程要求公开，接受监督。当然，还有其他差异。虽然政策和法律法规有这么多不同，但我们必须清醒地看到，在现阶段，政策在我国的行政行为中还是起到重要乃至主要作用。我们法院和仲裁机构在审理案件时，政策是作为重要依据的。所以，我们在制定政策时，一定要慎之又慎，真正做到如毛泽东同志要求的“政策和策略是党的生命，各级领导同志务必充分注意，万万不可粗心大意”！

二、推进依法治国是一个漫长的过程

中国从鸦片战争后进入了一个剧烈动荡的时期。在中国几千年历史上这样的时期也就两个，一个是春秋战国大约持续了400年，另外一个就是从1840年鸦片战争开始到现在还在持续，估计也要三、四百年。在这期间，中国从一个封闭的封建帝国到半殖民地半封建国家，再到新中国建立，再到改革开放，现在正在逐步向现代法治国家迈进。这将是一个漫长的过程。而治国的形式，也从依人治国到依政策治国，再逐步到依法治国。这同样是一个漫长的过程。这期间各种矛盾、力量、因素等等都会产生作用，今天我们不讨论。我这里只对搞政策法规的同志讲三层意思：

第一、我国当前还是“依政策行政”为主。当前，我国的政治、经济、社会、文化都处在一个快速转型期，发达国家几百年里遇到的矛盾和问题在我们几十年里集中反映出来了。大量急需解决的矛盾和问题，现阶段我们只能通过大量的政策来加以解决或者说加以缓解，也确实通过政策解决了大量的问题。所以说“依政策行政”是我们这个历史阶段的一个特征。此外，我们知道，欧洲文艺复兴之后，资本主义国家逐渐形成了大陆法系和英美法系两大法系，英美法系以判例法为主，大陆法系以成文法为主，即根据法条的具体规定来处理案件。新中国成立后，我国比较接近大陆法系。但大陆法系的一个最大的弱点是法律法规不可能穷尽所有的、千变万化的社会现象，处理案件时不可能从法条中一一对应。所以在现阶段，我国的政策对法律的补充作用是必需的、不可或缺的。

第二、我国正在以越来越大的力度推进“依法行政”。改革开放以来，市场经济高速发展，城市化大力推进，公民社会日益成熟，和世界的联系越来越紧密，所有这些都对“依法行政”提出了更高的要求。特别是党的十六大明确提出，中国共产党要从革命党向执政党转变。作为执政党就应该也必须依法行政，而不能长期主要依政策行政。

第三、我们将长期在依法和依政策的混合体中行政。我国现在还远不是一个法治国家，但正在积极地进行法律法规建设，大力地推进依法行政。总的说来，在这种混合体中行政，作为行政的执行者（政府工作人员）比较喜欢依政策行政，作为行政的被执行者（老百姓）比较喜欢依法行政。

弄懂了这些，我们作为人力社保系统从事政策法规的同志，就会明白省厅全力推行“阳光政务”的重大意义。推行“阳光政务”，实际上是一个问题的三个方面。一方面转变了行政服务方式，方便老百姓和企业办事；另一方面，不管是依政策行政还是依法规行政，我们都把权力放在了阳光下，都是对我们行政工作的有效约束和监督；同时，还是我们推进全系统依法行政的重要抓手。

三、作为人力社保政策法规工作者应该怎么办

改革开放以来，在全国全省“发展是硬道理”的快速推进中，由于当时缺乏法律法规，也不可能有完善的顶层设计，只能靠“摸着石头过河”。这既是我们三十多年来最大的优势，也是我们最大的历史遗留问题。可以这么说：碎片化且不断变化的政策、针对性选择性变通性地执行、部分感觉不平衡人群的上访、过段时间针对部分人群政策的改变和执行……。如此循环，已经是并在相当长时间内仍将是常态！我们政策法规工作者应该清醒地认识两点：漫长的过渡期不可能一切圆满；但我们有责任做好本职工作，全力推进依法行政。

回顾历史，放眼未来，人力社保事业乃至整个党和国家事业的发展，最终要过一个坎一个坡，那就是“依法行政”、“依法治国”。而我觉得，要过这个坎和坡的最大问题，就是我们各级对原先没有严格依法或依程序处理的案件，如何依法正确处理解决好。我想，如果我们能够解决好这类问题，这就是我们系统依法行政的一个突破。我们就是要有一种理念，就是要有“用失去自己的面子，换回我们依法行政”的习惯。习惯是逐步养成的，我们按照法治要求办事多了，就会形成依法行政的习惯，换回法律法规的尊严和法律法规的权威。长此以往，人力社保依法行政工作就会突飞猛进。那么，我们应当如何履行自己职责呢？

（一）作为一名政策工作者，我们要围绕党委和政府的中心工作履行好政策工作者的职责，努力成为：

1. 人力社保工作政策的研究者。这不仅要对人力社保领域相当熟悉，要深入客观地调查研究，还要求从事政策研究的同志，要永远树立公平正义的价值观，始终用冷峻的思维来勾画人力社保政策的发展方向和宏观框架。

2. 人力社保领域政策制定的牵头者。根据职能分工，往往政策文件先由业务处室起草，但政策工作者不但应当全程参与，政策法规处更应当是政策制定的牵头者、协调者。

3. 人力社保领域政策制定的把关者。政策制定过程中一些关键政策的最后把关，政策法规处的同志必须负责，绝对不能推脱责任。

4. 人力社保领域政策制定者的培训者。这一点很重要。政策法规处一定要对各级和各业务处室的同志加强政策制定的培训，使这些政策制定者更加专业，更加宏观，更加谨慎。

5. 人力社保领域政策执行的监督者。政策制定以后，主要由业务处室执行。执行过程中，到底有没有问题，哪些方面出了问题，这就需要我们政策法规部门去监督，这对你们的工作水平和政策法规水平都提出了很高的要求。

6. 政策执行情况的反馈者。执行政策的过程中不可避免会出些问题，业务处室由于视野的局限，对这些问题的影响和责任往往缺乏全局的把握。政策法规处是综合处室，你们是把握全局的，不管什么意见，都必须客观公正，一定要发挥好对领导决策的参谋作用。

7. 人力社保领域政策的解释者和宣传者。在日常工作中，经常会碰到政策适用的咨询与释疑，还有12333咨询热线、厅长信箱等政策宣传平台，虽然对各项工作，相关业务处室都有解释的权利，但是说到底，业务处室还是以你们的意见为口径的。政策法规解释权在哪里,就在政策法规部门。你们确实工作多、责任重。

此外,政策法规部门还是人力社保领域政务公开的主要执行者。省厅推行的阳光政务工作,就是政策法规处和监察室牵头抓总,在全省范围内开展起来的。政务公开的内容还有很多,平台和载体也有很多,我们要履行好主要执行者的职能。

(二)作为法规工作者,在推进依法行政的过程中,要履行好法规工作者的职责。

作为人力社保法规工作者,我们必须要树立两个理念。第一,我们是人力社保法律法规的最后捍卫者。永远要有捍卫法律法规的勇气、决心、能力、智慧。我们经常看到这样的画面,"我虽然不同意你的观点,但我誓死捍卫你说话的权利。"这反映了对法律法规的忠诚。第二,我们是人力社保领域维护老百姓公平正义的最后防线。这两条是我们法规工作者应当具备的理念和思维。在这样的理念和思维下,我们在处理日常"政策、法规"工作时,要做到以下七个方面:

1. 政策要严格服从法律。作为一名法规工作者,这是最基本的法律常识,也是最起码的工作要求。但要真正做到也不容易。所以我刚才讲了,要有勇气、决心、能力和智慧!法律有明确规定的情形下,必须严格服从法律的规定。

2. 要严格按照法定程序来执行。程序十分重要。我提出过一个观点:体制决定机制,机制决定激励的强度和方向。体制由三个要素组成:规范(政策法规)、机构、程序。但在实际工作中,同样的规范和机构,由于执行程序不同,结果就可能完全不同,激励的强度、特别是激励方向都会发生变化。我们搞法规工作的同志,一定一定要重视"程序"!

3. 法规执行过程中政策不能取代法律。一项法律法规出台后,还要出台实施法律法规的配套政策。这是我国现阶段政策补充作用的一种主要表现。但我们必须明白,执行的是法律,并不是配套政策。政策不能违背法律,政策只是实施法律的一个补充。在这一点上,我们要严格把好"实施意见"关,要严防政策取代法律法规。

4. 对违法行为必须及时纠错。不管何种原因,一旦发现违法行为,就要坚决纠正。特别是我们法规工作者,要严格按照法律法规来办,规定怎么样就怎么样,汇报的时候要和领导讲清楚。参会的有很多分管局长,大家都要好好考虑如何建立纠错机制问题。我们一定要建立起这样的机制,通过纠错,让违法者承担法律责任,让他付出代价,以后不敢再犯。

5. 切实做好预防和化解行政争议工作。顺江厅长提出了两点要求,第一我们不能打官司,第二打了也不能输。大家要正确理解这两句话的意思,第一,只要我们日常工作是严格依法办事的,很多问题就不会走到打官司这条路上来;第二,只要我们日常工作是按照法定程序办事的,即使打了官司也不会输。要用行政执法过程中的事实和法律说话,千万不要靠我们关系好,这是没用的。在日常工作中依法和依程序办事才是最基本的,这是"不打官司"和"不输官司"的前提条件。

6. 建立行政违法问责机制。如果出现违法事例,要及时依法纠错,也要依法问责。要让这些同志在执法或执行政策的时候,三思而后行。我们现在发生的案件,很多都是基层办事科员惹的麻烦,但一级一级上来,厅长却成了被告。实际上,有些事基层科员并没有严格依法或依程序办,形成争议后,又一级一级往上推,最后反要省厅来承担责任。以后,谁的错就应当谁来承担责任,谁经办谁负责,谁签发谁负责。省厅不会帮着袒护,不承担市县的过错责任。去年发生过这类复议案件,顺江厅长就专门交待,严格按照法律规定办,谁的问题谁承担责任,该赔就得赔,错了就得自己纠正。此外,法规处要研究一下，怎么在我们系统内部建立违法问责机制。

7. 加强案例培训。案例是鲜活的例子，这样的培训效果最好。制定和执行政策要培训，执行法律法规政策也要培训，最好都通过案例来培训。通过培训，让大家知道违法要承担什么样的法律后果，用案例告诉大家违法的直接成本，提高培训实际效果。

同志们，我们处在历史发展长河中难得的突变期，在这几百年剧烈变化的过程中，一代人有一代人的责任和使命！能有机会亲身参与我们国家法治社会的建立，特别是有幸在一个事关全体老百姓切身利益的人力社保行政机关从事政策法规工作，既是三生有幸，也是责任重大，更是使命光荣！只要我们认真使命，自觉肩负起历史的责任，积极推动法治化进程，我们从事政策法规工作的同志，在回首的时候，就不会因碌碌无为而觉得羞耻。

黄亚萍巡视员在浙江省发展家庭服务业促进就业联席会议第三次全会上的讲话(摘要)

(2013年5月3日)

一、充分肯定2012年家庭服务业工作成效

2012年,我省认真贯彻落实国家有关文件精神,按照发展家庭服务业促进就业部际联席会议统一部署,以开展年度千户百强家庭服务企业创建活动为抓手,进一步健全发展家庭服务业机制,加大政策扶持力度,优化企业发展环境,推动家庭服务业发展取得新进展。全省家庭服务业行业规模有所扩大,服务领域更加广阔,服务质量不断提高,就业贡献持续增长。2012年全省家庭服务业新增从业人员约9.8万人。比上年增长22.5%。

(一)工作机制更加健全。一是健全工作协调机制。继省发展家庭服务业促进就业联席会议制度成立后,各市基本建立了发展家庭服务业工作联席会议制度。有关县(市、区)也建立相应的发展家庭服务业工作协调机制。二是形成部门工作合力。联席会议各成员单位密切配合,相互协作。发展改革部门编制服务业中长期发展规划,研究家庭服务业促进就业的产业政策;民政部门依托城乡社区,发挥管理服务优势,加强社会养老服务体系建设;财政部门认真研究家庭服务业发展的财税政策措施;人力社保部门积极开展“双爱”活动,构建和谐劳动关系,有力维护家庭服务从业人员合法权益;商务部门开展家政网络平台建设,工会积极参与家政服务培训工作,妇联、共青团组织等积极协助相关工作,确保各项工作顺利开展。三是省联席会议办公室积极履行协调职责。传达落实全国会议精神,研究部署年度工作任务,召开联席会议成员会议、家庭服务业工作座谈会等等,认真听取部门和地方意见,做好全省发展家庭服务业工作。

(二)政策环境持续改善。一是完善政策措施。认真贯彻落实国办发〔2010〕43号和浙政办发〔2011〕132号精神,各地结合实际制定扶持政策措施。目前已有宁波、温州、嘉兴市出台地方政策,其他市将家庭服务业纳入就业扶持政策范畴。二是制定配套政策。省人力社保厅联合省财政厅印发了《关于员工制家政服务企业社会保险补贴工作有关问题的通知》(浙人社发〔2012〕86号),扶持引导员工制家政服务企业发展,对实行员工制家庭服务企业给予3年期限,按企业缴纳养老、医疗、失业保险费50%标准的社会保险补贴。宁波等市结合实际,对员工制家政服务企业社会保险补贴政策作了进一步细化。三是落实已有政策。对符合条件的小型家庭服务企业给予所得税减免扶持;落实就业扶持政策,加强小额担保贷款、培训补贴等方面的支持。四是加大资金扶持力度。设立省服务业发展引导财政专项资金,重点支持服务业行业龙头企业、行业标准化建设、省级行业协会和中介服务机构发展等。杭州、宁波和金华市还设立了家政服务业专项扶持资

金,鼓励支持家政服务业发展。如,杭州市2012年共落实资金6665万元,用于财政奖励、税费减免、人员培训、社保补贴和政府购买服务等,受惠企业67家,惠及从业人员2.86万人。宁波市自2011年起,财政每年安排500万元专项资金,用于支持家政服务业发展。金华市则设立4000万元家庭服务业发展引导资金,用于人员培训及支持信息平台建设,着力扶持一批家庭服务规模企业。

(三)创建活动效果明显。一是开展了千户百强家庭服务企业(单位)创建活动。省联席会议办公室组织指导各地开展了家庭服务业基本情况调查摸底工作,推荐我省千户百强家庭服务企业(单位)参与全国评比。今年我省共有6家企业入选全国百强家庭服务企业、32家企业入选全国千户服务企业。二是开展家政服务技能竞赛活动。省人力社保厅联合省总工会、省妇联等部门开展了2012年全国女职工岗位创新技能大赛活动,选送优秀选手参加全国比赛。上述活动为企业提供了交流平台,树立了标杆和楷模,为进一步推动家庭服务业发展营造了氛围。

(四)试点城市有新突破。按照《关于加强中心城市家庭服务体系建设通知》(人社部函〔2012〕196号)要求,我省选择杭州、宁波、温州和金华四个城市开展家庭服务体系建设试点,各试点城市高度重视,按照"政策引领、市场运作、部门协同、社会参与"的工作思路,从健全机构、落实政策、提高技能、规范管理和优化服务等方面入手,积极推进家庭服务体系建设。如,金华市领导高度重视,召开专题会议,做出全面部署,印发了金华市家庭服务体系建设工作方案,提出了将家庭服务体系建设纳入就业工作主要考核内容。争取利用3年时间,建立起完善的家庭服务业体系。

(五)技能培训不断强化。通过多渠道开展培训,提高从业人员的服务和管理水平。一是抓培训重点。将家政服务、养老护理、病患陪护作为职业培训的重点。比如,人力社保部门与三替集团公司合作,开办了育婴师培训班,对培训合格者颁发职业资格证书。二是组织赴境外培训。为了开阔眼界,拓宽思路,加强家庭服务业高端管理人才培养。去年9月份,我省组织了部分重点家庭服务企业经营管理者赴新加坡参加家庭服务高端管理人才专题培训班,学习家庭服务管理的先进经验与经营模式。三是实施家政服务培训工程。财政、商务、工会等部门确定了33家家政服务培训定点单位,全年培训1.89万人。共青团组织立足自身优势,依托项目培训,探索校企、创业园区对接等培训模式,开展创业培训。妇联部门则依托各地大专院校、女子培训学校、省妇女创业就业服务中心开展家政培训,年培训家政服务员4万多人次。

(六)行业协会相继组建。省级家庭服务行业协会在相关职能部门的关心支持下,由三替集团等6家企业作为发起人,已于去年8月份顺利组建,共吸收首期会员74家企业,积极发挥其服务、协调、维权、规范和指导作用。目前,杭州、宁波、嘉兴、舟山和余姚市已经成立了相应行业协会,其他地区行业协会也在计划筹建中。

在总结成绩的同时,也要清醒地看到发展家庭服务业仍存在诸多矛盾与问题。一是家庭服务业经济总量偏小,供给能力有限,与社会需求不适应。二是行业管理体系和制度不健全,与规范化职业化要求不适应。三是从业人员素质偏低,培训力度不够,与转型升级要求不适应。四是家庭服务业市场较混乱,各方权益难保障,与发展和谐劳动关系要求不适应,等等。

二、积极推动2013年家庭服务业各项工作

2013年,是贯彻落实党的十八大精神的开局之年,也是实施"十二五"规划关键一年,要认真贯彻党的十八大和省委十三次党代会精神,按照省委省政府干好"一三五",实现"四翻

番”的决策部署，坚持为经济转型升级服务、为改善民生服务，深入落实浙政办发〔2011〕132号要求，以中心城市家庭服务体系建设为重点，以规范化和职业化“两化”建设为基础，以千户百强企业创建为载体，推动我省家庭服务业发展取得新成效。重点做好以下几方面工作：

（一）进一步完善、落实扶持政策。按照国办发〔2010〕43号、浙政办发〔2011〕132号要求，各成员部门要对现有扶持家庭服务政策逐项细化抓紧落实，同时不断研究新的扶持政策，增强针对性和有效性，进一步提高政策含金量。省级层面应抓紧制定后续配套政策，细化家庭服务劳动用工政策制度、行业规范制度及服务业专项资金使用等相关措施。继续落实好员工制家政服务从业人员的社会保险政策。

（二）强化高端管理人才培训，稳定扩大就业规模。要积极开展千户百强企业经营者培训工作，加大家庭服务业领军人才开发力度。重点做好家庭服务业高端管理人才培训，提高其经营管理水平。今年4月，省发展家庭服务业办公室联合省职业介绍服务指导中心已经举办了一期家庭服务业高级管理人员培训班，邀请了新加坡家庭服务业领域专家为全国千户百强企业经营者和各市家服办负责人授课，取得了良好的效果。年内拟再举办一期赴境外高端家庭服务业管理人才培训班，提升经营者做强做大企业能力。要把促进就业作为发展家庭服务业的主要目标。采取有效措施，鼓励帮助更多城乡劳动者到家庭服务领域就业创业，实现家庭服务业新增就业岗位7万人的预期目标。同时，进一步鼓励和支持技工院校、高等职业院校培养从事家庭服务业技能人才，为家庭服务业发展提供人才支撑。

（三）加强家庭服务业“两化”建设。要花大力气推行家庭服务业规范化和职业化建设。

是加强行业服务标准和规范化建设。培育规范有序的家庭服务市场，指导做好服务中矛盾纠纷处理工作。二是配合部际联席会议将开展的家庭服务业市场执法检查活动，做好市场执法自查工作。三是大力提升从业人员的素质和能力。继续实施家政服务培训工程。以四大重点业态为培训重点，扩大培训规模，提高培训质量。工会系统家政服务培训人数1.2万人次，培训就业率达到80%以上。妇联系统依托巾帼家政培训示范基地，年培训5000名妇女家庭服务从业人员。四是完善家庭服务行业职业标准。今年4月，人社部已启动家政服务员职业技能标准修订工作，我省也将开展职业技能标准修订工作。

（四）进一步推进家庭服务体系建设。继续督导中心城市加强家庭服务体系建设，鼓励试点城市结合实际，出台更多的措施，推动家庭服务业发展。同时今年要对试点城市进行一次全面总结评估，发挥其示范与引导作用，进一步推动全省家庭服务体系建设。

（五）强化检查，督促各地落实政策。落实政策是发展家庭服务业的保障。今年省厅将重点检查家庭服务业工作机制建立、政策贯彻落实、信息平台建设和设立行业协会等方面。各成员单位也要结合自身职责，加强对各地的工作督导，发现问题，及时整改，推动全省整体工作上水平。

（六）加强基础工作。一是按浙政办发〔2011〕132号要求，进一步加强联席会议制度建设，加强省级部门沟通协作。继续指导各地建立和完善发展家庭服务业协调机制，努力向经济发达县域延伸。二是推动市级家庭服务行业协会建设，强化协会在行业交流、人才培训、行业自律等方面作用。三是加强家庭服务业热点问题调查研究，为创新发展提供工作思路。四是加强宣传教育工作。重点宣传行业标识和行业口号，在全行业树立“把爱心送到家，把服务做到家”的优良风尚，打造行业文化，塑造行业精神，全面提高家庭服务业的社会美誉度，提升从业人员的社会责任感和荣誉感。

傅玮副厅长在2013年全省高技能人才工作经验交流会上的讲话(摘要)

(2013年4月27日)

一、充分肯定过去一年高技能人才工作所取得的成效

(一)高技能人才工作实现较大突破。一是在培养主体上有较大突破。省政府办公厅转发了省人力社保厅 财政厅国资委《关于加强企业技能人才队伍建设的实施意见》,进一步落实了相关的培训经费补贴政策,强化了企业培养高技能人才的责任。二是评价体系上有较大突破。出台了《企业技能人才评价标准化体系工作方案》,对规模以上管理规范的企业,大胆放权,允许组织专家自主开展评价,受到了用人单位普遍欢迎。三是在数量上有较大突破。据统计,2012年,全省新增高技能人才16.5万人,高技能人才的总量达到139万人,占技能劳动者的比例为20.3%,高技能人才的比例比2011年提高了1.6个百分点,全省高技能人才保持了较快增长。其中,杭州、嘉兴、宁波新增高技能人才总数分列前三位。

(二)职业培训和技能鉴定制度进一步健全。进一步加大农村劳动力、失业人员的就业培训补贴力度,积极开展企业在岗职工和紧缺职业高技能人才培训工作,全省享受政府培训补贴的劳动者达到99万人,同比增长11%,基本建立了面向全体劳动者的职业培训制度。加强职业技能鉴定基础工作,新开发调整了28个职业工种的鉴定题库,完成木雕工国家职业标准开发并已由国家人社部发布。有17家职业技能鉴定所(站)被人社部认定为首批示范职业技能鉴定所(站),职业技能鉴定工作更加规范有序。

(三)基础平台建设成效显著。一是加强培训基地建设。去年全省新建成4个国家级高技能人才培训基地,2个省级高技能人才公共实训基地,省级高技能人才公共实训基地达到16个,国家高技能人才培训基地达到6个。二是加快推进技能大师工作室建设。新建40个省级技能大师工作室,全省技能大师工作室达到60个,并已形成省、市、县三级技能大师工作室网络,带动了一大批技术工人学习技能、提升技能。三是进一步推进技工院校建设。制订下发了技工院校一体化教学改革工作指导意见,制订出台了技工学校教师正高级专业技术资格评价条件和评审办法。下发了《浙江省应征入伍服义务兵役技工院校学生学费补偿暂行办法》,明确高级技工学校和技师学院在校生、应届毕业生服义务兵役的,实行免学费政策,这在全国技工院校中尚属首例。2012年技工院校招生3.6万人,毕业生2.7万人,就业率98%。开展社会培训人数达到27万人。

(四)技能大赛取得丰硕成果。会同省教育厅、经信委、财政厅、国资委、总工会、团省委等有关单位开展了全省技能大赛系列活动,一大批优秀选手脱颖而出。全省105人获得浙江省技术能手,其中4人被授予省"五一劳动奖章"荣誉称号。同时,国家级赛事成绩突出。

在第四十二届世界技能大赛选拔赛上，我省有5名选手参加了最后一轮集训和选拔活动。在第四届全国技工院校技能大赛上，我省获团体总分第4名。在第四届全国水利行业职业技能竞赛上，我省获团体总分第2名。

二、深刻认识高技能人才工作面临的新形势新要求

当前，高技能人才工作既面临着难得的发展机遇，同时也面临着一系列新使命、新挑战。

（一）机遇来自于省委省政府对职业能力建设工作的高度重视。近年来，省委省政府高度重视职业能力建设工作，相继出台了《浙江省高技能人才队伍建设三年行动计划》、《关于加强职业培训促进就业的实施意见》、《关于加强企业技能人才队伍建设的意见》。最近，经省政府同意，我们又联合有关部门下发了《关于开展企业岗位大练兵技能大比武活动方案》。新一届政府组成后，卢子跃副省长明确把加强高技能人才队伍建设，作为他牵头的重点工作。省委人才办今年也首次将高技能人才列入对党委政府人才工作的考核目标体系。这些重视和支持为我们做好职业能力建设工作指明了方向，明确了道路，提供了动力。

（二）使命来自于经济社会发展的迫切需要。经过三十年来的改革开放，我省经济社会生活发生了深刻变化。劳动力人口拐点已显现，农村劳动力由富余趋向短缺，人口红利在逐渐消失，劳动力总量供大于求的尖锐矛盾逐步向就业结构性矛盾转变，劳动者对技能培训的需求将越来越迫切。加强职业技能培训，大力提升劳动者技能水平，既是支撑产业发展、推动经济发展更多依靠劳动者素质提高的题中之意，也是提高劳动生产率、增强企业核心竞争力的关键因素。我们必须要顺势而为，着力做好本职工作。

（三）挑战来自于工作中还存在许多困难和问题。突出表现在四个方面，一是政策制度有待创新。高技能人才在培养、使用、激励等环节上进行了有益探索，但是在引进方面有待破题。工程技术人员与高技能人才之间贯通路径需要进一步探索，高技能人才评价的科学性待检验，这一系列的问题都需要我们进一步研究和解决。二是技能评价体系有待改革。根据《国务院机构改革和职能转变方案》要求，对没有法律法规或国务院决定作为依据的，一律不得设置为准入类职业资格。按规定需要进行水平评价的，国务院有关部门依法制定职业标准或评价规范，由有关行业协会、学会具体认定。对此，部里正在研究制定工作方案。总的原则是，要认真贯彻落实国务院的重大决定，切实转变观念，进一步理顺政府与市场、政府与社会的关系，推动政府管理职业资格方式的转变。人力资源社会保障部与相关政府主管部门将把工作重点放在组织制定职业分类、职业标准和资格评价标准、加强指导监督检查等方面，研究制订评价规范，对实施评价的基本条件、组织程序等作出规定。这些职能转变对职业技能鉴定工作必将产生深刻影响。三是培养平台还不够扎实。技工院校作为技能人才培养的主要阵地，但其作用还没有得到充分发挥。许多地方技工院校囿于体制原因，还面临着定位调整、培养方向改变的危险。投入多，收益少，见效慢，民办培训机构发展举步维艰。许多地方还没有充分认识到公共实训基地的重要性，对公共实训基地建设处于观望之中。四是投入相对较少。王晓初副部长在全国百家城市职业培训工作推进会上明确指出，要积极争取职业培训资金支出占就业专项资金的15%以上。2011年，我省的比例仅占4%，据我们了解，有的市甚至只占到1%。我省职业培训资金占就业专项资金的比例明显低于人力社保部要求的标准。许多地方在高技能人才培养、职业培训等方面没有专项经费，对更好地推进工作带来了较大难度。

三、切实做好2013年高技能人才工作

2013年，全省高技能人才工作要紧紧围绕培养20万高技能人才的工作目标，进一步健全激励机制、完善评价体系、夯实基础平台，重点做好以下几方面工作：

（一）着力提升企业的积极性。企业是培养高技能人才的主体，要千方百计提高企业培养技能人才的积极性。一是完善高技能人才培训补贴制度。要进一步加大对企业高技能人才补贴力度，积极研究培训经费直补企业工作机制，增强企业培养的积极性。二是进一步完善企业自主评价制度。在规模以上企业全面推行企业自主评价工作，重点建设2000家龙头骨干企业技能人才评价标准化体系。在推进这项工作的过程中，要坚持四条原则，第一，企业自愿。技能人才评价标准化体系内容多，涉及面宽，工作量大，根据企业的实际情况，遵从企业的需求来开展这项工作。第二，方式任选。企业既可通过建立标准化体系，推进高技能人才队伍建设；也可根据国家职业标准，结合企业实际采取业绩考评等方式开展评价工作。第三，由浅入深，对不同企业自主评价工作，要逐步规范，持续推进，最终建立标准评价体系。第四，不断完善，要对企业自主评价工作及时总结，适时调整，有助于提升企业培养技能人才的积极性。三是积极研究建立企业高技能人才公示制度。对规模以上企业，在自主申报的基础上，争取建立公示制度，对企业高技能人才的总量、比例在相关媒体上进行公示，激励企业加快高技能人才队伍建设。

（二）着力推进培养载体建设。一是支持配合人力社保部做好技工院校一体化教学改革组织开展一体化师资培训，加快制订技工院校非全日制招生管理办法，实现企业在岗职工与技工院校的有效对接。广泛组织技工院校开展技能人才中短期培训，力争培训人数不少于30万人，其中，高技能人才培训数不少于3万人。二是做好技能大师工作室建设，新建60家省级技能大师工作室。继续配合人力社保部，做好高技能人才培训基地项目建设工作。三是做好高技能人才公共实训基地的绩效评估工作。配合省财政厅，对全省16家高技能人才公共实训基地开展绩效评估。并对绩效显著的继续给予财政支持。积极争取新建1—2家省级高技能人才公共实训基地。

（三）着力加大引领示范效应。一是广泛开展岗位大练兵技能大比武活动。今年是首次以省政府名义组织开展岗位大练兵技能大比武活动，全省将组织1000家规模以上企业开展岗位大练兵活动，组织50个职业工种的技能大赛，对一类大赛10个工种的冠军选手，给予重奖。同时，还将授予首席技师、省“五一劳动奖章”等荣誉称号。对于组织活动突出的市和企业将在精神和物质上给予奖励。二是继续组织好第二届钱江技能大奖、首席技师的评选工作。通过钱江技能大奖、首席技师评选表彰，增强技能人才的职业荣誉感。三是做好金蓝领优秀高技能人才国境外培训工作。

（四）着力做好基础保障工作。一是加强督促检查。建立健全高技能人才目标任务完成情况的季报制度，及时督促各地加大工作力度。建立年中督查、年底检查的工作机制，根据各地高技能人才目标任务完成情况，适时开展督促检查。二是积极推进“阳光政务”工作。职业能力建设工作方面的审批、许可、评审、评估活动，在人力社保系统中占的比例较高，要坚持把“公平正义”作为我们的核心价值追求，积极开展“阳光审批”、“阳光评估”，审批许可事项、条件、时限等方面要依法进行公开，切实保证权力在阳光下运行。三是加大投入力度。现在各行各业都认识到高技能人才的重要性。从中央到地方，各级的投入都在增加，我省也在增加，但这个增加与我们的现实需要、与外

省相比还有很大差距。增加投入首先要有规划，拿出三到五年的职业能力建设规划，三年要达到什么目标，投入多少，五年要达到什么目标，投入多少，不能想到哪里做哪里，要有总体的规划设想和目标；其次要有具体的项目做支撑，以项目为载体去争取资金；最后要有一套完善的绩效评估机制，通过绩效评估提高投入产出效能，形成一个投入的良性循环。希望我们各级人力社保部门要进一步加强与就业、财政部门的沟通协调，进一步提高职业培训资金的使用比例。同时，也要注意用好各种项目资金，高度重视资金使用管理，严格执行财经纪律，确保资金不出问题，确保资金使用实现预期的产出目标。

蔡国春副厅长在全省医疗工伤和生育保险工作座谈会上的讲话(摘要)

(2013 年 6 月 19 日)

一、充分肯定过去五年三项保险工作取得的显著成效

(一)政策体系不断健全。基本医疗保险制度城乡统筹步伐明显加快,杭州等 8 个设区市基本完成城乡居民医保的制度整合;市级统筹全面实施,实现政策制度、筹资标准、补偿政策、基金管理、服务监管、信息管理的“六统一”;门诊统筹制度普遍建立,保障范围从大病保障延伸至普通门诊。绍兴、湖州等地率先建立城乡居民大病医疗保险制度。认真贯彻落实修改后的《工伤保险条例》,符合浙江实际的工伤保险政策体系更加健全完善;全省所有设区市实行以调节金制度为核心的工伤保险市级统筹。完成《浙江省生育保险暂行规定》修订工作的前期准备。

(二)覆盖面进一步扩大。截至 2012 年底,全省城镇基本医疗保险参保人数达到 2310.2 万人,比 2007 年增长 2.4 倍,参保率超过 95%,在全国率先实现人群全覆盖;工伤保险参保人数达到 1731.7 万人,比 2007 年增加 1.3 倍,居全国第 2 位,覆盖包括机关工作人员在内的所有职业人群,5203 名老工伤人员全部纳入工伤保险统筹管理;生育保险参保人数比 2007 年翻一番,达到 1084.8 万人,居全国第 3 位。

(三)保障待遇稳步提高。职工基本医疗保险政策范围内住院报销比例达到 83%,居民基本医疗保险政策范围内住院报销比例达到 70% 以上。工伤保险待遇调整机制不断完善,5 年累计享受待遇人数 90 万人,核发工伤待遇 73.8 亿元,人均待遇水平从 2007 年的 4940 元增至 10147 元,翻了一番。生育保险年享受待遇人数从 2007 年的 6 万人增至近 15 万人,人均待遇水平从 2007 年的 6877 元提高到 8350 元。

(四)管理服务显著提升。推进社会保障卡医保“一卡通”建设,所有统筹区实现联网结算,确立定点医疗机构 124 家,异地就医累计近 30 万人次,结算费用 5.7 亿元,发放社会保障卡 2005 万张。全面实施以总额预付制为核心的付费方式改革,着力推进“阳光医保”,强化中药饮片使用管理,控制医保基金支出不合理增长。工伤保险经办工作更加规范,五年累计办理工伤认定 103 万例,完成劳动能力鉴定 25 万例。启动个人权益记录管理工作,开展经办服务示范窗口和基层平台标准化建设试点,积极推行简易程序,开辟绿色便民通道,极大地方便了参保群众和办事企业。

二、深刻认识三项保险工作面临的新形势新挑战

(一)社会经济发展不断提出新挑战。当前,我省发展进入转型期,利益格局、利益主体多元化特征明显,人民群众对更加可靠、公平的保障不断提出新诉求,特别是随着城镇化、转变

经济发展方式和就业形式的日益多样化，社会保障的转移衔接、权益保障、服务管理等面临新的挑战。

（二）制度可持续发展面临新课题。一是社保扩面空间收窄。目前我省医保参保率已经达到95%以上，工伤保险覆盖所有职业人群，已接近饱和，再加上我省大力推进“腾笼换鸟”、“机器换人”，积极淘汰低端产业和低成本劳动力，未来扩面空间十分有限。二是基金安全运行面临考验。虽然我省三项保险基金累计结余处于全国前列，但并不平衡。2012年职工医保有7个统筹地区出现当期赤字，城居医保有18个统筹地区基金出现当期赤字；新《工伤保险条例》实施后，工伤数量高位运行，基金支出增速加快，22个统筹区出现当期赤字。三是人口老龄化带来的压力不容小视。随着人口老龄化进程的不断加快，如何保持医保基金长期稳定平衡，是摆在我们面前的一大战略课题。这些问题，我们要高度重视，认真研究解决。

同时，也要看到实现三项保险跨越式发展面临难得的新机遇。一是十八大对社会保障工作给予了高度肯定并指明了方向。各级党委、政府高度重视，公共财政投入显著增加，社会各界热切关注，都为我们做好工作提供了有力保证和良好环境。二是随着医疗技术进步、保障待遇提高和基本公共服务均等化，未来医疗保障方面的需求进一步释放，将为医疗保险事业发展提供新的空间。三是我省工伤保险参保人数位居全国第二，基金保障实力不断壮大，为推进工伤预防、康复工作提供了必要条件。

三、扎实做好2013年医疗、工伤和生育保险各项工作

（一）以增强可持续性为目标，协同推进三项保险共性工作。

一是继续完善政策体系。医疗保险要贯彻落实好社会保险法，重点完善大病保障、统筹城乡等基本制度，努力实现人人公平享有医疗保障。工伤保险要调研起草《浙江省工伤保险条例》，适时加快立法进度。生育保险要结合《浙江省生育保险暂行规定》修订，进一步规范生育保险待遇项目。

二是巩固扩大扩面成果。医疗保险重点要摸清扩面底数，挤干水分，确保应保尽保。同时开展试点，探索建立全民登记、缴费激励和连续缴费等参保新机制。工伤保险要逐步将参照管理事业单位的工作人员纳入进来。生育保险要着重探索建立覆盖全民的生育保障体系。

三是积极推进示范试点。开展社会保障体系示范试点，是人社部提出的要求，也是提升社会保障体系建设整体水平的重要抓手。各地要积极改革创新，加强整体部署，注重典型引路，在完善制度体系、优化机制建设、提升服务效能等方面下功夫，实现三项保险每年都有新进展，五年实现大突破。

四是强化规范管理和服务。三项保险涉及群众切身利益，事关民生改善和社会和谐。各地要以规范化和信息化建设为重点，在逐步做到精确管理的基础上，努力提升服务水平。要适应政策变化、人群特点和百姓需求，及时调整并不断完善业务规程，有针对性地完善管理服务措施。要充分利用信息技术，改变传统的经办服务模式，将“大厅式服务”下沉到基层。要进一步加强风险防控体系建设和内控制度建设，认真落实审计相关整改要求。

（二）以全民医保体系为核心，狠抓医疗保险重点工作落实。

一是加快城乡医保制度整合。党的十八大报告明确提出，要整合城乡居民基本医疗保险制度，我们的任务就是推动落实。特别是对机构职能归并、基金审计安全、统计信息系统对接等关键问题，要提前做好政策储备和工作预案，要确保参保、参合群众在制度整合过程中信息不遗失，待遇不降低，服务不中断。

二是积极推动付费方式改革。各地要认真贯彻《浙江省基本医疗保险付费方式改革实施意见》，确保80%以上统筹区年内出台实施方案。加强基金预算管理，按照“以收定支、收支平衡、略有结余”的原则，统筹考虑物价水平、医疗消费等因素，科学确定年度总额控制目标，加强支付预算执行力度。要把总额控制管理内容纳入定点考核，建立激励约束机制，调动定点医疗机构参与改革的积极性和主动性。

三是开展大病医疗保险试点工作。各试点地区要把大病保险工作摆在重要位置，加强组织领导，统筹协调推进。需要强调的是，开展大病保险，要坚持城乡统筹和市级统筹，坚持对合规费用的正确理解，在设区市范围内统一政策、统一标准、统一管理服务、统一组织实施，并做好制度的衔接和整合，保持政策的平稳以及制度间待遇平衡，真正把提高待遇落到实处，切实减轻参保人员医疗费用负担。

四是切实加强医保监管工作。加快推进阳光医保，按照“控费控药、规范医疗”的总体要求，在安吉、嘉善、建德三个县（市）开展试点，组织专家制定诊疗规则和医保支付规范，试行门诊常见病按病种付费。组织“亮剑”行动，对当前频发的团伙骗保、制售虚假票据、欺诈冒用等不法行为实施专项打击行动。开展专项治理，对管理不当、帖均费用超出规定的定点医疗机构进行约谈并限期整改，对不严格执行医保政策、帖均费用长期畸高的实行高位淘汰。

五是着力提升医保待遇。提升医保待遇、减少个人支出是十八大提出的“居民收入倍增计划”的重要内容。各地要高度重视，认真研究制定方案，今年职工医保政策内住院报销水平要巩固在80%以上。同时，进一步完善城乡居民医保政策，充分考虑制度间的公平性和合理性，及时出台待遇调整具体办法，务必做实政策范围内住院报销比例达到70%以上的目标。

六是进一步完善异地就医政策。继续推进医保“一卡通”建设，巩固和完善异地就医即时结算成果。各地要积极引导参保人员树立“小病在基层、大病进医院、康复回社区”的分级就诊理念，严格执行医保转诊制度、差别支付制度、证卡管理制度，不得擅开口子，合理控制转外就医人次。

（三）以强化工伤预防为重点，着力推进工伤保险各项工作。

一是完成省政府下达的扩面任务。今年的扩面形势是工伤保险制度改革以来最为严峻的一年。一季度不增反减近25万人，到5月底才增加6万人，完成率仅为10%。据了解，温州等地扩面难度较大。各地要早谋划，早采取措施，确保完成净增60万人的扩面任务。

二是强化工伤预防试点工作。近10年，我省享受工伤待遇人数占全国近15%；近两年，我省工伤人数占全国近20%；去年，我省参保职工工伤发生率为13.8‰，是全国的近2倍，丽水市超过了30‰，另有3个市超过了20‰，4个市超过10‰。各地必须高度重视工伤预防工作，针对工伤事故高发领域，因地制宜采取措施。下半年，省厅将召开工伤预防现场会，推动这项工作。

三是切实做好公务员参保工作。各类机关和参公管理事业单位工作人员参加工伤保险，是我省工伤保险工作的一个亮点。尚未出台贯彻意见的市地，要加快工作进度。年内，上述相关人员都要纳入工伤保险统筹范围。

四是加强市级统筹和工伤认定工作。市级统筹的工作重点是要把调剂金收上来，用下去，发挥应有的余缺调剂功能。各市要通过调剂金的使用，督促各县（市）合理确定费率，科学浮动费率，切实发挥工伤费率的经济杠杆作用。工伤认定方面，要进一步完善简易处理办法，既要方便快捷，服务单位和职工；又要规范统一，防止基金违规流失。

五是做好劳动能力鉴定工作。我省劳动能

力再次鉴定的结论变更率要比全国平均数高10个百分点左右，超过了40%。过高的变更率，既影响了鉴定工作的严肃性和权威性，也会影响工伤事故的平稳处理。各级劳动能力鉴定机构要规范程序，加强管理，进一步提高鉴定质量。

（四）以生育保险办法出台为契机，统筹推进生育保险工作。

省厅将及时修订《浙江省生育保险暂行规定》，以进一步完善生育保障政策。为加强生育保险工作，省厅已将生育保险职能划归医保处，各地也要理顺职能，加强与医疗保险的协同推进，加大生育保险的扩面力度，全面开展生育基金运行分析，探索建立生育保险费率动态调整机制，加快推进生育保险市级统筹，进一步完善信息系统，加快实现生育医疗费用刷卡结算。

郭敏纪检组长在省人力资源和社会保障厅务虚会上的讲话(摘要)

(2013 年 6 月 27 日)

一、抓好党风廉政建设方面

(一) 党风廉政建设亮点工作

一是专项工作成效突出。如,"阳光政务"工作,吴部长亲自督办,不仅得到夏宝龙、李强、任泽民等多位省领导的充分肯定,还被省纪委、监察厅和省纠风办评为"政风建设争优奖",省纪委还以专题片形式在浙江电视台教育科技频道《反腐前线》栏目宣传报道了这项工作。又如,"社保基金阳光监管"被评为"行风建设鼓励奖";"阳光考录"被省纪委作为典型,正在制定专题宣传片;"阳光医保"和"军转阳光安置"也已取得阶段性成效。

二是制度建设不断完善。如,为加强领导干部管理,我们在省级机关中第一家建立了领导干部廉政档案制度,处以上领导干部遇有购房购车、出国境、生病住院、休长假等 10 种情况,必须在规定时间内向驻厅纪检组报告,截至目前所有处级领导干部的个人基本情况已经建档,"十必报"的要求也执行到位;又如,为加强重大资金管理,围绕就业专项资金、省 151 人才工程、金保工程等 12 个重大专项资金,出台进一步加强专项转移支付资金管理工作的意见,严格拨付程序,强化跟踪问效;再如,为规范干部选拔任用,出台"两轮推荐、差额比选、分块组织"选任处级干部实施办法,着力提高干部选拔任用工作的公信度和群众满意度,等等。这些制度的出台,完善了省厅的预防腐败制度体系,用制度管权管事管人的内部管理机制进一步形成。

(二) 当前系统反腐倡廉形势

各级人力社保部门对党风廉政建设工作都很重视,工作中有创新、有亮点,有很多经验做法值得总结推广,但同时我们也要清醒地看到当前系统内仍存在不少问题。去年以来至今年一季度,全省系统共查处违纪违法案件 32 件,涉案 33 人,其中厅级干部 2 人、县处级 2 人、乡科级 10 人、一般干部 19 人。这些案件主要呈现出三个特点:

一是分布广,违纪违法案件呈现易发多发态势。从案件的地区分布情况看,去年以来省市县三级都有案件发生,其中省厅 2 件;各市都有 1 件以上的案件,其中杭、宁、温分别有 7 件、4 件和 6 件,湖州和嘉兴各有 3 件,特别是杭州的萧山、温州的苍南各有 5 件和 4 件,属于"重灾区"。

二是一些重点领域问题突出。从案发的业务领域看,医疗保险、工伤保险和专业技术人员管理等领域都有职务犯罪案件发生,其中医疗保险有 7 件、涉案 7 人,工伤保险有 2 件、涉案 3 人,这两个领域问题尤为突出。其中医保领域问题主要集中在定点审批及违规经营处罚上,7 件案件中有 6 件涉及医保定点,在定点审批过程中进行权钱交易、受贿。

三是部分干部自身素质不过硬。这些违纪违法案件的发生,有制度管理层面的原因,但根子还是干部自身素质的问题。在所有案件中，有12个非职务违纪违法案件可以说完全是个人行为造成的，这其中包括了醉酒驾驶、赌博、违反计划生育、不正当性关系等等，这些行为直接反映了一个人的作风和素质。特别是醉驾，去年以来系统内有5人因为醉驾，被追究刑事责任。

党的十八大提出，反对腐败、建设廉洁政治，是党一贯坚持的鲜明政治立场，是人民关注的重大政治问题。这个问题解决不好，就会对党造成致命伤害，甚至亡党亡国。这深刻反映了我们党对反腐败斗争重要性和紧迫性认识的进一步深化，充分彰显了我们党坚定不移反对腐败的政治立场和政治决心。6月14日，全省系统党风廉政建设工作座谈会在杭州召开了。厅党组对这次会议十分重视，事前专门召开党组会传达学习省纪委十三届二次全会精神特别是夏宝龙书记重要讲话精神，分析系统党风廉政建设面临的形势，研究部署下一步反腐倡廉工作。吴部长亲自出席座谈会并讲话，他充分肯定了去年以来系统党风廉政建设工作取得的成效，分析了当前面临的形势，部署了下半年四个方面重点工作：一是全力推进阳光政务，争取在年底前全省基本建成网上办事大厅；二是继续深化作风建设，认真组织开展党的群众路线教育实践活动；三是加大专项治理力度，重点开展公务员考录和事业单位公开招聘不正之风专项治理、社保基金专项检查、就业专项资金监管和人事考试环境综合治理等专项治理工作；四是争创优质服务窗口，推动窗口单位进一步提高管理水平和服务效能。

（三）对进一步抓好党风廉政建设工作的思考

今年党风廉政建设任务已经明确，关键是抓好落实。实践证明，在廉政工作中，“一把手”的表率作用至关重要。“一把手”以身作则，廉洁自律，重视廉政建设，那么这个单位就会形成风清气正的氛围，事业就能健康发展；反之，干部出问题的机率就大，事业就可能停滞甚至倒退。各市局长、各处室（单位）主要负责人要切实履行第一责任人职责，亲自抓、认真抓、不折不扣地抓好党风廉政工作；不要误把党风廉政工作看作是纪检监察部门一家的事，要形成“一把手”负总责，分管领导和各部门各负其责，纪检监察组织协调，干部群众积极参与的工作机制，增强反腐倡廉整体合力。

在工作思路和方法方式上，我认为，具体要把握好三个方面：一是要牢记“常”、“长”二字，做到党风廉政工作经常抓、长期抓。二是要找准问题、突出重点抓。特别是对案件发生较多的医保、工伤等领域，要通过深入剖析案情，发现制度机制方面存在的问题，及时堵塞漏洞，杜绝类似案件重复发生；同时要举一反三，横向比较排查社保、专项资金等重点领域是否存在隐患。三是要关口前移，结合作风建设深入抓。腐败的产生和作风不正有着紧密的联系，作风不正往往导致腐败。因此，不能脱离作风建设谈防治腐败，而要把改进作风作为预防腐败的切入点，与反腐倡廉工作结合起来，一起谋划、一起部署、一起落实。

二、阳光政务工作

推进“阳光政务”，是我厅今年10项重点工作之一。这项工作从去年4月开始启动，分“网上公开权力”和“推行网上办事”两步走。去年，在各地各部门的共同努力下，第一阶段权力公开工作全省已经完成，今年重点是推行网上办事。

（一）目前阳光政务网上办事大厅建设总体情况

省厅从去年7月份开始就着手网上办事大厅建设调研筹备，最终确定了“一库三平台”的建设方案，即建设权力目录库和网上办事服务平台、权力运行工作平台、电子监察平台。5月

2日系统上线试运行,127个业务事项实现网上办理,其中41项在网上办事大厅直接办理,86项由应用子系统办理。在为期1个多月的试运行期间,总体运行情况良好。截至5月底网上办事审批类事项422件,其中劳动关系处和职业能力建设处网上办理率达到100%;服务类事项35万件次(含社保、医保、人事考试、就业服务等)。

从市县看,杭州、嘉兴起步较早。杭州市人力社保局在原人事、劳动保障两局合并前,就已建了网上办事大厅。新局成立后,重新整合了原两局门户网站,并对网上办事系统作了改进,目前实现网上办理的事项有72个。嘉兴市去年开发网上办事软件,今年5月13日系统开始试运行,26个业务事项实现网上办理。

(二)目标任务和下步工作

根据浙人社发〔2012〕195号明确的目标任务,今年年底前全省系统要基本建成网上办事大厅。各地要把握好三个时间节点:一是9月底前完成网上办事系统软件本地化;二是10月底前网上办事系统投入试运行;三是年底前正式运行。省厅将在7月份下发通知,正式在全省系统启动这项工作,同时召开全省系统阳光政务网上办事培训会,对工作的具体实施进行培训。各市县人力社保局的"一把手"要高度重视这项工作,回去后抓紧落实以下工作:

1. 梳理确定网上办理事项。建设网上办事大厅,不管是使用自建系统,还是省厅统一软件,确定网上办理事项是前提条件。各地要在去年公开的权力目录基础上,进一步梳理确定上网办理事项,并认真做好需求调研,编制好每个事项的网上办理业务流程图。

2. 做好硬件环境准备。我们会尽快下发省厅统一软件的硬件配置标准和数据接口标准。准备采用省厅统一软件的单位要按标准提前配置好硬件环境,为软件本地化做好准备;使用自建系统的,要按照省厅要求,做好系统改造,统一数据接口标准,便于今后全省数据集中。

3. 配强工作人员。推行网上办事工作,时间紧、任务重,一定要明确责任分工,要确定具体的分管领导和牵头部门,指派专人负责事项梳理和技术支持。

4. 整合业务系统。各地要全面掌握本单位现有的业务系统,尽可能利用网上办事大厅建设这一契机,将各系统进行整合,实现一个平台对外,更好地方便办事群众,充分发挥网上办事大厅的综合效应。

5. 加强市县联动。各市不仅要认真抓好市本级网上办事大厅建设,还要下抓一级,督促指导所属县(市、区)贯彻省厅要求,全力推行网上办事,做到以市带县、以市促县。台州市局对这项工作十分积极,主动要求作为示范点先行实施,并争取8月底前开通网上办事。市县两级人力社保部门下半年要完成网上办事大厅建设,时间很紧,各市局要抓紧行动,率先实施,为县(市、区)实施积累经验,做好示范。

宓小峰副厅长在省人力资源和社会保障厅务虚会上的发言(摘要)

(2013年6月27日)

一、关于专技、外专口子工作

专技口子工作:下半年主要要围绕队伍建设"培养"和"评价"两个环节开展工作。

(一)推进实施全省专业技术人才知识更新工程。专技队伍建设培养是个重要环节,也是一项基础性工作。过去重视不够,注意力主要集中在评价选拔上。吴厅长来厅里后,强调要把队伍建设更多精力放在培养上。前不久,我们印发了《浙江省专业技术人才知识更新工程(2013—2020)实施方案》,主要是根据部里有关文件精神,结合我省实际,全面推进以知识更新工程为龙头的专业技术人员继续教育工作。这项工作就要启动,今年要考虑的是,作为牵头部门如何把面上工作拉动起来,重点抓三件事:

一是抓工作推进机制,成立工程指导协调小组,研究协商工程推进中重大问题,建立项目绩效考核评估机制。年初,抓部门培训项目计划上报,年中抓指导督查,年底对培训项目实施结果进行评估通报,形成动态调整。二是抓政策杠杆作用的发挥,探索"评价+培养"的队伍建设模式。把相关知识更新科目学习,作为执业资格注册管理登记的必备条件,职称晋升的重要依据。三是抓部门行业的协作联动,形成整体推进态势。起步阶段这三件事抓好了,今后工作推进就会顺利。

(二)充分发挥现有"评价选拔"政策制度的调控作用,使我们的职能优势最大化。专技人员对我们的职称评审、专家选拔培养等看得很重。如何把这些"评价选拔"政策和项目运用好,把权力转化成工作推力,形成正确的激励和导向,为我省经济社会发展、产业转型升级、实施创新驱动发展战略服务,值得我们在工作中认真研究和把握。

比如,省里实施创新驱动发展战略,很重要的一条就是要破解产学研合作不紧密等"四不"问题。这里既有科技体制问题,实际上也有人才体制问题。我想在现有的制度框架里面,在促进产学研紧密合作方面,至少有两件事好做:一是在职称评价、人才选拔指标体系里,增加权重。二是项目实行单独切块倾斜。体现企业一线导向,体现产学研合作成果和绩效导向。再比如,前不久,省卫生厅、教育厅和我们商量,鼓励骨干教师、医生下基层工作,促进公共服务均等化,要求我们在相关政策上给予支持。我们研究后,提出了把骨干教师、卫技人员服务基层年限(像要求论文一样)要作为今后申报晋升职称的必备条件,形成激励和导向的杠杆,事业处也在岗位设置政策上予以了积极支持,两个部门都非常认可。

所以,专技口子要增加在人才工作中的权重和分量,必须更多地从制度和政策建设层面,来定位专技口子工作,发挥好政策制度在队伍建设中的"指挥棒"作用。

外专口子工作:下半年重点是要推进实施

"海外工程师计划"。去年,省里为落实全国科技创新大会精神,建立企业主导的产业技术创新体系,开展实施了省技术创新综合试点工作,总体思路是在纯电动汽车、生物医药、船舶制造等我省新兴产业领域,选择一百家重点企业建立省级企业研究院,承担省里确定的相关技术攻关项目,这项工作由毛光烈副省长亲自主抓,"海外工程师计划"也是由他提出的,他要求通过引进国外"蓝眼睛"工程师,借国外的先进智力技术解决我省产业发展中的技术攻关项目和难题。

《引进"海外工程师计划"暂行办法》最近已以我厅、科技、财政三家名义下发。"海外工程师计划"最大的特点:一是工作重点突出,对象就是一百家省级重点企业研究院;二是针对性强,针对项目、针对需求,与产业、与企业结合度高。

由此,也对我们引智工作提出了更高要求,引智工作必须更加主动,在针对性、实效性上要有更多的办法和措施。各地要把实施推进"海外工程师计划",放在贯彻落实省委创新驱动发展战略来定位,作为夯实"外专千人计划"基础工作的重要举措,加强与相关部门协同合作,积极探索实践,带动和引领面上引智工作上层次、上水平。

此外,各地要重视和支持所在地省级重点企业研究院建设,一方面它是产学研合作开展技术攻关的平台,另一方面也是企业引才引智的载体。要把它作为我们服务中心工作,服务企业发展的一个支点和突破口,不仅仅外专工作,事业、专技口子政策和工作都要跟进支持。

二、关于事业口工作

事业口子下半年工作的主题词是"改革",重点工作主要是两项,任务都很重。

(一)加快推进建立事业单位岗位聘任考核制度。这也是深化事业单位人事制度改革的重要任务。前两年我们主要抓了全省岗位设置工作,实现了全省覆盖。上半年我们又重点抓了岗位设置后续管理工作,出台了有关政策意见。这都是为建立岗位聘任考核作铺垫、打基础。

深化事业单位人事制度改革,科学设岗是基础,建立能上能下、竞争择优的考核聘任机制是重点,也是事业单位人事制度改革的核心。因此,下一阶段事业单位人事管理的工作重心要转移到岗位聘期考核管理上来。但这项工作实施和推进难度很大。省里的"指导意见"正在拟制中,主要要把握好两点:

一是要发挥业务主管部门作用,我们只是出台总的指导意见和原则,部门要结合业务工作,提出具体实施细则,单位则要量化形成可操作方案;二是政策"指挥棒"要调控运用好,特别是岗位管理制度要为聘期考核制度服务。首次岗位设置后,后续的动态管理和比例调整,一定要与聘期考核制结合起来,没有开展的,就不能调整,要把岗位管理作为指挥棒,强化考核聘任制工作推进。《指导意见》要在充分听取意见基础上,争取尽早出台。

(二)行政审批前置中介服务机构改革工作。这项工作既是新一轮审批制度改革的重点和难点,也是分类推进事业单位改革的重要任务。省领导高度重视,按照责任分工方案,由我厅牵头、有关部门共同负责。改革的任务和要求就是三句话:一是转企改制,即对已划分生产经营类、从事审批前置中介服务的事业单位要坚决转制;二是剥离,即对承担审批前置中介服务项目的事业单位,要尽快剥离中介职能;三是脱钩,即对事业单位或行业协会投资举办的中介公司,要按照事企分开原则,与母体脱钩,推向市场。

前一阶段,我们就这项工作,提出四条原则意见,明确了改革的任务要求和时间进度安排。6月21日,龚正常务副省长召开专题会议听取相关部门的改革汇报，对我厅的意见予以充分肯定。接下来，省里还要下发文件进行部署。市地也要抓紧调查摸底，做好工作预案。

我省事业单位3.4万家，多达百万人，面广量大、情况复杂。事业单位改革和管理是个系统工程，在推进这个系统工程中，一要有方向感。这个方向，就是要把促进社会事业发展和激发事业单位活力，调动发挥广大工作人员积极性创造性作为我们工作的目标方向，所有改革举措、政策设计、制度安排，以及管理方式和手段，都要围绕这个目标方向来定位、来谋划、来检验，具体到单项制度和政策研究实施中，要见树木，更要见树林。二要讲方法论。制度设计要统筹兼顾，注重政策配套；宏观管理要注重部门协同，落实单位自主权；政策实施要加强分类指导，注重问题解决；改革推进要把握轻重缓急，坚守"底线"，即不引发新的矛盾群体，不为下一步改革的推进设置障碍。总之，要管好，不要管死。

三、关于劳动关系口子工作

下半年重点要抓的主要是三项工作。

（一）深入推进以"六有六要"为主题的"双爱"活动。"双爱"活动是统领和推进我省构建和谐劳动关系各项工作的一面旗帜，各地在推进这项活动中，一是建立机制，要谋划"双爱"活动的工作推进机制，形成部门协作推动、上下合作联动、媒体宣传发动、社会广泛参与的工作态势；二是宣传造势，要策划好活动项目和典型的挖掘，形成宣传亮点和活动的号召力，吸引广大企业和员工积极参与；三是理念要跟着工作走，要把"双爱"的理念落实到人力社保具体工作中，体现在各项政策里。

（二）加强劳务派遣管理。新修订的劳动合同法7月1日就要实施，涉及一个重点内容就是规范劳务派遣用工问题。按照部里要求，上半年我们主要做了调查摸底工作，目前，全省现有劳务派遣单位1028家，派遣员工近68万人，用工单位中机关和国有企业占比将近三分之二。部里对这项工作有明确要求，7月1日起就要正式实施劳务派遣行政许可，已在开展的规范劳务派遣专项行动也将进入整改规范阶段。在推进这项工作中，一定要把法律的刚性要求与我省劳务派遣实际情况有机结合好，把握好工作中的"度"，以防引发群体性事件。对派遣单位，总体设想是行政许可与规范同步进行，在许可中规范派遣公司行为。对用工单位，重点要研究如何落实辅助性岗位比例要求和"同工同酬"问题，要加强分类指导，有些可以采取个例解决的办法，根据实际逐步过渡到位。

（三）加强企业拖欠薪的预防和处理工作。要密切关注下半年经济变化走势，上抓工作机制，注重部门联动；下抓基层基础，注重源头治理。突出对重点行业、重点地区、重点企业的监察指导，工作要做到提前介入，预防在前，监控在前，处置在前，力争实现省政府"三个确保"目标。

最后再讲一下人事考试工作，下半年各类考试还有40多场，组织任务还很重，考试无小事，责任重于泰山，希望各位局长予以重视支持，确保顺利完成各项考试任务。

龚和艳副厅长在全省劳动人事争议案件处理质量总结暨疑难案件分析座谈会上的讲话（摘要）

（2013 年 12 月 24 日）

一、充分肯定 2013 年劳动人事争议调解仲裁工作取得的成效

一是案件处理平稳高效。2013 年，全省仲裁机构共立案受理劳动人事争议案件 50374 件，同比增长 12.9%，涉及劳动者 8.5 万人，为历年最多。其中集体争议案件 785 件 3.5 万人，同比增长 3.7%。全年案件调解率达到 76%、结案率达 94%，超额完成省政府 92% 年度结案率的目标任务，未发生重大突发事件。

二是实体化建设有了新进展。我省从 2004 年推动仲裁机构实体化建设以来，2011 年实现了仲裁院建设全覆盖的目标任务，在全国是第一家，这是仲裁发展史上的一件大事。目前，省院和杭州、温州、金华、舟山等市新成立的劳动人事争议仲裁院人员编制均有所增加。在编制从严控制情况下，今年仲裁机构还在人员、力量、编制上有所增加，很不容易。各地贯彻落实《浙江省劳动人事争议仲裁庭规范化建设指导意见》，全省 70% 以上仲裁庭办案设施达到了省里要求，极大提升了仲裁办案能力和社会公信力。温州市院高标准建设智能化仲裁庭，丽水全市 9 个单位都建成了标准化仲裁庭。

三是调解的作用得到进一步发挥。仲裁和调解两者同等重要，是左右手，不能偏废。从今年情况看，调解的作用发挥得不错。乡镇（街道）一级调解机构基本实现全覆盖，90% 规模以上、已建工会企业建立了劳动争议调解组织，全年基层调解组织调处劳动争议 6 万余件，是仲裁委员会立案件数的近 1.5 倍，这个基层第一道防线发挥了关键作用。我们把乡镇（街道）调解组织进一步向行政村、社区延伸，把调解的触角伸到最基层，符合中央提出的把矛盾纠纷化解在最基层的指导思想。

四是劳动人事争议处理机制更加完善。2013 年省厅重点抓了仲裁办案软件信息化一期建设，从立项开发、测试、试运行、培训等环节都做了周密部署，投入了大量人力物力，实现了软件在全省统一上网运行，这将有力推进我省仲裁办案规范化建设。同时各地都有创新的举措，如宁波市为解决错案纠正机制，专门出台仲裁案件重新审理制度；杭州与中级人民法院建立了法院向仲裁院送达劳动人事争议民事裁决书制度，这有利于判断裁审一致率。

五是仲裁机构窗口服务能力得到提升。2012 年全面推行法律援助进仲裁后，为弱势群体提供法律援助，取得了良好社会效果。据统计，全年已为 3000 多案件当事人提供法律援助，涉及经济标的近亿元。宁波市仲裁法律援助工作为劳动者提供援助 898 件，涉及劳动者 7756 人。全省有近 20 个单位和个人被省司法厅等部门评为法律援助先进单位和个人。通过这项工作，调解仲裁机构队伍整体服务能力和水平得到了进一步提升。

二、客观分析当前调解仲裁工作面临的形势

一是案多人少的矛盾。目前全省专职办案的仲裁员不足500人,人均主办案件超过100件,不少地区仲裁员人均年办案达到200件以上,义乌市人均年办案超300件。我认为人均年办案超百件以上的,就已经很难确保案件质量。当然,案多人少问题的解决需要一个过程,需要从国家层面来通盘考虑,我们这些年经过多方努力增加的少量编制,只能缓解案多人少的困难,还不能从根本上解决问题。

二是案件处理难度不断加大。这几年案件量一直处在高位运行,同时劳动争议案件处理难度越来越大。难度主要体现在劳动者请求事项的多样化、综合化,劳动争议与民事纠纷和其他矛盾互相纠缠。随着基层调解力度的加大,到仲裁阶段的案件难度将会越来越大,这对我们是一个挑战。在仲裁过程中,一旦出现极端事件,会造成很大的社会影响。

三是转型升级带来的新挑战。劳动争议的发生率与经济形势密切相关。现在省委提出化解产能过剩,“机器换人”、“腾笼换鸟”,这会带来一批下岗失业人员,引起劳动关系新一轮的调整,因此申请劳动争议调解仲裁的人数也会阶段性上升。

四是各地工作进展不平衡。多数地区仲裁机构自我加压、勇于创新,工作进展快、成效显著;也有个别地区忙于应付,工作原地踏步、亮点不足。同时仲裁院机构建设也参差不齐,还有些地方劳动、人事仲裁院还未按国家和省的要求实现整合。

三、扎实做好劳动人事争议调解仲裁工作的几点要求

今后一个时期,我省劳动人事争议调解仲裁工作要做到牢固树立改革理念,深化改革措施,做到有利于矛盾的解决,有利于提升公信力,有利于维护社会公平正义。具体提四点要求:

一是调解的阵地不能丢。这些年来,我们已将工作重心往前移到调解,《劳动争议调解仲裁法》也将调解和仲裁放在同等重要的地位,从某种程度上讲,调解的积极作用为大家所认同,“枫桥经验”就是最好的例证。下一阶段,要根据党的十八届三中全会决定精神,切实加强源头预防和基层调解网络建设。第一,要深入推进以“六有六要”为主要内容的“双爱”活动,在源头上规范用工、减少劳资矛盾,建立健全构建和谐劳动关系长效机制。第二,要深入贯彻落实《企业劳动争议协商调解规定》,推动全省规模以上的企业全面建立劳动争议调解组织,重点是非公企业调解组织建设,并积极延伸到小微企业,在源头上既做好预防工作,又方便当事人就地就近解决争议。第三,要加强调解组织规范化建设,帮助企业建立“有组织、有场所、有制度、有预防、有调解、有保障”的预防调解工作机制。第四,要重视用人单位劳资干部业务培训,提高单位自主预防与解决争议能力,充分发挥基层调解组织预防调解劳动争议第一道防线作用。总之,要将着力点更多地放在如何做实调解机构上,让有较广覆盖面的调解组织更有作为,更好发挥预防和化解矛盾纠纷作用。

二是仲裁基本功要做扎实。第一,要贯彻落实省厅、省编委办、省财政厅联合转发三部委《关于加强劳动人事争议处理效能建设的意见》精神,做好仲裁委员会的实体化,实现机构主体、人员队伍、办公场地、经费保障“四个实”。对至今未完成劳动、人事仲裁机构整合的地方,2014年上半年要全面完成。要加强仲裁庭的标准化建设,力争明年全省90%以上仲裁机构办案场所都能达标。各地要根据自身情况,深化派出庭建设,促进调裁衔接。第二,要加强仲裁工作信息化建设,促进依法办案、规范办案。全省调解仲裁信息管理系统一期已开发完成，各级仲裁院负责人要带头上线，确保2014年1月1日起在全省统一上线运行和统计数据的准确性。第三，要坚守公平正义这一仲裁理念，经手的案件要经得起推敲。既要做到程序公正，也要做到实体公正。人事争议的复杂性和劳动争议相当，两院合并之后，各地要加强对人事争议处理的业务学习，继续沿用原人事仲裁专家办案的机制，推行兼职仲裁员制度，将专家办案引入劳动争议案件的处理，提升劳动人事仲裁的社会公信力。第四，要提高案件处理效率，健全案件质量查评考核机制，确保完成案件调解率70%、结案率92%以上的年度考核目标。

三是协同作战的传统要坚持。首先在调解仲裁系统内部，调与裁之间的衔接要通畅，基层调解如何置换仲裁调解书这一对接要顺畅。其次在人力社保系统内部，行政处室和仲裁院之间要进行力量整合，形成合力；仲裁和监察之间要形成联动，发挥各自的优势。第三，要加强与司法行政、总工会等部门的联动，积极构建劳动人事争议社会化大调解机制，充分利用各类社会组织资源优势化解劳动人事争议。第四，要畅通裁审之间的衔接，建立与法院定期沟通机制，这项工作从省里到市、县(市、区)都有很好的经验。法院对我们仲裁工作的认可，有助于仲裁机构社会公信力的提高。

四是队伍的正气不能倒。面对当前复杂严峻的工作形势，加强调解仲裁队伍建设是首要任务。下一步，要结合“为民务实清廉”为主题的群众路线教育实践活动，牢固树立群众观念和服务意识，打造仲裁优质服务品牌，争创优质服务窗口，争做人民满意公务员；要增强干事本领和能力，加强调解员、仲裁员的培训，提高人员综合素质；同时要严守廉洁底线，按照吴顺江厅长提出的“五正”要求，为人要正直，处事要正派，在大是大非面前要有正义感，在树正风、扬正气上发挥表率作用，为浙江经济社会发展和社会稳定做出应有的贡献。

机构情况

浙江省人力资源和社会保障厅

浙江省人力资源和社会保障厅

地址：杭州市省府路8号省府大楼2号楼

厅领导

吴顺江　省委组织部副部长，厅党组书记、厅长
傅　玮　厅党组成员、副厅长
蔡国春　厅党组成员、副厅长
郭　敏　厅党组成员、纪检组组长、监察专员
宓小峰　厅党组成员、副厅长
龚和艳　厅党组成员、副厅长、省公务员局局长
仇贻泓　厅党组成员、副厅长
宋云峰　厅党组成员、厅人事处处长
黄亚萍　巡视员
丛苏林　副巡视员
许伟平　副巡视员
陈　中　副厅级　省外国专家局局长

机关处室

办公室
政策法规处
规划财务处（综合计划处）
就业促进和失业保险处
人才开发和市场处
军官转业安置处
职业能力建设处
专业技术人员管理处
事业单位人事管理处
农民工工作处
劳动关系处
工资福利处
养老保险处
医疗保险处
工伤生育保险处
农村社会保险处
社会保险基金监督处
仲裁信访处
人事处
离退休干部处
直属机关党委
纪检组（监察室）

浙江省公务员局

综合处
考试录用处
考核与奖励处
培训与监督处

浙江省外国专家局

直属单位

浙江省就业管理服务局
浙江省人才市场管理办公室
浙江省人事考试办公室
浙江省人事培训教育中心（省转业军官培训中心、省继续教育学院）

浙江省专家与留学人员服务中心
浙江省人力资源和社会保障宣传中心
浙江省公共行政与人才人事科学研究所
浙江省省级单位统发工资办公室
浙江省人才市场
浙江省劳动保障监察总队
浙江省劳动人事争议仲裁院
浙江省社会保险事业管理中心
浙江省省级医疗保险服务中心
浙江省劳动能力鉴定中心
浙江省职业介绍服务指导中心
浙江省职业技能鉴定中心
浙江省劳动和社会保障干部学校（省技工教师进修学院）
浙江省职业技能教学研究所
浙江省劳动和社会保障科学研究院
浙江省劳动保障电话咨询服务中心
浙江省人力资源和社会保障资产管理中心

浙江省人力资源和社会保障学会

名誉会长　陈加元
会　　长　乐益民
常务副会长　蔡国春
副 会 长　姚先国　汤　勇　高兴夫
宋关祀　俞步松　屠红燕
杨建华　陈惠雄　张　敏

秘 书 长　潘伟梁
副秘书长　陈荣华　厉　勇　郑益群
程振开　胡长恩　董叶英
谭永杰

常务理事（按姓氏笔画为序）
孔祥文　王水福　王国益　王政贵　仉贻泓
厉　勇　乐益民　丛荪林　曲　华　朱绍平
庄小木　汤　勇　李　为　李远明　李俭英
何文炯　张卫华　张明龙　张　敏　杨建华
陆宁章　陈小克　陈合和　陈进达　陈国妹
陈荣华　陈惠雄　陈新华　沈　磊　沈长仁
宋关祀　邵爱琴　周先志　郑金道　郑坤法
郑学筠　郑益群　郭　敏　胡长恩　南存辉
俞步松　俞锦方　宣锡海　姚先国　姚季鑫
袁中伟　倪　力　高兴夫　黄乃忠　黄亚萍
屠红燕　宓小峰　常玉芳　蒋文潮　董叶英
程振开　傅　玮　楼忠福　蔡国春　谭永杰
黎　雯　潘伟梁

杭州市人力资源和社会保障局

杭州市天目山路135号玉泉大厦

局领导

郭禾阳　市委组织部副部长、局党委书记、局长
江　冰　局党委副书记、副局长
张立飞　局党委委员、副局长
柳胜伟　局党委委员、副局长
章　明　局党委委员、副局长、市社会保险管理服务局局长
黄菊火　局党委委员、副局长
单黎霞　局党委委员、纪检组组长
方海洋　局党委委员、副局长
谢道溥　局党委委员、市医疗保险管理服务局局长
王新龙　局党委委员、市外国专家局局长
张　林　局党委委员、市就业管理服务局局长
张建华　巡视员
邹　午　巡视员
陈旦秋　巡视员
江汝标　巡视员
工加良　副巡视员
蔡坚力　副巡视员

洪继新　副巡视员
楼峻韵　副巡视员

机关处室

办公室
组织人事处(机关党委)
政策法规处
规划财务和计划处
公务员管理处
培训教育处
就业创业指导处(人才开发和市场处)
军官转业安置处(市军队转业干部安置工作领导小组办公室)
职业能力建设处
专业技术人员管理处
事业单位人事管理处
劳动关系处
工资福利与离退休处
养老保险处
医疗生育保险处
工伤保险处
企业退休人员管理处
信访处
调节仲裁管理处
行政审批处
外国专家局
纪检监察室

直属单位

杭州市人才服务局(市人才市场)
杭州市就业管理服务局
杭州市社会保险管理服务局
杭州市医疗保险管理服务局
杭州市医疗保险事务受理中心
杭州市人事考试办公室
杭州市劳动保障监察支队
杭州市劳动人事争议仲裁院
杭州市人力资源和社会保障信息中心
杭州市人力资源和社会保障局咨询服务中心
杭州市企业退休人员管理服务中心
杭州市专家与留学人员服务中心
杭州市职业技能培训指导中心(市公共实训指导中心)
杭州市职业技能鉴定指导中心
杭州市干部培训中心
杭州第一技师学院
杭州市轻工高级技工学校
杭州退休干部大学
杭州人才大厦管理中心

宁波市人力资源和社会保障局

宁波市解放南路257号

局领导

林雅莲　市委组织部副部长、局党委书记、局长
王晓光　局党委副书记、副局长
占建国　局党委委员、副局长
杨继杰　局党委委员、副局长
陈利珍　局党委委员、副局长
周永全　局党委委员、副局长
陈文伟　局党委委员、副局长
沃世立　局党委委员、纪检组长
陈水良　局党委委员、副局长
吴国华　局党委委员、副巡视员
顾金飞　副巡视员
徐华良　副巡视员
杨溯蔚　副巡视员
童晓黎　副巡视员、市外国专家局局长

机关处室

办公室
组织人事处
政策法规处
规划财务与社保基金监督处(综合计划处)
公务员考录调配处
公务员考核培训处
人才开发和市场处
军官转业安置处(市目标管理考核领导小组办公室)
职业能力建设处(人才培训处)
专业技术人员管理处
事业单位人事管理处
劳动关系处
工资福利与离退休处(市机关事业单位退休干部管理办公室)
养老保险处
医疗保险处
工伤生育保险处
仲裁处(市劳动人事争议仲裁委员会办公室)
行政审批处
信访处
外国专家局(市引进国外智力办公室)
机关党委
纪检监察室

直属单位

宁波市就业管理服务局
宁波市养老保险管理中心
宁波市城镇医疗保险管理中心
宁波市机关事业社会保险办公室
宁波市社会保险卡管理服务中心
宁波市人才市场管理办公室
宁波市人才服务中心
宁波市人事考试办公室
宁波市人才培训中心
宁波市职业技能鉴定指导中心
宁波市人力资源和社会保障局职业能力培训指导中心
宁波市劳动保障监察支队
宁波市人事争议仲裁院
宁波市劳动仲裁院
宁波市12333电话咨询服务中心
宁波技工学校
宁波市老年活动中心

温州市人力资源和社会保障局

温州市鹿城区学院中路303号

局领导

陈进达　市委组织部副部长、局党组书记、局长
邹跃新　局党组副书记、副局长
叶朝胜　局党组成员、纪检组组长
徐　群　局党组成员、副局长
陈志刚　局党组成员、副局长
董旭辉　局党组成员、副局长
胡正长　局党组成员、副局长
杨日东　调研员
张利军　调研员
刘贤奎　副调研员
孙爱萍　局党组成员

机关处室

办公室
人事处
政策法规处(行政审批服务处)
规划财务处(综合计划处)

就业促进和失业保险处
公务员考录交流处
公务员考核培训处
人才开发和市场处
军官转业安置处
职业能力建设处
专业技术人员管理处
事业单位人事管理处
劳动关系处
工资福利处
养老保险处(农村社会保险处)
医疗保险处
工伤生育保险处
社会保险基金监督处
仲裁信访处
机关党委
纪检监察室

直属单位

温州市就业管理服务局
温州市职业介绍指导服务中心
温州市技术工人交流服务中心
温州市社会保险管理中心
温州市医疗保险管理中心
温州市人力资源和社会保障局经济技术开发区社保分局
温州市人才市场管理办公室(市人才市场、市人才有限公司)
温州市人事考试办公室
温州市职业技能鉴定指导中心
温州市外国专家局
温州市机关事业单位工资统发办公室
温州市劳动保障监察支队
温州市劳动人事争议仲裁院
温州市人力资源和社会保障信息中心(市民卡管理服务中心)
温州技师学院
温州市就业训练中心
温州市人力资源培训学校(市继续教育院、市军队转业干部培训中心)
温州市机关事业单位退休人员活动中心
温州市民卡服务有限公司

湖州市人力资源和社会保障局

湖州市行政中心2号楼

局领导

王伯安　市委组织部副部长、局党组书记、局长
徐水培　局党组成员、副局长
沈福群　局党组成员、副局长
周淮中　局党组成员、副局长
金　敏　局党组成员、纪检组长
吴云芳　局党组成员、副局长
丁会强　局党组成员、副局长
罗　芳　局党组成员、市社会保险管理局局长
金平鸽　调研员
孟贤培　副调研员
刘宁伟　副调研员
陈忠民　副调研员

机关处室

办公室
政策法规处(行政审批处)
财务和基金监督处
就业促进和失业保险处
军官转业安置处
教育培训处
专业技术人员管理处(市海外高层次人才服务中心)

事业单位管理处
工资福利处
养老保险处
医疗工伤生育保险处
仲裁和信访处(劳动关系处)
组织人事处
公务员管理处
机关党委
纪检监察室

直属单位

湖州市就业管理服务局
湖州市社会保险管理局(下设市社会保险服务中心)
湖州市人才资源开发管理办公室(市人才市场管理中心、南太湖创新发展研究院秘书处)
湖州市人事考试办公室
湖州市人力资源培训中心
湖州市职业技能鉴定中心
湖州市专业技术职务任职资格评价服务中心
湖州市外国专家局
湖州市劳动保障监察支队
湖州市劳动人事争议仲裁院
湖州市人力资源和社会保障信息中心(市社会保障卡管理中心、市人力资源和社会保障咨询服务中心)
湖州市机关事业单位退休职工活动中心

嘉兴市人力资源和社会保障局

嘉兴市东升路1042号

局领导

陈树庆　市委组织部副部长、局党组书记、局长
应志敏　局党组副书记、副局长
王松林　局党组成员、副局长
余柏根　局党组成员、副局长
冯俊华　局党组成员、副局长
倪建强　局党组成员、副局长
吴金华　局党组成员、副局长
施　迪　局党组成员、纪检组长
黄　炜　局党组成员、副调研员

机关处室

办公室
政策法规处(行政审批处)
计划财务处(社会保险基金监督处)
就业促进和失业保险处(与市就业管理服务局合署)
人才开发处
职业能力建设处
专业技术人员管理处(市外国专家局)
事业单位人事管理处
劳动关系处(信访处)
工资福利处
养老保险处
医疗工伤生育保险处
公务员管理处(军官转业安置处、市公务员局)
信息化管理处
机关党委
纪检监察室

直属单位

嘉兴市就业管理服务局
嘉兴市人才市场管理办公室
嘉兴市人事考试办公室
嘉兴市职业技能鉴定管理中心(市高技能人才公共实训管理中心)
嘉兴市劳动保障监察支队

嘉兴市劳动能力鉴定中心
嘉兴市人事劳动仲裁院
嘉兴市退休干部管理处

嘉兴市社会保障事务局

嘉兴市南湖区禾兴南路334号

局领导

于霞芬　局党组书记、局　长
潘建中　局党组成员、副局长
王銮松　局党组成员、副局长
杨惠清　局党组成员、副局长
李　祥　局党组成员、副局长
杜锦瑛　局党组成员、纪检组长
王保国　局党组成员、办公室主任

机关处室

办公室
计划财务处
稽查审计处
城乡居民养老保险处
参保登记管理处（南湖区分局、秀洲区分局、经济技术开发区分局）
养老保险待遇处
城乡居民（合作）医疗待遇处
工伤生育待遇处（上海人医疗保险代办服务中心）
异地就医结算处
社会救助处
业务审核处
计算机信息管理处（市公共事务信息中心）
纪检组（监察室）

绍兴市人力资源和社会保障局

绍兴市曲屯路368号

局领导

邵全卯　市委组织部副部长、局党组书记、局长
裘凯音　党组副书记、副局长
薛婉娟　党组成员、纪检组长
王福荣　党组成员、副局长
陈建兴　党组成员、副局长
黄立枫　党组成员、副局长
罗继红　党组成员、副局长
陈朝晖　党组成员、副局长
陈树荣　调研员
王少钧　调研员
樊晓宏　副调研员
任彩仙　副调研员

机关处室

办公室
政策法规处
就业促进和失业保险处
人才开发和市场处
军官转业安置处
职业能力建设处
专业技术人员管理处
劳动关系处
工资福利处
养老保险处
医疗工伤生育保险处
仲裁处
信访处
外国专家局
公务员管理处

政治处

纪检监察室

直属单位

绍兴市就业管理服务局

绍兴市公共职业介绍服务中心

绍兴市社会保险事业管理局

绍兴市劳动能力鉴定中心

绍兴市人才市场管理办公室

绍兴市人事考试办公室

绍兴市人事培训教育中心

绍兴市职业技能鉴定中心

绍兴市职业技术培训指导中心

绍兴市职称评审中心

绍兴市劳动保障监察支队

绍兴市大中专毕业生就业创业指导中心

绍兴市公共实训基地

绍兴市劳动保障投诉咨询服务中心

绍兴市人力资源和社会保障信息管理中心

绍兴市退休干部管理处

金华市人力资源和社会保障局

金华市双龙南街801号

局领导

王丁路　市委组织部副部长、局党组书记、局长

兰景贵　局党组副书记、副局长

杨旭明　局党组成员、纪检组长

杨建飞　局党组成员、副局长

陈宽年　局党组成员、副局长

周燕祥　局党组成员、副局长

邱　平　局党组成员、局机关党委书记

徐德兴　局党组成员、副局长

虞争鸣　局党组成员、副局长

杜跃忠　局党组成员

黄根寿　副局级干部

刘玉祯　调研员

徐德兴　调研员

项深海　副调研员

虞争鸣　副调研员

陈新民　副调研员

机关处室

办公室

仲裁法规处（行政审批处）

就业促进和失业保险处

人才开发和市场处（市外国专家局）

军官转业安置处（市军队转业干部安置工作小组办公室）

职业能力建设处

专业技术人员管理处

事业单位人事管理处

工资福利处（退休人员管理处）

社会保险处

基金监督和信息管理处

公务员管理处

机关党委

纪检监察室

直属单位

金华市就业管理服务局

金华市社会保险事业管理局

金华市人才市场管理办公室

金华市人事考试办公室

金华市人力资源培育教育中心

金华市职业技能鉴定中心

金华市劳动保障监察支队

金华市劳动人事争议仲裁院

金华市人力资源和社会保障信息管理中心
金华市人力资源和社会保障电话咨询服务中心

衢州市人力资源和社会保障局

衢州市柯城区荷花五路468号

局领导

吴招明　市委组织部副部长、局党委书记、局长
姜红生　局党委副书记、副局长
余月明　局党委委员、市社会保险事业管理局局长
华　英　局党委委员、市编委办副主任
王国忠　局党委委员、副局长
吴春祥　局党委委员、纪检组长
牛建彪　局党委委员、副局长
李英武　副调研员

机关处室

办公室
政策法规处
行政审批处
基金监督与财务处
就业促进与职业能力建设处
专业技术人员管理处(市外国专家局、市专家服务中心)
工资福利与离退休处
社会保险处
仲裁与劳动关系处
信访办公室
公务员管理处(事业单位人事管理处、市军队转业干部安置工作小组办公室)
纪检监察室

衢州市人力资源和社会保障局产业集聚区分局

直属单位

衢州市就业管理服务局
衢州市人力资源开发服务中心
衢州市社会保险事业管理局
衢州市劳动能力鉴定中心
衢州市人才开发管理办公室
衢州市人事考试办公室
衢州市职业技能鉴定中心
衢州市劳动保障监察支队
衢州市人事劳动仲裁院
衢州市人力资源和社会保障信息中心(市12333电话咨询服务中心)

舟山市人力资源和社会保障局

舟山市新城海天大道681号
市行政中心东一号楼

局领导

沈国通　市委组织部副部长、局党组书记、局长、市社会保险事业管理局局长
张　伟　局党组成员、副局长、市社会保险事业管理局副局长
邬扬全　局党组成员、副局长
陈建庆　局党组成员、纪检组长
陈　翔　局党组成员、副局长
金　涛　局党组成员、副局长
禹克亚　局党组成员、副处级干部
阎英群　局党组成员、市就业管理服务局局长

陈敏刚　局党组成员

机关处室

办公室(信息中心)
政策法规处(行政许可服务处)
公务员处(市军队转业干部安置小组办公室)
人才开发处和市场处(市外国专家局)
职业能力建设处
专业技术人员管理处
事业单位人事管理处
工资福利处(退休干部管理处)
劳动关系处
社会保险处(基金监督和内审处)
机关党委(纪检监察室)

直属单位

舟山市就业管理服务局(市海员就业服务中心)
舟山市社会保险事业管理局
舟山市驻舟海军随军家属就业管理服务处
舟山警备区随军家属就业管理服务处
舟山市社会保险服务中心
舟山市劳动能力鉴定中心
舟山市原转体单位离退休干部服务中心
舟山市人才市场管理办公室(市人才公共服务中心)
舟山市人力资源市场服务中心(大学生创业服务中心)
舟山市人事考试办公室
舟山市人力资源培训和技能鉴定中心
舟山市劳动监察支队
舟山市劳动人事争议仲裁院
舟山市人力资源和社会保障咨询服务中心

台州市人力资源和社会保障局

台州市椒江区白云山南路233号市行政中心

局领导

王如考　市委组织部副部长,局党组书记、局长
李正瑞　局党组副书记、副局长
朱怀宾　局党组成员、副局长
石　勇　局党组成员、副局长
林云初　局党组成员、副局长
姜　渭　局党组成员、纪检组长
郑志敏　局党组成员、副局长
谢建军　局党组成员
陈　淼　局党组成员、市社会保险事业管理局局长

机关处室

办公室
政策法规处(行政审批处)
就业促进和职业能力建设处
人才开发和市场处
专业技术人员管理处
事业单位人事管理处
劳动关系处
工资福利处
养老保险处
医疗工伤生育保险处
社会保险基金监督处
仲裁信访处
人事处
公务员管理处(市军队转业干部安置工作小组办公室)
机关党委
纪检监察室

直属单位

台州市就业管理服务局
台州市社会保险事业管理局
台州市劳动能力鉴定中心
台州市人才市场管理办公室（市高层次人才服务中心）
台州市人才市场
台州市人事考试办公室
台州市人力资源培训中心
台州市职业技能鉴定中心
台州市外国专家局
台州市劳动保障监察支队
台州市劳动人事仲裁院
台州市人力资源和社会保障咨询服务中心
台州市人力资源和社会保障信息中心

丽水市人力资源和社会保障局

丽水市花园路1号市行政中心

局领导

吴善印　市委组织部副部长、局党组书记、局长
张　健　局党组副书记、调研员、副局长
章　旭　局党组成员、副局长
陈晓恒　局党组成员、副局长
李　锋　局党组成员、纪检组长
吴守成　局党组成员、副局长
周建雄　局党组成员、市社会保险事业管理局局长
王旭彪　局党组成员、市就业管理服务局局长
董友生　副调研员
程固胜　副调研员
林建军　副调研员

机关处室

办公室
行政审批处（政策法规处、社会保险基金监督处）
人才开发管理处（市外国专家局）
职业能力建设处
专业技术人员管理处
事业单位人事管理处
劳动关系处（仲裁信访处、农民工工作处）
工资福利处
养老保险处
医疗工伤生育保险处
公务员管理处（军官转业安置处）
机关党委（纪检监察室）

直属单位

丽水市就业管理服务局
丽水市人力资源市场服务中心（市人力资源和社会保障教育培训中心）
丽水市社会保险事业管理局
丽水市人才管理服务局（市高层次人才服务中心）
丽水市人力资源考试办公室
丽水市职业技能鉴定指导中心
丽水市劳动保障监察支队
丽水市人事劳动仲裁院
丽水市人力资源和社会保障信息中心（市人力资源和社会保障咨询服务中心、市社会保障卡管理服务中心）

义乌市人力资源和社会保障局

义乌市香山路389号

局领导

虞秀军　市委组织部副部长、局党委书记、局长

龚小庆　局党委委员、副局长
张永民　局党委委员、副局长
吴高余　局党委委员、副局长
陈贻军　局党委委员、纪工委书记
楼小东　局党委委员、副局长
吴广茂　调研员
鲍爱民　调研员
楼关兴　调研员
黄兰英　局党委委员、公务员管理科科长

机关科室

办公室
公务员管理科(军官转业安置科)
就业促进科(职业能力建设科、农民工工作科)
人才开发科(市外国专家局、专业技术人员管理科)
事业单位人事管理科
工资福利科(退休干部管理科)
社会保险科
社会保险基金监督科
劳动关系科(政策法规科、仲裁信访科)
行政审批科
纪检监察室

直属单位

义乌市就业管理服务局
义乌市社会保险管理处
义乌市医疗社会保险管理处
义乌市农村养老保险管理处
义乌市人才服务局
义乌市人事考试办公室(市职业技能鉴定中心)
义乌市劳动监察大队
义乌市人事劳动仲裁院
义乌市人事劳动社会保障信息中心(市社会保障卡管理办公室)

大 事 记

浙江省人力资源和社会保障厅大事记

1月

1月4日 吴顺江厅长参加省委常委会第二十七次会议。

同日 袁中伟副厅长参加省行政审批制度改革领导小组中介组织前置审批深化改革专题会议。

同日 黄亚萍副厅长参加全省春运与“除隐患、保安全”消防专项工作电视电话会议。

1月5日 宓小峰副厅长参加编制管理工作协调会。

1月6日 朱绍平副厅长参加省医疗机构等级评审委员会会议。

同日 蔡国春副厅长参加人社部、国家公务员局召开的中央机关直属机构2013年度招考公务员面试工作视频会议。

1月6日至7日 吴顺江厅长、宓小峰副厅长在宁波市鄞州区调研“海外工程师”工作。

1月7日 黄亚萍副厅长参加省妇联十二届七次执委(扩大)会议。

1月7日至9日 蔡国春副厅长在北京参加全国行政机关公务员管理工作会议。

1月8日 袁中伟副厅长参加省政府审批制度改革领导小组会议。

1月8日至9日 朱绍平副厅长随同省纪委书记任泽民在温州走访慰问困难企业和困难群众。

1月8日至9日 第一批第二期新疆阿克苏地区来浙培养实习大学生共539人结束在浙江实习返回新疆。

1月9日 全省人力资源和社会保障工作电视电话会议在杭州召开。会议的主要任务是学习贯彻党的十八大和省第十三次党代会、省委十三届二次全会精神,落实全国人力资源和社会保障工作会议和全省经济工作会议部署,总结过去十年和2012年工作,部署今后五年和2013年工作任务。陈加元副省长、省政府副秘书长冯波声出席会议,陈加元副省长讲话,吴顺江厅长作工作报告。

同日 宓小峰副厅长参加毛光烈副省长主持召开的会议,省经信委汇报关于智慧城市大型专用软件产业技术创新综合试点工作方案。

同日 丛苏林副巡视员参加社区矫正有关问题协调会。

1月10日 吴顺江厅长参加省政府第103次常务会议。下午,召开全厅干部大会传达中央近期有关会议精神。

同日 袁中伟副厅长参加发展人力资源服务业专题协商会。

同日 副厅以上领导参加“浙江论坛”报告会。

同日 沈长仁(副厅级)参加全省住房和城乡建设工作会议,下午参加全省人民防空工作会议。

1月10日至11日 朱绍平副厅长在北京参加中国医药工业科研开发促进会主办的创新药物市场环境政策论坛。

1月11日 吴顺江厅长参加省委常委会第二十九次会议。

同日 袁中伟副厅长参加2013年春节前

保障农民工工资支付工作视频会议。下午，参加全省深化行政审批制度改革电视电话会议。

同日 沈长仁（副厅级）参加全省环境保护工作电视电话会议。

1月14日 吴顺江厅长主持召开第104次厅党组会，听取关于贯彻落实中央和省委改进工作作风密切联系群众若干规定实施办法起草情况汇报，听取省纪委、省监察厅省直派驻（出）机构学习党的十八大精神集中培训会主要精神汇报，听取建立厅处级领导干部廉政档案、推进惩防体系建设和落实党风廉政建设责任制检查和厅党组民主生活会准备情况汇报。研究人事工作。

同日 吴顺江厅长、傅玮副厅长会见海军东海舰队副政委顾礼康少将。

同日 傅玮副厅长参加浙江陆军预备役步兵师党委全体（扩大）会议。

同日 蔡国春副厅长参加省政府秘书长张鸿铭主持召开的专题会，研究省政府授予浙江卫视等单位集体一等功有关事项，下午参加省政府第104次常务会议。

1月14日至15日 邵爱琴副巡视员随同陈加元、朱从玖副省长在衢州走访慰问困难企业和困难群众。

1月14日至15日 从苏林副巡视员随同毛光烈副省长在金华走访慰问困难企业和困难群众。

1月14日至16日 宓小峰副厅长在北京参加全国引进国外智力工作会议。

1月15日 吴顺江厅长随同省委书记夏宝龙在杭州走访慰问困难企业和困难群众，并参加杭州市委民主生活会。

同日 袁中伟副厅长参加全省财政地税工作电视电话会议。

同日 黄亚萍副厅长随同省委常委、省委宣传部部长葛慧君在绍兴走访慰问困难企业和困难群众。

同日 蔡国春副厅长随同省委常委、省公安厅厅长刘力伟在台州走访慰问困难企业和困难群众。

1月16日 吴顺江厅长参加省委常委、省委秘书长赵一德主持召开的协调会，研究讨论省委主要领导调研课题事宜。

同日 蔡国春副厅长参加全国2013年调整企业退休人员基本养老金工作视频会议。

同日 宓小峰副厅长参加全省统战部长会议。

同日 邵爱琴副巡视员参加省"十佳幸福女儿家庭"颁奖典礼。

1月16日至17日 从苏林副巡视员随同龚正常务副省长在舟山走访慰问困难企业和困难群众。

1月17日 省委书记夏宝龙到厅检查2012年度推进惩防体系建设和落实党风廉政建设责任制情况，出席厅党组民主生活会，并作重要讲话。吴顺江厅长汇报2012年推进惩防体系建设和落实党风廉政建设责任制情况，厅党组成员围绕"干在实处走在前列，改进工作作风，密切联系群众"主题分别发言。

同日 袁中伟副厅长随同李强代省长在宁波走访慰问困难企业和困难群众。

同日 傅玮副厅长随同省委常委、省委组织部部长蔡奇在嘉兴走访调研。

1月18日 吴顺江厅长参加省人大、省政府、省政协换届人事安排方案通报会。下午，参加全省领导干部会议。

同日 黄亚萍副厅长参加全国扶贫开发工作电视电话会议。

同日 傅玮副厅长参加全省宣传思想工作会议。

同日 宓小峰副厅长随同省委常委、省军区政委王新海在丽水走访慰问困难企业和困难群众。

1月21日 厅领导班子成员参加全省乡

镇(街道)干部队伍建设会议。

同日 朱绍平副厅长参加省政府妇女儿童工作委员会全体会议。

同日 宓小峰副厅长参加第十五届浙洽会、第十二届消博会、第六届中国开放论坛组委会第一次全体会议。

同日 丛苏林副巡视员参加省委对外宣传工作领导小组、省委互联网管理工作领导小组成员(扩大)会议。

1月22日 吴顺江厅长参加省委全委扩大会议。下午,参加2013年对口支援干部人才座谈会。

同日 朱绍平副厅长参加全省政法工作会议,并参加浙江省肺癌靶向药品谈判领导小组工作会议。

同日 邵爱琴副巡视员参加全省智慧城市大型专用软件产业技术创新综合试点工作会议。

同日 陈小克(副厅级)参加第二十八次全国"扫黄打非"工作电视电话会议。

1月23日 吴顺江厅长参加省委人才工作领导小组第十八次会议和院士专家迎春座谈会。下午,参加全省信访工作座谈会。晚上,参加省"两会"党员代表委员会议。

同日 蔡国春副厅长参加杭州铁路运输法院移交杭州中级人民法院有关事项专题协调会。

同日 丛苏林副巡视员参加2012年浙江省支持浙商创业创新促进浙江发展目标责任制考核汇报会。

1月24日至29日 傅玮副厅长参加省政协十一届一次会议。

1月25日至26日 朱绍平副厅长在北京参加全国劳动人事争议处理效能建设现场会。

1月25日至31日 吴顺江厅长列席省十二届人大一次会议,并当选第十二届全国人民代表大会代表。

1月29日至31日 朱绍平副厅长在北京参加全国医疗保险工作座谈会。

1月29日至2月1日 袁中伟副厅长在香港参加2013浙港现代服务业高端人才招聘会前期考察宣传活动,并参加香港贸易发展局主办的教育及职业博览会。

2月

2月1日 丛苏林副巡视员参加全省政府法制工作电视电话会议。

2月4日 吴顺江厅长主持召开第105次厅党组会,听取全国行政机关公务员管理工作会议、全国引进国外智力工作会议主要精神和下一步打算情况汇报,听取2013年全省企业退休人员养老金等待遇调整、部分事业单位参照《公务员法》管理、制定厅宣传制度、佑圣大厦装修改造工程进展情况汇报。研究人事工作。

2月5日 吴顺江厅长、朱绍平副厅长、郭敏纪检组长参加省纪委十三届二次全会。

2月17日 卢子跃副省长到厅调研,看望厅机关部分处室工作人员,吴顺江厅长代表厅党组汇报工作。厅班子成员和各处室、单位主要负责人参加汇报会。

同日 召开全厅干部职工大会,回顾2012年工作,表彰先进处室、先进单位和优秀个人,签订党风廉政建设责任书,部署2013年厅重点工作任务。吴顺江厅长讲话,袁中伟副厅长主持会议。

同日 吴顺江厅长、蔡国春副厅长参加省政府第二次常务会议。

同日 丛苏林副巡视员参加现代农业装备产业技术创新综合试点与高新园区创建启动工作会议。

2月18日 黄亚萍副厅长参加全省审计工作电视电话会议。

同日 蔡国春副厅长参加省委常委会第三十四次会议。

2月18日至21日 吴顺江厅长带队赴台湾开展浙台两地人力资源交流洽谈活动。

2月20日 根据省委组织部工作安排，召开全厅干部大会，动员考察1名省直单位正职拟任人选，袁中伟副厅长主持会议，考察组组长张旭明作动员讲话。

同日 傅玮副厅长参加省委老干部工作领导小组会议和浙江老年大学校务委员会会议。

同日 蔡国春副厅长参加全省个体经济及小微企业提升发展工作电视电话会议。

2月20日至22日 黄亚萍副厅长在北京参加全国就业工作座谈会。

2月21日 朱绍平副厅长参加全省安全生产工作电视电话会议。

同日 宓小峰副厅长参加省推进工业设计发展工作联席会议成员第一次会议。

2月22日 朱绍平副厅长参加全省信访工作专题会议。随后，参加病种路径研究医保专家座谈会。

同日 傅玮副厅长在中国伞博物馆调研非物质文化遗产项目西湖绸伞高技能人才培养情况。

同日 蔡国春副厅长参加全省农村工作会议。

同日 宓小峰副厅长参加《浙江舟山群岛新区发展规划》情况通报会。

同日 从苏林副巡视员参加全省民族宗教工作电视电话会议。

2月25日 吴顺江厅长主持召开第106次厅党组会，听取全国就业工作座谈会主要精神和下一步打算情况汇报，听取省纪委十三届二次全会精神贯彻落实意见和报送2013年省政府责任制考核厅一、二类目标情况汇报，听取原劳动保障宣教综合楼命名、凤起路440号物业招租、厅阳光政务演示系统设备购置情况汇报。审议厅行政规范性文件管理办法，研究人事工作。

同日 傅玮副厅长参加民进浙江省九届二次全会。

2月25日至27日 朱绍平副厅长在北京参加全国劳动关系座谈会暨贯彻落实新修订的《劳动合同法》工作部署会。

2月26日 从苏林副巡视员参加全省保密委员会全体成员会议。

2月26日至28日 袁中伟副厅长在成都参加2013年全国人力资源和社会保障规划财务工作座谈会。

2月26日至28日 蔡国春副厅长在重庆参加全国社保局长会议。

2月27日 省委常委、省纪委书记任泽民到厅调研阳光政务工作，吴顺江厅长代表厅党组汇报阳光政务和党风廉政建设工作。省纪委副书记王海超，省纪委常委、省监察厅副厅长施彩华，省纪委常委、秘书长陈擎苍，省纪委办公厅主任梁雪冬，省纪委纠风室主任王俊陪同调研。在厅的厅领导和有关处室、直属单位负责人参加汇报会。

同日 黄亚萍副厅长参加全省就业工作电视电话会议并讲话。

同日 沈长仁（副厅级）参加全国工贸行业企业安全生产标准化建设工作视频会。

同日 陈小克（副厅级）参加全省民兵工作调整改革任务部署会。

2月28日至3月2日 黄亚萍副厅长在南昌参加全国农民工工作暨家庭服务业工作办公室主任会议。

2月28日至3月9日 郭敏纪检组长在北京参加省（区、市）直属厅局纪检组长（纪委书记）任职培训班。

3月

3月1日 吴顺江厅长出席省委党校春季学期开学典礼。

同日 傅玮副厅长参加2013年全省经济社会发展重点报道选题对接会。

同日 宓小峰副厅长参加浙江舟山群岛新区工作领导小组第一次会议。

3月2日 吴顺江厅长参加十二届全国人大一次会议浙江代表团赴京动员会。

同日 蔡国春副厅长参加"学习雷锋精神,争做最美浙江人"座谈会。

3月2日至15日 黄亚萍副厅长参加国家行政学院流动人口服务与管理研讨班。

3月4日 蔡国春副厅长参加乡镇(街道)干部队伍建设专项督查协调会。

同日 宓小峰副厅长参加2013年浙江省海外高层次人才联谊年会。

3月4日至5日、11日至12日 根据省委办公厅、省政府办公厅省级机关百组调研部署,宓小峰副厅长在杭州市萧山区蹲点调研。

3月5日至17日 吴顺江厅长在北京参加十二届全国人大一次会议。

3月6日 朱绍平副厅长参加全省先进女职工集体和个人表彰大会。

3月6日至12日 根据省委办公厅、省政府办公厅省级机关百组调研部署,朱绍平副厅长在慈溪蹲点调研。

3月7日 宓小峰副厅长出席2013年全省人事考试考务工作暨公务员四级联考工作汇报会并讲话。

3月8日 蔡国春副厅长会见土耳其中东行政学院代表团一行。

3月11日至15日 根据省委办公厅、省政府办公厅省级机关百组调研部署,蔡国春副厅长在衢州市柯城区蹲点调研。

3月12日 从苏林副巡视员参加省"巾帼建功"和"双学双比"活动协调小组成员单位工作会议。

3月14日 宓小峰副厅长出席全省专业技术人员、事业单位人事管理和引进国外智力工作会议并讲话。

3月15日 朱绍平副厅长参加全省劳动关系工作视频会议并讲话。

3月16日 2013年全省各级机关录用公务员笔试分别在省直和全省各市及义乌市举行。全省共设置13个考区192个考点10410个考场,考试报名确认人数308193人。在厅的厅领导在各考点巡视。

3月18日 副厅以上领导参加省委传达贯彻全国"两会"精神领导干部会议。召开厅传达学习"两会"精神会议,吴顺江厅长传达并部署学习贯彻任务。

3月19日 吴顺江厅长参加浙江海洋经济发展示范区工作领导小组会议。

3月20日 吴顺江厅长参加厅2012年度推进惩防体系建设和落实党风廉政建设责任制检查情况反馈会。

同日 蔡国春副厅长参加省劳动模范评选委员会会议。

3月20日至22日 黄亚萍副厅长在成都参加全国社保基金监督工作座谈会。

3月21日 吴顺江厅长参加省人口与计划生育领导小组会议。

同日 宓小峰副厅长在湖州参加现代物流装备产业技术创新综合试点和高新园区创建启动工作会议。

3月21日至22日 袁中伟副厅长在宁波调研劳务派遣和企业人才工作。

3月22日 吴顺江厅长参加省政府第四次常务会议。

同日 蔡国春副厅长参加全省新一轮低收

入农户和扶贫重点村调查认定工作电视电话会议。

同日 从苏林副巡视员参加省委建设平安浙江领导小组会议。

3月22日至24日 宓小峰副厅长在福州参加2013年全国人事考试工作座谈会。

3月25日 吴顺江厅长主持召开第107次厅党组会，听取全国劳动关系工作座谈会暨贯彻落实新修订的《劳动合同法》工作部署会、全国农民工工作暨家庭服务业工作办公室主任会议、全国医疗保险工作会议、全国社保局长会议精神和下一步打算情况汇报，听取制定《浙江省专业技术人员知识更新工程（2012—2020）实施方案》、建议以省政府办公厅名义下发《关于做好2013年全省人力资源和社会保障工作的通知》情况汇报，听取省劳动保障宣教综合楼拆建工程项目进展和装修工程招投标情况汇报。审议厅2013年度会议和培训班计划，研究调整部分厅领导分工，研究人事工作。

同日 蔡国春副厅长参加省评比达标表彰工作协调小组全体会议。

同日 从苏林副巡视员参加全省对台工作会议。

同日 陈小克（副厅级）在德清参加全省消防安全暨多种形式消防队伍建设管理工作会议。

3月26日 吴顺江厅长参加省级机关拟任命人员与省人大常委会组成人员见面会。

同日 吴顺江厅长、袁中伟副厅长参加省直机关工资工作会议。

同日 黄亚萍副厅长参加全省廉政工作电视电话会议。

同日 宓小峰副厅长参加全省防范处理邪教工作会议。

3月26日至27日 宓小峰副厅长参加浙江舟山群岛新区建设动员大会。

3月27日 全省技能大师工作室现场推进会暨高技能人才服务企业活动会启动仪式在杭州汽轮机股份有限公司召开，卢子跃副省长到会并讲话，吴顺江厅长主持会议。

同日 袁中伟副厅长参加2013浙江—香港现代服务业高端人才招聘活动新闻发布会。

同日 黄亚萍副厅长参加全国森林草原防火和造林绿化工作电视电话会议。

同日 宓小峰副厅长在浙江师范大学“全省各级机关录用公务员考试”阅卷点巡视。

同日 从苏林副巡视员参加青山湖科技城建设领导小组全体会议。

同日 陈小克（副厅级）在绍兴参加全省农贸市场改造提升工作推进现场会暨商品交易市场提升发展工作落实情况汇报会。

3月27日至28日 宓小峰副厅长在衢州“慧谷工业设计产业园”调研省级特色工业设计示范基地建设工作。

3月28日 黄亚萍副厅长参加省政府第一次全体会议。

3月28日至29日 郭敏纪检组长在南宁参加全国人力资源社会保障系统党风廉政建设工作座谈会。

3月28日至30日 吴顺江厅长在澳门考察，并参加2013浙江—香港现代服务业高端人才招聘会。

3月28日至30日 傅玮副厅长在重庆参加2013年全国职业能力建设工作座谈会。

3月29日 宓小峰副厅长在义乌调研。

4月

4月1日 蔡国春副厅长参加完善困难群众重特大疾病医疗救助制度重点课题调研情况通报会。

4月1日至3日 宓小峰副厅长在西安参加2013年全国专业技术人才工作座谈会。

4月2日 吴顺江厅长参加省人大常委会副主任厉志海主持召开的省人大内司委省级对口联系单位座谈会。

同日 蔡国春副厅长参加省基层中医药服务能力提升工程启动会。

4月3日 吴顺江厅长向厅机关离退休干部传达全国"两会"精神并通报近期工作。黄亚萍副厅长主持会议。

同日 黄亚萍副厅长参加全省金融工作电视电话会议。

同日 傅玮副厅长参加构建和谐劳动关系执法调研座谈会。

同日 丛苏林副巡视员参加省十二届人大一次会议代表建议和省政协十一届一次会议提案交办会。

4月7日 吴顺江厅长主持召开第一次厅党组会,听取全国人力资源社会保障系统党风廉政建设工作座谈会、全省社会保险基金监督工作座谈会主要精神和下一步打算情况汇报,听取贯彻省委检查组对厅惩防体系建设和落实党风廉政建设责任制检查情况反馈建议任务分工、厅党组理论学习中心组2012年度理论学习自查情况和2013年度理论学习计划情况汇报,听取事业单位岗位管理制度实施后有关问题处理征求意见、聘请厅法律顾问情况汇报。审议《2013年全省人力资源社会保障系统党风廉政建设工作要点》,研究部署4月份和二季度重点工作。

同日 副厅以上领导参加"浙江论坛"报告会。

4月8日 吴顺江厅长参加省对口支援工作领导小组第六次会议。

同日 袁中伟副厅长参加杭州人力资源服务业产业园(筹)授牌仪式。

同日 宓小峰副厅长参加省委人才工作领导小组服务人才例会第一次会议。

4月9日 黄亚萍副厅长在温州参加温州市金融综合改革实验区工作领导小组会议。

同日 宓小峰副厅长参加全国台胞权益保障工作专项会议。

4月10日 吴顺江厅长在舟山参加全省公务员管理工作会议并讲话,蔡国春副厅长主持。

4月10日至12日 吴顺江厅长在舟山调研。

4月10日至21日 袁中伟副厅长带队赴印度、以色列、保加利亚等国开展以人才智力合作洽谈为主题的访问活动。

4月15日 吴顺江厅长参加市委书记工作汇报会。

4月15日至19日 郭敏纪检组长出席市、县阳光政务网上公开工作整改培训会。

4月16日 根据省委组织部工作安排,召开民主推荐厅巡视员大会,吴顺江厅长主持会议并作动员讲话。

同日 傅玮副厅长出席全省军转工作座谈会并讲话。

同日 宓小峰副厅长出席省委人才办召开的人才支撑创新驱动发展课题论证会。

同日 丛苏林副巡视员参加省中心镇发展改革和小城市培育试点领导小组会议。

4月16日至18日 人社部副部长、国家外国专家局局长张建国一行到浙江调研。17日上午,宓小峰副厅长陪同参加高层次外国专家座谈会。下午,吴顺江厅长、宓小峰副厅长陪同在浙江大学调研。18日上午,宓小峰副厅长陪同在省农科院调研。

4月16日至19日 人社部副部长胡晓义一行到浙江调研。16日上午,吴顺江厅长代表厅党组汇报工作,在厅的厅领导和相关处室、直属单位负责人参加汇报会。下午,吴顺江厅长、蔡国春副厅长陪同在杭州市人社局调研。17日,吴顺江厅长、蔡国春副厅长陪同胡晓义副部长在阿里巴巴集团调研。17日至19日,蔡国春副厅长陪同在宁波、舟山调研。

4月17日 黄亚萍副厅长参加国家保监会来浙调研保险业服务城镇化发展的座谈会。

4月18日 吴顺江厅长参加全省干部教育培训工作座谈会。

同日 黄亚萍副厅长参加浙江省家庭服务业高级管理人员培训班开班仪式并讲话。下午，参加省政府向国家淘汰落后产能联合考核工作组工作汇报反馈会。

同日 丛苏林副巡视员参加省信息化工作领导小组第十二次会议。

4月19日 吴顺江厅长参加省政府第五次常务会议。

同日 黄亚萍副厅长参加全省社会保险基金监督工作视频会议并讲话。

同日 宓小峰副厅长参加中组部、教育部、人社部来浙调研高校高端人才引进工作的座谈会。

4月21日 浙江省暨杭州市首届"双爱"宣传周大型宣传咨询活动在杭州吴山广场举行。卢子跃副省长出席活动并讲话，吴顺江厅长主持，宓小峰副厅长参加活动。

4月22日 吴顺江厅长参加省委常委会第四十次会议。

4月23日 黄亚萍副厅长参加2013年浙江省技能人才校企合作交流大会并讲话。

同日 丛苏林副巡视员参加嘉善县县域科学发展示范点建设动员大会。

同日 陈小克(副厅级)在诸暨参加现代环保装备产业技术创新综合试点和高新园区创建启动工作会议。

4月24日 吴顺江厅长参加省工会第十四次代表大会开幕式。

同日 吴顺江厅长主持召开厅人才工作专题会议，袁中伟、傅玮副厅长和厅相关处室主要负责人参加会议。

同日 宓小峰副厅长参加推进行政审批前置服务中介机构改革责任分工协调会。

4月24日至26日 丛苏林副巡视员在合肥参加全国人力资源社会保障信息化工作座谈会。

4月25日 省农民工工作联席会议第八次全体会议在杭州召开，省联席会议总召集人卢子跃副省长出席会议并讲话。吴顺江厅长作工作报告，黄亚萍副厅长汇报农民工工作评估情况。

同日 全国军队转业干部安置工作电视电话会议后，随即召开全省军队转业干部安置工作电视电话会议。副省长卢子跃、省军区政治部主任郭正钢参加会议并讲话，吴顺江厅长主持，傅玮副厅长参加会议。

同日 袁中伟副厅长主持召开部分市、县人社局负责人参加的人力资源服务产业园区建设工作座谈会。

同日 傅玮副厅长参加第三届中国·浙江工艺美术精品博览会开幕式。

同日 蔡国春副厅长参加全省推进现代装备制造业发展工作电视电话会议。

4月26日 吴顺江厅长、袁中伟副厅长参加省委书记夏宝龙主持召开的创新驱动发展重点课题汇报会。

同日 袁中伟副厅长主持召开厅相关处室和部分人力资源服务企业负责人参加的劳务派遣工作座谈会。

同日 蔡国春副厅长参加郑继伟副省长主持召开的公立医院改革专题会议。

4月27日 吴顺江厅长主持召开第二次厅党组会，听取全国职业能力建设工作座谈会、全国专业技术人才工作座谈会、全国行政机关公务员平时考核工作经验交流会主要精神和下一步打算情况汇报，听取2013年省钱江人才计划C、D类项目和博士后科研项目资助、部分市县事业单位参照《公务员法》管理审批、完善省直军转干部安置办法、实施人才强省战略工作项目及经费预算安排、阳光政务网上办事大厅建设问题情况汇报。审议《关于加强拒不支付劳动报酬案件查处工作的意见》，研究人事工作。

同日 吴顺江厅长参加全省“411”有效投资行动计划暨重点建设项目推进大会。

同日 傅玮副厅长参加全省高技能人才培养工作经验交流会并讲话。

4月28日 郭敏纪检组长参加厅阳光政务网上办事培训会并作动员讲话。

同日 宓小峰副厅长参加浙江省庆祝“五一”劳模先进表彰大会暨首届职工艺术节开幕式。

5月

5月2日至13日 郭敏纪检组长带队赴美国、加拿大、韩国等国家招揽海外高层次人才。

5月3日 黄亚萍副厅长参加省发展家庭服务业促进就业工作联席会议第三次全体会议。

同日 蔡国春副厅长随同省政府副秘书长李云林在省中医院调研国家中医临床研究基地建设情况。

5月3日至14日 吴顺江厅长带队赴欧洲招揽海外高层次人才。

5月6日 宓小峰副厅长参加省委常委会第四十二次会议。

5月8日 黄亚萍副厅长参加全国人大财经委主任委员李盛霖率团来浙调研城镇化工作的座谈会。

同日 宓小峰副厅长参加全省第七批援藏干部人才和第二批援青干部选派工作视频会议。

5月8日至10日 蔡国春副厅长在青岛参加全国工伤保险工作座谈会。

5月9日 黄亚萍副厅长参加2012年度网络创业促进就业研究成果发布会。

同日 宓小峰副厅长在诸暨调研劳动保障监察等工作。

同日 从苏林副巡视员参加全省开展“排查整治、强基促稳”专项活动视频会议。

5月10日 袁中伟副厅长参加2013年省经济责任审计工作联席会议。

同日 黄亚萍巡视员参加厅机关离退休干部健康知识专题讲座。

同日 宓小峰副厅长参加毛光烈副省长主持召开的专题会议，省经信委汇报关于引进装备电子及软件企业、机构、团队与各装备高新区对接活动安排建议方案。

同日 从苏林副巡视员参加省级机关“百组调研”意见建议交办会。

5月13日 蔡国春副厅长参加国务院机构职能转变动员电视电话会议。

5月13日至14日 宓小峰副厅长在宁波参加全省省级特色工业设计示范基地建设工作现场会。

5月14日 黄亚萍巡视员参加省委书记夏宝龙主持召开的座谈会，听取高校、科研院所对省委关于创新驱动决定的意见建议。

5月14日至16日 蔡国春副厅长在石家庄参加全国医疗保险运行分析会。

5月16日 吴顺江厅长参加省委秘书长赵一德主持召开的协调会，动员部署省委书记夏宝龙重点课题《全面深化改革开放再创浙江体制机制新优势的思路与对策研究》的相关工作。

同日 袁中伟副厅长参加全省事业单位实施绩效工资工作会议。

同日 郭敏纪检组长参加贯彻落实《中华人民共和国旅游法》电视电话会议。

5月17日 吴顺江厅长、黄亚萍巡视员参加全国普通高校毕业生就业工作电视电话会议。

同日 蔡国春副厅长参加民政部调研组来浙督查调研统筹推进“两项重点工作”座谈会。

同日 丛荪林副巡视员参加浙江省庆祝第二十三次“全国助残日”活动。

5月18日 全省各级机关考试录用公务员面试顺利举行。吴顺江厅长，袁中伟、傅玮、蔡国春、宓小峰副厅长，黄亚萍巡视员、丛荪林副巡视员等巡视省直考区面试现场。

5月20日 黄亚萍巡视员参加“千村示范万村整治工程”座谈会。

5月21日 吴顺江厅长、蔡国春副厅长参加省直单位竞争性选拔干部工作办公室第一次会议。

同日 蔡国春副厅长参加省政府副秘书长李云林主持召开的省级公立医院综合改革领导小组会议。

同日 宓小峰副厅长参加第二届世界浙商大会筹备工作暨“十万浙商进百区”活动动员部署会。

5月22日 吴顺江厅长参加省经济体制改革工作领导小组第七次全体会议。

同日 袁中伟副厅长参加国务院研究室副主任韩文秀来浙调研座谈会。

同日 蔡国春副厅长出席老年人口状况和老龄事业发展新闻发布会。

同日 宓小峰副厅长参加全省科技特派员工作座谈会。

5月23日 吴顺江厅长出席省直单位竞争性选拔干部工作会议。下午，在杭州市西湖区调研数字就业工作。

5月24日 吴顺江厅长主持召开第三次厅党组会，听取全国人力资源社会保障信息化工作座谈会、全国工伤保险工作座谈会主要精神和下一步打算情况汇报，听取关于厅第一届直属机关党委、纪委公推直选，以及开展“严纪律、正作风、作表率”专项行动和“服务型机关建设年”活动情况汇报。审议厅2013年度作风建设工作要点，研究人事工作。

同日 吴顺江厅长参加省政府第六次常务会议。

同日 宓小峰副厅长参加落实省委书记夏宝龙交办任务专题会议。

5月27日 吴顺江厅长参加省十二届人大常委会第三次会议第一次全体会议。

同日 傅玮副厅长出席全省劳动人事争议仲裁员培训班开班仪式并讲话。

同日 陈小克（副厅级）参加全省工业强县（市、区）建设工作电视电话会议。

5月28日 吴顺江厅长主持召开重点调研课题《浙江省应对人口老龄化养老保险发展战略研究》工作方案协调会。

同日 黄亚萍巡视员参加浙江省第四届残疾人文化艺术周活动开幕式暨全省残疾人文艺汇演颁奖晚会。

同日 傅玮副厅长参加省直单位信访工作会议。

同日 宓小峰副厅长参加浙江清华长三角研究院第三届理事会第二次会议。

5月29日 吴顺江厅长出席“80后”乡镇（街道）党政正职培训班学员座谈会。

同日 黄亚萍巡视员参加第三届中国杭州大学生创业大赛总决赛暨颁奖仪式。

同日 宓小峰副厅长参加省十二届人大常委会第三次会议第二次全体会议。

同日 丛荪林副巡视员参加全民科学素质行动计划实施工作会议。

5月29日 袁中伟副厅长参加省委人才办召开的全省人才资源统计工作会议。

5月30日 袁中伟副厅长在北京参加全国人力资源市场建设工作座谈会。

同日 蔡国春副厅长参加《亚洲有关国家和地区医疗保障制度与最新改革动态》课题研讨会。

5月30日至31日 吴顺江厅长参加省委十三届三次全体(扩大)会议。

5月31日 吴顺江厅长参加全省干部队伍建设会议。

同日 蔡国春副厅长参加中国医疗保险研究会2013年年会。

同日 宓小峰副厅长参加全国人事考试环境综合治理专项行动电视电话会议。下午,主持第六期全省人社局长培训班结业典礼并讲话。

6月

6月2日 吴顺江厅长、蔡国春副厅长巡视省级机关面向基层公开遴选优秀公务员笔试考场。

6月3日 黄亚萍巡视员参加全国高校毕业生就业视频会议。

同日 宓小峰副厅长参加毛光烈副省长主持召开的专题会议,研究贯彻落实省委十三届三次全会精神,开展科技专项服务行动有关工作。

6月4日 熊建平副省长到厅走访调研,吴顺江厅长代表厅党组汇报工作。

6月5日 宓小峰副厅长参加2012年度浙江省科技奖励大会。

6月6日 全厅党员代表大会暨厅直属机关党委(纪委)换届选举大会召开,听取并审议通过工作报告和党费收缴使用情况报告,差额选举产生新一届厅直属机关党委和纪委。省直机关工委书记施利民到会致辞,吴顺江厅长讲话,袁中伟副厅长主持。

6月7日 吴顺江厅长参加省改革完善食品药品监督管理机制工作领导小组第一次会议。下午,参加全国安全生产电视电话会议。

6月8日 袁中伟副厅长巡视2013浙江省高校毕业生就业招聘大会。

同日 黄亚萍巡视员参加全国政协副主席陈晓光带领的城镇化发展调研组召开的座谈会。

同日 从苏林副巡视员参加浙江省中华职业教育社成立大会。

6月9日 召开民主推荐干部大会,推荐1名副厅长、1名副巡视员、1名高配副厅级干部人选,吴顺江厅长主持会议并作动员讲话。

同日 吴顺江厅长、蔡国春副厅长参加省直单位竞争性选拔干部工作办公室第三次全体会议。随后,吴顺江厅长参加省政府第七次常务会议。

同日 黄亚萍巡视员参加省残联第五届主席团第五次全体会议。

6月13日 袁中伟副厅长在浙江太阳股份有限公司调研"机床奇人"潘旭华创新技术产业化进展情况。

同日 黄亚萍巡视员参加省政府残工委主任会议。

6月14日 吴顺江厅长出席全省人力资源社会保障系统党风廉政建设工作会议,郭敏纪检组长主持。

同日 宓小峰副厅长参加全国引智宣传工作会议并致辞。

同日 从苏林副巡视员参加全国征兵工作电视电话会议。

6月16日 吴顺江厅长、袁中伟副厅长巡视2013年浙江省校企对接高校毕业生就业专场招聘大会。

6月16日至17日 袁中伟副厅长带领厅相关处室、直属单位负责人在天津学习考察。

6月17日 吴顺江厅长、蔡国春副厅长参加省普法教育领导小组会议。

6月18日 吴顺江厅长主持召开第四次厅党组会,传达学习习近平总书记在党的群众路线教育实践活动工作会议上的重要讲话精神,专题研究高校毕业生就业工作。

同日 吴顺江厅长在浙江分会场参加中央召开的党的群众路线教育实践活动工作会议。

同日 吴顺江主持召开公开选拔副厅级领导干部入围人选考察动员大会，考察组组长沈敏光作动员讲话。

同日 宓小峰副厅长参加北京市政协来浙调研"企业开展工资集体协商工作"的座谈会。

同日 从苏林副巡视员参加省第三次经济普查领导小组第一次会议。

6月18日至19日 黄亚萍巡视员参加浙江省残疾人联合会第六次代表大会。

6月19日 黄亚萍巡视员参加省委建设平安浙江领导小组第十一次全体会议。

同日 蔡国春副厅长参加全省医疗工伤和生育保险工作座谈会并讲话。

6月19日至20日 吴顺江厅长在安吉、德清调研。

6月19日至21日 郭敏纪检组长在台州、温州调研阳光政务工作。

6月20日 蔡国春副厅长参加全省禁毒工作电视电话会议。

同日 从苏林副巡视员参加全省残疾人工作会议。

6月21日 吴顺江厅长参加省政府第八次常务会议。

同日 宓小峰副厅长参加省安委会全体成员会议。随后，参加龚正常务副省长听取行政审批前置中介服务清理规范工作汇报会。

6月23日 吴顺江厅长主持第六批援藏干部人才返浙欢迎会。

6月24日 吴顺江厅长参加省委常委会第四十八次会议。下午，参加省教育体制改革领导小组第二次全体会议。

同日 袁中伟副厅长参加香港大学生来浙暑期实习欢迎仪式。

同日 蔡国春副厅长参加川浙两省医保工作交流会。

6月26日 吴顺江厅长主持召开第五次厅党组会，听取全国人力资源市场建设座谈会精神和贯彻意见情况汇报，听取全省人力资源社会保障系统信息化建设、厅务虚会筹备情况汇报。研究人事工作。

同日 蔡国春副厅长参加郑继伟副省长主持召开的会议，听取2013年省政府重点研究课题《浙江省分级诊疗模式研究》进展情况汇报。

同日 陈小克(副厅级)参加全国现代渔业建设工作电视电话会议。

6月27日 全省企业岗位大练兵技能大比武活动开幕式在杭州举行，熊建平副省长出席开幕式并致辞，吴顺江厅长主持，傅玮副厅长参加开幕式。

同日 袁中伟副厅长参加科技部与浙江省第四次部省会商会议。

同日 陈小克(副厅级)参加全省对口帮扶四川藏区工作会议。随后，参加浙商创业创新信息库建设工作部署会。

6月27日至28日 召开厅务虚会，学习贯彻省委十三届三次全会精神，总结上半年工作，分析面临的形势和问题，研究下半年工作。6位分管厅领导、13位各市人社局局长发言。吴顺江厅长作题为《解放思想创新实干为共筑伟大的"中国梦"而努力奋斗》的讲话。

6月28日 吴顺江厅长参加省政府第一次学习会。

同日 蔡国春副厅长参加全省医改工作电视电话会议。

同日 宓小峰副厅长参加义务教育均衡化国家督导检查组情况反馈会。

6月29日 袁中伟副厅长出席清华大学学生浙江社会实践欢迎仪式。

7月

7月1日 吴顺江厅长参加省委常委会第

五十一次会议。

同日 袁中伟副厅长与来浙江调研的贵州省人社厅副厅长叶树平座谈交流。

7月2日 吴顺江厅长、宓小峰副厅长参加全省党的群众路线教育实践活动工作会议。

同日 蔡国春副厅长参加省政府办公厅部署全省“个转企”督查工作专题会议。

同日 从苏林副巡视员参加省征兵工作领导小组会议和全省征兵工作电视电话会议。

7月2日至3日 袁中伟副厅长参加全省人力资源社会保障系统依法行政暨行政诉讼案例研讨会并讲话。

7月3日 副厅以上领导参加“浙江论坛”报告会。

同日 吴顺江厅长参加省信访联席会议全体(扩大)会议。

同日 宓小峰副厅长参加全省党的群众路线教育实践活动培训会。

7月3日至5日 黄亚萍巡视员在宁波参加就业政策落实和就业资金使用情况督查活动。

7月4日 省构建和谐劳动关系工作领导小组第二次全体会议在杭州召开。省委副书记王辉忠主持会议并讲话,副省长熊建平出席会议并讲话。吴顺江厅长汇报全省开展“双爱”活动和进一步完善劳动关系和谐指数评价体系有关情况,宓小峰副厅长参加会议。

同日 傅玮副厅长参加全省预防青少年违法犯罪工作会议暨综治委预防青少年违法犯罪专项组第二次全体会议。

7月4日至5日 宓小峰副厅长在金华参加浙江省院士专家工作站建设现场会。

7月5日 傅玮副厅长参加非物质文化遗产项目绍兴黄酒酿制技艺高技能人才培训班开班仪式并讲话。

同日 蔡国春副厅长参加省政府办公厅副主任傅晓风主持召开的研究职工基本养老保险基金管理运行问题专题会议。

7月7日 吴顺江厅长、袁中伟副厅长参加台湾大学生来浙暑期实习活动启动仪式。

7月8日 吴顺江厅长参加省委常委会第五十二次会议。

同日 吴顺江厅长主持召开第六次厅党组会,听取第八届全国“人民满意的公务员”和“人民满意的公务员集体”推荐工作、2011—2013年度优质服务窗口评选表彰活动情况汇报,听取厅阳光政务网上办事信息系统试运行情况汇报。审议厅开展党的群众路线教育实践活动实施方案,研究人事工作。

7月9日 吴顺江厅长陪同熊建平副省长在绍兴调研人才工作。

同日 黄亚萍巡视员参加省人大财经委听取上半年就业工作情况汇报会。

同日 蔡国春副厅长参加省政府十方面实事工作专项督查行前动员会。

同日 宓小峰副厅长参加毛光烈副省长主持召开的听取“八倍增、两提高”科技服务专项行动总体方案汇报会。

同日 从苏林副巡视员参加浙江省中华职业教育社第一届社务委员会全体会议。

7月10日 省委常委、省委组织部部长蔡奇到厅调研指导党的群众路线教育实践活动,吴顺江厅长汇报活动开展基本情况和厅重点工作。

同日 吴顺江厅长主持召开全厅党员干部大会,动员部署厅党的群众路线教育实践活动,省委第十三督导组组长鲁善增讲话。会前,厅党组与督导组成员座谈。

同日 吴顺江厅长参加省委督导组长会议。

7月11日 吴顺江厅长听取机关处级干部意见建议。

同日 袁中伟副厅长在杭州珀莱雅控股股份有限公司调研人才工作。

7月15日 蔡国春副厅长参加省政府副秘书长李云林主持召开的研究贯彻落实省人大全民健身活动审议意见专题会议。

同日 宓小峰副厅长参加省直机关"严纪律、正作风、作表率"专项行动推进会。

7月15日至16日 吴顺江厅长在青田县仁庄镇参加省级机关干部"走亲连心"活动。

7月15日至16日 袁中伟副厅长在兰溪、武义参加省级机关干部"走亲连心"活动。

7月16日 吴顺江厅长参加省委理论学习中心组专题学习会。

同日 傅玮副厅长在黄岩参加省级机关干部"走亲连心"活动。

同日 郭敏纪检组长参加第七批援藏干部人才和第二批援青干部欢送会,次日陪送第二批援青干部赴青。

7月17日 吴顺江厅长参加省政府第九次常务会。

同日 省人大内司委主任宋光宝到厅开展劳动人事争议仲裁条例立法调研,吴顺江厅长、傅玮副厅长参加调研座谈会。

同日 浙江省促进高校毕业生就业创业工作情况新闻发布会举行,黄亚萍巡视员发布浙江省促进高校毕业生就业创业工作情况及新出台的高校毕业生就业政策主要内容。

同日 丛苏林副巡视员参加省电子商务工作领导小组第二次全体成员会议。

7月17至19日 蔡国春副厅长随同省人大常委会副主任程渭山在衢州参加省政府十方面实事工作专项督查。期间,在衢江区大洲镇参加省级机关干部"走亲连心"活动。

7月18日 厅党的群众路线教育实践活动办公室邀请省委党史研究室副巡视员曾林平作辅导报告,全厅干部职工参加报告会。

同日 丛苏林副巡视员参加新兴产业技术创新综合试点和高新区创建工作推进情况汇报会。

7月19日 省人大常委会副主任厉志海带领省委第十三督导组到厅督查上半年完成省政府十方面实事情况,吴顺江厅长汇报厅落实情况,以及厅上半年重点工作和下半年工作安排。

7月20日 吴顺江厅长、袁中伟副厅长参加两岸三地暑期实习大学生联谊活动。

7月22日 吴顺江厅长参加省委常委会第五十三次会议。

同日 黄亚萍巡视员主持召开厅部分离退休老同志座谈会。

7月23日 吴顺江厅长主持召开部分省直机关人事处长座谈会,郭敏纪检组长和相关处室负责人参加。

同日 傅玮副厅长参加预备役军官回营办公活动。

同日 蔡国春副厅长参加省十二届人大第四次会议第一次全体会议。

7月23日至24日 袁中伟副厅长在北京参加人社部副部长何宪主持的完善公务员工资制度有关问题座谈会。

7月23日至24日 宓小峰副厅长在杭州市12333电话咨询中心、武林街道社区参加省级机关干部"走亲连心"活动。

7月24日 黄亚萍巡视员在奉化市莼湖镇参加省级机关干部"走亲连心"活动。

同日 傅玮副厅长参加省政府审批制度改革领导小组会议。

同日 宓小峰副厅长参加党的群众路线教育实践活动深入开展"六项集中行动"协调会。随后,主持召开部分省属高校人事处长座谈会。

7月24日至26日 吴顺江厅长在北京参加人社部2013年年中务虚会。

7月25日 傅玮副厅长参加全省劳动人事仲裁工作座谈会并讲话。

同日 蔡国春副厅长参加省政府与省总工会联席会议。晚上,参加县(市、区)委书记工作交流视频会。

同日 从苏林副巡视员参加省十二届人大第四次会议第二次全体会议。下午,参加省十二届人大第四次会议联组会议。

7月25日至26日 郭敏纪检组长在安吉参加省级机关干部"走亲连心"活动。

7月26日 袁中伟副厅长主持"青年科学家培养计划"第一批签约人选培训班结业仪式。下午,主持召开部分人力资源服务企业负责人会议。

同日 傅玮副厅长向熊建平副省长汇报2013年军转干部安置和企业军转干部解困稳定工作。

同日 蔡国春副厅长参加省政府第二次全体会议。

同日 从苏林副巡视员参加省十二届人大第四次会议第三次全体会议。

7月29日 吴顺江厅长参加省委常委会第五十五次会议。

同日 傅玮副厅长参加省"双拥"工作领导小组全体会议。

7月30日 吴顺江厅长主持省专业技术人才知识更新工程指导协调小组第一次会议并讲话,宓小峰副厅长介绍有关情况。

7月31日 省政协副主席、省侨联主席、民革浙江省主委吴晶到厅走访调研,并就进一步加强双方对口联系合作座谈交流。吴顺江厅长代表厅党组汇报工作。

同日 傅玮副厅长参加全国教育管理信息化工作视频会议。

8月

8月1日 厅机关党委举办以"我是谁、为了谁、依靠谁"为主题的处长论坛,10位处级干部发言。

同日 宓小峰副厅长参加朱从玖副省长主持召开的长广煤矿安全生产工作专题会议。

8月2日 吴顺江厅长、宓小峰副厅长参加全省组织工作会议。

同日 袁中伟副厅长参加全省政府性债务审计进点电视电话会议。

同日 蔡国春副厅长参加郑继伟副省长主持召开的社会力量办学办医工作交流推进会筹备工作专题会议。

8月5日 吴顺江厅长、袁中伟副厅长在金华调研基层医疗卫生机构绩效工资工作。

同日 宓小峰副厅长参加2013年暑期休假院士专家座谈会。

8月6日 吴顺江厅长参加浙商回归工作座谈会。

同日 宓小峰副厅长主持召开厅直属窗口单位座谈会,专题研究进一步改进作风、提能增效问题。

8月6日至7日 黄亚萍巡视员出席全省高校毕业生就业工作暨新疆阿克苏地区普通高校毕业生来浙培养计划实习任务座谈会并讲话。

8月7日 袁中伟副厅长在嘉善县调研对接嘉善县科学发展示范点建设有关工作。

同日 黄亚萍巡视员参加省委秘书长赵一德主持召开的家政服务业发展和护理人才队伍建设协调会。

8月8日 吴顺江厅长参加省老龄工作委员会第十二次全体会议。下午,参加省委秘书长赵一德主持召开的文风会风治理集中行动协调会。

同日 宓小峰副厅长参加省委第十三督导组工作例会,汇报厅开展党的群众路线教育实践活动第一环节相关情况。

8月9日 吴顺江厅长主持召开第七次厅党组会,传达学习全省组织工作会议精神,听取制定下发《关于加大力度继续扶持景宁畲族自治县人力资源和社会保障事业发展若干意见》情况汇报，听取进一步规范学校设立审批管理工作情况汇报，听取省本级社保系统信息系统改造、厅政风行风监督员聘任工作建议方案、对口西藏捐赠办公设备、浙江人力社保大楼和原军培中心大楼物业管理情况汇报。研究人事工作。

同日 根据厅党的群众路线教育实践活动安排，吴顺江厅长给全厅干部职工上党课。

同日 郭敏纪检组长在绍兴县参加全省审批制度改革现场推进会。

同日 从苏林副巡视员参加省人大常委会“十二五”规划纲要实施情况中期评估报告审议工作领导小组第一次全体会议。

8月12日 吴顺江厅长、蔡国春副厅长参加熊建平副省长主持召开的专题会议，研究宁波市上缴基本养老保险、失业保险省级调剂金和下一步基本养老保险省级调剂金管理使用问题。

8月12日至13日 吴顺江厅长、傅玮副厅长在台州调研。

8月12日至14日 袁中伟副厅长在金华调研基层医疗卫生事业单位完善绩效工资改革试点工作。

8月13日 吴顺江厅长在临海参加全省企业技能人才评价工作现场会并讲话，傅玮副厅长主持会议。

8月14日 吴顺江厅长参加全省高校党委书记、校（院）长读书会。下午，参加省委副书记王辉忠主持召开的流动人口服务管理有关政策问题协调会。

同日 蔡国春副厅长参加省政府第十次常务会议。下午，参加省中心镇发展改革和小城市培育试点领导小组会议。

8月14日至15日 黄亚萍巡视员在湖州参加社保经办机构内控建设情况专项检查。

8月15日 傅玮副厅长参加全省国防动员潜力统计调查任务部署会。

同日 郭敏纪检组长在“厅阳光政务网上办事大厅建设省级示范点”杭州市余杭区人社局督查网上办事大厅建设情况。

同日 宓小峰副厅长在湖州调研事业单位改革工作。

同日 从苏林副巡视员参加全省文化产业发展大会。

8月15日至17日 吴顺江厅长在沈阳参加全国公务员考试录用工作会议。

8月16日 袁中伟副厅长参加省政府副秘书长李云林主持召开的研究鼓励社会力量办学办医政策文件专题会议。下午，参加领军型创新团队建设座谈会。

同日 黄亚萍巡视员在杭州调研家庭服务业工作。

同日 宓小峰副厅长在安吉参加省“151人才”与安吉县学术技术精英人才结对帮带仪式。

同日 从苏林副巡视员参加全省流通工作电视电话会议。下午，参加省安委会全体会议暨全省安全生产电视电话会议。

8月19日 吴顺江厅长参加省委常委会第五十八次会议，代表省军转安置工作小组汇报2013年军转安置工作，傅玮副厅长参加会议。

同日 傅玮副厅长参加全省技工院校校长培训班开班仪式并讲话。

同日 龚和艳副厅长参加第一次全国地理国情普查电视电话会议。

8月20日 蔡国春副厅长参加郑继伟副省长主持召开的研究鼓励社会力量办学办医政策文件专题会议。

同日 从苏林副巡视员参加全省电子商务会议。

8月20日至21日 黄亚萍巡视员在嘉兴参加社保经办机构内控机制、城乡居保、阳光政务三项工作督查。

8月20日至23日　宓小峰副厅长、龚和艳副厅长分别在云和、秀洲参加省级机关干部“走亲连心”活动。

8月21日　黄亚萍巡视员在嘉兴调研家庭服务业工作。

8月21日至23日　郭敏纪检组长在绍兴、金华参加社保经办机构内控机制和阳光政务工作督查，实地检查当地推荐上报拟表彰(表扬)的优质服务窗口。

8月22日至23日　袁中伟副厅长在宁海、鄞州、余姚等地调研高技能人才队伍建设。

8月22日至26日　吴顺江厅长送第八批援疆干部骨干进疆。

8月23日　傅玮副厅长参加全省系统平安创建工作推进会。随后参，加首届“群众最满意的平安村(社区)”表彰会。

同日　蔡国春副厅长参加省政府第十一次常务会议。

8月26日　副厅以上领导参加省委传达全国宣传思想工作会议精神的领导干部会议。

同日　黄亚萍巡视员在杭州市余杭区参加全省暨杭州市基层站所服务对接村级便民中心工作推进会。

同日　宓小峰副厅长参加省委秘书长赵一德主持召开的省政协第11号、第72号重点提案办理工作座谈会。

8月27日　吴顺江厅长、龚和艳副厅长听取2013年全省政法干警招录培养体制改革试点工作汇报。

同日　傅玮副厅长参加福建省政协教育培训行业规范发展考察团来浙调研座谈会。

同日　蔡国春副厅长在温州参加全省社会力量办学办医工作交流推进会。

8月27日至29日　黄亚萍巡视员在武汉参加全国高校毕业生就业见习工作经验交流会。

8月28日　吴顺江厅长参加毛光烈副省长主持召开的我省第二批“智慧医疗”操作系统技术创新综合试点启动会和推进工作座谈会。

同日　袁中伟副厅长参加李强省长领办的省政协第38号重点提案办理工作座谈会。

同日　宓小峰副厅长参加2013浙江省企业领袖峰会。下午，参加国家外国专家局副局长孙照华来浙调研座谈会。

8月29日　浙江省人力资源服务行业协会第一届成员大会暨成立大会在杭州召开，袁中伟副厅长当选第一任会长，吴顺江厅长参加大会并讲话。

同日　吴顺江厅长主持召开厅党组理论学习中心组(扩大)学习会。

同日　丛苏林副巡视员参加第三次全国经济普查电视电话会议。下午，参加全省实有人口基础信息资源库和共享交换平台建设协调小组第一次会议。

8月30日　省委召开全省构建和谐劳动关系先进表彰电视电话会议。省委副书记王辉忠讲话，副省长熊建平主持会议。吴顺江厅长、宓小峰副厅长参加会议。

同日　袁中伟副厅长参加全省人力资源社会保障系统人才工作座谈会并讲话。

同日　傅玮副厅长参加省信访联席会议专项工作小组牵头单位会议。下午，参加2013年全省企业岗位大练兵技能大比武活动暨第九届全省青年职业技能大赛开幕式。

同日　郭敏纪检组长赴“厅阳光政务网上办事大厅建设省级示范点”义乌市人社局督查网上办事大厅建设情况。

同日　宓小峰副厅长参加全省基本侨情调查工作会议。

9月

9月2日　吴顺江厅长参加省委党校秋季

学期开学典礼。

同日 傅玮副厅长参加全国禁毒工作电视电话会议。

同日 宓小峰副厅长参加现代装备高新区装备电子(软件)与工业设计产业技术创新综合试点启动会。

9月3日 吴顺江厅长参加省咨询委换届大会。

同日 蔡国春副厅长参加全省2014年社会保险基金预算编制工作视频会议。下午,参加全省深化医药卫生体制改革工作电视电话会议。

9月4日 吴顺江厅长主持召开第八次厅党组会,听取全国公务员考录工作会议精神和2014年度考录准备工作情况汇报,听取人力资源社会保障系统优质服务窗口推荐评选、省直机关处级干部先进典型推荐人选、2013年度省有突出贡献中青年专家选拔工作和"151"人才综合考评及第三层次评选情况汇报,听取部分处室(单位)追加年度经费预算、省劳动干校合作办学等情况汇报。

9月4日至5日 袁中伟副厅长在衢州调研浙商回归企业和重点项目工作。

9月5日 吴顺江厅长、蔡国春副厅长参加熊建平副省长主持召开的专题会议,研究职工基本养老保险基金省级调剂办法等工作。

同日 傅玮副厅长在诸暨走访慰问诸暨技师学院(筹)全体师生。

同日 宓小峰副厅长参加"千人计划"创业人才培训班小结仪式。

同日 从苏林副巡视员参加全省党的群众路线教育实践活动第一批单位工作交流会。

9月5日至6日 黄亚萍巡视员在宁波调研家庭服务业工作。

9月6日 蔡国春副厅长参加郑继伟副省长主持的浙江省基层医改政策落实情况督查汇报会。

同日 郭敏纪检组长在宁波参加全省人力资源社会保障系统阳光政务网上办事大厅建设工作推进会并讲话。

同日 从苏林副巡视员参加浙江省民政事业"十二五"规划实施情况座谈会。

9月8日至11日 人社部副部长王晓初一行在杭州、温州调研。11日,吴顺江厅长代表厅党组汇报工作。宓小峰副厅长全程陪同调研。

9月9日 蔡国春副厅长参加郑继伟副省长主持的国务院医改督查反馈会。

同日 从苏林副巡视员参加省委第十三督导组工作例会。

9月10日 吴顺江厅长、龚和艳副厅长参加浙江省庆祝第29个教师节座谈会暨优秀教师表彰会。

同日 傅玮副厅长参加省政协十一届四次常委会议,商讨关于完善困难群众重特大疾病医疗救助制度有关问题。

同日 蔡国春副厅长参加践行党的群众路线便民惠民医疗服务承诺现场会。

9月11日至12日 吴顺江厅长、袁中伟副厅长在舟山与舟山市主要领导就引进高端紧缺人才等相关工作进行会商。

9月12日 黄亚萍巡视员参加省委常委、常务副省长龚正领办的省政协1号重点提案办理工作座谈会。

同日 傅玮副厅长参加社会养老服务体系情况专题询问沟通协调会。

9月12日至13日 蔡国春副厅长巡视部分智慧城市示范试点项目预演活动。

9月13日 袁中伟副厅长在台州市黄岩区调研高技能人才队伍建设情况。

同日 傅玮副厅长参加熊建平副省长领办的省人大杭83号重点建议办理工作座谈会。

9月14日 吴顺江厅长、袁中伟副厅长在宁波参加第十五届高层次人才引进洽谈会。

9月16日 副厅以上领导参加"浙江论坛"报告会。

同日 宓小峰副厅长参加省有突出贡献中青年专家人选和省"151人才工程"综合考评评估结果审核会。

9月17日 吴顺江厅长陪同熊建平副省长拜访人社部部长尹蔚民。

同日 袁中伟副厅长参加人力资源服务机构诚信服务主体创建活动工作调度视频会议。

同日 蔡国春副厅长参加国际社会保障协会金砖项目扩大社会保障覆盖面国际研讨会。

9月18日 吴顺江厅长主持召开第九次厅党组会,听取全国高校毕业生见习工作经验会精神和贯彻意见情况汇报,听取2013年全国高校毕业生就业专题宣传月活动经费、厅"浙江省群众满意基层站所(服务窗口)"先进候选单位推荐情况汇报,听取全省部分群体工龄问题处理意见、拟制定《关于加强事业单位聘期考核管理的指导意见》情况汇报。研究人事工作。

同日 吴顺江厅长参加省政府第十二次常务会议。

同日 丛苏林副巡视员参加省委常委、省委宣传部部长葛慧君领办的省政协第776号重点提案办理工作座谈会。

9月21日 吴顺江厅长,宓小峰、龚和艳副厅长巡视2013政法干警招录培养体制改革试点笔试考点。

9月23日 吴顺江厅长,袁中伟、蔡国春副厅长参加熊建平副省长主持召开的专题会议,研究职工基本养老保险基金省级调剂办法等有关工作。

同日 傅玮副厅长参加省委常委会第六十二次会议。

9月23日至25日 蔡国春副厅长在天津参加机关事业单位养老保险制度改革和做实个人账户座谈会。

9月24日 吴顺江厅长参加省十二届人大常委会第五次会议第一次全体会议。下午,参加全省养老服务体系建设情况专题询问会,回答养老护理员队伍建设、养老机构医疗保险定点等有关问题。

同日 傅玮副厅长参加全省宣传思想工作会议。

9月25日 吴顺江厅长参加省委书记夏宝龙主持的深化改革开放重点课题汇报会。

同日 傅玮副厅长参加全省人力资源社会保障宣传工作座谈会并讲话。

同日 厅妇委会举办全厅女干部职工"展示风姿、共舞精彩"文艺汇演。

9月26日 吴顺江厅长参加中国科协浙江省人民政府共建协议签订仪式。

同日 傅玮副厅长出席全省气象行业天气预报员职业技能大赛开幕式。

同日 蔡国春副厅长参加郑继伟副省长领办的省人大杭13号重点建议办理工作座谈会。

同日 宓小峰副厅长陪同省委常委、省委组织部部长蔡奇会见美国安进公司高管。

同日 龚和艳副厅长参加省委常委、常务副省长龚正主持召开的嘉善县域科学发展示范点建设协调小组第一次会议。下午,参加省委常委、省委秘书长赵一德主持召开的《关于切实加强省直机关会议、活动和培训管理工作的若干规定(试行)》专题协调会。

同日 丛苏林副巡视员参加省十二届人大常委会第五次会议二次全体会议。

9月26日至27日 吴顺江厅长在衢州调研。

9月26日至27日 黄亚萍巡视员在丽水参加城乡居民社会养老保险省级专项检查工作,并检查第二批新疆阿克苏地区毕业生来浙实习工作。27日,在厅结对帮扶的青田县仁庄镇研究2013年扶贫帮扶工作,并参加浙江大学生命科学学院青田稻鱼共生系统研究基地成立仪式。

9月27日 吴顺江厅长参加省政府第十三次常务会议。

同日 从苏林副巡视员参加省十二届人大常委会第五次会议三次全体会议。

9月28日至29日 吴顺江厅长在安徽考察省人事考试试卷印制点,实地察看保密设施配备和保密措施。

9月29日 从苏林副巡视员参加中国工程院"智能城市建设与推进战略研究"项目报告会。

9月30日 吴顺江厅长参加省委常委扩大会议暨省委党的群众路线教育实践活动领导小组第五次会议。

10月

10月9日 袁中伟副厅长在杭州市滨江区调研人力资源服务业发展情况。

同日 宓小峰副厅长随同毛光烈副省长在金华开展党政领导科技进步与人才工作目标责任制实地考评。

10月10日 龚和艳副厅长参加省政府副秘书长谢济建主持召开的专题会议,协调2014年浙江省劳动模范和模范集体评选工作相关事宜。

10月11日 省政府在省人民大会堂举行2013年浙江省外国专家"西湖友谊奖"颁奖大会,熊建平副省长为获奖专家颁发奖章和证书,吴顺江厅长主持会议,宓小峰副厅长参加大会。

同日 吴顺江厅长主持召开第十次厅党组会,听取与省卫生厅合作共享信息化资源情况汇报,听取下达2013年度就业资金、浙江人力社保大楼一楼办事窗口分配和办公用房调整情况汇报。研究人事工作。

同日 吴顺江厅长主持召开厅党组理论学习中心组(扩大)学习会。

10月12日 宓小峰副厅长在景宁参加省高层次人才与景宁青年英才结对帮带活动。

10月13日 吴顺江厅长、袁中伟副厅长、黄亚萍巡视员巡视"我们需要你"—2013大学生电视招聘会。

10月16日 蔡国春副厅长参加"菲特"台风后企业社会保险费临时减征缴费问题讨论会。

10月16日至17日 召开厅领导班子专题民主生活会,吴顺江厅长代表厅领导班子对照检查,全体班子成员一一对照检查,互相提出批评意见。省委常委、省委组织部部长蔡奇参加会议并讲话。省委第十三督导组组长鲁善增代表督导组对会议点评。

10月17日 吴顺江厅长召开省人大台第98号《关于推动省级党政机关、事业单位、国有企业按比例安排残疾人就业工作的建议》答复专题协调会。袁中伟副厅长、黄亚萍巡视员、宓小峰副厅长、龚和艳副厅长参加会议。

同日 宓小峰副厅长参加省政府办公厅副主任傅晓风主持召开的专题会议,研究省政府社保口各部门关于职能转变和机构改革的有关意见建议。

同日 龚和艳副厅长参加中央机关及其直属机构2014年度考试录用公务员考务工作部署视频会议。

10月17日至18日 傅玮副厅长在绍兴、舟山调研军转干部安置工作。

10月18日 袁中伟副厅长走访北京石油交易所,会商人才合作事宜。

同日 郭敏纪检组长参加全省纪检监察机关加强安全文明办案工作会议。

同日 从苏林副巡视员参加全省党内法规工作会议。

10月20日 2013年浙江—北京高层次人才洽谈会在北京举办,吴顺江厅长参加洽谈会并视察活动现场。

10月21日　吴顺江厅长参加县(市、区)委书记工作交流会。

同日　蔡国春副厅长参加毛光烈副省长听取全省因台风导致工业受灾情况及下一步灾后恢复生产意见汇报会。

10月22日　黄亚萍巡视员在富阳督查第二批新疆阿克苏地区普通高校毕业生来浙实习工作。

10月22日至23日　宓小峰副厅长在温州参加2012年科技进步和人才工作目标考核工作。

10月22日至25日　傅玮副厅长在龙泉、青田分别参加青瓷、石雕国家职业技能标准省级评审会,指导非物质文化遗产项目国家职业标准的研究制定工作。

10月23日　傅玮副厅长在诸暨参加全省坚持和发展"枫桥经验"大会。

10月25日　吴顺江厅长、蔡国春副厅长向熊建平副省长汇报医保监管工作。

同日　宓小峰副厅长参加浙江省海外联谊会五届一次理事会。中午,参加省政协第699号重点提案办理工作座谈会。

同日　宓小峰副厅长出席全省第七期人社局长培训班结业典礼并讲话。

10月26日　蔡国春副厅长参加人社部国际劳动保障研究所组织的典型国家最新医疗保障改革研讨会。

10月28日　吴顺江厅长主持召开第十一次厅党组会,听取《浙江省行政奖励暂行办法》起草情况汇报,听取第三批省级技能大师工作室建设和第二届首席技师评选工作、全省高技能公共实训基地建设及2013年资金分配方案、2012年度基本养老保险基金省级调剂金补助方案、中药饮片专项治理处理意见情况汇报。研究人事工作。

同日　吴顺江厅长参加省四套班子专题民主生活会情况通报会。

同日　召开民主推荐干部大会,推荐1名厅党组成员,吴顺江厅长主持会议并作动员讲话。

10月29日　人社部副部长何宪在浙江调研,吴顺江厅长汇报工作,傅玮副厅长参加汇报会。

10月30日　黄亚萍巡视员参加省委副秘书长张才方召集的流动人口服务管理政策协调会。

同日　丛苏林副巡视员参加2013浙江成长型企业投融资大会开幕式。

10月31日　吴顺江厅长、龚和艳副厅长向熊建平副省长汇报参照《公务员法》管理审批工作情况。

11月

11月1日　吴顺江厅长、龚和艳副厅长参加全省"人民满意的公务员"和"人民满意的公务员集体"评选工作领导小组会议。随后,参加国务院地方政府职能转变和机构改革工作电视电话会议。

11月2日　吴顺江厅长、黄亚萍巡视员参加2013年浙江上海高层次人才洽谈会。

11月4日　黄亚萍巡视员参加浙江省职业经理人协会成立大会。

同日　宓小峰副厅长参加全省第八批援疆干部人才选派工作视频会议。

11月5日　黄亚萍巡视员参加省政府第十六次常务会议。

同日　龚和艳副厅长参加信访终结案件会审交办会,随后出席全省劳动争议疑难案件与裁审衔接研讨会并讲话。下午,参加省委副秘书长张才方主持召开的省评比达标表彰工作协调小组全体会议。

同日 从苏林副巡视员参加省贸促会省国际商会第五届代表大会。

11月6日 吴顺江厅长在深圳参加第十二届中国国际人才交流大会。

同日 黄亚萍巡视员参加全省政协工作会议。

11月6日至7日 傅玮副厅长参加人社部在合肥召开的人力资源社会保障统计工作座谈会。

11月6日至7日 从苏林副巡视员参加《全民科学素质行动计划纲要》实施工作督查调研。

11月7日 吴顺江厅长、蔡国春副厅长参加李强省长主持召开的专题会议,研究职工基本养老保险基金省级调剂办法及相关问题。

11月8日 吴顺江厅长通报厅党组民主生活会情况。

同日 吴顺江厅长、宓小峰副厅长听取专业技术二级岗位人选情况汇报。

同日 傅玮副厅长在中国伞博物馆出席非物质文化遗产项目杭州西湖绸伞制作技艺高技能人才培训班开班典礼并讲话。

同日 蔡国春副厅长随同毛光烈副省长在宁波调研智慧健康项目建设情况。

同日 仉贻泓副厅长参加全省冬春季节消防安全工作电视电话会议。

11月9日 吴顺江厅长、黄亚萍巡视员参加2013就业与人才服务进校园浙江工业大学毕业生专场招聘会。

同日 蔡国春副厅长参加浙江省信息化和工业化深度融合国家示范区建设宁波市宣讲活动。

11月10日至11日 2013年浙江省技工院校技能大赛在杭州技师学院举行,仉贻泓副厅长参加开幕式并讲话。

11月11日 吴顺江厅长、蔡国春副厅长在嘉善调研阳光医保工作。

同日 傅玮副厅长听取《海宁市人力资源要素市场化配置改革实施方案》汇报。下午,参加厅机关离退休干部党支部活动。

同日 蔡国春副厅长参加全国城镇居民大病保险工作视频会议。

11月12日 傅玮副厅长参加省委党史工作联席会议第二次会议。

同日 宓小峰副厅长参加全省党的群众路线教育实践活动第一批单位第二次工作交流会。

11月12日 吴顺江厅长主持召开第十二次厅党组会,研究人事工作。

11月14日 副厅以上领导参加省委常委扩大会议,省委书记夏宝龙传达党的十八届三中全会精神并讲话。

同日 宓小峰副厅长参加全省加强护理队伍建设电视电话会议。

11月15日 吴顺江厅长参加省委常委会第六十七次会议。随后,主持召开第十三次厅党组会,研究人事工作。下午,参加省政府第十七次常务会议。

同日 黄亚萍巡视员参加流动人口管理服务相关配套政策制定工作进展情况汇报会。

同日 龚和艳副厅长参加浙江之声"阳光行动·厅长在线"直播访谈节目。

11月16日 仉贻泓副厅长参加浙江省第四届高职高专院校"挑战杯"创新创业竞赛决赛开幕式。

11月18日 傅玮副厅长列席省十二届人大常委会第六次会议第一次全体会议。

同日 龚和艳副厅长参加全省公务员录用考试联席会议并讲话。

11月18日至20日 黄亚萍巡视员在台州开展2014年工作思路调研。

11月18日至20日 蔡国春副厅长在绍兴开展2014年工作思路调研。

11月19日 全国人力资源社会保障政务

公开工作座谈会在杭州召开,吴顺江厅长参加会议并讲话,郭敏纪检组长参加会议。

同日 吴顺江厅长主持召开第十四次厅党组会,研究人事工作。

同日 宓小峰副厅长在义乌参加第二批纯电动汽车产业创新综合试点责任书签字仪式。

同日 全国部分地区劳动人事争议预防调解工作座谈会在杭州召开,龚和艳副厅长参加会议并讲话。

11月20日 傅玮副厅长列席省第十二届人大常委会第六次会议第二次全体会议。

同日 许伟平副巡视员参加政府部门职责清理、规范行政权力运行工作部署会。

11月21日至22日 吴顺江厅长在义乌开展聘任制公务员调研。

11月21日至22日 傅玮副厅长在衢州、金华开展2014年工作思路调研。

11月21日至22日 郭敏纪检组长在丽水、青田开展2014年工作思路调研。

11月21日至23日 仉贻泓副厅长在温州市和洞头县开展2014年工作思路调研。

11月22日 傅玮副厅长列席省十二届人大常委会第六次会议第三次全体会议。

同日 黄亚萍巡视员参加杭州人才工作经验交流会并讲话。

同日 龚和艳副厅长陪同国家公务员局副局长吴云华一行在杭州市和余杭区调研省部级以上劳模管理服务情况。

11月23日 龚和艳副厅长主持召开省部级以上先进工作者和劳动模范管理服务情况座谈会。

11月23日至24日 2014年中央国家机关及其直属机构考试录用公务员笔试在杭州、宁波、温州、金华举行,厅领导分别巡视各考点。

11月25日 傅玮副厅长列席省委常委会第六十八次会议。

同日 宓小峰副厅长参加省委第十三督导组第三环节布置会。

11月26日 吴顺江厅长在象山参加全省公务员考录工作会议并讲话,龚和艳副厅长作会议总结。

同日 傅玮副厅长参加省政府审批制度改革领导小组第三次会议。

11月26日至27日 黄亚萍巡视员参加全省农民工工作和发展家庭服务业工作座谈会。

11月27日 黄亚萍巡视员随同熊建平副省长在长兴调研残疾人工作。

同日 宓小峰副厅长在绍兴调研引智工作,并参加部分外专局长座谈会。

11月28日 宓小峰副厅长参加郑继伟副省长主持召开的专题会议,听取浙江音乐学院(筹)建设工作汇报。

11月28日至29日 吴顺江厅长参加省委十三届四次全体(扩大)会议。

11月29日 仉贻泓副厅长巡视浙江物产"中大元通杯"汽车修理工岗位(机电)职业技能竞赛。

11月29日至30日 吴顺江厅长参加学习贯彻习近平总书记系列讲话精神研讨班。

12月

12月2日 吴顺江厅长向全厅干部传达省委十三届四次全会精神。

同日 黄亚萍巡视员参加中央新疆工作协调小组调研座谈会。

同日 许伟平副巡视员参加浙江省优秀科技工作者评审委员会会议。

12月3日 吴顺江厅长主持召开第十五次厅党组会,听取省直机关"改革先锋"推荐和第三届"人民满意的公务员"和"人民满意的公务员集体"评选情况汇报,听取2013年省级失业保险基金调剂金补助分配方案、近期省本级医保“两定机构”审核、工伤预防工作情况汇报，听取厅事业单位住房补贴、厅公车配备情况汇报。审议厅党的群众路线教育实践活动部分建章立制工作和厅政风行风监督员候选人名单。研究近期人事工作。

同日 宓小峰副厅长参加全省审批制度改革现场推进会。

同日 龚和艳副厅长参加全省基层平安创建工作会议。

同日 仉贻泓副厅长在义乌参加校企合作暨高技能人才培养研讨会。

同日 许伟平副巡视员参加毛光烈副省长主持召开的专题会议，省教育厅汇报“两化”融合“五个一”行动方案和高新区产学研合作对接专项行动进展情况。

12月4日 吴顺江厅长、蔡国春副厅长参加熊建平副省长主持召开的基本养老保险省级调剂工作座谈会。

同日 傅玮副厅长参加“走基层·改革浙江行”集中采访情况通报会。

12月4日至5日 黄亚萍巡视员在人社部汇报工作。

12月5日 吴顺江厅长参加贯彻落实“八项规定”精神工作座谈会。下午，吴顺江厅长、龚和艳副厅长参加全省防范处置企业拖欠工资工作电视电话会议。

同日 傅玮副厅长参加全省立法工作会议。

同日 蔡国春副厅长参加各市养老保险处长座谈会。

12月5日至7日 丛苏林副巡视员在广州参加人社系统对口援疆工作协调会。

12月6日 傅玮副厅长参加省政府第十八次常务会议。

12月9日 吴顺江厅长、龚和艳副厅长参加省委常委会第六十九次会议。下午，吴顺江厅长参加省管领导干部学习贯彻习近平总书记系列讲话精神集中轮训班开班仪式。

12月10日 吴顺江厅长、傅玮副厅长、黄亚萍巡视员参加人才工作协调布置会。

同日 傅玮副厅长参加省委秘书长赵一德主持召开的《浙江省党政机关厉行节约反对浪费实施细则》起草协调会。

同日 仉贻泓副厅长参加深化科技体制改革专题协商会。

12月10日至19日 宓小峰副厅长带队赴新西兰、澳大利亚、新加坡慰问招揽留学生。

12月11日 吴顺江厅长听取台州市政府社保工作汇报。

同日 傅玮副厅长参加改革完善市、县食品药品监管体制电视电话会议。

同日 蔡国春副厅长在人社部对接贯彻落实党的十八届三中全会社会保障领域相关改革工作。

同日 龚和艳副厅长参加全省人民调解工作会议。

12月12日 吴顺江厅长向吉林省人社厅厅长张志军带领的调研组介绍厅阳光政务经验和做法。下午，吴顺江厅长，傅玮、蔡国春、龚和艳、仉贻泓副厅长走访民革、民进浙江省委。

12月12日至13日 龚和艳副厅长在丽水、衢州调研核查评比达标表彰活动开展情况。

12月13日 吴顺江厅长、黄亚萍巡视员参加省首届人力资源博览会暨杭州市人力资源产业园区授牌仪式。

同日 蔡国春副厅长参加全省工伤预防工作电视电话会议。

12月15日至16日 黄亚萍巡视员在北京参加第五届全国就业与社会保障先进民营企业表彰会。

12月16日 吴顺江厅长参加省委常委（扩大）会议，随后出席省管领导干部学习贯彻习近平总书记系列讲话精神集中轮训班开班仪式。

同日 副厅以上领导参加全省领导干部会议。

同日 郭敏纪检组长向山东省人社厅副厅长杨喜坤带领的调研组介绍厅阳光政务经验和做法。

12月16日至17日 龚和艳副厅长在北京参加第八届全国“人民满意的公务员”和“人民满意的公务员集体”表彰大会。

12月17日 吴顺江厅长向熊建平副省长汇报事业单位养老保险制度改革工作，蔡国春副厅长参加汇报会。

12月17日至18日 黄亚萍巡视员在桐庐参加全省加快推进现代化美丽县城建设现场会。

12月18日 省委常委、省委组织部部长胡和平到厅调研，吴顺江厅长代表厅党组汇报工作。

同日 许伟平副巡视员参加省十二届人大常委会第七次会议第一次全体会议。

12月19日 吴顺江厅长参加省政府务虚会。

同日 龚和艳副厅长参加2014年春节前保障农民工工资支付工作视频会议。

同日 丛苏林副巡视员参加全省信访维稳工作会议。

同日 许伟平副巡视员参加省十二届人大常委会第七次会议第二次全体会议。

12月20日 吴顺江厅长参加海外清华学子回国创新创业座谈会。下午，参加省政府务虚会。

同日 许伟平副巡视员参加浙江省文化产业项目推介会。

12月21日 吴顺江厅长、宓小峰副厅长、许伟平副巡视员参加2013年度省高级经济师资格评审委员会第一次全体会议。

12月23日 吴顺江厅长主持召开第十六次厅党组会，研究人事工作。

同日 召开民主推荐处级非领导职务干部大会，吴顺江厅长主持会议并作动员讲话。

同日 蔡国春副厅长参加省政府副秘书长李云林主持召开的研究分级诊疗制度建设和市级公立医院综合改革有关问题专题会议。

同日 宓小峰副厅长参加省直机关党员干部大会。

12月24日 傅玮副厅长参加部分企业军转干部解困稳定工作电视电话会议。

同日 黄亚萍巡视员参加省促进地理信息产业发展联席会议第一次成员单位会议。

同日 龚和艳副厅长参加2013年度全省劳动人事争议案件处理质量总结暨疑难案件分析座谈会。

同日 丛苏林副巡视员参加全国安全生产应急管理专题视频会议。

12月24日至26日 吴顺江厅长在北京参加中组部干部教育工作会议。

12月25日 傅玮副厅长参加“毛泽东在浙江——纪念毛泽东同志诞辰120周年”图片展。

同日 蔡国春副厅长参加浙江省医疗机构等级评审委员会成员会议。

同日 宓小峰副厅长参加永嘉系统流程装备产业技术创新综合试点与高新技术产业化基地创建启动工作会议。

12月25日至27日 龚和艳副厅长在衢州调研。

12月26日 傅玮副厅长参加省委常委(扩大)会议。随后，参加全省经济工作会议。

同日 副厅以上领导参加全省经济工作会议。

12月26日至27日 吴顺江厅长在北京参加全国人力资源和社会保障工作会议暨优质服务窗口表彰大会。

12月27日 黄亚萍巡视员参加全省发展和改革工作电视电话会议。随后，在杭州奥航综合服务公司慰问农民工。

同日 宓小峰副厅长向省委第十三督导组汇报党的群众路线教育实践活动相关工作。

同日 仉贻泓副厅长参加省青少年工作领导小组第三次会议、省志愿服务工作委员会第一次会议。

12月29日 仉贻泓副厅长巡视首届“沃土杯”在杭高校大学生网上创业大赛决赛。

12月30日 吴顺江厅长参加省委常委会第七十三次会议。

同日 宓小峰副厅长参加全省经信科技与高新区工作电视电话会议。

12月31日 蔡奇常务副省长来厅调研，吴顺江厅长汇报党的群众路线教育实践活动整改落实建章立制环节工作情况，在厅的副厅以上领导参加会议。下午，吴顺江厅长参加省政府第二十次常务会议。

全省工作情况

全省工作情况

城乡就业

【概况】 2013年，全省城镇新增就业104.34万人，比上年增加5.66万人，增长5.73%；城镇失业人员再就业44.45万人，比上年增加2.29万人，增长5.43%；其中就业困难人员实现就业16.08万人，比上年减少0.69万人，下降4.11%。城镇登记失业率为3.01%。

【实施积极的就业政策】 5月，省人力资源和社会保障厅、省财政厅、省工商局、省地方税务局、省教育厅、人民银行杭州中心支行下发《关于开展就业政策落实和就业资金使用情况督查工作的通知》（浙人社发〔2013〕117号）。6月至8月，组成5个督查组，开展2010—2012年全省就业政策落实和资金使用情况专项督查。

4月，省委组织部、省人力资源和社会保障厅、省政府台湾事务办公室、省教育厅、省公安厅下发《关于做好台生和其他台湾居民来浙江就业创业工作的通知》（浙人社发〔2013〕107号），规范台湾各类人才来浙创业就业管理工作。8月，省人力资源和社会保障厅、省农业和农村工作办公室、省财政厅、省农业厅、团省委下发《关于开展“青年创业圆梦行动”的通知》（浙人社发〔2013〕160号），扶持农村青年创业，鼓励高校毕业生从事现代农业。

8月，省就业管理服务局举办全省创业咨询师培训班，全省就业系统、高等院校，以及部分培训机构创业指导服务人员参加培训。全省开展创业培训3.53万人，建立创业服务机构655家，聘用创业导师2468人。

【高校毕业生就业】 7月，省政府办公厅印发《关于促进普通高等学校毕业生就业创业的实施意见》（浙政办发〔2013〕91号），提出拓宽就业渠道、提升就业能力、支持自主创业、开展就业帮扶和援助、促进公平就业等政策措施。6月至10月，省人力资源和社会保障厅、省教育厅、省财政厅等部门相继下发《关于做好高校毕业生求职补贴发放工作的通知》（浙人社发〔2013〕138号）、《关于做好2013年离校未就业高校毕业生就业服务工作的通知》（浙人社发〔2013〕157号）、《关于做好省级大学生创业示范基地申报推荐工作的通知》（浙人社发〔2013〕162号）、《关于组织实施离校未就业高校毕业生技能就业专项活动的通知》（浙人社发〔2013〕184号）、《关于做好高校毕业生到村（社区）专职从事就业和社会保障工作的通知》（浙人社发〔2013〕196号），印发《高校毕业生网络创业认定暂行办法》（浙人社发〔2013〕199号）。

5月，全省开展第二批高校毕业生就业见习国家级示范单位遴选工作。8月，浙江迪安诊断技术股份有限公司、宁波金田铜业（集团）股份有限公司、浙江中成控股集团有限公司、浙江山蒲照明电器有限公司等4家单位，被人力资源和社会保障部确认为“第二批高校毕业生就业见习国家级示范单位”。全省高校毕业生参加见习4.45万人，在见习单位实现就业2.16万人。

清华大学、哈尔滨工业大学74名大学生，

台湾35所知名大学85名大学生，香港7所知名大学61名大学生相继到浙江参加暑期实习交流和社会实践活动，内容涉及新能源技术、微电子、热能等新兴产业，以及经济管理、公共管理、环境保护等人文和社会科学项目。

6月，全省开展为期一个月的“高校毕业生就业创业主题宣传月”活动，举办宣传活动近千场，发放各类宣传资料近20万份。举办“高校毕业生就业服务季”、“高校毕业生网络招聘月”、高校毕业生专场招聘会、技能人才校企合作交流大会、技能岗位进校园系列招聘会等系列活动。

8月，全省开展省级大学生创业示范基地申报推荐工作，评选确认示范基地17家。截至年底，全省建立大学生创业园182家，入园企业6356家。

9月，全省就业服务机构启用高校毕业生实名制动态管理信息系统，实名登记2013届离校未就业高校毕业生1.3万人，通过各项就业服务措施实现就业1.2万人。全省高校毕业生初次就业率为95.77%。

【城乡统筹就业】 4月，省人力资源和社会保障厅下发《关于做好人力资源社会保障基层工作平台与村级便民服务中心对接工作的通知》（浙人社发〔2013〕97号），要求将基层就业服务平台纳入村（社区）便民服务中心，设立窗口、集中受理、公开事项、规范流程，为城乡劳动者提供统一、便捷、优质、高效、免费的基本公共就业服务。印发《浙江省就业和失业登记管理办法》（浙人社发〔2013〕111号）。全省充分就业社区创建率为96.9%，充分就业村创建率为90%。

9月，省人力资源和社会保障厅下发《关于进一步加强和完善外国人就业管理工作有关问题的通知》（浙人社发〔2013〕188号），由外国人就业较为集中的县（市、区）人力资源社会保障部门进行用人单位聘用外国人资质预审。

【公共就业服务活动】 2月，省就业管理服务局下发《关于全省公共就业服务机构开展优质服务活动的通知》（浙就〔2013〕6号），要求落实AB岗工作制、一次性告知制、首问负责制。4月，下发《关于进一步加强公共就业服务规范化建设的通知》（浙就〔2013〕12号）。

根据2013年全国公共就业服务专项活动安排，全省开展“就业援助月”、“春风行动”、“民营企业招聘周”、“高校毕业生就业服务月”等专项活动。

“就业援助月”期间，全省登记认定未就业困难人员3.02万人，认定零就业家庭152户；帮助就业困难人员实现就业2.58万人，帮助零就业家庭实现就业199人；就业困难人员享受就业扶持政策10.6万人。

“春风行动”期间，全省举办专场招聘会822场，发放“春风卡”等宣传资料68.9万份；提供免费求职服务115.2万人，提供劳动保障维权和法律援助服务7.5万人，提供创业服务2.1万人，开展职业技能培训3.58万人；推荐诚信服务职业中介机构289家，推荐用工规范诚信企业4851家；企业招聘农村劳动力25.6万人，有组织跨地区劳务输出3866人。

“民营企业招聘周”期间，全省发放就业政策宣传资料8.5万份；组织招聘企业4967家，提供岗位6.3万个，达成就业意向3.5万人，达成职业培训意向（含企业委托培训）6274人；提供劳动保障维权和法律援助服务6378人次。

“高校毕业生就业服务月”期间，全省举办专场招聘会151场，提供就业岗位9.3万个，达成就业意向1.8万人；提供就业指导1.7万人次，发布就业信息16万条，推荐就业1.7万人次，免费受理档案托管2.1万人；推出就业见习岗位1.85万个，组织见习8076人，提供困难家庭高校毕业生就业援助1676人。

省职业介绍服务指导中心和省人才市场组织开展和具体承办大量公共就业服务活动：

1月至3月，举办"春风行动"——就业援助系列专场招聘会5场，组织招聘单位118家，提供就业岗位3047个；"浙江省人力资源网"举办2013年浙江省"春风行动"网上启动仪式，发布221家单位的岗位信息2844条；开展"春风行动"就业信息手机短信服务活动，发送政策信息25条，招聘会信息238条。

4月17日，会同杭州市残疾人劳动就业服务处举办2013年杭州残疾人人力资源交流大会，组织招聘单位42家，提供就业岗位400余个，达成就业意向307人。

4月23日，浙江省校企合作就业服务联盟成立。省、市13家公共就业服务机构，省内61家重点职业技术院校和79家重点企业成为首批成员单位。5月28日，组织成员单位赴诸暨，开展首次"走进名企、名校"交流活动。7月至8月，开展成员单位问卷调查，组织学校单位开展走访企业实践活动。

4月23日至26日，举办2013年浙江省技能人才校企合作交流大会，设杭州主会场和金华、舟山、嘉兴分会场。组织省内外199家职业技术院校和684家浙江企业参会，签订校企对接协议1281份，达成输送协议3.04万人。

5月23日，举办2013年浙江省民营企业专场招聘会，组织招聘企业40余家，提供就业岗位746个，达成就业意向52人。

9月12日，举办2013年高校毕业生就业专场招聘会，组织招聘单位44家，提供就业岗位524个，应聘246人。

11月至12月，举办2013年浙江省技能人才岗位进校园系列招聘会9场，组织2022家规模企业参会，提供20余个行业的就业岗位5万个。

（叶永波　刘真真）

养老保险

【概况】 2013年，全省企业职工基本养老保险参保人数2272.5万人，比上年增加189.2万人；享受待遇人数371.4万人，比上年增加49.85万人；基金收入1186.66亿元，支出857.21亿元，累计结余2241.11亿元，基金支付能力为32个月。

全省事业单位养老保险社会统筹参保人数102.9万人，比上年增加2.86万人；基金收入108.66亿元，支出105.01亿元，累计结余55.85亿元。

【养老保险待遇】 全省按人均230元标准提高企业退休人员基本养老金。精减退职人员生活困难补助费提高到990元，计划外长期临时工生活困难补助费提高到710元，国有企业职工遗属生活困难补助费提高到680元（农业人口为570元）。

8月，省人力资源和社会保障厅下发《关于2013年企业退休人员基本养老金计发办法有关问题的通知》（浙人社发〔2013〕173号），合理衔接新老退休人员基本养老金水平。12月，省人力资源和社会保障厅、省财政厅下发《关于企业职工基本养老保险参保人员因病或非因工死亡丧葬补助金和抚恤金有关问题的通知》（浙人社发〔2013〕244号），自2014年1月1日起，抚恤金标准按因工死亡的参保人员缴费年限确定，最低为2000元，最高为25000元。

【养老保险省级统筹】 全省除杭州市部分县（市），其余10个市用人单位基本养老保险费缴费比例已统一调整为14%。11月，根据第三轮（2010—2012年）基本养老保险省级调剂金补助方案，省人力资源和社会保障厅、省财政厅向各市、县拨付2012年度省级调剂金4.3亿元。省人力资源和社会保障厅会同省级有关部门,启动新一轮(2013—2015年)省级调剂金补助工作,按照加大调节力度、扩大支出基数、控制当期结余、做大风险准备的思路,制定新一轮省级调剂金补助办法。

【养老保险试点工作】 继续推进“事业单位养老保险制度改革”试点工作,省人力资源和社会保障厅按照人力资源和社会保障部要求,开展机关事业单位不同职务、职称人员新老办法养老待遇水平测算工作,研究分析“中人”过渡办法。研究事业单位新进人员养老保险问题,提出初步改革方案。

【养老保险企业减负】 5月,省政府办公厅印发《关于支持个体工商户转型升级为企业的意见》(浙政办发〔2013〕42号),出台社会保险扶持政策,鼓励引导个体工商户向现代企业转变,全省个体工商户转型升级为企业10万家。8月,省政府办公厅印发《关于促进小微企业转型升级为规模以上企业的意见》(浙政办发〔2013〕118号),明确“小升规”企业基本养老保险费优惠扶持政策。10月,省人力资源和社会保障厅、省财政厅、省地方税务局下发《关于2013年对部分中小微工业企业临时性下浮社会保险费缴费比例的通知》(浙人社发〔2013〕201号),对符合条件的中小微工业企业连续2个月临时性下浮社会保险费缴费比例,相当于减征单位缴费部分2个月额度。全省涉及相关企业41万家,减征基本养老保险费35.7亿元。

(毛江萍)

医疗生育保险

【概况】 2013年,全省城镇职工基本医疗保险参保人数1791.09万人,比上年增加120.12万人;基金收入495.38亿元,支出376.94亿元,累计结余514.45亿元。城镇居民(含城乡统筹)基本医疗保险参保人数2514万人(新型农村合作医疗转入1152万人),比上年增加1194.21万人;基金收入137.70亿元,支出136.61亿元,累计结余42.26亿元。

全省生育保险参保职工1173.17万人,比上年增加88.39万人;基金收入25.21亿元,支出21.34亿元,累计结余26.56亿元;享受生育保险待遇职工20.34万人。

【基本医疗保险待遇】 全省城镇职工基本医疗保险政策范围内住院医疗费报销比例为83%。城镇居民(含城乡统筹)医疗保险政策范围内住院医疗费报销比例为70%以上,医疗保险财政补助金额为人均每年310元。城镇职工和城镇居民(含城乡统筹)医疗保险住院医疗费最高支付限额,均达到当地职工年平均工资和居民可支配收入6倍以上。

【基本医疗保险用药】 经人力资源和社会保障部同意,按照“公平公正、质量保证、价格合理、性价最优”原则,浙江“先行先试”,组织开展第一轮肺癌靶向药物谈判工作,探索建立高值药品谈判机制。浙江贝达药业股份有限公司研制生产的抗癌新药“凯美纳”纳入省医保支付范围。截至年底,基本医疗保险药品目录达2.19万条。

【基本医疗保险城乡统筹】 全省除衢州、台州两市,其余各市完成城镇居民医疗保险、新型农村合作医疗体制整合和制度并轨,基本建立覆盖城乡居民的基本医疗保障制度。全省实现基本医疗保险市级统筹,初步建立以调剂金制度为核心的市级统筹模式。绍兴、湖州、金华等市全面建立大病保险制度,覆盖参保群体1000万人,累计补助金额4500万元。杭州、宁波、温州、嘉兴、舟山等30个市、县(市、区)出台重特大疾病补助办法，初步形成多种形式结合的大病保障体系。门诊统筹制度覆盖城镇职工和城乡居民两大群体，保障范围从大病保障延伸至普通门诊。人力资源社会保障部门管理的基本医疗保险参保人数4121万人，比上年增加648万人。

【基金医疗保险异地结算】 省人力资源和社会保障厅调整全省异地就医业务监测管理系统，省级医疗保险服务中心与有关单位签订《浙江省医疗保险异地就医联网结算定点医疗机构服务协议书》，各统筹区异地结算系统实现省内多向全覆盖。截至年底，全省发放社会保障卡3178万张，确定异地就医定点医疗机构136家，异地就医146万人次，发生医疗保险费18.19亿元。

5月，省人力资源和社会保障厅下发《关于开展离休干部全省异地就医联网结算工作的通知》（浙人社发〔2013〕121号），确定省本级和杭州等9个市先行试点，离休干部纳入异地就医联网结算范围。截至年底，试点市的44个统筹区全部完成结算系统联网测试，确定的100家离休干部异地就医定点医疗机构基本完成联网测试。

【基本医疗保险支付方式改革】 全省除台州市，其余各市出台基本医疗保险支付方式改革方案，所有已启动公立医院改革的县（市、区）同步实施。

（陈李杰　陈杰娜）

失业保险

【概况】 2013年，全省失业保险参保人数1144.32万人，比上年增加78.76万人，其中农民工参保人数539.14万人，占参保总人数的47.11%；领取失业保险金人数19.84万人，比上年增加0.76万人；领取农民合同制工人一次性生活补助人数23.08万人，比上年增加5.50万人；基金收入93.34亿元，支出43.45亿元，累计结余283.83亿元。

【失业保险待遇】 全省失业保险金平均水平为1035.94元，比上年增加94.04元。领取失业保险金人员享受医疗费补助19.59万人，支付医疗补助金1.68亿元，比上年增加0.39亿元。

【失业动态监测】 湖州市被列为全国失业预警工作试点城市，杭州、宁波、嘉兴、衢州、舟山等5个市被列为全省失业预警工作试点城市。全省失业动态监测范围从2010年的472家重点行业、重点企业，扩大到各类大、中、小、微企业7848家，所有监测数据通过监测系统实现网上直报。

【失业保险基金扩大支出范围试点工作】 7月，省政府办公厅印发《关于促进普通高等学校毕业生就业创业的实施意见》（浙政办发〔2013〕91号），将毕业2年以内，在城乡社区专职从事就业和社会保障工作高校毕业生的岗位补贴、社会保险补贴，纳入失业保险基金支出范围。

省人力资源和社会保障厅根据省级调剂金上缴考核情况，以及失业保险和就业工作挂钩原则，下拨省级调剂金1亿元用于各地促进就业工作补贴。全省失业保险基金促进就业经费支出总额24.16亿元，占同期失业保险基金支出的55.60%，占全省促进就业经费支出总额的62.87%。

（叶永波）

工伤保险

【概况】 2013年，全省工伤保险参保单位72.4万家，比上年增加6.7万家；参保职工

1826.06万人，比上年增加94.38万人，其中农民工836.6万人，事业单位职工参保141万人；基金收入42.4亿元，支出35.1亿元，累计结余57.16亿元。

全省受理工伤认定申请21.95万件，认定工伤21.77万人；享受工伤保险待遇职工22.6万人，享受工亡待遇6569人；领取生活护理费1337万人，配置康复辅助器具474人，工伤康复治疗1179人次。

【工伤保险待遇】 3月，省人力资源和社会保障厅、省财政厅下发《关于调整企业职工死亡后遗属生活困难补助费等标准的通知》（浙人社发〔2013〕93号），1月1日起，符合条件的因工死亡职工供养亲属抚恤金每人每月增加105元。

【贯彻《工伤保险条例》】 2月，根据人力资源和社会保障部关于浙江省工伤保险基金管理使用检查情况和处理意见，省人力资源和社会保障厅下发《关于做好工伤保险基金直查整改工作的通知》（浙人社发〔2013〕72号），对各地基金财务、业务经办、认定鉴定、辅助器具、定点机构管理等方面的18类问题逐项提出整改意见，逐一监督落实整改措施。4月，全省开展工伤保险政策法规、职业病防治知识“双宣传周”活动，各级人力资源社会保障部门赴厂矿企业开展宣传工作，帮助用人单位和工伤职工解决实际问题。12月，省人力资源和社会保障厅、省卫生厅、省安全生产监督管理局、省总工会召开全省工伤预防工作电视电话会议，全省工伤预防工作正式启动。

【劳动能力鉴定】 10月，省机构编制委员会办公室致函省人力资源和社会保障厅，同意单设省劳动能力鉴定中心。省劳动能力鉴定中心结束与省社会保险事业管理中心合署办公，成为省人力资源和社会保障厅单独设置，参照《公务员法》管理的直属事业单位之一，承担全省劳动能力鉴定及相关指导工作。

全省受理劳动能力鉴定申请6.93万人，评定伤残等级6.41万人，评定生活障碍程度3787人。

（王　黎）

城乡居民社会养老保险

【概况】 2013年，全省城乡居民社会养老保险参保人数1355.83万人，比上年增加23.83万人，60周岁及以上领取养老金人数577万人；基金收入116.9亿元，支出105.4亿元，累计结余124亿元。

【城乡居民社会养老保险待遇】 1月1日起，全省城乡居民社会养老保险基础养老金最低标准从80元提高到100元。

【城乡居民社会养老保险政策】 1月，省人力资源和社会保障厅下发《2012年度企业职工基本养老保险和城乡居民社会养老保险个人账户记账利率的通知》（浙人社发〔2013〕28号），个人账户记账利率确定为3.38%。

【被征地农民社会保障】 6月，省人力资源和社会保障厅、省国土资源厅下发《关于下放报国务院批准建设用地项目涉及被征地农民社会保障落实情况审核权限的通知》（浙人社发〔2013〕134号），相关审核权限下放各设区市。

全省纳入被征地农民社会保障范围累计达424.17万人，其中基本生活保障人数达274万人，参加城镇职工基本养老保险150万人，符合条件按月领取基本生活保障金人数143.8万人。杭州、宁波、嘉兴、绍兴、金华、衢州等6个市出台被征地农民基本生活保障与城镇职工基本养老保险衔接政策。

（沈中明）

社会保险基金监督

【基金监督制度】 1月，省人力资源和社会保障厅转发人力资源和社会保障部《社会保险工作人员纪律规定》（浙人社发〔2013〕24号），并在全省各级社会保险经办机构网站公开，接受群众和社会监督。5月，下发《关于公布社保基金阳光监管示范点的通知》（浙人社办发〔2013〕49号），按照一市一点模式，全省设立12个示范点。

【基金监督检查】 3月，省人力资源和社会保障厅印发《2013年浙江省社保经办机构内控机制建设情况检查方案》（浙人社发〔2013〕90号），检查涉及省级经办机构2家、市级经办机构23家、县级经办机构188家。8月，对省本级和嘉兴、湖州、金华、绍兴，以及桐乡、嵊州等市、县（市）进行抽查。6月，印发《2013年浙江省城乡居民社会养老保险基金检查方案》（浙人社发〔2013〕126号），重点检查制度建设、参保缴费、基金管理、支付发放、经办服务等情况。检查涉及统筹地区80个，经办机构108家，乡镇（街道）保障所339个，（社区）保障站644个村。

全省建立省、市、县三级社会保险基金联网监管点，配备监管人员120人，每个统筹地区确保1人定期开展监管工作。各地利用监管软件，建立"预警、核查、排除"三位一体风险防范机制，定期开展自查自纠工作。8月，通过排查疑点，纠正重复领取养老金待遇问题138个，停发养老金4万元，追回重复领取养老金79万元。

【企业年金监管】 全省建立年金制度企业2534家，比上年增加421家；净资产152.26亿元，比上年增加30.08亿元。

（商卓群）

社会保险经办管理

【省本级社会保险概况】 2013年，省本级养老保险参保单位310家，参保人数41.78万人，比上年增加1.22万人；医疗保险参保单位1099家，参保人数23.4万人，比上年增加0.32万人；工伤保险参保单位839家，参保人数36.63万人，比上年增加1.87万人（省级机关参保204家，参保人数2.16万人）；生育保险参保单位224家，参保人数26.77万人，比上年增加0.49万人；省本级社会保险各项基金收入119.53亿元，支出69.71亿元，累计结余304.19亿元。

省本级享受养老保险待遇11.58万人，支付养老保险金等各项待遇41.82亿元；支付医疗保险金19.01亿元；获工伤补偿2.1万人次，支付工伤保险金1.68亿元，报销工伤医疗费1.06万人次，支付工伤保险金1.27亿元；女职工获生育补偿4187人，支付生育保险金9256.1万元。

【省本级社会保险待遇调整】 调整提高省部属企业退休人员基本养老金标准，涉及9.89万人。调整提高死亡职工遗属生活困难补助费标准，涉及3537人。调整提高精简退职人员生活困难补助费标准，涉及1260人。调整提高完全丧失劳动能力工伤职工伤残津贴标准，涉及86人。调整提高一次性工亡补助金、工亡人员丧葬费、工伤人员生活护理费、特殊工种退休人员一次性补贴和最低养老金等标准。根据变更后的护理等级鉴定结论，调整提高水电十二局172名工伤人员的生活护理费标准。审核第一批从事国企职教、幼教事业退休人员相关待遇并发放相关补贴，涉及 301 人。调整提高离休干部公用经费标准，涉及 2153 人。

【省部属企业退休人员社会化管理】 省部属企业退休人员接收地新增宁波、金华和杭州市萧山区。省社会保险事业管理中心向杭州、宁波、衢州、金华等市移交退休人员 7167 人。

【社会保险关系转移接续】 6 月，省社会保险事业管理中心印发《浙江省企业职工基本养老保险关系转移接续若干具体问题意见》（浙社保〔2013〕37 号）。省本级养老保险关系跨省转移 521 人次，转移基金 2132.01 万元。省内异地转出 3243 人次，转出基金 8951.26 万元；省内异地转入 3205 人次，转入基金 5583.85 万元。个人账户一次性支付 238 人，支付个人账户基金 1262.72 万元。

全省医疗保险关系转移 23.9 万人次，其中跨省转移 3 万人次，转移基金 2.3 亿元。

【阳光医保工程】 省人力资源和社会保障厅组织 180 余名专家学者，对设置的疾病诊断、检查项目、用药范围、费用区间等 9 个指标体系，研究制定 60 个诊疗路径规范性标准。开发集智慧审核、辅助诊疗、费用审核、监控分析、考核评价、政务公开等 6 大模块为一体的医疗保险运行监管系统。

【社会保险稽核】 4 月起，省人力资源和社会保障厅对省级机关、省部属事业单位和社会团体、原行业统筹单位等开展 2013 年劳动保障书面审查和社会保险登记验证及稽核工作。省社会保险事业管理中心按照阳光政务和廉政风险防控要求，开展内部稽核 8 次，检查业务 1.23 万笔。开展数据清理工作，全面清理历史冗余数据和错误信息，省本级"金保工程"异常数据量从 1 月底的 52.8 万条下降至 12 月底的 13.2 万条。按照"同人、同城、同库"原则，清理重复在库单位 438 家，清理合并养老保险重复参保人员 2428 人次。寄送社会保险个人权益记录单 14 万份。

全省稽核定点医疗机构和定点零售药店 1.68 万家，查处违规单位 1114 家，核查医疗保险待遇享受人数 491 万人次，追回医疗保险基金 1435 万元。10 月，启动引入中介机构的第三方医疗保险审计稽核机制。

【定点医疗机构、定点零售药店管理】 全省开展 2013 年度定点医疗机构、定点零售药店协议评价工作，在省级 247 家定点单位中，评定 A 级单位 44 家，B 级单位 196 家，C 级单位 6 家，D 级单位 1 家。省本级定点医疗机构纳入医疗保险医师库的医生 1.66 万人。

5 月，省人力资源和社会保障厅、省卫生厅、省中医药管理局组成 4 个检查组，开展中药饮片费用排名居前的定点医疗机构专项检查。取消定点资格单位 2 家，暂停执行定点协议单位 3 家，责令深刻检查并限期整改单位 5 家，全省通报批评单位 10 家，警告约谈中药帖均费用较高单位 20 家。给予 5000 元罚款处罚单位 2 家，给予暂停 10 个月或 1 年执业医师活动处罚 6 人。全省中药帖均费用总体下降 25%。

（陈李杰　陈杰娜　董传雄）

人才开发和市场管理

【规划、指导、督查】 1 月，省政府办公厅转发省人力资源和社会保障厅、省财政厅、省国有资产监督管理委员会《关于加强企业技能人才队伍建设实施意见的通知》（浙政办发〔2013〕4 号），提出企业技能人才培养、激励、考核、评价等指导意见。省财政厅、省人力资源和社会保障厅印发《浙江省省级高级技能人才专项资金管理暂行办法》（浙财社〔2013〕334 号），推动高技能人才队伍制度化、规范化建设。8月，省委人才工作领导小组印发《关于加快培养引进高素质人才支撑创新驱动发展的实施意见》（浙委人〔2013〕7号），提出加强创新团队、“双高”人才队伍、高层次人才发展平台建设，推进人才发展体制机制创新等目标任务和实现路径。

8月30日，省人力资源和社会保障厅在杭州召开全系统人才工作座谈会，各地交流开发企业人才、发展人力资源服务业、发挥政府人才工作综合管理职能等情况。9月11日至12日，按照省委书记夏宝龙“为舟山新区引进200名高端紧缺人才”的要求，省人力资源和社会保障厅厅长吴顺江带队赴舟山，开展支持舟山引才工作思路和措施调研。11月22日，根据省委书记夏宝龙的有关批示精神，省人力资源和社会保障厅召开杭州人才工作经验交流会，推广杭州人才工作经验。

【高层次人才引进和科技项目洽谈】 省人才市场举办高层次人才封闭式洽谈会6场，参会知名企业182家，推出高级管理和技术研发岗位1782个，参会应聘2400余人，达成初步意向1096人；举办中高级人才洽谈会4场，参会企业120家，推出岗位849个，参会应聘1000余人，达成初步意向328人；举办小型见面会67场，参会单位102家，推出中高级岗位795个，参会洽谈1106人，达成意向536人。全省征集海外高层次人才岗位需求2283个，涉及用人单位396家。征集海外科技项目需求364个，征集可供开发推广的“151人才”和博士后科技项目162个。

3月，全省48家知名现代服务业单位赴香港举办2013浙江—香港现代服务业高端人才招聘活动，推出中高层次岗位700多个，合作项目32个；参会洽谈1000余人次，其中博士115人，达成初步聘用意向142人，项目合作意向7个。

5月，省人力资源和社会保障厅厅长吴顺江带领省直和8个市的19家大中型民营企业，以及9家创业园区和11家高校科研机构代表，携海外高层次人才岗位需求865个，项目合作需求43个，在法国巴黎和德国汉堡举办2013浙江（欧洲）海外高层次人才洽谈会。接洽海外高层次人才948人次，达成人才引进初步意向316人次，科技项目合作意向151个，现场达成协议57项。省、市创业园区，以及企业、高等院校、科研院所等104家单位代表，携海外高层次人才岗位需求1701个，项目合作需求166个，分别在美国硅谷和纽约举办2013浙江民营资本与海外人才智力对接活动暨海外高层次人才洽谈会。接洽海外高层次人才1331人次，初步达成合作意向595个，现场确定引进人才43人，达成项目合作协议65个。

6月，嘉兴、湖州两市和杭州高新区、省“海创园”代表在大连参加“2013中国（大连）海外学子创业周”活动。

9月至11月，全省675家单位，分别参加2013中国浙江·宁波高层次人才智力引进洽谈会、2013北京—浙江高层次人才洽谈会、2013浙江—上海高层次人才洽谈会，推出岗位1.17万个，参会应聘2.25万人次，达成初步意向5026人。在浙高校和科研机构15位“千人计划”专家，先后在宁波市镇海区和富阳、义乌举办“2013浙江省海外高层次创新人才创业行”活动，现场达成项目合作意向15个。

11月，2013浙江·杭州国际人才交流与合作大会召开，来自23个国家（地区）的458名留学人员和22个海外社团组织，携创业项目527个参加交流。达成人才引进初步意向137人次，初步达成项目合作意向405个。现场签约项目140个，签约金额13.8亿元。温州等市开展“海外高层次人才浙江行”活动。

12月，杭州、宁波、温州、湖州等市组团参加第十六届中国留学人员广州科技交流大会，设展位16个。

省人才市场完成人力资源和社会保障部《浙江省2014—2015年度海洋经济高层次紧缺人才需求目录》编制工作。全省发放《浙江省海外高层才人才居住证》249本，发放《浙江省海外高层才人才工作证》267本。

【人才管理与服务】 10月，省委组织部、省人力资源和社会保障厅、省教育厅下发《关于加强流动人员人事档案规范管理的通知》（浙人社发〔2013〕204号），明确档案管理范围，提出“集中统一、归口管理”原则和信息化建设要求。省人才市场管理办公室完成流动人员人事档案管理新系统开发工作，远程阅档服务覆盖人事代理单位4551家。累计接收人事代理单位7079家，代管人事档案达12.9万份。举办中高级职称评审业务培训班8期，初定职称3500余人，评定中高级职称1263人。

省人力资源经理协会在企业推广人才测评工作，用于企业招聘、晋升、人才培养、团队管理、员工培训、员工激励、绩效提升等方面，开展测评活动近30场，组织结构化面试1200余人，测评对象3000多人，出具报告1000多份。

省人才市场管理办公室人事代理人员党委新设立党支部5个，调整流动党支部35个；办理组织关系转入、转出手续2300多人，预备党员转正298人；举办新进党员培训班27期，参加培训1000余人次。

【重点企业技术创新团队】 全省开展首批35个省级重点技术创新团队三年建设情况考核评估工作。截至年底，全省1300多个企业技术创新团队主持制订国家或行业标准1350余项，获发明专利授权2200余件，创新技术产品转化率达85%以上。

【省级重点企业研究院】 6月，省人力资源和社会保障厅、省科技厅、省财政厅印发《浙江省鼓励省级重点企业研究院引进“海外工程师”暂行办法》（浙人社发〔2013〕139号）。省级73家重点企业研究院引进急需专业海外工程师76人。7月，省委组织部、省人力资源和社会保障厅、省教育厅、省科技厅按照“双向选择、个人自愿，产业导向、企业主体，政府服务、持续激励”原则，通过调查摸底、细化政策、征集需求、组织对接等工作，从全省各类高校和科研院所遴选青年科技人才109人，选派到45家重点企业研究院工作。12月2日，省人力资源和社会保障厅在杭州召开部分省级重点企业研究院人才工作座谈会。

【支持浙商创业工作】 5月，省人力资源和社会保障厅配合有关部门，组织19名浙商企业家和11家高校科研院所负责人赴法国巴黎、德国汉堡的知名高校和企业，参加思维创新和管理创新知识培训。组织高层次企业经营管理人才赴国内知名高校和企业学习，开展企业经理人任职资格培训和认证工作。

9月3日至5日，省人力资源和社会保障厅副厅长袁中伟带领相关处室负责人在衢州实地考察浙江丰宝精密设备有限公司、浙江常林纸业有限公司、浙江艾科新型复合材料有限公司等3家挂钩联系的浙商回归企业，跟踪指导企业专业技术工人引进和培养工作。省人力资源和社会保障厅获省政府2013年支持浙商创业创新促进浙江发展工作三等奖。

【“三支一扶”工作】 全省继续实施大学生志愿服务国家西部计划和本省欠发达地区计划。全省在岗志愿者300人，其中当年招募288人，2012年招募服务本省欠发达地区延期12人；服务我国西部173人，服务本省欠发达地区127人。

【人力资源服务业发展】 7月,省人力资源和社会保障厅印发《关于创建省级人力资源服务产业园区的指导意见(试行)》(浙人社发〔2013〕150号),计划2013—2017年,全省建成"省级人力资源服务产业园区"10家左右,每个园区入驻企业30家以上。其中上年度营业收入超过5000万元的企业不少于5家,或上年度营业收入超过2亿元的企业不少于3家。6月14日,全省首家"省级人力资源服务产业园区"授牌仪式在宁波人力资源服务产业园区举行。年底,杭州"省级人力资源服务产业园区"开园。

8月,省人力资源和社会保障厅举办人力资源服务企业从业人员培训班,参加培训并取得合格证书169人。首次组织20名人力资源服务企业精英赴台湾参加为期7天的培训。8月29日,浙江省人力资源服务行业协会成立大会在杭州召开。12月13日,第一届浙江省人力资源服务业博览会在杭州举办,省内外近百家优秀人力资源服务企业参会,集中展示人才招聘、劳务派遣、人才测评、管理咨询、服务外包、薪酬体系、教育培训等人力资源服务产品,达成服务产品采购初步意向549项,引进省外人力资源服务企业13家。

(刘家振　顾妍婷　陈艳华)

专业技术和留学人员管理

【省专业技术人才知识更新工程】 5月,省委组织部、省人力资源和社会保障厅、省财政厅、省科技厅、省教育厅印发《浙江省专业技术人才知识更新工程(2013—2020)实施方案》(浙人社发〔2013〕127号)。7月30日,省"专业技术人才知识更新工程"指导协调小组召开第一次会议,明确成员单位职责分工。

9月,浙江电信培训中心经人力资源和社会保障部批准,成为第三批国家级专业技术人员继续教育基地。省人力资源和社会保障厅全年组织举办国家级专业技术人才高级研修班4期,参加培训220人。

【专家选拔和服务】 全省入选国家"百千万人才工程"10人,选拔省"有突出贡献中青年专家"50人。开展省"151人才工程"第一、二层次培养人员满5年综合考评工作,通过综合考评219人。选拔第三层次培养人员400人。举办重点急需产业"151人才"高级研修班53期,培养中高级专业技术人员5000多人。

【博士后科研工作站】 全省新建博士后科研工作站39家,招收博士后研究人员475人。择优资助博士后科研项目140个,资助总额500万元。

【留学人员创业和科技项目资助】 9月,省留学生工作站与宁波市人力资源和社会保障局、镇海区人民政府签订共建浙江省留学人员创业园镇海园区协议。11月,与杭州市人力资源和社会保障局、富阳市人民政府签订共建浙江省留学人员创业园富阳园区协议。11月和12月,省人力资源和社会保障厅分别批准新建上述两个园区。

全省省级以上留学人员创业园19家,其中国家级创业园4家,入园留学人员约5000人。累计创办企业1500家,涉及电子信息、生物医药、软件开发、新能源新材料、光机电一体化、生态环境等高新技术产业,技工贸总收入310亿元。获国家"留学人员回国创业启动支持计划"项目1个,"海外赤子为国服务行动计划"项目2个。获国家留学人员科技活动项目择优资助9人,省留学人员科技活动项目择优小额资助80人,省"钱江人才计划"项目择优资助40人。

【专家和留学人员科研服务活动】 省人力资源和社会保障厅先后10次组织科技、农业、医疗等领域的专家、教授120余人,在各地开展专家服务基层示范活动。

6月,浙江省中医院12位医疗专家在遂昌开展送医下乡活动,提供名医义诊,指导临床治疗;省农业厅13位专家在金华推广农业技术,帮助当地解决生产实际问题。

8月,浙医一院、浙医二院等8家医疗单位14位医疗专家在龙泉开展送医下乡活动,义务诊疗患者400余人;浙江大学等8家高校、科研院所24位"151人才"安吉与基层拔尖人才建立结对帮带关系;浙江大学、杭州电子科技大学、浙江机电职业技术学院、浙江交通职业技术学院10位科技专家在永康开展科技服务活动,帮助当地民营企业解决技术难题。

10月,浙江大学、省农科院、省农业厅、省林科院等11家单位22位高层次人才在景宁,与当地签订为期3年的结对帮带协议,与22名畲乡青年英才建立结对帮带关系;浙江大学、浙江工业大学、杭州电子科技大学9位博士后参加"百名博士绍兴行"活动;浙江大学、杭州电子科技大学、浙江省中医院17位专家在温州开展科技服务和送医下乡活动,与当地5家企业对接项目合作,解决技术难题,义务诊疗患者220余人。

11月,浙江大学、杭州电子科技大学8位科技专家在台州开展科技服务活动,为宝石新集团股份有限公司、浙江伟星新型建材股份有限公司等民营企业解决技术难题。

12月,浙江省中医院5位医疗专家在台州,开展"百名专家入基层进企业服务行动——送医下乡台州行"活动;浙江大学农技专业教授赴青田县仁庄镇,向养殖大户传授石蛙养殖技术。

【职称制度改革】 2月,省人力资源和社会保障厅印发《浙江省技工学校教师正高级专业技术资格评价条件(试行)》、《浙江省技工学校正高级教师专业技术资格试点评审办法》(浙人社发〔2013〕62号)。9月,省人力资源和社会保障厅、省经济和信息化委员会印发《浙江省高级工业设计师职业资格评价条件(试行)》(浙人社发〔2013〕189号)。

全省首批获技工学校正高级教师专业技术资格9人,首批获高级工业设计师职业资格49人,获高级经济师(高级国际商务师)专业技术资格675人。杭州、宁波、衢州等3个中小学教师职称改革试点城市首次开展中小学教师正高级职称评审工作,获正高级职称30人。

省人力资源和社会保障厅会同有关部门开展全省115个高级专业技术资格评审委员会评审工作,全省高级专业技术资格网上申报评审系统试运行,涉及专业技术职称12个。全省开展职称外语、医疗卫生、建造师等67项专业技术资格考试,参加考试约60万人次,取得相应专业技术资格20万人次。

【海外学历学位认证】 全省受理海外学历学位、中外合作办学学位认证申请5191人次,办理留学人员其他相关证明66人。

(陈　彬　顾妍婷)

人事考试管理

【概况】 2013年,全省开展国家和省各类人事考试71项,参考人数97.4万人。其中:2013年度中央和国家机关公务员录用考试6.2万人,全省各级机关公务员录用考试30.8万人,公安司法学员入学考试7952人,国家职业资格考试35万人,省职业资格考试14.9万人,省部属相部分市、县公开招聘人员、竞争上岗、军转安置、人员选调等考试8.8万人。制发、换发各类资格证书和职称证书26.3万本。

【考试制度和考试安全】 12月,《浙江省人事考试考务工作规程》公开征求意见,通过省法制办规范性审查。全省查处各类人事考试违纪违规考生1587人,对其中严重违纪违规的756人给予停考处理,取消10人的全部科目成绩,取消821人的单科成绩。

【考试管理机构建设】 8月,省人力资源和社会保障厅、省保密局检查考核各市人事考试办公室试卷保密库房,杭州、宁波、温州、金华、台州等5个市达标,取得人事考试试卷保密库房使用许可证。12月,对未达标的市再次开展检查考核,湖州、绍兴、衢州、丽水、义乌等5个市达标并取得许可证。

(姜海峰)

职业能力建设

【高技能人才培养】 1月,省政府办公厅转发省人力资源和社会保障厅、省财政厅、省国资委《关于加强企业技能人才队伍建设实施意见的通知》(浙政办发〔2013〕4号),提出企业技能人才培养、激励、考核、评价等意见。省财政厅、省人力资源和社会保障厅转发财政部、人力资源和社会保障部《关于技师培训项目补贴资金使用管理有关问题的通知》(浙财社〔2013〕323号),印发《浙江省省级高技能人才专项资金管理暂行办法》(浙财社〔2013〕334号)。9月,省人力资源和社会保障厅下发《关于实施高技能人才培训项目的通知》(浙人社发〔2013〕186号),围绕装备制造、电子信息、生物制药、现代服务业等支柱产业和新兴产业,确定全省紧缺职业(工种)高技能人才培训项目30个。

3月27日,省经信委、省人力资源和社会保障厅、省财政厅召开省级技能大师工作室现场推进会暨高技能人才服务企业活动启动仪式,卢子跃副省长出席会议并讲话。省高技能人才培养协作联盟成立。

8月,杭州技师学院、湖州技师学院、舟山市技工学校等3所学校被列入国家级高技能人才培训基地建设项目。杭州汽轮机股份有限公司吴国林技能大师工作室等3家工作室被认定为国家级技能大师工作室。

8月至9月,省人力资源和社会保障厅采取社会专业机构第三方评价方式,组织专家对全省18家省级和国家级高技能人才公共实训基地开展绩效评价工作,被评为优秀等级基地4家。

11月,杭州锅炉集团股份有限公司葛小青技能大师工作室等59个工作室被认定为"浙江省技能大师工作室",省级技能大师工作室达119家,其中国家级技能大师工作室7家。

全省继续实施"金蓝领"国(境)外培训项目,选派48名优秀高技能人才赴新加坡参加数控加工、电工电子技能培训。邀请8名德国、台湾专家在浙江开展模具制造、汽车钣金等6个职业(工种)高技能人才培训,参加培训180人。

全省开展第二届"钱江技能大奖"和"浙江省首席技师"评选活动,获省"钱江技能大奖"10人,"浙江省首席技师"称号50人。

全省新增高技能人才27万人,技能劳动者总数为846.7万人,其中高技能人才166.8万人,占技能劳动者总数的19.7%。

【职业技能培训】 全省参加职业技能培训人数95.2万人,省本级组织紧缺职业(工种)高技能人才培训3072人。面向西湖绸伞、金华火腿、龙泉青瓷、龙泉宝剑、王星记扇子等非物质文化遗产行业,举办传统技能培训班,参加培训346人。

【职业技能大赛】 6月27日，首届浙江省岗位大练兵技能大比武活动在杭钢集团公司开幕，熊建平副省长出席开幕式并讲话。参加竞赛的职业（工种）52个，产生“浙江省首席技师”10人，“浙江省技术能手”151人，“浙江省青年岗位能手”118人，“浙江省巾帼建功标兵”38人。全省近万家企业的50万名技能劳动者参加技能培训和比武活动，获高级工和技师职业资格证书5000多人。

6月，在香港举行的第37届亚洲发型化妆大赛中，浙江选手吴尘子获人体彩绘组竞赛冠军，江音获女士晚宴长发发型设计及造型成年组竞赛银奖。7月，在德国举行的第42届世界技能大赛中，浙江选手杨广以总分第9名的成绩获汽车技术竞赛优胜奖。9月，在“燃气杯”第二届全国燃气行业职业技能竞赛中，浙江代表队获团体银奖。10月，在“武阳春雨杯”第二届全国茶艺职业技能竞赛总决赛中，浙江选手朱晓丽、杨洋、蔡瑜包揽个人赛前三名，浙江代表队分获团体赛和茶席设计大赛第一名。

【职业技能鉴定概况】 全省参加职业技能鉴定96.35万人次，获技术等级证书84万人，其中获初级工证书40.07万人，获中级工证书26.8万人，获高级工证书14.8万人，获技师证书1.5万人，获高级技师证书1558人。

【职业技能鉴定队伍】 省职业技能鉴定中心组织900人次参加考评员资格认证，举办全省职业技能鉴定质量督导员培训班（和）质量管理体系内审员培训班1期，取得国家职业技能鉴定质量管理督导员证书121人。各地职业技能鉴定机构举办企业技能人才评价标准化体系建设管理人员培训班20期，参加培训2400人。

【职业技能鉴定模式】 省职业技能鉴定中心组织专家编写《企业技能人才评价标准化体系工作指导手册》、《企业技能人才评价实践篇之二》。8月13日，全省企业技能人才评价工作现场会在临海市召开。全省开展技能人才评价标准化体系建设的规模企业2047家。

【职业技能鉴定质量】 全省开展职业技能鉴定国家质量管理体系建设与认证工作。10月，杭州市职业技能鉴定指导中心通过人力资源和社会保障部专家组现场审核，通过国家质量管理体系认证。温州、宁波、台州、湖州、衢州等市列入认证计划。

10月24日，龙泉青瓷、青田石雕国家职业技能标准开发审定会在丽水召开并通过专家组审定。省职业技能鉴定中心组织开化县开发食用菌种植、清水养鱼、开化根雕、开化龙顶、开化保姆等行业职业标准，编写《乡土人才专项职业能力考核规范》。组织专家编写24个职业（工种）鉴定题库的配套教材。6月，印发《浙江省数控职业技能竞赛操作规程（试行）》（浙职技鉴〔2013〕12号）。

【技工院校发展概况】 1月和4月，省技工院校发展改革咨询委员会委员分别到舟山市技工学校和嘉兴技师学院开展咨询活动。4月至5月，省人力资源和社会保障厅组织专家对3所省级重点技工学校，3所高级技工学校，1所技师学院开展评估评审工作；对2所申请设立的技工学校开展前期评估论证工作。6月，开展技工院校学生资助管理工作专项检查工作，审核国有企业技工院校退休教师退休资格154人，检查28名应征入伍技校学生学费年度补偿工作，涉及补偿费33.67万元。

全省技工院校66所，当年招生3.74万人，比上年增长3.89%；在校生11.86万人，社会培训28.1万人；毕业生2.73万人，其中技师（预备技师）班毕业生1319人，高级班毕业生6247人，毕业生就业率为98.3%。

【技工院校教学管理】 3月,省职业技能教学研究所组织开展全省技工院校新设专业申报、审核、评估工作,确定22所学校新设专业51个。4月,省人力资源和社会保障厅下达全省42所技工院校技师班、高级工班和跨市招生计划,计划招生26198人。

11月10日,全省技工院校技能大赛在杭州举行,竞赛项目分工具钳工、汽车修理工、多媒体作品制作员等3个职业(工种)5个组别,参赛学生139人。11月26日,全省技工院校青年数学教师微型课比赛在富阳举行,参赛教师24人,获一等奖3人,二等奖5人,三等奖7人;全省技工院校学生"为梦想而奋斗"主题征文与演讲比赛省级决赛在海宁市举行,获一等奖8人,二等奖15人,三等奖25人,优秀指导教师奖22人,获优秀组织奖学校25所。

【技工院校教研教改】 2月,省职业技能教学研究所下达2013年全省技工院校各中心教研组教研活动计划。5月,组织机械、电工电子中心教研组开展部分专业高级工班教学指导方案配套实训大纲研讨修订工作。12月,召开全省技工院校各中心教研组年度工作会议。

全省技工院校教学业务调研重点课题立项26个,一般课题立项44个。4月,省职业技能教学研究所组织开展全国技工教育和职业培训教学研究成果评选活动,推荐参加全国复评论文147篇,获一等奖18篇,二等奖67篇,三等奖62篇。9月,组织开展全省技工院校教学论文评比活动,参评论文495篇,获一等奖47篇,二等奖74篇,三等奖101篇。

【技工院校教材建设】 省职业技能教学研究所组织出版2013年职业培训开发项目教材16本,修订省编技工院校德育教材4本。组织开展《浙江省技工院校一体化课程与教学改革技术指导手册》教材修订工作。

5月,人力资源和社会保障部职业培训教材工作委员会办公室在温州、丽水开展部版教材巡展活动。

【技工院校师资队伍】 7月,省人力资源和社会保障厅公布首批全省技工院校师资培训基地,确认杭州技师学院、浙江交通技师学院、宁波技师学院、金华市技师学院、浙江公路技师学院、浙江商业技师学院、嘉兴技师学院等7所技工院校为全省技工院校师资培训基地。全省技工院校教师获正高级职称9人,副高级职称129人。8月,省人力资源和社会保障厅通报表彰全省52名优秀教师,27名优秀教育工作者,开展第29个教师节走访慰问活动。省职业技能教学研究所以集中培训、经验交流、座谈讨论等形式举办全省技工院校校长培训班,参加培训80余人。

(陈中杰　石越杭　朱　静)

外国专家和智力引进项目管理

【概况】 2013年,全省聘请各类国(境)外专家3.8万人次,其中高层次外国专家6000余人次;各级财政资助实施引智项目849个,其中国家财政资助68个,省级财政资助100个,各市财政资助或聘用单位自筹经费677个;审核执行各类出国(境)培训项目155个,选派各类人员赴国(境)外培训2966人次。

【外国专家引进】 全省入选国家"外专千人计划"的外国专家10人,入选国家"高端外国专家项目"的外国专家27人,入选省"外专千人计划"的外国专家18人;新建国家级引智示范推广基地和引智示范单位2家,省级引智示范推广基地和引智示范单位8家。继续实施"百村引智示范"项目,选定20项引智成果在全省

20 个行政村推广。

【引智公共服务体系建设】 中国·浙江国际人才市场网络平台收集发布美、德、日、法等国有效专家信息 5410 条,涉及工程与材料学、生命科学、医药、信息等学科领域。网上注册单位 300 余家,发布需求信息 1000 余条。

【出国(境)培训项目】 全省选派高端现代服务业人才 650 人,"金蓝领"高技能人才 100 人,企业管理人才 400 人赴国(境)外培训;选派"新世纪 151 人才工程"培养人员 30 人赴国(境)外进行中长期进修培训。

【外国专家管理】 7 月,省外国专家局下发《关于委托审批办理外国专家来华工作许可等事项的通知》(浙外专发〔2013〕19 号),首批委托全省 51 个市、县(市、区)审批办理辖区内"外国专家来华工作许可"、"中等以下教育机构聘请外国专家单位资格认可"和"外国专家证核发"事项。

全省外国专家获中国政府"友谊奖"2 人,获省政府"西湖友谊奖"35 人。省外国专家局签发"外国专家来华工作许可"申请 1463 份,核发外国专家证 3007 本,核准聘请外国专家单位资格 43 份。外国文教专家聘请单位年检 557 家。

【国际交流与合作】 4 月,第七届长三角地区外国专家供需见面会在上海举办,浙江参会用人单位 20 余家,推出外国专家岗位需求 70 余个,达成初步意向 27 人。6 月,第十五届浙洽会海外高层次人才智力合作洽谈会在宁波举办,推出引智项目 556 个。来自美国、德国、法国、意大利等 15 个国家的 18 个专家组织和人才中介机构的 29 位负责人参会,达成合作意向 432 个。10 月,全省 26 家企业参加 2013 年浙江—北京高层次人才洽谈会期间举办的外籍人才招聘会,推出外籍人才岗位 120 余个。来自美国、英国、法国、俄罗斯等 25 个国家和地区的 170 余名外籍人才参会应聘,初步达成聘用意向 105 人。11 月,全省人力资源社会保障系统和省直有关单位,以及部分企业 100 余人,参加在深圳举办的中国国际人才交流大会,推出国际人才需求项目 101 个,达成合作意向 70 个。省人力资源和社会保障厅先后接待土耳其中东行政学院、德国 SES 专家组织等 12 批 31 人次的国外访问团来浙江交流访问。

(王　锟)

公务员管理

【公务员队伍建设】 2 月下旬至 3 月上旬,省公务员局、省委组织部公务员管理处在宁波、温州、湖州、嘉兴、金华、台州等市,以及省纪委、省公安厅、省卫生厅、省地税局等省直部门开展公务员队伍作风建设专题调研,了解存在的突出问题,分析产生的主要原因,研究改进的政策措施。在温州、台州、嘉兴、湖州等市开展乡镇(街道)公务员队伍建设督查工作,研究解决基层公务员一定程度存在的发展空间较窄、工资待遇较低、工作动力不足等问题。

【公务员分类管理】 舟山、义乌开展公务员聘任制试点工作。11 月,义乌市启动首次聘任制公务员招聘工作,面向全国公开招聘聘任制公务员 6 人。舟山市完成聘任制公务员管理、工资福利待遇等政策文件草拟工作。

【公务员管理信息系统建设】 6 月,省委组织部办公室、省人力资源和社会保障厅办公室、省公务员局综合处印发《全省公务员管理信息系统管理暂行办法》(浙组办〔2013〕8 号),规范信息采集、信息维护、系统访问、系统维护等事项，确保信息系统科学运行。

【公务员考试录用】 全省开展公务员录用四级联考、紧缺职位公务员和特警招考工作。进一步实施分级分类考试制度，在2012年将笔试分为一般公务员、优秀村干部、优秀社区干部三类基础上，又将一般公务员细分为省、市机关公务员和县、乡公务员两类。报考省、市机关及所属单位的采用综合类试卷，报考县、乡机关及所属单位的采用基层类试卷。

公务员考试录用工作作为省人力资源和社会保障厅两项重点公开事项之一纳入省政府阳光工程网。3月28日，中央、省、市三级媒体记者首次赴省公务员招考笔试阅卷点之一的浙江师范大学现场观摩阅卷。省级机关招考面试首次实行系统回避制度，考官必须回避报考本系统考生；首次邀请媒体旁听，全程录音改为全程录像。11月15日，省人力资源和社会保障厅副厅长、省公务员局局长龚和艳在浙江之声“厅长在线”栏目作“阳光考录”专题访谈，宣传公务员考试录用政策，回答考生和社会关切。

全省计划录用公务员10598人，报名和资格确认30.8万人，参加笔试23.2万人，实际录用10188人。省级机关计划面向基层遴选公务员88人，报名3714人，实际遴选77人。浙江警官职业学院计划招录省属监狱系统人民警察学员200人，通过资格初审3149人，实际录取179人。浙江省政法干警招录培养体制改革试点工作计划招录人民警察学员、司法助理员学员365人，报名和资格确认4803人，实际录取350人。

【公务员培训监督】 5月，省委组织部公务员管理处、省公务员局培训监督处制定《省直机关处级干部网络学院学分考核指导办法（试行）》，从考核对象、考核方式、考核标准、计分办法、考核管理等五个方面，提出加强省直机关处级干部参加网络学院学习的意见。全省公务员参加初任培训、任职培训、专业培训、在职培训等“四类培训”1.3万人，参加其他各类培训31万人次。

省公务员局组织开展公务员东西部对口培训工作。5月，举办浙江·青海公务员职业道德与能力建设培训班，参加培训40人。10月，举办浙江·重庆转变经济发展方式与政府职能转变培训班，参加培训38人。9月，开展“送教上门”工作，赴乌鲁木齐和新疆生产建设兵团举办开放型经济理论与实践培训班，参加培训400余人。

【公务员考核奖励】 省发改委、省人力资源和社会保障厅、省地税局等省级部门和宁波、慈溪、富阳、德清等地按照“因事设岗、责权统一、人岗相适”原则，探索开展平时考核工作。以公务员职位职责和工作任务为依据，及时记录德、能、勤、绩、廉等日常表现，突出德的考核，重点评价完成日常工作、阶段工作情况，为年度考核提供基础。

全省评定优秀等次公务员3.99万人，基本称职214人，不称职144人，连续三年年度考核优秀公务员记三等功5019人。

【政府评选表彰】 4月，省委、省政府向党中央、国务院请示，要求变更和新设省级评比达标表彰项目。8月，省委党的群众路线教育实践活动领导小组办公室印发《关于开展文风会风治理集中行动的工作方案》等六项集中行动工作方案（浙群组办发〔2013〕1号），进一步精减和规范评比达标表彰活动，提出一律不新增常设性评比达标表彰项目，从紧从严控制省级以下临时性项目。9月，省委办公厅、省政府办公厅印发《关于进一步做好评比达标表彰活动核查和规范工作的通知》（浙委办传〔2013〕102号）。11月，下发《关于对市、县（市、区）评比达标表彰活动开展情况进行调研核查的通知》（浙委办传〔2013〕122 号），要求各地把清理规范评比达标表彰活动，作为党的群众路线教育实践活动一项重要内容。省评比达标表彰工作协调小组分 8 个小组，开展省直各部门和各市、县（市、区）调研核查工作。省委办公厅、省政府办公厅印发《省直属单位评比达标表彰活动核查情况通报》（浙委办传〔2013〕128 号），进一步明确工作纪律和有关政策。12 月，省民政厅印发《浙江省社会组织评比达标表彰活动管理实施细则（试行）》（浙民民〔2013〕254 号），规范社会组织评比达标表彰活动。

全省开展"人民满意的公务员"和"人民满意的公务员集体"评选表彰活动。东阳市看守所主任科员孙炎明、舟山市定海区干石览镇党委委员兼新建社区党支部书记余金红、海盐县农业行政执法大队主任科员兼县农技推广中心常务副主任王金良获第八届全国"人民满意的公务员"称号，杭州市萧山区人民法院、湖州市住房公积金管理中心获第八届全国"人民满意的公务员集体"称号。表彰第三届全省"人民满意的公务员"21 人，"人民满意的公务员集体"19 个。

全省开展先进集体和先进工作者评选表彰活动，推荐全国先进集体 51 个，全国先进工作者 80 人；表彰全省先进集体 90 个，全省先进工作者 167 人；表彰省功勋教师 16 人，农村突出贡献教师 100 人。省政府给予 5 名见义勇为勇士和 8 名见义勇为先进分子记一等功；给予在第十二届全运会上取得优异成绩的优秀运动员和教练员记一等功 31 人，记二等功 43 人；给予在上合组织救灾演练中表现突出的消防官兵记一等功 2 人，记二等功 10 人，记三等功 13 人。

11 月，省政府办公厅印发《关于调整离休退休劳动模范荣誉津贴标准的通知》（浙政办发〔2013〕141 号）。自 2014 年 1 月起，已离休、退休并保持荣誉的全国劳动模范荣誉津贴调整提高到每月 500 元，省部级劳动模范荣誉津贴调整提高到每月 400 元，省先进生产（工作）者荣誉津贴调整提高到每月 250 元，满 60 周岁且无固定收入的全国农业劳动模范荣誉津贴调整提高到每月 600 元，省部级农业劳动模范荣誉津贴调整提高到每月 500 元。

（高飞跃　陈　伟　程开成　周　奕）

事业单位人事管理

【事业单位岗位管理】 4 月，省人力资源和社会保障厅、省委组织部印发《关于事业单位岗位管理制度实施后有关问题的处理意见》（浙人社发〔2013〕106 号），进一步规范岗位晋升、竞聘上岗等工作。9 月，省人力资源和社会保障厅、省委组织部印发《关于加强事业单位岗位聘期考核管理的指导意见》和《浙江省事业单位专业技术二级岗位考核办法》（浙人社发〔2013〕194 号），指导各地破除岗位聘任终身制，健全岗位聘期考核制度，强化考核结果运用，建立能上能下的用人机制。省人力资源和社会保障厅核准全省第二批专业技术二级岗位拟聘人选 133 人，省属单位工勤技能一级岗位人员 37 人。部署开展省属事业单位管理岗位五、六级职员等级晋升核准工作。

【事业单位聘用制度】 全省开展推行事业单位聘用制度总结评估工作，加强聘用合同日常管理，规范合同订立、变更、续订、解除等重要环节工作。全省实行聘用制度的事业单位比例为 96%，与单位签订聘用合同签的职工比例为 98% 以上，全省基本实现事业单位聘用制度全覆盖。

【事业单位公开招聘】 2013 年，省人力资源和社会保障厅审核省属事业单位公开招聘方案

328 批次，发布招聘信息 6647 条，办理 309 家省属事业单位公开招聘进人手续 2920 人。

（郑 伟）

工资福利

【事业单位绩效工资】 4 月，省人力资源和社会保障厅、省财政厅印发《关于加强省直事业单位绩效考核的指导意见》（浙人社发〔2013〕109 号），明确考核原则、考核内容、结果应用等要求。5 月，省人力资源和社会保障厅、省财政厅印发《关于进一步搞活事业单位绩效工资分配的指导意见》（浙人社发〔2013〕118 号），明确对于符合条件的事业单位，可不受绩效工资结构比例等限制，由单位自主决定绩效工资分配形式和分配办法的政策。5 月 16 日，省人力资源和社会保障厅召开全省事业单位实施绩效工资工作会议部署相关工作。5 月和 6 月，分批开展省直事业单位和全省人力资源社会保障系统工资干部培训，参加培训 640 余人。各市结合当地实际，全部出台搞活分配的相关政策。

8 月，省人力资源和社会保障厅、省财政厅印发《关于向突出贡献人才实行绩效工资总量倾斜的指导意见》（浙人社发〔2013〕161 号），明确对于突出贡献人才，可在正常核定的绩效工资总量之外，追加一定工资总量用于倾斜和激励，并一年一核，核定到人；对于突出贡献人才的考核，重在年度内所做贡献，不与资历、岗位，以及荣誉称号和过去成绩等挂钩的政策。

金华市开展完善基层医疗卫生事业单位绩效工资改革试点工作。9 月，省委书记夏宝龙在省人力资源和社会保障厅《关于金华市基层医疗卫生事业单位完善绩效工资试点有关情况的汇报》上批示：这个报告符合实际情况，金华的试点工作要加强指导，确保成功，以利在全省推广。

【护士临床护理津贴】 12 月，省人力资源和社会保障厅、省财政厅、省卫生厅下发《关于提高护士待遇有关问题的通知》（浙人社发〔2013〕229 号），向从事一线临床护理工作的护士发放临床护理津贴，根据护理年限，津贴标准为 200—350 元。对于从事护理工作累计满 30 年的护士，退休金按原基本工资的 100% 计发。

【机关事业单位假期待遇】 12 月，省人力资源和社会保障厅、省财政厅下发《关于省直机关工作人员各类假期待遇的通知》（浙人社发〔2013〕228 号），明确工作人员病假、事假、产假、哺乳假、探亲假等各类假期的待遇规定。

【公务员津贴补贴】 全省建立安全生产监督管理人员、交通警察、法官、检察官等特殊岗位人员津贴制度。每月向一线工作 10 天及以上的安全生产监督管理人员发放补贴 220 元。对于一线道路执勤执法的交通警察，在执行法定工作日之外发放加班补贴基础上，每加班 1 天加发 150 元。对于法官和检察官，在法定工作日之外每加班 1 小时发放补贴 10 元。

7 月，省人力资源和社会保障厅、省监察厅、省财政厅、省审计厅下发《关于认真贯彻执行〈违规发放津贴补贴行为处分规定〉的通知》（浙监发〔2013〕1 号）。

【精减退职等人员生活困难补助】 3 月，省人力资源和社会保障厅下发《关于调整精减退职人员生活困难补助费标准的通知》（浙人社发〔2013〕87 号）、《关于调整机关事业单位工作人员死亡后遗属生活困难补助费标准的通知》（浙人社发〔2013〕92 号）、《关于调整企业职工死亡后遗属生活困难补助费等标准的通知》（浙人社发〔2013〕93 号），提高上述人员相关补助费标准，幅度在 10%—15% 之间。

【事业单位职工受处分、处罚工资待遇处理】 2月，省委组织部、省人力资源和社会保障厅、省监察厅转发中央组织部、人力资源和社会保障部、监察部《关于事业单位工作人员和机关工人受处分工资待遇处理有关问题的通知》（浙人社发〔2013〕60号）、《关于事业单位工作人员和机关工人被采取强制措施和受行政刑事处罚工资待遇处理有关问题的通知》（浙人社发〔2013〕61号）。

（顾　凯）

省级单位统发工资管理

【概况】 2013年，省级统发工资单位184家，统发工资人数12261人；应发工资10.8亿元，其中基本工资2.04亿元，津贴补贴8.76亿元，代扣工资1.41亿元，实发工资9.51亿元。参照"统发工资"模式管理，未纳入会计集中核算的参照《公务员法》管理事业单位10家，统发工资人数341人；应发工资2863.24万元，其中基本工资570.95万元，津贴补贴2292.29万元，代扣工资381.27万元，实发工资2510.38万元。

【省级机关统发工资管理】 省级单位统发工资办公室全年审核办理五年晋级1930人，两年晋档1029人。

【省属事业单位工资管理】 省属事业单位实行绩效工资制度390家，职工4.95万人，其中新增高校系统等单位39家，职工2.75万人；应发工资49.83亿元，其中基本工资7.96亿元，绩效工资41.73亿元。基础性绩效工资执行类别为：执行一类基础性绩效工资标准84家，执行二类基础性绩效工资标准217家，执行三类基础性绩效工资标准89家。经费类别和单位数量为：财政适当补助300家，经费自理88家，企业化管理2家。岗位类别和人员数量为：管理人员6147人，专业技术人员3.8万人，工勤人员3561人，见习期人员1693人。

（钱　蕾）

军队转业干部安置

【概况】 2013年，中央下达浙江省当年军队转业干部安置任务1516人，实际接收1513人。其中各级机关（含参照《公务员法》管理事业单位）安置1330人，事业单位安置150人，企业安置8人，自主择业25人。安置随调家属156人，随迁378人。

【军队转业干部安置重点】 8月，省委办公厅、省政府办公厅下达2013年军队转业干部安置计划，首次明确省本级接收团职干部指标性质，提出正团职干部原则上应机关安置的要求。军队任职满3年以上的军队转业干部安排地方领导职务确有困难的，原则上应平职安排非领导职务。全省师、团职军队转业干部机关安置率为94.15%，荣立二等功以上和长期在边远艰苦地区、特殊岗位工作的172名军队转业干部机关（含参照《公务员法》管理事业单位）安置率为93.6%，军队任职满最低年限的184名正团职军队转业干部安排地方领导职务的比例为79.3%。

【军队转业干部自主择业】 省军队转业干部安置工作小组办公室转发国务院军队转业干部安置领导小组办公室《关于进一步做好自主择业军队转业干部网络培训工作的通知》（浙军转办〔2013〕7号），提出贯彻落实意见，调整报名缴费等程序，提高自主择业军队转业干部参加网络培训的积极性。

全省享受自主择业军队转业干部退役金709人，人均退役金水平为5462元。

【军队转业干部教育培训】 军队转业干部教育培训工作纳入《2013—2017年浙江省干部教育培训规划》。全省军队转业干部参加岗前培训比例为93%，对教育培训整体满意率为99%。各地开展驻地部队即将转业干部安置政策前移培训1500余人次。

【企业军队转业干部解困】 12月，省人力资源和社会保障厅、省财政厅下发《关于调整企业退休军转干部生活补贴标准的通知》（浙人社发〔2013〕233号）。1月1日起，全省企业退休军队转业干部生活补贴标准人均提高200元，1953年底前入伍的人均再提高100元。

（陶　婷）

劳动关系

【和谐劳动关系】 7月，省构建和谐劳动关系工作领导小组召开第二次全体会议，省委副书记王辉忠、副省长熊建平出席会议并讲话。8月30日，省委、省政府召开全省构建和谐劳动关系先进表彰电视电话会议。省委副书记王辉忠出席会议并讲话，省人大常委会副主任厉志海、副省长熊建平出席会议。

8月，省构建和谐劳动关系工作领导小组印发《浙江省劳动关系和谐指数评价体系（试行）》（浙构建发〔2013〕2号）。省人力资源和社会保障厅发布2012年度各市劳动关系和谐指数及和谐程度排名。

【“双爱”活动】 4月，全省联动开展“双爱”宣传周活动。4月21日，浙江省暨杭州市首届“双爱”宣传周大型宣传咨询活动在杭州吴山广场举行，卢子跃副省长参加现场活动并讲话。1月和9月，省人力资源和社会保障厅等单位两次开展专题督查调研，推动“双爱”活动“扩量、提质”。全省规模以上企业“双爱”活动参与率为87.6%。

【劳动合同制度】 7月，省人力资源和社会保障厅转发人力资源和社会保障部办公厅《关于做好劳务派遣行政许可工作的通知》（浙人社发〔2013〕156号）。全省获准经营劳务派遣业务企业459家。

全省开展以非公经济组织和小微企业为重点的劳动合同签订“春暖行动”，推广应用简易劳动合同文本，提高劳动合同和集体合同制度覆盖面和履行质量。全省企业劳动合同签订率为97%，已建工会企业集体合同签订率为92%。

【企业职工工资】 1月1日起，全省最低工资标准调整为1470元、1310元、1200元、1080元四档，非全日制工作最低小时工资标准调整为12元、10.7元、9.7元、8.7元四档，平均增长13%左右。省人力资源和社会保障厅组织开展重点城市企业薪酬调查，发布劳动力市场工资指导价位，组织工资集体协商“要约行动”，推行行业性、区域性工资集体协商制度，建立健全企业工资决定和正常增长机制。全省累计签订工资集体协议13.22万份，覆盖企业28.18万家，涉及职工1420万人。

（刘长春）

农民工管理服务

【政策调研和工作检查】 5月，省人力资源和社会保障厅开展农民工工作和落实促进家庭服务业发展政策情况督查，宁波、温州、嘉兴等3个市出台地方性综合扶持政策。下半年，组织开展农民工市民化课题研究，从就业培训、用工管理、社会保险、权益维护等方面，研究分析农民工市民化面临的主要问题和对策思路。

【农民工工作考核评估制度】 4月25日，省农民工工作联席会议第八次全体会议在杭州召开，审议通过《浙江省农民工工作联席会议2013年工作要点》，审议确定2012年度各市农民工工作综合评估等次。杭州、宁波、温州、湖州、嘉兴等5个市评估等次为优秀，绍兴、金华、衢州、舟山、台州、丽水等6个市评估等次为良好。9月30日，省农民工工作联席会议印发《浙江省2013年度农民工服务管理工作评估方案》（浙人社发〔2013〕195号），设评估大项17个，子项48个。

【关爱帮扶农民工活动】 6月，省司法厅、省人力资源和社会保障厅、省总工会通报表彰全省农民工法律援助工作先进集体和先进个人，全省人力资源社会保障系统获表彰的先进集体15家，先进个人20人。

【发展家庭服务业】 8月7日，省委召开家政服务业发展和护理人才队伍建设协调会。11月15日，召开促进家政服务业发展和创办三替家政学院专题协调会。12月，省人力资源和社会保障厅公布拟制的《关于进一步鼓励和支持家政服务业发展的若干意见》（征求意见稿），征求公众意见。内容涉及加强统筹规划、培育示范企业、品牌创建与标准化建设、规范劳动关系、用足用好税收政策、完善投融资政策、鼓励城乡劳动者从事家政服务业、专业人才培养、创新保险扶持政策、贯彻落实政策工作等十个方面。

4月，省发展家庭服务业联席会议办公室、省职业介绍服务指导中心举办家庭服务业高级管理人员培训班，邀请新加坡家庭服务业专家授课，各市发展家庭服务业联席会议办公室负责人和家庭服务企业经营者近百人参加培训。11月，组织全省15家“千户百强”企业经营管理人员赴韩国参加家庭服务业高端管理人才培训班。同月，全省开展中国家庭服务行业标识和口号推广宣传活动，省发展家庭服务业联席会议办公室向各市工作机构、行业协会、“千户百强”企业、家庭服务网点免费发放“中国家庭服务”铜牌标识430块。各地广泛宣传“把爱心送到家，把服务做到家”的行业口号，弘扬行业文化，塑造行业形象，提升家庭服务业社会认知度和从业人员社会地位。

杭州、宁波、温州、金华等4个市开展家庭服务体系建设试点工作，按照“政策引领、市场运作、部门协同、社会参与”的工作思路，从健全机构、落实政策、提高技能、规范管理、优化服务等方面入手，出台政策措施，加大资金投入，推动家庭服务业发展。

（郑春材）

劳动保障监察

【概况】 2013年，全省各级劳动保障监察机构主动监察用人单位20万家（次），受理劳动者举报投诉3.38万起，立案2.51万起，办结结案2.66万起（含上年结转）；清退用人单位违法收取的抵押金22.23万元，纠正用人单位自定违法规定4300余项，责令补签劳动合同19.94万份；实施行政处罚1755次，罚款1392.95万元；追回欠薪和赔偿金13.84亿元，涉及劳动者17.18万人。

【劳动保障监察维权维稳】 6月，省人力资源和社会保障厅、省高级人民法院、省人民检察院、省公安厅印发《关于加强拒不支付劳动报酬案件查处衔接工作的意见》（浙人社发〔2013〕140号），完善劳动保障监察执法与刑事司法衔接制度。

全省妥善处置因劳资纠纷引起的各类突发事件1412起，向司法机关移送涉嫌拒不支付劳动报酬犯罪案件265起。元旦、春节期间，采取

10项保障措施，启用全省统一的举报投诉平台，实行欠薪日报、通报和全天候执勤响应等制度，欠薪重大案件比上年下降6%，欠薪逃匿案件比上年下降32%。

【劳动保障监察专项行动】 元旦、春节期间，全省开展农民工工资支付情况检查“春雨”行动，检查用人单位8.95万家，查处欠薪案件3999起，涉案金额5.66亿元，涉及劳动者12.48万人。

2月至3月，全省开展清理整顿人力资源市场秩序“春雷”行动，检查用人单位和职业介绍机构2.04万家次，查处违法案件254起，责令退还违法收取的求职费2.47万元，实施行政处罚78次，罚款9.18万元。

5月至7月，全省开展劳务派遣情况专项检查行动，检查用工单位5137家，涉及劳务派遣职工59.7万人，查处用工单位违法案件59起，劳务派遣单位违法案件39起。全省经工商注册，开展劳务派遣业务的单位1028家，派遣用工100万人。

7月至8月，全省开展劳动用工和社会保险“春苗”行动，检查用人单位4.57万家，查处违法行为3755起，责令支付欠薪和赔偿金2261.64万元。督促803家用人单位补办社会保险登记，督促305家用人单位补缴社会保险费358.06万元，追回被骗社会保险费2.44万元。立案查处非法使用童工案件92起，清退童工107人，实施行政处罚166次，罚款149.86万元，移送司法机关案件12起。检查90多个技术工种及从业人员7.26万人，涉及用人单位1.16万家，发现无证上岗1.12万人，责令限期改正单位647家，责令参加上岗培训1.25万人，发放培训补贴57.68万元，实施行政处罚4次，罚款3000元。

8月，全省开展防暑降温情况专项检查，检查用人单位1.14万家，建筑施工项目9184个，下达责令改正指令书236份，责令支付高温津贴188万元。

【“两卡一金”欠薪保障机制】 全省累计筹集企业工资支付保证金42.51亿元，当年支付欠薪3263.78万元。各地政府累计筹集欠薪应急周转金9.63亿元，当年垫付欠薪8551.35万元。全省累计发放农民工记工考勤卡522.65万张。

【劳动保障监察“两网化”建设】 7月，省人力资源和社会保障厅下发《关于实行劳动保障监察基层网格工作目标管理制度的通知》（浙人社发2013〔149〕号），逐步开展全省“两网化”管理评估验收工作。全省设立乡镇（街道）举报投诉窗口979个，慈溪市将劳动保障站延伸到村和社区。全省通过“两网”书面检查用人单位54.9万家。

【劳动保障监察作风建设】 9月，省劳动保障监察总队根据中央“八项规定”和省委“六个严禁”，以及人力资源和社会保障部关于作风建设的要求，组织全省劳动保障监察机构开展为期2个月的教育检查活动，重点整治监察执法中不同程度存在的“蛮”、“拖”、“懒”、“散”等作风问题，整肃监察队伍作风。

（林　琳）

调解仲裁

【劳动人事争议调解】 全省基层调解组织调解处理劳动人事争议5.85万起，为各级仲裁机构立案受理案件数的近1.5倍，为劳动者追回欠薪和社会保险费等损失15.71亿元。

【劳动人事争议仲裁】 11月，省劳动人事争议仲裁委员会印发《关于防范和查处虚假仲裁案件的若干意见》(浙劳人仲〔2013〕2 号),列出 4 类易发生虚假仲裁的案件,并明确处理办法。

全省各级仲裁机构立案受理劳动争议案件 5.02 万起,上年结转 2889 起,案件总数 5.3 万起,涉及劳动者 8.5 万人。其中集体争议案件 785 件,涉及劳动者 3.5 万人,平均每案涉及 44 人。办结案件 5 万起,结案率为 94%,涉及经济标的 52.1 亿元。以案外调解等方式处理劳动争议 4449 起。立案受理人事争议案件 161 起,其中人事关系争议案件 104 起,聘用合同争议案件 57 起,结案率达 100%,其中以案外调解方式结案的比例为 80% 以上。

【调解组织和仲裁机构建设】 9 月,省人力资源和社会保障厅、省机构编制委员会办公室、省财政厅印发《关于加强劳动人事争议处理效能建设的意见》(浙人社发〔2013〕181 号),要求各地加强仲裁基础建设工作,强化仲裁专项经费保障能力。

10 月,省机构编制委员会办公室致函省人力资源和社会保障厅,同意由省劳动仲裁院、省人事争议仲裁院合并组建省劳动人事争议仲裁院,承担全省劳动人事争议处理及相关指导工作。

全省乡镇(街道)劳动人事争议调解组织建设实现全覆盖,经济发达地区向村(社区)延伸。规模以上和已建工会企业建立劳动争议调解组织的为 90% 以上,并逐步向小微企业延伸。

【法律援助工作】 全省各级仲裁机构基本建立法律援助工作站,免费提供法律援助 5000 多人,涉及经济标的近 2 亿元。省司法厅开展全省法律援助先进单位和先进个人表彰活动,全省劳动人事争议仲裁系统受表彰的先进单位 11 家,先进个人 18 个。

(潘　琦)

政策法规

【法制建设】 根据省人大、省政府关于年度立法项目起草工作总体安排,省人力资源和社会保障厅组织开展立法项目起草、论证、协调、建议申报工作。《浙江省贯彻〈劳动争议仲裁法〉实施办法》、《浙江省工伤保险条例》列入省人大 2014 年立法项目。《浙江省工资支付保障金暂行办法》、《浙江省社会保障卡管理办法》列入省政府 2014 年二类立法项目。

【依法规范行政执法职能】 3 月,省人力资源和社会保障厅印发《2013 年全省人力资源和社会保障依法行政工作要点》。9 月,印发《浙江省人力资源和社会保障厅政风行风监督员管理办法(试行)》。7 月,组织全系统开展行政许可和行政处罚案卷自查工作。7 月至 8 月,举办全省人力资源社会保障行政执法专业法律知识培训班 2 期,参加培训近 600 人。

【行政争议和行政复议诉讼】 7 月,省人力资源和社会保障厅召开全省依法行政暨行政争议案例研讨会,研究行政败诉和典型案例成因及法律适用问题,部署预防化解行政争议工作。依法裁决行政复议申请 31 件,应诉行政诉讼案件 3 起均胜诉。

【规范性文件管理】 3 月,省人力资源和社会保障厅印发《厅行政规范性文件管理办法》(浙人社发〔2013〕84 号)。4 月,召开厅行政规范性文件管理培训会。全面清理 2013 年 1 月 1 日前出台的厅行政规范性文件,保留有效文件 1069 件,废止失效文件 148 件。开展行政规范性文件审查工作,审查厅行政规范性文件 30 件,省政府办公厅代拟稿 2 份,并报省法制办统一登记备案。编印《2012 年度人力资源和社会保障政策法规选编》。

【法制宣传和普法活动】 全省人力资源和社会保障系统开展“劳动者权益保护宣传周”、“法制宣传月”、“法制宣传日”，以及“送法进社区、进企业、进基层”等一系列专题法制宣传活动。

【行政审批制度改革】 1月，省人力资源和社会保障厅下发《关于下放部分人力资源社会保障工作行政审批及管理事项的通知》（浙人社发〔2013〕1号）。3月，印发厅《阳光政务 透明运行》宣传手册。11月，印发《浙江省人力资源和社会保障厅阳光政务行政权力和公共服务事项汇编》，其中上网公布171项。

根据省政府审批制度改革领导小组办公室部署，省人力资源和社会保障厅全面清理行政审批和日常管理服务事项，缩减行政审批事项近三分之一。

【政策调研】 3月，根据省委办公厅、省政府办公厅统一部署，省人力资源和社会保障厅由朱绍平、蔡国春、宓小峰副厅长带队，分别在杭州市萧山区、慈溪市、衢州市柯城区开展“省级机关百组调研活动”。4月，省人力资源和社会保障厅通报表彰2012年度全省人力资源社会保障系统优秀调研成果，受表彰的优秀调研报告75篇，其中获一等奖10篇，二等奖25篇，三等奖40篇。印发《2013年重点调研课题和专项调研计划》（浙人社发〔2013〕91号）。11月至12月，厅领导带队在各地开展2014年工作思路调研活动。

（钱 颖）

规划财务和综合统计

【工作规划】 4月，省人力资源和社会保障厅下发《关于切实做好2013年全省人力资源和社会保障工作的通知》（浙人社发〔2013〕108号），向各市分解下达2013年全省人力资源社会保障工作目标任务。10月，向人力资源和社会保障部报送《浙江省人力资源和社会保障事业发展“十二五”规划中期评估报告》。

【综合统计】 3月，省人力资源和社会保障厅向人力资源和社会保障部报送浙江省人力资源社会保障各项统计年报。5月，下发《关于做好2013年全省人力资源和社会保障统计分析工作的通知》（浙人社发〔2013〕113号），编印《2013年度人才资源、工资、劳动保障等各类资料汇编手册》。

【计划管理】 1月，省人力资源和社会保障厅制定2013年全省人力资源和社会保障事业发展计划。审核下达2013年全省各级机关考试录用公务员计划、省级机关185家事业单位公开招聘人员计划。

【财务管理】 1月，省人力资源和社会保障厅印发《关于进一步加强专项转移支付资金管理工作的意见》，明确12个转移支付项目资金的拨付程序、使用管理、监督管理等具体规定。会同省财政厅、省地方税务局完成2013年度全省社会保险基金预算编制工作。

10月，省机构编制委员会办公室致函省人力资源和社会保障厅，同意设立省人力资源和社会保障资产管理中心，承担省人力资源和社会保障厅固定资产管理和政府采购申报等工作。

（石孟华）

12333电话咨询服务

【概况】 2013年，全省12333电话咨询服务专线来电总数689.91万个，比上年增长33.11%，其中提供专业咨询服务电话569.53万个,比上年增长44.82%,接通率为82.55%,比上年提高6.67个百分点;省本级专线来电总数18.06万个,比上年增长27.54%,其中提供专业咨询电话17.04万个,比上年增长20.30%,接通率为94.31%,比上年提高15.34个百分点。

【电话咨询服务平台建设】 2月,省劳动保障电话咨询服务中心印发《2013年全省人力资源社会保障电话咨询服务工作要点》(浙人社咨询〔2013〕1号),明确年度目标,落实工作任务。人力资源社会保障电话咨询服务工作列入2013年度全省劳动关系和谐指数评价体系。

3月,全省开展"12333全国统一咨询日"活动。4月,桐庐县列入全省人力资源社会保障电话咨询服务示范县(市、区)建设地区。4月和12月,宁海、长兴、温岭、临海等4个县(市)人力资源和社会保障局,分别被确定为全省人力资源社会保障电话咨询服务工作示范单位。7月,省人力资源和社会保障厅在宁海县召开12333电话咨询服务示范县(市、区)建设现场会。

全省人力资源社会保障电话咨询服务机构75个,其中省级独立机构1个,市、县级独立机构25个,其他非独立实体化机构20个。全省12333信息系统实现联网,并与嘉兴12345、义乌96150、慈溪81890信息系统对接,形成较为完整的全省人力资源社会保障电话咨询服务网络体系,实现服务全覆盖。

(吴小燕)

信息化建设

【信息化建设规划】 3月,省人力资源和社会保障厅以省实有人口基础信息资源库和共享平台建设协调小组成员单位名义,向省经济和信息化委员会反馈"实有人口基础信息资源库和共享交换平台工作实施方案"意见。7月,根据人力资源和社会保障信息化建设"十二五"规划16项重点任务,开展全省实施进展情况调查工作。9月,向人力资源和社会保障部报送浙江"金保工程"二期项目地方部分建设方案和投资测算报告。

省人力资源和社会保障信息中心承担人力资源和社会保障部"社会保障卡跨地区应用解决方案研究"课题的组织实施、分工协调、研究成果汇总等工作,开展社会保障卡建设和应用过程中存在问题的对策研究工作。12月,代表课题组在全国社会保障卡一卡通研讨会上汇报研究成果。

【公共就业服务信息系统】 9月,全省公共就业服务信息系统通过验收,推广使用的市、县16个,实施点54个,其中联网51个,开展数据上传44个,基本实现全省联网目标。全省高校毕业生就业实名制动态管理信息系统基本功能模块投入试运行,输入数据11万条。10月,省级公共就业管理与分析系统投入试运行。

全省启用重点企业用工网上监测系统,纳入监测范围的重点企业5697家,块状经济企业2083家。"浙江省人力资源网"与"全国招聘信息公共服务平台"联网,点击率为168.6万次,发布岗位信息5.24万条。"浙江省就业培训中心网络学院"上线。

"浙江人才网"改造升级,新增现场招聘展位预订等功能模块,更新档案管理和业务收费系统,优化网站前台用户操作流程和搜索引擎,提高网页等级PR值。百度相关页面总数2450万条,Google相关网页总数4070万条;企业注册用户5.4万家,个人注册用户155.3万人;发布岗位信息103.5万个,每日提供有效岗位信息8万个,在线应聘139.6万人次,网站总访问量达5700万人次。

【城乡居民社会养老保险信息系统】 11月,全省城乡居民社会养老保险统计分析系统投入运行。

【社会保障"一卡通"信息系统】 全省71个统筹区和140家异地就医定点单位结算端口完成接入测试,离休干部异地就医联网结算平台完成改造升级。省级社会保障卡管理信息系统与11个市实现对接,入库数据3178万条,全省社会保障"一卡通"综合运行维护管理系统实现联网集中监控。"浙江医疗保险网"上线,上网浏览14万人次。全省社会保障卡持卡人数3178万人。

10月,省人力资源和社会保障厅与省卫生厅签署《信息化建设战略合作协议》,开展社会保障卡"诊间结算"相关问题研究。12月底,省本级和杭州市定点医疗机构读卡机具完成整合,实现省、市医疗机构读卡机具资源共享。

【"金保工程"联网监测信息系统】 省人力资源和社会保障信息中心建立"金保工程"联网监测信息系统资源数据库。

【公务员考录信息系统】 省公务员考录信息系统新增紧缺岗位招考、大学生社区村官招考等功能,通过系统报名38万人,缴费30万人。

【劳动保障监察信息系统】 9月,全省劳动保障监察信息系统二期开发的"两网化"和年审等功能通过验收,全省125家劳动保障监察机构在线办理企业劳动保障数据年审业务53万家。省人力资源和社会保障厅阳光政务网上办事大厅开通网上举报投诉渠道,在线受理劳动用工备案,在杭省部属251家用人单位在线办理用工备案6618人。

【劳动争议仲裁信息系统】 12月,以省本级业务为核心,按全省一体化使用功能开发的全省劳动争议仲裁信息系统投入运行。

【电子政务信息系统】 7月,省人力资源和社会保障厅印发《全省人力资源社会保障系统阳光政务网上办事大厅市、县(市、区)两级建设工作方案》(浙人社发〔2013〕147号),省人力资源和社会保障厅阳光政务网上办事大厅正式投入运行。10月,全省人力资源社会保障部门除涉密外的所有权力事项实现网上公开,阳光政务专栏访问量超过2000万人次。

【12333咨询服务信息系统】 省级12333咨询服务信息系统针对社保卡挂失和与社保系统接口等问题进行二期开发。全省启用12333集中短信平台系统,接入平台的省本级业务系统8个,各地阳光政务系统41个,通过平台发送服务短信436.5万条。

【数据异地容灾备份中心】 9月,全省人力资源社会保障信息数据异地容灾备份中心试运行,实现省级数据中心三级系统和试点城市社会保险系统数据异地集中备份。10月,省人力资源和社会保障信息中心举办全省数据异地容灾备份技术培训班,开展全省容灾备份中心建设情况调查,掌握各地建设模式、灾备类型、灾备级别、技术方式、业务应用等情况。

(王　津　叶永波　林　琳　陈艳华)

宣传　培训　教育

【宣传工作重点】 2月,省人力资源和社会保障厅印发《厅宣传工作制度》(浙人社发〔2013〕63号)。3月,印发《2013年全省人力资源社会保障宣传工作要点》(浙人社发〔2017〕79号)。4月至5月,《浙江人力资源社会保障》编辑部约请28个市、县(市、区)人力资源社会保障部门主要领导，以“深入贯彻落实党的十八大精神，推动人力资源社会保障工作创新发展”为主题，畅谈本地区年度工作新思路、新目标、新举措。

省人力资源和社会保障宣传中心以阳光政务为重点，宣传“阳光考录”、“阳光社保”、“阳光就业”和服务品牌。接受媒体咨询、协调新闻采访、发布新闻通稿900余人次。

【宣传工作队伍建设】 9月，省人力资源和社会保障厅在杭州召开全省人力资源社会保障宣传工作座谈会，总结上年工作，部署2014年工作，表彰2013年度全省人力资源社会保障宣传工作先进单位和先进个人。

10月，省机构编制委员会办公室致函省人力资源和社会保障厅，同意由省劳动保障宣传教育中心、省人事宣传中心合并组建省人力资源和社会保障宣传中心，承担全省人力资源和社会保障宣传工作。

【《中国组织人事报》、《中国劳动保障报》驻浙记者站】 全省人力资源社会保障系统发稿580篇，其中第一版刊登70篇。省人力资源和社会保障厅和杭州、宁波、金华，以及杭州市拱墅区、杭州市江干区、东阳市人力资源和社会保障局被评为全国人力资源社会保障系统报刊宣传先进单位。

【阳光政务宣传活动】 浙江日报、浙江卫视、浙江之声等浙江主流媒体，开展全省人力资源社会保障系统推行阳光政务专题报道。12月2日，《中国组织人事报》刊登纪实文章《让阳光温暖百姓心》，介绍浙江阳光政务——系列创新举措。省委宣传部将阳光政务定为“走基层·改革浙江行”大型主题采访活动重点宣传题材，列为集中采访活动第一站。12月5日，中央和省级新闻媒体21家单位对阳光政务推行情况开展集中采访和系列报道。

省人力资源和社会保障厅领导和有关处室负责人多次参加浙江之声“阳光行动·厅长在线”栏目直播访谈，与听众和网友互动交流。省人力资源和社会保障宣传中心牵头制作拍摄《阳光灿烂的日子—浙江省人力资源和社会保障厅推行“阳光政务”纪实》宣传片，并在浙江卫视钱江频道、省政府政务网、省人力资源和社会保障厅网，以及全国人力资源社会保障政务公开工作座谈会、人力资源和社会保障部网站播放。

【人才培训活动】 7月，省人力资源和社会保障厅、省广播电影电视局印发《关于加强现代服务业影视产业高端人才培养工作的意见》（浙人社发〔2013〕148号），省人力资源和社会保障厅、省商务厅印发《关于加强现代商务领域高端人才培养工作的意见》（浙人社发〔2013〕152号）。

省人事培训教育中心、省继续教育院开展各类专业技术人才知识更新培训教育活动。

举办省级专业技术人员高级研修班53期，培训中高级专业技术人员5000多人。举办现代服务业高级研修班25期，培训1859余人。举办龙泉宝剑、绍兴黄酒、金华火腿、王星记扇、西湖绸伞、东阳竹编等6项国家级“非遗”项目高技能人才培训班，培训592人。举办欠发达地区农村实用人才培训班12期，参加培训900多人。

会同有关部门组织现代服务业高级人才赴美国，参加服务外包、影视产业国际营销等培训班3期，参加培训58人；举办服务外包国内培训班，参加培训81人。会同省人力资源和社会保障厅相关处室举办人才中介组织从业人员培训班1期，行政执法专业法律知识培训班2期，参加培训760余人。会同浙江工商大学举办大学生网络创业（网商）培训班1期，参加培训近400

人。会同省品牌建设促进会等机构合作举办首席品牌官高级研修班1期，参加培训43人。

开展全省外语水平等级考核工作，参加考核1.29万人。举办全国出国培训备选人员外语水平考试(BFT)3次，参加考试565人。开展电子商政务培训考核工作，参加考核151人。开展"奥鹏远程学历教育"工作，全省人力资源社会保障系统参加学习3469人。组织开展电子科技大学软件工程硕士班论文答辩等工作。编写出版《物联网技术与应用》、《低碳经济与绿色生活》、《心理健康与调适》3门公需课程教材及课件。

(孙 凌 朱 逸)

科学研究

【重点科研项目立项】 3月，省人力资源和社会保障厅下发《关于开展2013浙江省人力资源和社会保障科研项目申报工作的通知》(浙人社发〔2013〕21号)，围绕浙江"十二五"时期人力资源社会保障事业发展重点、难点问题，组织全省开展科研项目申报立项工作，确定一般科研项目151个，资助科研项目两类。一类为人才人事类，以浙江人力资源服务业发展为主题设12个子项；一类为劳动保障类，以浙江社会保障制度改革发展为主题设6个子项。

【人才人事科学研究】 省公共行政与人才人事科学研究所参与省委书记夏宝龙主持的"实施人才优先战略，支持创新驱动发展的对策思路研究"，参与毛光烈副省长牵头的"智慧城市领导人才和应用人才"研究，参与编写"智慧城市人才三年培训计划"、"浙江收入分配状况及对策研究"。完成中国人才研究会2013年重点课题"浙江非公企业人才管理体制机制创新研究"、中国人事科学研究院"人力资源服务业发展政策研究——基于浙江省的实证调研"工作。加入"全国人才人事科研合作网"，参与网上信息交流与合作。

根据浙江人力资源社会保障事业发展需要，完成"国内外高技能人才的国际比较研究"、"国外养老金双轨制比较研究"等工作。配合有关单位，完成"浙江专业技术人员继续教育的分析与对策研究"等工作。编辑出版《任势善战——浙江企业人才队伍建设研究》一书。《关于浙江省企业人才优先开发战略分析研究》获人才体制机制改革优秀论文一等奖，《加强创新团队建设引领经济转型升级——浙江省企业重点技术创新团队建设情况分析研究》获二等奖，《人力资源服务业发展政策研究——基于浙江省的调研报告》获年会课题成果二等奖。

【劳动保障科学研究】 省劳动和社会保障科学研究院完成李强省长重点调研课题子课题"我省推进城乡就业和社会保障体系建设一体化研究"。完成省人力资源和社会保障厅领导重点课题"浙江省农民工市民化问题研究"，重点课题子课题"浙江省中小企业技能人才培养机制研究"、"浙江省重点产业技能人才现状和需求分析"，中国劳动保障科学研究院立项课题"浙江省老龄化视角下家庭服务业就业研究"等工作。参与省人力资源和社会保障厅领导重点课题"浙江省网络创业问题研究"，中国劳动保障科学研究院课题"劳动关系标准建设问题研究"、"社会保险政策效果评估"等工作。院课题成果《浙江省城乡居民社会养老保险制度实施绩效评估》、《浙江省劳动关系和谐指数测评及完善研究》被《中国劳动》杂志作为首条重点篇目登载。

根据浙江人力资源社会保障事业发展需要，开展"浙江省家庭服务业就业和社会保障问题研究"、"浙江省医保统一结算的影响及对策研究"，以及农村家庭医疗保障等专项课题实证研究工作。具体承担全省劳动关系和谐指数测评的数据采集、测算等工作，并形成《浙江省劳动关系和谐状况》调研报告。

（童素娟　余　斌）

学会工作

【理论研究与学术交流】　省人力资源和社会保障学会根据2013年人力资源社会保障科学研究计划，组织广大会员、各地学会、科研机构申报课题。配合中国劳动学会、中国劳动保障科学研究院、中国社会保障研究所在浙江开展“经济转型升级对农民工就业影响”、“高质量技能培训促进高质量就业”、“外国人就业管理”、“基层劳动保障平台建设”等课题调研。

3月，组织部分会员单位参加人力资源和社会保障部“关于劳动关系和劳务派遣的政策”讲座。6月，开展全省人力资源社会保障优秀科研成果评选活动，征集论文100多篇，评出优秀论文41篇。10月，配合中国劳动学会劳动标准专业委员会在浙江开展“劳动定额定员标准化”论文征集活动。12月，举办“家庭服务业发展”专题学术研讨会，组织相关职能部门、科研院校、家政企业等专家学者和实务工作者，围绕家庭服务业发展瓶颈等问题开展研讨交流。

【学会建设】　1月，省人力资源和社会保障学会以书面通讯形式分别召开常务理事会和理事会，总结2012年工作，安排2013年工作。5月，召开学会系统秘书长会议，总结交流学会工作经验，指导省级单位和各地学会开展业务活动。

（余　斌）

对口支援和结对帮扶

【对口支援新疆阿克苏地区】　9月，省人力资源和社会保障厅下发《关于进一步做好第二批新疆阿克苏地区普通高校毕业生来浙实习有关工作的通知》（浙人社明电〔2013〕32号）。阿克苏地区第二批1187名普通高校毕业生完成浙江实习。根据“阿克苏地区劳动力素质能力提升计划”，浙江有关院校完成阿克苏地区产业工人技术培训和劳动力就业培训任务，培训922人。6月，浙江援建的阿克苏产业工人培训公共实训基地通过竣工验收。

【对口支援西藏自治区】　1月，经浙江、西藏两地沟通协调，浙江省统计局和浙江省公安、监狱系统提供5个公务员岗位，允许西藏籍全日制普通高校2013年应届毕业生报考，同时允许符合条件的西藏籍高校毕业生报考浙江事业单位。8月，省人力资源和社会保障厅、省对口支援办公室、省国有资产监督管理委员会会同西藏自治区和重庆市人力资源社会保障部门，在拉萨市举办2013年就业援藏——浙江省、重庆市面向西藏籍高校毕业生专场招聘会，组织浙江招聘企业43家，提供就业岗位330个。西藏籍高校毕业生参加应聘200多人，达成初步就业意向45人。

【浙江青海劳务合作】　11月，设在义乌市的青海“海西城乡青年创业基地”举办海西州城乡青年电子商务培训班，培训46人。

【省内结对帮扶】　5月，省人力资源和社会保障厅牵头的省结对帮扶青田团组帮助青田县仁庄镇引进的“稻鳖共生”项目，被列入2013年度浙江省“百村引智示范项目”。9月，帮助落实青田县仁庄镇与浙江大学共建稻田养鱼研究基地项目。6月和12月，分别在杭州和青田举办青田县仁庄镇干部能力提升培训班，仁庄镇党政干部和各部门负责人，以及新任村干部、行业领头人、产业代表200多人参加培训。

（叶永波　刘真真）

各市工作情况

各市工作情况

杭州市

【城乡就业】 市委办公厅、市政府办公厅印发《杭州市大学生创业三年行动计划(2014—2016)》(市委办发〔2013〕84号),市政府办公厅下发《关于进一步落实城镇就业困难人员积极就业政策有关问题的通知》(杭政办函〔2013〕8号)、《关于促进普通高等学校毕业生就业创业的通知》(杭政办函〔2013〕177号),市创建充分就业城市领导小组印发《杭州市充分就业社区(村)考核标准和评估办法》(杭创就领〔2013〕2号)。

市人力资源和社会保障局、市教育局、市财政局、人民银行杭州中心支行、中国银行业监督管理委员会浙江监管局、市政府金融工作办公室等部门,先后印发《杭州市离校未就业高校毕业生技能就业专项活动工作方案》(杭人社发〔2013〕535号)、《杭州市开展失业预警工作实施方案(试行)》(杭人社发〔2013〕666号),下发《关于完善杭州市区小额担保贷款政策和管理服务措施的通知》(杭人社发〔2013〕360号)、《关于扩大失业保险基金支出范围试点政策的实施意见的通知》(杭人社发〔2013〕402号)、《关于建立杭州市区公益性服务岗位综合补贴标准与市区最低工资标准联动调整机制的通知》(杭人社发〔2013〕421号)。

市人力资源和社会保障局开展“百名人力社保干部结对百家大学生创业企业行”活动,为156家大学生创业企业提供“一对一”政策信息服务,解决难题42个。与浙江赛伯乐投资管理有限公司合作设立规模为2亿元的“海大基金”创业扶持项目,与浙江大学科技园管委会发起成立杭州大学生创业学院。与上海科技大学合作举办“杭州市科技创业班”,组织第一批30人在上海参加为期一年的进修。启动“杭州市大学生就业创业师友计划”,参加洽谈对接的创业导师204人,创业大学生553人。举办第三届中国·杭州大学生创业大赛,落地转化参赛项目52个。举办全国首届大学生网上创业专项竞赛—“沃土杯”在杭高校大学生网上创业大赛,参赛项目396个,获奖项目10个。举办创业就业主题宣讲活动132场。

全市资助大学生创业项目213个,资助资金1199万元。新建杭州职业技术学院、建德飞凤农业开发有限公司等2家市级大学生创业园,大学生创业园达14家。赛博(杭州)创业工场和拱墅区、西湖区、高新(滨江)区、桐庐县等5家大学生创业园被确定为省级大学生创业示范基地。大学生参加创业实训4.8万人,见习训练9952人。新建大学生创业企业1381家,创业大学生3125人,带动就业5789人。开展未就业高校毕业生实名登记和跟踪帮扶工作,实名登记6039人,帮助实现就业4097人。开展“高校毕业生就业服务月(周)”等活动,举办各类招聘会1293场,提供就业岗位71.82万个,安排高校毕业生就业6.77万人。

全市开展公益性服务岗位开发工作的行政村1743个,安置就业困难人员3698人,农村劳动力转移就业7.05万人。10月,杭州人才网“助残爱心岗位”信息平台正式启用,各类用人单位提供岗位220多个,先后招聘2900多人。

全市城镇新增就业23.19万人，城镇失业人员再就业13.13万人，其中就业困难人员实现就业6.47万人，城镇登记失业率为1.85%。

【社会保险参保情况】 全市职工基本养老保险参保人数530.7万人，比上年增加38.08万人；城乡居民社会养老保险参保人数

101.41万人，比上年减少6.2万人；城镇职工基本医疗保险参保人数448.35万人，比上年增加22.53万人；城镇居民（含城乡统筹）基本医疗保险参保人数373.93万人，比上年减少5.06万人；失业保险参保人数316.36万人，比上年增加16.58万人；工伤保险参保人数394.82万人，比上年增加12.61万人；生育保险参保人数292.01万人，比上年增加14.9万人；被征地农民基本生活保障人数60.81万人，比上年增加2.88万人。

【社会保险政策】 市政府印发《杭州市基本医疗保障办法》（杭政〔2013〕68号），市政府办公厅印发《杭州市基本医疗保障办法主城区实施细则》（杭政办〔2013〕8号），市人力资源和社会保障局、市财政局、市公安局下发《关于将原乡（镇）招聘合同制民警列入城乡居民社会养老保险待遇调整范围的通知》（杭人社发〔2013〕403号），市民族宗教事务局、市人力资源和社会保障局、市财政局下发《关于宗教教职人员参加社会保险有关问题的通知》（杭民宗〔2013〕79号）。

全市城乡居民基本医疗保险政府补助每人每年为300元以上，年人均筹资标准为646元。城镇职工基本医疗保险政策范围内住院医疗费报销比例为80%以上，城乡居民基本医疗保险政策范围内住院医疗费报销比例为70%以上。城乡居民基本医疗保险参保人员重大疾病医疗费按70%比例补助，符合条件的困难人员免缴医疗保险费，并给予医疗保险政策范围内自付医疗费不低于50%的医疗救助。主城区生育保险缴费比例从0.8%调整为1.2%，企业退休人员基本养老金人均提高278.62元，失业保险金从1048元提高到1176元。

【社会保险经办管理】 市人力资源和社会保障局印发《杭州市主城区医保经办窗口建设与服务规范》（杭人社发〔2013〕156号），明确经办服务、人员配备、经费保障等要求。各城区医疗保险服务大厅全部建成，医疗保险经办服务窗口覆盖辖区。“杭州市社会保险网上办事大厅”投入运行，开通网上办事功能单位5.2万家，市本级通过网上办事系统办理相关业务的比例为70%以上。主城区8个经办机构和街道服务平台配备社会保险自助服务一体机，其中17个街道提供24小时服务。市社会保险管理服务局开通“杭州社会保险”政务微博，依托工商银行ATM自助服务设备，联合华数电视，利用手机平台，实现社会保险“微服务”“进银行”“进家门”“进手机”。余杭区、建德市被确定为全省人力资源社会保障系统阳光政务网上办事大厅省级示范县，余杭区被确定为全省“社保基金阳光监管示范点”。

全市公布医疗保险“一卡通”联网定点医疗机构5批142家，异地就医848.87万人次，即时结算医疗费44.84亿元。

【人才引进与开发】 市委办公厅印发《关于推进杭州市十大产业创新团队建设的实施意见》（市委办发〔2013〕38号），提出2013—2017年，围绕全市十大重点发展产业，打造80个市级十大产业创新团队的目标。继续实施“万千百”长三角紧缺人才培训工程，培训各类人才2562人。5月，组团携个人人才需求359个，外国专家需求87个，项目需求65个，赴美国华盛顿、纽约、硅谷，以及法国巴黎、德国汉堡、俄罗斯莫斯科，开展高层次人才智力对接活动，现场

签约项目28个、签约金额5.63亿元。

下城区、江干区建立市级人力资源服务产业园,下城区人力资源服务产业园被确认为省级人力资源服务产业园。

【专业技术和留学人员管理】 市委办公厅、市政府办公厅印发《高层次留学回国人员(团队)在杭创业创新项目资助实施办法》(市委办发〔2013〕84号),市人才战略专项资金每年安排一定数额资金,用于高层次留学回国人员(团队)在杭实施创业类和创新类项目资助。

全市入选国家"千人计划"11人,省"千人计划"58人,市"钱江特聘专家计划"30人,省"151人才工程"培养人员46人。开展市全球引才"521计划"第三轮遴选工作,选拔海外高层次人才30人,创业创新团队2个。继续实施市"131中青年人才培养计划",选拔"131"人才785人,资助"131"人才出国进修13人。

全市获批设立省级博士后科研工作站17家,新招收博士后科研人员40人。博士后科研工作站达60家,省级博士后工作试点单位达29家。资助留学人员创业项目44个,资助资金1745万元。

市人力资源和社会保障局、市文化广电新闻出版局印发《杭州市图书资料初、中级专业技术资格考试和职务聘任实施办法》(杭人社发〔2013〕489号)。全市开展专业技术人员知识更新工程专项培训项目48个,高级研修班项目22个,杭州市专业技术资格评审信息系统新增网上评审、材料公示模块,中级职称评审实现由"纸质为主,网上为辅"向"网上为主,纸质为辅"转变,提供职称申报评定服务3.5万人。

【职业能力建设】 市人力资源和社会保障局公布《杭州市专项职业能力考核项目(四)》(杭人社发〔2013〕277号),市人力资源和社会保障局、市财政局下发《关于调整在杭院校培养高技能人才补贴申报要求的通知》(杭人社发〔2013〕307号)、《关于推进杭州市高技能人才公共实训基地体系建设的通知》(杭人社发〔2013〕480号)。

全市被认定为省级技能大师工作室8家,获"浙江省首席技师"称号7人,"杭州市首席技师"称号20人,省"钱江技能大奖"3人。认定市级技能大师工作室15家,市高技能人才公共实训基地10家。培养高技能人才4.18万人,高技能人才达28万人。

5月,"技能让我更精彩"—杭州市职工岗位大练兵技能大比武暨技能竞赛年活动在杭州经济开发区启动,举办市级技能竞赛25项,各区、县(市)竞赛180项,带动岗位练兵近76.4万人次。通过竞赛获高级工证书1813人,技师证书51人,其中获"杭州市首席技师"称号11人,"杭州市技术能手"称号54人。

全市参加职业技能实训鉴定36.73万人次。实行技师社会化考评的工种43个,开展技能人才评价标准化体系建设工作的企业222家,参加技能水平自主评价的职工2420人。

【外国专家和智力引进项目管理】 全市实施国外智力引进项目230个,其中市"高端外国专家项目"24个,重点引智项目25个,引进外国专家616人次。入选农业引智示范推广项目1个,省"百村引智示范项目"3个。外国专家入选国家"高端外国专家项目"2人,获省政府"西湖友谊奖"4人,市政府"钱江友谊奖"10人。

【公务员管理】 全市公开招考录用公务员1359人。招考面试试行"两代表一委员"旁听,以及"一承诺、二抽签、三回避、四隔离、五严禁"等制度和措施。通过"干部学习新干线"开展公务员网上教育培训,举办公务员"知识大讲堂"系列讲座3期。

市中级人民法院、市交通局,以及拱墅区、

富阳市等部门和区、县(市)开展公务员平时考核试点工作。明确党纪政纪处分对应的考核等次,公务员遵守交通法规、培训学分、效能问责等情况纳入年度考核范围。

【事业单位人事管理】 市委组织部、市人力资源和社会保障局印发《关于事业单位岗位管理制度实施后有关问题的处理意见》(杭人社发〔2013〕522号)、《杭州市事业单位工勤技能一、二级岗位管理办法(试行)》(杭人社发〔2013〕523号)。

9月起,全市高层次人才纳入市属事业单位公开招聘范围。10月,市卫生局印发《杭州市卫生局所属医疗卫生事业单位公开招聘人员实施办法》(杭卫发〔2013〕301号),面向社会公开招聘高层次人才16人。审核发布101家事业单位1228人招聘信息,审核公示216家事业单位1254人拟聘信息。

【工资福利】 市人力资源和社会保障局、市财政局、市审计局下发《关于市本级事业单位绩效工资正常运作有关问题的意见》(杭人社发〔2013〕169号),市人力资源和社会保障局、市财政局印发《杭州市本级事业单位绩效工资专项奖励办法》(杭人社发〔2013〕262号)。

全市核批事业单位绩效工资总量400多家,事业单位工资追加增量16家。市本级机关事业单位离退休人员活动经费"同城同待遇"和市本级事业单位部门调控额增量问题得到妥善解决。开展国营企业职教、幼教退休教师待遇套改审批工作,涉及企业自办学校123家,退休教师469人。

【军队转业干部安置】 全市安置军队转业干部329人,其中计划安置316人,自主择业13人。计划安置军队转业干部中,师职干部9人,团职干部112人,营职及以下干部195人。县以上党政机关(含参照《公务员法》管理事业单位)安置266人,乡镇(街道)机关安置23人,事业单位安置27人。

【劳动关系】 全市开展"企业关爱职工、职工热爱企业"活动。4月21日,市人力资源和社会保障局会同省、市有关部门在杭州吴山广场举办浙江省暨杭州市首届"双爱"宣传周大型宣传咨询活动。全市"双爱"活动企业参与率为85%以上,市创建和谐劳动关系达标企业均与工会签订"双爱"共同约定书。全市小微企业劳动合同签订率为95.81%,集体合同签订率为88.81%,工资集体协议签订率为92%。杭州市列全省各市劳动关系和谐指数测评排名第一。

杭州市区、余杭区最低工资标准调整为1470元,非全日制工作最低小时工资标准调整为12元。其他县(市、区)最低工资标准调整为1310元、1200元二档,非全日制工作最低小时工资标准调整为10.7元、9.7元二档。

【劳动保障监察】 全市各级劳动保障监察机构主动监察用人单位11.7万家,立案处理劳动者举报投诉案件5756起,追回欠薪2107.35万元,涉及劳动者5436人;实施行政处罚429次,罚款428万元。

全市建立建筑施工项目工资专管员制度,主城区设立工资专管员的建筑施工项目771个,其中经济开发区工期超过3个月的建设单位全部设立工资专管员。累计筹集企业工资支付保证金15.53亿元,动用73.6万元。各级政府筹集欠薪应急周转金1.53亿元,启用733.95万元。

【劳动人事争议调解仲裁】 全市各级仲裁机构立案受理劳动人事争议案件7025起,其中集体案件183起,涉及劳动者6625人,涉及经济标的3.72亿元,结案率为95.60%。其中以案外调解方式结案4873起,调解结案率为68%。

市劳动争议仲裁委员会(市劳动仲裁院)和市人事争议仲裁委员会(市人事仲裁院)合并组建市劳动人事争议仲裁委员会(市劳动人事争议仲裁院)。

【12333电话咨询咨询服务】 市12333电话咨询服务专线来电总数273万个,接通率为81%。提供在线咨询1.37万次,回复局长信箱信件1778封,处理网上投诉举报2252起,电子邮件8011封,留言1.64万条。发送传真4048件,回复"19楼空间"网站人力资源社会保障相关问题656次,收集上报热点难点问题60个,意见建议36个,民情速递587项,发送政策业务短信308万条。各区、县(市)专线来电总数87.5万个。市人力资源社会保障网和咨询投诉专线建立联络员制度,帮助解决实际问题3344个。

12333咨询服务系统增加与12345市长公开电话的互联互通和三方通话功能,以及人事业务远程转接功能,专线暂未解答的人事业务进入分类远程转接,市民只需统一拨打12333,就能咨询相关政策和经办事项。远端接听坐席比去年同期增长43%。

【信息化建设】 市人力资源和社会保障信息中心开发"人力社保应用一体化项目"(智慧医保)信息系统,集业务经办、公共服务、统计分析、电子监察、数据交换、数据审计、辅助决策等功能于一体,提供医疗保险费实时结算,全年24小时不间断运行保障,实现智慧服务、智慧监管、智慧保障目标。

11月,市本级和主城区"阳光政务网上办事大厅"信息系统投入运行,公开网上办事权力事项基本信息、工作流程,具备行政审批、社会保险、就业服务等系统新的功能。12月,全市失业预警预测系统正式上线。

【对口支援和结对帮扶】 5月,市人力资源和社会保障局组织浙江大学、市农科院等高校和科研院所21位专家学者,与桐庐县部分"511"人才培养工程培养人员开展对接交流活动。11月,组织市农业、教育、卫生等领域16位专家,与贵州省黔东南州相关专家开展对接交流活动。

【获省级以上荣誉】

荣誉集体

1. 全国电子社保示范城市
   杭州市
2. 全国劳动保障监察"两网化"管理示范城市
   杭州市
3. 2013年度全国就业宣传工作先进单位
   杭州市就业管理服务局
4. 2013年全国清理整顿人力资源市场秩序专项行动取得突出成绩单位
   杭州市劳动保障监察支队
6. 全国人力资源社会保障系统2011—2013年度优质服务窗口
   杭州市人力资源和社会保障局咨询服务中心
   杭州市余杭区社会保险办公室
7. 2013年全国清理整顿人力资源市场秩序专项行动取得突出成绩单位
   杭州市劳动保障监察支队
8. 全国军转宣传工作先进单位
   杭州市人力资源和社会保障局
9. 全省人力资源社会保障系统2011—2013年度优质服务窗口
   杭州市人才服务局
   杭州市社会保险管理服务局
   杭州市医疗保险管理服务局

杭州市江干区人力资源和社会保障局服务大厅

杭州市西湖区翠苑街道人力资源和社会保障管理站

建德市社会保险管理中心

10. 2013年度全省人事考试工作优秀单位

杭州市人事考试办公室

11. 2013年度全省劳动保障监察工作目标管理成绩突出单位

杭州市劳动保障监察支队

杭州市下城区劳动保障监察大队

杭州市江干区劳动保障监察大队

杭州市西湖区人力资源和社会保障局

杭州市余杭区劳动保障监察大队

富阳市劳动保障监察大队

12. 2013年度全省劳动人事争议案件处理工作优秀单位

杭州市劳动人事争议仲裁委员会

杭州市江干区劳动人事争议仲裁委员会

杭州市拱墅区劳动人事争议仲裁委员会

杭州市萧山区劳动人事争议仲裁委员会

杭州市余杭区劳动人事争议仲裁委员会

13. 2013年度全省人力资源社会保障宣传工作先进单位

杭州市人力资源和社会保障局

杭州市上城区人力资源和社会保障局

杭州市下城区人力资源和社会保障局

杭州市江干区人力资源和社会保障局

杭州市拱墅区人力资源和社会保障局

杭州市西湖区人力资源和社会保障局

杭州市萧山区人力资源和社会保障局

杭州市余杭区人力资源和社会保障局

杭州高新技术产业开发区（滨江）人力资源和社会保障局

富阳市人力资源和社会保障局

临安市人力资源和社会保障局

荣誉个人

1. 2013年度全省人事考试工作优秀考务工作者

杭州市人事考试办公室　何荣强　蔡峻

2. 2013年度全省劳动人事争议案件处理工作优秀个人

杭州市劳动人事争议仲裁委员会　吴全文

杭州市西湖区劳动人事争议仲裁委员会　傅世男

桐庐县劳动人事争议仲裁委员会　叶世明

淳安县劳动争议仲裁委员会　徐胜元

3. 2013年度全省人力资源社会保障宣传工作先进个人

杭州市人力资源和社会保障局　苗霞

杭州市上城区人力资源和社会保障局　陈金朝

杭州市下城区人力资源和社会保障局　曹柳艳

杭州市江干区人力资源和社会保障局　李燕

杭州市拱墅区人力资源和社会保障局　陈玮婷

杭州市西湖区人力资源和社会保障局　宋加玉

杭州高新技术产业开发区（滨江）人力资源和社会保障局　方向前

杭州市萧山区人力资源和社会保障局　徐志杨

杭州市余杭区人力资源和社会保障局　戴银春

富阳市人力资源和社会保障局　王小军

临安市人力资源和社会保障局　沈毅民

杭州市西湖风景名胜区管理委员会人力资源和社会保障局　刘玲萍

（朱天民）

宁波市

【城乡就业】 市政府办公厅印发《关于进一步促进普通高等学校毕业生就业创业的意见》（甬政办发〔2013〕194号），出台新一轮促进高校毕业生就业创业政策，进一步引导高校毕业生面向中小微企业和基层一线就业创业，重点做好离校未就业毕业生、困难家庭毕业生就业工作。计划实施“百千万”工程，争取3年内，全市人力资源社会保障部门与国内百所知名高校建立全方位合作关系，建立千家大学生实践基地，吸引2万名以上大学生在甬实习。

全市实施“大学生创业引领计划”，开展KAB创业教育和全球职业规划师（GCDF）培训，健全创业培训后续服务体系。引入法律咨询机构5家，人力资源服务机构2家，为大学生创业提供专业化咨询服务。启动高校毕业生“百千万”工程，国内知名高校与企业共建大学生实习基地103家。新建市级大学生创业园2家，市级（大学生）实践基地11家，市级（大学生）就业见习示范基地10家，提供实习见习岗位2.23万个，参加实习见习1.89万人。开展未就业高校毕业生和困难家庭毕业生就业帮扶行动，帮助实现就业3041人，全市高校毕业生初次就业率为98%。

市人力资源和社会保障局、市财政局印发《关于使用失业保险基金享受职业培训补贴有关问题的实施办法》（甬人社发〔2013〕21号），调整规范职业培训、创业培训、以师带徒、技能实训、职业技能鉴定等补贴标准和范围。全市发放各类就业岗位补贴9.27亿元，比上年增长12.23%，惠及企业1.37万家，惠及劳动者59.67万人。

市人力资源和社会保障局、市财政局、市工商行政管理局、市国家税务局、市地方税务局下发《关于做好创业者社会保险补贴政策实施工作的通知》（甬人社发〔2013〕384号）。全市开展“小微创业实体走访帮扶”等活动，新增小额担保贷款信用社区5个，发放小额担保贷款5.55亿元，新增创业实体10.35万家，带动就业40.39万人。镇海区、慈溪市、余姚市通过省级创业型城市创建考核评估，镇海区进入省级创业型城市创建行列。

全市各级公共就业服务机构配合企业“腾笼换鸟”、“机器换人”、“提高劳动生产率”行动，开展人力资源余缺调剂工作。企业用工情况监测范围覆盖全市20个行业1340家企业，涉及职工51万人。全市152个街道（乡镇）人力资源社会保障基层工作平台实现与社区（村）便民服务中心对接，开发公益性岗位8981个。

全市城镇新增就业15.52万人，城镇失业人员再就业7.6万人，其中就业困难人员实现就业2.23万人。城镇登记失业率为2.16%。

【社会保险参保情况】 全市职工基本养老保险参保人数508.94万人，比上年增加34.64万人；城乡居民社会养老保险参保人数132.87万人，比上年增加17.35万人；城镇职工基本医疗保险参保人数346.28万人，比上年增加19.72万人；城镇居民（含城乡统筹）基本医疗保险参保人数104.23万人，比上年增加6.81万人；失业保险参保人数231.56万人，比上年增加15.34万人；工伤保险参保人数283.38万人，比上年增加13.16万人；生育保险参保人数245.54万人，比上年增加12.45万人；被征地农民基本生活保障人数86.95万人，比上年增加1.63万人。

【社会保险政策】 市政府办公厅印发《关于开展城乡居民大病保险工作的实施意见》（甬政办发〔2013〕268号），明确基本原则、工作目标、保障对象、筹资机制、保障范围、费用结算、承办方式、工作要求。

市人力资源和社会保障局下发《关于调整城镇职工基本医疗保险政策的通知》(甬人社发〔2013〕163 号),扩大参保人员个人账户历年结余资金支付范围和特殊病种治疗项目,调整医疗保险费征缴和享受医保待遇时间,调整退休人员享受医保待遇时间和医疗保险费补缴政策。分别与市财政局、市地方税务局等部门印发《宁波市社会保险费征缴管理实施意见(试行)》(甬人社发〔2013〕164 号),明确适用范围对象、缴费基数申报、参保变更申报、缴费基数和费率确定等规定;下发《关于调整城镇基本医疗保险政策的通知》(甬人社发〔2013〕166 号),统筹基金支付的住院医疗费和特殊病种治疗费最高限额分别由 20 万元提高到 25 万元,老年居民、非从业人员住院医疗费和特殊病种治疗费基金支付比例分别上调 3 个百分点;下发《关于机关工作人员参加工伤保险有关问题的通知》(甬人社发〔2013〕192 号),自 2013 年 1 月 1 日起,全市机关工作人员全面纳入工伤保险制度范围,实现工伤保险职业人群全覆盖。

市人力资源和社会保障局、市财政局、市卫生局下发《关于基本医疗保险转外就医有关规定的补充通知》(甬人社发〔2013〕284 号),明确参保人员转外就医期间在当地医保定点药店购药费用报销的具体规定。

应对台风"菲特"造成的严重洪涝灾害,全市集中减征社会保险费 30 亿元,惠及企业 8.9 万家,职工 236 万人。

【社会保险经办管理】 全市社会保险经办机构审核定点医疗机构门诊、住院情况 1792 万人次,审核医疗费 1.54 亿元。办理医疗费异地委托结算 9144 笔,结算金额 2427 万元。办理医疗保险关系转移 4311 人次,寄送社会保险个人权益记录单 82 万份。继续开展"医保卡"换发"社保卡"工作,发放"社保卡"130 万张,基本覆盖医疗保险参保人员。全市与社会保险经办机构签订服务协议的市区定点医疗机构 159 家,单位内部医疗机构 65 家,定点零售药店 336 家。

1 月底,市区历时 5 个多月的第四轮企业退休人员健康体检结束,企业退休人员和支援外地建设企业退休回甬定居人员参加体检 15.2 万人。12 月,市区城镇居民医保参保人员第三轮健康体检结束,参加体检 43.82 万人。

【人才引进与开发】 市人力资源和社会保障局与江东、北仑、余姚、慈溪、宁海、象山等 6 个县(市、区)联动实施重点产业人才开发工程,启动人力资源服务产业三年行动计划,建设市人才大厦高端人才服务机构孵化基地。6 月,全省首家"省级人力资源服务产业园区"授牌仪式在宁波人力资源服务产业园区举行。9 月,市人力资源和社会保障局发布第七轮《宁波市人才紧缺指数报告》和《紧缺人才培训导向目录》。

第九届中国(宁波)人力资源服务业高峰论坛期间,市人力资源和社会保障局、江东区政府举办国际国内知名人力机构与江东区重点企业对接交流会。9 月,宁波市第十五届高层次人才引进洽谈会在青岛、西安设立分会场,开展延伸招聘活动。借助"百校千企"、"甬港经济合作论坛"、"台湾—宁波周"等人才培养平台,与长江商学院、台湾大学签订合作培养协议,新建南开大学、武汉大学、苏州大学等人才委托培养合作基地。探索开展人力资源精细化服务模式,为 2.2 万家企业提供人才招聘服务 21.5 万人次。

全市新建市企业技术创新团队 40 个,市"3315"创业创新团队 21 个。新增人力资源(人才中介)服务机构 47 家,机构总数 238 家,新增从业人员 1000 人,为用人单位提供服务 3

万家次，为劳动者提供服务 55 万人次。认定市级人力资源诚信服务示范机构 15 家，发放市《重点高层次人才优惠证》263 张，落实家属就业、子女入学等优惠政策，企业人才享受政策比例 50% 以上。安排高层次人才易地安家、领军拔尖人才购房等补助资金近 700 万元，提供人才住房 579 套。新增各类人才 11.21 万，人才总量达 141.28 万人，其中博士、博士后人才近 3800 人，硕士学位人才近 3.05 万人，海外留学人才 4400 人，高技能人才 2.4 万人。

【专业技术和留学人员管理】 市委人才工作领导小组印发《宁波市专业技术人才知识更新工程实施方案》（甬人才发〔2013〕9 号），至 2020 年，全市每年重点培养高层次、急需紧缺和骨干人才 3.5 万人。

全市入选国家高层次人才特殊支持计划 3 人，国家“百千万人才工程”培养人员 1 人，省“千人计划”34 人，省“151 人才工程”第三层次培养人员 31 人。获省“有突出贡献中青年专家”称号 5 人，市“有突出贡献专家”称号 32 人，选拔市“海外引才 3315 计划”47 人。9 月，启动人才培养工程导师制，聘请 10 位院士专家担任 14 名市“领军和拔尖人才培养工程”第一层次培养人员导师，开展结对指导培养。11 月，组织市“领军和拔尖人才培养工程”培养人员和省“151 人才工程”培养人员 48 人，分别赴美国斯坦福大学和清华大学参加创新能力提升研修。

全市获批设立国家级博士后科研工作站 5 家，国家级博士后科研工作站达 29 家。新建市博士后工作扶持站 25 家，招收博士后研究人员 92 人，出站留甬工作 35 人，获国家和省资助项目 53 个。

2013 中国浙江·宁波人才科技周期间，举办海外留学人才宁波创业行活动。邀请 350 名海外留学人才，携 191 个项目，与 468 家单位对接洽谈；举办海外留学人才创新创业政策环境推介会、海外留学人才封闭式洽谈会，以及“千人计划”人才企业成果展示推介、投融资机构与留学人才对接洽谈、留学人员创业园和重点企业人才环境需求展示推介、海内外博士与博士后科研工作站对接洽谈和海外留学人才实地考察对接洽谈等一系列活动，达成合作意向 160 个，签约项目 71 个，落户项目 25 个。

全市启动“千名专家服务基层三年行动计划”，确定首批专家产业服务基地 3 家，组织 82 名市内外专家承接企业技术攻关难题 197 项。上海交通大学百名材料学博士参加“宁波行”活动。省人力资源和社会保障厅批准建立浙江省留学人员创业园镇海园区，全市省级留学人员创业园达 3 家。扩大企业自主评审职称试点改革范围，获工程系列中级专业技术资格评审试点权限企业 13 家。

【职业能力建设】 市人力资源和社会保障局发布《2013 年度宁波市级统筹区紧缺职业（工种）高技能人才岗位补贴目录》（甬人社发〔2013〕262 号），涵盖机械制造、临港工业、汽车维修、建筑、化工等行业 33 个职业（工种），紧缺岗位技师每月补贴 500 元，高级技师每月补贴 1000 元。市本级发放高技能人才岗位补贴 260 万元，涉及企业 300 余家，高技能人才 1500 人。下发《关于实施 2013 年度紧缺专门人才和紧缺高技能人才培训计划的通知》（甬人社发〔2013〕303 号），实施全国注册一级建造师、模具设计师等紧缺人才培训项目 35 个，资助培养紧缺人才 2000 人。以市场招投标方式，完成 16 个紧缺工种培训项目招标工作，培训名额 2500 个。

全市获“浙江省首席技师”称号 8 人，省“钱江技能大奖”2 人。认定市级技能大师工作室 12 家，市高技能人才公共实训基地 3 家。参加职业技能培训 21.5 万人次，职业技能鉴定

13万人次。企业技能人才自主评价试点单位达317家,培养高技能人才2.4万人。

【外国专家和智力引进项目管理】 全市实施国外智力引进项目118个,引进各类外国专家1568人次,海外工程师225人。外国专家入选国家“高端外国专家项目”5人,获省政府“西湖友谊奖”4人,市政府“茶花荣誉奖”和纪念奖12人。实施出国(境)培训项目37个,参加培训656人次。7月和9月,邀请外国专家为宁海塑料模具和北仑铸造产业开展技术诊断工作。

【公务员管理】 全市公开招考录用公务员1099人。核准旅游、交通等系统参照《公务员法》管理事业单位22家,审核纳入公务员管理人员219人。

市人力资源和社会保障局开展《公务员法》、公务员职业道德、公务员能力素质等内容的公务员初任培训,会同市直机关党工委、市行政学院举办处级干部进修班和任职培训班,在省内重点高校基地举办公务员专门业务高级研修班。会同市委组织部,整合原县(局)级领导干部和市直机关公务员综合素质讲座,开设面向全市机关党员干部,以明道、明理、明智、明志为内涵的“四明学堂”。实名通报市直机关公务员培训任务考核情况。

全市获省“人民满意的公务员集体”称号单位2家,获省“人民满意的公务员”称号3人。

【事业单位人事管理】 全市事业单位公开招聘职工6252人。市人力资源和社会保障局针对县(市)区属无机构规格事业单位管理岗位晋升通道,乡镇(街道)事业单位高级专业技术岗位设置等问题开展重点调研。根据《宁波市深化中小学教师职称制度改革试点工作实施办法》,全市1045所中小学校(幼儿园)的4.8万名教师实现资格过渡。

【工资福利】 市人力资源和社会保障局开展各县(市)区事业单位绩效工资实施情况调研,通过简报等形式,总结推广健全完善绩效考核制度,搞活绩效工资分配等方面的经验和做法。召开市各部门实施绩效工资工作座谈会,交流绩效考核、奖励基金分配、工资总量调控等办法。

【军队转业干部安置】 全市安置军队转业干部317人,其中计划安置316人,自主择业1人。计划安置军队转业干部中师职干部9人,团职干部116人,营职及以下干部和技术干部191人。除师职干部外,各级党政机关(含参照《公务员法》管理事业单位)安置比例为85.67%,团级干部平职或低一职位安排比例为85.3%,担任领导职务比例为39.7%。安置随调家属11人。

全市军队转业干部安置工作目标管理考核体系从市级机关、县(市)区两大类,调整为市级机关、县(市)区、重点开发区三大类,考核范围覆盖99家市级机关、11个县(市)区、10个重点开发园区和部分省部属单位。

【劳动关系】 市第十四届人民代表大会常务委员会第十二次会议审议通过《宁波市企业工资集体协商条例》。市人力资源和社会保障局、市总工会、市工商业联合会、市企业家联合会印发《宁波市工资集体协商工作提升三年行动计划》(甬总工〔2013〕39号),要求探索建立10大行业专职集体协商指导员队伍,推动全市90%以上已建工会企业建立工资集体协商制度,确保职工平均工资每年有提升,实现劳动报酬与企业效益同步增长。

全市开展“企业关爱职工、职工热爱企业”

活动和“小微企业劳动合同签订专项行动”，企业劳动合同签订率为97.43%，小微企业劳动合同签订率为91.98%，企业工资集体协议签订率为90.9%。宁波市劳动关系和谐指数测评列全省第三。

市区最低工资标准调整为1470元，非全日制工作最低小时工资标准为调整12元。其他县（市）最低工资标准调整为1310元、1200元二档，非全日制工作最低小时工资标准调整为10.7元、9.7元二档。

【劳动保障监察】 全市各级劳动保障监察机构主动监察单位8.64万家，书面审查用人单位12.5万家，受理劳动者举报投诉3324起，立案2298起，结案率为100%。开展各类劳动保障监察专项活动6次，参与处理突发事件413起，取缔非法职业中介机构33家。责令企业清退童工97人，补签劳动合同4.72万份。督促1908家企业补缴社会保险费1377万元，涉及劳动者1.17万人。追回欠薪1.76亿元，涉及劳动者2.25万人。

全市乡镇（街道）建立劳动保障监察中队154个，划分基层网格460个，配备劳动保障监察员和协管员1300余人，形成市、县（市、区）、乡镇（街道）、行政村（社区）四级动态监控体系。

建筑、交通、水利等建设施工企业累计筹集工资支付保证金14亿元，各级政府筹集欠薪应急周转金1.46亿元。

【劳动人事争议调解仲裁】 全市各级仲裁机构立案受理劳动争议案件3.06万起，涉及劳动者5.44万人，涉及经济标的4.05亿元。企业和乡镇（街道）基层调解组织和仲裁机构，以及县（区）大调解组织以案外调解方式结案1.96万起，调解结案率为64%。市本级仲裁机构立案受理劳动争议案件857起，涉及经济标的2417万元。办结案件884起（含上年结转90起），结案率为93.3%。

【12333电话咨询服务】 全市12333电话咨询服务专线来电总数106.8万个，比上年增长104.4%。市本级来电总数85.5万个，日均来电3046个。12333电话咨询服务工作进入以一体化、标准化、精细化为内容，提升服务效能、服务品牌、团队成长的“全面提升年”，接听“一号通”市长电话219个，受理网上咨询9158件，“阳光热线”网络问政平台留言33件，提供有效传真服务157次，公众评价满意率为98.5%。

【信息化建设】 市人力资源和社会保障局下发《关于加强社保基金网上监管工作的通知》（甬人社办发〔2013〕6号），明确全市社保基金监管软件应用规则，启动全市社会保险基金非现场监督工作。

【对口支援和结对帮扶】 10月至12月，宁波市海曙、江东、江北、鄞州等4个区的社区、学校、医院，分别承担来自新疆阿克苏地区库车县高校毕业生191人为期三个月的培养实习任务，实习岗位涉及社会事务、教育教学、医疗卫生等部门。

【获省级以上荣誉】

荣誉集体

1. 全国人力资源社会保障系统2011—2013年度优质服务窗口

   宁波市海曙区人力资源和社会保障局劳动保障服务大厅

   慈溪市人力资源和社会保障局窗口管理服务与信息中心

2. 2013年全国清理整顿人力资源市场秩序专项行动取得突出成绩单位

   宁波市北仑区劳动监察大队

3. 全省人力资源社会保障系统2011—2013年度优质服务窗口

宁波市人力资源和社会保障局人力资源服务窗口

宁波市人力资源和社会保障"12333"电话咨询服务中心

宁波市江东区劳动人事仲裁院

宁波市江北区社会劳动保险管理所

宁波市镇海区社会医疗保险处

宁波市北仑区(开发区)社会保险管理中心

4. 2013年度全省人事考试工作优秀单位

宁波市人事考试办公室

5. 2013年度全省劳动保障监察工作目标管理成绩突出单位

宁波市劳动保障监察支队

宁波市北仑区劳动保障监察大队

宁波市鄞州区劳动保障监察大队

慈溪市劳动保障监察大队

奉化市劳动保障监察大队

象山县劳动保障监察大队

6. 2013年度全省劳动人事争议案件处理工作优秀单位

宁波市劳动人事争议仲裁委员会

宁波市海曙区劳动人事争议仲裁委员会

宁波市江东区劳动人事争议仲裁委员会

宁波市鄞州区劳动人事争议仲裁委员会

慈溪市劳动人事争议仲裁委员会

奉化市劳动人事争议仲裁委员会

7. 2013年度全省人力资源社会保障宣传工作先进单位

宁波市人力资源和社会保障局

宁波市海曙区人力资源和社会保障局

宁波市江东区人力资源和社会保障局

宁波市镇海区人力资源和社会保障局

宁波市鄞州区人力资源和社会保障局

余姚市人力资源和社会保障局

慈溪市人力资源和社会保障局

奉化市人力资源和社会保障局

象山县人力资源和社会保障局

荣誉个人

1. 2013年度全省人事考试工作优秀考务工作者

宁波市人事考试办公室　周迎红、刘波

2. 2013年度全省劳动人事争议案件处理工作优秀个人

宁波市劳动人事争议仲裁委员会　周适人

宁波市江北区劳动人事争议仲裁委员会　尹文雯

宁波市镇海区劳动人事争议仲裁委员会　李洁萍

宁海县劳动人事争议仲裁委员会　倪　萍

3. 2013年度全省人力资源社会保障宣传工作先进个人

宁波市人力资源和社会保障局　吴小玲

宁波市海曙区人力资源和社会保障局　张盛琼

宁波市江东区人力资源和社会保障局　郭官洲

宁波市镇海区人力资源和社会保障局　李红锋

宁波市鄞州区人力资源和社会保障局　黄秋农

余姚市人力资源和社会保障局　方月华

慈溪市人力资源和社会保障局　马佳露

奉化市人力资源和社会保障局　胡蓉萍

象山县人力资源和社会保障局　郑科技

宁波保税区人事劳动社会保障局　仲伟强

(吴小玲)

温州市

【城乡就业】　市政府办公室印发《关于做好2013年普通高校毕业生就业创业工作的实施

意见》(温政办〔2013〕173号),提出健全市场机制,广开就业门路,提升就业能力,强化就业服务,完善促进高校毕业生就业长效机制,力争高校毕业生就业率稳中有升,就业人数持续增加,确保全市高校毕业生就业率达到87%以上的总体要求。11月,市人力资源和社会保障局在高教园区设立温州市大学生就业创业服务工作站。全市规范和新建高校毕业生就业见习基地220家,高校毕业生初次就业率为87.7%。

市人力资源和社会保障局、市财政局印发《关于扩大温州市区失业保险基金支出范围试点工作的实施意见》(温人社发〔2013〕185号),调整失业保险基金促进就业扶持对象和范围。市区发放中小微企业稳定就业社会保险补贴1355万元,惠及企业502家。发放就业困难人员公益性岗位补贴和社会保险等补贴803万元。临时性下浮社会保险费缴费比例,集中减征部分中小微工业企业社会保险费7.23亿元,惠及企业近4万家。所有社区和82%的行政村达到"充分就业社区(村)"创建标准。

全市城镇新增就业17.04万人,城镇失业人员再就业3.1万人,其中就业困难人员实现就业1.1万人,城镇登记失业率为1.94%。

【社会保险参保情况】 全市职工基本养老保险参保人数260.85万人,比上年增加20.6万人;城乡居民社会养老保险参保人数218.56万人,比上年增加9.52万人;城镇职工基本医疗保险参保人数153.42万人,比上年增加5.4万人;城乡居民(含城乡统筹)基本医疗保险参保人数589.58万人,比上年增加16.14万人;失业保险参保人数102万人,比上年增加6.41万人;工伤保险参保人数227.76万人,比上年增加10.21万人;生育保险参保人数87.98万人,比上年增加9.9万人;被征地农民基本生活保障人数56.35人,比上年减少3.88万人。

【社会保险政策】 市政府印发《温州市生育保险办法》(温政令〔2013〕139号)。市政府办公室印发《温州市市级工伤保险风险调剂金管理试行办法》(温政办〔2013〕88号)、《关于开展城乡居民大病保险工作的实施意见》(温政办〔2013〕172号)。

市区企业退休人员基本养老金平均水平为1988元,被征地农民基本生活保障待遇最低档标准为380元。城镇职工基本医疗保险门诊医疗费报销最高限额为6000元,政策范围内住院费报销最高限额为24万元。城乡居民基本医疗保险门诊医疗费报销最高限额为1500元,政策范围内住院费报销最高限额为20万元。

【社会保险经办管理】 市社会保险管理中心制定创建"社保基金阳光监管示范点"实施方案,开展省级示范点创建工作。办事大厅午间时段开设部分窗口,实行不间断服务制度。制定稽核工作方案,开展重点业务稽核和联动稽核,追回养老金12.02万元,发现并暂停或终止重复享受城乡居民养老金待遇23人。寄送社会保险个人权益记录单24.49万份。

【人才引进与开发】 全市举办各类人才招聘活动217场次,组织招聘单位1.23万家,提供人才岗位26.43万个,参加应聘22.6万人次。组团赴北京、武汉、厦门、兰州等全国高校和人才密集城市举办人才招聘活动,组织用人单位210家,提供人才岗位5521个,接收简历8508份,达成意向1084人。

11月8日,中国·温州民营企业高层次人才洽谈会开幕,海外高层次人才135人携科技项目104个,与451家温州民营企业和科研机构开展对接洽谈,达成合作意向137个,签约项目40个。

【专业技术和留学人员管理】 全市入选国家"百千万人才工程"培养人员1人,国家"千人计划"7人,省"151人才工程"第三层次培养人员27人,省"千人计划"18人。获批设立国家级博士后科研工作站4家。获省"有突出贡献中青年专家"称号3人。重点资助高层次人才创新技术项目10个,资助市"551人才工程"培养人员科研课题39个。选派市"551"人才在国内外高校、科研院所进修30人,聘请国内外知名专家担任市"551人才工程"培养人员导师25人。组织专家开展各类"扶工扶农"活动31次,参加活动224人次。获各类专业技术资格1.39万人,其中高级资格2008人。评定地方特色行业专业技术人才3854人,培养社会工作专业人才2184人。

【职业能力建设】 市人力资源和社会保障局、市财政局公布《2013年温州市区职业培训补助项目和标准》(温人社发〔2013〕176号),市人力资源和社会保障局印发《温州市企业技能人才自主评价工作方案(试行)》(温人社发〔2013〕263号)。

全市被认定为省级技能大师工作室11家,认定市级技能大师工作室50家,市高技能人才公共实训基地8家。选拔市第三轮服务行业"名师名家"99人,选派高技能人才赴德国和中国台湾等地参加相关技能培训43人。3月2日,温州市第二届职业技能系列赛暨高级技能人才表彰大会召开,表彰获奖选手300余人。11月7日,浙江·台湾美业时尚高端峰会暨美业职业技能表演赛在温州市举行。

全市开展农村劳动力转移培训2.79万人,进城务工人员培训7.44万人。参加职业技能鉴定11.07万人,培养高技能人才2.44万人。

【外国专家和智力引进项目管理】 全市实施国外智力引进项目154个,新增外国文教专家聘请资格单位14家,引进外国专家156人。外国专家入选国家"外专千人计划"2人,省"外专千人计划"3人,获省政府"西湖友谊奖"5人,市政府"雁荡友谊奖"16人。入选市"580海外精英"引进计划19人。开展"海外工程师"引进需求申报工作,资助企业引进"海外工程师"20人,拨付资助资金385万元。

【公务员管理】 市委、市政府印发《关于开展市级机关事业单位在编不在岗人员清理规范工作的实施意见》(温委发〔2013〕49号),市级党政机关(含参照《公务员法》管理事业单位)清理在编不在岗人员101人。市委办公室、市政府办公室印发《2013年度市直属机关全员绩效考核工作实施方案》(温委办发〔2013〕58号),细化完善考核程序。

全市面向全省、全国公开招考录用公务员1160人,市直机关面向县(市、区)公开选调公务员93人。考试内容按报考类别,分为市级机关和县、乡机关两类试卷。建立公务员录用体检医疗机构定点制度,确定定点医院6家。各级公务员参加"温州网络学堂"在线学习2.59万人,市直机关举办公务员各类专业知识培训班150余期,参加培训1万余人。

【事业单位人事管理】 全市事业单位公开招聘职工5381人。市本级核准事业单位岗位设置56家,调整岗位2511人,清理在编不在岗人员575人。

【工资福利】 市人力资源和社会保障局、市财政局转发省级有关部门关于进一步搞活事业单位绩效工资分配,明确绩效工资管理有关问题的文件精神,提出贯彻实施意见。市属高校、高中学校实行绩效工资上浮和骨干教师奖励政策。市区一线交通警察、市法院、市检察院、市教育考试院等系统和单位实行法定工作日外加班补贴政策。

【军队转业干部安置】 市委办公室、市政府办公室下发《关于改进温州市军队转业干部安置办法若干问题的通知》(温委办发〔2013〕73号),明确营职及以下军队转业干部统筹安置,团职及以下军队转业干部考试、考核安置办法,以及专业技术类军队转业干部和随调家属安置等政策。全市安置军队转业干部91人,其中师职干部1人,团职干部35人,营职及以下(含专业技术干部)55人。各级党政机关(含参照《公务员法》管理事业单位)安置77人,事业单位安置12人,国有企业安置1人,自主择业1人。安置随调家属6人。

全市企业退休军队转业干部长效慰问金调整为年人均6300元,发放市直企业退休军队转业干部困难补助费7.7万元。自主择业军队转业干部纳入全体岗前教育培训、社会公益教育培训、"网络课堂"教育培训管理制度。

【劳动关系】 全市小企业劳动合同签订率为92.37%,已建工会企业集体合同签订率基本全覆盖,市本级和鹿城区工资集体协商"要约"签订企业100余家。已建工会企业和工业园区开展和谐劳动关系创建活动企业达93.41%以上。

市区最低工资标准调整为1470元,非全日制工作最低小时工资标准为调整12元。其他县(市)最低工资标准调整为1310元、1200元二档,非全日制工作最低小时工资标准调整为10.7元、9.7元二档。

【劳动保障监察】 市政府办公室印发《创建"无欠薪温州"实施方案》(温政办〔2013〕9号)、《温州市欠薪应急周转资金管理暂行办法》(温政办〔2013〕109号)。市政法委印发《关于拒不支付劳动报酬案件相关问题的协调会纪要》(温政法监〔2013〕109号)。

全市各级劳动保障监察机构主动监察用人单位1.84万家,受理劳动者举报投诉8718起,追回欠薪2.67亿元,涉及劳动者3.66万人。处置突发群体性事件589起,涉案金额1.9亿元。处置企业欠薪逃匿案件37起,涉案金额1585.78万元。以涉嫌拒不支付劳动报酬罪移送公安机关案件59起。

【劳动人事争议调解仲裁】 全市立案受理劳动人事争议案件6183起,办结案件5755起,结案率为93.08%。其中以案外调解方式结案4179起,调解率为72.62%。市、县(市、区)全部设立劳动人事争议仲裁院,原劳动争议仲裁员和人事争议仲裁员256人,经人力资源社会保障部培训、考核、认定,取得劳动人事争议仲裁员资格。

【12333电话咨询服务】 市12333电话咨询服务专线来电总数38.05万个,接通率为87.50%。市12333人力资源社会保障咨询服务系统覆盖全市,开通人工接听、自助查询、自动留言、传真索取等服务。

【信息化建设】 市区城乡居民医疗保险信息系统完成改造投入使用,原"新农合"参保人员凭社会保障市民卡可在市区范围就医。城乡居民刷卡就医678万人次,结算医疗费9.8亿元。市内异地就医刷卡结算定点医疗机构和定点零售药店338家,省内市外136家。

全市发放社会保障市民卡254.6万张,新建充值服务网点371个,商业消费网点209个。市民卡新增乘车、购物、旅游等多样化功能。

【对口支援和结对帮扶】 9月至12月,温州市区2个街道,4所学校和幼儿园,1家医院,分别承担来自新疆阿克苏地区拜城县高校毕业生98人的培养实习任务。

7月起,温州全市25家企事业单位,分别

承担来自武汉、重庆高校研究生53人为期3个月的实习任务。

【获省级以上荣誉】

荣誉集体

1. 全国人力资源社会保障局系统2011—2013年度优质服务窗口
   温州市社会保险管理中心
2. 2013年全国清理整顿人力资源市场秩序专项行动取得突出成绩单位
   温州市劳动保障监察支队
3. 全省人力资源社会保障系统2011—2013年度优质服务窗口
   温州市人才市场
   温州市鹿城区人力资源和社会保障局社会保险服务大厅
   温州市龙湾区行政审批服务中心人力社保分中心
   瑞安市人才市场管理办公室
   永嘉县社会保险事业管理中心
   文成县社会保障管理中心城乡居民医疗保险结报窗口
   平阳县昆阳人力资源和社会保障所
4. 2013年度全省人事考试工作先进单位
   温州市人事考试办公室
5. 2013年度全省劳动保障监察工作目标管理任务成绩突出单位
   温州市鹿城区劳动保障监察大队
   温州市龙湾区劳动保障监察大队
   苍南县劳动保障监察大队
   永嘉县劳动保障监察大队
   洞头县劳动保障监察大队
6. 2013年度全省劳动人事争议案件处理工作优秀单位
   温州市劳动人事争议仲裁委员会
   温州市龙湾区劳动人事争议仲裁委员会
   瑞安市劳动人事争议仲裁委员会
   苍南县劳动人事争议仲裁委员会
   永嘉县劳动人事争议仲裁委员会
7. 2013年度全省人力资源社会保障宣传工作先进单位
   温州市人力资源和社会保障局
   温州市龙湾区人力资源和社会保障局
   乐清市人力资源和社会保障局
   瑞安市人力资源和社会保障局
   永嘉县人力资源和社会保障局
   平阳县人力资源和社会保障局
   苍南县人力资源和社会保障局

荣誉个人

1. 2013年度全省人事考试工作优秀考务工作者
   温州市人事考试办公室　陈宇旭、唐林华
2. 2013年度全省劳动人事争议案件处理工作优秀个人
   温州市鹿城区劳动人事争议仲裁委员会　徐丽丹
   瑞安市劳动人事争议仲裁委员会　虞罗敷
   苍南县劳动人事争议仲裁委员会　陈瑞燕
3. 2013年度全省人力资源社会保障宣传工作先进个人
   温州市人力资源和社会保障局　项博
   温州市龙湾区人力资源和社会保障局　李东平
   乐清市人力资源和社会保障局　谷倩倩
   瑞安市人力资源和社会保障局　黄希轻
   永嘉县人力资源和社会保障局　董海冰
   洞头县人力资源和社会保障局　纪建波
   平阳县人力资源和社会保障局　周建静
   苍南县人力资源和社会保障局　温少平
   温州经济技术开发区人力资源局　章美兰
   温州经济技术开发区社保分局　方建静

（项　博）

湖州市

【城乡就业】 市人力资源和社会保障局、市财政局、共青团湖州市委、人民银行湖州支行下发《关于实施高校毕业生(青年)创业引领计划的通知》(湖人社发〔2013〕138号),市人力资源和社会保障局下发《关于进一步做好离校未就业高校毕业生实名登记和就业服务工作的通知》(湖人社发〔2013〕165号),市人力资源和社会保障局、市财政局、共青团湖州市委印发《关于进一步规范高校毕业生(青年)就业见习工作的意见》(湖人社发〔2013〕195号),市人力资源和社会保障局、市财政局、市地方税务局、市国家税务局、市工商行政管理局印发《关于进一步鼓励与扶持高校毕业生自主创业的实施意见》(湖人社发〔2013〕200号)。

全市推广高校毕业生就业服务"455"工作法,即向未就业高校毕业生提供求职登记、岗位信息、推荐培训、就业见习四项基本服务;两个月后仍未就业的,提供岗位信息、"一对一"职业指导、就业政策宣传、推荐用工、企业帮扶五项重点服务;六个月后仍未就业的,提供就业困难人员认定、公益性岗位就业、落实灵活就业社保补贴、就业结对援助、困难失业人员补助五项援助服务。高校毕业生首次就业率为95.46%。

市人力资源社会保障部门组织开展"春风行动"、"就业援助月"、"民营企业招聘周"等14项就业服务活动,举办大型招聘会139场,提供岗位10.94万个,达成就业意向3.67万人次。"湖州就业网"网上办事大厅开通求职、招聘、录用备案等三项功能,在线办理求职登记1.91万人次,帮助实现就业1.14万人次,办理录用备案5.28万人次,

全市开展"政策落实年"活动,通过举办涉企政策大宣讲、组织业务提升大培训、推进青年见习大计划、实施村级岗位大开发、开展直补机制大探索、深化养老服务大推进、建立职业指导大团队、实施阳光政务大公开等八项举措,实现政策理解无偏差、政策执行无障碍、政策落实无折扣,确保政策知晓率、政策落实率、群众满意率达到百分之百。全市开展大宣讲、大培训2100余人次,认定就业困难人员7170人;发放灵活就业困难人员社保补贴2308.28万元,涉及困难人员9551人;发放困难中小企业社保补贴、岗位补贴、培训补贴3208.05万元,涉及企业188家;发放企业和公益性岗位社保补贴、岗位补贴775.92万元,涉及用人单位68家;发放其他培训补贴1453.21万元,职业技能鉴定补贴21.07万元;累计发放小额创业信用贷款205笔,贷款金额3162.5万元。

2月,湖州市被列为失业预警国家试点城市。市人力资源社会保障部门收集整理2002—2012年宏观经济和就业失业历史数据,跟踪调查全市六大特色产业600多家企业技能人才现状和需求情况,定期采集1200多家监测企业数据,及时发布人力资源供求信息。

全市城镇新增就业5.82万人,城镇失业人员再就业2.6万人,其中困难人员实现就业5988人,城镇登记失业率为3.07%。

【社会保险参保情况】 全市职工基本养老保险参保人数116.31万人,比上年增加11.3万人;城乡居民社会养老保险参保人数66.9万人,比上年减少4.13万人。城镇职工基本医疗保险参保人数96.21万人,比上年增加8.1万人;城乡居民(含城乡统筹)基本医疗保险参保人数27.24万人,比上年增加1.04万人;失业保险参保人数57.76万人,比上年增加5.58万人;工伤保险参保人数72.63万人,比上年增加3.29万人;生育保险参保人数56.34万人,比上年增加4.83万人;被征地农民基本生活保障人数22.52万人,比上年增加1.98万人。

【社会保险政策】 市政府办公室印发《湖州市区新型农村合作医疗暂行办法》(湖政办发〔2013〕174号),市人力资源和社会保障局、市卫生局、市发展和改革委员会、市财政局印发《湖州市基本医疗保险医疗费用结算管理试行办法》(湖人社发〔2013〕23号),市发展和改革委员会、市财政局、市人力资源和社会保障局、市卫生局、市民政局印发《湖州市大病保险办法(试行)》(湖发改体改〔2013〕26号),市人力资源和社会保障局印发《湖州市市区基本医疗保险定点单位资格评审办法》(湖人社发〔2013〕143号)。

全市企业退休人员基本养老金人均增加240元。市区被征地农民基本生活保障金提高到525元,生活补助费提高到425元。城镇职工基本医疗保险政策范围内住院医疗费报销比例为82%,城镇居民基本医疗保险政策范围内住院医疗费报销比例为70.9%,新型农村合作医疗政策范围内住院医疗费报销比例为78.3%,人均筹资标准提高到560元。市区失业保险金提高到982元,所辖县失业保险金提高到900元。

【社会保险经办管理】 全市发放社会保障卡36.9万张,累计发放111.9万张。社会保障卡医保"一卡通"系统开通城镇职工基本医疗保险省内异地就医定点医院136家,全市医疗保险参保人员异地就医27.1万人次,即时结算医疗费3.6亿元。养老金、失业金、医疗费实现社会保障卡发放和报销。

【人才引进与开发】 市人力资源和社会保障局印发《2013年度湖州市重点产业紧缺急需人才引进目录》(湖人社发〔2013〕194号)和《2013年湖州市南太湖紧缺急需人才引进计划实施办法》(湖人社发〔2013〕196号)。

全市实施以新一轮"南太湖精英计划"为龙头的系列人才工程。市人力资源和社会保障局组织用人单位赴武汉等地参加各类大型人才招聘活动20余场。组团赴北美、欧洲,举办"2013海外清华学子湖州行"、"华美半导体协会湖州行"、"全欧华人协会高层次人才湖州行"等活动。5月至6月,联合"中华英才网",举办"四省通衢·才聚湖州"人才专场网络招聘会,参会企业62家。10月,浙江省南太湖创新发展研究院成立。全市引进各类人才1.84万人,其中高层次人才1893人,紧缺急需人才1557人。

【专业技术和留学人员管理】 全市入选国家"千人计划"6人,省"千人计划"9人,省"151人才工程"第三层次培养人员5人,获省"有突出贡献中青年专家"称号1人。选拔市"1112人才工程"培养人员102人,引进"南太湖精英计划"领军人才79人,新聘"南太湖特聘专家"48人。发放市高层次人才"服务绿卡"68张。

全市获批设立国家级博士后科研工作站2家,博士后科研工作站通过国家评估2家。

【职业能力建设】 市政府办公室印发《关于加强高技能人才队伍建设的实施意见》(湖政办发〔2013〕150号),计划2013—2015年,全市每年培养各类高技能人才1.2万人,举办技能大赛10项以上。至2015年,建立市级技能大师工作室30家,高技能人才引进培养示范基地20家,力争达到高技能人才占技能人才比例25%以上的目标。

全市认定市级技能大师工作室20家,其中被认定为省级技能大师工作室6家。参加再就业培训、创业培训、职业技能培训4万人。开展采购师、商务策划师、健康管理师等6个职业(工种)统一技能鉴定工作,参加各类职业技能鉴定5.3万人。开展技能人才评价标准化体系建设工作的企业150家,参加技能水平自主评价的职工8213人。举办市级技能大赛25场,岗位技能比武活动160多项，培养高技能人才1.39万人。

【外国专家和智力引进项目管理】 全市实施国外智力引进项目63个，引进外国专家136人次。新建省级引智示范单位1家，解决企业技术难题52个。获国家级奖励项目5个，省部级奖励项目17个，发明专利78项。外国专家入选省"外专千人计划"2人，获中国政府"友谊奖"1人，省政府"西湖友谊奖"2人。

【公务员管理】 全市公开招考录用公务员557人，跨部门竞岗交流和定向选拔市级部门中层干部16人。培训新晋升科级领导职务公务员97人，新录用公务员500多人。核准参照《公务员法》管理事业单位194家。

【事业单位人事管理】 市委组织部、市人力资源和社会保障局印发《关于事业单位岗位管理制度实施后有关问题的意见》（湖人社发〔2013〕210号）、《湖州市市属事业单位七级及以下普通职员管理办法（试行）》（湖人社发〔2013〕211号）。

市人力资源和社会保障局开展事业单位合同管理情况检查工作，检查事业单位240家，抽查聘用合同1.2万份，合同签订率为99.79%。全市事业单位全部完成岗位设置，公开招聘职工1430人。

【人事考试管理】 全市组织各类人事考试220场，参加考试4.4万人次。

【工资福利】 市人力资源和社会保障局、市财政局下发《关于市属事业单位绩效工资正常运行有关问题的通知》（湖人社发〔2013〕305号），提出进一步规范和调控绩效工资，搞活绩效工资分配的要求。

市人力资源和社会保障局开展市属事业单位2012年绩效工资执行情况核查工作，首次核定事业单位绩效工资1531家。市级机关退休人员补贴调整为按月发放。

【军队转业干部安置】 全市安置军队转业干部73人，其中计划安置72人，自主择业1人。计划安置军队转业干部中，团职干部21人，营职及以下和专业技术干部51人；各级党政机关（含参照《公务员法》管理事业单位）安置63人，事业单位安置9人。安置随调家属6人。军队转业干部参加上岗前培训49人。

【劳动关系】 全市开展"企业关爱职工、职工热爱企业"活动，各区、县劳动关系和谐指数测评均超过80分。6月，市构建和谐劳动关系工作领导小组开展全市构建和谐劳动关系先进企业、先进组织、先进个人评比表彰活动，表彰先进企业69家，先进组织21个，先进个人20人。

市区最低工资标准调整为1310元，非全日制工作最低小时工资标准调整为10.7元。其他三县最低工资标准调整为1200元，非全日制工作最低小时工资标准调整为9.7元。

【劳动保障监察】 市政府办公室印发《湖州市租赁经营企业工资支付保证金制度试行办法》（湖政办发〔2013〕123号）。

全市各级劳动保障监察机构主动监察用人单位1.6万家，受理劳动者举报投诉1650起，结案率为100%。责令补签劳动合同2514份，处置欠薪逃匿案件28起，实施行政处罚92次，追回欠薪1.26亿元。累计筹集企业工资支付保证金4.5亿元，各级政府筹集欠薪应急周转金5100万元。

【劳动人事争议调解仲裁】 全市处理劳动人事争议4272起。各级仲裁机构立案受理劳动人事争议案件2560起,办结案件2370起,结案率为92.58%,其中以案外调解方式结案的比例为80.30%。

全市建立基层劳动人事争议调解组织4519家,其中乡镇(街道)调解组织76家,村(社区)调解组织525家,企业调解组织3918个,形成企业、工会、乡镇(街道)、仲裁机构、法律援助"五级联动"调解体系。基层调解组织处理争议的比例为66.25%。

【12333电话咨询服务】 全市12333电话咨询服务专线来电总数24.4万个,办理"12345政府阳光热线"受理事项2221件。

【信息化建设】 市人力资源社会保障"网上办事大厅"上线,纳入网上办理事项107件,办理社会保险申报业务9256件。

【获省级以上荣誉】

荣誉集体

1. 全国人力资源社会保障系统2011—2013年度优质服务窗口
   湖州市社会保险管理局
2. 全省人力资源社会保障系统2011—2013年度优质服务窗口
   德清县钟管镇人力资源和社会保障服务中心
   长兴县人才资源开发管理办公室
   安吉县孝丰镇人力资源和社会保障所
3. 2013年度全省人事考试工作先进单位
   湖州市人事考试办公室
4. 2013年度劳动保障监察工作目标管理成绩突出单位
   德清县劳动保障监察大队
   长兴县劳动保障监察大队
   安吉县劳动保障监察大队
5. 2013年度全省劳动人事争议案件处理工作优秀单位
   湖州市劳动人事争议仲裁委员会
   德清县劳动人事争议仲裁委员会
   长兴县劳动人事争议仲裁委员会
   安吉县劳动人事争议仲裁委员会
6. 2013年度全省人力资源社会保障宣传工作先进单位
   德清县人力资源和社会保障局
   长兴县人力资源和社会保障局
   安吉县人力资源和社会保障局

荣誉个人

1. 全国军转宣传工作先进个人
   湖州市人力资源和社会保障局　沈建新
2. 2013年度全省人事考试工作优秀考务工作者
   湖州市人事考试办公室　张宗伟
3. 2013年度全省劳动人事争议案件处理工作优秀个人
   湖州市劳动人事争议仲裁委员会　楼杰
   湖州市吴兴区劳动人事争议仲裁委员会　凌华
   湖州市南浔区人事劳动争议仲裁院　陈晔
4. 2013年度全省人力资源社会保障宣传工作先进个人
   湖州市南浔区人力资源和社会保障局　李梅
   德清县人力资源和社会保障局　姚伟红
   长兴县人力资源和社会保障局　王俊荆
   安吉县人力资源和社会保障局　朱晖

(俞　强)

嘉兴市

【城乡就业】 市政府办公室印发《嘉兴市深化统筹城乡就业推动实现更高质量就业的实施方

案》(嘉政办发〔2013〕103号),部署平等就业、充分就业、素质就业、体面就业、和谐就业“五大就业行动”。印发《嘉兴市深化创业型城市创建工作方案》(嘉政办发〔2013〕127号),明确自主创业人员和企业吸纳失业人员税收优惠政策。

11月26日,首届“嘉兴市大学生创业大赛”进入决赛,决赛项目20个。“制造型企业的电商转型”等10个获奖项目与嘉兴国际创意文化产业园等9家创业基地签订合作意向协议。全市自主创业大学生1000余人。

全市创业服务机构76个,创业导师114人。筹措创业引导资金6451.83万元,创业补助资金1492.26万元,发放创业贷款2563万元。参加创业培训1万人,其中骨干培训3000人。新增私营企业1.3万家,个体工商户3.26万户,带动就业人数12万人。认定南湖区东栅街道办事处等市创业型镇(街道)17个,嘉兴月河历史街区等市创业基地34家,获“嘉兴市创业典型”称号50人。

全市开展“春风行动”、“新居民专场招聘会”等11项专项公共就业服务活动,举办各类招聘会567场,组织招聘企业3.5万家,提供就业岗位80.79万个,进场求职52.29万人,达成就业意向23.22万人。走访就业困难人员和零就业家庭746户,登记认定未就业困难人员1315人,帮助实现就业933人。配合整治非法营运三轮车、残疾车、正三轮摩托车工作,开展“三小车”退运车主就业安置与社会保障工作,开发就业岗位397个,就业登记220人,安置就业217人。发放就业困难人员灵活就业社会保险补贴6222.13万元,公益性岗位补贴1111.85万元。

12月30日,市就业管理服务局、南湖区就业管理服务处、秀洲区就业管理服务处、嘉兴经济技术开发区就业社保处和市本级部分规模以上企业、职业院校和人力资源服务企业共同倡议发起成立就业—企业人力资源合作联盟。全市纳入就业失业、企业经营状况和用工情况监测范围企业775家,其中块状经济企业404家。

全市充分就业社区327个,充分就业标准行政村799个。其中国家级充分就业示范社区1个,省级充分就业示范社区10个,省级充分就业社区186个,省级充分就业村617个。在创建充分就业社区(村)基础上,开展充分就业镇(街道)创建工作,创建率达52%。全市经工商登记注册成立的农村劳务合作社118家,吸纳农村闲置劳动力1.03万人。

全市城镇新增就业10.44万人,城镇失业人员再就业5.24万人,其中就业困难人员实现就业1.87万人。城镇登记失业率为2.93%。

【社会保险参保情况】 全市职工基本养老保险参保人数219.51万人,比上年增加16.68万人;城乡居民社会养老保险参保人数75.33万人,比上年减少3.26万人;城镇职工基本医疗保险参保人数180.87万人,比上年增加12.07万人;城镇居民(含城乡统筹)医疗保险参保人数184万人,比上年减少7万人;失业保险参保人数104.11万人,比上年增加9.28万人;工伤保险参保人数154.42万人,比上年增加9.78万人;生育保险参保人数128.47万人,比上年增加9.55万人;被征地农民基本生活保障人数38.77万人,比上年增加2.32万人。

【社会保险政策】 市政府印发《嘉兴市城乡居民基本医疗保险暂行规定》(嘉政发〔2013〕93号),市政府办公室下发《关于调整市本级职工基本医疗保险有关政策的通知》(嘉政办发〔2013〕158号),印发《嘉兴市城乡居民合作医疗保险和职工基本医疗保险整合工作实施方案》(嘉政办发〔2013〕125号)、《嘉兴市本级城乡居民基本医疗保险实施办法(暂行)》(嘉政办发〔2013〕159号)、《嘉兴市本级城乡居民大病保险试行办法》(嘉政办发〔2013〕160号),市人力资源和社会保障局下发《关于市本级职工基本养老保险有关问题的通知》(嘉人社〔2013〕89号),明确养老保险关系转移接续和城镇灵活就业人员参加城镇职工基本养老保险相关政策。城乡居民合作医疗保险管理职能移交市人力资源和社会保障局,经办业务由市社会保障事务局负责。

全市企业退休人员基本养老金人均增加230元,城乡居民社会养老保险基础养老金人均增加26元。市本级被征地农民基本生活保障水平为855元。嘉善县、海盐县等地机关工作人员纳入工伤保险。平湖市职工未就业配偶享受生育保险待遇。

【社会保险经办管理】 5月起,市社会保障事务局根据市政府关于城乡居民合作医疗保险和职工基本医疗保险管理职能整合方案,开展职能调整、系统改造等工作。设立稽查审计、业务审核、参保登记等12个职能处室,重新编制、优化业务流程125项,完成定点医疗机构、定点零售药店信息系统接口改造测试工作,制作市民卡30.5万张,清理错误信息5.96万条,基本实现参保人员持卡就医、实时结算目标。根据"柜员制"经办模式和内控制度要求,所有参保登记窗口均受理相关业务,每个受理窗口设立受理、审核双岗,结合后台审核与内部审计,实施经办业务全程监控。

全市医疗保险参保人员省内异地就医门诊11.9万人次,住院1.14万人次,即时结算医疗费1.16亿元;市域内异地就医门诊83.27万人次,住院3.07万人次,即时结算医疗费2.85亿元。社会保险关系省内和跨省转移接续4.6万人次。落实历史遗留问题相关政策涉及群体参保缴费,以及被征地农民衔接城镇职工基本养老保险18.18万人。

【人才引进与开发】 全市举办各类人才招聘活动482场次,提供人才岗位54.36万个(次),"嘉兴人事人才网"注册会员单位3.7万家,发布人才岗位信息10万条,登记应聘43万人,日均点击率9万次。设立嘉兴市海外人才工作站(点)8个。引进各类人才4.08万人,比上年增长11%,其中高层次人才3489人。遴选领军人才和项目133个,工商注册项目54个,注册资本5.2亿元。拨付创业创新领军人才项目启动资金3.46亿元。

【专业技术和留学人员管理】 全市入选国家"千人计划"59人,省"千人计划"117人,省"151人才工程"第三层次培养人员4人,获"浙江省有突出贡献中青年专家"称号1人。选拔市第六批新世纪专业技术带头人299人,后备人才504人。

全市获批设立国家级博士后科研工作站2家,征集省"151"人才和博士后科技成果15项。获省博士后科研项目择优资助2人,国家和省"留学回国人员科技活动择优资助项目"9个,省"钱江人才计划"D类项目择优资助1人。

全市获各类专业技术资格1.8万人,各类执业(职业)资格3627人。

【职业能力建设】 全市认定市级技能大师工作室15家。开展高技能人才培训2.34万人,其中技师培训2732人,核发技术等级证书8.6万份。开展创业培训3925人。实施省、市高级研修班项目9个,参加培训600余人次。

4月26日,浙江省(嘉兴市)技能人才校企合作交流大会召开,全国61所职业(技工)学校和人力资源合作基地与103家企业交流洽谈,签订校企合作协议360份。

【外国专家和智力引进项目管理】 全市实施国外引智引进项目40个,聘用外国文教专家单位46家，获国家和省项目资助资金43.83万元。外国专家获省政府"西湖友谊奖"3人。

【公务员管理】 全市公开招考录用公务员763人。市级机关面向基层公开遴选优秀公务员14人。参加公务员初任培训556人，科级干部培训240人，公务员知识更新培训1.58万人，专门业务培训3000余人，其他培训5968人。获年度考核优秀等次2979人，授予三等功477人。

【事业单位人事管理】 市人力资源和社会保障局印发《关于事业单位公开招聘高层次、紧缺人才的实施意见》(〔2013〕45号)、《关于嘉兴市属事业单位岗位管理制度实施后有关问题的意见》(嘉人社〔2013〕187号)。全市事业单位公开招聘职工66人，核准聘用工勤技能一级岗位4人。市属事业单位聘用合同签订率为99.5%。

【工资福利】 市属事业单位实施绩效工资167家。

【军队转业干部安置】 全市安置军队转业干部71人，其中团职干部24人，营职及以下干部和技术干部47人。各级党政机关(含参照《公务员法》管理事业单位)安置67人，事业单位安置4人。安置随调家属6人。举办军队转业干部上岗培训班1期，参加培训53人。

【劳动关系】 全市开展"企业关爱职工、职工热爱企业"活动，企业参加活动的比例为86%。开展劳动关系和谐企业创建活动，参加活动企业2.29万家。规模以上企业劳动合同签订率为98%，小微企业劳动合同签订率为92%，已建工会企业集体合同签订率为94%。签订工资集体协商协议企业9704家。

全市最低工资标准调整为1310元，非全日制工作最低小时工资标准为调整10.7元。

【劳动保障监察】 全市开展农民工工资支付情况检查等六大专项行动，各级劳动保障监察机构主动监察用人单位1.8万家，书面审查用人单位5.23万家。受理劳动者举报投诉3357起，追回欠薪和赔偿金1.62亿元，涉及劳动者为2.34万人。累计筹集企业工资支付保证金2.06亿元，各级政府筹集欠薪应急周转金6100万元，发放农民工记工考勤卡7.25万张。

【劳动人事争议调解仲裁】 全市受理劳动人事争议6710起，调解成功率为90%。各级仲裁机构立案受理劳动人事争议案件1893起，涉及劳动者7133人，涉及经济标的1.04亿元，结案率为96.7%。

全市所有镇(街道)建立劳动争议调解组织，规模以上和已建工会企业建立劳动争议调解组织的比例为98.5%。全市开展商会(行业协会)劳动争议调解组织建设试点工作，成立嘉兴市温州商会、嘉兴市食品工业协会劳动争议调解委员会。

【12333电话咨询服务】 市12333电话咨询服务专线来电总数11万个。服务平台改造升级，实现政策咨询、办事指南、信息查询、举报投诉等一站式综合服务，

【信息化建设】 全市累计发放社会保障市民卡203万张，市民卡中心网点、社会保障基层服务网点、银行代理服务网点250余家。市本级以市民卡替换医保卡，市民可持卡办理社会保险费征缴、查询等业务。海宁市民可持卡在上海长海医院就医并"点对点"实时联网结算，并

可持卡乘坐本地公交,租用公共自行车。海盐县完成市民卡支付机动车停车费功能开发工作,桐乡市启动市民卡租用公共自行车功能开发工作。

全市社会保障、公安、民政、工会等12个部门信息数据接入交换平台,实现信息共享。12月,市社会保障事务局与嘉兴彼艾信息科技有限公司达成协议,利用公共信息数据库,共同开发建设公民个人信用评价指标体系。市社会保障事务局在"中国嘉兴"首页和"网上办事大厅"公开社会保险经办业务和流程61项,全市开通网上申报社会保障相关业务功能的企业2万家。

【对口支援和结对帮扶】 嘉兴市区12所学校,2个街道,1家医院,分别承担来自新疆阿克苏地区沙雅县高校毕业生122人为期4个多月的培养实习任务。

【获省级以上荣誉】

荣誉集体

1. 全国人力资源社会保障系统2011—2013年度优质服务窗口
   桐乡市社会保险事业局
2. 2013年全国清理整顿人力资源市场秩序专项行动取得突出成绩单位
   桐乡市劳动保障监察大队
3. 全省人力资源社会保障系统2011—2013优质服务窗口
   嘉兴市人事劳动仲裁院
   嘉兴市秀洲区王江泾镇劳动保障所
   嘉兴市社会保障事务局秀洲区分局
   嘉善县劳动保障监察大队
   平湖市人才市场管理办公室
4. 2013年度全省人事考试工作先进单位
   嘉兴市人事考试办公室
5. 2013年度全省劳动保障监察工作目标管理成绩突出单位
   嘉兴市劳动保障监察支队
   嘉兴市秀洲区劳动保障监察大队
   平湖市劳动保障监察大队
   桐乡市劳动保障监察大队
6. 2013年度全省劳动人事争议案件处理工作优秀单位
   嘉兴市南湖区人事劳动争议仲裁委员会
   桐乡市劳动人事争议仲裁委员会
   海盐县劳动人事争议仲裁委员会
7. 2013年度全省人力资源社会保障宣传工作先进单位
   嘉兴市人力资源和社会保障局
   嘉兴市南湖区人力资源和社会保障局
   嘉兴市秀洲区人力资源和社会保障局
   平湖市人力资源和社会保障局
   海盐县人力资源和社会保障局
   海宁市人力资源和社会保障局
   桐乡市人力资源和社会保障局

荣誉个人

1. 2013年度全省人事考试工作优秀考务工作者
   嘉兴市人事考试办公室　宋扣虎
2. 2013年度全省劳动人事争议案件处理工作先进个人
   嘉兴市劳动人事争议仲裁委员会　虞仙乐
   嘉兴市秀洲区劳动人事争议仲裁委员会　叶群超
   嘉善县劳动人事争议仲裁委员会　汤雪东
3. 2013年度全省人力资源社会保障宣传工作先进个人
   嘉兴市人力资源和社会保障局　陈栋蕾
   嘉兴市南湖区人力资源和社会保障局　谢林英
   嘉兴市秀洲区人力资源和社会保障局　单惠英

平湖市人力资源和社会保障局　陈广平
海盐县人力资源和社会保障局　王建忠
海宁市人力资源和社会保障局　吴小华
桐乡市人力资源和社会保障局　沈秀芬

（吕　臻　金天国）

绍兴市

【城乡就业】 3月，市人力资源和社会保障局、市财政局、市农业局印发《绍兴市区从事种植业、养殖业补贴实施办法》（绍市人社发〔2013〕38号）。4月，人民银行绍兴支行、市财政局、市人力资源和社会保障局、市残疾人联合会印发《绍兴市区小额担保贷款管理实施办法》（绍银发〔2013〕46号）。5月，市人力资源和社会保障局、市财政局印发《绍兴市区员工制家政服务企业社会保险补贴实施办法》（绍市人社发〔2013〕53号），市人力资源和社会保障局、市财政局印发《关于扩大市级失业保险基金支出范围试点政策的实施意见》（绍市人社发〔2013〕56号）。

5月9日，市政府召开全市推进大学生自主创业工作会议，部署2013年大学生创业工作。全市开展"就业指导进校园"、"大中专毕业生创业就业服务季"等高校毕业生就业服务活动，举办创业就业指导讲座10场，发放宣传资料1万份。市创业项目资源库累计征集项目24个，新增创业大学生221人，获表彰创业项目10个。开展未就业高校毕业生普查工作，摸底登记未就业高校毕业生408人。高校毕业生就业见习基地64家，新增见习高校毕业生86人。高校毕业生首次就业率为92.65%。

10月，组团参加在江西省南昌市举办的绍兴市第六届校企合作技能人才供需洽谈会暨江西省2014届高职高专类院校毕业生就业专场洽谈会，参会规模以上企业64家，提供技能岗位2800个，达成初步就业意向1020人。绍兴市21家企业与江西科技学院等8所院校签订校企合作协议。

全市举办各类招聘会404场，提供就业岗位37.4万个，达成就业意向11.8万人次。以"就业大篷车"形式，组织847家企业深入13个乡镇（街道），送出就业岗位2.1万个，达成就业意向4722人次。开展城镇"零就业家庭"和农村低保家庭劳动力就业援助工作，摸排困难家庭17.06万户，帮助实现就业163人。城乡劳动者自主创业2.3万人，带动就业6.2万人。纳入就业失业和用工情况监测范围企业918家，涉及制造、纺织、建筑等十几个行业。

全市发放就业困难人员灵活就业社会保险补贴1.72亿元，惠及7.12万人。发放公益性岗位补贴808.87万元，惠及1251人。发放城镇失业人员种养殖业补助19.4万元，创业企业租金补贴7.73万元，小额担保贷款贴息15.12万元。失业保险基金用于促进就业支出1.91亿元。临时性下浮企业社会保险费缴费比例，集中减征部分中小微工业企业社会保险费8.16亿元，惠及企业2.6万家。

全市城镇新增就业11.36万人，城镇失业人员再就业4.3万人，其中就业困难人员实现就业1.28万人。城镇登记失业率为2.89%。

【社会保险参保情况】 全市职工基本养老保险参保人数220.38万人，比上年增加23.34万人；城乡居民社会养老保险参保人数121.99万人，比上年减少3.65万人；城镇职工基本医疗保险参保人数173.07万人，比上年增加16.86万人；城镇居民（含城乡统筹）基本医疗保险参保人数300.58万人，比上年增加8.79万人；失业保险参保人数108.87万人，比上年增加9.17万人；工伤保险参保人数186.02万人，比上年增加14.06万人；生育保险参保人数125.01万人，比上年增加11.92万人；被征地农民基本生活保障人数47.12万人，比上年减少8.19万人。

【社会保险政策】 市政府办公室印发《绍兴市区被征地农民养老保障制度并轨实施意见》(绍政办发〔2013〕42号),6月1日起,越城区和市直开发区被征地农民养老保障制度与城镇职工基本养老保险、城乡居民社会养老保险制度并轨,原被征地农民养老保障参保人员办理并轨手续6.63万人,新产生被征地农民直接办理并轨手续2650人。各区、县(市)相继开展并轨工作。

全市职工基本医疗保险参保人员基本建立个人账户。城乡居民基本医疗保险实行"同城同保"和"一卡通"政策,成人住院医疗费报销比例为75%以上,未成年人住院医疗费报销比例为85%以上,基层医疗机构医疗费报销比例为80%以上,参保人员可持社会保障卡在全市所有定点医疗机构刷卡就医。试行城乡居民大病保险制度,政策范围内医疗费个人负担部分累计超过当地居民大病保险补助起付标准的,进入城乡居民大病保险范围。市本级参保人员大病保险报销1520人次,报销医疗费329.66万元。企业退休人员养老金人均增加214.8元。

【社会保险经办管理】 全市县级定点公立医院改革基本医疗保险费结算办法,按照"总额控制、节约共享、超支分担"原则,医疗费结算从项目付费为主改为总额付费为主,实行参保人员医疗费总额预算管理制度。市本级和柯桥区通过招标方式,委托商业保险公司作为第三方管理者,承担城乡居民基本医疗保险经办业务。原绍兴县陶堰镇、孙端镇、富盛镇根据行政区划调整,社会保险管理职能移交市本级。

全市查实欺诈冒领社会保险待遇1306人,追回社会保险金178.42万元。市本级书面稽核自查改为网上申报自查,稽核22.15万人。市医药行业协会16家药店以自愿形式制定行业自律公约,嵊州市被列入全省社保基金阳光监管示范点。

全市举办企业退休人员各类文体活动404场次,慰问住院和困难人员1.14万人次。企业退休人员健康体检16.6万人,城乡居民健康体检151.5万人。10月,市社保大楼整体搬迁,增设电子叫号和自助查询功能,办事大厅面积从2000平方米扩大到5000平方米,办事窗口从45个增加到59个。

【人才引进与开发】 市人力资源和社会保障局发布《2013年度绍兴市重点产业人才需求导向目录》,涉及全市十大重点产业,人才总需求12154个。全市举办各类人才交流活动183场次,组织招聘单位8100家次,提供人才岗位13.2万个,参加应聘17.1万人次,达成意向5.7万人次。组团赴杭州、宁波、东阳和北京、上海、南京、合肥、长春、兰州等地举办高层次人才招聘会。引进各类人才4.81万人,其中硕士研究生和副高以上高层次人才2342人。

【专业技术和留学人员管理】 全市入选省"千人计划"8人,省"151人才工程"第三层次培养人员10人,获"浙江省有突出贡献中青年专家"称号1人。浙江大学、浙江工业大学5位高层次专家与6位省"151人才工程"培养人员建立结对指导关系。

全市获批设立国家级博士后科研工作站1家,新招收博士后研究人员12人,获省博士后科研项目择优资助3人。北京、上海绍兴籍硕博士联络站正式成立。10月,第十一届"海内外博士绍兴行"活动举行,中国科学院、清华大学、浙江大学和英国剑桥大学、牛津大学,美国哈佛大学,日本东京大学80多位博士参加活动,实地考察企业,开展现场指导,达成合作意向35个,签订合作协议10份。

【职业能力建设】 全市认定市级技能大师工作室10家，培养高技能人才2.26万人，其中技师、高级技师2793人，高技能人才总量达24.35万人，占技能劳动者比例为23.4%。参加职业技能培训9.3万人，创业培训7799人，农民工岗位技能提升培训4.3万余人。开展技能人才自主评价工作企业366家。

8月28日，绍兴市第三届技能节暨2013年职业技能大赛开幕，竞赛项目9个，参赛选手100余人，各项目个人前三名选手获“绍兴市技术能手”称号。

【外国专家和智力引进项目管理】 市委组织部、市人力资源和社会保障局、市财政局印发《绍兴市鼓励企业引进“海外工程师”暂行办法》(绍市人社发〔2013〕17号)，《绍兴市“海外工程师”年薪资助实施细则》(绍市人社发〔2013〕18号)。

全市实施国外智力引进项目57个，引进外国专家300人次。外国专家入选省“外专千人计划”1人，获省政府“西湖友谊奖”2人。新增浙江(绍兴)外国专家工作站设站单位6家。6月，市人力资源和社会保障局与德国SES组织签约，成立绍兴市驻德国外国专家联络站。

6月9日至11日，“2013外国专家组织和机构绍兴·诸暨行”活动举行，来自16个国家的21位代表考察全市新能源新材料、机械制造、电子信息、医药生物、农业养殖、纺织设计等行业的58个项目，开展技术攻关、产品研发方面的对接交流。

【公务员管理】 全市公开招考录用公务员823人，公安、司法系统招考录用人民警察(司法助理员)学员31人。公务员招考面试实行考官异地执考、市民旁听监督等制度。核准参照《公务员法》管理事业单位10家。

【事业单位人事管理】 市直事业单位公开招聘职工669人，浙江越秀外国语学院、绍兴职业技术学院按政策规定纳入编制管理121人，引进硕士研究生及副高以上高层次人才163人。

【工资福利】 市人力资源和社会保障局、市财政局印发《进一步搞活事业单位绩效工资分配的指导意见》(绍市人社发〔2013〕126号)，提出充分发挥绩效工资的激励导向作用，向一线和关键岗位、高层次人才、业务骨干倾斜，向为本单位发展做出突出贡献人员倾斜，鼓励人才创新创造，调动事业单位工作人员积极性，增强单位活力，促进事业发展的要求和措施。

【军队转业干部安置】 全市安置军队转业干部87人，其中各级党政机关(含参照《公务员法》管理事业单位)安置84人，事业单位安置2人，国有企业单位安置1人。安置随调家属22人。

【劳动关系】 全市参加“企业关爱职工、职工热爱企业”活动的企业80%以上。乡镇(街道)建立劳动关系三方协调机制的企业40%以上，企业集体合同签订率90%以上。市人力资源和社会保障局开展企业薪酬调查工作，涉及企业500家，在岗职工4万人，举办调查培训班8期。绍兴市列全省各市劳动关系和谐指数测评排名第二。

全市最低工资标准调整为1310元，非全日制工作最低小时工资标准调整为10.7元。

【劳动保障监察】 全市各级劳动保障监察机构主动监察用人单位6925家，书面审查用人单位4万家，处理举报投诉案件3309起，追回欠薪5784.51万元，涉及劳动者1.2万人。全市121个乡镇(街道)建立劳动保障监察中队121个，配备监察员333人。划定村(居)劳动保障监察网格916个,配备协管员916人,市区网上办案系统延伸至镇(街道)。建筑、交通等特殊行业累计筹集工资支付保证金1亿元,各级政府筹集欠薪应急周转金1.2亿元。

【劳动人事争议调解仲裁】 全市处理劳动争议1.16万起,涉及劳动者1.83万人,涉及经济标的1.54亿元,其中乡镇(街道)基层调解组织处理争议的比例为71.9%。各级仲裁机构立案受理劳动争议案件5003起,涉及经济标的1.48亿元。办结案件4840起,结案率为96.74%。

全市乡镇(街道)基层劳动争议调解组织全覆盖,规模以上企业建立基层劳动争议调解组织的比例为90%以上。

【12333电话咨询服务】 全市12333电话咨询服务专线来电总数55.84万个,比上年增加45.8%,其中人工接听29.85万个,比上年增加31.4%。

【信息化建设】 市本级通过网上申报系统办理社会保险业务的企业1.14万家,占参保企业80%以上。

【对口支援和结对帮扶】 9月至11月,绍兴市越城区6个街道,8所学校和幼儿园,3家医院,分别承担来自新疆阿克苏地区阿瓦提县少数民族高校毕业生132人的培养实习任务。

【获省级以上荣誉】

荣誉集体

1. 全国人力资源社会保障系统2011年—2013年度优质服务窗口
   绍兴市劳动保障监察支队
2. 2013年度全国就业宣传工作先进单位
   绍兴市就业管理服务局
3. 2013年全国清理整顿人力资源市场秩序专项行动取得突出成绩单位
   嵊州市劳动保障监察大队
4. 全省人力资源社会保障系统2011—2013年度优质服务窗口
   绍兴市就业管理服务局
   绍兴市社会保险事业管理局
   绍兴市柯桥区人力资源和社会保障局仲裁科
   绍兴市上虞区就业管理服务中心
5. 2013年度全省劳动保障监察工作目标管理成绩突出单位
   绍兴市劳动保障监察支队
   诸暨市劳动保障监察大队
   嵊州市劳动保障监察大队
6. 2013年度全省劳动人事争议案件处理工作优秀单位
   绍兴市柯桥区劳动人事争议仲裁委员会
   绍兴市上虞区劳动人事争议仲裁委员会
   诸暨市劳动人事争议仲裁委员会
7. 2013年度全省人力资源社会保障宣传工作先进单位
   绍兴市人力资源和社会保障局
   绍兴市上虞区人力资源和社会保障局
   绍兴县人力资源和社会保障局
   诸暨市人力资源和社会保障局
   嵊州市人力资源和社会保障局
   新昌县人力资源和社会保障局

荣誉个人

1. 2013年度全省人事考试工作优秀考务工作者
   绍兴市人事考试办公室　黄仲良
2. 2013年度全省劳动人事争议案件处理工作优秀个人
   绍兴市劳动争议仲裁委员会　董银红
   绍兴市越城区劳动争议仲裁委员会
   周伟群

新昌县劳动争议仲裁委员会　潘黎超

3. 2013年度全省人力资源社会保障宣传工作先进个人

绍兴市人力资源和社会保障局　陈琼

绍兴市上虞区人力资源和社会保障局　朱慧菲

绍兴县人力资源和社会保障局　陈超

诸暨市人力资源和社会保障局　张洁

嵊州市人力资源和社会保障局　李伟萍

新昌县人力资源和社会保障局　求永军

（李　坚）

金华市

【城乡就业】　全市开展“创业就业政策落实年”和“创业型社区”和“充分就业村”创建活动，发放《服务企业优惠政策手册》、《企业用工宝典》等宣传资料1.5万份，带动就业3万余人。3月，市人力资源和社会保障局印发《农村公益性岗位指导目录》（金人社发〔2013〕34号），涉及11个大类22个项目，公益性岗位进村3082个。

全市接收应届高校毕业生2.35万人，举办高校毕业生专场招聘会20余场，开发就业岗位20万个。人力资源社会保障、供销、商务等部门推出大学生创业项目“闪超便民店”。10月，首批20家便利店开业。各级人力资源社会保障部门举办招聘会、校企对接会、外省劳务洽谈活动，为企业解决用工11万人。

全市城镇新增就业7.09万人，失业人员再就业2.84人，其中就业困难人员实现就业7507人，城镇登记失业率为2.73%。

【社会保险参保情况】　全市职工基本养老保险参保人数160.25万人，比上年增加20.84万人；城乡居民社会养老保险参保人数165.37万人，比上年减少4.83万人；城镇职工基本医疗保险参保人数125.43万人，比上年增加12.04万人；城镇居民（含城乡统筹）基本医疗保险参保人数257.29万人，比上年增加0.97万人；失业保险参保人数70.6万人，比上年增加4.77万人；工伤保险参保人数148.94万人，比上年增加11.05万人；生育保险参保人数70.56万人，比上年增加9.07万人；被征地农民基本生活保障人数37.19万人，比上年减少1.74万人。

【社会保险政策】　市政府办公室印发《关于进一步完善金华市区被征地农民基本生活保障制度的补充意见》（金政办发〔2013〕11号），明确被征地农民基本生活保障转职工基本养老保险政策，建立待遇同步调整机制。市区被征地农民基本生活保障转职工基本养老保险5.3万人，养老金平均水平为1160元。被征地农民养老保障标准为城市居民最低生活保障标准的60%，涉及保障人数1.9万人。印发《关于开展金华市区大病医疗商业补充保险工作的实施意见》（金政办发〔2013〕71号），决定自7月1日起，市区参保人员无需额外缴费，在原基本医疗保险基础上，可再报销限额为5万元至30万元的医疗费。城镇职工、城乡居民医疗费报销平均水平分别为90%和75%以上。

全市企业退休人员人均基本养老金为1763.65元。

【社会保险经办管理】　市社会保险事业管理局制定《基金支付权限管理办法（试行）》和经办业务流程，覆盖各险种、各业务174个小项，绘制社会保险业务风险防控图表，涉及业务大项24个。查找廉政风险点69个，制定防控措施100余条。

12月，金华市区社会保障卡管理服务中心正式启用，统一办理制卡、换卡、咨询、挂失等业务。全市社会保障卡持卡人数282.95万人。

市区企业退休人员纳入社区管理7.72万人。各级人力资源社会保障部门走访企业退休人员7.9万人，寄送社会保险个人权益记录单8.1万份。

【人才引进与开发】 市委办公室、市政府办公室印发《金华市“双龙计划”科技创业创新团队引进实施办法》、《金华市“双龙计划”创业创新领军人才引进实施办法》（市委办〔2013〕14号），市委人才工作领导小组印发《金华市创业创新领军人才服务保障办法（试行）》（金人才领〔2013〕2号）等5个“双龙计划”配套政策。

3月，全市开展“集中招商招才月”活动，组团赴珠三角、环渤海、青海海西等地区，以及西安、杭州等城市开展人才智力项目对接活动，初步达成项目合作意向101个。4月，组团在省人才市场举办“情系八婺、崛起浙中”电子信息产业人才招聘会，组织招聘企业100余家，提供人才岗位1113个，参加应聘1980人，达成人才引进意向570人。5月，组团赴欧洲和美国开展民营资本和海外人才智力对接活动，接洽海外高层次人才256人次，初步达成人才引进意向46人。9月，组团赴北京、天津、深圳、厦门、南京、成都等7个城市开展招才引智活动，考察重点高校院所和企业14家，初步达成人才引进和技术合作项目意向11个。举办“百家名企进名校”等大型人才招聘活动，为企业引进人才2.74万人，其中高层次人才1386人。

【专业技术和留学人员管理】 全市入选国家“千人计划”5人，省“千人计划”人选17人，省“151人才工程”第三层次培养人员4人，选拔市“321人才工程”第二层次以上培养人员81人，获省“有突出贡献中青年专家”称号1人。

全市获批设立博士后科研工作站2家，引进博士后科研人员7人，引进留学人员创业项目8个。创业园区实现技工贸收入2.95亿元。

全市获高级专业技术资格1353人，中级专业技术资格4279人。专业技术人员参加继续教育2.42万人次。组织一级建造师、执业药师、计算机等27项职（执）业资格考试3.63万人次。

【职业能力建设】 实施金华市高技能人才队伍建设三年行动计划，全市获“金华市首席技师”称号10人，认定市级技能大师工作室51个，市级名师工作室33个，技能人才培训基地35个，选送“金蓝领”参加国外培训17人。

全市开展创业培训1918人，进城务工农村劳动者技能培训3.5万人，失业人员职业技能培训1.28万人，农村劳动力转移就业培训5万人。参加职业资格鉴定9.93万人。开展职业技能竞赛20多项，带动岗位技能练兵30万人。开展技能人才评价标准化体系建设工作的企业150多家，培养高技能人才2.08万人。

【国外专家和智力引进项目管理】 全市实施国家和省级引智项目16个，获国家和省项目资金41.5万元，市财政配套资金33.6万元。实施市海外工程师项目9个，市财政自助资金40万元。

引进外国专家124人。外国专家入选国家“外专千人计划”1人，省“外专千人计划”2人，获省政府“西湖友谊奖”1人。

【公务员管理】 市委组织部、市人力资源和社会保障局印发《金华市公务员录用审批操作规程》和《金华市公务员登记审批操作规程》（金人社发〔2013〕111号）。全市公开招考录用公务员1066人，核准参照《公务员法》管理事业单位2家。举办公务员初任培训班4期，参加培训518人。举办参照《公务员法》管理事业单位人员过渡培训班5期，参加培训693人。

【事业单位人事管理】 全市公开招聘事业单位职工4164人。认定岗位聘用的事业单位2357家，工勤技能一级岗位聘用人员21人。推荐专业技术二级岗位拟聘人员1人，聘用专业技术三级岗位33人。

【工资福利】 市人力资源和社会保障局、市财政局、市卫生局印发《关于进一步完善基层医疗卫生事业单位绩效分配工资的指导意见》（金人社发〔2013〕138号），启动基层医疗公共卫生事业单位绩效工资改革试点工作。

【军队转业干部安置】 全市安置军队转业干部164人，其中团职干部53人，营职及以下干部111人。各级党政机关（含参照《公务员法》管理事业单位）安置136人，事业单位安置26人，国有企业安置1人，自主择业的1人。军队转业干部参加上岗前培训103人。

【劳动关系】 全市企业劳动合同签订率为97.3%，其中小微企业劳动合同签订率为96.8%，已建工会企业集体合同签订率为95.1%。

金华市区、义乌市、永康市、东阳市最低工资标准调整为1310元，非全日制工作最低小时工资标准调整为10.7元。其他县最低工资标准调整为1200元、1080元二档，非全日制工作最低小时工资标准调整为9.7元、8.7元二档。

【劳动保障监察】 全市各级劳动保障监察机构主动监察用人单位2.19万家，书面审查用人单位5.33家，涉及劳动者53.48万人。清退风险抵押金15.5万元，清退童工206人，实施行政处罚249次。立案处理劳动保障举报投诉案件6991起，处理欠薪群体性突发事件377起，追回欠薪3.25亿元，涉及劳动者3.15万人。向公安机关移送涉嫌拒不支付劳动报酬罪案件26起，涉案金额558.25万元。累计筹集企业工资支付保证金4.78亿元，各级政府筹集欠薪应急周转金7780万元。

【劳动人事争议调解仲裁】 市委办公室、市政府办公室印发《关于进一步推进劳动争议联合调处机制建设的意见》（市委办〔2013〕 91号），要求各级成立由人力资源社会保障、工会、司法、信访、法院、工商联等部门和单位组成的劳动争议联合调处中心，按"一站式"方式受理劳动争议和维权事项。截至年底，各县（市、区）劳动争议联合调处中心全部挂牌开展工作。

全市各级调解组织受理劳动争议9892起，调解成功率为99.9%。各级仲裁机构立案受理劳动人事争议案件3788起，结案率为92.64%。

【12333电话咨询服务】 市12333电话咨询服务系统与市8890便民服务平台实现实时联动，受理市民咨询和各类诉求。开设"12333专家服务热线"6期，提供举报投诉、政策咨询、信息查询等服务13万人次。

【信息化建设】 市区城乡居民社会保险一体化信息系统新增离休人员省内异地就医联网实时结算、城乡社会保险缴费、养老待遇发放、医疗保险结算报销及补助等功能。社会保险实现网上办理或查询业务17项，覆盖市区企业383家，涉及职工12万人。

全市农村基层平台公共就业服务信息系统配置电脑等硬件设备的村494个。市人力资源和社会保障信息管理中心完成核心业务系统应用级同城异地容灾备份工作。

【对口支援和结对帮扶】 9月至12月，金华市区14所学校，5个街道，3家医院，分别承担来自新疆阿克苏地区温宿县第二批普通高校毕业生157人的培养实习任务。

【获省级以上荣誉】

荣誉集体

1. 全国人力资源社会保障系统2011—2013年度优质服务窗口
永康市农村社会养老保险管理处
2. 2013年全国清理整顿人力资源市场秩序专项行动取得突出成绩单位
东阳市劳动监察大队
3. 全省人力资源社会保障系统2011—2013年度优质服务窗口
金华市人才市场管理办公室
金华市婺城区就业管理服务处
金华市金东区农村社会养老保险管理处
兰溪市医疗社会保险管理处
武义县人力资源和社会保障局办事大厅
4. 2013年度全省劳动保障监察工作目标管理成绩突出单位
东阳市劳动监察大队
永康市劳动监察大队
浦江县劳动监察大队
5. 2013年度全省劳动人事争议案件处理工作优秀单位
金华市劳动人事争议仲裁委员会
东阳市劳动人事争议仲裁委员会
永康市劳动人事争议仲裁委员会
浦江县劳动人事争议仲裁委员会
6. 2013年度全省人力资源社会保障宣传工作先进单位
金华市人力资源和社会保障局
金华市婺城区人力资源和社会保障局
金华市金东区人力资源和社会保障局
兰溪市人力资源和社会保障局
东阳市人力资源和社会保障局
永康市人力资源和社会保障局
浦江县人力资源和社会保障局
磐安县人力资源和社会保障局

荣誉个人

1. 2013年度全省人事考试工作优秀考务工作者
金华市人事考试办公室　曹蕾
2. 2013年度全省劳动人事争议案件处理工作优秀个人
金华市金东区劳动人事争议仲裁委员会　郑志民
武义县劳动人事争议仲裁委员会　周小
3. 2013年度全省人力资源社会保障宣传工作先进个人
金华市人力资源和社会保障局　胡银梁
金华市婺城区人力资源和社会保障局　李冬姣
金华市金东区人力资源和社会保障局　汤旭华
兰溪市人力资源和社会保障局　陈学斌
东阳市人力资源和社会保障局　单贵尧
永康市人力资源和社会保障局　方钦
浦江县人力资源和社会保障局　张志勇
磐安县人力资源和社会保障局　郑晓芳

（胡银梁）

衢州市

【城乡就业】 市人力资源和社会保障局、市财政局印发《衢州市高校毕业生就业见习基地认定及管理办法》、《衢州市高校毕业生创业孵化基地(创业园)认定及考核办法》、《衢州市高校毕业生(大学生)就业创业指导站考核办法(试行)》(衢市人社就〔2013〕161号)。

全市建立大学生创业园9家,衢州市大学生创业园被确定为省级大学生创业示范基地,入驻电子商务企业34家。举办小微企业创业培训班19期,组织大学生创业模拟实训1035人。举办春季人力资源交流会、劳务集市(夜市)、“民营企业招聘周”、高校毕业生专场招聘会、园区专场招聘会等活动150场。“衢州就业网”、“衢州人才网”发布招聘信息300万条(次),发送岗位信息12万条(次)。市本级发放稳定就业社会保险补贴213万元,涉及企业53家。

全市城镇新增就业3.27万人,城镇失业人员再就业1.43万人,其中就业困难人员实现就业0.34万人,城镇登记失业率为3.13%。

【社会保险参保情况】 全市职工基本养老保险参保人数63.82万人,比上年增加7.03万人;城乡居民社会养老保险参保人数108.85万人,比上年减少0.98万人;城镇职工基本医疗保险参保人数52.97万人,比上年增加3.31万人;城镇居民(含城乡统筹)基本医疗保险参保人数163.55万人,比上年增加58.12万人;失业保险参保人数23.24万人,比上年增加1.73万人;工伤保险参保人数35.78万人,比上年增加1.23万人;生育保险参保人数25.15万人,比上年增加1.65万人;被征地农民基本生活保障人数14.44万人,比上年增加4.75万人。

【社会保险政策】 市本级和江山市、龙游县先后实施被征地农民基本生活保障转职工基本养老保险衔接政策,被征地农民参加职工基本养老保险2.9万人。企业退休人员基本养老金人均增加244.62元,城乡居民社会养老保险基础养老金人均水平为99.38元。被征地农民基本生活保障标准从424元提高到480元,补助金标准从309元提高到349元。

公立医院综合改革的县级医疗机构实行职工医疗保险费总额付费管理。采取利用企业改制结余资产和财政补贴资金,一次性补足最低缴费年限的办法,解决市本级原国有集体企业因“卖、联、租”等政策原因离开企业人员退休后的医疗保险待遇问题。各县(市、区)城镇居民基本医疗保险和新型农村合作医疗完成制度并轨和管理机构整合。生育保险医疗费定额补助标准平产生育从1200元提高到1700元,剖腹产生育从1600元提高到3000元。

【社会保险经办管理】 市社会保险事业管理局印发《衢州市社会保障卡操作规程》(衢市社险〔2013〕16号),规范社会保障卡申请、制作、领取、挂失、注销、变更等业务流程。全市发放社会保障卡135万张,医疗保险参保人员省内异地就医9.6万人次,即时结算医疗费1.4亿元,市内异地就医138万人次,即时结算医疗费3亿元。4月,启用社会保障卡金融功能,逐步实现参保人员各项社会保险待遇银行转账发放目标。

全市各级社会保险经办机构重点规范定点医疗机构、定点零售药店的定点准入、诊疗行为、票据管理、药械进出程序,查处违规行为。拒付和扣减医疗保险费200余万元,暂停定点医疗机构、定点零售药店资质12家。核查死亡未申报7003人,避免医疗保险基金损失87万余元。市本级查处异地居住退休人员重复领取养老待遇14人,追回养老金等11.3万元。稽核参保单位155家,参保人员2.4万人,社会保险费月缴费基数增加525万元。

【人才引进与开发】 全市组团赴北京、上海、杭州、宁波等地招聘人才,组织招聘企业40余家,引进高层次人才87人,其中博士16人,硕士69人。

【专业技术与留学人员管理】 全市入选省“千人计划”6人,征集省“151”人才和省博士后科技成果10项,认定市专家工作站36家。获省

"有突出贡献中青年专家"称号1人,发放高层次人才津贴1425.56万元。获各类专业技术资格1.13万人,其中正高级资格79人,副高级资格702人。

【职业能力建设】 全市启动市"112高技能人才工程",实施技能人才大培训、大竞赛、大评价、大平台、大激励"五大行动"。被认定为省级技能大师工作室5家,获"浙江省首席技师"称号3人,"衢州市首席技师"称号20人,获省"钱江技能大奖"1人。认定市级技能大师工作室8家,市高技能人才公共实训基地5家,企业高技能人才培训示范基地3家,培养高技能人才1.2万人。

7月18日,衢州市首届职业技能大赛开幕,竞赛项目8个,参赛选手191人。综合成绩第一名选手获"衢州市首席技师"称号,综合成绩第二、第三名选手获"衢州市技术能手"称号。全市发放高技能人才津贴120.2万元。

【外国专家和智力引进项目管理】 全市实施国家高端引智项目1个,省"百村引智示范项目"4个,出国(境)培训项目4个。引进外国专家8人。外国专家获省政府"西湖友谊奖"1人。

【公务员管理】 全市公开招考录用公务员464人,核准参照《公务员法》管理事业单位22家,审核纳入公务员管理人员120人。

【事业单位人事管理】 全市选拔聘用专业技术二级岗位人员1人,核准专业技术三级岗位聘任资格118人,其中市本级61人。

全市事业单位公开招聘职工2095人,其中市本级430人。教育系统实施"阳刚工程",面向全国集中公开招聘幼儿男教师33人,全市男幼儿教师比例从0.7%提高至1.5%。

【军队转业干部安置】 全市安置军队转业干部61人,其中团职干部18人,营职及以下干部43人。安置的60名军转干部中,各级党政机关(含参照《公务员法》管理事业单位)安置55人,事业单位安置5人,自主择业1人。

【劳动关系】 全市开展"企业关爱职工、职工热爱企业"活动,各级领导干部下基层走访企业400余人次,赠送劳动保障法律法规书籍1.5万余册。评选"双爱"活动示范企业20家。企业合同签订率为93.3%,集体合同签订率为95.6%。

全市最低工资标准调整为1200元,非全日制工作最低小时工资标准调整为9.7元。

【劳动保障监察】 全市各级劳动保障监察机构主动监察用人单位576家,涉及劳动者4万人,查处欠薪单位116家,追回欠薪494.77万元。受理劳动者举报投诉831起,涉案金额5455.26万元,结案率为98.7%。累计筹集建筑施工企业工资保障金1.16亿元,各级政府筹集欠薪应急周转金3550万元,建筑施工企业在建施工项目建立记工考勤卡制度。

【劳动人事争议调解仲裁】 全市各级仲裁机构立案受理劳动人事争议案件1606起,其中集体争议24起,涉及劳动者4098人,涉及经济标的8199.8万元,结案率为100%,为劳动者挽回损失4489.54万元,支持劳动者获工伤赔偿1715.84万元。其中以案外调解方式结案714起,调解结案率为44.46%。

【12333电话咨询服务】 市12333电话咨询服务专线来电总数4.19万个,自动语音服务电话3.48万个,人工接听来电比上年增长20.4%。开通满意度评价系统和社会保障卡24小时语音自动挂失功能,网络覆盖市本级和各县(市、区)。

【信息化建设】 12月1日,市、县两级“阳光政务网上办事大厅”同步正式上线,纳入网上办理事项198件,建立链接事项22件。全市办理CA认证并开通网上申报业务功能的用人单位1717家,办理相关业务17万人次,占业务总量的51.59%。

【获省级以上荣誉】

荣誉集体

1. 全国人力资源社会保障系统2011—2013年度优质服务窗口
   龙游县社会保险服务中心
2. 全省人力资源社会保障系统2011—2013年度优质服务窗口
   衢州市社会保险服务中心
   衢州12333电话咨询服务中心
   衢州市衢江区大洲镇劳动保障服务中心
   江山市行政服务中心社保分中心
3. 2013年度全省人事考试工作先进单位
   衢州市人事考试办公室
4. 2013年度全省劳动保障监察工作目标管理成绩突出单位
   衢州市衢江区劳动保障监察大队
   常山县劳动保障监察大队
   开化县劳动保障监察大队
5. 2013年度全省劳动人事争议案件处理工作优秀单位
   衢州市衢江区劳动争议仲裁委员会
   龙游县劳动争议仲裁委员会
6. 2013年度全省人力资源社会保障宣传工作先进单位
   衢州市人力资源和社会保障局

荣誉个人

1. 2013年度全省人事考试工作优秀考务工作者
   衢州市人事考试办公室　杨保能
2. 2013年度全省劳动人事争议案件处理工作优秀个人
   衢州市劳动争议仲裁委员会　陈连金
   衢州市柯城区劳动争议仲裁委员会　陈昕
   常山县劳动争议仲裁委员会　黄爱武
   开化县劳动争议仲裁委员会　郑华
3. 2013年度全省人力资源社会保障宣传工作先进个人
   衢州市人力资源和社会保障局　王小东
   衢州市柯城区人力资源和社会保障局　余雅娟
   衢州市衢江区人力资源和社会保障局　余志勇

（姜国梁）

舟山市

【城乡就业】 全市举办人力资源招聘会74场,组织招聘单位5079家,推出就业岗位9万余个,入场应聘7万人次,求职登记5万人次,达成就业意向2.66万人。“舟山就业网”等发布210家用人单位940余个就业岗位信息,“舟山群岛新区就业频道”发布求就业信息28期,求职人员信息561人,就业岗位5万余个。全市99家民办职业介绍机构提供就业岗位3.8万余个,接受求职登记1.6万余人次,介绍成功6000余人。发放中小微企业稳定就业社会保险补贴989.9万元,惠及企业1039家。临时性下浮社会保险费缴费比例,集中减征部分中小微工业企业社会保险费3179万元,惠及企业2962家。台湾20名大学生在舟山4家知名企业参加暑期实习和社会实践活动。

全市城镇新增就业1.26万人,城镇失业人员再就业4695人,其中就业困难人员实现就业1938人。城镇登记失业率为2.7%。

【社会保险参保情况】 全市职工基本养老保

险参保人数40.9万人,比上年增加1.68万人;城乡居民社会养老保险参保人数31.94万人,比上年减少0.24万人;城镇职工基本医疗保险参保人数35.81万人,比上年增加1.26万人;城镇居民(含城乡统筹)基本医疗保险参保人数58.81万人,比上年增加0.43万人;失业保险参保人数20.27万人,比上年增加1.2万人;工伤保险参保人数28.31万人,比上年增加1.27万人;生育保险参保人数18.99万人,比上年增加1.3万人;被征地农民基本生活保障人数14.45万人,比上年增加0.18万人。

【社会保险政策】 市政府办公室印发《舟山市人民政府办公室关于开展城乡居民大病保险工作的实施意见》(舟政办发〔2013〕114号)、《关于进一步完善生育保险制度的通知》(舟政办发〔2013〕172号),市人力资源和社会保障局印发《舟山市基本医疗保险定点单位管理办法》(舟人社发〔2013〕113号)、《舟山市工伤康复管理暂行办法》(舟人社发〔2013〕186号)。

全市机关、事业单位及其工作人员纳入生育保险范围,符合政策规定生育的参保人员,享受生育津贴。企业退休人员人均基本养老金水平为2132元。

【社会保险经办管理】 全市基本医疗保险参保人员健康体检23.81万人。各级社会保险经办管理机构实施工伤认定5176起,劳动能力鉴定884起,特殊病种鉴定1097人。企业退休人员社区管理率为93.66%。

【人才引进与开发】 浙江舟山群岛新区管理委员会、省人力资源和社会保障厅发布《浙江舟山群岛新区公开招聘紧缺高端人才公告》,计划利用三年时间,面向海内外引进紧缺高端人才200名。首批推出规划管理、财政金融、园区运营、企业管理等核心职位高端人才需求30名,高校、医院、民企重点职位人才需求25名,海内外人才应聘560多人。经面试和研究推荐,初步确定考察人选27人。组团赴北京、上海、杭州、宁波、香港等地开展人才招聘活动,引进各类紧缺人才1687人,其中博士113人,硕士290人。全市举办各类人才交流活动114场次,提供人才岗位9.2万余个,参加应聘4.9万人次,达成意向1.6万人。

【专业技术和留学人员管理】 市委组织部、市人力资源和社会保障局、市财政局印发《舟山市专业技术人才知识更新工程(2013—2020)实施方案》(舟人社发〔2013〕245号),落实专业技术人员继续教育登记制度。市教育局、市人力资源和社会保障局印发《舟山市享受教授级待遇的中学高级教师评审实施细则(试行)》(舟教人〔2013〕10号),全市首批享受教授级待遇中学高级教师57人。

全市入选省"151人才工程"第三层次培养人员2人,获省"有突出贡献中青年专家"称号2人。获各类专业技术职称3826人,其中获高级职称300人,中级职称1685人,初级职称1841人。

【职业能力建设】 市政府印发《关于进一步加强职业培训稳定和促进就业的实施意见》(舟政发〔2013〕31号),市人力资源和社会保障局印发《舟山市高技能人才直接认定办法》(舟人社发〔2013〕205号)。全市认定市第三批四星级乡镇(街道)成校3所,组织开展8个大类38个项目的职业技能大培训、大练兵、大比武活动。6月24日,第二届中国海员技能大比武活动在舟山市开幕,全国航运企业和航海院校50支队伍约500人参赛。全市参加职业技能培训2.3万人,参加职业技能鉴定1.96万人次,培养高技能人才1160人。

【外国专家和智力引进项目管理】 全市实施国外智力引进项目48个,其中国家级项目9个,省级项目39个,引进外国专家103人次。新建中外合作实验室及研发中心2家。选派6批海洋经济紧缺人才118人赴美国、德国、新加坡等国家参加培训。外国专家入选国家"外专千人计划"1人,省"外专千人计划"1人,获省政府"西湖友谊奖"1人。

9月23日,"2013中国浙江国际海洋科技论坛"在舟山举行。中国、日本、韩国三国海洋科技专家开展"共同发展东亚海洋科教事业"、"中日韩海洋专业高级人才培养"等合作课题交流。9月25日,2013国际海洋科技人才舟山行交流洽谈会召开。来自9个国家的11名专家学者开展海洋生态环境、海洋生物工程、海洋能源、海水淡化、船舶制造等领域的学术交流。舟山市30多家单位分别与澳大利亚、塞浦路斯、西班牙等国家的专家达成5个项目的初步合作意向。

【公务员管理】 全市公开招考录用公务员367人,招录人民警察(司法助理员)学员19人,开展公务员初任培训367人。获第八届全国"人民满意的公务员"称号1人。

【事业单位人事管理】 全市事业单位公开招聘职工1163人。完成岗位设置方案制定或变更单位42家,涉及岗位2049个。

【工资福利】 市委组织部、市人力资源和社会保障局、市财政局印发《舟山市聘任制公务员工资福利待遇管理试行意见》(舟人社发〔2013〕40号),市人力资源和社会保障局、市财政局印发《关于进一步搞活事业单位绩效工资分配的指导意见》(舟人社发〔2013〕265号)。全市机关工作人员晋升级别工资2650人,事业单位职工增加薪级工资2.31万人。调整机关事业单位精减退职、死亡职工遗属、计划外长期临时工生活困难补贴标准。

【军队转业干部安置】 全市安置军队转业干部68人,其中各级党政机关(含参照《公务员法》管理事业单位)安置55人,事业单位安置10人,自主择业3人。安排正县(处)级领导职务2人,正科级领导职务19人。

【劳动关系】 全市开展"企业关爱职工、职工热爱企业"活动,评选"双爱"活动先进企业10家,评选优秀企业家10人,优秀职工20人。

全市最低工资标准调整为1310元,非全日制工作最低小时工资标准调整为10.7元。

【劳动保障监察】 全市各级劳动保障监察机构主动监察用人单位934家,书面审查用人单位5047家。受理劳动者举报投诉684起,追回欠薪3483.3万元,涉及劳动者3589人。处置欠薪重大事件31起,涉及劳动者769人。累计筹集企业工资支付保证金8732亿元,各级政府筹集欠薪应急周转金3370万元。

【劳动人事争议调解仲裁】 全市各级仲裁机构立案受理劳动争议案件1683起,涉及劳动者1683人,涉及经济标的8061.22万元。办结案件1595起,结案率为95%。其中以案外调解方式结案1291起,调解结案率为73%。

【12333电话咨询服务】 全市12333电话咨询服务专线来电总数2.46万个,提供专业咨询服务电话1.19万个。

【信息化建设】 市社会保险事业管理局"网上办事大厅"上线运行,为参保单位和个人提供24小时在线服务。社会保险信息系统增设参保信息工商银行自助终端查询和医疗保险刷卡结算短信实时提醒等功能。

【获省级以上荣誉】

荣誉集体

1. 全国电子社保示范城市
舟山市
2. 全国人力资源社会保障系统2011—2013年度优质服务窗口
舟山市社会保险事业管理局
3. 全省人力资源社会保障系统2011—2013年度优质服务窗口
舟山市普陀区劳动监察大队
岱山县就业管理服务处
4. 2013年度全省人事考试工作先进单位
舟山市人事考试办公室
5. 2013年度全省劳动保障监察工作目标管理成绩突出单位
舟山市定海区劳动监察大队
舟山市普陀区劳动监察大队
6. 2013年度全省劳动人事争议案件处理工作优秀单位
舟山市普陀区劳动争议仲裁院
嵊泗县劳动争议仲裁院
7. 2013年度全省人力资源社会保障宣传工作先进单位
舟山市人力资源和社会保障局

荣誉个人

1. 2013年度全省人事考试工作优秀考务工作者
舟山市人事考试办公室　王虎
2. 2013年度全省劳动人事争议案件处理工作优秀个人
舟山市劳动争议仲裁委员会　吴新利
舟山市定海区劳动争议仲裁委员会　夏微波
3. 2013年度全省人力资源社会保障宣传工作先进个人
舟山市人力资源和社会保障局　严海舟
舟山市定海区人力资源和社会保障局　林海萍
岱山县人力资源和社会保障局　李坤波
嵊泗县人力资源和社会保障局　汤爱娜

（安佳媚）

台州市

【城乡就业】 市政府办公室下发《关于实施就业推进行动促进高校毕业生就业的通知》（台政办发〔2013〕123号）。全市人力资源社会保障部门采取找准教学定位，对接双向就业需求；推行信息管理，实时掌控就业动态；完善就业政策，引导面向基层就业；做大招聘载体，及时促进首次就业；做优技能培训，适时引导二次就业；做细政府援助，帮扶困难兜底就业；出台创业政策，积极鼓励全民创业；搭建创业平台，集聚融合创业要素；创新创业模式，实现梯次做大做强等措施，即“九段工作法”，即促进大学生就业创业。全市接收回原籍高校毕业生2.5万人，高校毕业生初次就业率为94%以上。

全市举办各类招聘会525场次，组织招聘企业1.53万家次，提供就业岗位27.6万个，达成求职意向10.5万个。发放小额担保贷款6149.2万元，贴息资金112.5万元，帮助创业658人，带动就业2974人。临时性下浮社会保险费缴费比例，集中减征部分中小微工业企业社会保险费5.99亿元，惠及企业6万余家。乡镇（街道）、社区（村）劳动保障平台全覆盖，与村级便民服务中心对接4441个。就业失业和用工情况监测范围覆盖企业606家。

全市城镇新增就业人数7.89万人，城镇失业人员再就业2.68万人，其中就业困难人员实现就业 7525 人,城镇登记失业率为 2.74%。

【社会保险参保情况】 全市职工基本养老保险参保人数 161 万人,比上年增加 12.31 万人;城乡居民社会养老保险参保人数 231.67 万人,比上年增加 19.26 万人;城镇职工基本医疗保险参保人数 122.32 万人,比上年增加 15.23 万人;城镇居民(含城乡统筹)基本医疗保险参保人数 245.31 万人,比上年增加 102.99 万人;失业保险参保人数 89.53 万人,比上年增加 7.26 万人;工伤保险参保人数 219.15 万人,比上年增加 10.56 万人;生育保险参保人数 76.94 万人,比上年增加 10.24 万人;被征地农民基本生活保障人数 34.22 万人,比上年增加 3.1 万人。

【社会保险政策】 市政府印发《台州市职工基本医疗保险办法》(台政发〔2013〕6 号)。市人力资源和社会保障局下发《关于调整基本医疗保险按病种结算定额的通知》(台人社发〔2013〕23 号),调整急性阑尾炎、结节性甲状腺肿、子宫肌瘤等三个病种手术治疗结算定额。市人力资源和社会保障局、市财政局印发《台州市区职工医疗保险大额自负费用补助规定》(台人社发〔2013〕177 号),按比例给予参保人员医保年度内个人自负费用累计超过 1 万元以上部分补助,在职人员补助 50%,退休人员补助 60%。市人力资源和社会保障局、市卫生局、市财政局、市发展和改革委员会印发《台州市区基本医疗保险医疗费用结算管理暂行办法》(台人社发〔2013〕295 号),实行市区医疗定点单位总额控制付费管理制度。

企业退休人员基本养老金人均增加 243.45 元,城乡居民社会养老保险基础养老金上调至 100 元。

【社会保险经办管理】 市人力资源和社会保障局下发《关于进一步深化台州市社会保险基金阳光监管工作的通知》(台人社发〔2013〕95 号)。全市开展医保基金义务监督员试点工作,监督定点医疗机构、定点零售药店的服务和经营行为,聘请义务监督员 81 人。

10 月,新的市社会保险办事大厅启用,服务窗口增设至 29 个。全市实现养老金社会化发放,市本级认证养老待遇领取资格 1771 人次。企业退休人员免费健康体检 18.34 万人,社会保障卡持卡人数 231 万人,寄送社会保险个人权益记录单 38.77 万份。

【人才引进与开发】 市政府办公室印发《关于加快人力资源服务业发展的意见》(台政办发〔2013〕116 号),提出到 2017 年底,全市达到规范化运营的人力资源服务业企业 100 家以上,引进国内外知名人力资源服务业企业 10 家左右,培育具有省内一流水平和规模的人力资源服务业企业 2 家以上,培养和引进领军人才 10 名以上,骨干人才 100 名,全市人力资源服务业从业人员 3000 名左右的目标。7 月,市高层次人才服务中心成立,配备专职人员,为高层次人才提供"一站式、零距离、全方位"服务。

全市遴选企业技术创新团队 8 家,各创新团队累计获各项专利 500 余项,主持制定国家或行业标准 12 个。组团参加市级以上招才引智活动,达成人才引进意向 3000 人次,智力合作项目意向 137 个。

【专业技术和留学人员管理】 市委人才工作领导小组办公室印发《企业创业创新后备人才培养政策兑现工作细则(试行)》(台人才办〔2013〕14 号)、《高层次人才个人所得税地方留成部分等量补助、生活津贴、租房补贴和购房补助政策兑现工作细则(试行)》(台人才办〔2013〕15 号)。市本级和椒江区、黄岩区、路桥区拨付人才专项经费 600 余万元。

全市入选国家"千人计划"5 人,省"千人计划”8人，选拔市“500精英计划”81人，精英创业项目落户17个，总投资12亿元。获批开展省级博士后工作试点工作单位7家，择优资助省博士后科研项目、省“钱江人才计划”C、D类项目、留学人员科技活动项目58.5万元。发放政府特殊津贴1.9万元，涉及享受特殊津贴专家27人。获各类专业技术资格1.3万人，专业技术人员参加继续教育培训3.2万人。

【职业能力建设】 全市获“浙江省首席技师”称号4人，“浙江省技术能手”称号4人，省“钱江技能大奖”1人，“台州市首席技师”称号40人，“台州市技术能手”称号70余人。认定市级技能大师工作室10家，市高技能人才培养示范基地5家。

8月26日，全市首届企业岗位大练兵技能大比武开幕式在台州科技职业学院举行，竞赛项目56个。全市参加职业技能培训9.7万人，职业技能鉴定9.5万人，培养高技能人才2.97万人。开展技能人才自主评价工作的规模以上企业229家，选拔技能人才2.49万人。

【外国专家和智力引进项目管理】 全市实施国外智力引进项目37个，引进外国专家40人，出国(境)培训项目2个。外国专家入选国家“外专千人计划”1人，省“外专千人计划”3人。

【公务员管理】 全市公开招考录用公务员1006人。公务员参加各类培训1.35万人次。

【事业单位人事管理】 市人力资源和社会保障局下发《关于进一步深化事业单位“阳光招聘”工作的通知》(台人社发〔2013〕97号)，市委组织部、市人力资源和社会保障局印发《关于进一步完善事业单位岗位管理和聘用制度有关问题的意见》(台人社发〔2013〕228号)。全市事业单位公开招聘职工3773人，其中市属事业单位招聘职工646。

【工资福利】 市人力资源和社会保障局、市财政局印发《关于进一步搞活事业单位绩效工资分配的指导意见》(台人社发〔2013〕184号)，明确基层卫生事业单位绩效工资分配政策。

【军队转业干部安置】 全市安置军队转业干部93人，其中团职干部29人，营职及以下干部和技术干部64人。各级党政机关(含参照《公务员法》管理事业单位)安置88人，事业单位安置5人，安置随调家属13人。军队转业干部参加上岗前培训67人。

【劳动关系】 市构建和谐劳动关系工作领导小组印发《进一步推进“双爱”活动计划》(台构建发〔2013〕5号)，提出大力开展“协调劳动关系三方”年建设，全力推进“双爱”活动，实施十项专门计划，形成企业与职工利益共享机制，建立规范有序、公正合理、互利共赢、和谐稳定的劳动关系，实现劳动用工更加规范，收入分配更加合理、社会保障更加健全，安全生产更加强化，民主制度更加完善，文化建设更加重视的目标。

全市规模以上企业劳动合同签订率为98%，已建工会企业集体合同签订率为92%以上。各级人力资源社会保障部门开展为期三年的“千名干部联系万家企业”行动，截至年底，发放宣传资料3万份，帮助企业解决各类问题350余个，企业职工知晓率为90%以上。

台州市区、临海市、温岭市、玉环县最低工资标准调整为1310元，非全日制工作最低小时工资标准调整为10.7元。其他县最低工资标准调整为1200元，非全日制工作最低小时工资标准调整为9.7元。

【劳动保障监察】 全市各级劳动保障监察机

构受理劳动者举报投诉 2903 起，立案处理 1563 起，涉案金额 1.17 亿元，涉及劳动者 1.43 万人，办结案件 1547 起，结案率为 99.8%。

市劳动保障监察机构在浙江银轮机械股份有限公司设立网格化管理中心，利用龙头企业优势和影响，协调处理合作企业劳资关系。聘用合作企业监察协理员 35 人，督促 5 家企业补签劳动合同 113 份，指导 4 家企业规范相关制度，处理各类劳资纠纷 23 起，涉及职工 31 人，追回欠薪 9 万余元。全市累计筹集企业工资支付保证金 2.2 亿元，各级政府筹集欠薪应急周转金 7710 万元，发放农民工记工考勤卡 31.8 万张。交通、水利建设等行业实行工资支付保证金退还公示制度，项目承包人需在工程结束后公示工资支付情况，相关部门审核确认无拖欠工资后方可退还企业预缴的工资支付保证金。

【劳动人事争议调解仲裁】 全市各级仲裁机构受理劳动争议案件 4115 起，上年结转 264 起，涉及劳动者 4620 人，涉及经济标的 1.47 亿元。办结案件 4107 起，结案率为 93.79%。其中以案外调解方式结案 3524 起，调解结案率为 85.8%。

全市建立劳动争议仲裁派出庭 36 个，温岭、临海两市实现乡镇仲裁派出庭全覆盖。

【12333 电话咨询服务】 全市 12333 电话咨询服务专线来电总数 28.97 万个，人工接听 13.99 万个，群众满意率为 99%。全市专职咨询员 29 人，咨询服务机构覆盖市、县两级。临海、温岭两市通过全省 12333 电话咨询服务示范县（市、区）验收。

【信息化建设】 市人力资源社会保障局数据中心机房建成，局门户网站改版，公开信息 3181 条。开通社会保险自助查询平台。

【对口支援和结对帮扶】 市人力资源和社会保障局结对帮扶三门县张司岙村，帮扶资金 1.5 万元。

【获省级以上荣誉】

荣誉集体

1. 全国人力资源社会保障系统 2011—2013 年度优质服务窗口

   天台县社会保险事业管理中心

2. 全省人力资源社会保障系统 2011—2013 年度优质服务窗口

   台州市椒江区社会保险事业管理中心
   台州市黄岩区社保中心
   玉环县社会保险事业管理中心
   临海市人才市场管理办公室
   温岭市人才市场管理办公室
   三门县就业管理服务处

3. 2013 年度全省劳动保障监察工作目标管理成绩突出单位

   临海市劳动监察大队
   温岭市劳动保障监察大队
   玉环县劳动保障监察大队
   天台县劳动监察大队

4. 2013 年度全省劳动人事争议案件处理工作优秀单位

   温岭市劳动人事争议仲裁委员会
   玉环县劳动人事争议仲裁委员会
   天台县劳动人事争议仲裁委员会
   三门县劳动人事争议仲裁委员会

5. 2013 年度全省人力资源社会保障宣传工作先进单位

   台州市人力资源和社会保障局
   台州市椒江区人力资源和社会保障局
   台州市黄岩区人力资源和社会保障局
   台州市路桥区人力资源和社会保障局
   临海市人力资源和社会保障局

温岭市人力资源和社会保障局
玉环县人力资源和社会保障局
天台县人力资源和社会保障局
仙居县人力资源和社会保障局

荣誉个人

1. 2013年度全省人事考试工作优秀考务工作者
   台州市人事考试办公室　金虎
2. 2013年度全省劳动人事争议案件处理工作优秀个人
   台州市椒江区劳动人事争议仲裁委员会　闫林峰
   临海市劳动人事争议仲裁委员会　朱新军
   仙居县劳动人事争议仲裁委员会　张贵
3. 2013年度全省人力资源社会保障宣传工作先进个人
   台州市人力资源和社会保障局　牟锡荣
   台州市椒江区人力资源和社会保障局　叶金伟
   台州市黄岩区人力资源和社会保障局　黄丹
   台州市路桥区人力资源和社会保障局　吴建良
   临海市人力资源和社会保障局　王卫菊
   温岭市人力资源和社会保障局　金露
   玉环县人力资源和社会保障局　冯红芳
   天台县人力资源和社会保障局　王超辉
   仙居县人力资源和社会保障局　张扬勇
   三门县人力资源和社会保障局　张婷婷

（赵　兴）

丽水市

【城乡就业】　市政府办公室下发《关于进一步加强普通高校毕业生就业创业工作的通知》（丽政办发〔2013〕157号），明确高校毕业生基层就业待遇和网上创业认定及补贴标准。市人力资源和社会保障局下发《关于进一步深化市直普通高校毕业生就业见习工作的通知》（丽人社〔2013〕0143号），明确市直单位每年安排见习岗位100个，为高校毕业生提供"入职缓冲期"。市人力资源和社会保障局、市财政局印发《丽水市公益性就业岗位管理指导意见》（丽人社〔2013〕229号），明确公益性岗位开发管理的具体要求。

全市实施职业技能（创业）培训"百千万"计划，举办超市创业经营人才、家政服务员、电子商务等培训班383期，投入培训资金1172.9万元，参加培训42556人，发放就业创业补贴5468.96万元，惠及3.98万人。市人力资源社会保障部门举办普通高校毕业生专场招聘会，开展就业创业政策进高校咨询和"就业援助月"活动，走访就业困难人员、零就业家庭、残疾人家庭309户。招聘专职从事村（社区）就业和社会保障工作高校毕业生303人。遂昌县开展创建"充分就业县"试点工作。

全市城镇新增就业2.69万人，城镇失业人员再就业1.11万人，其中就业困难人员实现就业4979人，城镇登记失业率为2.96%。

【社会保险参保情况】　全市职工基本养老保险参保人数50.95万人，比上年增加4.34万人；城乡居民社会养老保险参保人数100.94万人，比上年增加0.73万人；城镇职工基本医疗保险参保人数35.25万人，比上年增加2.99万人；城镇居民（含城乡统筹）基本医疗保险参保人数207.5万人，比上年增加1.01万人；失业保险参保人数20.01万人，比上年增加1.45万人；工伤保险参保人数38.23万人，比上年增加5.29万人；生育保险参保人数19.42万人，比上年增加2.1万人；被征地农民基本生活保障人数11.34人，比上年增加1.1万人。

【社会保险政策】　市政府办公室印发《丽水市

基本医疗保险付费总额控制管理办法》(丽政办发〔2013〕87号),明确具体要求。下发《关于建立大病医疗保险制度的通知》(丽政办发〔2013〕184号),明确参保人员可按规定报销年度医疗费个人负担超过2万元以上部分等政策。印发《丽水市城乡居民基本医疗保险市级统筹实施意见》(丽政办发〔2013〕185号),统一全市参保范围、筹资规定、待遇水平、业务经办、目录管理等政策。

全市企业退休人员基本养老金人均提高240元,相应提高计划外长期临时工、企业职工遗属生活困难补助费标准,以及市区被征地农民基本生活保障待遇。落实解决养老保障历史遗留问题政策,全市办理参保补缴手续4.08万人,领取生活困难补助费6852人。落实征地涉及的社会保障资金6.09亿元。

【社会保险经办管理服务】 市委办公室、市政府办公室印发《关于丽水市"五保合一"大社保体系和社保基金运行"三位一体"机制建设实施意见》(丽委办发〔2013〕2号),各县(市、区)成立社会保障管理委员会,整合城乡医疗保险制度、机构、人员,实现城乡基本医疗保险一体化。医疗救助、最低生活保障等社会保险业务纳入大社保平台,乡、村两级平台投入运行,城乡居民可就近办理相关社会保险业务。市人力资源和社会保障局下发《关于进一步加强定点单位管理的通知》(丽人社〔2013〕261号),明确定点医疗机构、定点零售药店准入退出、日常管理、违规处罚、年度考核的具体要求。

全市社会保险经办管理机构开展"数据质量年"、"业务规范年"活动,集中整理单位、个人历年基础信息和缴费数据,整理合并"一人多账户"约10万个,涉及5万余人;"一家多账户"600余个,涉及单位300多家。开展市本级定点医疗机构和定点零售药店信用等级评定工作,评定A级定点医疗机构三家。查处医疗保险骗保案件34起,移交公安部门处理18人,追回医疗保险基金63.18万元。企业退休人员纳入社区管理6.82万人,社区管理率为95.22%,养老金社会化发放率达100%。全市城乡居民医疗保险参保人员参加健康体检75.9万人。

【人才引进与开发】 市委办公室、市政府办公室印发《丽水市突出贡献专家选拔管理办法》(丽委办发〔2013〕17号),全市获"丽水市突出贡献专家"称号12人,"丽水市突出贡献专家提名奖"5人。市人力资源和社会保障局印发《丽水市人才量化积分办法(试行)》(丽人社〔2013〕92号),建立与经济社会发展相适应的人才评价激励机制,印发《2013年度丽水市紧缺人才开发导向目录》(丽人社〔2013〕156号),涉及三大产业十五个重点发展领域紧缺岗位144个。

1月,2013年丽水市人才新春音乐会暨高层次人才证首发仪式举行。全市发放高层次人才证(卡)3328张,其中人才金卡669张,人才银卡2659张。持金卡人才可享受政府岗位津贴、人才专项奖励、安家补助等19项"人才绿色通道"服务,持银卡人才可享受上述中的12项"人才绿色通道"服务。市本级享受人才公寓194人,人才安家补助135人,人才购房补贴12人,人才租房补贴2人,帮助人才子女入学9人,资助人才学习深造10人,开展人才健康体检2659人。

12月,丽水市高级人才联合会成立,设立高新技术、经济管理、工艺美术、农林、教育、卫生、工程七个专家委员会,提高高级人才交流合作平台,全市首批入会会员183名。

【专业技术和留学人员管理】 市委人才工作领导小组印发《丽水市博士后工作管理办法(试行)》(丽委人〔2013〕8号)。市人力资源和社会保障局印发《丽水市企业工程技术人员中初级专业技术资格评价办法(试行)》(丽人社〔2013〕183号)。

全市入选省"151人才工程"第三层次培养人员4人,选拔市"138人才工程"第一层次培养人员20人,第二层次培养人员60人,第三层次培养人员111人,认定市博士工作站12家,招收博士后试点单位研究人员3人。举办省"151"人才高级研修班2期?市"138人才工程"培养人员研修班1期。获省"151人才工程"培养人员重点资助资金和第二层次培养人员资助资金14万元,高级研修班资助经费10万元。发放市高层次人才政府岗位津贴970.4万元,高层次人才专项奖励资金70万元,市"138人才工程"第一层次培养人员专项奖励资金11.5万元。

【职业能力建设】 全市被认定为省级技能大师工作室3家,认定市级技能大师工作室10家。获"浙江省首席技师"称号4人,"丽水市首席技师"称号10人。

全市举办企业岗位大练兵技能大比武、动物防疫技能大比武、气象行业天气预报技能竞赛、粮食行业职业技能竞赛、第十一届丽水市中等职业学校学生技能大赛暨全省中等职业学校学生技能大赛选拔赛等活动。参加职业技能鉴定3.36万人,开展技能人才自主评价工作企业117个,培养高技能人才5811人。6月,丽水市技工学校成立。

【外国专家和智力引进项目管理】 全市实施国家和省智力引进项目14个,其中国家重点引智项目1个,引进外国专家20人。

【公务员管理】 全市公开招考录用公务员713人,招录人民警察(司法助理员)学员41人,招聘大学生村官443人。按照"阳光考录"要求,市直和县(市、区)互派面试考官。市直机关面向基层公开遴选公务员39人。

【事业单位人事管理】 市人力资源和社会保障局下发《关于推行市直事业单位职业员工人事管理制度(试点)工作的通知》(丽人社〔2013〕219号),根据按岗聘用、同岗同酬原则,确定事业单位编外职工相应岗位和薪级工资,探索建立适应事业单位职工多元化实际的人事管理制度。全市核准事业单位岗位设置194家,岗位首聘认定193家。

【工资福利】 市人力资源和社会保障局、市财政局下发《关于市直事业单位绩效工资管理有关意见的通知》(丽人社〔2013〕217号),明确绩效工资日常管理、总量调控,以及退休人员生活补贴等政策。下发《关于进一步做好机关单位规范津贴补贴和事业单位绩效工资实施工作的通知》(丽人社〔2013〕234号),建立工资福利报备制度和经常性检查机制。印发《关于进一步搞活事业单位绩效工资分配的指导意见》(丽人社〔2013〕280号),加强不同类型事业单位绩效工资分配的差异化管理。市人力资源和社会保障局、市财政局、市卫生局印发《关于实行护理岗位津贴的通知》(丽人社〔2013〕200号)。

【军队转业干部安置】 市军队转业干部安置工作小组下发《关于完善丽水市区单位营职及以下军队转业干部考试考核安置办法的通知》(丽军转〔2013〕1号),原按考核考试成绩选择单位办法改为在考核考试成绩基础上,结合专业技能特长和岗位需求选择安置单位办法。

全市各级党政机关(含参照《公务员法》管理事业单位)安置军队转业干部25人,其中团职干部8人,营职及以下和专业技术干部17

人。安置随调家属4人。调整企业退休军队转业干部生活补贴标准,涉及300余人。

【劳动关系】 全市开展"企业关爱职工、职工热爱企业宣传周",各县(市、区)各推出一家试点、一个亮点。开展2013年度劳动关系和谐指数调查工作,企业劳动合同签订率为97%,已建工会企业集体合同签订率为92%。

市区和青田县、缙云县最低工资标准调整为1200元,非全日制工作最低小时工资标准为调整9.7元。其他县最低工资标准调整为1080元,非全日制工作最低小时工资标准调整为8.7元。

【劳动保障监察】 全市各级劳动监察机构主动监察用人单位6602家,涉及劳动者37.56万人,责令补签劳动合同2459份。办结各类案件1227起,追回欠薪9664.28万元,涉及劳动者1.14万人。实施行政处罚73起,罚款58.84万元。市劳动保障监察支队纳入全市社会应急联动一级成员单位,建立"110"联动快速反应机制,实行24小时值班备勤制度。处置欠薪突发性和群体性事件129起,涉及3524人,涉案金额5406.17万元。会同公安"110"联动出警21次。

全市累计筹集企业工资支付保证金1.88亿元,各级政府筹集欠薪应急周转金3428万元。

【劳动人事争议调解仲裁】 全市各级仲裁机构立案受理劳动争议案件1969起,办结案件1941起,结案率为98.58%,涉及经济标的5467.05万元,其中以案外调解方式结案1750起,调解率为90.16%。

全市标准仲裁庭、法律援助工作站覆盖率达100%,规模以上企业全部建立基层劳动争议调解组织。

【12333电话咨询服务】 全市12333电话咨询服务专线来电总数7.59万个,其中市本级来电总数53430个,比去年增长105.2%。系统开通社会保险个人信息查询、特殊病种人员名单查询功能。

【信息化建设】 1月,市社会保险"五险合一"新系统联网,全市养老、医疗、失业、工伤、生育五大保险实现统一管理,数据共享。参保人员可在一个办事窗口同时办理五项保险业务,免除社会保险关系市内转移接续等手续。

10月,丽水市人民医院开通社会保障卡医保、就诊、银行"三卡合一"功能,参保人员可持卡预约、挂号、就诊、结算。全市发放社会保障卡140万张,刷卡就医473万人次,结算医疗费13.67亿元。

【获省级以上荣誉】

荣誉集体

1. 全国人力资源社会保障系统2011—2013年度优质服务窗口
   丽水市人才管理服务局
2. 2013年全国清理整顿人力资源市场秩序专项行动取得突出成绩单位
   丽水市莲都区劳动保障监察大队
3. 全省人力资源社会保障系统2011—2013年度优质服务窗口
   丽水市莲都区社会保险事业管理中心
   龙泉市就业管理服务处
   庆元县社会保险事业管理中心
   松阳县就业管理服务处
   景宁县社会保险事业管理中心
4. 2013年度全省劳动保障监察工作目标管理成绩突出单位
   丽水市莲都区劳动保障监察大队
   龙泉市劳动保障监察大队

缙云县劳动保障监察大队
遂昌县劳动保障监察大队

5. 2013年度全省劳动人事争议案件处理工作优秀单位
丽水市莲都区劳动人事争议仲裁委员会
龙泉市劳动人事争议仲裁委员会
景宁县劳动人事争议仲裁委员会

6. 2013年度全省人力资源社会保障宣传工作先进单位
丽水市人力资源和社会保障局
青田县人力资源和社会保障局
庆元县人力资源和社会保障局
缙云县人力资源和社会保障局
松阳县人力资源和社会保障局

荣誉个人

1. 2013年度全省人事考试工作优秀考务工作者
丽水市人事考试办公室　宋晓平

2. 2013年度全省劳动人事争议案件处理工作优秀个人
丽水市劳动人事争议仲裁委员会　刘敏峰
缙云县劳动人事争议仲裁委员会　陆德杨
庆元县劳动人事争议仲裁委员会　吴修荣

3. 全省人力资源社会保障宣传工作先进个人
丽水市人力资源和社会保障局　王黎丽
丽水市莲都区人力资源和社会保障局　王抒
龙泉市人力资源和社会保障局　陆明杭
青田县人力资源和社会保障局　张永生
缙云县人力资源和社会保障局　吴见平
遂昌县人力资源和社会保障局　周朱皓
松阳县人力资源和社会保障局　占荣林
景宁畲族自治县人力资源和社会保障局　陈建平

（周　广）

义乌市

【城乡就业】　市政府办公室下发《关于扩大失业保险基金支出范围的通知》(义政办发〔2013〕145号),印发《关于鼓励高校毕业生就业创业的若干意见》(义政办发〔2013〕187号)。6月,市人力资源社会保障部门在杭州举办以“校企手牵手,就业我来帮”为主题的商贸专业高校毕业生义乌专场招聘会,组织招聘企业112家。7月,与义乌工商学院签订SYB创业培训合作协议,开展高校毕业生等青年群体免费创业培训。办理高校毕业生就业协议鉴证2682份,接收高校毕业生人事档案6587份。全市建立高校毕业生见习基地50家,参加SYB创业培训610人。

全市开展“春风行动、就业援助”活动,发放宣传资料6万份,组织专场招聘活动25场。举办农村劳动力转移就业推介活动13场,组织招聘企业1521家,提供就业岗位4.84万个,达成就业意向1.06万人。组团参加2013年浙江省技能人才校企合作交流大会,以及江西、湖北、磐安、天台等省内外劳务交流活动,与甘肃省康县等地新建劳务协作关系。市人力资源市场发布岗位信息25.46万个,进场求职17.29万人次。

全市所有镇(街道)建立基层劳动保障平台,求职登记、就业推介、信息发布等服务事项与村级便民服务中心实现对接11项。创建“充分就业村(社区)”117个,“创业型村(社区)”17个,就业困难人员公益性岗位就业643人,公益性岗位进村率为65.5%。纳入就业失业和用工情况监测范围企业520家,其中块状经济企业230家,非块状经济企业290家。临时性下浮社会保险费缴费比例,集中减征部分中小微工业企业社会保险费3274.92万元,惠及企业4105万家。

全市城镇新增就业1.22万人，城镇失业人员再就业5371人，其中就业困难人员实现就业3104人，城镇登记失业率为2.95%。

【社会保险政策】 市政府办公室印发《关于开展城乡居民大病医疗保险工作的实施意见》（义政办发〔2013〕153号），全市初步建立大病医疗保险制度。城镇职工医疗保险政策范围内住院医疗费平均报销比例含大病医疗保险为98.96%，不含大病医疗保险为98.43%。城乡居民医疗保险政策范围内住院医疗费平均报销比例含大病医疗保险为75.42%。

企业退休人员人均基本养老金为1501元，城乡居民社会养老保险人均基础养老金为122.8元。被征地农民养老保障待遇提高到240元，土地流转农民养老保障待遇提高到200元。

【社会保险经办管理】 市人力资源和社会保障局、市卫生局印发《义乌市基本医疗保险定岗医师管理暂行办法》（义人社〔2013〕116号）。市医疗社会保险管理处印发《义乌市参保人员医保待遇报销票据和大额费用审核办法》（义医保〔2013〕14号）、《义乌市医疗保险监督检查办法》（义医保〔2013〕19号）。

市社会保险经办管理机构开展社会保险缴费基数、参保情况稽核工作，稽核金融、保险行业单位40家，企业年金申请单位42家，知名商标、守合同重信用申报企业401家。调查异地居住养老金待遇享受人员生存情况920人。增设苏溪镇社会保险办事大厅，向其他11个镇（街道）和福田社区便民服务中心下放经办业务28项。佛堂、苏溪两镇办理社会保险业务6.22万件，其他基层服务机构办理4395件。补充医疗保险8类特殊病种审批从两月一次改为现场办理，转外就医登记备案手续办理延伸至市中心医院、市中医医院、市第二人民医院、义乌復元医院、义乌稠州医院。全市医疗保险参保人员省内异地就医4.62万人次，即时结算门诊医疗费185.36万元，住院医疗费2.82亿元。

【人才引进与开发】 全市举办新春人才交流大会、2013大型人才交流会、旅外博士专家高端项目对接活动等各类人才招聘活动146场，组织招聘单位9300余家次，提供人才岗位8.5万个次，引进各类人才1.5万人。市人力资源社会保障部门运用人才市场平台，举办“英才天地”电子商务系列专场招聘活动13场，组团参加在武汉、南昌举办的“相约义乌·成就梦想”电子商务专场招聘会，引进电子商务人才2000余人。在义乌工商学院、浙江大学等高校举办“电子商务发展论坛”、“畅想义乌梦”、“百名博士专家话转型”等人才沙龙系列活动。武汉大学电子商务人才培训中心入驻义乌，成立“电子商务研究中心”并设立武汉大学生电子商务实习（实训）基地。

市人才服务局党支部管理毕业生流动党员319人，其中正式党员79人。办理预备党员转正手续177人，办理组织关系接转手续504人。全市新增人力资源中介机构30家，表彰“人才开发先进单位”和“优秀引进人才”，发放奖励资金40万元。义乌恒信人才开发有限公司获省服务业发展引导资金奖励20万元。

【专业技术和留学人员管理】 市人力资源和社会保障局印发《义乌市工艺美术系列初级专业技术资格评价条件（试行）》（义人社〔2013〕66号）。市人力资源和社会保障局下发《关于组建义乌市工艺美术系列中级专业技术资格评审委员会的通知》（义人社〔2013〕67号）。

全市入选省“千人计划”1人，选拔市“133

创新人才工程”第一层次培养人员6人，第二层次培养人员9人，第三层次培养人员58人。选拔第三届义乌市优秀专业技术人才10人，其中入选金华市“321人才工程”第二层次培养人员6人。

4月19日，义乌市博士专家联谊会成立，现有会员56人。义乌经济技术开发区获批设立国家级博士后科研工作站。全市获省博士后科研项目择优资助1人。

全市获各类专业技术资格5055余人，其中获中级专业技术资格1398人，高级专业技术资格260人。

【职业能力建设】 市政府印发《关于进一步加强高技能人才工作的实施意见(试行)》(义政发〔2013〕35号)。10月24日，省政府批复同意在义乌市设立浙江省机电技师学院。

全市参加职业技能培训2.3万人。赤岸、佛堂、上溪、稠城等镇(街道)会同市民大学举办家政服务员、中式烹调师等技能培训班7期，培训农村劳动力473人，获职业资格证书288人。全市参加职业技能鉴定1.14万人，培养技能人才2.13万人，其中高技能人才3205人。被认定为“浙江省技能大师工作室”1家，获“浙江省首席技师”称号1人。

1月，市首届电子商务技能大赛举行，竞赛项目4个，参赛选手150余人。6月，市人力资源和社会保障局、市商务局面向全国举办2013年电子商务创业大赛暨大学生职业生涯规划(创业)大赛，收到全国15个省、市20多所大、中专院校参赛作品2100余份。

【外国专家和智力引进项目管理】 全市组团在北京、南京、深圳、宁波等地参加外国专家招聘活动，引进外国专家22人。执行出国(境)培训项目3个。

7月，市外国专家局接受省外国专家局委托，行使办理全市“外国专家来华工作许可”、“中等以下教育机构聘请外国专家单位资格认可”、“外国专家证核发”等事项的职能。

【公务员管理】 全市开展聘任制公务员试点工作，首批确定市公安局交通信号灯管理高级主管、智能交通调度高级主管、市电子商务办公室电子商务分析师、市规划局规划编制高级主管、市交通运输局港务管理高级主管、市物流办公室信息规划高级主管等6个专业技术聘任职位。

全市公开招考录用公务员159人，招录人民警察(司法助理员学员)28人。参加公务员初任培训125人，评定优秀等次公务员793人，基本称职6人，不称职1人。

【事业单位人事管理】 全市公开招聘事业单位职工1023人。10月，组团在北京大学、复旦大学、同济大学、浙江大学、东南大学开展义乌“专才特聘”高校行系列活动，参加招聘的事业单位33家，达成意向162人，其中博士10人，硕士143人。

全市核准新设立事业单位岗位设置11家，岗位调整变更事业单位6家。全市事业单位管理岗位聘任558人，专业技术岗位聘任1.45万人，工勤技能岗位聘任506人。

【工资福利】 市人力资源和社会保障局、市财政局、市卫生局印发《义乌市公立医院绩效工资实施办法》。市人力资源和社会保障局、市财政局印发《关于进一步搞活事业单位绩效工资分配的实施意见》(义人社〔2013〕195号)。根据国家和省关于聘任制公务员试点工作要求，研究制定聘任制公务员工资福利待遇相关政策。

【军队转业干部安置】 全市安置军转干部26

人，其中团职干部 6 人，营职以下和技术干部 20 人。党政机关(含参照《公务员法》管理事业单位)安置 17 人，事业单位安置 8 人，国有企业 1 人。安置随调家属 2 人。

“八一”建军节和春节前夕，市有关部门走访慰问企业军队转业干部和退休、失业军队转业干部 314 人，发放慰问金等 151.88 万元，发放生活补助费 12.58 万元。

【劳动关系】 市协调劳动关系三方会议召开三次例会，协调处理劳动关系重大问题，第一次会议讨论通过《2013 年市协调劳动关系三方会议推进双爱活动工作思路》。全市小微企业劳动合同签订率为 91.56%，已建工会企业集体合同签订率为 94.16%。

全市最低工资标准调整为 1310 元，非全日制工作最低小时标准调整为 10.7 元。

【劳动保障监察】 市法院、市检察院、市人力资源和社会保障局下发《关于建立义乌市拒不支付劳动报酬案件查处工作联席会议制度的通知》(义人社〔2013〕208 号)，明确劳动保障监察与刑事司法职能衔接的具体办法，加大劳动保障违法案件查处力度。

市劳动保障监察机构主动监察用人单位 9612 家，涉及劳动者 32.45 万人。书面审查用人单位 1.36 万家，涉及劳动者 37 万人。处理劳动争议案件 4315 起，追回欠薪 12395.3 万元，涉及劳动者 1.44 万人。处理突发事件 224 起，涉及劳动者 4426 人。实施行政处罚 101 次，罚款 109.5 万元。向公安机关移送涉嫌拒不支付劳动报酬罪案件 23 起，获刑企业主 3 人。举办用人单位管理人员和员工、镇(街道)工作人员、劳动保障监察人员等多方参加的劳动法律法规培训班 14 期，发放宣传资料 5.2 万份，接受咨询 2.17 万人次。

全市纳入工资支付保障范围的租用场地经营企业 4786 家，累计筹集工资支付保证金 8876.43 万元，政府筹集欠薪应急周转金 900 万元。实行建设工程员工实名制信息化管理施工现场 26 个，大陈镇实行服装行业员工信息化管理企业 4 家。

【劳动人事争议调解仲裁】 全市镇(街道)和工业园区基层劳动争议调解委员会处理劳动争议 2886 起，涉及劳动者 4819 人。

各级仲裁机构立案受理劳动人事争议案件 1680 起，其中集体争议案件 17 起，涉及劳动者 1680 人，涉及经济标的 3431 万元。办结案件 1605 起(含上年结转 58 起)，结案率为 92.35%。其中以案外调解方式结案 1172 起，调解结案率为 73.02%。市法律援助中心仲裁院工作站受理法律援助申请 753 件。

【信息化建设】 市阳光政务网上办事大厅被确认为“全省阳光政务网上办事大厅建设省级示范点”，公开服务事项 154 项，网上办事业务 31 项。市社会保险信息系统通过安全等级保护三级测评验收。完成全国社会保险关系转移信息平台本土化改造，满足与县(市)社会保险关系转移要求。全市离休干部纳入异地就医联网结算平台，实现在省级定点医疗机构持卡异地就医即时结算功能。启用社会保险网上申报系统，开通社会保险网上申报系统单位 1113 家，网上申报业务 11.6 万笔。部分社会保险经办点设置自助服务设备 9 台，提供信息查询和打印服务。

【获省级以上荣誉】

荣誉集体

1. 全省人力资源社会保障系统 2011—2013 年优质服务窗口

义乌市社会保险管理处

2. 2013年度全省人事考试工作优秀单位

义乌市人事考试办公室

3. 2013年度全省劳动保障监察工作目标管理成绩突出单位

义乌市劳动监察大队

4. 2013年度全省劳动人事争议案件处理工作优秀单位

义乌市劳动人事争议仲裁委员会

5. 2013年度全省人力资源社会保障宣传工作先进单位

义乌市人力资源和社会保障局

荣誉个人

1. 2013年度全省人事考试工作优秀考务工作者

义乌市人事考试办公室　吴许仙

2. 2013年度全省劳动人事争议案件处理工作优秀个人

义乌市劳动人事仲裁委员会　赵丹敏

3. 2013年度全省人力资源社会保障宣传工作先进个人

义乌市人力资源和社会保障局　陈建平

（冯　倩）

部分专有名词背景简介

部分专有名词背景简介

● **村级(社区)便民服务中心** 2011年,省委、省政府总结各地创新社会管理的经验,提出形成完整的省、市、县、乡、村五级公共服务体系的要求。4月,省纪委、省监察厅、省民政厅、省人力资源和社会保障厅、省国土资源厅、省住房和城乡建设厅、省农业厅、省卫生厅、省人口和计划生育委员会印发《关于进一步加强村级便民服务中心建设的实施意见》(浙纪发〔2011〕12号),提出年底前实现村级便民服务全覆盖目标。

村级(社区)便民服务中心,是设在行政村(社区),集中受理与群众生产生活关系密切的劳动就业、社会保险、社会救助、社会福利、计划生育、涉农补贴、农用地审批、新型农村合作医疗等业务事项,提供一站式公共服务的综合性窗口,是党委、政府和基层党员干部服务群众、联系群众的综合性平台。

● **阳光医保工程** 2012年,省人力资源和社会保障厅印发《浙江省阳光医保实施方案》(浙人社函〔2012〕391号),实施以"规范医疗,控费控药"为目的的"阳光医保工程",建立医疗保险智能审核监管系统,强化医疗行为全程监管,控制医疗保险基金支出的不合理增长,解决医疗保险领域存在的过度医疗、诱导消费、重复检查、重复治疗,浪费甚至欺诈医疗保险基金等违纪、违法问题。

● **企业技术创新团队** 2008年,省委办公厅、省政府办公厅印发《关于加强我省创新团队建设的意见》(浙委办〔2008〕50号)。2009年,印发《关于在推进经济转型升级中充分发挥人才保障和支撑作用的意见》(浙委办〔2009〕14号),提出到2012年,全省实施企业技术创新团队建设"121"工程。计划用3年左右时间,通过省、市、县三级联动,在全省打造一批拥有自主品牌,能与国内外同行在不同技术或产品领域竞争的企业技术创新团队,即100个省命名的重点企业技术创新团队;200个市命名的企业技术创新团队;1000个县(市)命名的企业技术创新团队,推进企业技术创新活动全面开展,促进全省企业转型升级。4月,省委组织部、省委宣传部、省科技厅、省人事厅印发《关于开展浙江省重点创新团队遴选工作的通知》(浙组〔2009〕13号),明确省级重点创新团队遴选条件、遴选程序、组织评审、公布命名、组织领导等规定。重点企业技术创新团队由省委、省政府命名为"浙江省重点创新团队",与省人力资源和社会保障厅签订《创新团队任务书》,团队管理周期为3年。

● **"三支一扶"工作** 2006年,中共中央组织部、人事部、教育部、财政部、农业部、卫生部、国务院扶贫开发领导小组办公室、共青团中央下发《关于组织开展高校毕业生到农村基层从事支教、支农、支医和扶贫工作的通知》(国人部发〔2006〕16号)。浙江结合实际,把"三支一扶"工作与"大学生志愿服务国家西部计划"和"大学生志愿服务本省欠发达地区计划"相结合,引导和鼓励高校毕业生到基层就业创业,重点到全省25个欠发达县和5个海岛县开展"三支一扶"工作。各级财政给予参加"三支一扶"

工作的志愿者每月1000元生活补助和1000元交通补助。

2008年，省委组织部、省人事厅印发《浙江省选聘到村和社区工作高校毕业生管理办法（试行）》（浙组〔2008〕58号），把“三支一扶”计划纳入“一村（社区）一名大学生计划”，参加“三支一扶”计划活动期满的本省生源毕业生，本人自愿且具备选聘条件的，可选择报考生源地或本省服务地一个岗位，简化选聘程序，直接通过考核方式予以聘用。聘用后，志愿服务期视作在农村（社区）工作年限。

● **国家“百千万人才工程”** 1995年，人事部等国家有关部门组织实施了培养造就年轻学术技术带头人的专项计划—“百千万人才工程”。2002年，人事部、科技部、教育部、财政部、国家发展计划委员会、国家自然科学基金委员会、中国科学技术协会印发《新世纪百千万人才工程实施方案》（人发〔2002〕55号），提出到2010年，培养造就数百名具有世界科技前沿水平的杰出科学家、工程技术专家和理论家；数千名具有国内领先水平，在各学科、各技术领域有较高学术技术造诣的带头人；数万名在各学科领域成绩显著，起骨干作用，具有发展潜能的优秀年轻人才。

● **专业技术人才知识更新工程** 2005年，人事部印发《专业技术人才知识更新工程（“653工程”）实施方案》（国人部发〔2005〕73号），规划从2005年起，用6年时间，在现代农业、现代制造、信息技术、能源技术、现代管理等5个领域开展继续教育活动，重点培训紧跟科技发展前沿、创新能力强的中高级专业技术人才300万人，简称“653工程”。

● **“千人计划”** 2008年12月25日，中共中央组织部在北京召开的全国会议上提出，从2008年起，用5—10年时间，引进能够突破关键技术，发展高新产业，带动新兴学科的战略科学家和科技创新创业领军人才2000人左右，全称为“海外高层次人才引进计划”。

2009年，浙江启动实施省“千人计划”，围绕浙江经济社会发展战略目标，计划用5—10年时间，引进并重点支持学科带头人、科技领军人才、高层次创业人才1000人，争取其中入选国家“千人计划”300人左右。

● **国务院政府特殊津贴专家** 1990年，中央决定向有突出贡献的专家、学者、技术人员发放政府特殊津贴。2001年，中共中央下发《关于对做出突出贡献的专家、学者、技术人员继续实行政府特殊津贴制度的通知》（中发〔2001〕10号），明确选拔范围、数量、条件、程序、待遇。特殊津贴专家每两年选拔一次，政府向每位入选专家发放一次性特殊津贴。发放标准多次调整，2004年以后调整为2万元。各省按照下达的控制指标推荐，国务院授权人力资源和社会保障部向有关专家颁发政府特殊津贴证书。

● **浙江省“151人才工程”** 1996年，省委办公厅、省政府办公厅转发省委组织部、省人事厅、省科委、省教委、省财政厅制定的《浙江省跨世纪学术和技术带头人培养规划（1996—2010年）》（省委办发〔1996〕29号），与国家“百千万人才工程”相配套，启动浙江省“151人才工程”。规划分两个阶段：第一阶段，到2000年，全省培养在国内具有一定知名度的第一层次学术技术带头人100人（50岁左右），培养代表浙江学科优势和水平的第二层次学术技术带头人500人（40岁左右），培养年轻优秀的第三层次学术技术带头人后备人选1000人（30岁左右），第二阶段，到2010年，建立一支由3200人左右的学术技术带头人及后备人选组成的高层次人才队伍。

2001年，省委组织部、省人事厅、省科技厅、省教育厅、省财政厅、省发展计划委员会、省经济贸易委员会、省科学技术协会印发《浙江省“新世纪151人才工程”实施意见（2001—2010年）》（浙组〔2001〕70号），提出到2010年，每五年一轮，每轮分别培养第一、二、三层次学术技术带头人及后备人选100人、500人、1000人。

2011年，省委办公厅、省政府办公厅转发省委组织部等单位《关于浙江省151人才工程（2011—2020年）实施意见》（浙委办〔2011〕15号），提出到2020年，每五年一轮，每轮培养能跟踪国际科技前沿，引领本学科和产业发展，进入“百千万人才工程”国家级人选序列的第一层次领军人才100人左右；具有较高学术技术造诣，能支撑全省学科建设、产业发展和科技创新，在省内外同行中拥有较高知名度的第二层次学术技术带头人500人左右；在各学科、产业领域发挥骨干作用，得到省内外同行认可，富有发展潜力的学术技术带头人后备人选1000人左右。省财政对省“151人才工程”重点资助及第一、二层次培养人员，分别给予一次性12万元和8万元、4万元经费资助。第三层次培养人员资助人数控制在培养人员总数的20%，由省财政一次性给予每人3万元经费资助。要求健全政府投入为导向，用人单位投入为主体，多渠道、多元化的经费投入体系，培养人员所在地区要加大人才投入，给予适当的经费支持，所在用人单位要给予不低于1∶1的经费配套。

● **浙江省特级专家** 2004年，省委办公厅、省政府办公厅印发《实行浙江省特级专家制度暂行规定》（浙政办〔2004〕75号），设立“浙江省特级专家”这一全省最高学术技术称号，总人数控制在100名以内。评选对象为在浙江工作两年以上，具有研究员、教授、教授级高级工程师或同等专业技术职务任职资格的专家、学者，年龄不超过65周岁。

● **浙江省有突出贡献中青年专家** 1989年，省委办公厅、省政府办公厅印发《浙江省有突出贡献的中青年科技人员的选拔管理试行办法》（省委办〔1989〕19号），选拔一批在科学研究、工程技术等领域做出突出贡献的中青年科技人员并予以表彰奖励。2005年，省委办公厅、省政府办公厅印发《浙江省有突出贡献中青年专家选拔管理办法》（浙委办〔2005〕78号），明确省“有突出贡献中青年专家”每两年选拔一次，每次选拔名额一般不超过50人，待遇由原来奖励晋升一级工资，改为由省政府一次性奖励每人2万元。

● **博士后科研流动站、工作站** 1985年，博士后制度经国务院批准实行。同年，浙江省第一个博士后科研流动站在浙江大学设立。2001年，浙江成为全国博士后管理体制改革试点省份，先后出台《关于加快我省博士后事业发展的若干意见》、《浙江省博士后工作管理暂行办法》、《浙江省博士后工作专项经费使用管理办法》、《浙江省优秀博士后奖励实施办法》等一系列政策，成立“浙江省博士后工作办公室”，设立浙江省博士后专项工作经费，给予博士后生活、安家补助和科研项目择优资助，开展优秀博士后表彰奖励、设站单位博士后工作评估等工作。

● **钱江人才计划** 2006年，省人事厅、省科技厅组织实施“钱江人才计划”，优化留学人才创新创业环境。省财政先期投入资金700万元，资助近三年来浙的高层次留学人才和团队，解决制约海外留学人才创新创业过程中的资金、环境等瓶颈问题。

● **钱江技能大奖** 2011年，省政府办公厅下发《关于开展钱江技能大奖评选活动的通知》，印发《钱江技能大奖评选办法》（浙政办发〔2011〕9号），决定从2011年起在全省开展“钱江技能大奖”评选活动。评选活动每两年一次，每次评选名额不超过10名。“钱江技能大奖”是省政府为对浙江经济社会发展做出特殊贡献的高技能人才设定的最高奖项，省政府向“钱江技能大奖”获得者颁发荣誉证书，给予一次性奖励10万元。

● **技能大师工作室** 2011年，人力资源和社会保障部为落实《国家中长期人才发展规划纲要（2010—2020年）》，根据全国人才工作会议精神，加强技能人才培养力度，提出建立“技能大师工作室”制度。2013年，人力资源社会保障部办公厅印发《国家级技能大师工作室建设项目实施管理办法（试行）》（人社厅发〔2013〕51号），中央财政给予每个“国家级技能大师工作室”一次性资金补助10万元，用于培训设施设备购置和技能交流推广。2011年7月，省人力资源和社会保障厅、省财政厅下发《关于建立浙江省技能大师工作室的通知》（浙人社发〔2011〕206号），明确申报条件、认定程序、支持措施。省人力资源和社会保障厅发文公布并授予“浙江省技能大师工作室”牌匾。

技能大师工作室以高精机械加工、传统技艺传承、高新技术产业为重点，在科技和技能含量较高的产业、行业、职业，由具备绝技绝活的高技能人才和技能带头人依托大中型企事业单位、行业研发中心、技工院校（职业院校）、高技能人才培养示范基地等载体领办或创办，设在班组、工段、实训（研发）中心等场所。主要功能是发挥高技能领军人才在带徒传技、技能攻关、技艺传承、技能推广等方面的重要作用，面向企业、行业职工和相关人员开展培训、研修、攻关、交流等活动，推广技术革新成果。

● **浙江省首席技师** 2010年，省人力资源和社会保障厅、省经济和信息化委员会、省财政厅、省政府国有资产监督管理委员会、省总工会下发《关于开展浙江省首席技师评选活动的通知》（浙人社发〔2010〕346号），决定从2011年起，在全省技能人才队伍中开展“浙江省首席技师”评选活动。评选活动每两年一次，每次评选名额不超过50名。省评选工作领导小组成员单位向“浙江省首席技师”称号获得者颁发荣誉证书，给予一次性奖励5万元。

● **国家“外专千人计划”** 2011年，人力资源和社会保障部提出利用10年左右时间，引进高层次外国专家500—1000人（特指非华裔外国专家），每年引进50—100人的计划（简称“外专千人计划”）。重点引进一批能够突破关键技术、发展高新产业、带动新兴学科的战略科学家、科技领军人才和国际化创新团队。国家给予“外专千人计划”专家在出入境、居留、医疗、保险、住房、税收、薪酬等方面特定政策和待遇。中央财政给予“外专千人计划”长期项目专家每人一次性人民币100万元补助，并根据工作需要，经用人单位向从事科研工作，特别是从事基础研究的外国专家提供总计300万元—500万元的科研经费补助。国家外国专家局根据“外专千人计划”专家在华工作年限给予医疗、养老保障的适当补助。

● **国家高端外国专家项目** 2011年，国家外国专家局为配合“外专千人计划”的实施，设立高层次外国专家引进平台，重点支持每年在华工作2个月以上的非华裔高端外国专家。

● **百村引智示范项目** 2007年，国家外国专家局提出“十一五”期间，在全国1000个左右的行政村，推广应用成功引进的农业引智成果，包括农业新品种、种植养殖新技术、农产品深加工技术、农业环保、农村规划、农业生产管理技术项目（简称“千村引智示范”项目）。2008年起，省外国专家局在全省组织实施“百村引智示范项目”，推广农业引智成果。

● **中国政府“友谊奖”** 1991年，国家恢复于二十世纪50年代为表彰来华工作的苏联和东欧等国专家而设立的“友谊奖”，以表彰外国专家在我国经济、技术、教育、文化等建设事业和人才培养中做出的突出贡献和奉献精神，是中国政府授予来华工作外国专家的最高奖项。“友谊奖”每年国庆节前夕组织评选，每次获奖名额约50人。

● **省政府“西湖友谊奖”** 1997年，省政府为表彰外国专家在浙江经济建设和社会发展中做出的突出贡献和奉献精神，专门设立“西湖友谊奖”，是省政府授予来浙江工作外国专家的最高奖项。“西湖友谊奖”每年评选一次。

● **劳动关系和谐指数** 2011年，省人力资源和社会保障厅首次开展全省各市劳动关系和谐指数调查，发布年度各市劳动关系和谐指数，反映区域性劳动关系和谐程度。劳动关系和谐，是劳动者和用人单位处于相互合作、互惠互利、共同发展的一种良好状态。劳动关系和谐指数，是通过建立科学合理的数学模型和指数化指标体系，进行不同方式的统计调查和统计分析，衡量劳动关系和谐程度的主客观指标数值。

重要文件选载

浙江省人力资源和社会保障厅关于盐酸埃克替尼片(凯美纳)纳入基本医疗保险支付范围的通知

浙人社发〔2013〕57号

各市、县(市、区)人力资源和社会保障局,嘉兴市社会保障事务局:

为落实国务院《"十二五"期间深化医药卫生体制改革规划暨实施方案》(国发〔2012〕11号)精神,试行基本医疗保险高值药品谈判机制,切实减轻罹患肺癌的参保人员高额医药费用负担,通过准入谈判,经省政府同意,将浙江贝达药业有限公司生产的盐酸埃克替尼片(凯美纳)纳入我省基本医疗保险支付范围。现就有关事项通知如下:

一、医保支付范围

仅限于既往含铂化疗方案失败后的局部晚期或远处转移的非小细胞肺癌,且具有表皮生长因子敏感突变的患者。

二、支付最高限额

基本医疗保险支付期限累计不得超过5个月(以每月30天计),支付总额限定在6万元以内,单日不得超过394元。以上含个人支付部分。

三、医保待遇及分担比例

基本医疗保险支付期限内,参保人员按照浙江省基本医疗保险乙类药品的相关政策享受医疗保险待遇,个人自理比例为20%。基本医疗保险支付期满后,由药品生产企业为适用的参保人员终生免费供药。

四、赠药实施和管理

由药品生产企业委托医保经办机构或第三方实施赠药,并全权承担相关费用和履约责任,各地人力资源和社会保障部门对履约情况实施监督管理。

五、签约相关事宜

各地要在上述政策范围内,结合本统筹区基金支撑能力,制定具体实施办法,与药品生产企业签订协议,协议报省人力社保厅备案。

本通知自2013年2月6日起生效,有效期1年。

附件:盐酸埃克替尼片基本医疗保险支付标准及编码

浙江省人力资源和社会保障厅

2013年2月6日

浙江省人力资源和社会保障厅关于印发浙江省技工学校教师正高级专业技术资格评价条件(试行)和浙江省技工学校教师正高级专业技术资格试点评审办法的通知

浙人社发〔2013〕62号

各市、县(市、区)人力资源和社会保障局,省级有关单位:

根据省委、省政府办公厅印发的《浙江省专业技术资格评价与职务聘任暂行规定》(浙委办〔2004〕75号)有关精神,我们制定了《浙江省技工学校教师正高级专业技术资格评价条件(试行)》和《浙江省技工学校教师正高级专业技术资格试点评审办法》。现印发给你们,请遵照执行。试行中遇到的问题请及时反映,以便修改完善。

浙江省人力资源和社会保障厅

2013年2月22日

浙江省技工学校教师正高级专业技术资格评价条件(试行)

第一章 总 则

第一条 为加强技工学校教师高层次人才队伍建设,充分发挥技工学校教师在职业教育和高技能人才培养中的作用,激励广大教师不断进取,推动技工学校教师专业技术资格评价工作制度化、规范化、科学化,根据国家专业技术资格评审的有关政策规定,结合我省实际,特制定本评价条件。

第二条 正高级讲师、正高级实习指导教师,是根据技工学校发展和教师队伍建设的实际需要,为客观公正地评价技工学校高级教师的水平和能力,打造一支高素质技工学校教育师资队伍所设置的正高级专业技术资格。

第三条 本评价条件适用于按照有关规定持有相应教师资格证书,并且担任教学工作以及专门从事技工教育教学研究的在职在岗专业技术人员。

第四条 按照本评价条件评审通过并获得正高级专业技术资格的,由省人力资源和社会保障厅统一颁发资格证书,表明持证人具有相应的专业技术和学术水平,是技工学校聘任正高级教师职务的重要依据之一。

第二章　申报条件

第五条　申报人应遵守国家法律、法规，贯彻、执行党的教育方针、政策，有崇高的职业理想和坚定的职业信念，师德高尚，热爱技工教育事业，教风端正，教书育人，为人师表。

第六条　学历、资历条件：

具有本专业或相近专业大学本科毕业（或学士学位）以上学历（学位），担任高级讲师（高级实习指导教师）职务5年以上。

第七条　其他条件：

（一）外语要求。除符合免试条件者外，年龄在50周岁以下的申报人员，需取得全国职称外语等级考试A级合格成绩。

担任高级实习指导教师且年龄在45周岁以上的申报人员，职称外语成绩不作为必备条件，作为专家评审参考依据。

（二）计算机应用能力要求。除符合免试条件者外，年龄在45周岁以下的申报人员，须获得全国专业技术人员计算机应用能力考试4个科目（模块）的成绩合格证书。

（三）申报人员近3年年度考核需为合格（称职）以上，破格申报者需有1年以上为优秀。

（四）在任职期间参加相关的继续教育培训，并达到规定学分。

第三章　评审条件

第八条　专业技术工作经历（能力、水平）：

（一）正高级讲师

1. 能够熟练、系统地掌握和运用本专业基础理论和专业理论知识，具有较高的理论研究水平，能及时掌握国内本专业及相关学科的前沿发展动态。

2. 具有较高的学术造诣，能提出本专业新的研究方向和开拓新研究领域的能力，在本地区能起到专业（学科）带头人作用。

3. 能够运用教育、教学理论知识解决教学中的实际问题，熟悉国内外技工教育的现状和发展趋势。

4. 具备指导高级讲师和讲师的能力，能独立完成两门以上课程授课，其中一门应为高级工班或技师班课程，并能承担高技能人才的培训教学工作；申报的文化基础课教师应取得与教学相关的四级以上国家职业资格证书；专业课教师应取得相应职业领域内二级以上国家职业资格证书。

5. 申报教师年平均授课量不低于320标准学时，兼任教学管理人员年平均授课量不低于80课时。

6. 深入系统地掌握所教学科课程体系和专业知识，教学理念先进，具有较强的教学本学科及课程的能力和很强的开发及开设选修课能力；教育教学业绩卓著，教学艺术精湛，积极参与教学改革，形成了独到的教学风格。

（二）正高级实习指导教师

1. 具有系统、扎实的本专业工艺理论知识，有独特高超技艺，在生产和技术革新方面成绩卓著。

2. 全面了解掌握本专业国内外最新技术、工艺现状，最新科技信息和发展趋势，熟悉国内外技工教育的现状和发展趋势。

3. 全面了解本专业相关职业（工种）国家职业标准，具备承担技师以上职业技能鉴定的能力。

4. 具备指导高级实习指导教师和一级实习指导教师的能力；能独立完成两门以上课程授课，其中一门应为高级工班或技师班的实习指导课程，并能承担高技能人才的培训技能指导工作；具备相应职业领域内一级国家职业资格证书。

5. 申报教师年平均授课量不低于320标

准学时，兼任教学管理人员年平均授课量不低于80课时。

6. 深入系统地掌握所教学科课程体系和专业知识，教学理念先进，具有较强的教学本学科及课程的能力和很强的开发及开设选修课能力；教育教学业绩卓著，教学艺术精湛，积极参与教学改革，形成了独到的教学风格。

第九条 专业工作业绩：

（一）正高级讲师

担任现职务以来，具备下列条件中两项：

1. 主持或参与省（部）级以上（排名前三）科研课题，或参与国家级课题研究，或主持市（厅）级课题研究、教学改革实验2项，并通过鉴定或结题验收。

2. 获国家级科技进步奖、社会科学优秀成果三等奖以上的主要完成人（排名前三）；获省（部）级科技进步奖、社会科学优秀成果二等奖以上的主要完成人（排名前三）；或获市（厅）级科技进步奖、社会科学优秀成果一等奖以上的主持人（排名第一）。

3. 在教学改革、教学研究工作方面取得优异成绩，获省（部）级教育教学、科研成果三等奖以上奖励，或获市（厅）级教育教学、科研成果一等奖。或作为指导老师（排名第一）指导学生参加竞赛，并获得国家级三等奖以上奖励，或获得省（部）级一等奖。

4. 主持国家职业标准编写或国家、省级职业培训和技能鉴定题库高技能人才部分的编写并被采用。

5. 专职从事技工学校教学研究的教研人员应提供连续3年的具有高水平的教学研究报告或研究成果，并被上级部门收录。

6. 获得市级以上突出贡献中青年专家、优秀教育工作者、优秀教师、优秀班主任荣誉称号。

7. 主持过国家级中职示范校专业建设工作或技工学校一体化教学改革试点工作。

8. 作为省级以上技工学校督导员并担任组长参加过国家级重点技工学校、高级技工学校和技师学院的评估工作。

（二）正高级实习指导教师

担任现职务以来，具备下列条件中两项：

1. 省级以上教学科研、教改课题的主要承担者（前三名）或市（厅）级课题研究、教学改革实验2项（前二名），并通过鉴定或结题验收。

2. 在参与企业技术改造和技术革新中，提出创新建议，并在实践中应用，具有较大影响，通过省级以上业务主管部门的鉴定；或主持开发新技术和生产新产品、新工艺，在取得社会效益和经济效益的同时，推动了生产实习教学的开展，通过省级以上业务主管部门鉴定。

3. 主持两个以上实习项目的研究工作，所开发的项目和内容设计合理，实用性强，对培养和提高学生的实际技能有积极的促进作用，获得省级以上业务主管部门鉴定。

4. 本人参加竞赛，获国家一类大赛个人前8名，或获省级一类大赛个人前3名，或获市级一类大赛个人第1名；或作为指导老师（排名第一）指导学生参加竞赛，并获得国家级三等奖以上奖励，或获得省（部）级一等奖。

5. 获得市级以上首席技师、突出贡献中青年专家、优秀教育工作者、优秀教师、优秀班主任荣誉称号。

6. 主持参加过国家级中职示范校专业建设工作或参加过技工学校一体化教学改革试点工作。

7. 作为省级以上技工学校督导员并担任组长参加过国家级重点技工学校、高级技工学校和技师学院的评估工作。

第十条 论文、著作条件。

担任现职务以来，具备下列条件之一：

1. 在省级以上刊物独立或作为第一作者发表3篇以上与本专业相关的高水平、有创见

的学术论文及1篇本专业教学研究类论文;

2. 主编全国统编教材1部(省编教材2部,每部本人撰写3万字以上);或参编全国统编教材2部(省编教材3部,每部本人撰写3万字以上),并在省级以上刊物独立或作为第一作者发表1篇以上与本专业相关高水平、有创见的学术论文。

3. 作为主要作者或译者,出版学术专著或译著1部(本人撰写3万字以上),并在省级以上刊物独立或作为第一作者发表1篇以上与本专业相关高水平、有创见的学术论文。

第四章　附　则

第十一条　本评价条件中涉及的工作能力、工作业绩、论文论著等均指担任高级讲师(高级实习指导教师)职务后所取得,申报者需提供表彰、奖励、通报、推广等有效的相关证明材料。

第十二条　申报者的基本情况(主要包括申报者的姓名、工作单位、教师专业工作年限、学历、行政职务、高级讲师和高级实习指导教师资格取得时间、专业理论水平、工作能力和工作业绩等情况)应在本单位进行为期7天的公示,公示无异议后按规定程序报送。

第十三条　申报人员需参加省统一组织的面试答辩、专家论文鉴定,面试答辩成绩和论文鉴定结果作为评审的依据之一。

第十四条　本评价条件为省技工学校教师正高级专业技术资格评审委员会对申报者进行综合评价的重要依据,评审委员会在对申报材料充分审议的基础上,以无记名投票表决的方式产生评审结果。

第十五条　对不具备第六条规定的学历(或学位),已担任高级讲师(高级实习指导教师)职务6年以上的;或者具备第六条规定的学历(学位),担任高级讲师(高级实习指导教师)职务满4年,任现职期间教学能力和业绩显著,符合第三章评审条件,并具备下列条件之一者,可破格申报:

(一)在本专业教学、教学改革或科学研究中成绩卓著,有重大创新,曾获省部级科技进步二等奖或国家级三等奖以上的主要技术负责人(排名前3位)。

(二)自担任高级讲师或高级实习指导教师以来,曾获得钱江技能大奖;或中华技能大奖;或享受国务院政府特殊津贴专家;或省级以上突出贡献的中青年专家称号;或获得省(部)级以上表彰的先进教师、优秀教师、教育工作者、优秀班主任等称号。

(三)在技术发明、创新、改造、推广、运用中取得1项以上发明专利(第1发明人)。

第十六条　申报参加正高级专业技术资格评审的教师,有下列情况之一者,取消评审资格(已通过评审的人员,取消其资格,由发证机关收回其资格证书),并从次年起3年内不得申报高级专业技术资格评审:

(一)伪造、变造证件、证明的;

(二)提交虚假申报材料的;

(三)有违纪违法行为,仍在处理、处罚、处分阶段的;

(四)任现专业技术职务后有严重违反纪律行为而受到处分,在申报材料中未反映的;

(五)严重违反评审规定的其他行为。

第十七条　本评价条件中所称“以上”均含本级;本评价条件中所称“年”均为周年。

第十八条　本评价条件由省人力资源和社会保障厅负责解释。

第十九条　本评价条件自2013年3月31日起执行。国家如有技工学校教师正高级资格评价相关文件出台,按国家有关规定执行。

浙江省技工学校教师正高级专业技术资格试点评审办法

第一章 总 则

第一条 为加强技工学校教师高层次人才队伍建设，充分发挥技工学校教师在职业教育和高技能人才培养中的作用，激励广大教师不断进取，根据《浙江省技工学校教师正高级专业技术资格评价条件(试行)》、《浙江省专业技术资格评审工作实施细则》等有关政策规定，结合我省实际，特制定本评审办法。

第二条 评审原则：评审工作遵循“坚持标准、保证质量、全面考核、维护公正、择优晋升”的原则。

第三条 评审范围：在我省持有相应教师资格证书，并且担任教学工作以及专门从事技工教育教学研究的在职在岗专业技术人员。

第二章 评审组织和程序

第四条 组织机构

省人力资源和社会保障厅组建“省技工学校教师正高级专业技术资格评审委员会”，负责评审技工学校正高级讲师、正高级实习指导教师资格。

第五条 申报程序

申报人根据人力社保部门的布置，按照《浙江技工学校教师正高级专业技术资格评价条件(试行)》的要求，提出申请并提交相关材料；学校对申报人员的材料进行初审，在全校范围内集中进行公示，公示无异议后，报县(市、区)人力社保部门；县(市、区)人力社保部门审查汇总后，报市人力社保部门进行复审；市人力社保部门组织专家召开评审会议，对通过复审的技工学校教师的职业道德、课堂教学水平、在本地区的学术影响力、工作业绩进行有效评价，产生技工学校正高级讲师(正高级实习指导教师)推荐人选报省人力社保厅，经省人力社保厅审核通过后提交省技工学校教师正高级专业技术资格评审委员会评审。

第六条 评审程序

评审工作由“省技工学校教师正高级专业技术资格评审委员会”负责组织实施，主要包括论文论著代表作鉴定、面试答辩、同行专家评议、评委会评审等环节。

(一)论文论著代表作鉴定。省人力资源和社会保障厅统一组织对各地推荐候选人论文、论著代表作进行匿名鉴定。两篇代表作送3位具有正高级职称的专家审定。

(二)面试答辩。省人力资源和社会保障厅统一组织答辩，答辩围绕推荐候选人提交的主要业绩和成果进行。

(三)同行专家评议。学科评议组成员根据推荐候选人提供的评审材料，对推荐候选人的业绩、能力进行客观评价，并将评价情况和评议意见送交评审委员会进行表决。

(四)省评委会评审。评委在独立思考、充分讨论、各抒己见、发扬民主的基础上进行表决，表决采取无记名投票方式进行。未通过人员不得进行复议。

第三章 附 则

第七条 对不符合专业技术资格申报规定程序和有弄虚作假行为者，取消参加评审资格，并按《浙江省专业技术资格评审工作实施细则》(浙人专〔2006〕351号)有关规定处理。

第八条 本《评审办法》由省人力资源和社会保障厅负责解释。

第九条 本《评审办法》自2013年3月31日起执行。

浙江省人力资源和社会保障厅 浙江省文化厅关于印发浙江省图书资料中、高级专业技术资格评价条件(试行)的通知

浙人社发〔2013〕65 号

各市、县(市、区)人力资源和社会保障局、文化局,省级有关单位:

根据省委、省政府办公厅印发的《浙江省专业技术资格评价与职务聘任暂行规定》(浙委办〔2004〕75 号)有关精神,我们制定了《浙江省图书资料中、高级专业技术资格评价条件(试行)》。现印发给你们,请遵照执行。试行中遇到的问题请及时反映,以便修改完善。

浙江省人力资源和社会保障厅
浙江省文化厅
2013 年 2 月 18 日

浙江省图书资料中、高级专业技术资格评价条件(试行)

第一章 总 则

第一条 为提高图书资料专业技术资格评价的制度化、规范化、科学化水平,健全和完善图书资料专业技术人才选拔机制,促进图书资料专业人才队伍建设,根据《图书资料专业职务试行条例》和《浙江省专业技术资格评价与职务聘任暂行规定》(浙委办〔2004〕75 号)等文件精神,结合我省实际,制定本评价条件。

第二条 本评价条件适用于我省在职从事文献资源管理、服务与研究、信息咨询、社会教育与推广、现代技术应用与开发、业务管理与辅导等图书资料专业工作的人员申报图书资料中、高级专业技术资格的评价。

第三条 图书资料中、高级专业技术资格名称为:馆员、副研究馆员和研究馆员。其中馆员为中级专业技术资格,副研究馆员为副高级专业技术资格,研究馆员为正高级专业技术资格。

第四条 按照本评价条件评审通过并获得图书资料中、高级专业技术资格证书者,表明持证人具有相应的专业技术和学术水平,是受聘相应专业技术职务的重要依据。

第二章 申报条件

第五条 基本条件。

申报者需遵守国家法律、法规，具有良好的职业道德和敬业精神，认真履行岗位职责，努力完成本职工作，积极服务于国家经济、社会发展，推动图书资料行业提升和事业建设。

第六条 学历（学位）、资历条件：

（一）馆员

大学专科及以上学历，取得助理馆员资格后，聘任助理馆员职务满4年，可申报图书资料馆员资格。

（二）副研究馆员

具备下列条件之一者，可申报图书资料副研究馆员资格：

1．具有大学本科及以上学历或硕士学位，取得馆员资格后，聘任馆员职务满5年。

2．获得博士学位，取得馆员资格后，聘任馆员职务满2年。

（三）研究馆员

大学本科及以上学历，取得副研究馆员资格后，聘任副研究馆员职务满5年，可申报图书资料研究馆员资格。

（四）具有以下学历（学位），可认定或初定相应的专业技术资格：

1．博士后流动站、工作站出站人员，在站期间圆满完成研究课题，取得科研成果者，经考核合格，可认定副研究馆员资格。

2．博士学位获得者，经考核合格，可初定馆员资格。

3．具有研究生学历或硕士学位者，从事专业工作满3年（学历或学位取得前后从事本专业或相近专业的工作年限可以相加，但学历或学位取得后从事专业工作须满1年），经考核合格，可初定馆员资格。

第七条 破格申报条件。

对不具备第六条规定的学历、资历条件，但图书资料工作业绩和成果突出，分别具备以下条件者，可以破格申报相应资格。破格申报仅限于学历破格或者资历破格，不允许学历、资历同时破格，其中资历破格提前时间原则上不超过1年。

（一）具备以下条件中的2项者，可以破格申报馆员资格：

1．市（厅）级一等以上科研或业务项目成果奖的主要贡献者。

2．在公开发行的刊物发表本专业论文2篇，或内部发行的本专业刊物发表3篇，或正式出版专业著作或译著。

3．被县级以上政府部门（不含协会、学会、研究会等团体，下同）授予劳动模范、先进工作者称号；或入选县级以上人才培养工程人员等。

4．从事本专业工作满20年。

（二）具备以下条件中的3项者，可破格申报副研究馆员资格：

1．国家级三等或省部级二等以上科研或业务项目成果奖的主要贡献者。

2．主持完成在全省有影响的科研或业务项目，取得明显社会效益。

3．在公开发行的刊物发表本专业论文4篇，其中在本专业核心期刊发表2篇；或正式出版专业著作或译著。

4．被市（厅）级以上政府部门授予劳动模范、先进工作者称号；或入选市级以上人才培养工程人员等。

5．在省级学术团体中担任专业委员，或在市级学术团体中担任专业委员会负责人。

6．中专以下学历从事本专业工作满25年，或大学专科学历从事本专业工作满20年。

（三）具备以下条件中的4项者，可破格申报研究馆员资格：

1．国家级二等以上科研或业务项目成果奖的主要贡献者。

2．主持完成在全省有较大影响和显著社会效益的科研或业务项目，或者作为主要成员参与完成全国或区域性重大科研或业务项目。

3．在本专业核心期刊上发表论文4篇以

上，其中在本专业一级刊物发表1篇，或正式出版专业著作或译著。

4. 在全国性的学术专业机构中担任专业委员及以上，或在省级学术专业机构中担任专业委员会负责人。

5. 被评为省部级劳动模范、先进工作者称号；或被授予省有突出贡献中青年专家、文化部优秀专家等称号；或被列入省部级人才工程培养人员。

6. 大学专科学历从事本专业工作满25年，或中专以下学历从事本专业工作满30年。

第八条 转(兼)评申报条件。

具有非图书资料专业中、高级专业技术资格人员，因专业技术岗位变动或工作需要，需转评(高级资格可以兼评)图书资料中、高级资格的，应实际从事图书资料工作1年以上，并符合本评价条件，方可申报。

第九条 其他条件：

(一) 职称外语要求

1. 年龄在40周岁以下(不含40周岁)的人员申报研究馆员、副研究馆员、馆员专业技术资格，须分别取得全国职称外语等级考试A、B、C级合格成绩。

2. 年龄在40周岁以上、50周岁以下(不含50周岁)的人员申报图书资料专业技术资格的，职称外语成绩不作为必备条件，作为评审参考依据。

3. 符合职称外语免试条件的，需提供相应的免试审核表等材料。

(二) 计算机应用能力要求

除符合免试条件的人员以外，凡年龄在45周岁(不含45周岁)以下人员，申报图书资料中级专业技术资格须获得全国专业技术人员计算机应用能力考试3个模块合格证书，申报图书资料高级专业技术资格须获得全国专业技术人员计算机应用能力考试4个模块合格证书。

(三) 年度考核等次要求

申报图书资料中级专业技术资格的，近4年的年度考核均须为合格以上；申报图书资料高级专业技术资格的，近5年的年度考核均须为合格以上。破格申报人员任现职以来至少有2年年度考核为“优秀”等次。

(四) 继续教育要求

申报人员参加继续教育，应达到《浙江省专业技术人员继续教育规定》的要求，并提供相应证明材料。

第三章　评审条件

第十条 专业理论知识要求。

申报者应全面、系统地掌握与本专业相关的基础理论知识，其中申报高级专业技术资格者，应具有相应的理论研究能力和指导下一级专业技术人员从事图书资料专业工作的能力。

(一) 馆员应具备下列条件：

1. 系统掌握图书资料或相关专业的基础理论和专业技术知识。

2. 了解图书资料工作的政策法规及本专业现行的技术标准和技术规范，熟悉本部门工作流程，掌握岗位所需业务技能。

3. 了解本专业国内外技术水平和发展趋势。

(二) 副研究馆员应具备下列条件：

1. 较系统地掌握图书馆学、情报学学科知识和所从事岗位的理论知识与专业技能，熟悉业务范围内的政策法规、服务标准和操作规程。

2. 对本学科领域的发展动态有较为全面的了解，有较突出的专业研究成果。

3. 能指导中级专业技术人员开展工作。

(三) 研究馆员应具备下列条件：

1. 具有广博的科学文化知识，全面系统地掌握图书馆学、情报学学科知识和所从事岗位的理论知识与专业技能，精通业务范围内的政策法规、服务标准和操作规程。

2. 及时研究跟踪本学科领域发展前沿和动态，有系统的研究和突出的成果。

3. 是本单位图书馆学某一领域的学术、技术带头人，具有培养专门人才和指导中级以上专业技术人员开展专业工作的能力。

第十一条 工作能力和业绩要求。

申报者应具备一定的实践经验，具备解决业务问题的能力，能胜任本职岗位工作。其中申报高级资格者应具有较强的规划指导、业务协调、综合总结和解决重大、疑难业务问题的能力。

（一）馆员应具备下列条件：

1. 具有独立开展工作的能力，在本专业范围内能解决常规的业务问题。

2. 在工作中能正确应用和执行本专业的技术标准和技术规范。

3. 结合工作实际完成1篇业务调研报告。

（二）副研究馆员应具备下列条件1项以上：

1. 作为主要成员参与完成市（厅）级以上科研或业务项目2项以上，能较好解决本专业范围内的业务问题，效益良好。

2. 作为主要成员参与制定市（厅）级以上图书馆事业发展规划、业务工作或业务管理的标准、规范、章程等2项以上，付诸实施，效益良好。

3. 作为主要成员参与业务改革、技术创新方面工作，成效显著，在同类单位中处于领先水平，并在实践中推广应用。

4. 在县级以上本专业业务培训中，曾系统地讲授过本专业课程，有一定的教学实绩；或承担本专业教材的编写，本人撰写部分不少于3万字。

（三）研究馆员应具备下列条件1项以上：

1. 主持完成市（厅）级以上科研或业务项目2项以上，能提出并解决本专业范围内较重大的业务问题，成效显著。

2. 主持制定市（厅）级以上图书馆事业发展规划、业务工作或业务管理的标准、规范、章程等2项以上，付诸实施，成效显著。

3. 主持业务改革、技术创新方面工作，成效显著，在业界达到领先水平，并在实践中推广应用。

4. 在全省本专业业务培训中，曾系统地讲授过本专业课程，有明显的教学实绩；或承担本专业教材的编写，本人撰写部分不少于5万字。

第十二条 学术成果要求。

申报者应具有理论联系实际、不断开拓创新的研究水平，取得相应学术成果。其中申报副研究馆员者，须在公开发行的刊物上发表本专业论文3篇以上（其中核心期刊发表1篇以上）；申报研究馆员者，须在公开发行的刊物上发表本专业论文6篇以上（其中核心期刊发表3篇以上）；并同时须符合以下学术成果条件中的1项以上。

（一）馆员应具备下列条件之一：

1. 在公开发行的刊物上发表本专业论文1篇，或内部发行的本专业刊物发表2篇。

2. 作为项目组成员参与完成科研或业务项目。

（二）副研究馆员应具备下列条件1项以上：

1. 主持完成县级以上研究课题1项；或作为主要成员参与完成市（厅）级科研或业务项目1项。

2. 正式发表或出版专业作品累计2万字以上，不包括个人论文集。

3. 专业学术论文被《新华文摘》或《人大复印报刊资料》转载。

4. 专业成果获得市（厅）级以上部门、中国图书馆学会及全国性相关专业学术团体颁发的二等奖1次或三等奖2次。

（三）研究馆员应具备下列条件1项以上：

1. 主持完成县级以上研究课题2项，或作为主要成员参与完成市(厅)级以上科研或业务项目2项。

2. 正式出版专业著作1部;或编译、点校整理、汇编资料类作品2部。

3. 专业学术论文被《新华文摘》转载1次;或被《人大复印报刊资料》转载3次。

4. 专业成果获省部级三等以上奖励1次;或市(厅)级以上部门、中国图书馆学会及全国性相关专业学术团体颁发的二等以上奖励2次。

第四章　附　则

第十三条　本评价条件为相应评审委员会对申报者进行综合评价的重要依据,评审委员会在对申报材料充分审议的基础上,以无记名投票表决的方式产生评审结果。

第十四条　本评价条件涉及的工作业绩、专业学术成果等均应为任现专业技术职务后所取得,并须提供有效的证明材料。

第十五条　本评价条件中有关词语或概念的特定解释:

(一)条件中所规定的论文(著)均为独著或为第一作者;研究课题、业务项目等成果,如果没有特别指出,均指第一完成人。

(二)科研或业务项目的主要成员、主要贡献者,系指个人排名列前3位的成员。

(三)本专业核心期刊以北京大学公布的当期中文核心期刊目录为准。

(四)条件中所称"以上"均含本级,"年"均为周年,时间可计算至申报当年的12月31日。

(五)"市"指设区市。

第十六条　申报者资料(主要包括申报者的姓名、工作单位、简历、图书资料专业工作年限、行政职务、专业技术资格、所聘专业技术职务、专业技术水平、工作业绩、专业学术成果等情况)应由用人单位进行审核并在本单位公示7天后按规定程序报送;经相应评审委员会评审通过的人员,将由省文化厅在政府门户网站进行公示。

第十七条　省内高等院校图书馆图书资料专业技术人员,向省高校图书资料专业人员副研究馆员资格评审委员会申报,按规定程序评审。

第十八条　申报图书资料高级专业技术资格人员,需提供相应数量的论文、论著提交同行专家进行鉴定,送审论文、论著必须是公开发表或出版的,所述内容应与申报专业一致。论文送审结果作为高评委评审的重要依据之一。

第十九条　破格申报图书资料高级专业技术资格人员,在评审会议召开之前需统一参加省高评委组织的专业知识答辩,答辩情况作为高评委评审的依据之一。

第二十条　申报人员有下列情形之一者,取消评审资格。已通过评审的人员,取消其资格,由发证机关收回其资格证书;并从次年起3年内不得再申报相应资格评审:

(一)伪造、变造证件、证明的;

(二)提交虚假申报材料的;

(三)有违纪违法行为,仍在处理、处罚、处分阶段的;

(四)任现专业技术职务后有严重违反纪律行为而受到处分,在申报材料中未反映的;

(五)存在严重违反评审规定的其他行为。

第二十一条　部分通过以考代评方式评价图书资料中级专业技术资格的地市,应参照国家职称考试制度相关规定和本评价条件制定相应的报考条件。

第二十二条　本评价条件由浙江省人力资源和社会保障厅、浙江省文化厅按职责分工解释。

第二十三条　本评价条件自2013年3月20日起实施。

浙江省人力资源和社会保障厅 浙江省财政厅 浙江省人民政府侨务办公室关于调整我省退休归侨职工生活补贴标准的通知

浙人社发〔2013〕66号

各市、县(市、区)人力资源和社会保障局、财政局、侨办,省级各单位:

为认真贯彻落实"适当照顾"的侨务政策,充分体现党和政府对归侨职工的关爱,我省于1994年和2002年相继出台了《关于给工龄在三十年以上的退休归侨职工加发退休补贴费的通知》(浙人退〔1994〕139号、〔1994〕财行213号)、《关于归侨职工退休后待遇问题的通知》(浙人薪〔2002〕156号)等文件,规定对我省早期回国参加工作的退休归侨职工发放生活补贴。多年来,这一政策受到了我省海内外侨胞侨眷的拥护和赞扬。

但是近几年来,受国际金融危机影响,物价上涨较快,退休归侨职工的生活受到了一定影响。为进一步保障和改善侨界民生,根据国务院侨务办公室、人力资源和社会保障部、财政部等九部委联合下发的《关于做好散居困难归侨侨眷扶贫救助工作的意见》(国侨发〔2010〕10号)精神,经研究,决定调整我省早期回国定居在企业工作的退休归侨职工生活补贴标准。现将有关事项通知如下:

一、补贴发放对象为退休时在国有及国有控股企业(含原国有及国有控股企业)工作已满30年的归侨男职工和工作已满25年的归侨女职工。

二、补贴标准由原来每人每月60元调整为每人每月120元。

三、调整后的补贴标准自2012年7月1日起执行。

四、所需经费,参加养老保险社会统筹的企业,在统筹基金中列支;未参加养老保险统筹的企业在原渠道列支。

五、其他事项仍按浙人薪〔2002〕156号文件规定办理。

浙江省人力资源和社会保障厅

浙江省财政厅

浙江省人民政府侨务办公室

2013年2月19日

浙江省人力资源和社会保障厅 浙江省财政厅关于2013年调整企业退休人员基本养老金的通知

浙人社发〔2013〕70号

各市、县(市、区)人力资源和社会保障局、财政局,嘉兴市社会保障事务局,省级各单位:

为保障企业退休人员基本生活,共享社会发展成果,根据《人力资源和社会保障部 财政部关于2013年调整企业退休人员基本养老金的通知》(人社部发〔2013〕3号)精神,经省政府同意,决定适当调整企业退休人员基本养老金。现将有关事项通知如下,请遵照执行。

一、调整范围和对象

全省企业(包括行业单位)中,凡于2012年12月31日前已按规定办理退休的人员和按国发〔1978〕104号、浙劳险〔1993〕185号、浙政〔1997〕15号、浙政发〔2006〕48号等文件规定办理退职的人员,可按本通知规定调整基本养老金。

二、调整水平和调整办法

2013年企业退休(退职)人员基本养老金调整继续采取普遍调整和适当倾斜相结合的办法,按月人均230元的额度普遍调整基本养老金,在此基础上对高级专业技术人员、高级技师和高龄人员等群体再适当提高调整水平。具体调整办法如下:

(一)普遍调整退休(退职)人员基本养老金。

普遍调整基本养老金,实行"双挂钩"办法。具体由两部分组成:

第一部分,退休人员按月人均110元的额度,根据2011年各市在岗职工平均工资水平、经济社会发展水平和平均养老金水平确定调整标准。具体调整标准如下:杭州市113元,宁波市113元,温州市109元,湖州市109元,嘉兴市109元,绍兴市109元,金华市109元,衢州市105元,舟山市109元,台州市109元,丽水市105元。

在省社会保险事业管理中心参保的企业退休人员按113元标准执行。

退职人员全省统一按每人每月82元标准调整。

第二部分,退休(退职)人员按本人缴费年限(含视同缴费年限,下同)长短确定调整标准。具体标准为:缴费年限每满1年(不满1年按1年计算),月基本养老金增加5元。

(二)适当提高部分退休(退职)人员基本养老金

在普遍调整的基础上,对下列退休(退职)人员再适当增发基本养老金:

1. 获得高级专业技术职称和高级技师资格的退休(退职)人员。其中,教授级的高级专业技术人员,每人每月增发500元;其他高级专业技术人员和高级技师每人每月增发400元。

2. 1953年12月31日前参加工作的退休(退职)人员,缴费年限满30年及以上的,每人每月增发70元；缴费年限满20年不满30年的，每人每月增发60元；缴费年限不满20年的，每人每月增发50元。

1953年12月31日前参加工作的退休(退职)人员，是指1953年12月31日前参加革命工作或按国家和省规定计算连续工龄的起点时间在1953年12月31日前的退休(退职)人员。

3. 2012年12月31日前，男年满70周岁、女年满65周岁及以上的退休(退职)人员，每人每月增发30元。

同时符合上述增发基本养老金条件的，可以重复享受。

三、有关人员的待遇处理

(一)企业退休军转干部调整基本养老金后，其基本养老金水平低于当地此次调整后的基本养老金平均水平的，按照浙委办〔2004〕30号文件规定，予以补足。

(二)企业退休的劳动模范和省先进生产(工作)者调整基本养老金后，其基本养老金水平低于当地此次调整后的企业退休人员基本养老金平均水平的，按照浙政办发〔2007〕88号文件规定，予以补足。

劳动模范是指获得省及省以上劳动模范称号和按规定享受省及省以上劳动模范和先进工作者待遇的个人；省先进生产(工作)者是指1956年至1964年获得省先进生产(工作)者称号的个人。

(三)退休的原工商业者(含从原工商业者中区分出来的小商小贩、小手工业者、小业主)调整基本养老金后，其基本养老金水平低于当地此次调整后的企业退休人员基本养老金平均水平的，按浙劳社老〔2002〕150号文件规定，予以补足。

上述(一)、(二)、(三)类人员调整基本养老金时，如当地此次调整后的基本养老金平均水平低于2012年的，按2012年水平确定。

(四)执行“低门槛准入、低标准享受”养老保险办法的退休(退职)人员，按本人退休(退职)时计发基本养老金所确定的缴费系数，乘以调整额(含特调部分)确定基本养老金调整水平。

(五)2012年12月31日前因工致残，完全丧失劳动能力，退出生产岗位按月享受定期伤残津贴的职工，按本通知办法增加伤残津贴。如增加金额低于当地此次企业退休人员基本养老金调整平均额度的，可按平均额度予以补足。工伤退休人员基本养老金增加金额低于当地此次企业退休人员基本养老金调整平均额度的，也可按平均额度予以补足。

(六)企业离休人员、符合原劳动人事部劳人险〔1983〕3号文件规定退休的建国前参加革命工作的老工人以及企业退休的“两航起义”人员，不列入本次调整范围。

四、资金来源

企业退休(退职)人员调整基本养老金所需费用，参加基本养老保险社会统筹的，从统筹基金中支付；未参加社会统筹的，从原渠道列支。工伤职工调整伤残津贴所需费用，按原渠道列支。

五、执行时间

本次调整基本养老金从2013年1月1日起执行，执行中的具体问题，由省人力资源和社会保障厅负责解释。

调整企业退休人员基本养老金水平，体现了党中央、国务院和省委、省政府对广大退休人员的关怀。各地各部门应高度重视，加强领导，精心组织实施，确保在2013年3月底前将增加的基本养老金发放到位。

浙江省人力资源和社会保障厅
浙江省财政厅
2013年2月27日

浙江省人力资源和社会保障厅 浙江省公安厅转发人力资源和社会保障部、公安部关于注册消防工程师制度暂行规定和注册消防工程师资格考试实施办法及注册消防工程师资格考核认定办法的通知

浙人社发〔2013〕73号

各市和义乌市人力资源和社会保障局、公安局，省直、中央部属在浙有关单位：

现将《人力资源社会保障部公安部关于印发注册消防工程师制度暂行规定和注册消防工程师资格考试实施办法及注册消防工程师资格考核认定办法的通知》（人社部发〔2012〕56号）转发给你们，并结合我省实际，提出如下意见，请一并遵照执行。

一、我省注册消防工程师制度的推行，由省人力社保厅、省公安厅共同组织实施，并对全省注册消防工程师资格考试、考核认定、注册登记等进行统一管理。

二、省人力社保厅负责资格考试工作的组织实施、检查监督、考试结果公布和发证等工作，以及确定二级注册消防工程师资格考试合格标准；省公安厅负责报考人员的资格审查、考试大纲和教材发行、考前培训、注册管理和继续教育工作。具体的考务工作委托省人事考试办公室承担。

三、报名条件中凡涉及时间期限的，均计算到考试报名年度当年年底。

四、我省考点统一设在杭州市。有关考试报名和考前培训的具体事项另行通知。

五、实行注册消防工程师资格制度，是提高社会消防安全专业化管理水平，维护社会公共利益和人民生命财产安全的一项重要举措。此项工作要求严、标准高，涉及面广，各地人力社保、公安部门要互相配合，通力协作，确保这项工作顺利进行。

浙江省人力资源和社会保障厅
浙江省公安厅
2013年3月6日

注册消防工程师制度暂行规定

第一章　总　则

第一条　为提高消防专业技术人员能力和素质，加强消防专业技术人员队伍建设，保证消防安全技术服务与管理质量，根据《中华人民共和国消防法》和国家职业资格证书制度有关规定，制定本规定。

第二条　本规定适用于依据消防法律、法规有关规定，从事消防设施检测、消防安全监测等消防安全技术工作的专业技术人员。

第三条　国家对依法从事消防安全技术工作的专业技术人员，实行准入类职业资格制度，纳入全国专业技术人员职业资格证书制度统一规划。

第四条　本规定所称注册消防工程师，是指经考试取得相应级别注册消防工程师资格证书，并依法注册后，从事消防设施检测、消防安全监测等消防安全技术工作的专业技术人员。

第五条　注册消防工程师分为高级注册消防工程师、一级注册消防工程师和二级注册消防工程师。高级注册消防工程师评价办法另行制定。

一级注册消防工程师和二级注册消防工程师英文分别译为：

Level 1　Certified Fire Engineer

Level 2　Certified Fire Engineer

第六条　人力资源社会保障部、公安部共同负责注册消防工程师制度的政策制定，并按照职责分工对该制度的实施进行指导、监督和检查。

各省、自治区、直辖市人力资源社会保障行政主管部门和公安机关消防机构，按照职责分工负责本行政区域内注册消防工程师制度的实施与监督管理。

第二章　考　试

第七条　一级注册消防工程师资格实行全国统一大纲、统一命题、统一组织的考试制度。考试原则上每年举行一次。

第八条　公安部组织成立注册消防工程师资格考试专家委员会，负责拟定一级和二级注册消防工程师资格考试科目、考试大纲，组织一级注册消防工程师资格考试的命题工作，研究建立并管理考试试题库，提出一级注册消防工程师资格考试合格标准建议。

第九条　人力资源社会保障部组织专家审定一级和二级注册消防工程师资格考试科目、考试大纲和一级注册消防工程师资格考试试题，会同公安部确定一级注册消防工程师资格考试合格标准，并对考试工作进行指导、监督和检查。

第十条　省、自治区、直辖市人力资源社会保障行政主管部门会同公安机关消防机构，按照全国统一的考试大纲和相关规定组织实施二级注册消防工程师资格考试，并研究确定本地区二级注册消防工程师资格考试的合格标准。

第十一条　凡中华人民共和国公民，遵守国家法律、法规，恪守职业道德，并符合注册消防工程师资格考试报名条件之一的，均可申请参加相应级别注册消防工程师资格考试。

第十二条 一级注册消防工程师资格考试报名条件：

（一）取得消防工程专业大学专科学历，工作满6年，其中从事消防安全技术工作满4年；或者取得消防工程相关专业（见附件1，下同）大学专科学历，工作满7年，其中从事消防安全技术工作满5年。

（二）取得消防工程专业大学本科学历或者学位，工作满4年，其中从事消防安全技术工作满3年；或者取得消防工程相关专业大学本科学历，工作满5年，其中从事消防安全技术工作满4年。

（三）取得含消防工程专业在内的双学士学位或者研究生班毕业，工作满3年，其中从事消防安全技术工作满2年；或者取得消防工程相关专业在内的双学士学位或者研究生班毕业，工作满4年，其中从事消防安全技术工作满3年。

（四）取得消防工程专业硕士学历或者学位，工作满2年，其中从事消防安全技术工作满1年；或者取得消防工程相关专业硕士学历或者学位，工作满3年，其中从事消防安全技术工作满2年。

（五）取得消防工程专业博士学历或者学位，从事消防安全技术工作满1年；或者取得消防工程相关专业博士学历或者学位，从事消防安全技术工作满2年。

（六）取得其他专业相应学历或者学位的人员，其工作年限和从事消防安全技术工作年限均相应增加1年。

第十三条 二级注册消防工程师资格考试报名条件：

（一）取得消防工程专业中专学历，从事消防安全技术工作满3年；或者取得消防工程相关专业中专学历，从事消防安全技术工作满4年。

（二）取得消防工程专业大学专科学历，从事消防安全技术工作满2年；或者取得消防工程相关专业大学专科学历，从事消防安全技术工作满3年。

（三）取得消防工程专业大学本科学历或者学位，从事消防安全技术工作满1年；或者取得消防工程相关专业大学本科学历或者学位，从事消防安全技术工作满2年。

（四）取得其他专业相应学历或者学位的人员，其从事消防安全技术工作年限相应增加1年。

第十四条 一级注册消防工程师资格考试合格，由人力资源社会保障部、公安部委托省、自治区、直辖市人力资源社会保障行政主管部门，颁发人力资源社会保障部统一印制，人力资源社会保障部、公安部共同用印的《中华人民共和国一级注册消防工程师资格证书》。该证书在全国范围有效。

第十五条 二级注册消防工程师资格考试合格，由省、自治区、直辖市人力资源社会保障行政主管部门颁发，省级人力资源社会保障行政主管部门和公安机关消防机构共同用印的《中华人民共和国二级注册消防工程师资格证书》。该证书在所在行政区域内有效。

第十六条 对以不正当手段取得一级、二级注册消防工程师资格证书的，按照《专业技术人员资格考试违纪违规行为处理规定》（人力资源社会保障部令第12号）处理。

第三章　注　册

第十七条 国家对注册消防工程师资格实行注册执业管理制度。取得一级、二级注册消防工程师资格证书的人员，经注册方可以相应级别注册消防工程师名义执业。

第十八条 公安部消防局是一级注册消防工程师资格的注册审批部门。省、自治区、直辖市公安机关消防机构为二级注册消防工程师资格的注册审批部门，并负责一级注册消防工程师资格注册的初步审查工作。

第十九条 取得一级、二级注册消防工程师资格证书并申请注册的人员，应当受聘于一个经批准的消防技术服务机构或者消防安全重点单位，并通过聘用单位向本单位所在地（聘用单位属企业的，通过本企业向工商注册所在地）的公安机关消防机构提交注册申请材料。

第二十条 省、自治区、直辖市公安机关消防机构在收到申请人的注册申请材料后，对申请材料不齐全或者不符合法定形式的，应当当场或者在5个工作日内，一次性告知申请人需要补正的全部内容，逾期不告知的，自收到申请材料之日起即为受理。

对受理或者不予受理的注册申请，均应当出具加盖本级公安机关消防机构专用印章和注明日期的书面凭证。

第二十一条 省、自治区、直辖市公安机关消防机构自受理注册申请之日起20个工作日内，按规定条件和程序完成一级注册消防工程师资格注册申请材料的初步审查工作和二级注册消防工程师资格的注册审批工作，并将一级注册消防工程师资格注册申请材料和初步审查意见报公安部消防局审批。

公安部消防局应当自收到省级公安机关消防机构报送的申请材料和初步审查意见之日起，20个工作日内作出是否批准的决定。

在规定的期限内不能作出批准决定的，应当将延长的期限和理由告知申请人。对作出不予批准决定的，应当书面说明理由，并告知申请人享有依法申请行政复议或者提起行政诉讼的权利。

第二十二条 注册审批部门应当自作出批准决定之日起10个工作日内，颁发、送达相应级别的注册证。

第二十三条 注册证的每一注册有效期为3年。注册证在有效期内是相应级别注册消防工程师的执业凭证，由注册消防工程师本人保管、使用。

第二十四条 申请初始注册的，应当自取得一级、二级注册消防工程师资格证书之日起1年内提出申请。逾期申请初始注册时，须符合本规定继续教育要求。

初始注册、延续注册、变更注册、注销注册和不予注册等注册管理的具体办法，由公安部另行规定。

第二十五条 继续教育是注册消防工程师延续注册、重新注册和逾期初始注册的必备条件。在每个注册有效期内，各级别注册消防工程师应当按照规定完成相应的继续教育。

第二十六条 注册审批部门应当及时向社会公告注册消防工程师注册有关情况，建立注册消防工程师诚信档案，对其执业活动实行信用管理。

第二十七条 各级注册消防工程师资格的注册管理部门，应当严格执行《中华人民共和国行政许可法》有关规定。

第四章　执　业

第二十八条 注册消防工程师应当在一个经批准的消防技术服务机构或者消防安全重点单位，开展与该机构业务范围和本人资格级别相符的消防安全技术执业活动。

第二十九条 注册消防工程师的执业范围：

（一）一级注册消防工程师

1. 消防技术咨询与消防安全评估；

2. 消防安全管理与技术培训；

3. 消防设施检测与维护；

4. 消防安全监测与检查；

5. 火灾事故技术分析；

6. 公安部规定的其他消防安全技术工作。

（二）二级注册消防工程师

1. 除100米（含）以上公共建筑、大型的人员密集场所、大型的危险化学品单位外的火灾高危单位消防安全评估；

2. 除250米（含）以上高层公共建筑、大型的危险化学品单位外的消防安全管理；

3. 单体建筑面积4万平方米及以下建筑的消防设施检测与维护；

4. 消防安全监测与检查；

5. 省级公安机关规定的其他消防安全技术工作。

第三十条 注册消防工程师的能力要求：

（一）一级注册消防工程师

1. 熟悉国家消防法律、法规、规章及相关规定，具有较丰富的消防安全技术工作经验；

2. 了解国际消防相关标准和技术规范，及时掌握消防技术前沿发展动态，能够独立解决重大、复杂、疑难的消防安全技术问题；

3. 熟练运用消防相关技术标准、规范和手段，圆满完成执业范围内各项工作，所签署的消防安全技术咨询和评估、消防设施检测和维护等各类技术文件准确无误，所维护的消防设施完好有效；

4. 具有较强的消防技术课题研究能力，能够应用新技术成果，指导二级注册消防工程师工作。

（二）二级注册消防工程师

1. 熟悉国家消防法律、法规、规章及相关规定，具有一定的消防安全技术工作经验；

2. 熟练运用消防相关技术标准、规范和手段，及时发现和解决一般性消防安全技术问题；

3. 较好完成执业范围内各项工作，所签署的消防安全技术咨询和评估、消防设施检测和维护等各类技术文件真实、完整、准确，所维护的消防设施完好有效。

第三十一条 消防安全技术服务活动中形成的消防安全技术文件，应当由相应级别的注册消防工程师签字，并承担相应法律责任。

第五章　权利与义务

第三十二条 注册消防工程师享有下列权利：

（一）使用注册消防工程师称谓；

（二）在规定范围内从事消防安全技术执业活动；

（三）对违反相关法律、法规和技术标准的行为提出劝告，并向本级别注册审批部门或者上级主管部门报告；

（四）接受继续教育；

（五）获得与执业责任相应的劳动报酬；

（六）对侵犯本人权利的行为进行申诉。

第三十三条 注册消防工程师履行下列义务：

（一）遵守法律、法规和有关管理规定，恪守职业道德；

（二）执行消防法律、法规、规章及有关技术标准；

（三）履行岗位职责，保证消防安全技术执业活动质量，并承担相应责任；

（四）保守知悉的国家秘密和聘用单位的商业、技术秘密；

（五）不得允许他人以本人名义执业；

（六）不断更新知识，提高消防安全技术能力；

（七）完成注册管理部门交办的相关工作。

第六章　附　则

第三十四条 在注册消防工程师制度实施前长期从事消防安全技术工作，符合考核认定条件的人员，可以通过考核认定的办法取得注册消防工程师资格证书。

第三十五条 对通过考试取得相应级别注册消防工程师资格证书，且符合《工程技术人员职务试行条例》中工程师、助理工程师技术职务任职条件的人员，用人单位可根据工作需要择优聘任相应级别专业技术职务。其中，取得一级注册消防工程师资格证书可聘任工程师职务；取得二级注册消防工程师资格证书可聘任助理工程师职务。

第三十六条 通过考试取得的一级注册消防工程师资格，是消防安全监测、消防设施检测领域申请评定消防专业高级工程师职称的必备条件。

第三十七条 二级注册消防工程师资格注册执业的具体管理办法，由省级公安机关消防机构根据本规定和公安部相关要求制定，并报公安部消防局备案。

第三十八条 消防设施检测、消防安全监测等消防技术服务机构及消防安全重点单位，配备相应级别注册消防工程师的数量、注册消防工程师签字的文件种类、继续教育等注册执业的具体要求和管理办法，由公安部另行规定。

第三十九条 本规定自2013年1月1日起施行。

注册消防工程师资格考试实施办法

第一条 人力资源社会保障部、公安部共同委托人力资源社会保障部人事考试中心承担一级注册消防工程师资格考试的具体考务工作。

各省、自治区、直辖市人力资源社会保障行政主管部门和公安机关消防机构共同负责本地区的考试工作，具体职责分工由各地协商确定。

第二条 各省、自治区、直辖市人力资源社会保障行政主管部门和公安机关消防机构按照《注册消防工程师制度暂行规定》（以下简称《暂行规定》）和本办法有关要求组织实施二级注册消防工程师资格考试。

第三条 一级注册消防工程师资格考试设《消防安全技术实务》、《消防安全技术综合能力》和《消防安全案例分析》3个科目。

二级注册消防工程师资格考试设《消防安全技术综合能力》和《消防安全案例分析》2个科目。

第四条 一级注册消防工程师资格考试分3个半天进行。《消防安全技术实务》和《消防安全技术综合能力》科目的考试时间均为2.5小时，《消防安全案例分析》科目的考试时间为3小时。

考试成绩实行3年为一个周期的滚动管理办法，在连续的3个考试年度内参加应试科目的考试并合格，方可取得一级注册消防工程师资格证书。

第五条 二级注册消防工程师资格考试分2个半天进行。《消防安全技术综合能力》科目的考试时间为2.5小时，《消防安全案例分析》科目的考试时间为3小时。

考试成绩实行2年为一个周期的滚动管理办法，在连续的2个考试年度内参加应试科目的考试并合格，方可取得二级注册消防工程师资格证书。

第六条 符合《暂行规定》中一级注册消防工程师资格考试报名条件，并具备下列一项条件的，可免试《消防安全技术实务》科目，只参加《消防安全技术综合能力》和《消防安全案例分析》2个科目的考试。

（一）2011年12月31日前，评聘高级工程师技术职务的；

（二）通过全国统一考试取得一级注册建筑师资格证书，或者勘察设计各专业注册工程师资格证书的。

在连续的2个考试年度内参加上述科目考试并合格，可取得一级注册消防工程师资格证书。

第七条 参加考试由本人提出申请，按规定携带相关证明材料，到当地考试管理机构报名。考试管理机构按规定的程序和报名条件审核合格后，核发准考证。参加考试人员凭准考证和有效证件在指定的日期、时间和地点参加考试。

中央和国务院各部门及所属单位、中央管理企业的人员按属地原则报名参加考试。

第八条 考点原则上设在直辖市和省会城市的大、中专院校或者高考定点学校，如确需在其他城市设置考点，须经人力资源社会保障部和公安部批准。考试日期原则上为每年第四季度。

第九条 坚持考试与培训分开的原则。凡参与考试工作（包括命题、审题与组织管理等）的人员，不得参加考试，也不得参加或者举办与考试内容相关的培训工作，不得强迫应试人员参加与考试相关的培训。

第十条 考试管理部门和考务实施机构，应当严格执行考试工作的各项规章制度，遵守考试工作纪律，切实做好试卷命制、印刷、发送和保管过程中的保密工作，严防泄密。

第十一条 对违反考试工作纪律和有关规定的人员，按照《专业技术人员资格考试违纪违规行为处理规定》（人力资源社会保障部令第12号）进行处理。

（附件略）

一级注册消防工程师资格考核认定办法

一、考核认定申报条件

长期从事消防安全技术岗位工作，经验丰富，业绩突出，遵守国家各项法律法规，恪守职业道德，身体健康，2011年12月31日前评聘高级工程师技术职务，年龄在65周岁（含）以下，并符合下列条件（一）、条件（二）和条件（三）中各一项条件的在职（在编）在岗人员，可申请参加一级注册消防工程师资格的考核认定。

（一）学历与工作经历

1. 取得消防工程专业博士学历或者学位，从事消防安全技术工作满5年；或者取得消防工程相关专业（见附件1，下同）博士学历或者学位，从事消防安全技术工作满7年。

2. 取得消防工程专业硕士学历或者学位，从事消防安全技术工作满8年；或者取得消防工程相关专业硕士学历或者学位，从事消防安全技术工作满10年。

3. 取得消防工程专业大学本科学历或者学位，从事消防安全技术工作满10年；或者取得消防工程相关专业大学本科学历或者学位，从事消防安全技术工作满12年。

4. 取得消防工程专业大学专科学历，从事消防安全技术工作满15年;或者取得消防工程相关专业大学专科学历,从事消防安全技术工作满17年。

5. 取得其他专业大学专科以上学历或者学位,从事消防安全技术工作年限相应再增加5年。

(二) 技术能力与业绩成果

1. 获得与消防技术相关的省(部)级及以上层级技术发明等奖项的主要技术负责人(排名前5名);

2. 依法获得有关消防技术专利权的发明人或者设计人;

3. 担任项目负责人或者主要技术负责人,完成县级以上区域消防安全或者火灾风险评估项目不少于2个。

4. 担任项目负责人或者主要技术负责人,完成面积10万平方米及以上建筑的消防安全咨询、评估项目不少于5个;

5. 担任项目负责人或者主要技术负责人,完成单体建筑面积4万平方米以上建筑的消防设施检测与维护项目不少于15个。

(三) 学术水平与研究能力

1. 作为主要起草人(排名前8位),编写已颁布实施的行业及以上层级消防技术标准1项;

2. 在正式出版社出版过统一书号(ISBN)的消防技术相关专业著作(译著),本人独立撰写不少于2万字;或者参与编写已投入使用的消防技术相关专业书籍,本人独立撰写不少于6万字(对未注明作者撰写章节的不能作为研究成果);

3. 在有国内统一刊号(CN)的核心类期刊上,或者在有国际统一书号(ISSN)的国外期刊上,发表独立完成的消防技术相关论文不少于3篇(每篇不少于2000字,下同);

4. 在有国内统一刊号(CN)的非核心类期刊上,发表独立完成的消防技术相关论文不少于5篇;

5. 在省部级内部刊物上发表独立完成的消防技术咨询与评估报告、课题研究报告不少于7篇;或者在地市级消防技术刊物上发表独立完成的消防技术咨询与评估报告、课题研究报告不少于10篇。

二、考核认定组织

人力资源社会保障部、公安部共同成立"注册消防工程师资格考核认定工作领导小组"(以下简称"领导小组",名单见附件2),全面负责一级注册消防工程师资格考核认定的组织领导工作。领导小组办公室设在公安部消防局。

三、考核认定申报材料

(一) 省、自治区、直辖市人力资源社会保障行政主管部门,或者中央、国务院各部门所属单位及其中央管理的企业(以简称中央单位)人事部门的推荐意见函。

(二)《一级注册消防工程师资格考核认定申报表》一式两份(样式见附件3);

(三) 学历或者学位证书、高级工程师技术职务聘书、技术(项目)负责人聘书、消防安全管理负责人任命文件、获奖证书、专利权文件、消防技术规范与技术标准、消防技术类专著(内容说明与首页)、消防技术论文、咨询报告与研究成果证明等相关材料的复印件;

(四) 获奖者应附奖状、个人证书或者正式公布的获奖人名单等有效证明。对奖项未颁发证书或者未正式公布获奖人员名单的,应提供符合国家规定人数的单位申报奖项的人员名单、获奖主要文件的复印件,经单位负责人签字并加盖公章。

(五) 所在单位出具的职业道德证明、获奖单位出具的主要项目(技术)负责人证明、已颁布实施的相应级别消防技术规范或者技术标准主要完成人证明。

四、考核认定程序

（一）符合考核认定条件的消防安全技术工作人员，可向所在单位提出申请，经单位审核同意后，由所在单位向单位所在地（聘用单位属于企业的向本单位工商注册所在地）的省、自治区、直辖市公安机关消防机构推荐。

中央单位的人员，由本部门、本企业人事部门统一向公安部消防局推荐。

（二）省、自治区、直辖市公安机关消防机构、中央单位消防业务管理机构，对本地区、本部门、本企业的申请人员材料进行审查，提出审查意见，并经本地区、本部门、本企业人力资源社会保障（人事）部门复审合格后，提出推荐人员名单送领导小组办公室审核。

（三）领导小组办公室组织有关专家对推荐人员材料进行审核，并将审核结果和拟认定人员材料，报领导小组复核。

（四）领导小组召开会议，对领导小组办公室的审核意见和申请人员材料进行复核。对复核合格的人员，由领导小组办公室进行为期10个工作日的公示。经公示无异议，由人力资源社会保障部、公安部批准后，向社会公布获得《中华人民共和国一级注册消防工程师资格证书》人员的名单。

对未通过考核认定的申请人，由领导小组办公室向其说明不通过的理由。

五、考核认定申报日期及要求

（一）各省、自治区、直辖市公安机关消防机构和人力资源社会保障行政主管部门，中央单位的消防业务管理机构及人事部门，应当对推荐人员材料进行认真审查和复审。于2013年5月31日前，完成审查和复审工作，签署审查和复审意见，并在《一级注册消防工程师资格考核认定申报表》相应栏目中加盖印章后，将全部申报人员的材料送领导小组办公室。

（二）各省、自治区、直辖市及中央单位，在审查、复审申报人员材料时，须核查各类证书及相关材料的原件。报送的各类证书等相关材料复印件，应当由所在单位人事部门负责人，对其真实性签署意见并加盖单位印章。

（三）各省、自治区、直辖市及中央单位，应当优先推荐符合申报条件、能力业绩突出、业内认可，且仍在消防安全技术一线岗位工作的专业技术人员。

（四）本办法印发前，已通过特许，或者考核认定的方式取得其他专业职业（执业）资格证书、现任公务员岗位或者现役军人岗位工作、正在申报其他专业职业（执业）资格的考核认定和已办理离休、退休手续的人员，均不在申报范围。

因在消防安全技术工作中违法违纪或发生重大失误，受到刑事处罚或行政处罚的人员，一律不得申报。

（五）各省、自治区、直辖市及中央单位，要切实加强领导，坚持标准，严格要求，认真按程序做好申报、审查、复查等各环节工作。凡不认真把关或者弄虚作假的，一经发现，停止该地区或者单位的申报权和取消个人申报的资格，并依据相应法律和有关规定，对直接负责的主管人员和其他直接责任人员进行处理。

一级注册消防工程师资格考核认定办法

一、考核认定申报条件

长期从事消防安全技术岗位工作，经验丰富，业绩突出，遵守国家各项法律法规，恪守职业道德，身体健康，2011 年 12 月 31 日前评聘高级工程师技术职务，年龄在 65 周岁（含）以下，并符合下列条件（一）、条件（二）和条件（三）中各一项条件的在职（在编）在岗人员，可申请参加一级注册消防工程师资格的考核认定。

（一）学历与工作经历

1. 取得消防工程专业博士学历或者学位，从事消防安全技术工作满 5 年；或者取得消防工程相关专业（见附件 1，下同）博士学历或者学位，从事消防安全技术工作满 7 年。

2. 取得消防工程专业硕士学历或者学位，从事消防安全技术工作满 8 年；或者取得消防工程相关专业硕士学历或者学位，从事消防安全技术工作满 10 年。

3. 取得消防工程专业大学本科学历或者学位，从事消防安全技术工作满 10 年；或者取得消防工程相关专业大学本科学历或者学位，从事消防安全技术工作满 12 年。

4. 取得消防工程专业大学专科学历，从事消防安全技术工作满 15 年；或者取得消防工程相关专业大学专科学历，从事消防安全技术工作满 17 年。

5. 取得其他专业大学专科以上学历或者学位，从事消防安全技术工作年限相应再增加 5 年。

（二）技术能力与业绩成果

1. 获得与消防技术相关的省（部）级及以上层级技术发明等奖项的主要技术负责人（排名前 5 名）；

2. 依法获得有关消防技术专利权的发明人或者设计人；

3. 担任项目负责人或者主要技术负责人，完成县级以上区域消防安全或者火灾风险评估项目不少于 2 个。

4. 担任项目负责人或者主要技术负责人，完成面积 10 万平方米及以上建筑的消防安全咨询、评估项目不少于 5 个；

5. 担任项目负责人或者主要技术负责人，完成单体建筑面积 4 万平方米以上建筑的消防设施检测与维护项目不少于 15 个。

（三）学术水平与研究能力

1. 作为主要起草人（排名前 8 位），编写已颁布实施的行业及以上层级消防技术标准 1 项；

2. 在正式出版社出版过统一书号（ISBN）的消防技术相关专业著作（译著），本人独立撰写不少于 2 万字；或者参与编写已投入使用的消防技术相关专业书籍，本人独立撰写不少于 6 万字（对未注明作者撰写章节的不能作为研究成果）；

3. 在有国内统一刊号（CN）的核心类期刊上，或者在有国际统一书号（ISSN）的国外期刊上，发表独立完成的消防技术相关论文不少于 3 篇（每篇不少于 2000 字，下同）；

4. 在有国内统一刊号（CN）的非核心类期

刊上,发表独立完成的消防技术相关论文不少于5篇;

5. 在省部级内部刊物上发表独立完成的消防技术咨询与评估报告、课题研究报告不少于7篇;或者在地市级消防技术刊物上发表独立完成的消防技术咨询与评估报告、课题研究报告不少于10篇。

二、考核认定组织

人力资源社会保障部、公安部共同成立"注册消防工程师资格考核认定工作领导小组"(以下简称"领导小组",名单见附件2),全面负责一级注册消防工程师资格考核认定的组织领导工作。领导小组办公室设在公安部消防局。

三、考核认定申报材料

(一)省、自治区、直辖市人力资源社会保障行政主管部门,或者中央、国务院各部门所属单位及其中央管理的企业(以简称中央单位)人事部门的推荐意见函。

(二)《一级注册消防工程师资格考核认定申报表》一式两份(样式见附件3);

(三)学历或者学位证书、高级工程师技术职务聘书、技术(项目)负责人聘书、消防安全管理负责人任命文件、获奖证书、专利权文件、消防技术规范与技术标准、消防技术类专著(内容说明与首页)、消防技术论文、咨询报告与研究成果证明等相关材料的复印件;

(四)获奖者应附奖状、个人证书或者正式公布的获奖人名单等有效证明。对奖项未颁发证书或者未正式公布获奖人员名单的,应提供符合国家规定人数的单位申报奖项的人员名单、获奖主要文件的复印件,经单位负责人签字并加盖公章。

(五)所在单位出具的职业道德证明、获奖单位出具的主要项目(技术)负责人证明、已颁布实施的相应级别消防技术规范或者技术标准主要完成人证明。

四、考核认定程序

(一)符合考核认定条件的消防安全技术工作人员,可向所在单位提出申请,经单位审核同意后,由所在单位向单位所在地(聘用单位属于企业的向本单位工商注册所在地)的省、自治区、直辖市公安机关消防机构推荐。

中央单位的人员,由本部门、本企业人事部门统一向公安部消防局推荐。

(二)省、自治区、直辖市公安机关消防机构、中央单位消防业务管理机构,对本地区、本部门、本企业的申请人员材料进行审查,提出审查意见,并经本地区、本部门、本企业人力资源社会保障(人事)部门复审合格后,提出推荐人员名单送领导小组办公室审核。

(三)领导小组办公室组织有关专家对推荐人员材料进行审核,并将审核结果和拟认定人员材料,报领导小组复核。

(四)领导小组召开会议,对领导小组办公室的审核意见和申请人员材料进行复核。对复核合格的人员,由领导小组办公室进行为期10个工作日的公示。经公示无异议,由人力资源社会保障部、公安部批准后,向社会公布获得《中华人民共和国一级注册消防工程师资格证书》人员的名单。

对未通过考核认定的申请人,由领导小组办公室向其说明不通过的理由。

五、考核认定申报日期及要求

(一)各省、自治区、直辖市公安机关消防机构和人力资源社会保障行政主管部门,中央单位的消防业务管理机构及人事部门,应当对推荐人员材料进行认真审查和复审。于2013年5月31日前,完成审查和复审工作,签署审查和复审意见,并在《一级注册消防工程师资格考核认定申报表》相应栏目中加盖印章后，将全部申报人员的材料送领导小组办公室。

（二）各省、自治区、直辖市及中央单位，在审查、复审申报人员材料时，须核查各类证书及相关材料的原件。报送的各类证书等相关材料复印件，应当由所在单位人事部门负责人，对其真实性签署意见并加盖单位印章。

（三）各省、自治区、直辖市及中央单位，应当优先推荐符合申报条件、能力业绩突出、业内认可，且仍在消防安全技术一线岗位工作的专业技术人员。

（四）本办法印发前，已通过特许或者考核认定的方式取得其他专业职业（执业）资格证书、现在公务员岗位或者现役军人岗位工作、正在申报其他专业职业（执业）资格的考核认定和已办理离休、退休手续的人员，均不在申报范围。

因在消防安全技术工作中违法违纪或发生重大失误，受到刑事处罚或行政处罚的人员，一律不得申报。

（五）各省、自治区、直辖市及中央单位，要切实加强领导，坚持标准，严格要求，认真按程序做好申报、审查、复查等各环节工作。凡不认真把关或者弄虚作假的，一经发现，停止该地区或者单位的申报权和取消个人申报的资格，并依据相应法律和有关规定，对直接负责的主管人员和其他直接责任人员进行处理。

浙江省人力资源和社会保障厅 浙江省公安厅关于开展一级注册消防工程师资格考核认定申报工作的通知

浙人社发〔2013〕85号

各市和义乌市人力资源和社会保障局、公安局，省直有关单位：

根据《浙江省人力资源和社会保障厅 浙江省公安厅转发人力资源和社会保障部公安部关于注册消防工程师制度暂行规定和注册消防工程师资格考试实施办法及注册消防工程师资格考核认定办法的通知》（浙人社发〔2013〕73号）精神，在我省开展一级注册消防工程师资格考核认定申报工作，现就有关事项通知如下：

一、考核认定对象

现在我省消防安全技术岗位工作的在职（在编）专业技术人员，年龄在65周岁（含）以下，在2011年12月31日前评聘高级工程师专业技术职务，可申请参加我省一级注册消防工程师资格的考核认定申报。

二、考核认定条件

《一级注册消防工程师资格考核认定办法》规定的考核认定申报条件。

三、考核认定申报时间

本通知发布之日起至2013年4月30日。

四、考核认定申报材料

凡符合条件者填写《一级注册消防工程师资格考核认定申报表》，并提供考核认定办法要求的证明材料原件及复印件（申报表及附件材料一式3份，计算机打印的申请人应在封面签名）。申报人员及其单位提供的所有材料和证明必须齐全有效、准确无误，并且与申报表相符。

担任项目负责人或主要技术负责人完成的消防安全咨询、评估和消防设施检测、维护保养项目，应提供由申请人直接签署的咨询、评估、检测、维护保养等报告原件（或加盖被评估、检测、维护保养单位印章的复印件），以及所完成项目的《建设工程消防验收意见书》（或《建设工程消防设计审核意见书》）。

五、考核认定申报程序和要求

（一）申报人员工作单位应认真审核申报材料，填写《一级注册消防工程师资格考核认定申报材料核实情况表》（附件1），向所在地设区市公安消防部门推荐。省直单位直接向省公安消防总队推荐。

（二）各市公安消防部门、人力社保部门应对推荐人员材料进行认真审核，填写《一级注册消防工程师资格考核认定申报人员情况汇总表》（附件2）并盖章后，连同申报材料（含原件）报省公安消防总队，并将汇总表通过电子邮件发送至 chenbin@zjhrss.gov.cn。

（三）各市、各单位上报的申报人员，由省人力社保厅、省公安消防总队复审后提出推荐名单，经公示程序后，报全国一级注册消防工程师资格考核认定领导小组进行认定。

（四）已通过特许或考核认定的方式取得其他专业职业资格的人员、现在公务员岗位工作的人员、现役军人和已办理离休、退休手续的人员不得申报一级注册消防工程师资格的考核认定。

因在消防安全技术工作中违法违纪或发生重大失误，受到行政处罚或被追究刑事责任的人员，一律不得申报。

（五）各地、各单位要切实加强领导，坚持标准，严格把关，认真按程序做好申报、审查等各环节工作。凡不认真把关或弄虚作假的，一经发现，取消该单位申报权和个人的申报资格，并依法依规追究责任。

联系方式：

省公安消防总队防火部监管处　陈旭伟，电话：0571-85863579

省人力社保厅专技处陈彬，电话：0571-87056712

附件：1. 一级注册消防工程师资格考核认定申报材料核实情况表（略）

2. 一级注册消防工程师资格考核认定申报人员情况汇总表（略）

浙江省人力资源和社会保障厅

浙江省公安厅

2013 年 3 月 6 日

中共浙江省委组织部等3部门关于调整精减退职人员生活困难补助费标准的通知

浙人社发〔2013〕87号

各市、县(市、区)党委组织部、人力资源和社会保障局(社会保障事务局)、财政局,省直各单位:

为保障精减退职人员的基本生活,使精减退职人员的生活水平随着经济发展而相应提高,经省政府同意,决定适当调整精减退职人员的生活困难补助费标准。现将有关事项通知如下:

一、凡符合省委组织部、原省劳动人事厅、省财政厅浙组〔1987〕1号文件规定享受精减困难补助的精减退职人员,抗日战争时期参加革命工作的,生活困难补助费标准由每人每月1475元调整为1700元;解放战争时期参加革命工作的,生活困难补助费标准由每人每月1320元调整为1520元。上述人员的医疗保健费由每人每月170元调整为200元。

二、凡符合省委办〔1981〕24号文件和浙劳人险〔1984〕217号、〔84〕财行440号文件规定享受定期生活困难补助的精减退职人员,生活困难补助费标准由每人每月895元调整为990元。

三、确保精减退职人员生活困难补助费按时足额发放。精减退职人员的生活困难补助费由原单位负责发放,如原单位已不存在的,由原单位的主管部门负责发放,所需经费均按原经费开支渠道列支。现既无单位又无主管部门的,由当地人力社保部门负责发放,所需经费由当地财政负担。

四、本次调整精减退职人员生活困难补助费标准从2013年1月1日起执行。

中共浙江省委组织部
浙江省人力资源和社会保障厅
浙江省财政厅
2013年3月18日

浙江省人力资源和社会保障厅 浙江省财政厅 关于调整机关事业单位工作人员死亡后遗属生活困难补助费标准的通知

浙人社发〔2013〕92号

各市、县(市、区)人力资源和社会保障局、财政局,嘉兴市社会保障事务局,省直各单位:

为保障机关、事业单位工作人员(含退休、退职人员,下同)死亡后遗属的基本生活需求,使其生活水平随着经济发展而有所提高,经省政府同意,决定适当调整机关事业单位工作人员死亡后遗属生活困难补助费标准。现将有关事项通知如下:

一、机关、事业单位的工作人员死亡后,凡1937年7月6日以前参加革命工作的,其生前供养的配偶的遗属生活困难补助费标准由每人每月1215元调整为1400元;抗日战争时期参加革命工作的,其生前供养的配偶的遗属生活困难补助费标准由每人每月1025元调整为1180元;解放战争时期参加革命工作的,其生前供养的父母、配偶的遗属生活困难补助费标准由每人每月930元调整为1070元。

二、建国前参加革命工作的工作人员死亡后,其生前抚养的子女,以及建国后参加工作的工作人员死亡后,其生前供养的直系亲属,系非农业人口的,遗属生活困难补助费标准由每人每月740元调整为820元;系农业人口的,遗属生活困难补助费标准由每人每月585元调整为650元。

三、调整标准所需经费,仍按原渠道安排。

四、本次调整标准自2013年1月1日起执行。

浙江省人力资源和社会保障厅

浙江省财政厅

2013年3月29日

浙江省人力资源和社会保障厅 浙江省财政厅关于调整企业职工死亡后遗属生活困难补助费等标准的通知

浙人社发〔2013〕93号

各市、县(市、区)人力资源和社会保障局、财政局,嘉兴市社会保障事务局,省级各单位:

为保障国有企业职工死亡后其供养遗属、因工死亡职工供养亲属和计划外长期临时工的基本生活,使他们的生活水平随着经济发展有所提高,经省政府同意,决定适当调整国有企业职工(含离退休人员)死亡后其供养的直系亲属生活困难补助费等标准。现将有关事项通知如下:

一、调整国有企业死亡职工遗属生活困难补助费标准

(一)国有企业离休人员死亡后,凡1937年7月6日前参加革命工作的,其生前供养的配偶的生活困难补助费由每人每月1215元调整为每人每月1400元;抗战时期参加革命工作的,其生前供养的配偶的生活困难补助费由每人每月1025元调整为每人每月1180元;解放战争时期参加革命工作的,其生前供养的父母、配偶的生活困难补助费由每人每月930元调整为每人每月1070元。

(二)国有企业职工(含退休人员)因病或非因工死亡后,其符合供养条件的直系亲属生活困难补助费标准为:系非农业人口的,由每人每月600元调整为每人每月680元;系农业人口的,由每人每月505元调整为每人每月570元。

上述补助费标准已考虑了各项物价补贴因素,执行后不再发放物价补贴。

城镇集体所有制企业职工死亡后其供养的直系亲属生活困难补助费标准是否调整,由各市、县(市、区)根据实际情况研究确定。

二、调整因工死亡职工供养亲属抚恤金标准

全省企业(包括行业单位)、事业单位、民间非营利组织(不含依照或者参照公务员制度管理的事业单位、社会团体)、个体工商户及其雇工中,在2012年12月31日前已按浙劳险〔1999〕333号文件、国务院令第375号和第586号规定,享受因工死亡职工供养亲属抚恤金的人员,每人每月增加105元。调整后,每名因工死亡职工供养亲属的月供养亲属抚恤金总额不得超过统筹地2012年度在岗职工月平均工资。

三、调整计划外长期临时工晚年生活补助费标准

凡根据浙劳人险〔84〕218号、〔84〕财企879号、省总工字〔1984〕50号文件规定,领取晚年生活补助费的计划外长期临时工,其生活补助费标准由每人每月645元提高到710元。

四、资金来源

本次调整生活困难补助费等标准所需经费，按原渠道列支。

五、执行时间

本次调整生活困难补助费等标准自2013年1月1日起执行。

浙江省人力资源和社会保障厅

浙江省财政厅

2013年3月29日

中共浙江省委组织部 浙江省人力资源和社会保障厅关于事业单位岗位管理制度实施后有关问题的意见

浙人社发〔2013〕106号

各市、县(市、区)党委组织部、政府人力资源和社会保障局,省直各单位:

为进一步完善事业单位岗位管理制度,规范事业单位人事管理工作,根据中央深化事业单位人事制度改革有关精神,结合我省实际,现就我省事业单位岗位管理制度实施后的有关问题,提出如下意见,请遵照执行。

一、关于严格执行岗位设置方案问题

岗位设置是事业单位人事管理工作的基础。经核准的岗位设置方案,是事业单位聘用人员、确定岗位等级、调整岗位以及核定工资待遇的主要依据。岗位无空缺时,除政策性安置人员外,不得任命、聘用和公开招聘相应岗位类别或岗位等级的工作人员。确需引进紧缺专业的高级专业技术职务人员而无相应岗位空缺的,可申请设置特设岗位。岗位有空缺的,应按照公开招聘、竞聘上岗等有关规定择优聘用工作人员。

事业单位的岗位设置方案,可根据编制员额、人员结构变化以及事业发展需要申请变更,实行动态管理。

二、关于专业技术岗位内部结构比例管理问题

事业单位应严格执行专业技术高级、中级、初级内部不同等级岗位之间的结构比例,并根据实际聘用人员变化情况,计算并使用专业技术各等级岗位的可聘数量,按照岗位任职条件开展岗位聘任。

三、关于岗位任职条件问题

岗位任职条件是事业单位开展岗位聘任和考核管理的主要依据。各单位应根据事业发展需要和岗位的工作职责、目标任务、绩效考核等要求,按照岗位管理制度有关规定,进一步完善岗位任职条件,明确考核标准,并保持相对稳定。

四、关于竞聘上岗问题

事业单位组织实施竞聘上岗,一般应当逐级竞聘。竞聘对象一般应在原岗位聘满一个聘期。工作业绩特别优秀的专业技术人员允许越级竞聘。越级竞聘规则须经单位职工代表大会或职工大会审议,单位负责人员集体讨论通过后,报主管部门审核备案。竞聘上岗后,应严格按照所聘岗位享受相应工资待遇。

五、关于严格“双肩挑”人员范围问题

事业单位应严格控制同时聘任在管理岗位和专业技术岗位的“双肩挑”对象。确需“双肩挑”的,应按照规定的范围、条件和程序报批核准后予以聘任,不承担具体专业技术工作的,不得“双肩挑”。

“双肩挑”人员因年龄原因退出领导岗位后，不再执行“双肩挑”有关规定，可由本人选择聘任管理岗位或者专业技术岗位。选择聘任管理岗位的，按照岗位管理制度有关规定执行。选择聘任专业技术岗位的，一般应占本单位专业技术岗位结构比例。

六、关于聘用合同签订问题

事业单位实施岗位管理制度，应当与工作人员签订聘用合同，并做好聘用合同的变更、续订、解除等日常管理工作。聘用合同的期限，按照聘用制度有关规定执行。

事业单位与工作人员应签而未签订聘用合同的，视同已与工作人员签订无固定期限聘用合同。工作人员拒签聘用合同的，按照聘用制度有关规定执行。

七、关于岗位聘期考核问题

岗位聘期考核是事业单位人事管理的中心环节。事业单位应建立健全岗位聘期考核制度，强化聘期考核管理，逐步形成公平竞争、优胜劣汰、能上能下的用人机制。岗位聘任的期限，一般为 3 年。聘期考核应结合年度考核情况，重点考核工作人员完成聘期目标任务情况。聘期考核标准应当明确具体，体现不同类别、不同等级岗位工作人员在业务水平和工作业绩方面的不同要求。“双肩挑”人员的聘期考核内容，应当包括所聘两个岗位的职责任务。事业单位主管部门应加强对所属各单位岗位聘期考核管理工作的指导、监督和检查。

聘期考核结果应当作为事业单位岗位聘任的重要依据。对聘期考核不符合岗位任职条件和考核要求的工作人员，单位应将其聘任到低于原聘岗位等级的岗位工作，执行新聘岗位等级的待遇标准。降低聘任岗位等级的人员在新聘岗位一个聘期内，不得竞聘原聘岗位或高于原聘岗位等级的岗位。

八、关于专业技术人员竞聘上岗后低聘岗位等级问题

对于在竞聘或聘期考核中，确因业务工作实绩不符合原聘岗位任职条件而低聘，且退休前仍在低聘岗位的专业技术人员，若其在原聘岗位聘满两个及以上聘期，且现聘岗位年度考核和聘期考核均符合要求，单位可在其达到法定退休年龄的前一个月，将其重新聘任到原聘岗位，并在其到达法定退休年龄时按规定办理退休，享受原聘岗位的退休待遇。

九、关于职称评审与岗位聘任问题

按照中央关于事业单位专业技术人员职称评审与岗位聘任相结合的要求，对实行评聘合一的事业单位，应严格在核准的专业技术岗位结构比例和岗位缺额内，择优推荐符合条件的专业技术人员参加职称评审；实行评聘分离的事业单位，应从严控制推荐人选。对取得专业技术资格的，应按照岗位管理制度有关规定，实行竞聘上岗。

中小学教师的职称评审与岗位聘任，按照国家和省中小学教师职称制度改革的有关规定执行。

十、关于解决管理岗位部分职员等级晋升问题

为调动事业单位管理人员积极性，在国家未出台职员制具体办法前，按照比例控制、条件控制和程序控制的办法，解决事业单位管理岗位部分工作年限和任职时间较长职员等级晋升问题。

省直属和省直各部门所属事业单位现聘管理岗位六级职员满 10 年，参加工作满 30 年；现聘管理岗位七级职员满 10 年，参加工作满 25 年，且近五年年度考核合格以上者，按照干部人事管理权限规定的程序经批准后，可分别晋升

为五级职员和六级职员。事业单位岗位设置管理实施前任副处级和正科级的任职时间累计计算。五级、六级职员的可晋升人数按照管理岗位总数的10%进行核定，其中五级职员不超过核定总数的三分之一，具体岗位控制数报省委组织部或省人力社保厅核准后，由省直属事业单位或省级主管部门统筹使用，不占原已核准的相应等级岗位数。

各市可根据本地实际参照上述办法和条件，研究解决相应管理岗位职员等级问题。

十一、关于工作人员岗位变动审核问题

事业单位完成首次聘任后，工作人员新聘岗位或变动岗位等级的，应当经主管部门同意后报送同级事业单位人事综合管理部门审核备案。

省直属和省直各部门所属事业单位管理职员六级及以上、专业技术七级及以上和技术工二级及以上岗位，以及从工勤技能岗位转聘管理或者专业技术岗位的新聘人员，应当经主管部门审核并报省委组织部或省人力社保厅备案。委托地方管理的，报所在地事业单位人事综合管理部门审核备案。

十二、关于加强监管问题

各级事业单位人事综合管理部门和主管部门要加强对本地区、本部门事业单位岗位设置和人员聘用的监督管理，建立健全岗位聘用备案制度和年度检查机制，严肃工作纪律，及时纠正违纪违规问题，确保岗位管理制度的正常有序运行。

中共浙江省委组织部
浙江省人力资源和社会保障厅
2013年4月19日

中共浙江省委组织部等5部门关于做好台生和其他台湾居民来浙江就业创业工作的意见

浙人社发〔2013〕107号

各市党委组织部，政府人力资源和社会保障局、台湾事务办公室、教育局、公安局，省直各单位：

为进一步促进浙江与台湾人才交流合作，营造台湾居民来浙江就业创业的良好环境，服务浙江经济转型和“四大国家战略”，根据国家有关法律法规和政策规定，现就做好取得祖国大陆全日制普通高校学历的台湾学生（以下简称“台生”）和取得祖国大陆认可学历的其他台湾居民（以下简称“其他台湾居民”）来浙就业创业工作提出如下意见，请遵照执行。

一、台生和其他台湾居民符合大陆相关政策规定的，可自主应聘或受雇到浙江省内国有企业和各类非公有制经济组织就业；符合招聘条件的，通过公开招聘可应聘到省内事业单位（不含参照公务员管理事业单位）就业。

二、台生和其他台湾居民在浙江落实就业单位后，由用人单位按照《台湾香港澳门居民在内地就业管理规定》（原劳动和社会保障部令第26号），为其向单位所在设区市的人力社保部门申请办理就业证。

三、台生和其他台湾居民到浙江省就业的，应依照《中国公民往来台湾地区管理办法》等相关规定，办理《台湾居民来往大陆通行证》，并由其本人或所在单位（首次申请必须由其本人）向公安机关出入境管理部门申请办理多次有效来往大陆签注或相应期限居留签注。签注有效期与任职、就业部门签订的聘用合同或者就业管理部门签发的就业证上载明的期限相应，但最长不超过5年或《台湾居民来往大陆通行证》有效期限。

四、台生在浙江落实就业单位后，由用人单位携带其普通高等学校学历证书、毕业院校介绍信、台湾居民往来大陆通行证、就业证、人事部门同意聘用文件或企业劳动合同，到省教育厅办理全国普通高等学校就业报到证核发手续。台生的学籍档案转至各级政府所属的公共人才服务机构。

五、台生和其他台湾居民在浙江省内就业在用工管理、工资福利、社会保险、子女教育和职业资格证申请（国家规定可以申请的种类和专业）考试等方面与大陆同类人员享有同等待遇。

六、积极引导台湾地区电子信息、海洋工程、生物医药、新能源、新材料、现代农业、文化创意、教育、医疗、金融等领域的高层次技术和管理人才到浙江创新创业。符合省“千人计划”引进人才条件并经过统一评审的，可参照“千人计划”给予一次性科学技术奖励，并参照省“千人计划”特聘专家享受相关工作条件和生活待遇。

七、在杭州未来科技城设立台湾高层次人才创业孵化中心，为台湾科研机构、高科技企业人才落户科技城创造条件；鼓励台湾高科技人才与浙江民营资本合作创业。

八、对来浙江求职就业的台生和其他台湾居民，各级公共就业和人才服务机构免费为其提供求职政策咨询、就业信息、就业指导和职业介绍等服务。

九、加强浙江与台湾人力资源服务业合作，办好浙台人力资源服务市场。逐步引进台湾有实力的人力资源服务企业到我省设立分支机构，为台生和其他台湾居民提供有利于就业和创业的服务。

十、来浙江就业的台生和其他台湾居民要自觉遵守祖国大陆的法律法规，用人单位及其主管部门要加强教育引导和管理。

十一、各地各部门要高度重视台生和其他台湾居民来浙江就业工作，切实采取有效措施，保障在浙就业台生和其他台湾居民合法权益。各级组织、台湾事务、人力社保、教育、公安等部门要加强协调配合，共同做好台生和其他台湾居民来浙就业服务管理工作。

十二、本意见自发布之日起施行。

中共浙江省委组织部
浙江省人力资源和社会保障厅
浙江省人民政府台湾事务办公室
浙江省教育厅
浙江省公安厅
2013年4月12日

浙江省人力资源和社会保障厅关于印发浙江省就业和失业登记管理办法的通知

浙人社发〔2013〕111号

各市、县(市、区)人力资源和社会保障局：

为进一步完善就业和失业登记管理，推进公共就业服务规范化建设，我们制定了《浙江省就业和失业登记管理办法》，现印发给你们，请认真贯彻执行。

浙江省人力资源和社会保障厅

2013年4月28日

浙江省就业和失业登记管理办法

第一章　总　则

第一条　为加强就业和失业登记管理，保障劳动者依法享受就业失业有关政策，根据《就业促进法》、《就业服务与就业管理规定》(原劳动和社会保障部第28号令)、《就业失业登记证管理暂行办法》(人社部发〔2010〕75号)有关规定，制定本办法。

第二条　县以上人力资源社会保障行政部门主管本行政区域内的就业和失业登记工作。县以上公共就业服务机构负责组织实施就业和失业登记工作。受县以上人力资源社会保障行政部门委托，街道、乡镇以及有条件的社区(村)人力资源社会保障平台可以具体经办就业和失业登记工作。

经办就业失业登记工作的县级以上公共就业服务机构和受委托的街道、乡镇、社区(村)人力资源社会保障平台，统称"经办机构"。

各级经办机构应建立专门台账，利用公共就业服务信息系统，及时、准确记录《就业失业登记证》发放管理信息，并做好相关统计工作。

第三条　用人单位招用劳动者、与劳动者终止或解除劳动关系，进行就业登记，适用本办法。

在法定劳动年龄内、有劳动能力且有就业要求的本地常住户籍劳动者，以及进入本地就业的非本地户籍人员，进行就业和失业登记，适用本办法。

本办法所称用人单位，是指在本省行政区域内的企业、个体经济组织、民办非企业单位等组织，以及招用与之建立劳动关系的劳动者的国家机关、事业单位、社会团体。

第二章　就业登记

第四条　用人单位招用劳动者、与劳动者终止或解除劳动关系的，劳动者从事个体经营、自主创业或者灵活就业的，应当到当地经办机构办理就业登记或注销手续。

第五条·就业登记主要内容：

（一）用人单位信息；

（二）劳动者个人信息；

（三）就业类型和就业时间；

（四）《就业失业登记证》设置的其他内容。

第六条　用人单位新招用人员应当于录用之日起30日内，到所在地经办机构办理就业登记手续。

初次就业人员，已办理《就业失业登记证》的，用人单位持《就业失业登记证》为其办理就业登记手续；未办理《就业失业登记证》的，由用人单位代为申请办理《就业失业登记证》，并提交以下材料：

（一）本人身份证复印件；

（二）劳动合同原件、复印件；

（三）劳动者从事国家就业准入的职业（工种）的职业资格证书原件、复印件；

（四）人力资源社会保障行政部门要求提交的其他证件和材料。

第七条　劳动者从事个体经营、自主创业或者灵活就业的，应当在实现就业后30日内，到户籍所在地经办机构办理就业登记手续。

从事个体经营或自主创业的，持工商营业执照副本和本人有效身份证件办理；灵活就业的，持本人有效身份证件和有关证明材料办理。

用人单位与劳动者终止或者解除劳动关系，应当于终止或解除劳动关系之日起15日内到经办机构办理就业登记注销手续，并提供终止或解除劳动关系的证明书、劳动者的《就业失业登记证》。

第三章　失业登记

第九条　在法定劳动年龄内，有劳动能力、有就业要求并处于无业状态的以下人员，应当进行失业登记：

（一）年满16周岁，未继续升学的各类学校毕（肄）业生；

（二）因各种原因与用人单位解除或终止劳动（聘用）关系的；

（三）个体工商户业主或私营企业业主停止经营的；

（四）有在二、三产业就业愿望的农村劳动力；

（五）承包土地被征用，符合当地规定条件的；

（六）军人退出现役、且未纳入国家统一安置的；

（七）刑满释放、假释、监外执行或解除劳动教养的；

（八）农村进城务工人员和其他非本地户籍人员在常住地稳定就业满6个月以上的；

（九）法律、法规规定的其他符合失业登记的情况。

失业登记由本人到经办机构申请办理。其中，没有就业经历的非农户籍人员，在户籍所在地登记；农村进城务工人员和其他非本地户籍人员在常住地稳定就业满6个月的，失业后可以在常住地登记。

本地农业户籍人员失业登记由各地自行规定。

第十条　本地城镇户籍人员进行失业登记的，应由本人如实填写本人相关信息，并提供户口簿、居民身份证、《就业失业登记证》（初次登记不提供）及以下相关材料：

（一）年满16周岁，从各类学校毕（肄）业的，提供毕业或肄业证书；

（二）与用人单位终止或者解除劳动关系

的，提供终止或者解除劳动关系证明书；

（三）从事个体经营、开办私营企业或民办非企业的停业人员，提供工商行政部门或民政部门出具的停业证明；

（四）军人退出现役且未纳入国家统一安置的，提供有关部门出具的相关证明或证件；

（五）刑满释放、假释、监外执行或解除劳教的，提供司法（公安）部门证明或户籍所在地街道办事处（乡镇政府）证明；

（六）城市规划区内的失地农民，提供乡镇政府（街道办事处）出具的相关证明。

第十一条 在常住地稳定就业满6个月以上的农村进城务工人员和其他非本地户籍人员，失业后在常住地办理失业登记的，应提供本人有效身份证件、《就业失业登记证》、用人单位（或有关部门）出具的终止或解除劳动关系证明、公安部门出具的居住证及复印件等有关资料。

登记失业人员应当定期向经办机构报告就业失业状况，积极求职，参加经办机构安排的就业培训。

第十二条 各级经办机构应当加强对登记失业人员的管理和服务，掌握登记失业人员的就业状况，及时办理失业注销手续。

登记失业人员有下列情形之一，由经办机构注销其失业登记：

（一）被用人单位录用的；

（二）从事个体经营或创办企业，并领取工商营业执照的；

（三）已从事有稳定收入的劳动，并且月收入不低于当地最低工资标准的；

（四）到达国家法定退休年龄或已享受基本养老保险待遇的；

（五）完全丧失劳动能力的；

（六）入学、服兵役、户籍迁移省外的；

（七）被判处收监执行或被劳动教养的；

（八）经经办机构连续三次职业介绍，本人不愿意就业的以及终止就业要求或拒绝接受公共就业服务的；

（九）连续6个月未与经办机构联系的；

（十）已进行就业登记的其他人员或省人力资源和社会保障厅规定的其他情形。

第十三条 因本办法第十二条第八项而注销失业登记的人员，一定时间内视作无就业愿望。具体时间由各市人力资源和社会保障局确定。

第四章 失业人员档案管理

第十四条 失业人员档案由失业登记所在地县以上公共就业服务机构按规定保管。

第十五条 登记失业的人员，应当在进行失业登记的同时，将个人档案从原档案托管单位转移至失业登记所在地县以上公共就业服务机构进行保管。

用人单位与劳动者终止或者解除劳动关系的，应将人员的名单、档案等资料自终止或者解除劳动关系之日起15日内报送当地县以上公共就业服务机构。

劳动者档案由其他机构代管的，代管机构应当自收到用人单位出具的终止或者解除劳动关系证明之日起15日内，将失业人员的有关证明材料报送当地县以上公共就业服务机构。

高校毕业生登记失业的，经本人同意，其档案可由原保管单位保管，也可以转至失业登记所在地县以上公共就业服务机构保管。

劳动者从事个体经营或者灵活就业，或者到其他不具备档案保管条件的用人单位就业的，其个人档案可委托就业登记所在地县以上公共就业服务机构保管。

第五章 《就业失业登记证》的发放与管理

第十七条 本地城镇户籍人员未办理《就业失业登记证》的，在其到经办机构办理求职登记或初次申领《就业失业登记证》时，经办机构应同时为其办理失业登记并发放《就业失业登记证》。

非本地户籍人员初次申领《就业失业登记证》,属于用人单位招聘录用的,由用人单位办理就业登记手续时,向经办机构申领。经办机构在受理申请后,应在10个工作日内核发《就业失业登记证》。

第十八条 不符合就业登记和失业登记的劳动者,如符合本地就业援助条件的,可凭有关证明材料向户籍所在地的经办机构提出就业援助对象认定申请,经办机构审核后,在《就业失业登记证》中注明认定日期、援助对象类别和可享受的相关就业援助政策。

第十九条 《就业失业登记证》实行实名登记制,仅限劳动者本人使用。

劳动者在失业、从事个体经营或灵活就业期间,《就业失业登记证》由其本人保管;劳动者被用人单位录用,《就业失业登记证》由用人单位保管;用人单位与劳动者终止或者解除劳动关系的,应当将《就业失业登记证》交还劳动者本人保管。

第二十条 经办机构应当将《就业失业登记证》发放信息、劳动者的个人基本信息、就业登记和失业登记信息、就业援助对象认定等信息,以及核发、注销《就业失业登记证》等有关情况,录入公共就业服务信息系统。

第二十一条 劳动者发生下列情形之一的,其持有的《就业失业登记证》自动失效并由经办机构进行注销:

(一)达到法定退休年龄的;

(二)享受基本养老保险待遇的;

(三)移居境外的;

(四)完全丧失劳动能力的;

(五)死亡的;

(六)依据法律法规应当失效的其他情形。

第六章 附 则

第二十二条 《就业失业登记证》由浙江省人力资源和社会保障厅根据人力资源和社会保障部有关规定印制,实行全国统一样式、统一编号管理。

第二十三条 本办法所称稳定就业满6个月的非本地户籍人员,是指在本地居住,失业前在本地被用人单位招用满6个月且参加社会保险,或以从事个体经营、灵活就业形式在本地连续就业满6个月,并进行了就业登记的非本地户籍人员。

第二十四条 外国人来华就业,台湾、香港和澳门居民在内地就业,其他法律法规有相关规定的从其规定。

第二十五条 各设区市可根据本办法制定具体实施细则。

第二十六条 本办法自2013年6月1日起施行。

中共浙江省委组织部等5部门关于印发浙江省专业技术人才知识更新工程(2013—2020)实施方案的通知

浙人社发〔2013〕127号

各市、县(市、区)委组织部、人力资源和社会保障局、财政局、科技局(委)、教育局,省直各单位:

为贯彻落实《浙江省中长期人才发展规划纲要(2010—2020)》、《浙江省专业技术人才队伍中长期规划(2011—2020)》和人力资源社会保障部等5部门联合下发的《关于印发专业技术人才知识更新工程实施方案的通知》(人社部发〔2011〕112号)精神,省委组织部、省人力社保厅、省财政厅、省科技厅、省教育厅决定实施专业技术人才知识更新工程。现将《浙江省专业技术人才知识更新工程(2013—2020)实施方案》印发给你们,请结合本地区、本部门实际,认真组织实施。

中共浙江省委组织部
浙江省人力资源和社会保障厅
浙江省财政厅
浙江省科学技术厅
浙江省教育厅
2013年5月23日

浙江省专业技术人才知识更新工程(2013—2020)实施方案

为贯彻落实《浙江省中长期人才发展规划纲要(2010—2020)》和《浙江省专业技术人才队伍中长期规划(2011—2020)》(以下简称"两个规划"),更好地实施人才强省战略,加强我省专业技术人才队伍建设,推进专业技术人员继续教育工作,促进专业技术人才能力素质提升,根据人力资源社会保障部等5部门联合下发的《关于印发专业技术人才知识更新工程实施方案的通知》(人社部发〔2011〕112号)精神,制定本实施方案。

一、指导思想和工作原则

迎接新一轮世界科技、产业革命的机遇和挑战,围绕我省经济社会转型发展需要,以提高专业水平和创新能力为核心,以高层次、急需紧缺和骨干专业技术人才培养为重点,坚持统筹规划、分类实施；专业为主、以用为本；重点带动、整体推进；长短结合、注重实效，健全工作机制，强化政策配套，加大经费投入，创新培养模式，不断推进分层分类、架构清晰的专业技术人才继续教育体系建设，大力提升专业技术人才队伍能力素质，为建设物质富裕精神富有的现代化浙江提供人才支撑和保障。

二、目标任务

1. 以"两个规划"人才发展重点为目标，在先进制造业、现代服务业、战略性新兴产业等经济发展重点领域，教育、卫生、社会管理、文化事业等社会发展重点领域，每年重点培训5万名创新型高层次、急需紧缺和骨干专业技术人才，并以此带动全省专业技术人才知识更新工作的全面开展。

2. 充分发挥业务主管部门和相关行业作用，加强专业技术人员职业资格注册登记管理，所有具备职业资格的专业技术人员，都要参加当年度由部门行业制定的相关知识更新科目学习，并作为注册登记的必备条件。省级职称管理系列主管部门，要发挥职称评价的政策杠杆作用，积极探索"评价＋培养"的队伍建设模式，把知识更新要求作为职称晋升的必要依据，到2015年，要把参加相关知识更新科目学习作为职称申报的必备条件。

3. 依托我省高校科研院所、部门或行业培训机构、大型企业等现有施教机构，建设50个省级专业技术人员继续教育基地和若干个国家级培训基地。

4. 建立知识更新工程重点项目和教育（培训）基地动态管理机制，根据经济社会发展需要，及时调整重点项目方向；通过年度考核评估，对项目和基地质量优劣进行筛选，保优汰劣，确保知识更新工程项目保质保量，与经济发展、社会需求保持同步。

三、知识更新工程项目

我省专业技术人才知识更新工程项目，分公需课程培训项目和重点培养项目两类，公需课程培训项目主要侧重于现代科技知识的普及了解；重点培养项目主要着眼于人才培养发展。

（一）公需课程培训项目

公需课程培训实行"统一教材、统一课件"，以网络学习为主，由部门和地方组织适当面授辅导。省人力社保部门牵头组织编写公需课程教材，制作培训课件，开发学习管理软件，提供网络学习平台。"十二五"期间，主要组织开展《物联网技术》、《低碳经济与绿色生活》、《心理健康与调适》等3门公需课程培训，力争对全省专业技术人员轮训一遍。

（二）重点培养项目

1. 高级研修班项目

以培养产业人才为重点，按照高水平、小规模、重特色的要求，每年举办40期省级专业技术人员高级研修班；争取承办4期左右国家级高级研修班。争取每年培训4000名左右高层次专业技术人才。

2. 经济发展重点领域项目

（1）战略性新兴产业人才培养项目。围绕培育发展生物、物联网、新能源、新材料、高端装备制造、节能环保、海洋、新能源汽车、核电关联等9大战略性新兴产业，采取企业、培训基地和政府资助相结合的模式，在全省1000家重点培育新兴产业企业中，组织300名左右专业技术人才到国内知名高校科研机构参加培训进修，选送100名企业研究院的优秀青年科技人才出国（境）进行中长期培训。

（2）工业设计人才培养培训项目。引导高校设立工业设计专业，与工业设计企业、工业设计基地等共建设计人员实训基地，完善产学研结合的设计人才培养体系。采用由工业设计基地、设计企业和政府资助相结合的办法，引进国内外专业培训机构，组织100名优秀工业设计人才参加国际比赛和培训。

（3）企业经营管理人才素质提升计划。着眼于提高我省企业现代化经营管理水平和国际竞争力，每年选拔一批优秀中青年企业家赴国外高校、企业培训学习；每年组织200名左右高层次企业经营管理人才到国内知名高校或研究机构培训进修；建设好全省企业网络学院，推进企业家在线学习，力争基本实现全省规模以上企业中高层经营管理人才普遍接受工商管理知识学习培训，每年培训2万人次的精细化管理专门人才。

（4）海洋科技人才培养工程。实施"111海洋科技人才知识更新工程"，到2015年，造就100名在国内外有一定影响、在学科领域具有权威地位的创新型海洋科技的领军人才，海洋人才增量达1万人。到2020年，创新型海洋科技的领军人才达200人，海洋人才增量达2万人。

（5）水利专业技术人才培养计划。以"325拔尖人才工程"、首席水利技术专家等人才工程为抓手，每年选派3—4名高层次人才出国进修，选派30名高层次人才参加高级研修。组织水利工程管理单位岗位轮训和水利职工在线学习，推进持证上岗。完善与省水利人事人才信息系统相衔接的知识更新工作监管体系。

（6）食品药品监管人才培养计划。实施全省食品药品监管系统"十百千"人才工程，分层次选拔培养食品药品监管系统专业人才队伍，在2015年前选拔的基础上，加大对拔尖人才的培养力度，到2020年，培养10名左右在全国有一定影响的监管执法人才和专业技术带头人，培养100名左右在省内有权威的监管执法人才和专业技术专家，培养1000名左右在各市有一定影响的复合型业务骨干。

（7）现代农业和新农村建设人才培训计划。组织实施基层农技推广体系改革与建设项目，每年选拔2000名农业专业技术人员到部、省级现代农业技术培训基地接受知识更新培训。实施现代农业领军人才培养工程，每年选拔国家级和省级农业龙头企业、农民专业合作社负责人等优秀农村实用人才到大专院校、科研院所、省级实训基地进行素质提升培训。

3．社会发展重点领域项目

（1）高素质教育人才培养计划。深入实施高等学校高层次人才培养工程，遴选一批省高校优秀中青年学科、专业带头人进行重点培养，资助培养一大批优秀青年教师和"双师"素质教师。每年选送500名优秀青年教师赴海外进行访学、进修，培养造就一批视野开阔、理念先进、学术精湛的学术名师、教学名师、教学团队和高水平创新团队。

（2）科技管理人才培训计划。打造培训基地，大规模开展科技管理人才的在职继续教育。每年组织数百名政府、企业、高校、科研院所和社会化科技中介服务机构的科技管理人才进行集中培训，选派数十名优秀的科技管理干部到欧美发达国家进修学习，努力打造一支懂科技、擅管理的复合型科技管理人才队伍。

（3）医疗卫生人才素质提升计划。实施基层卫生人才素质提升工程，推进住院医师规范化培训和继续医学教育工作，建立完善卫生技术人员培训网络和制度。每年按计划培训全科医生、公共卫生人员、社区护士、注册乡村医生等卫生技术人员。中级及以上专业技术职务卫生技术人员学分达标率达95%。

（4）文化艺术人才培养计划。实施文化艺术人才培养9大计划，重点培养50名左右创作和表演的青年拔尖人才。每年组织培训基层文化队伍1万人次。建立非物质文化遗产、文物考古和保护专业人员的继续教育和岗位培训体系。

（三）教育基地建设项目

根据工程培养培训任务要求，分期分批开

展省级专业技术人员继续教育基地建设，每年认定5家，到2020年，在全省建设50家省级基地，争取3—5家基地成为国家级基地。支持鼓励各市建立市级继续教育基地。

四、组织实施工作

（一）健全工作机制

成立浙江省专业技术人才知识更新工程指导协调小组，由省委组织部、省农办、省人力社保厅、省财政厅、省科技厅、省教育厅、省发改委、省经信委、省卫生厅、省文化厅、省农业厅、省水利厅、省海洋与渔业局、省食品药品监督管理局、省住房和城乡建设厅、省交通运输厅、省环保厅等部门组成，统筹规划和指导协调全省“知识更新工程”实施工作，制定“工程”的分解落实方案和实施计划。建立年度目标责任考核制，承担“工程”培训项目的省级相关业务主管部门，要在每年初，将年度培训项目具体计划方案报“工程指导协调小组”。建立“知识更新工程”项目统计上报制度，并纳入人才工作整体统计系统。各地、各行业主管部门，要在每年底对相关项目的情况进行统计，在每年底上报实施结果。“工程指导协调小组”将对培训项目实施情况包括培训科目、内容、方法和实际效果进行指导督查，每年对培训项目实施结果进行评估通报，并形成动态调整机制。“工程指导协调小组”办公室设在省人力社保厅。

（二）抓好政策落实

各地各部门要认真落实执行省政府157号令有关精神，按照专业技术人员每年必须完成累计不少于12天或72学时的年度继续教育任务，组织安排好年度培训计划。要加强继续教育登记考核管理工作，把参加知识更新项目培训作为登记考核重要内容，与职称申报、职业资格注册登记、单位年度岗位考核聘用等结合起来，并作为晋升使用必要依据。

（三）加强经费投入

专业技术人员“知识更新工程”是人才发展投入的重要组成部分，要加强项目经费管理，整合优化专项资金支持方向，发挥好政府经费的“指挥棒”作用，突出重点，提高资金使用绩效，引导和带动社会资金对“工程”投入的支持。企事业单位要认真落实国家有关规定，及时足额提取教育培训经费，确保培训项目在本单位实施。鼓励个人自费参加“知识更新工程”培训项目。

（四）提高培训服务

加强继续教育（培训）基地建设，积极开展基地评估认定工作，建设和扶持一批培训质量高、社会效益好、市场信誉度高的示范性基地；加强浙江省继续教育网建设，开发完善网络培训平台，开展网上公需课目远程学习、登记和查询，并依托网络平台，对公需课目培训情况实施动态监测统计。研究开发继续教育证书登记系统；加强公需课程项目建设，顺应社会和时代发展，开发提升课程项目的针对性、时代性、有效性；要充分发挥各类行业协会和施教机构作用，探索形式多样的培训方式和培训路径，努力形成“政府主导、行业推动、单位主体、社会广泛参与”的知识更新工程推进新局面。

浙江省人力资源和社会保障厅等3部门关于印发浙江省鼓励省级重点企业研究院引进“海外工程师”暂行办法的通知

浙人社发〔2013〕139号

各市、县(市、区)人力资源和社会保障局、科技局(委)、财政局:

经省政府同意,现将《浙江省鼓励省级重点企业研究院引进“海外工程师”暂行办法》印发给你们,请遵照执行。

浙江省人力资源和社会保障厅
浙江省科技厅
浙江省财政厅
2013年6月9日

浙江省鼓励省级重点企业研究院引进“海外工程师”暂行办法

为推动引智工作服务产业发展,鼓励省级重点企业研究院引进“海外工程师”,提升企业创新能力,促进经济转型升级,根据《浙江省人民政府关于进一步支持企业技术创新加快科技成果产业化的若干意见》(浙政发〔2012〕45号)精神,特设立“海外工程师”资助项目,对省级重点企业研究院引进的“海外工程师”实行资助。具体办法如下:

第一条 适用范围

本办法适用于列入省技术创新综合试点的省级企业研究院(简称“省级重点企业研究院”)引进“海外工程师”。引进的“海外工程师”应具备下列条件:

(一)在国外企业和机构从事工程、技术、管理工作,掌握核心技术、关键工艺的外籍高层次人才;

(二)在省级重点企业研究院承担技术攻关项目和关键工艺研发,聘用时间原则上不少于1年,每年在企业工作时间不少于2个月,年薪达到50万元人民币及以上;

(三)对已入选国家和省“千人计划”的专家,原则上不再列入“海外工程师”资助项目。

第二条 扶持政策

鼓励引进“海外工程师”,坚持“企业主体、政府引导”的原则,在充分尊重企业自主权,薪酬大部分由企业支付的前提下,由省和当地财政分别对省级重点企业研究院给予一定的扶持和奖励。

(一)省财政给予聘请“海外工程师”的省

级重点企业研究院每人10万元年薪资助，每人次在企业研究院工作3年以上的可以有两次资助，资助经费纳入省科技部门预算。宁波市范围内的企业聘请“海外工程师”的资助经费由宁波市财政承担。省级重点企业研究院所在地财政按不低于省级财政资助标准，给予相应的配套资助。

（二）省级重点企业研究院引进的“海外工程师”，符合“千人计划”条件的，积极支持申报国家、省“千人计划”。

第三条　申报和资助程序

（一）申报。每年3月底前，聘请“海外工程师”的省级重点企业研究院填写上一年度《引进“海外工程师”项目申请表》（见附件，表格可在 www. zjitm. com 下载），并提供申报人选的护照、学历、学位证书复印件、与企业签订的工作（聘用）合同和海外任职证明材料等，经市人力社保部门初审汇总后，报送省人力社保厅。省属企业的研究院直接将材料报送省人力社保厅。

（二）审核与拨付。每年4月底前，省人力社保厅、省科技厅会同省委组织部、省经信委、省财政厅等部门对申报人选进行审核。经审定后，省财政厅会同省科技厅、省人力社保厅下达资金核拨文件。

（三）总结反馈。在申报下一年度资金补助前，接受“海外工程师”项目资助县（市、区）应将本期资金的补贴使用及引进的“海外工程师”作用发挥等情况进行总结，并将情况同时报送省科技厅、省人力社保厅和省财政厅。

第四条　服务保障

（一）建立浙江省引进“海外工程师”信息服务平台，及时发布省级重点企业研究院招聘“海外工程师”的需求信息，增强宣传、申报、审批和管理等服务功能。

（二）建立海外引才引智和人才培养基地。加强海外基地建设，及时发布省级重点企业研究院招聘需求，协助物色和联络国外有关机构和组织，不断拓宽引进“海外工程师”的渠道。

（三）加大引智力度。组织省级重点企业研究院赴海外招聘急需紧缺的“海外工程师”，建立研究院与“海外工程师”对接交流机制；探索“以人引人”的引智模式，提高引进“海外工程师”的成效。

（四）加强舆论宣传。积极宣传引进“海外工程师”成效显著的典型，推广好的经验和做法，营造引进“海外工程师”的良好氛围；“西湖友谊奖”的评选向优秀“海外工程师”倾斜。

第五条　组织管理

（一）建立由省委组织部、省人力社保厅、省科技厅、省经信委、省财政厅等部门参加的联席会议制度，定期召开联席会议，共同研究协调解决引进“海外工程师”工作中的重大事项。

（二）省人力社保厅负责协调、指导全省省级重点企业研究院“海外工程师”引进工作。省外专局具体承办全省“海外工程师”引进计划的实施、日常管理等工作。

（三）建立省级重点企业研究院引进“海外工程师”评估制度，对实施情况进行监督、检查和评估。

（四）建立财务监督检查制度，定期对经费的使用进行检查，切实提高资金使用的安全性、规范性和有效性。对弄虚作假的企业研究院，将收回资助经费，且5年内不得申报引进“海外工程师”项目；对审核不严的管理部门，将予以通报批评。

（五）各市人力社保部门要加强省级重点企业研究院引进“海外工程师”工作的管理和指导，并以此为契机加大工作力度，推动当地引智工作的开展。

第六条　附则

（一）各市在执行本办法的基础上，可结合当地经济社会发展实际需要，进一步制定相关鼓励引进“海外工程师”的政策。

（二）本办法由省人力社保厅、省财政厅和省科技厅负责解释。

（三）本办法自发布之日起30日后实施。

浙江省人力资源和社会保障厅关于做好省级大学生创业示范基地申报推荐工作的通知

浙人社发〔2013〕162号

各市人力资源和社会保障局：

为进一步推进大学生创业基地建设，充分发挥创业基地孵化和服务功能，切实落实创业帮扶政策，促进大学生创业就业，现将开展省级大学生创业示范基地申报推荐工作有关事项通知如下：

一、推荐对象及条件

（一）推荐对象：政府或人力社保部门批准设立或依法成立并主要开展创业孵化和创业服务的，已被认定为市级大学生创业基地的各类大学生创业园区、孵化基地等。

（二）推荐条件：

1．目标、性质、定位和发展方向明确，创业实体进出评审、创业扶持、年度考核机制等管理制度和财务制度健全，管理和服务团队素质高、服务质量好。

2．具备可自主支配经营的场地（租用场地的，自申报之日起应尚有5年以上租赁期限），面积不少于2000平方米，其中用于大学生创业企业的场地占60%以上。有规范的物业管理和水电、消防、通讯、互联网、洽谈室、仓储库等公用配套设施和服务。

3．积极开展创业服务，能帮助基地内大学生创业企业享受人力社保等部门的创业扶持政策，提供政策咨询、创业指导、辅导培训、融资服务、事务代理、法律援助等服务；有扶持大学生创业的优惠举措；能为大学生创业企业提供资信评估；有相对完善的小额担保贷款担保运作机制和贷款风险补偿机制；能帮助大学生创业企业提供不同阶段的融资服务；能组织开展创业文化建设。

4．大学生自创或创办由大学生担任法人代表且出资比例不低于30%的企业，入驻数达到30家以上，带动就业岗位300个以上。近3年入园企业孵化存活率不低于80%。

5．现代农业基地不受经营场地面积、入驻企业数、带动就业岗位数限制。但同时需满足以下条件：主导产业明确，能够体现当地农产品生产优势与特色；至少与1家市级以上（含市级）科研教育或技术推广单位建立长期稳定的技术合作关系；主要农产品通过无公害农产品认定或绿色食品、有机食品认证；引领带动区域现代农业发展能力较强，带动大学生创业就业作用明显。

二、认定程序

（一）申报。各市人力社保部门从辖区内市级大学生创业基地或园区中确定1—3家符合条件的候选单位。候选单位填写推荐审批表（一式三份），主管部门填写申请认定意见，由市人力社保局签署推荐意见后，报省人力社保厅。

（二）审核。省人力社保厅根据申报推荐

材料和实地评估情况，首批确定10家左右省级大学生创业示范基地。

（三）公示。对拟认定的省级大学生创业示范基地，在省人力社保厅门户网站进行为期1周的公示。

（四）认定。经公示无异议的，省人力社保厅发文认定，并授“浙江省大学生创业示范基地”牌匾。

三、推荐材料

申报推荐省级大学生创业示范基地，须提供以下材料：

（一）浙江省大学生创业示范基地推荐审批表（见附件）；

（二）政府或有关部门正式批准文件、企业法人营业执照、税务登记证或事业法人证书（共建的应提供合作合同）、可支配场地证明（包括房屋产权证、租赁合同及附图）的复印件；

（三）基地内现有企业、产值、人员数、主营业务清单；

（四）市级大学生创业基地认定文件复印件。

四、有关要求

（一）精心组织实施。请各市人力社保部门按照推荐条件和要求，组织本地的创业园区或孵化基地参加申报，把好初审推荐关，并于2013年9月30日前将相关推荐材料报省人力社保厅。

（二）加强宣传引导。各地要结合本次推荐认定工作，进一步加大宣传力度，广泛宣传扶持大学生创业的政策措施、经验做法，宣传大学生创业成功的典型事迹，引导和帮助更多的大学生实现创业就业。

（三）强化监督管理。根据《浙江省人民政府办公厅关于促进普通高等学校毕业生就业创业的实施意见》（浙政办发〔2013〕91号）精神，被认定为省级大学生创业示范基地的，纳入省级重点扶持建设100个创业示范基地评选范围，给予相应政策和资金倾斜。对认定的省级大学生示范基地，省人力社保厅将不定期开展督查，对存在的问题和薄弱环节，提出改进意见或建议，帮助解决其实际困难。

本通知自2013年8月1日起施行。

联系人：任建军　吕　丹

联系电话：0571—85108839、85155710（含传真）

邮　　箱：78550116@qq.com

附件：浙江省大学生创业示范基地推荐审批表（略）

浙江省人力资源和社会保障厅

2013年8月5日

浙江省人力资源和社会保障厅关于2013年企业退休人员基本养老金计发办法有关问题的通知

浙人社发〔2013〕173号

各市、县(市、区)人力资源和社会保障局,嘉兴市社会保障事务局:

为妥善解决2013年新办理企业退休(退职)手续的人员(以下简称2013年企业退休人员)基本养老金计发办法有关问题,根据《浙江省人民政府关于完善企业职工基本养老保险制度的通知》(浙政发〔2006〕48号)、《浙江省人力资源和社会保障厅 浙江省财政厅关于进一步清理规范企业退休人员待遇项目工作的通知》(浙人社发〔2011〕22号)、《浙江省人力资源和社会保障厅关于完善企业退休人员基本养老金计发办法有关问题的通知》(浙人社发〔2011〕146号)等文件规定,现就有关问题通知如下:

一、关于过渡性调节金问题

(一)为合理衔接新老退休(退职)人员基本养老金水平,2013年企业退休人员基本养老金在按浙政发〔2006〕48号、浙人社发〔2011〕22号等文件规定计发的基础上,继续另加过渡性调节金。

(二)根据浙人社发〔2011〕146号文件规定,过渡性调节金根据在岗职工平均工资增长、退休人员缴费年限、平均缴费工资指数等因素确定,用公式表示为:

过渡性调节金 = 基准调节金 + 本人平均缴费工资指数 × 缴费年限 × 调节系数。

2013年,全省基准调节金确定为180元,调节系数确定为3。

(三)按《浙江省人民政府办公厅转发省劳动和社会保障厅关于完善职工基本养老保险"低门槛准入低标准享受"办法意见的通知》(浙政办发〔2003〕59号)规定,按"低门槛准入、低标准享受"办法参保的退休(退职)人员,其本人平均缴费工资指数应乘以缴费系数后确定。

二、关于最低基本养老金问题

(一)2013年企业退休人员中,凡符合《浙江省职工基本养老保险条例》第三十七条规定条件的,可发给最低基本养老金。

(二)2013年最低基本养老金计发口径为:按规定计发的基本养老金低于当地2012年度月平均基本养老金百分之六十的,由待遇领取地社保经办机构按照当地2012年度月平均基本养老金的百分之六十予以补足。如当地2013年最低基本养老金低于2012年最低基本养老金水平的,按2012年当地最低基本养老金水平予以补足。2012年月平均基本养老金按当地2012年度基本养老金月平均支出总额除以2012年参加企业基本养老保险平均离退休(退职)人数确定。

三、工作要求

各地要严格按照浙政发〔2006〕48号、浙人社发〔2011〕22号、浙人社发〔2011〕146号等文件规定及本通知精神，加强领导，严肃纪律，深入细致地做好2013年企业退休人员基本养老金计发工作，保障企业退休（退职）人员的基本生活，维护社会和谐稳定。

浙江省人力资源和社会保障厅

2013年8月23日

浙江省人力资源和社会保障厅 浙江省经济和信息化委员会关于印发浙江省高级工业设计师职业资格评价条件（试行）的通知

浙人社发〔2013〕189 号

各市、县（市、区）人力资源和社会保障局、经济和信息化委员会（局），省级有关单位：

根据省委、省政府办公厅印发的《浙江省专业技术资格评价与职务聘任暂行规定》（浙委办发〔2004〕75 号）有关精神，按照《浙江省人力资源和社会保障厅 浙江省经济和信息化委员会关于印发浙江省工业设计职业资格制度试点工作暂行办法和浙江省工业设计职业资格考试实施办法的通知》（浙人社发〔2012〕284 号）要求，我们制定了《浙江省高级工业设计师职业资格评价条件（试行）》。现印发给你们，请遵照执行。试行中如遇到问题请及时反映，以便修改完善。

浙江省人力资源和社会保障厅

浙江省经济和信息化委员会

2013 年 9 月 9 日

浙江省高级工业设计师职业资格评价条件（试行）

第一章 总 则

第一条 为加强我省工业设计高层次人才队伍建设，激励广大设计人员不断提高工业设计服务水平和创新能力，推进“浙江制造”向“浙江创造”转变，使工业设计职业资格评价工作制度化、规范化，根据《关于印发浙江省工业设计职业资格制度试点工作方案的通知》（浙人社发〔2012〕283 号）和《关于印发浙江省工业设计职业资格制度试点工作暂行办法和浙江省工业设计职业资格考试实施办法的通知》（浙人社发〔2012〕284 号）及有关规定，制定本评价条件。

第二条 本评价条件适用于在我省从事工业设计专业的企事业单位在职工作人员申报高级工业设计师职业资格的评价。

第三条 按照本评价条件取得高级工业设计师职业资格证书者，表明持证人具有相应的职业能力和技术水平，是聘任高级工程师或高级工艺美术师专业技术职务的重要依据。

第二章　申报条件

第四条　思想道德条件

遵守《中华人民共和国宪法》和法律法规，具有良好的职业道德和敬业精神，热爱本职工作，履行岗位职责，努力完成工作任务，积极为我省工业设计事业发展服务。

第五条　业务能力条件。通过高级工业设计师《设计策划》考试，取得成绩合格证明且在有效期内。

第六条　其他条件

（一）外语要求。申报评审高级工业设计师资格，年龄在40周岁以上人员，其职称外语不作必备条件，作为专家评审的参考依据；年龄在40周岁以下（不含40周岁）人员，除符合相应免试条件外，应取得全国职称外语B级考试合格证书。

（二）年度考核等次要求。近3年年度考核、聘期考核或绩效考核称职（合格）以上。

（三）继续教育要求。申报评审高级工业设计师资格人员，应完成相应的继续教育课程。

第三章　评审条件

第七条　专业理论水平

（一）系统掌握工业设计专业理论和专业技术知识，熟悉本专业国内外相关法律法规；

（二）熟悉本专业相关标准、规范和规程，能创造性地开展设计工作，具备完成复杂技术工作和解决疑难问题的能力；

（三）对本专业某一领域有深入的研究和一定的见解，了解本专业国内外最新技术状况、发展潮流和趋势，具有较强的设计评判能力；

（四）具有培养和指导本专业大学生和工业设计师的能力。

第八条　专业技术工作经历与能力

具备下列条件之一：

（一）参与省级以上重点科研项目或课题的研究，或者参与编写省级地方标准或行业标准2项以上；

（二）作为主持或设计骨干，研发设计经省级相关部门组织专家鉴定的新技术、新品牌、新产品5项以上；

（三）作为负责人经营工业设计企业3年以上，带领有15名以上专职设计人员的设计开发团队，企业设计服务年营业收入达300万元以上；

（四）作为负责人管理企业设计部门或设计项目3年以上，部门或项目设计产品年销售额达3000万元以上；

（五）担任被认定为省级以上工业设计中心的企业的工业设计负责人3年以上，并在任职期内取得显著的经济社会效益；

（六）主持解决工业设计相关关键性问题，取得重大突破，得到省级工业设计主管部门组织的专家认可。

第九条　专业技术工作业绩

同时具备下列（一）、（二）条件：

（一）获得业内认可，应具备下列条件之一：

1. 与工业设计专业相关的国家或省（部）级科学技术奖获奖项目的主要完成人（以署有申报人姓名的获奖证书为准，下同）；

2. 省（部）级工业设计专业奖项三等奖或市（厅）级工业设计专业奖项二等奖以上获奖项目的主要完成人；

3. 国内外重大工业设计专业奖项获奖项目的主要完成人；

4. 获得省（部）级以上工业设计工作相关的荣誉称号；

5. 作为第一发明人，获得与工业设计产品相关的发明专利1项以上，或者实用新型专利（含软件著作权）3项以上，或者外观专利15项以上。

（二）获得市场认可，应具备下列条件

之一：

1. 实现2个以上的品牌设计和市场推广；

2. 设计作品5件以上得到应用推广，并取得显著的经济和社会效益；

3. 设计作品投放市场10件以上，并取得显著的经济和社会效益。

第十条 论文和著作要求

具备下列条件之一：

（一）正式出版本专业有较高学术水平的学术专著1部（独著）；

（二）在专业学术刊物发表本专业有较高学术水平的论文2篇以上（独著或第一作者）；

（三）在专业学术期刊或专著上公开发表具有重大创意和设计水平的作品5件以上。

第四章 附 则

第十一条 本评价条件为省高级工业设计师资格评审委员会对申报者进行综合评价的重要依据，评委会在对申报材料充分审议的基础上，以无记名投票表决方式产生评审结果。

第十二条 本评价条件第三章评审条件中涉及的专业技术工作经历与能力、业绩、论文著作等都是指获得工业设计师职业资格（相应中级专业技术资格）后所取得的，并需提供有效的相关证明材料。

第十三条 申报参加高级工业设计师职业资格评审的人员，有下列情况之一者，取消评审资格（已通过评审的人员，取消其资格，由发证机关收回其资格证书），并从次年起3年内不得再申报高级工业设计师职业资格评审：

（一）伪造、变造证件、证明的；

（二）提交虚假申报材料的；

（三）有严重违纪违法行为，仍在处理、处分、处罚阶段的；

（四）获得工业设计师职业资格后有严重违纪违法行为，在申报材料上瞒报的；

（五）有其他严重违反评审规定行为的。

第十四条 有关词语或概念的特定解释：

（一）“以上”均含本级或本数量。

（二）“主持”是指在完成项目全过程中起支配、决定作用的组织者。

（三）“设计骨干”是指在完成项目全过程中起主要作用，在项目排名前3位的人员。

（四）“省（部）级”是指省政府（国务院相关部门），“市厅级”是指设区市政府（省政府相关部门）。

（五）“国内外重大工业设计专业奖项”是指国际iF、德国红点（Red Dot）、美国IDEA和日本G-MARK，以及相当的其他国际工业设计奖项和省（部）级以上工业设计评比、竞赛和评奖（具体由评委专家组认定）。

（六）“显著的经济效益”是指超额完成本单位或部门规定（或本地区平均水平）的人均上缴利税的20%以上。“社会效益”是指通过利用某工作项目所产生的，经过有关主管部门认可的改善环境、劳动、生活条件、节能、降耗、增强国力等效益，以及有利于贯彻党和国家方针政策，有利于促进国民经济和社会发展的效益。

（七）“学术专著”是指取得ISBN（国际标准书号）并公开出版发行的本专业学术专著或译著。

（八）“专业学术刊物”是指取得CN或ISSN刊号的专业学术刊物。

第十五条 评审有关未尽事宜，由省人力社保厅会同省经信委参照浙江省专业技术资格评审有关规定执行。

第十六条 本规定由省人力社保厅会同省经信委负责解释。

第十七条 本规定自2013年11月1日起施行。今后，国家如有高级工业设计师职业资格评价相关文件出台，按国家规定执行。

中共浙江省委组织部 浙江省人力资源和社会保障厅关于加强事业单位岗位聘期考核管理的指导意见

浙人社发〔2013〕193号

各市、县(市、区)党委组织部、人力资源和社会保障局,省直各单位:

为深入贯彻落实中共中央办公厅、国务院办公厅印发的《关于进一步深化事业单位人事制度改革的意见》(中办发〔2011〕28号)精神,加快转换用人机制,搞活用人制度,现就加强我省事业单位岗位聘期考核管理工作提出如下意见。

一、岗位聘期考核工作的重要性

事业单位岗位聘期考核是事业单位人事管理的中心环节,是事业单位按照管理权限,对所属工作人员在一个岗位聘期内履行岗位职责、任务完成情况以及岗位匹配度进行考察、审核和评价,为使用、管理工作人员提供依据的一项重要工作。加强岗位聘期考核工作,既是进一步深化事业单位人事制度改革,全面落实聘用制度和岗位管理制度的必然要求,也是科学评价和合理使用事业单位工作人员,打破岗位聘任终身制,激发创造活力的重要手段。各地、各部门、各单位要在科学设岗基础上,把岗位聘期考核管理作为加强队伍建设、增强单位活力、实现发展目标的重要抓手,强化竞聘上岗,并与职称评审、继续教育、收入分配等制度配套衔接,逐步形成公平竞争、优胜劣汰、能上能下的用人机制。

二、岗位聘期考核的基本原则

(一)宏观指导、单位自主。事业单位人事综合管理部门要加强宏观指导,主管部门要发挥职能作用加强指导监督,各单位要结合实际自主开展考核。

(二)分级实施、分类考核。充分体现不同行业、不同单位、不同岗位的特点和要求,分级组织,分类考核,提高考核的针对性和有效性。

(三)注重公平、突出绩效。坚持公开、公平、公正,以岗位职责为依据,以工作绩效为重点内容,以服务对象满意度为重要指标,建立科学合理的考核评价指标体系。

(四)强化竞争、优胜劣汰。建立竞争、择优用人机制,通过竞聘上岗,强化岗位动态管理,注重人岗匹配,让合适的人才,到合适的岗位,做合适的工作,实现人尽其才、才尽其用,推动事业科学发展。

三、岗位聘期考核的内容和标准

科学合理地确定考核内容和标准,是做好事业单位岗位聘期考核工作的基础。聘期考核内容要重点突出工作绩效和能力水平与岗位要求的匹配度,包括履行岗位职责情况、完成工作任务的数量、质量、效率,取得成果的水平,所产生的社会效益和经济效益等。行业主管部门要根据本行业特点制定通用的考核标准体系,加强对本行业事业单位考核工作的指导。各单位要根据岗位的工作特点和聘任期限，确定每一个具体岗位的任职条件、工作职责、目标任务和绩效考核标准，作为聘期考核的主要依据。要根据本单位实际，按照管理、专业技术和工勤技能等三类岗位的不同特点和各等级岗位的要求，制定可量化、可操作的考核标准，并予以公布。"双肩挑"人员的聘期考核内容和标准，应当包括所聘两个岗位的职责任务。

四、岗位聘期考核的方法和途径

积极探索形式多样、便捷有效的考核方法和途径，是客观准确评价考核对象的关键。聘期考核方法要体现岗位特点，不同岗位要采取不同的考核方式，体现不同的标准和要求。各单位要根据行业和所聘岗位特点，通过单位内部评议与服务对象评价相结合，定性分析与定量分析相结合，平时考核与定期考核相结合的办法，采取个人总结、绩效分析、内部评议、服务对象满意度调查、第三方评价、综合评价等有效方法灵活开展岗位聘期考核。要以量化的绩效分析结果来评价工作人员的业绩、岗位匹配和胜任度。要建立健全公众评价机制，将服务对象满意度纳入考核标准体系，作为考核的重要评价依据，并赋予一定的权重，通过服务对象的评价，了解工作人员的服务质量、服务态度，以及在服务对象中的公认度。

五、岗位聘期考核的一般程序

程序规范是实现岗位聘期考核工作客观公正的重要保证。岗位聘期考核要坚持公开方案、公开过程、公开结果，接受群众监督。一般应按以下程序进行：

组成考核聘任工作机构。考核聘任工作机构成员应由单位领导、同行专家、职工代表等组成。

制定考核方案。方案须经职工代表大会或职工大会审议，单位负责人员集体讨论通过。

个人总结。被考核人员撰写个人总结、述职报告。

提出意见。考核聘任工作机构根据考核标准，通过多种考核方法，对工作人员提出考核意见并公示。

确定结果。考核结果由单位负责人员集体研究确定并予公布。

各单位可根据实际，在主管部门的指导下，确定具体的考核流程，规范考核程序，做到"三公开"。

六、岗位聘期考核结果的运用

各单位要按照强化竞争、优胜劣汰原则，将岗位聘期考核结果作为岗位聘任的重要依据，并与绩效分配紧密挂钩。要运用考核结果，结合本单位新一轮岗位聘任，大力推进竞聘上岗。对聘期考核中工作业绩特别优秀的专业技术人员允许越级竞聘；对能够履行岗位职责，较好完成聘期目标任务的，应优先竞聘原岗位；对能力水平与所聘岗位任职条件不匹配，不能胜任岗位职责，未完全达到考核要求的，应予以低聘或转聘到其他岗位；对不能履行岗位职责，未能完成聘期任务，被确定为不合格等次的，应按聘用制度有关规定处理。低聘或转聘岗位后，应按照"以岗定薪、岗变薪变"的原则，重新确定岗位和绩效工资，具体按照《浙江省事业单位工作人员收入分配制度改革实施意见》（浙人薪〔2006〕307 号）和《关于事业单位岗位管理制度实施后有关问题的意见》（浙人社发〔2013〕106 号）等有关规定执行。

岗位聘期考核工作政策性强、涉及面广，关系到事业发展和工作人员切身利益。各级组织和人力社保部门要加强宏观指导和监督管理，把岗位动态管理与建立健全岗位聘期考核制度结合起来，强化建立工作推进机制。各主管部门要加强分类指导和督促检查，各事业单位要认真组织实施考核工作。要进一步加强政策宣传，切实转变观念，努力形成能者上、庸者下的用人机制和激励先进、鞭策后进的良好氛围。

附件：1. 浙江省事业单位专业技术二级岗位聘期考核办法(试行)

2. 浙江省事业单位专业技术二级岗位聘期考核登记表(略)

中共浙江省委组织部
浙江省人力资源和社会保障厅
2013 年 9 月 25 日

附件 1

浙江省事业单位专业技术二级岗位聘期考核办法(试行)

第一条 为准确评价事业单位专业技术二级岗位聘任人员的工作绩效,建立能上能下的用人机制,根据中央关于深化事业单位人事制度改革的精神,结合我省实际,制定本办法。

第二条 专业技术二级岗位聘期考核坚持公开、公平、公正,以鼓励持续创新为目的,以聘期内业绩为考核重点。

第三条 专业技术二级岗位实行定期考核、动态管理。聘期考核 3 年开展一次,由省委组织部、省人力社保厅统一组织,主管部门、事业单位具体实施。

第四条 各单位应根据专业技术二级岗位任职条件和申报条件控制标准,重点围绕所聘对象在聘期间的工作业绩、业内影响和人才培养等考核要素,确定具体的考核内容和标准。

第五条 聘期考核应采取个人述职、绩效分析、专家评议、服务对象满意度调查、综合评价等方法进行,本单位可结合实际灵活运用。

第六条 聘期考核坚持公开方案、公开过程、公开结果,一般按以下程序进行:

(一)个人撰写述职报告、填写考核登记表;

(二)单位考核聘任工作机构按照规定的考核内容、考核标准和考核方法,进行综合评议,提出考核意见,并在本单位进行公示;

(三)省级事业单位主管部门或设区市事业单位人事综合管理部门对单位提出的考核意见进行审核;

(四)省委组织部、省人力社保厅研究认定考核结果。

第七条 经岗位聘期考核,能够履行岗位职责,完成聘期内目标任务,且岗位数尚有空缺的,一般应予续聘;没有很好履行岗位职责完成目标任务的,不予续聘;虽完成目标任务,但有更优秀人才申请聘任的,应实行竞聘上岗,经核准后择优聘任。

第八条 专业技术二级岗位聘任人员到达法定退休年龄后,经批准延长退休年龄,已连续通过两个聘期考核的,今后不再参加聘期考核,不占本单位二级岗位数。

第九条 本办法由省委组织部、省人力社保厅负责解释,自印发之日起施行。

浙江省人力资源和社会保障厅关于做好高校毕业生到村(社区)专职从事就业和社会保障工作的通知

浙人社发〔2013〕196号

各市、县(市、区)人力资源和社会保障局:

为贯彻落实《浙江省人民政府办公厅关于促进普通高等学校毕业生就业创业的实施意见》(浙政办发〔2013〕91号)精神,全省计划在2013年至2015年,招聘10000名高校毕业生,到村(社区)专职从事就业和社会保障公共服务工作。现将有关事项通知如下:

一、招聘对象

毕业2年以内的全日制大专学历以上普通高校毕业生(含取得高级职业资格证书及以上的高级技工学校和技师学院毕业生)。

二、招聘办法

(一)制定考录计划

各市、县(市、区)人力社保部门负责考录招聘工作。各地根据实际需要,确定招聘人数,制定年度考录计划,并报上一级人力社保部门备案。每年2月底前,各市汇总后上报省人力社保厅就业促进和失业保险处。

(二)组织公开招聘

招聘工作应坚持公开、平等、竞争、择优原则,采用公开招聘的方式进行。根据年度考录计划,按照发布公告、自愿报名、资格审查、笔试、面试、体检、考察、公示、录用等程序实施,其中,笔试试卷原则上由各市命题。2013年度招聘工作,各地要在12月底前完成(各市目标任务见附件)。

(三)签订劳动合同

用人单位应与录用后的高校毕业生签订劳动合同,明确双方的权利和义务,但不得采取劳务派遣用工形式。被录用的高校毕业生应统一管理,调配到村(社区)就业和社会保障专职工作岗位。

三、培训考核

各市、县(市、区)人力社保部门要对新录用的高校毕业生进行岗前培训,并对在岗工作人员进行业务培训。用人单位将培训情况作为年度考核的重要内容,每年要对录用人员进行考核,考核结果存入个人档案。各市、县(市、区)人力社保部门要加强对人力社保基层平台各项工作的考核。

四、收入待遇与资金保障

被录用的高校毕业生年收入一般不低于当地上一年的全社会单位在岗职工平均工资水平。用人单位可向人力社保部门申请岗位补贴和社会保险补贴,所需资金可从各级失业保险基金促进就业经费中列支,补贴标准由当地确定。

各地要按照本通知要求,切实加强组织领导,确保工作顺利进行。工作中出现的问题,要及时向上级人力社保部门反映。请各市在

2014 年 1 月底前将 2013 年招聘情况书面上报省人力社保厅就业促进和失业保险处。

本通知自公布之日起实施。

联系人：陆欣蔚　任建军

联系电话：0571-85108839

电子信箱：lxw@zjhrss.gov.cn

附件：2013 年全省招聘高校毕业生到村（社区）专职从事就业和社会保障目标任务分解表

浙江省人力资源和社会保障厅

2013 年 9 月 30 日

附件

2013年招聘高校毕业生到村(社区)专职从事就业和社会保障工作目标任务分解表

地区	全省	杭州	宁波	温州	湖州	嘉兴	绍兴	金华	衢州	舟山	台州	丽水
人数	4000人	500人	500人	500人	200人	400人	400人	500人	300人	100人	300人	300人

注：1. 目标任务分解主要依据前期各市摸底数及失业保险基金承受能力。
2. 请各市将目标任务细分到各县(市、区)人力社保局。

中共浙江省委组织部 浙江省人力资源和社会保障厅关于事业单位新进人员有关问题的通知

浙人社发〔2013〕197号

各市、县(市、区)党委组织部、人力资源和社会保障局,省直各单位:

近期,不少单位和个人咨询事业单位新进人员有关问题,为规范信息发布,便于各地、各单位把握,根据有关人事管理规定和我省实际,事业单位新进人员除政策性安置、按干部人事管理权限由上级任命外,按以下规定执行。

一、事业单位管理岗位和专业技术岗位新进人员一般要求具有大学专科以上学历,特殊专业岗位可适当放宽。

二、具有硕士研究生学历(学位)或中级专业技术资格以下的人员,年龄一般在35岁以下。

三、具有博士研究生学历(学位)或副高级专业技术资格的人员,年龄一般在45岁以下。

四、工勤技能岗位新进具有中级工技术等级以下的人员,年龄一般在30岁以下。

五、具有正高级专业技术资格的人员、紧缺特殊人才、高技能人才,年龄可适当放宽。

中共浙江省委组织部

浙江省人力资源和社会保障厅

2013年9月23日

浙江省人力资源和社会保障厅 浙江省财政厅关于印发高校毕业生网络创业认定暂行办法的通知

浙人社发〔2013〕199号

各市和义乌市人力资源和社会保障局、财政局：

根据《浙江省人民政府办公厅关于促进普通高等学校毕业生就业创业的实施意见》（浙政办发〔2013〕91号）精神，我们制定了《浙江省高校毕业生网络创业认定暂行办法》，现印发给你们，请认真贯彻执行。

浙江省人力资源和社会保障厅

浙江省财政厅

2013年10月11日

浙江省高校毕业生网络创业认定暂行办法

根据《浙江省人民政府办公厅关于促进普通高等学校毕业生就业创业的实施意见》（浙政办发〔2013〕91号）精神，为落实高校毕业生网络创业政策，现就网络创业认定事项规定如下：

一、认定对象

在浙江省内注册（注册IP地址为浙江省内）经营网店，申请认定时已在公共就业和人才服务机构进行就业失业登记的毕业2年内高校毕业生。

与用人单位签订正式劳动合同兼职从事网络经营的人员，不在认定对象之内。

二、认定标准

申请网络创业认定，须符合以下条件：

（一）网店在电子商务平台实名认证，申请认定时已连续从事网络经营6个月（含）以上。

（二）诚信经营，信用良好，网店综合评价率（综合评分与总分的百分比）或好评率（好评数与交易数的百分比）在96%（含）以上。

（三）申请认定前连续6个月，平均月营业额在3000元（含）以上。同时经营2家（含）以上网店的，且都符合上述条件（一）、（二），营业额可累加计算。

三、认定程序

（一）申请

申请人可登录浙江省人力资源和社会保障厅门户网站（www.zjhrss.gov.cn）或浙江就业服务网（www.zjjy.gov.cn），下载《浙江省网络创业认定申请表》(见附件,以下简称认定申请表)。申请人持认定申请表、学历证书和身份证原件及复印件、《就业失业登记证》,向社会保险参保地或网店注册地的市、县(市、区)人力社保部门或当地人力社保部门授权的乡镇(街道)人力社保工作平台,提出认定申请。

(二)审核

人力社保部门根据认定标准,对申请材料进行核查。对不符合网络创业认定条件的,应及时告知。

(三)认定

人力社保部门自申请人提交的材料齐全之日起7个工作日内完成认定,对审核通过的申请人在其所持有的《就业失业登记证》上注明“网络创业认定”字样,备注网店名称和认定时间。

四、相关政策享受

(一)网络创业认定作为享受小额担保贷款和贴息、社保补贴政策的有效凭证之一。

(二)经认定的网络创业人员可按浙政办发〔2013〕91号文件规定在网店注册地申请不超过30万元的小额担保贷款,按规定享受贴息。具体标准由各地自行制定。

(三)经认定的网络创业人员在浙江省内缴纳社会保险费满12个月的,可按《浙江省人力资源和社会保障厅 浙江省财政厅关于扩大失业保险基金支出范围试点有关问题的通知》(浙人社发〔2012〕282号)文件规定给予一次性自主创业社会保险补贴。社会保险补贴不得同时重复享受。

五、其他事项

(一)网络创业认定有效期为一年,认定超过一年,申请人提出享受相关政策的,由人力社保部门对照认定标准复核申请人网店经营情况,在申请人所持有的《就业失业登记证》上注明复核时间,未经复核的无效。

(二)各地人力社保部门要实时将经认定的网络创业人员信息录入高校毕业生实名登记动态管理系统,定期向同级财政部门通报网络创业认定情况。

(三)上级人力社保部门要不定期对下级人力社保部门的网络创业认定情况进行监督检查,及时发现认定过程中的问题。对违反本办法的认定行为,取消申请人网络创业认定资格,并追究工作人员责任。每年初各市人力社保部门将上一年度的社会保险补贴发放情况报省人力社保厅备案。

(四)本办法自公布之日起30日后施行。

附件:浙江省网络创业认定申请表

附件

浙江省网络创业认定申请表

申请人姓名		身份证号码	
网店名称		网店网址	
网店注册时间		注册所在地	
综合评价率		平均月营业额	
以上内容查看申请人网店后台信息核实			
经营地址		联系电话	
员工总数		邮箱地址	
招用人员类别	高校毕业生_______人（其中：就业失业登记_______人）；农村转移劳动力_______人；城镇失业人员_______人；其他_______人。		
经营内容			
社保参保情况	□已参保及参保地________________ □未参保		
拟申请政策	□小额担保贷款和贴息 □一次性自主创业社保补贴 □其他_______		
本人承诺以上内容真实有效，若有不实所有责任由个人承担。 承诺人：__________			
市、县（市、区） 人力社保部门 审核意见	（盖章） 年 月 日		

注：网店综合评价率指综合评分与总分的百分比；好评率指好评数与交易数的百分比。

浙江省人力资源和社会保障厅 浙江省财政厅 浙江省地方税务局关于2013年对部分中小微工业企业临时性下浮社会保险费缴费比例的通知

浙人社发〔2013〕201号

各市、县(市、区)人力资源和社会保障局、财政局、地税局,嘉兴市社会保障事务局:

目前,我省经济持续向好的基础尚不稳固,面临较大的下行压力,部分企业尤其是中小微工业企业经营仍较困难,特别是“菲特”台风对我省部分中小微工业企业生产经营造成较大影响。为切实帮助部分中小微工业企业尤其是受灾企业提振信心、共度时艰,支持我省实体经济平稳健康发展,在确保社会保险待遇按时足额支付、基金保持正常运行的前提下,经省政府同意,2013年对部分中小微工业企业临时性下浮社会保险费缴费比例(包括基本养老保险、基本医疗保险、工伤保险、失业保险、生育保险)。现就有关事项通知如下:

一、社会保险费缴费比例临时性下浮的对象

本次社会保险费缴费比例临时性下浮的对象是:

(一)受“菲特”台风影响,生产暂时陷入困境的中小微受灾工业企业;

(二)符合产业结构调整方向、依法参保缴费、生产经营暂时面临困难但有望恢复的中小微工业企业。

享受政策企业的具体条件及名单,在省社保中心、医保中心参保的,由省人力社保厅会同省财政厅、省地税局确定;在各地参保的,由各地结合本地中小微工业企业结构和经营状况确定。

二、社会保险费缴费比例临时性下浮的标准

本次社会保险费缴费比例临时性下浮的幅度相当于符合享受政策条件的中小微工业企业社会保险单位缴费部分2个月的额度。采用全省集中减征的方式,统一在2013年11月份、12月份操作。

工业企业职工仍按规定缴纳社会保险费,个人缴费部分不予减征。

三、相关政策和业务操作的衔接处理

(一)集中减征月份,中小微工业企业参保职工按政策规定应享受的各项社会保险待遇不受影响;基本养老保险、基本医疗保险、失业保险缴费年限连续计算。

(二)集中减征月份,基本养老保险个人账户按个人缴费额据实记录;基本医疗保险实行统账结合的,个人账户中应由企业缴费划入部分仍按规定标准从结余基金中划入。

(三)集中减征月份社会保险费的申报、核定、征缴程序不变,仍按现行办法操作。

(四)因集中减征造成社会保险基金当期收支的缺口,先由当地历年结余予以弥补,不足部分由当地财政统筹解决。对养老保险基金支付确有困难的市(县),省级调剂金给予适当调剂补助。

四、工作要求

各级政府和各有关部门要从贯彻党的群众路线,减轻企业负担,帮助企业恢复生产经营,促进经济转型升级的要求出发,充分认识此次对部分中小微工业企业临时性下浮社会保险费缴费比例的重大意义,切实加强领导,精心组织实施,确保落到实处。

各市人力社保部门要抓紧会同当地财政、地税等部门,结合本地区实际,研究制定具体实施方案,经当地政府同意后,于2013年11月底前报省人力社保厅、省财政厅、省地税局备案。各地人力社保、财政、地税等部门和业务经办机构要各司其职,各负其责,加强协调,形成合力,确保此项政策公开、透明、有序实施到位。各地在实施过程中出现的新情况、新问题,要及时向省人力社保厅、省财政厅、省地税局报告。

浙江省人力资源和社会保障厅
浙江省财政厅
浙江省地方税务局
2013年10月25日

中共浙江省委组织部 浙江省人力资源和社会保障厅 浙江省教育厅关于加强流动人员人事档案规范管理的通知

浙人社发〔2013〕204 号

各市、县(市、区)党委组织部、人力资源和社会保障局、教育局,各有关高校:

根据《中华人民共和国档案法》、《干部档案工作条例》、中共中央组织部、原人事部印发的《流动人员人事档案管理暂行规定》(人发〔1996〕118 号)和浙江省委组织部、浙江省人力资源和社会保障厅印发的《浙江省流动人员人事档案工作服务规范》(浙人社发〔2013〕3 号)等有关法律法规和政策文件规定,为健全流动人员人事档案公共服务体系,维护人事档案的真实性、严肃性,促进人才诚信建设,推进人事档案信息化进程,现就加强流动人员人事档案规范管理有关事项通知如下:

一、进一步规范流动人员人事档案的管理范围

除具有人事档案管理权限的国家机关、事业单位和国有企业管理的本单位在编在职人员的人事档案,以及按照《干部档案工作条例》归属各级组织部门管理的干部档案以外,其他所有具有高中(含中专、职高、技校)及以上学历各类毕业生的人事档案,或取得初级及以上职称证书、各类职业资格证书的从业人员的人事档案,以及离校未就业学生、出国(境)留学人员的人事档案均纳入流动人员人事档案的管理范围。

二、严格遵循“集中统一,归口管理”的管理原则

流动人员人事档案应集中归口到县以上(含县)政府人力社保部门所属人才服务机构统一管理,并接受同级党委组织部门、政府人力社保部门的监督和指导。其他任何单位不得擅自管理流动人员人事档案。

各级人才服务机构要积极主动做好流动人员人事档案的接收和管理工作。各类高校、高中(含职高、中专、技校)学校应及时将毕业离校属于流动人员人事档案管理范围的毕业生档案(包括电子档案)移交给户籍所在地或工作单位所在地人才服务机构。非国有控股企业、民营企业、合资企业、中介组织、社会团体等任何不具有人事档案管理权限的单位应将所有人事档案移交给各级人才服务机构管理;国家机关、事业单位和国有企业等具有人事档案管理权限的单位应将非本单位在编在职人员的人事档案移交给各级人才服务机构管理。

各级党委组织部门和政府人力社保部门要加强监管,对本地区流动人员的人事档案管理情况,进行一次认真的调查了解和规范。督促不具备人事档案管理权限的有关单位和个人将人事档案尽快移交给人才服务机构管理。对擅自管理流动人员人事档案的单位或直接责任者,按照《流动人员人事档案管理暂行规定》,

视情节轻重，给予批评和教育或党纪、政纪处分；触犯法律的，依法追究责任。

三、积极推进流动人员人事档案管理信息化和诚信建设

流动人员人事档案信息化建设的基本方向和核心任务是实现全省流动人员人事档案信息“软件统一、分级存储、安全诚信、共享使用”。由省里统一组织开发“浙江省流动人员人事档案管理信息系统”，逐步建立纸质档案、电子档案和影像信息并存的流动人员人事档案信息系统。各市县统筹规划、分步推进，逐步实现省、市、县（市、区）三级互联互通，建立规范化、信息化、网络化的流动人员人事档案管理体系。浙江省流动人员人事档案管理信息系统与浙江省社会保险信息系统、浙江省公共就业服务信息系统实现数据共享，并以流动人员人事档案为基础，建立流动人员人才库。

要有效推进流动人员的诚信档案建设，流动人员人事档案增加社保交纳情况、绩效考评、专业特长等反映个人实际工作能力和从业诚信的内容，使流动人员人事档案成为用人单位评价和招聘各类人才的重要依据。

中共浙江省委组织部
浙江省人力资源和社会保障厅
浙江省教育厅
2013 年 10 月 21 日

浙江省人力资源和社会保障厅 浙江省财政厅关于印发浙江省高级会计师资格评价条件的通知

浙人社发〔2013〕215 号

各市、县(市、区)人力资源和社会保障局、财政局,省级有关单位:

根据《会计专业职务试行条例》和省委、省政府办公厅印发的《浙江省专业技术资格评价与职务聘任暂行规定》(浙委办〔2004〕75 号)精神,结合我省实行高级会计师资格考评结合的工作实际,我们对《浙江省高级会计师资格评价条件(试行)》(浙人社发〔2011〕41 号)进行了修订,现印发给你们,并作以下补充规定,请一并遵照执行。

按照原省职称改革领导小组办公室《关于在乡镇以下企事业单位开展会计、经济、统计和审计中初级职务资格评审的通知》(浙职改办〔1998〕9 号)规定的范围和评价条件,在 2003 年底前经评审取得会计师资格的人员,按原省人事厅《关于停止在乡镇以下企事业单位开展会计、经济、统计和审计中初级职务任职资格评审的通知》(浙人专〔2003〕212 号)的规定执行。

浙江省人力资源和社会保障厅

浙江省财政厅

2013 年 11 月 12 日

浙江省高级会计师资格评价条件

第一章 总 则

第一条 为适应经济社会发展对会计专业技术人员的要求,客观公正地评价会计专业技术人员的能力和水平,使会计专业技术资格评价工作制度化、规范化、科学化,根据《会计专业职务试行条例》和《浙江省专业技术资格评价与职务聘任暂行规定》等有关文件规定,结合我省实际,制定本评价条件。

第二条 本评价条件适用于浙江省从事会计专业技术工作,高级会计师资格考试成绩合格人员申报高级会计师资格的评价。

第三条 按照本评价条件评审通过并获得高级会计师资格证书的,表明持证人具有相应的专业技术和学术水平,是聘任高级会计师职务的重要依据。

第二章　申报条件

第四条　基本条件。

遵守《中华人民共和国宪法》及法律法规，具有良好的职业道德，热爱本职工作，履行岗位职责，能够坚持工作，完成工作任务，积极为社会主义市场经济建设服务。

第五条　学历（学位）、资历条件。

符合下列条件之一，可以申报高级会计师资格：

（一）具有博士学位，取得会计师或经济师（财政税务类）资格后，从事会计专业技术工作2年以上。

（二）具有硕士学位，取得会计师或经济师（财政税务类）资格后，从事会计专业技术工作4年以上。

（三）具有大学本科学历，取得会计师或经济师（财政税务类）资格后，从事会计专业技术工作5年以上。其中先参加工作后取得大学本科学历的人员，其本科毕业后从事会计专业技术工作须满2年。

第六条　破格申报条件。

不具备本评价条件第五条规定学历，但取得会计师或经济师（财政税务类）资格后的会计专业技术工作年限已满；或具备规定学历（学位），但取得会计师或经济师（财政税务类）资格后的会计专业技术工作年限不够（原则上提前时间不超过1年）的人员，会计工作业绩突出，具备下列6项条件中的3项以上者，可以破格申报高级会计师资格。

（一）获得设区市以上劳动模范称号的；或获得省级以上财政部门授予先进会计工作者称号的；或在担任财会机构负责人期间，所主持的财会机构获得省级以上财政部门授予先进财会工作集体称号的。

（二）获得国家三等或省、部级二等以上有关财务、会计等科研成果奖项的主要贡献者。

（三）独立撰写并在公开发行的专业报刊（不含增刊）发表财会专业论文4篇以上，每篇论文须在2000字以上。

（四）出版财会专业著作、译作，本人撰写或翻译汉字在6万字以上；或者合编、出版中专以上财会专业教材，本人独立撰写8万字以上。

（五）在大、中型企事业单位担任总会计师职务以上或在地级市以上业务主管部门担任财务（会计）科长以上职务5年以上。

（六）从事会计专业技术工作20年以上，大学专科毕业后取得会计师或经济师（财政税务类）资格7年以上；或从事会计专业技术工作25年以上并取得会计师或经济师（财政税务类）资格10年以上。

破格申报仅限于"单破"，即破学历或破资历（会计专业技术工作年限）。

第七条　转（兼）评申报条件。

担任相关高级专业技术职务1年以上的人员，因专业技术岗位变动或工作需要，符合本评价条件的，可以申报转评、兼评高级会计师资格。

第八条　其他条件：

（一）外语。除符合免试条件的人员以外，年龄在40周岁以下（不含40周岁）的人员，需取得有效的外语合格证书或成绩；年龄在40周岁以上、50周岁以下（不含50周岁）人员，职称外语成绩不作为必备条件，作为专家评审的参考依据。

（二）计算机应用能力。除符合免试条件的人员以外，凡年龄在45周岁以下（不含45周岁）人员，须取得有效的计算机应用能力考核合格证书。

（三）会计从业资格证书和会计人员继续教育。凡从事财政部制定的《会计从业资格管理办法》规定岗位的申报人员，必须持有有效的会计从业资格证书，并提供近3个年度完成会计人员继续教育的证明材料。

（四）单位考核。申报人员在近3个年度单位考核中均为称职（合格）以上等次。

第三章 评审条件

第九条 高级会计师应当具有良好的职业道德和敬业精神；具备较系统的经济、财务会计理论和专业知识，能指导会计师工作；具有较高的政策水平、丰富的财务会计工作经验和解决会计专业技术工作中重大疑难问题的能力，能够独立领导和组织本单位的财务会计工作。

第十条 专业技术水平。

熟悉本专业领域的现状和发展趋势，注重财务会计理论研究，具有理论联系实际、不断开拓创新的研究水平。能结合本职岗位工作，撰写并发表具有应用价值的学术论文，出版财会专业著作、译作或中专以上财会专业教材等。取得会计师或经济师（财政税务类）资格后，符合下列条件之一：

（一）独立撰写并在公开发行的专业报刊（不含增刊）发表财会专业论文2篇以上，每篇论文须在2000字以上。

（二）出版财会专业著作、译作，本人撰写或翻译汉字在4万字以上。

（三）合编、出版中专以上财会专业教材，本人独立撰写6万字以上。

以上（二）、（三）两点未标明撰写者、编译者的著作、译作或教材，须由主编、出版社出具撰写、编译分工的证明。

第十一条 工作能力（业务经历）。

熟悉财务会计法规、制度、办法，具有较高的政策水平和丰富的财务会计工作经验或财务会计教学经验；具有较强的经济核算、财务管理、会计和审计实务工作与教学研究能力；具有解决会计专业技术工作中重大、疑难问题的能力，能够独立领导和组织本单位的财务会计工作。取得会计师或经济师（财政税务类）资格后，符合下列具体条件之一：

（一）在县级以上业务主管部门担任财会机构负责人正职以上职务满3年，或担任财会机构负责人副职满5年。

（二）在大中型企业担任财务部经理以上职务满3年，或担任财务部副经理职务满5年。

（三）在正式员工200人以上的组织机构或单位担任财会机构负责人正职以上职务满3年，或担任财会机构负责人副职满5年。

（四）在具有从事证券及相关业务资格会计中介机构担任业务部门经理以上职务满3年，或担任业务部门副经理满5年；或在全省百强会计中介机构担任业务总经理以上职务满3年，或担任业务副总经理满5年。

（五）具有本科学历，在重要财会工作岗位任职10年（或硕士学位6年、博士学位3年）以上，能够合法合规地组织和开展会计核算、财务管理和实施内部控制规范等工作，负责或执笔拟制、修订与会计专业技术工作相关的法规、制度、会计监督检查方案、专业技术标准和操作规程等；或作为检查组负责人承担县级以上政府主管部门组织的重大经济案件的检查工作和县级以上司法部门委托的疑难复杂经济案件的会计司法鉴定工作；或作为项目负责人承担设区市重点工程、技改项目经济可行性论证和大中型企业改制、上市、重组、清算等项目；或作为课题负责人承担市厅级以上财会研究课题；或作为项目负责人承担大中型企业年度审计、资产评估、会计管理咨询等项目。

（六）承担高等院校财会类专业教学任务，主讲财会专业主干课程。

第十二条 工作业绩与成果。

在财务会计实务工作和教学研究领域取得显著的工作业绩与成果，取得会计师或经济师（财政税务类）资格后，符合下列具体条件中的2项以上：

（一）贯彻执行国家财经法律法规、会计准则制度，合法合规地组织和开展会计核算、财务管理等工作。负责或执笔拟制、修订与会计专业技术工作相关的法规、制度、会计监督检查方案、专业技术标准和操作规程等3项以上，经实施后效果明显。

（二）立足财会，参与管理，当好领导参谋，在增收节支、降低成本费用、提高资金使用效率、确保资产安全、财务报告及相关信息真实完整等方面，开拓创新，圆满完成工作任务，业绩显著，在本地区、本系统或本行业得到公认。

（三）在实施内部控制规范和开展内部审计过程中，发现内部控制缺陷，通过学术论文、调研报告、管理建议书等提出重要建设性意见，被有关单位采纳后，对促进建立健全内部控制规范体系，提升管理效率，实现发展战略等方面业绩显著。

（四）作为项目负责人主持大中型企业年度审计、资产评估、基建审价、会计管理咨询等项目3个以上，签署的相关专业报告具有公信力。

（五）作为项目负责人或主要承办人，主持或参与设区市重点工程、技改项目的经济可行性论证项目2个以上，或大中型企业改制、上市、重组、清算等项目2个以上，在项目论证或制定、审定过程中，发挥重要作用。

（六）承担县级以上政府主管部门组织的重大经济案件的检查工作和县级以上司法部门委托的疑难复杂经济案件会计司法鉴定工作2次以上，其工作成果对案件的侦破、定性和处理具有重要作用。

（七）作为课题负责人或课题组主要成员，主持或执笔参与市厅级以上财会研究课题2个以上，结题的研究报告具有较高的学术水平和实际应用价值。

（八）承担高等院校财会类专业教学任务，结合国内外会计改革与发展的最新动态，紧扣财务会计实际工作的要求，主讲会计专业主干课程2轮以上，教学效果被所在院校评为优良等次以上，在培养会计人才方面做出重要贡献。

第四章　附　则

第十三条　本评价条件为省高级会计师资格评审委员会对申报人员进行综合评价的重要依据，评审委员会在对申报材料充分审议的基础上，以投票表决的方式产生评审结果。

第十四条　申报人员的《高级会计师资格评审对象情况综合表》须在本单位进行为期7天的公示，公示无异议后按规定程序报送相关申报材料；省财政厅会同省人力资源和社会保障厅按规定对高级会计师资格评审对象的申报条件进行审核，并将审核符合申报条件且公示无异议的评审对象提交省高级会计师资格评审委员会评审；经省高级会计师资格评审委员会评审通过的人员，须在省财政门户网站上对其姓名、工作单位、行政职务、中级专业技术资格及取得时间等进行为期7天的公示。

申报人员的《高级会计师资格评审对象情况综合表》未在本单位公示或公示时间不足的，取消本年度评审资格；如已通过评审，由发证机关收回其高级会计师资格证书。

第十五条　破格申报人员须参加省高级会计师资格评审委员会组织的答辩面试，答辩面试成绩作为评审依据之一。

第十六条　本评价条件中涉及的专业技术水平、工作能力、工作业绩与成果等都是指获得会计师或经济师（财政税务类）资格后（企事业单位指实际聘任会计师、财税经济师职务后）取得的，并需提供有效的相关证明材料。

第十七条　申报人员有下列情况之一者，取消评审资格；已通过评审的人员，由发证机关收回其高级会计师资格证书，并从次年起3年内不得再参加高级会计师资格评审：

（一）伪造、变造证件、证明的；

（二）提交虚假申报材料的；

（三）有严重违纪违法行为，仍在处理、处

分、处罚阶段的；

（四）取得会计师或经济师（财政税务类）资格后曾有严重违纪违法行为，在申报材料上瞒报的；

（五）有其他严重违反评审规定行为的。

第十八条 本评价条件中有关词语或概念的特定解释：

（一）"会计专业技术工作"包括财务会计实务工作、财务会计管理工作。

（二）第五条、第六条中"取得会计师或经济师（财政税收类）资格后，从事会计专业技术工作年限"，企事业单位会计人员是指实际受聘会计师或财税经济师职务的年限。

（三）"年"均为周年，"以上"均含本级。

（四）相关高级专业技术资格指高级审计师、高级经济师、高级统计师、从事财务会计专业教学研究工作的副教授或副研究员。

第十九条 本评价条件由浙江省人力资源和社会保障厅、浙江省财政厅按职责分工解释。

第二十条 本评价条件自发文之日起30日后开始施行，原《浙江省高级会计师资格评价条件》（浙人社发〔2011〕41号）同时废止。

浙江省人力资源和社会保障厅关于规范技工院校设立审批工作的通知

浙人社发〔2013〕222号

各市、县(市、区)人力资源和社会保障局,省级有关单位:

为贯彻落实国务院《关于第六批取消和调整行政审批项目的决定》(国发〔2012〕52号)中“设立普通技工学校、高级技工学校由省级人民政府人力资源社会保障部门审批,设立技师学院由省级人民政府审批”的规定,切实做好我省技工院校的设立审批工作,根据人力资源社会保障部《关于印发技工院校设置标准(试行)的通知》(人社部发〔2012〕8号)和《关于做好技工院校审批管理工作的通知》(人社部发〔2012〕63号)要求,经省政府同意,现将有关事宜通知如下:

一、申办资格

(一)技工学校由符合法律法规规定的公民、法人和其他社会组织申请举办,并符合人力资源社会保障部印发的《技工学校设置标准(试行)》(见附件1)的条件要求。

(二)高级技工学校由经过技工学校办学水平评估的学校申请举办,并符合人力资源社会保障部印发的《高级技工学校设置标准(试行)》(见附件2)的条件要求。

(三)技师学院由高级技工学校、高等职业院校申请举办,并符合人力资源社会保障部印发的《技师学院设置标准(试行)》(见附件3)的条件要求。省级重点以上的技工学校或其他中等职业学校经过办学水平评估的可以申请筹建技师学院。

二、申报审批程序

(一)技工学校、高级技工学校申报审批程序

1. 材料申报。申办学校依据相应的设置标准,按照我省技工学校或高级技工学校评估细则进行自评,并进行技工学校或高级技工学校设置可行性论证。在此基础上,向省人力资源和社会保障厅提交书面申办材料,或以电子文档的形式网上申报。

2. 初审受理。省人力资源和社会保障厅收到申请后,对申报材料的完整性、规范性进行审核,并征求当地市、县(市、区)人力社保部门意见。

3. 现场评审。省人力资源和社会保障厅从浙江省技工院校评审专家库中随机抽取5—7名专家组成评审专家小组,依据相应的设置标准,按照我省技工学校或高级技工学校评估细则对申办学校进行现场评审,逐项打分,并形成专家评审意见。

4. 公示批复。省人力资源和社会保障厅对专家评审意见进行复核,对拟同意设立的技工学校或高级技工学校在“浙江省人力资源和社会保障网”(网址:www.zjhrss.gov.cn)进行为期15天的公示。经公示无异议的,由省人力资源和社会保障厅批复设立。审批决定自受理申请之日起3个月内(含专家评审时间)作出。

（二）技师学院和技师学院（筹）申报审批程序

1. 自评申报。申办学校依据《技师学院设置标准（试行）》，按照我省技师学院评估细则进行自评，并进行技师学院设置可行性论证，满足技师学院设置标准的可以直接申办技师学院；未满足技师学院设置标准的可以申请筹建技师学院。在此基础上，按隶属关系由所在地县级以上人民政府或省级（行业）主管部门向省政府提出申请。

2. 审核受理。省人力资源和社会保障厅、省发改委根据省政府的要求对申办学校的资格条件和申报材料的完整性、规范性进行审核，审核通过后正式受理。

3. 现场评估。省人力资源和社会保障厅、省发改委从浙江省技工院校评审专家库中随机抽取5—7名专家组成评审专家小组，依据《技师学院设置标准（试行）》，按照我省技师学院评估细则进行现场评审，逐项打分，并形成专家评估意见。

4. 复核审批。省人力资源和社会保障厅、省发改委对专家组评估报告进行复核，复核通过后，在“浙江省人力资源和社会保障网”进行为期15天的公示，经公示无异议的，由省人力资源和社会保障厅会同省发改委按规定报送省人民政府。由省政府作出是否准予筹建或正式设立技师学院的决定。审批决定自受理申请之日起6个月内（含专家评审时间）作出。

5. 检查验收。同意筹建技师学院的，筹建期不得超过3年。筹建期满后，由省政府委托省人力资源和社会保障厅、省发改委组织专家组进行验收。验收合格的，申请正式建立技师学院；不合格的，责令整改。经整改仍达不到建校标准的，撤销其筹建资格。

三、申报材料

申请举办技工学校、高级技工学校、技师学院应提交如下申报材料：

（一）申办报告；

（二）可行性论证报告（附论证专家姓名、工作单位、职务、技术职称或职业资格，论证专家不少于5名）；

（三）申办学校自评报告；

（四）有关部门对学校规模、编制、领导班子和经费来源的批复；

（五）拟设置专业的教学计划；

（六）其他相关证明材料。

四、其他事项

各地、省级有关部门要根据区域经济发展、产业布局和促进就业对技能人才的需要，科学制定本地区本行业技工教育发展规划，合理确定本地区本行业技工学校、高级技工学校及技师学院的比例结构，有计划、分步骤地组织开展技工院校的创建申办工作，逐步完善覆盖城乡劳动者的技工教育培训体系。

本通知自下发之日起施行。

附件：1. 技工学校设置标准（试行）
　　　2. 高级技工学校设置标准（试行）
　　　3. 技师学院设置标准（试行）

浙江省人力资源和社会保障厅
2013年11月6日

附件1

技工学校设置标准(试行)

第一条 为规范技工学校设置,促进学校建设和发展,保证教育和培训质量,提高办学效益,依据国家有关法律法规制定本标准。

第二条 本标准适用于公民、法人和其他社会组织依法举办的技工学校。

第三条 技工学校应全面贯彻党的教育方针,坚持科学发展观,坚持教育培训与生产实际相结合,坚持服务经济建设和社会发展、促进劳动者就业的办学方向。

第四条 技工学校实行学制教育与职业培训并举、学校教育与企业培养相结合的办学模式。技工学校培养适应现代化生产、服务需要的中级技工,同时面向社会开展各类职业技能培训,并承担职业技能鉴定和就业服务等任务。

第五条 技工学校学生实行学业证书和职业资格证书"双证书"制度。

第六条 技工学校应配备政治素养高、管理能力强、熟悉技能人才培养规律的领导班子。校长应具有本科以上学历,以及高级专业技术职务或高级技师职业资格,且具有3年以上职业教育、职业培训或企业工作经历。其他校级领导应具有本科以上学历和中级以上专业技术职务或技师以上职业资格。

第七条 技工学校设立3年内培养规模应达到1600人。其中,学制教育在校生规模800人以上,年职业培训规模800人次以上。学校应紧密结合区域经济发展需要设置专业,常设专业不少于3个。

第八条 技工学校校园占地面积不少于3万平方米(约45亩);校舍建筑面积不少于1.8万平方米,生均校舍建筑面积不少于20平方米。其中,实习、实验场所建筑面积不少于0.5万平方米。企业办校的占地面积、建筑面积可包括企业用于职工培训的相关场所面积。

第九条 技工学校应配备与办学规模和专业设置相适应的实习、实验设备设施,保证每生有实习工位。实习、实验设备总值不少于300万元。

第十条 技工学校应具备完善的学生生活设施;具备满足体育教学和学生锻炼身体需要的体育设备设施和运动场所;具备满足师生需求的图书馆、阅览室;具备满足多媒体、网络教学和信息化管理需要的软硬件设备设施。

第十一条 技工学校应拥有一支与办学规模、专业设置相适应的专兼职教师队伍。学制教育师生比应不低于1:20。兼职教师人数不得超过教师总数的三分之一。具有企业实践经验的教师应占教师队伍总数的20%以上。技术理论课教师和实习指导教师总数应不低于教师总数的70%。

第十二条 技工学校教师应符合国家规定学历要求,专任教师应具备相应的教师资格。技术理论课教师至少具备相关专业初级技能职业资格。其中,具备中级技能以上职业资格的应不低于30%。实习指导教师应具备相关专业高级技能以上职业资格。

第十三条 技工学校应具有与培养规模相适应的日常运行、基本建设、设备购置、师资培训等稳定可靠的办学经费保障。办学经费(含生均经费等)标准不低于当地同类学校标准。

第十四条 技工学校实行校长负责制。学校应设置与技能人才培养相适应的教育教学、行政后勤服务、招生就业及培训工作等管理机构,并建立健全相应的规章制度。

第十五条 技工学校须加强安全管理工

作，实行安全责任制度，保证学生日常生活、学习和实习安全。技工学校须制定应对各种突发事件的预案。

第十六条 工学校应重视德育和学生管理工作，开展多种形式的学生思想品德教育。

第十七条 技工学校应配有与所设专业相配套的教学文件和教材。实习课时应不低于教学总课时的50%。

第十八条 技工学校应建立校企合作办学制度。建立由有关部门、行业、企业和学校组成的校企合作指导委员会。每个专业应有相应的合作企业。

第十九条 本标准作为技工学校初设审批标准。对于边远贫困地区和特殊行业举办技工学校，培养规模和相应的办学条件要求可适当放宽。具体办法由省级人力资源和社会保障部门制定，报人力资源和社会保障部备案。

第二十条 本标准自颁布之日起施行。

附件2

高级技工学校设置标准(试行)

第一条 为规范高级技工学校设置，促进学校建设和发展，保证教育和培训质量，提高办学效益，依据国家有关法律法规制定本标准。

第二条 本标准适用于公民、法人和其他社会组织依法举办的高级技工学校。

第三条 高级技工学校应全面贯彻党的教育方针，坚持科学发展观，坚持教育培训与生产实际相结合，坚持服务经济建设和社会发展、促进劳动者就业的办学方向。

第四条 高级技工学校实行学制教育与职业培训并举、学校教育与企业培养相结合的办学模式。高级技工学校培养适应现代化生产、服务需要的中、高级技工，同时面向社会开展各类职业技能培训和师资培训，并承担职业技能鉴定和就业服务等任务。

第五条 高级技工学校学生实行学业证书和职业资格证书“双证书”制度。

第六条 举办高级技工学校，应符合当地产业发展规划和高技能人才队伍建设规划。

申请设立高级技工学校应经过技工学校办学水平评估，并举办过两期以上高级技工培训班。

第七条 高级技工学校应配备政治素养高、管理能力强、熟悉技能人才培养规律的领导班子。校长、教学副校长应具有本科以上学历，以及高级专业技术职务或高级技师职业资格，且校长应具有5年以上职业教育、职业培训或企业工作经历。

第八条 高级技工学校培养规模应达到4000人以上。其中，学制教育在校生规模不低于2000人，年职业培训规模2000人次以上。设立高级技工学校3年内高级技工学制教育在校生规模应不低于50%，高级技工以上年培训规模应不低于800人次。

第九条 高级技工学校专业设置应与区域经济发展紧密结合，适应新型工业化发展和产业优化升级的需要，适应社会和企业对高级技工的需求。常设高级技工专业不少于4个。

第十条 高级技工学校校园占地面积不少于6.6万平方米(约100亩)，校舍建筑面积不少于5万平方米。其中，实习、实验场所建筑面积不少于1.5万平方米。企业办校的占地面积、建筑面积可包括企业用于职工培训的相关场所面积。

第十一条 高级技工学校应配备与办学规模、办学层次、专业设置相适应的实习、实验设备设施。其中,主要设备应达到国内先进水平,并保证每生有实习工位。实习、实验设备总值不少于1500万元。

第十二条 高级技工学校应具备完善的学生生活设施;具备满足体育教学和学生锻炼身体需要的体育设备设施,运动场地面积不少于6000平方米;具备满足师生需求的图书馆、阅览室;具备满足多媒体、网络教学和信息化管理需要的软硬件设备设施,并建有校园网站。

第十三条 高级技工学校应拥有一支与办学规模、专业设置和培养层次相适应的专兼职教师队伍。学制教育师生比不低于1∶20。兼职教师人数不得超过教师总数的三分之一。具有企业实践经验的教师应占教师队伍总数的20%以上。技术理论课教师和实习指导教师应不低于教师队伍总数的70%,理论实习教学一体化教师达到技术理论课教师和实习指导教师总数的50%以上。

第十四条 高级技工学校教师应符合国家规定学历要求,专任教师应具备相应的教师资格。技术理论课教师至少具备相关专业初级技能职业资格。其中,具备中级技能以上职业资格的达40%以上。

实习指导教师应具备相关职业高级技能以上职业资格。其中,具备高级实习指导教师职务或技师、高级技师职业资格的占45%以上。

第十五条 高级技工学校应具有与培养层次、培养规模相适应的日常运行、基本建设、设备购置、师资培训等稳定可靠的办学经费保障。办学经费(含生均经费等)标准不低于当地同类学校标准。

第十六条 高级技工学校实行校长负责制。学校内设机构设置合理,部门职责和教职工岗位职责清晰,规章制度健全,建立并有效运行质量管理体系。

第十七条 高级技工学校应具有健全和完善的安全管理体系,落实安全责任制度,保证学生日常生活、学习和实习安全。高级技工学校应有应对各种突发事件的预案。

第十八条 高级技工学校应重视德育工作和校园文化建设,将社会主义核心价值体系融入全过程,积极开展职业道德、公民行为规范和法制等方面的教育。建立学校、家庭、企业、社会紧密结合的德育工作网络。高级技工学校应对学生开展职业指导和心理健康教育。

第十九条 高级技工学校应设立专业教学研究机构,加强技能人才培养规律和方法的研究。学校各常设专业至少有一名专业带头人,专业带头人应在当地专业领域具有一定的影响力。

第二十条 高级技工学校应建立完善的校企合作办学制度,积极探索多种模式的校企合作方式,由有关部门、行业、企业和学校组成的校企合作指导委员会在校企合作中发挥积极作用。

第二十一条 高级技工学校应结合专业设置选择生产设备先进、技术处于同行业领先水平的企业合作,共建校内外生产实习基地。每一个高级技工专业应有3个以上合作企业。

第二十二条 本标准作为高级技工学校初设审批标准,对于边远贫困地区和特殊行业举办高级技工学校,培养规模和相应的办学条件要求可适当放宽。具体办法由省级人力资源和社会保障部门制定,报人力资源和社会保障部备案。

第二十三条 本标准自颁布之日起施行。

附件 3

技师学院设置标准(试行)

第一条 为规范技师学院设置,促进学院建设和发展,保证教育和培训质量,提高办学效益,依据国家有关法律法规制定本标准。

第二条 本标准适用于公民、法人和其他社会组织依法举办的技师学院。

第三条 技师学院应全面贯彻党的教育方针,坚持科学发展观,坚持教育培训与生产实际相结合,坚持服务经济建设和社会发展、促进劳动者就业的办学方向。

第四条 技师学院实行学制教育与职业培训并举、学校教育与企业培养相结合的办学模式。技师学院重点培养适应现代化生产、服务需要的高级技工、预备技师,同时面向社会开展各类职业技能培训和师资培训,并承担企业技师和高级技师的提升培训与研修交流、考核鉴定与评价等任务。

第五条 技师学院学生实行学业证书和职业资格证书"双证书"制度。

第六条 举办技师学院,应符合当地产业发展规划和高技能人才队伍建设规划。

申请设立技师学院原则上应具备高级技工学校资格,并经过办学水平评估,且举办过两期以上技师培训班。

第七条 技师学院应配备政治素养高、管理能力强、熟悉高技能人才培养规律的领导班子。院长、教学副院长应具有本科以上学历,以及高级专业技术职务或高级技师职业资格,且院长应具有 5 年以上职业教育、职业培训或企业工作经历。

第八条 技师学院培养规模应达到 5000 人以上。其中,学制教育在校生规模不低于 3000 人,年职业培训规模 2000 人次以上。设立技师学院 3 年内高级技工、预备技师(技师)在校生规模不低于 60%,高级技工、技师、高级技师年培训规模不低于 1000 人次。

第九条 技师学院专业设置应与区域经济发展紧密结合,适应新型工业化发展和产业优化升级的需要,适应社会和企业对高级技工、技师和高级技师的需求。常设预备技师(技师)专业不少于 2 个。

第十条 技师学院校园占地面积不少于 10 万平方米(约 150 亩),校舍建筑面积不少于 8 万平方米。其中,实习、实验场所建筑面积不少于 2.5 万平方米。企业办校的占地面积、建筑面积可包括企业用于职工培训的相关场所面积。

第十一条 技师学院应配备与办学规模、办学层次、专业设置相适应,具有国内领先水平的实习、实验设备设施,并保证每生有实习工位。实习、实验设备总值不少于 4000 万元。

第十二条 技师学院应具备完善的学生生活设施;具备满足体育教学和学生锻炼身体需要的体育设备设施,运动场地面积不少于 1 万平方米;具备满足师生需求的图书馆、阅览室;具备满足多媒体、网络教育教学和信息化管理要求的软硬件设备设施,并建有校园网站。

第十三条 技师学院应拥有一支与办学规模、专业设置和培养层次相适应的专兼职教师队伍。学制教育师生比不低于 1∶18。兼职教师人数不得超过教师总数的三分之一。具有企业实践经验的教师应占教师队伍总数的 25% 以上。技术理论课教师和实习指导教师应不低于教师队伍总数的 70%。理论实习教学一体化教师达到技术理论课教师和实习指导教师总数的 60% 以上。

第十四条 技师学院教师应符合国家规定

学历要求，专任教师应具备相应的教师资格。技术理论课教师至少具备相关专业初级技能职业资格。其中，具备中级技能以上职业资格的达60%以上。

实习指导教师应具备相关专业高级技能以上职业资格。其中，具备高级实习指导教师职务或技师、高级技师职业资格的占50%以上。

第十五条 技师学院学校应具有与培养层次、培养规模相适应的日常运行、基本建设、设备购置、师资培训等稳定可靠的办学经费保障。办学经费（含生均经费等）标准不低于当地同类院校标准。

第十六条 技师学院内设机构设置合理，部门职责和教职工岗位职责清晰，规章制度健全，建立并有效运行质量管理体系。

第十七条 技师学院应具有健全和完善的安全管理体系，落实安全责任制度，保证学生日常生活、学习和实习安全。技师学院应具有应对各种突发事件的预案。

第十八条 技师学院应重视德育工作和校园文化建设，将社会主义核心价值体系融入全过程，积极开展职业道德、公民行为规范和法制等方面的教育。建立学院、家庭、企业、社会紧密结合的德育工作网络。技师学院应对学生开展职业指导和心理健康教育。

第十九条 技师学院应设立专业教学研究机构，加强高技能人才培养规律和方法的研究。学院各常设专业至少有一名专业带头人，专业带头人应在当地专业领域具有一定的影响力。

第二十条 技师学院应不断完善校企合作办学制度，并贯穿于高技能人才培养的全过程。校企合作指导委员会发挥指导学校教育教学改革，及时调整学校发展方向和规划的作用。

第二十一条 技师学院应结合专业设置选择生产设备先进、技术处于同行业领先水平的企业合作，共建校内外生产实习基地。每个预备技师（技师）、高级技工专业应有5个以上合作企业。

第二十二条 本标准作为技师学院初设审批标准，对于边远贫困地区和特殊行业举办技师学院，培养规模和相应的办学条件要求可适当放宽。具体办法由省级人力资源和社会保障部门制定，报人力资源和社会保障部备案。

第二十三条 本标准自颁布之日起施行。

浙江省人力资源和社会保障厅关于公布行政规范性文件清理结果的通知

浙人社发〔2013〕224 号

各市、县(市、区)人力资源和社会保障局,嘉兴市社会保障事务局:

根据《浙江省行政规范性文件管理办法》(省政府令第 275 号)、《浙江省人民政府关于推行行政规范性文件“三统一”制度的意见》(浙政发〔2012〕100 号)要求,我厅对 2012 年 12 月 31 日以前出台的行政规范性文件进行了清理,清理出继续有效文件 1099 件,废止失效文件 146 件。现将清理结果予以公布,请抓紧做好相关文件规定的清理衔接工作。

浙江省人力资源和社会保障厅

2013 年 12 月 3 日

浙江省人力资源和社会保障厅继续有效行政规范性文件目录

	文件名	文号	编号
1	浙江省人力资源和社会保障厅关于印发浙江省失业保险稽核暂行办法的通知	浙人社发〔2012〕157号	ZJSP13-2012-0001
2	浙江省人力资源和社会保障厅关于进一步做好淘汰落后产能企业职工安置工作的通知	浙人社发〔2012〕204号	ZJSP13-2012-0002
3	浙江省人力资源和社会保障厅关于印发浙江省外国人就业职业(岗位)管理目录的通知	浙人社发〔2012〕222号	ZJSP13-2012-0003
4	浙江省人力资源和社会保障厅 浙江省财政厅关于扩大失业保险基金支出范围试点有关问题的通知	浙人社发〔2012〕282号	ZJSP13-2012-0004
5	浙江省人力资源和社会保障厅等4部门关于做好当前就业工作促进企业转型升级的意见	浙人社发〔2012〕317号	ZJSP13-2012-0005
6	浙江省人力资源和社会保障厅关于印发浙江省省级充分就业社区(村)考核标准的通知	浙人社发〔2012〕206号	ZJSP13-2012-0006
7	浙江省人力资源和社会保障厅 浙江省统计局关于转发人力资源和社会保障部、国家统计局关于印发高级统计师资格评价办法(试行)的通知	浙人社发〔2012〕51号	ZJSP13-2012-0007
8	浙江省人力资源和社会保障厅 浙江省档案局关于印发浙江省档案高级专业技术资格考评结合试点工作方案(试行)的通知	浙人社发〔2012〕117号	ZJSP13-2012-0008
9	浙江省人力资源和社会保障厅 浙江省卫生厅 浙江省残疾人联合会关于印发浙江省盲人医疗按摩人员专业技术资格评价工作实施办法的通知	浙人社发〔2012〕136号	ZJSP13-2012-0009
10	浙江省人力资源和社会保障厅关于印发2012年度高级专业技术资格评审计划的通知	浙人社发〔2012〕147号	ZJSP13-2012-0010
11	浙江省人力资源和社会保障厅 浙江省教育厅关于印发浙江省深化中小学教师职称制度改革试点工作方案的通知	浙人社发〔2012〕273号	ZJSP13-2012-0011
12	浙江省人力资源和社会保障厅 浙江省经济和信息化委员会关于印发浙江省工业设计职业资格制度试点工作方案的通知	浙人社发〔2012〕283号	ZJSP13-2012-0012
13	浙江省人力资源和社会保障厅 浙江省经济和信息化委员会关于印发浙江省工业设计职业资格制度试点工作暂行办法和浙江省工业设计职业资格考试实施办法的通知	浙人社发〔2012〕284号	ZJSP13-2012-0013
14	浙江省人力资源和社会保障厅 浙江省经济和信息化委员会关于印发浙江省高级工业设计师职业资格考核认定办法的通知	浙人社发〔2012〕285号	ZJSP13-2012-0014
15	中共浙江省委组织部 浙江省人力资源和社会保障厅关于进一步加强事业单位公开招聘工作的指导意见	浙人社发〔2012〕194号	ZJSP13-2012-0015
16	关于调整密码人员岗位津贴标准的通知	浙人社发〔2012〕149号	ZJSP13-2012-0016
17	浙江省人力资源和社会保障厅 浙江省财政厅关于对员工制家政服务企业实行社会保险补贴有关问题的通知	浙人社发〔2012〕86号	ZJSP13-2012-0017
18	浙江省人力资源和社会保障厅关于公布浙江省企业技能人才评价标准化体系建设基地名单的通知	浙人社发〔2012〕239号	ZJSP13-2012-0018
19	浙江省人力资源和社会保障厅办公室关于转发浙江省人事考试工作考核办法(试行)的通知	浙人社办发〔2012〕9号	ZJSP13-2012-0019

续 表

	文　件　名	文　号	编　号
20	浙江省人力资源和社会保障厅关于印发浙江省人事考试突发事件应急预案的通知	浙人社发〔2012〕327号	ZJSP13-2012-0020
21	浙江省人力资源和社会保障厅关于进一步加强全省人力社保系统社会保险基金监管工作的意见	浙人社发〔2012〕320号	ZJSP13-2012-0021
22	浙江省人力资源和社会保障厅关于印发浙江省社会保险基金监督检查证申领和年检办的通知	浙人社发〔2012〕292号	ZJSP13-2012-0022
23	浙江省人力资源和社会保障厅关于印发浙江省人力资源和社会保障系统开展社会保险基金阳光监管实施方案的通知	浙人社发〔2012〕99号	ZJSP13-2012-0023
24	浙江省人力资源和社会保障厅关于印发浙江省社会保险基金阳光监管工作考核细则(试行)的通知	浙人社发〔2012〕353号	ZJSP13-2012-0024
25	浙江省公务员局 浙江省食品药品监督管理局关于食品药品监察稽查机构参照公务员法管理有关问题的处理意见	浙公局发〔2012〕2号	ZJSP13-2012-0025
26	中共浙江省委组织部 浙江省人力资源和社会保障厅 浙江省公务员局关于进一步加强参照公务员法管理工作的通知	浙人社发〔2012〕315号	ZJSP13-2012-0026
27	浙江省人力资源和社会保障厅关于印发受省部级以上表彰的先进个人享受省部级以上劳动模范和先进工作者待遇确认工作规定的通知	浙人社发〔2012〕128号	ZJSP13-2012-0027
28	浙江省人力资源和社会保障厅关于省部级以上劳动模范和先进工作者奖励晋升工资问题的函	浙人社函〔2012〕463号	ZJSP13-2012-0028
29	浙江省劳动仲裁院关于劳动争议案件处理若干问题的解答	浙劳仲院〔2012〕3号	ZJSP13-2012-0029
30	浙江省人力资源和社会保障厅关于精减退职人员生活困难补助与被征地农民基本生活保障待遇叠加享受问题的复函	浙人社函〔2012〕210号	ZJSP13-2012-0030
31	浙江省人力资源和社会保障厅 浙江省财政厅 浙江省民政厅关于做好城乡居民社会养老保险与城乡居民最低生活保障农村五保供养优抚制度衔接工作的通知	浙人社发〔2012〕159号	ZJSP13-2012-0031
32	浙江省人力资源和社会保障厅关于印发建立企业技能人才评价标准化体系工作方案的通知	浙人社发〔2012〕141号	ZJSP13-2012-0032
33	浙江省人力资源和社会保障厅 浙江省财政厅关于开展技工院校一体化教学改革试点工作的通知	浙人社发〔2012〕192号	ZJSP13-2012-0033
34	浙江省人力资源和社会保障厅 浙江省财政厅关于调整工亡职工供养亲属抚恤金的通知	浙人社发〔2012〕145号	ZJSP13-2012-0034
35	关于移交工伤认定和劳动能力鉴定工伤权限的通知	浙人社函〔2012〕195号	ZJSP13-2012-0035
36	关于杭州铁路公安处参加工伤保险和生育保险有关问题的复函	浙人社函〔2012〕325号	ZJSP13-2012-0036
37	工伤职工退休后有关待遇问题的复函	浙人社函〔2012〕346号	ZJSP13-2012-0037
38	浙江省人力资源和社会保障厅 浙江省财政厅 浙江省地方税务局关于机关工作人员参加工伤保险有关问题的通知	浙人社发〔2012〕354号	ZJSP13-2012-0038
39	浙江省人力资源和社会保障厅 浙江省财政厅关于2012年调整企业退休人员基本养老金的通知	浙人社发〔2012〕64号	ZJSP13-2012-0039
40	浙江省人力资源和社会保障厅 浙江省财政厅关于调整企业职工死亡后遗属生活困难补助费标准的通知	浙人社发〔2012〕79号	ZJSP13-2012-0040
41	浙江省人力资源和社会保障厅 浙江省财政厅关于调整计划外长期临时工晚年生活补助费标准的通知	浙人社发〔2012〕96号	ZJSP13-2012-0041

续 表

	文 件 名	文 号	编 号
42	浙江省人力资源和社会保障厅关于发布2011年企业职工基本养老保险个人账户记账利率的通知	浙人社发〔2012〕116号	ZJSP13-2012-0042
43	浙江省人力资源和社会保障厅关于发布2011年全省在岗职工年平均工资的通知	浙人社发〔2012〕139号	ZJSP13-2012-0043
44	浙江省人力资源和社会保障厅关于2012年企业退休人员基本养老金计发问题的通知	浙人社发〔2012〕203号	ZJSP13-2012-0044
45	浙江人力资源和社会保障厅 浙江省财政厅关于中国水利水电第十二工程局有限公司部分精减退职人员生活困难补助有关问题的通知	浙人社发〔2012〕262号	ZJSP13-2012-0045
46	浙江省人力资源和社会保障厅 浙江省财政厅 浙江省地方税务局关于2012年对部分中小微工业企业临时性下浮基本养老保险费缴费比例的通知	浙人社发〔2012〕309号	ZJSP13-2012-0046
47	浙江省人力资源和社会保障厅关于完善职工基本医疗保险个人账户有关政策的意见	浙人社发〔2012〕10号	ZJSP13-2012-0047
48	浙江省人力资源和社会保障厅关于调整省级单位职工基本医疗保险个人账户有关政策的通知	浙人社发〔2012〕179号	ZJSP13-2012-0048
49	关于调整省级单位职工基本医疗保险部分政策的通知	浙人社发〔2012〕180号	ZJSP13-2012-0049
50	关于调整基本医疗保险部分医疗服务项目的通知	浙人社发〔2012〕230号	ZJSP13-2012-0050
51	浙江省人力资源和社会保障厅关于省本级子女统筹医保有关政策的复函	浙人社函〔2012〕414号	ZJSP13-2012-0051
52	关于印发浙江省基本医疗保险付费方式改革实施意见的通知	浙人社发〔2012〕333号	ZJSP13-2012-0052
53	关于适当调整造口袋基本医疗保险支付标准的通知	浙人社发〔2012〕341号	ZJSP13-2012-0053
54	浙江省人力资源和社会保障厅关于延长用人单位特殊工时制实行期限的通知	浙人社发〔2012〕335号	ZJSP13-2012-0054
55	关于印发浙江省军队转业干部考核赋分暂行办法的通知	浙军转组〔2012〕2号	ZJSP13-2012-0055
56	浙江省人力资源和社会保障厅 浙江省财政厅关于对军队转业干部教育培训工作开展考核评估的通知	浙人社发〔2012〕269号	ZJSP13-2012-0056
57	中共浙江省委组织部 浙江省人力资源和社会保障厅关于印发浙江省事业单位专业技术二级岗位管理实施细则(试行)的通知	浙人社发〔2012〕90号	ZJSP13-2012-0057
58	浙江省人力资源和社会保障厅关于缓解就业结构性短缺问题的若干意见	浙人社发〔2011〕204号	ZJSP13-2011-0001
69	浙江省人力资源和社会保障厅 浙江省财政厅关于领取失业保险金人员参加职工基本医疗保险有关问题的通知	浙人社发〔2011〕237号	ZJSP13-2011-0002
60	浙江省人力资源和社会保障厅关于境外人员行政许可自由裁量权相关问题的复函	浙人社函〔2011〕371号	ZJSP13-2011-0003
61	浙江省人力资源和社会保障厅关于规范高校毕业生就业见习工作的通知	浙人社发〔2011〕341号	ZJSP13-2011-0004
62	关于跨省转迁失业保险关系有关问题的批复	浙就〔2011〕41号	ZJSP13-2011-0005
63	转发人力资源和社会保障部、财政部关于进一步落实就业政策加强就业专项资金管理工作的通知	浙人社发〔2011〕347号	ZJSP13-2011-0006
64	浙江省就业管理服务局关于印发公共就业服务信息化建设中购置的固定资产管理和处置暂行办法的通知	浙就〔2011〕37号	ZJSP13-2011-0005
65	浙江省人力资源和社会保障厅 浙江省通信管理局转发原人事部信息产业部关于印发通信专业技术人员职业水平评价暂行规定、通信专业技术人员初、中级职业水平考试实施办法的通知	浙人社发〔2011〕39号	ZJSP13-2011-0000

续 表

	文　件　名	文　号	编　号
66	浙江省人力资源和社会保障厅 浙江省工商行政管理局转发原人事部、国家工商行政总局关于印发广告专业技术人员职业水平评价暂行规定、助理广告师广告师职业水平考试实施办法的通知	浙人社发〔2011〕23 号	ZJSP13-2011-0009
67	浙江省人力资源和社会保障厅 浙江省财政厅关于印发浙江省高级会计师资格评价条件的通知	浙人社发〔2011〕41 号	ZJSP13-2011-0010
68	浙江省人力资源和社会保障厅关于援藏、援疆、援青专业技术人员确认专业技术资格有关问题的通知	浙人社发〔2011〕145 号	ZJSP13-2011-0011
69	浙江省人力资源和社会保障厅关于印发 2011 年度高级专业技术资格评审计划的通知	浙人社发〔2011〕159 号	ZJSP13-2011-0012
70	浙江省人力资源和社会保障厅关于印发浙江省海外高层次人才居住证管理暂行办法实施细则的通知	浙人社发〔2011〕160 号	ZJSP13-2011-0013
71	浙江省人力资源和社会保障厅关于贯彻专业技术人员资格考试违纪违规行为处理规定有关问题的意见	浙人社发〔2011〕264 号	ZJSP13-2011-0014
72	浙江省人力资源和社会保障厅 浙江省经济和信息化委员会 浙江省住房和城乡建设厅关于印发浙江省建设工程专业工程师和高级工程师资格评价条件(试行)的通知	浙人社发〔2011〕275 号	ZJSP13-2011-0015
73	浙江省人力资源和社会保障厅关于印发浙江省专业技术人员继续教育“十二五”发展规划的通知	浙人社发〔2011〕288 号	ZJSP13-2011-0016
74	浙江省人力资源和社会保障厅 浙江省档案局关于印发浙江省档案高级专业技术资格评价条件(试行)的通知	浙人社发〔2011〕329 号	ZJSP13-2011-0017
75	浙江省人力资源和社会保障厅关于印发浙江省博士后事业发展“十二五”规划的通知	浙人社发〔2011〕346 号	ZJSP13-2011-0018
76	中共浙江省委组织部 浙江省人力资源和社会保障厅 浙江省财政厅 浙江省民政厅关于进一步解决部分精减退职人员生活困难补助问题的通知	浙人社发〔2011〕223 号	ZJSP13-2011-0019
77	浙江省人力资源和社会保障厅关于印发浙江省人事考试考务工作规程(试行)的通知	浙人社发〔2011〕79 号	ZJSP13-2011-0020
78	浙江省人力资源和社会保障厅关于印发浙江省社会保险基金支付行政监督暂行办法的通知	浙人社发〔2011〕176 号	ZJSP13-2011-0021
79	关于印发浙江省监狱劳动教养机关执法勤务机构人民警察警员职务套改实施办法的通知	浙人社发〔2011〕321 号	ZJSP13-2011-0022
80	关于开展地税系统行政执法类公务员管理试点工作的通知	浙公局函〔2011〕8 号	ZJSP13-2011-0023
81	关于指定省级机关和省属单位录用公务员体检医院的通知	浙人社发〔2011〕171 号	ZJSP13-2011-0024
82	关于转发新录用公务员试用期管理规定(试行)的通知	浙人社发〔2011〕240 号	ZJSP13-2011-0025
83	转发关于公安机关录用人民警察体能测评项目和标准(暂行)的通知	浙人社发〔2011〕208 号	ZJSP13-2011-0026
84	中共浙江省委组织部 浙江省监察厅 浙江省人力资源和社会保障厅 浙江省公务员局关于进一步加强公务员队伍管理工作的意见	浙人社发〔2011〕360 号	ZJSP13-2011-0027
85	浙江省人力资源和社会保障厅 浙江省财政厅关于进一步加快调整城乡居民社会养老保险部分参保人员待遇政策实施工作的通知	浙人社发〔2011〕399 号	ZJSP13-2011-0028
86	浙江省人力资源和社会保障厅关于开展技工院校省级专业(学科)带头人评选工作的通知	浙人社发〔2011〕154 号	ZJSP13-2011-0029

续 表

	文件名	文号	编号
87	浙江省人力资源和社会保障厅 浙江省财政厅关于建立浙江省技能大师工作室的通知	浙人社发〔2011〕206 号	ZJSP13-2011-0030
88	浙江省人力资源和社会保障厅关于做好省级技工院校督导员候选人选拔推荐工作的通知	浙人社发〔2011〕260 号	ZJSP13-2011-0031
89	浙江省人力资源和社会保障厅 浙江省财政厅关于在省部属企业开展紧缺职业(工种)高技能人才培训工作的通知	浙人社发〔2011〕281 号	ZJSP13-2011-0032
90	浙江省人力资源和社会保障厅 浙江省财政厅关于开展浙江省"金蓝领"国(境)外培训工作的通知	浙人社发〔2011〕289 号	ZJSP13-2011-0033
91	浙江省人力资源和社会保障厅关于加快企业高技能人才培养工作的意见	浙人社发〔2011〕319 号	ZJSP13-2011-0034
92	关于做好国有企业老工伤人员等纳入工伤保险统筹管理有关工作的通知	浙人社发〔2011〕102 号	ZJSP13-2011-0035
93	关于调整工伤人员生活护理费和供养亲属抚恤金的通知	浙人社发〔2011〕103 号	ZJSP13-2011-0036
94	浙江省人力资源和社会保障厅 浙江省财政厅关于贯彻落实国务院修改后工伤保险条例若干问题的通知	浙人社发〔2011〕253 号	ZJSP13-2011-0037
95	关于省本级工伤人员住院伙食补助费等有关问题的通知	浙人社发〔2011〕359 号	ZJSP13-2011-0038
96	浙江省人力资源和社会保障厅 浙江省财政厅关于 2011 年调整企业退休人员基本养老金的通知	浙人社发〔2011〕18 号	ZJSP13-2011-0039
97	浙江省人力资源和社会保障厅 浙江省财政厅关于进一步做好清理规范企业退休人员待遇项目工作的通知	浙人社发〔2011〕22 号	ZJSP13-2011-0040
98	浙江省人力资源和社会保障厅 浙江省财政厅关于调整计划外长期临时工晚年生活补助费标准的通知	浙人社发〔2011〕32 号	ZJSP13-2011-0041
99	浙江省人力资源和社会保障厅关于发布 2010 年企业职工基本养老保险个人账户记账利率的通知	浙人社发〔2011〕44 号	ZJSP13-2011-0042
100	浙江省人力资源和社会保障厅 浙江省财政厅关于调整企业职工死亡后遗属生活困难补助费标准的通知	浙人社发〔2011〕51 号	ZJSP13-2011-0043
101	浙江省人力资源和社会保障厅关于原行业统筹企业职工退休、退职办理工作有关问题的通知	浙人社发〔2011〕143 号	ZJSP13-2011-0044
102	浙江省人力资源和社会保障厅关于完善企业退休人员基本养老金计发办法有关问题的通知	浙人社发〔2011〕146 号	ZJSP13-2011-0045
103	浙江省人力资源和社会保障厅关于进一步规范企业年金方案备案工作的指导意见	浙人社发〔2011〕161 号	ZJSP13-2011-0046
104	浙江省人力资源和社会保障厅 浙江省财政厅 中国人民银行杭州中心支行 浙江省地方税务局关于推进省部属企业退休人员社会化管理服务工作的实施意见	浙人社发〔2011〕220 号	ZJSP13-2011-0047
105	浙江省人力资源和社会保障厅 浙江省财政厅关于解决未参保集体企业退休人员及其他相关人员基本养老保障等遗留问题的实施意见	浙人社发〔2011〕221 号	ZJSP13-2011-0048
106	浙江省人力资源和社会保障厅 浙江省财政厅关于调整在杭省属企事业、行业单位、中央企业离休干部"两费"保障经费筹资标准的通知	浙人社发〔2011〕234 号	ZJSP13-2011-0049
107	浙江省人力资源和社会保障厅 浙江省财政厅 浙江省地方税务局关于省级机关事业单位和社会团体未纳入编制管理职工参加职工基本养老保险有关问题的通知	浙人社发〔2011〕305 号	ZJSP13-2011-0050
108	浙江省人力资源和社会保障厅 浙江省财政厅 浙江省地方税务局关于实施社会保险"五缓四减三补贴"政策的通知	浙人社发〔2011〕336 号	ZJSP13-2011-0051

续　表

	文　件　名	文　号	编　号
109	浙江省人力资源和社会保障厅　浙江省财政厅关于企业退休人员发放一次性生活补贴的通知	浙人社发〔2011〕356 号	ZJSP13-2011-0052
110	浙江省人力资源和社会保障厅　浙江省财政厅关于贯彻落实未参保集体企业退休人员及其他相关人员基本养老保障等遗留问题实施意见的补充通知	浙人社发〔2011〕398 号	ZJSP13-2011-0053
111	浙江省人力资源和社会保障厅　浙江省财政厅　浙江省地税局关于执行企业会计制度的省直事业单位参加企业化管理事业单位养老保险统筹有关问题的通知	浙人社发〔2011〕402 号	ZJSP13-2011-0054
112	浙江省人力资源和社会保障厅　浙江省财政厅关于调整城乡居民社会养老保险部分参保人员待遇政策的通知	浙人社发〔2011〕222 号	ZJSP13-2011-0055
113	浙江省人力资源和社会保障厅关于军队退役人员军龄视同医疗保险缴费年限有关问题的复函	浙人社函〔2011〕7 号	ZJSP13-2011-0056
114	关于公布第二批复合西药的通知	浙人社发〔2011〕147 号	ZJSP13-2011-0057
115	关于新生儿参加城乡居民基本医疗保险有关问题的通知	浙人社发〔2011〕286 号	ZJSP13-2011-0058
116	关于删除浙江省基本医疗保险工伤保险和生育保险药品目录中部分药品品种及调整规范部分药品名称的通知	浙人社发〔2011〕365 号	ZJSP13-2011-0059
117	浙江省人力资源和社会保障厅关于同意调整省本级部分医保政策的批复	浙人社函〔2011〕479 号	ZJSP13-2011-0060
118	浙江省人力资源和社会保障厅关于印发浙江省劳动保障监察行政处罚裁量权适用指导意见和适用标准的通知	浙人社发〔2011〕407 号	ZJSP13-2011-0061
119	浙江省人力资源和社会保障厅　浙江省财政厅关于调整企业退休军转干部生活补贴标准的通知	浙人社发〔2011〕384 号	ZJSP13-2011-0062
120	浙江省人力资源和社会保障厅关于建设省级事业单位人员工资数据库的通知	浙人社发〔2010〕167 号	ZJSP13-2010-0001
121	转发人力资源和社会保障部教育部关于进一步规范入学和就业体检项目维护乙肝表面抗原携带者入学和就业权利的通知	浙人社发〔2010〕98 号	ZJSP13-2010-0002
122	关于实施高校毕业生就业推进行动大力促进高校毕业生就业的通知	浙人社发〔2010〕180 号	ZJSP13-2010-0003
123	浙江省人力资源和社会保障厅　浙江省人民政府外事办公室　浙江省公安厅转发人力资源和社会保障部　外交部　公安部关于加强外国人就业管理工作有关问题的通知	浙人社发〔2010〕242 号	ZJSP13-2010-0004
124	关于省级专业经济管理部门和行政性公司转为经济实体后有关人员失业保险视作缴费年限问题的复函	浙人社函〔2010〕68 号	ZJSP13-2010-0005
125	浙江省人力资源和社会保障厅　浙江省财政厅关于发布公益性岗位指导目录的通知	浙人社发〔2010〕262 号	ZJSP13-2010-0006
126	浙江省人力资源和社会保障厅　浙江省民政厅　浙江省财政厅关于加强农村社区劳动保障和社会救助站建设的意见	浙人社发〔2010〕276 号	ZJSP13-2010-0007
127	中共浙江省委组织部　浙江省人力资源和社会保障厅　浙江省财政厅关于印发浙江省重点企业技术创新团队管理办法(暂行)的通知	浙人社发〔2010〕312 号	ZJSP13-2010-0008
128	浙江省人力资源和社会保障厅　省卫生厅关于给援非医疗队专业技术人员确认专业技术资格的通知	浙人社发〔2010〕59 号	ZJSP13-2010-0009
129	浙江省人力资源和社会保障厅关于印发 2010 年度高级专业技术资格评审计划的通知	浙人社发〔2010〕152 号	ZJSP13-2010-0010

续 表

	文 件 名	文 号	编 号
130	浙江省人力资源和社会保障厅 浙江省公安厅关于印发浙江省公安系统计算机通信技术、交通安全技术、安全防范技术专业工程师、高级工程师资格评价条件(试行)的通知	浙人社发〔2010〕267 号	ZJSP13-2010-0011
131	浙江省人力资源和社会保障厅 浙江省司法厅关于印发浙江省律师系列高、中级专业技术资格评价条件(试行)、浙江省公证员系列高、中级专业技术资格评价条件(试行)的通知	浙人社发〔2010〕320 号	ZJSP13-2010-0012
132	浙江省人力资源和社会保障厅关于进一步做好省属事业单位公开招聘人员工作的通知	浙人社发〔2010〕45 号	ZJSP13-2010-0013
133	省委组织部省人力社保厅关于事业单位岗位设置管理有关问题的处理意见	浙人社发〔2010〕37 号	ZJSP13-2010-0014
134	省人力社保厅 省教育厅 省科技厅 省农业厅 省文化厅 省卫生厅 省电影电视局关于印发浙江省部分行业事业单位专业技术岗位结构比例控制标准(试行)的通知	浙人社发〔2010〕165 号	ZJSP13-2010-0015
135	浙江省人力资源和社会保障厅 浙江省财政厅 浙江省体育局关于印发自主择业退役运动员经济补偿办法的通知	浙人社发〔2010〕328 号	ZJSP13-2010-0016
136	浙江省人力资源和社会保障厅 浙江省财政厅 浙江省卫生厅关于印发公共卫生与基层医疗卫生事业单位实施绩效工资实施意见的通知	浙人社发〔2010〕218 号	ZJSP13-2010-0017
137	关于人民警察法定工作日之外加班发放补贴的通知	浙人社发〔2010〕38 号	ZJSP13-2010-0018
138	关于转发人力资源和社会保障部 财政部关于调整国家信访局信访岗位津贴实施范围和标准的通知	浙人社发〔2010〕39 号	ZJSP13-2010-0019
139	关于转发人力资源和社会保障部 财政部关于调整司法助理岗位津贴实施范围和标准的通知	浙人社发〔2010〕40 号	ZJSP13-2010-0020
140	关于机关企事业单位建国前老工人待遇有关问题的通知	浙人社发〔2010〕41 号	ZJSP13-2010-0021
141	浙江省外国专家局关于印发浙江省中等以下教育机构聘请外国专家单位资格认可的实施细则的通知	浙外专发〔2010〕20 号	ZJSP13-2010-0022
142	关于印发浙江省公安机关执法勤务机构人民警察警员职务套改实施办法的通知	浙人社发〔2010〕146 号	ZJSP13-2010-0023
143	关于做好全省森林公安机关执法勤务机构人民警察警员职务套改工作的通知	浙人社发〔2010〕187 号	ZJSP13-2010-0024
144	关于转发人力资源和社会保障部卫生部修订公务员录用体检通用标准(试行)及公务员录用体检操作手册(试行)的通知	浙人社发〔2010〕109 号	ZJSP13-2010-0025
145	关于调整 2010 年全省各级机关考试录用公务员体检项目和标准的通知	浙人社发〔2010〕90 号	ZJSP13-2010-0026
146	浙江省劳动争议仲裁委员会关于印发关于妥善处理群体性劳动争议若干问题的指导意见的通知	浙仲〔2010〕1 号	ZJSP13-2010-0027
147	浙江省人力资源和社会保障厅关于实施城乡居民社会养老保险有关问题的通知	浙人社发〔2010〕166 号	ZJSP13-2010-0028
148	浙江省人力资源和社会保障厅关于印发浙江省城乡居民社会养老保险经办风险防范和控制暂行办法的通知	浙人社发〔2010〕318 号	ZJSP13-2010-0029
149	浙江省人力资源和社会保障厅 浙江省财政厅关于印发浙江省十大高技能人才公共实训基地申报评审办法等 3 个申报制度的通知	浙人社发〔2010〕144 号	ZJSP13-2010-0030
150	浙江省人力资源和社会保障厅关于印发技工院校评估论证工作规程的通知	浙人社发〔2010〕271 号	ZJSP13-2010-0031

续 表

	文 件 名	文 号	编 号
151	浙江省人力资源和社会保障厅关于印发浙江省技工院校教学管理办法(试行)的通知	浙人社发〔2010〕273 号	ZJSP13-2010-0032
152	浙江省人力资源和社会保障厅关于开展专项职业能力考核工作的通知	浙人社发〔2010〕292 号	ZJSP13-2010-0033
153	浙江省人力资源和社会保障厅 浙江省经济和信息化委员会 浙江省财政厅 浙江省人民政府国有资产监督管理委员会 浙江省总工会关于开展浙江省首席技师评选活动的通知	浙人社发〔2010〕346 号	ZJSP13-2010-0034
154	浙江省人力资源和社会保障厅 浙江省财政厅关于调整工伤人员生活护理费和供养亲属抚恤金的通知	浙人社发〔2010〕148 号	ZJSP13-2010-0035
155	浙江省人力资源和社会保障厅转发人社部关于推进工伤保险市级统筹有关问题的通知	浙人社发〔2010〕351 号	ZJSP13-2010-0036
156	浙江省人力资源和社会保障厅 浙江省财政厅关于 2010 年调整企业退休人员基本养老金的通知	浙人社发〔2010〕3 号	ZJSP13-2010-0037
157	浙江省人力资源和社会保障厅 浙江省财政厅关于调整企业职工死亡后遗属生活困难补助费标准的通知	浙人社发〔2010〕43 号	ZJSP13-2010-0038
158	浙江省人力资源和社会保障厅关于做好城镇企业职工基本养老保险关系转移接续暂行办法贯彻落实工作的通知	浙人社发〔2010〕44 号	ZJSP13-2010-0039
159	浙江省人力资源和社会保障厅 浙江省财政厅关于调整计划外长期临时工晚年生活补助费标准的通知	浙人社发〔2010〕53 号	ZJSP13-2010-0040
160	浙江省人力资源和社会保障厅关于知青工龄计算问题的复函	浙人社函〔2010〕72 号	ZJSP13-2010-0041
161	浙江省人力资源和社会保障厅关于发布 2009 年企业职工基本养老保险个人账户记账利率的通知	浙人社发〔2010〕86 号	ZJSP13-2010-0042
162	浙江省人力资源和社会保障厅关于发布 2009 年浙江省全社会单位在岗职工年平均工资的通知	浙人社发〔2010〕133 号	ZJSP13-2010-0043
163	浙江省人力资源和社会保障厅关于 2010 年企业退休人员基本养老金计发问题的通知	浙人社发〔2010〕212 号	ZJSP13-2010-0044
164	浙江省人力资源和社会保障厅转发人力资源和社会保障关于城镇企业职工基本养老保险关系转移接续若干具体问题意见的通知	浙人社发〔2010〕313 号	ZJSP13-2010-0045
165	浙江省人力资源和社会保障厅关于被判处有期徒刑人员基本养老保险有关问题的复函	浙人社函〔2010〕358 号	ZJSP13-2010-0046
166	浙江省人力资源和社会保障厅关于城乡居民社会养老保险待遇与遗属生活困难补助费可否叠加享受问题的复函	浙人社函〔2010〕387 号	ZJSP13-2010-0047
167	转发人力资源和社会保障部卫生部 财政部关于印发流动就业人员基本医疗保障关系转移接续暂行办法的通知	浙人社发〔2010〕112 号	ZJSP13-2010-0048
168	浙江省人力资源和社会保障厅 浙江省财政厅关于转发人力资源和社会保障部 财政部关于基本医疗保险异地就医结算服务工作的意见	浙人社发〔2010〕134 号	ZJSP13-2010-0049
169	关于基本医疗保险异地就医联网结算工作的实施意见	浙人社发〔2010〕178 号	ZJSP13-2010-0050
170	浙江省人力资源和社会保障厅关于做好省级单位实施浙江省基本医疗保险、工伤保险和生育保险药品目录工作的通知	浙人社发〔2010〕231 号	ZJSP13-2010-0051
171	关于复合西药列入基本医疗保险支付范围有关问题的通知	浙人社发〔2010〕216 号	ZJSP13-2010-0052
172	关于进一步做好城镇居民基本医疗保险工作的通知	浙人社发〔2010〕258 号	ZJSP13-2010-0053

续 表

	文件名	文号	编号
173	关于公布第一批浙江省基本医疗保险、工伤保险和生育保险复合西药目录的通知	浙人社发〔2010〕291 号	ZJSP13-2010-0054
174	关于印发浙江省基本医疗保险定点医疗机构分级管理实施办法试行的通知	浙人社发〔2010〕385 号	ZJSP13-2010-0055
175	浙江省人力资源和社会保障厅 浙江省国家税务局 浙江省地方税务局关于调整企业职工夏季防暑降温清凉饮料费标准的通知	浙人社发〔2010〕202 号	ZJSP13-2010-0056
176	浙江省人力资源和社会保障厅 浙江省财政厅关于调整企业退休军转干部生活补贴标准的通知	浙人社发〔2010〕21 号	ZJSP13-2010-0057
177	浙江省劳动和社会保障厅关于印发浙江省民办职业培训学校管理办法（试行）的通知	浙劳社培〔2009〕21 号	ZJSP13-2009-0001
178	浙江省人力资源和社会保障厅发展和改革委员会财政厅关于实施特别职业培训计划的通知	浙人社发〔2009〕63 号	ZJSP13-2009-0002
179	浙江省人力资源和社会保障厅关于印发浙江省技工院校全日制学生招生工作办法的通知	浙人社发〔2009〕75 号	ZJSP13-2009-0003
180	关于紧急起用浙江省职业技能鉴定成绩合格凭证的通知	浙人社发〔2009〕82 号	ZJSP13-2009-0004
181	浙江省劳动和社会保障厅关于取消外国人和台港澳人员就业证工本费收费项目的通知	浙劳社就〔2009〕5 号	ZJSP13-2009-0005
182	浙江省人力资源和社会保障厅关于规范创业培训机构认定等有关工作的通知	浙人社发〔2009〕171 号	ZJSP13-2009-0006
183	省人事厅 省档案局关于印发浙江省档案系列初、中级专业技术资格考试和职务聘任实施办法的通知	浙人发〔2009〕27 号	ZJSP13-2009-0007
184	省人事厅 省财政厅关于印发浙江省教授级高级会计师资格评价条件（试行）的通知	浙人发〔2009〕39 号	ZJSP13-2009-0008
185	省人事厅 省经贸委 省水利厅关于印发浙江省水利专业高级工程师资格考评结合工作方案（试行）的通知	浙人发〔2009〕66 号	ZJSP13-2009-0009
186	浙江省人力资源和社会保障厅关于印发 2009 年度高级专业技术资格评审计划的通知	浙人社发〔2009〕22 号	ZJSP13-2009-0010
187	浙江省人力资源和社会保障厅 浙江省教育厅关于扩大本科院校高级专业技术资格评审权限的通知	浙人社发〔2009〕23 号	ZJSP13-2009-0011
188	浙江省人力资源和社会保障厅 省经济体制改革领导小组办公室关于扩大县（市）部分经济社会管理权限中专业技术资格评价有关问题的通知	浙人社发〔2009〕39 号	ZJSP13-2009-0012
189	浙江省人力资源和社会保障厅关于印发浙江省高级经济师资格评价条件（试行）的通知	浙人社发〔2009〕45 号	ZJSP13-2009-0013
190	浙江省人力资源和社会保障厅 省台办转发关于再向台湾居民开放部分专业技术人员资格考试有关问题的通知	浙人社发〔2009〕63 号	ZJSP13-2009-0014
191	浙江省人力资源和社会保障厅关于在省监狱中心医院开展卫生专业技术资格评价工作的意见	浙人社函〔2009〕251 号	ZJSP13-2009-0015
192	浙江省人力资源和社会保障厅 省国税局 省地税局转发关于香港居民参加注册税务师资格考试有关问题的通知	浙人社发〔2009〕166 号	ZJSP13-2009-0016
193	浙江省人力资源和社会保障厅 省经信委关于印发浙江省教授级高级工程师资格评价条件（试行）的通知	浙人社发〔2009〕186 号	ZJSP13-2009-0017

续 表

	文 件 名	文 号	编 号
194	浙江省人力资源和社会保障厅 省经信委 省水利厅关于印发浙江省水利专业工程师、高级工程师资格评价条件(试行)的通知	浙人社发〔2009〕187 号	ZJSP13-2009-0018
195	浙江省人力资源和社会保障厅 省公安厅 杭州海关 宁波海关关于海外高层次留学人才回国工作绿色通道有关入出境及居留便利问题的通知	浙人社发〔2009〕237 号	ZJSP13-2009-0019
196	浙江省人力资源和社会保障厅关于事业单位女职工退休年龄有关问题的意见	浙人社发〔2009〕94 号	ZJSP13-2009-0020
197	浙江省人力资源和社会保障厅关于省直副厅级机构工作人员高定工资有关问题的通知	浙人社发〔2009〕205 号	ZJSP13-2009-0021
198	浙江省人力资源和社会保障厅关于印发浙江省引进国外技术、管理人才项目管理暂行办法的通知	浙人社发〔2009〕206 号	ZJSP13-2009-0022
199	浙江省劳动争议仲裁委员会关于印发关于劳动争议案件处理若干问题的指导意见(试行)的通知	浙仲〔2009〕2 号	ZJSP13-2009-0023
200	浙江省人力资源和社会保障厅关于印发浙江省城乡居民社会养老保险经办业务管理规程(试行)的通知	浙人社发〔2009〕193 号	ZJSP13-2009-0024
201	关于调整工伤人员生活护理费和供养亲属抚恤金的通知	浙劳社工伤〔2009〕40 号	ZJSP13-2009-0025
202	浙江省劳动和社会保障厅 财政厅关于调整企业计划外长期临时工晚年生活补助费标准的通知	浙劳社老〔2009〕16 号	ZJSP13-2009-0026
203	浙江省劳动和社会保障厅 财政厅关于调整企业职工死亡后遗属生活困难补助费标准的通知	浙劳社老〔2009〕17 号	ZJSP13-2009-0027
204	浙江省人力资源和社会保障厅关于发布 2008 年企业职工基本养老保险个人账户记账利率的通知	浙人社发〔2009〕10 号	ZJSP13-2009-0028
205	浙江省人力资源和社会保障厅关于 2009 年企业退休人员基本养老金计发问题的通知	浙人社发〔2009〕17 号	ZJSP13-2009-0029
206	浙江省人力资源和社会保障厅 财政厅关于适当调整企业建国前参加革命工作的老工人退休待遇的通知	浙人社发〔2009〕29 号	ZJSP13-2009-0030
207	浙江省人力资源和社会保障厅 财政厅关于调整省本级企业基本养老保险缴费比例的通知	浙人社发〔2009〕60 号	ZJSP13-2009-0031
208	浙江省人力资源和社会保障厅 财政厅 省委老干部局关于省属企业、原行业统筹企业离休干部待遇补贴发放有关问题的通知	浙人社发〔2009〕146 号	ZJSP13-2009-0032
209	浙江省人力资源和社会保障厅 财政厅 地方税务局关于 2010 年对部分企业临时性下浮社会保险费缴纳比例的通知	浙人社发〔2009〕233 号	ZJSP13-2009-0033
210	浙江省人力资源和社会保障厅 财政厅关于核准杭州市区调整用人单位基本养老保险缴费比例的函	浙人社函〔2009〕369 号	ZJSP13-2009-0034
211	浙江省劳动和社会保障厅关于发布 2008 年全省在岗职工年平均工资的通知	浙劳社老〔2009〕41 号	ZJSP13-2009-0035
212	浙江省人力资源和社会保障厅 浙江省财政厅转发关于全面开展城镇居民基本医疗保险工作的通知	浙人社发〔2009〕20 号	ZJSP13-2009-0036
213	浙江省劳动和社会保障厅 浙江省财政厅关于解放战争时期参加革命工作的离休干部无固定收入配偶的医疗保障有关问题的通知	浙人社发〔2009〕40 号	ZJSP13-2009-0037
214	浙江省人力资源和社会保障厅关于调整省级单位职工基本医疗保险部分政策的通知	浙人社发〔2009〕173 号	ZJSP13-2009-0038

续　表

	文　件　名	文　号	编　号
215	中共浙江省委老干部局　浙江省人力资源和社会保障厅　浙江省财政局　浙江省地方税务局关于进一步落实中央企业离休干部医药费保障等问题的通知	浙人社发〔2009〕188 号	ZJSP13-2009-0039
216	浙江省人力资源和社会保障厅　浙江省财政厅关于调整省级单位职工基本医疗保险统筹基金最高支付限额的通知	浙人社发〔2009〕216 号	ZJSP13-2009-0040
217	关于实施国家药品目录甲类药品的通知	浙人社发〔2009〕207 号	ZJSP13-2009-0041
218	浙江省人力资源和社会保障厅　浙江省财政厅关于进一步完善基本医疗保险基金管理的意见	浙人社发〔2009〕218 号	ZJSP13-2009-0042
219	浙江省人力资源和社会保障厅　浙江省财政厅关于推行基本医疗保险市级统筹的意见	浙人社发〔2009〕219 号	ZJSP13-2009-0043
220	浙江省人力资源和社会保障厅　浙江省财政厅　浙江省卫生厅关于建立基本医疗保险门诊统筹的意见	浙人社发〔2009〕222 号	ZJSP13-2009-0044
221	浙江省劳动和社会保障厅关于做好特殊工时制审批工作有关问题的通知	浙劳社劳薪〔2009〕35 号	ZJSP13-2009-0045
222	浙江省劳动和社会保障厅关于贯彻实施企业职工带薪年休假制度的若干意见	浙劳社劳薪〔2009〕36 号	ZJSP13-2009-0046
223	浙江省劳动和社会保障厅关于印发浙江省失业保险经办机构内部控制暂行办法的通知	浙劳社就〔2008〕52 号	ZJSP13-2008-0001
224	浙江省劳动和社会保障厅关于严格执行外国人持职业签证入境就业规定的通知	浙劳社就〔2008〕91 号	ZJSP13-2008-0002
225	省人事厅　省统计局关于印发浙江省高级统计师资格考评结合试点工作方案的通知	浙人发〔2008〕29 号	ZJSP13-2008-0003
226	浙江省人事厅关于印发 2008 年度高级专业技术资格评审计划的通知	浙人发〔2008〕99 号	ZJSP13-2008-0004
227	浙江省人事厅关于在全省专业技术人员中开展公需科目培训的通知	浙人发〔2008〕147 号	ZJSP13-2008-0005
228	浙江省人事厅关于印发省级专业技术人员高级研修班管理办法的通知	浙人发〔2008〕163 号	ZJSP13-2008-0006
229	浙江省博士后工作办公室关于印发浙江省博士后试点工作管理实施办法的通知	浙博办〔2008〕1 号	ZJSP13-2008-0007
230	浙江省人事厅　浙江省劳动和社会保障厅　浙江省民政厅　浙江省财政厅转发人力资源和社会保障部民政部　财政部关于事业单位工作人员和离退休人员死亡一次性抚恤金发放办法的通知	浙人发〔2008〕133 号	ZJSP13-2008-0008
231	浙江省人事厅关于机关工资制度改革后职务变动等人员工资待遇有关问题的通知	浙人发〔2008〕74 号	ZJSP13-2008-0009
232	浙江省人事厅关于事业单位工资制度改革后岗位变动等人员工资待遇有关问题的通知	浙人发〔2008〕80 号	ZJSP13-2008-0010
233	浙江省人事厅　浙江省财政厅　浙江省教育厅关于实行农村教师任教津贴的通知	浙人发〔2008〕78 号	ZJSP13-2008-0011
234	浙江省人事厅关于机关事业单位带薪年休假有关问题的通知	浙人发〔2008〕67 号	ZJSP13-2008-0012
235	浙江省人事厅关于机关事业单位工资制度改革后工作人员假期工资待遇的通知	浙人发〔2008〕84 号	ZJSP13-2008-0013
236	省人事厅　省财政厅关于调整退休干部职工管理服务活动经费的通知	浙人发〔2008〕166 号	ZJSP13-2008-0014
237	省人事厅关于机关事业单位工作人员带薪年休假有关问题的通知	浙人发〔2008〕201 号	ZJSP13-2008-0015

续 表

	文　件　名	文　号	编　号
238	浙江省人事厅关于印发浙江省引进国外智力示范单位和成果示范推广基地暂行办法的通知	浙人发〔2008〕169号	ZJSP13-2008-0016
239	省委组织部 省人事厅关于印发浙江省公务员录用实施办法(试行)的通知	浙人发〔2008〕170号	ZJSP13-2008-0017
240	省委组织部 省人事厅关于印发浙江省公务员录用考察工作细则(试行)的通知	浙人发〔2008〕58号	ZJSP13-2008-0018
241	中共浙江省委组织部 浙江省人事厅关于做好公务员年度考核工作的通知	浙人发〔2008〕190号	ZJSP13-2008-0019
242	浙江省劳动和社会保障厅转发劳动和社会保障部关于调整农村社会养老保险个人账户计息办法的通知	浙劳社农〔2008〕44号	ZJSP13-2008-0020
243	浙江省劳动和社会保障厅关于进一步做好职业技能鉴定命题和国家题库运行管理工作的通知	浙劳社培〔2008〕29号	ZJSP13-2008-0021
244	浙江省劳动和社会保障厅关于印发浙江省技工院校教学论文评选办法的通知	浙劳社办发〔2008〕31号	ZJSP13-2008-0022
245	浙江省劳动和社会保障厅关于推进商贸、餐饮、住宿服务业农民工参加工伤保险工作的通知	浙劳社工伤〔2008〕49号	ZJSP13-2008-0023
246	浙江省劳动和社会保障厅关于一级至致四级工伤职工参加养老保险和工伤退休人员待遇调整问题的通知	浙劳社工伤〔2008〕71号	ZJSP13-2008-0024
247	浙江省劳动和社会保障厅 浙江省财政厅关于印发浙江省工伤保险储备金管理暂行办法的通知	浙劳社工伤〔2008〕87号	ZJSP13-2008-0025
248	浙江省劳动和社会保障厅关于中央省部属行业企业老工伤人员纳入省本级工伤保险统筹有关问题的通知	浙劳社工伤〔2008〕109号	ZJSP13-2008-0026
249	浙江省劳动和社会保障厅 浙江省财政厅关于2008年调整企业退休人员基本养老金的通知	浙劳社老〔2008〕5号	ZJSP13-2008-0027
250	浙江省劳动和社会保障厅 浙江省财政厅关于调整企业职工死亡后遗属生活困难补助费标准的通知	浙劳社老〔2008〕16号	ZJSP13-2008-0028
251	浙江省劳动和社会保障厅 浙江省财政厅关于调整企业计划外长期临时工晚年生活补助费标准的通知	浙劳社老〔2008〕17号	ZJSP13-2008-0029
252	浙江省劳动和社会保障厅关于发布2007年全省在岗职工平均工资的通知	浙劳社老〔2008〕45号	ZJSP13-2008-0030
253	浙江省劳动和社会保障厅关于公布2007年企业职工基本养老保险个人账户记账利率的通知	浙劳社老〔2008〕48号	ZJSP13-2008-0031
254	浙江省劳动和社会保障厅关于2008年企业退休人员基本养老金计发问题的通知	浙劳社老〔2008〕73号	ZJSP13-2008-0032
255	浙江省劳动和社会保障厅 浙江省民政厅转发原劳动和社会保障部民政部关于社会组织专职工作人员参加养老保险有关问题的通知	浙劳社老〔2008〕74号	ZJSP13-2008-0033
256	浙江省劳动和社会保障厅关于对浙政发〔2008〕32号文件有关问题的补充通知	浙劳社老〔2008〕107号	ZJSP13-2008-0034
257	浙江省劳动和社会保障厅关于调整省属企事业行业单位离休干部"两费"保障经费筹资标准的通知	浙劳社老〔2008〕115号	ZJSP13-2008-0035
258	浙江省劳动和社会保障厅 财政厅 地方税务局关于临时性下浮企业社会保险费缴纳比例的通知	浙劳社老〔2008〕125号	ZJSP13-2008-0036

续 表

	文 件 名	文 号	编 号
259	浙江省劳动和社会保障厅关于2009年调整企业退休人员基本养老金的通知	浙劳社老〔2008〕136号	ZJSP13-2008-0037
260	浙江省劳动和社会保障厅关于部分临时工晚年生活待遇问题的复函	浙劳社厅字〔2008〕73号	ZJSP13-2008-0038
261	浙江省劳动和社会保障厅关于企业退休后取得香港居民身份的人员有关待遇问题的批复	浙劳社厅字〔2008〕79号	ZJSP13-2008-0039
262	浙江省劳动和社会保障厅 财政厅关于宁波市区用人单位基本养老保险缴费比例调整方案的函	浙劳社厅字〔2008〕152号	ZJSP13-2008-0040
263	浙江省劳动和社会保障厅 财政厅关于杭州市区用人单位基本养老保险费缴费比例的函	浙劳社厅字〔2008〕156号	ZJSP13-2008-0041
264	浙江省劳动和社会保障厅关于2009年调整企业退休人员基本养老金有关问题的批复	浙劳社厅字〔2008〕154号	ZJSP13-2008-0042
265	浙江省劳动和社会保障厅 浙江省教育厅关于进一步做好学生参加城镇居民基本医疗保险有关问题的补充通知	浙劳社医〔2008〕9号	ZJSP13-2008-0043
266	关于做好医疗服务项目价格调整后基本医疗保险衔接工作的紧急通知	浙劳社办发〔2008〕5号	ZJSP13-2008-0044
267	浙江省劳动和社会保障厅关于进一步做好城镇居民基本医疗保险试点工作的通知	浙劳社医〔2008〕36号	ZJSP13-2008-0045
268	浙江省劳动和社会保障厅关于做好全省参加城镇居民基本医疗保险居民健康体检工作的通知	浙劳社医〔2008〕79号	ZJSP13-2008-0046
269	浙江省劳动和社会保障厅关于做好浙江省实施禁止使用童工规定办法贯彻实施工作的通知	浙劳社监〔2008〕98号	ZJSP13-2008-0047
270	浙江省劳动和社会保障厅关于实行不定时工作制职工在法定节假日上班是否需支付加班工资的批复	浙劳社厅字〔2008〕43号	ZJSP13-2008-0048
271	浙江省人事厅 浙江省劳动和社会保障厅 浙江省财政厅关于对企业退休军转干部发放补贴标准的通知	浙人发〔2008〕30号	ZJSP13-2008-0049
272	浙江省劳动和社会保障厅关于农民合同制职工享受一次性生活补助有关问题的批复	浙劳社厅字〔2007〕50号	ZJSP13-2007-0001
273	浙江省劳动和社会保障厅关于向义乌市下放外国人在浙就业管理权限的通知	浙劳社就〔2007〕72号	ZJSP13-2007-0002
274	浙江省劳动和社会保障厅关于做好城镇零就业家庭和农村低保户家庭劳动力就业援助工作的通知	浙劳社就〔2007〕129号	ZJSP13-2007-0003
275	浙江省人事厅 浙江省卫生厅 浙江省教育厅 浙江省财政厅关于切实加强全省城乡社区卫生人才队伍建设的意见	浙人才〔2007〕187号	ZJSP13-2007-0004
276	省人事厅 省测绘局转发人事部 国家测绘局关于印发注册测绘师制度暂行规定、注册测绘师资格考试实施办法和注册测绘师资格考核认定办法的通知	浙人专〔2007〕64号	ZJSP13-2007-0005
277	浙江省人事厅 省建设城浙江省交通厅转发人事部 建设部交通部关于印发勘察设计注册土木工程师(道路工程)制度暂行规定、勘察设计注册土木工程师(道路工程)资格考试实施办法、勘察设计注册土木工程师(道路工程)资格考核认定办法的通知	浙人专〔2007〕95号	ZJSP13-2007-0006
278	浙江省人事厅关于全省统一换发高级专业技术资格证书的通知	浙人专〔2007〕37号	ZJSP13-2007-0007
279	浙江省人事厅关于职称外语等级考试有关问题的通知	浙人专〔2007〕80号	ZJSP13-2007-0008

续 表

	文 件 名	文 号	编 号
280	浙江省人事厅关于印发浙江省“钱江人才计划”管理办法(试行)的通知	浙人专〔2007〕81 号	ZJSP13-2007-0009
281	浙江省人事厅 浙江省发改委转发人事部、国家发改委关于印发招标采购专业技术人员职业水平评价暂行规定和招标师职业水平考试实施办法的通知	浙人专〔2007〕151 号	ZJSP13-2007-0010
282	关于印发 2007 年度高级专业技术资格评审计划的通知	浙人专〔2007〕113 号	ZJSP13-2007-0011
283	浙江省人事厅 浙江省作家协会关于印发浙江省文学创作专业高、中级资格(艺术等级)评价条件(试行)的通知	浙人专〔2007〕232 号	ZJSP13-2007-0012
284	浙江省人事厅关于印发浙江省医疗器械行业初、中级专业技术资格考试和聘任实施办法的通知	浙人专〔2007〕283 号	ZJSP13-2007-0013
285	浙江省人事厅关于同意在宁波市开展高级经济师资格评审试点工作的通知	浙人专〔2007〕133 号	ZJSP13-2007-0014
286	浙江省人事厅 浙江省教育厅关于设立省高校教师高级专业技术资格评审委员会温州大学副教授评审组的通知	浙人专〔2007〕231 号	ZJSP13-2007-0015
287	浙江省人事厅关于 2008 年上半年全国计算机技术与软件专业技术资格(水平)考试有关事项的通知	浙人专〔2007〕345 号	ZJSP13-2007-0016
288	浙江省人事厅关于印发浙江省事业单位公开招聘人员暂行办法的通知	浙人才〔2007〕184 号	ZJSP13-2007-0017
289	浙江省人事厅 浙江省财政厅 浙江省测绘局转发人事部 财政部 国家测绘局关于印发测绘系统测绘队贯彻事业单位工作人员收入分配制度改革方案的实施意见的通知	浙人薪〔2007〕24 号	ZJSP13-2007-0018
290	浙江省人事厅 浙江省财政厅 浙江省文化厅转发人事部 财政部 文化部关于印发文化单位贯彻事业单位工作人员收入分配制度改革方案的实施意见的通知	浙人薪〔2007〕25 号	ZJSP13-2007-0019
291	浙江省人事厅 浙江省财政厅 浙江省国土资源厅关于转发地质勘探事业单位贯彻事业单位工作人员收入分配制度改革方案的实施意见的通知	浙人薪〔2007〕37 号	ZJSP13-2007-0020
292	浙江省人事厅 浙江省财政厅 浙江省科技厅关于转发人事部 财政部 科技部关于印发科学研究事业单位贯彻事业单位工作人员收入分配制度改革方案的实施意见的通知	浙人薪〔2007〕46 号	ZJSP13-2007-0021
293	浙江省人事厅 浙江省财政厅 浙江省海洋与渔业局关于转发农业部所属水产事业单位船员贯彻事业单位工作人员收入分配制度改革方案的实施意见的通知	浙人薪〔2007〕103 号	ZJSP13-2007-0022
294	浙江省人事厅 浙江省财政厅 浙江省海洋与渔业局关于转发国家海洋局所属水上作业事业单位工作人员贯彻事业单位工作人员收入分配制度改革方案的实施意见的通知	浙人薪〔2007〕104 号	ZJSP13-2007-0023
295	浙江省人事厅 浙江省财政厅 浙江省交通厅关于转发交通部所属水上作业事业单位工作人员贯彻事业单位工作人员收入分配制度改革方案的实施意见的通知	浙人薪〔2007〕159 号	ZJSP13-2007-0024
296	浙江省人事厅 浙江省财政厅 浙江省教育厅转发人事部 财政部 教育部关于印发高等学校、中小学、中等职业学校贯彻事业单位工作人员收入分配制度改革方案三个实施意见的通知	浙人薪〔2007〕168 号	ZJSP13-2007-0025

续 表

	文 件 名	文 号	编 号
297	浙江省人事厅 浙江省财政厅 浙江省卫生厅转发人事部 财政部 卫生部关于印发卫生事业单位贯彻事业单位工作人员收入分配制度改革方案的实施意见的通知	浙人薪〔2007〕169 号	ZJSP13-2007-0026
298	省人事厅 省财政厅 省体育局转发人事部、财政部、国家体育总局关于印发体育运动员贯彻事业单位工作人员收入分配制度改革方案的实施意见的通知	浙人薪〔2007〕208 号	ZJSP13-2007-0027
299	浙江省人事厅关于印发机关工作人员级别(岗位)工资正常运行有关问题处理办法的通知	浙人薪〔2007〕101 号	ZJSP13-2007-0028
300	浙江省人事厅关于印发事业单位工作人员正常增加薪级工资有关问题处理办法的通知	浙人薪〔2007〕102 号	ZJSP13-2007-0029
301	浙江省人事厅 浙江省财政厅转发人事部 财政部关于执行人民警察值勤岗位津贴有关问题的通知	浙人薪〔2007〕320 号	ZJSP13-2007-0030
302	浙江省人事厅 浙江省财政厅关于规范机关工作人员特殊岗位津贴管理的通知	浙人薪〔2007〕344 号	ZJSP13-2007-0031
303	关于印发浙江省社会保险经办机构内部控制暂行办法的通知	浙劳社监督〔2007〕139 号	ZJSP13-2007-0032
304	浙江省人事厅转发国家外国专家局关于印发关于完善在华工作外国专家医疗保障制度的意见的通知	浙人外〔2007〕116 号	ZJSP13-2007-0033
305	浙江省人事厅关于印发在浙工作外国专家突发事件应急预案的通知	浙人外〔2007〕311 号	ZJSP13-2007-0034
306	中共浙江省委组织部 浙江省人事厅关于做好原列入参照、依照公务员制度管理事业单位重新审批工作的通知	浙人公〔2007〕29 号	ZJSP13-2007-0035
307	浙江省劳动和社会保障厅关于农村社会养老保险金一次性发放的批复	浙劳社厅字〔2007〕91 号	ZJSP13-2007-0036
308	转发劳动和社会保障部国土资源部关于切实做好被征地农民社会保障工作有关问题的通知	浙劳社农〔2007〕134 号	ZJSP13-2007-0037
309	浙江省劳动和社会保障厅关于成立浙江省职业技能鉴定专家委员会工作规程的通知	浙劳社培〔2007〕12 号	ZJSP13-2007-0038
310	关于印发浙江省高技能人才企业评价和直接认定办法的通知	浙劳社培〔2007〕137 号	ZJSP13-2007-0039
311	关于印发浙江省职业技能鉴定所(站)管理办法的通知	浙劳社培〔2007〕150 号	ZJSP13-2007-0040
312	浙江省劳动和社会保障厅关于开展全省技工学校优秀教师优秀教育工作者评选活动的通知	浙劳社培〔2007〕94 号	ZJSP13-2007-0041
313	浙江省劳动和社会保障厅 浙江省建设厅转发关于做好建筑施工企业农民工参加工伤保险工作的通知	浙劳社工伤〔2007〕24 号	ZJSP13-2007-0042
314	浙江省劳动和社会保障厅关于调整生活护理费和供养亲属抚恤金的通知	浙劳社工伤〔2007〕156 号	ZJSP13-2007-0043
315	浙江省劳动和社会保障厅关于长广集团老工伤人员参加省级工伤保险有关问题的批复	浙劳社厅字〔2007〕100 号	ZJSP13-2007-0044
316	浙江省劳动和社会保障厅关于跨统筹区转移能否享受生育待遇的批复	浙劳社厅字〔2007〕145 号	ZJSP13-2007-0045
317	浙江省劳动和社会保障厅关于完善企业职工基本养老保险制度有关问题的补充通知	浙劳社老〔2007〕7 号	ZJSP13-2007-0046
318	浙江省劳动和社会保障厅 浙江省军区后勤部转发劳动保障部办公厅总后勤部司令部关于做好已参加当地养老保险军队无军籍退休退职职工移交地方安置养老保险关系处理工作的通知	浙劳社老〔2007〕31 号	ZJSP13-2007-0047

续 表

	文 件 名	文 号	编 号
319	浙江省劳动和社会保障厅关于对在西藏海拔3500米以上工作的人员适当提高退休待遇的通知	浙劳社老〔2007〕37	ZJSP13-2007-0048
320	浙江省劳动和社会保障厅关于2007年企业退休人员基本养老金计发问题的通知	浙劳社老〔2007〕80号	ZJSP13-2007-0049
321	浙江省劳动和社会保障厅转发劳动和社会保障部关于做好原有企业年金移交工作的通知	浙劳社老〔2007〕89号	ZJSP13-2007-0050
322	浙江省劳动和社会保障厅 浙江省财政厅关于整企业职工死亡遗属生活困难补助费标准的通知	浙劳社老〔2007〕114号	ZJSP13-2007-0051
323	浙江省劳动和社会保障厅 浙江省财政厅关于调整企业计划外长期临时工晚年生活补助费标准的通知	浙劳社老〔2007〕115号	ZJSP13-2007-0052
324	浙江省劳动和社会保障厅 浙江省民政厅 浙江省财政厅转发劳动和社会保障部、民政部、财政部关于进一步落实部分军队退役人员劳动保障政策的通知	浙劳社老〔2007〕120号	ZJSP13-2007-0053
325	浙江省劳动和社会保障厅 浙江省财政厅关于2007年调整企业退休人员基本养老金的通知	浙劳社老〔2007〕132号	ZJSP13-2007-0054
326	浙江省劳动和社会保障厅关于2007年企业退休人员基本养老金计发问题的补充通知	浙劳社老〔2007〕181号	ZJSP13-2007-0055
327	浙江省劳动和社会保障厅关于2007年参加省属及行业养老保险的企业退休人员基本养老金计发问题的通知	浙劳社老〔2007〕184号	ZJSP13-2007-0056
328	浙江省劳动和社会保障厅关于中药饮片加工及中药仓储人员能否提前退休问题的批复	浙劳社厅字〔2007〕16号	ZJSP13-2007-0057
329	浙江省劳动和社会保障厅关于股份制企业职工非因工死亡后遗属生活困难补助费问题的批复	浙劳社厅字〔2007〕32号	ZJSP13-2007-0058
330	浙江省劳动和社会保障厅关于物资部门特殊工种问题的批复	浙劳社厅字〔2007〕46号	ZJSP13-2007-0059
331	浙江省劳动和社会保障厅关于内退职工在其他企业发生工伤死亡后劳保待遇问题的复函	浙劳社厅字〔2007〕57号	ZJSP13-2007-0060
332	浙江省劳动和社会保障厅关于受株连子女在农村劳动期间工龄计算问题的批复	浙劳社厅字〔2007〕85号	ZJSP13-2007-0061
333	浙江省劳动和社会保障厅关于职工吸毒致死后有关待遇问题的批复	浙劳社厅字〔2007〕86号	ZJSP13-2007-0062
334	浙江省劳动和社会保障厅关于企业职工重复参保缴费享受养老金有关问题的批复	浙劳社厅字〔2007〕139号	ZJSP13-2007-0063
335	浙江省劳动和社会保障厅关于供养遗属享受待遇人员年龄界限问题的批复	浙劳社厅字〔2007〕144号	ZJSP13-2007-0064
336	浙江省劳动和社会保障厅关于退休前获得高级职称人员增发养老金有关问题的批复	浙劳社厅字〔2007〕147号	ZJSP13-2007-0065
337	浙江省劳动和社会保障厅关于特殊工种工作年限折算工龄问题的批复	浙劳社厅字〔2007〕154号	ZJSP13-2007-0066
338	浙江省劳动和社会保障厅关于农村户籍退役军人军龄视同基本养老保险缴费年限有关问题的批复	浙劳社厅字〔2007〕161号	ZJSP13-2007-0067
339	浙江省劳动和社会保障厅关于原县以下集体企业工作年限能否视作缴费年限问题的批复	浙劳社厅字〔2007〕202号	ZJSP13-2007-0068
340	关于调整基本医疗保险艾滋病检测费用支付有关问题的紧急通知	浙劳社医〔2007〕32号	ZJSP13-2007-0069

续 表

	文 件 名	文 号	编 号
341	浙江省劳动和社会保障厅 财政厅 卫生厅关于做好全省参加城镇职工基本医疗保险企业退休人员健康体检工作的通知	浙劳社医〔2007〕58号	ZJSP13-2007-0070
342	浙江省劳动和社会保障厅关于促进医疗保险参保人员充分利用社区卫生服务的意见	浙劳社医〔2007〕97号	ZJSP13-2007-0071
343	浙江省劳动和社会保障厅 浙江省财政厅 浙江省卫生厅关于对参加省级单位职工基本医疗保险的企业退休人员实行健康体检的通知	浙劳社医〔2007〕121号	ZJSP13-2007-0072
344	浙江省劳动和社会保障厅 浙江省教育厅关于进一步做好学生参加城镇居民基本医疗保险工作的通知	浙劳社医〔2007〕157号	ZJSP13-2007-0073
345	转发劳动保障部关于城镇居民基本医疗保险儿童用药有关问题的通知	浙劳社医〔2007〕171号	ZJSP13-2007-0074
346	浙江省劳动和社会保障厅 浙江省财政厅关于省部属企业退休人员健康体检工作有关问题的通知	浙劳社医〔2007〕165号	ZJSP13-2007-0075
347	浙江省劳动和社会保障厅 浙江省财政厅 浙江省卫生厅关于调整省级单位职工基本医疗保险部分政策的通知	浙劳社医〔2007〕189号	ZJSP13-2007-0076
348	浙江省劳动和社会保障厅办公室关于做好省级单位职工基本医疗保险部分政策调整实施工作的通知	浙劳社办发〔2007〕84号	ZJSP13-2007-0077
349	浙江省劳动和社会保障厅转发劳动和社会保障部关于建立劳动用工备案制度的通知	浙劳社劳薪〔2007〕83号	ZJSP13-2007-0078
350	浙江省人事厅转发人事部关于加强机关事业单位人员工资管理防范虚报冒领工资的问题的通知的通知	浙人计〔2006〕94号	ZJSP13-2006-0001
351	浙江省劳动和社会保障厅关于社会团体固定职工参加失业保险前符合国家和省规定的工龄能否视作缴费年限的批复	浙劳社厅字〔2006〕59号	ZJSP13-2006-0002
352	省人事厅 省卫生厅关于印发浙江省乡村卫生技术人员高级专业技术资格评价与职务聘任规定(试行)的通知	浙人专〔2006〕1号	ZJSP13-2006-0003
353	省人事厅转发人事部关于印发管理咨询人员职业水平评价暂行规定和管理咨询师职业水平考试实施办法的通知	浙人专〔2006〕22号	ZJSP13-2006-0004
354	省人事厅 省食品药监局关于印发浙江省药学专业初、中级专业技术资格考试和职务聘任实施办法的通知	浙人专〔2006〕45号	ZJSP13-2006-0005
355	浙江省人事厅关于实施全国专业技术人员计算机应用能力考试的通知	浙人专〔2006〕58号	ZJSP13-2006-0006
356	浙江省人事厅 浙江省体育局关于体育教练员职称外语考试有关事项的通知	浙人专〔2006〕118号	ZJSP13-2006-0007
357	浙江省人事厅 浙江省民政厅转发人事部、民政部关于印发社会工作者职业水平评价暂行规定助理社会工作师、社会工作师职业水平考试实施办法的通知	浙人专〔2006〕209号	ZJSP13-2006-0008
358	浙江省人事厅 浙江省建设厅转发人事部、建设部关于印发物业管理师制度暂行规定、物业管理师资格考试实施办法和物业管理师资格考核认定办法的通知	浙人专〔2006〕222号	ZJSP13-2006-0009
359	浙江省人事厅 浙江省质量技监局转发人事部 国家质量检验检疫总局关于印发注册计量师制度暂行规定、注册计量师资格考试实施办法和注册计量师资格考核认定办法的通知	浙人专〔2006〕225号	ZJSP13-2006-0010
360	省人事厅 省交通厅转发人事部交通部关于印发机动车检测维修专业技术人员职业水平评价暂行规定、机动车检测维修专业技术人员职业水平考试实施办法的通知	浙人专〔2006〕268号	ZJSP13-2006-0011

续 表

	文 件 名	文 号	编 号
361	浙江省人事厅关于印发浙江省专业技术人员继续教育委托合同备案办法的通知	浙人教〔2006〕324 号	ZJSP13-2006-0012
362	关于印发浙江省专业技术资格评审工作实施细则(试行)的通知	浙人专〔2006〕351 号	ZJSP13-2006-0013
363	浙江省人事厅 浙江省财政厅关于印发浙江省公务员工资制度改革实施意见的通知	浙人薪〔2006〕306 号	ZJSP13-2006-0014
364	浙江省人事厅 浙江省财政厅关于印发浙江省事业单位工作人员收入分配制度改革实施意见的通知	浙人薪〔2006〕307 号	ZJSP13-2006-0015
365	浙江省人事厅 浙江省财政厅关于印发浙江省机关事业单位离退休人员计发离退休费等问题的实施意见的通知	浙人薪〔2006〕308 号	ZJSP13-2006-0016
366	浙江省人事厅 浙江省财政厅关于公务员工资制度改革和事业单位工作人员收入分配制度改革实施中若干问题的意见	浙人薪〔2006〕311 号	ZJSP13-2006-0017
367	浙江省人事厅关于印发浙江省人事争议仲裁办案细则(试行)和浙江省人事争议仲裁员管理办法的通知	浙人才〔2006〕104 号	ZJSP13-2006-0018
368	浙江省劳动和社会保障厅关于印发浙江省社会保险基金内部审计暂行办法的通知	浙劳社监督〔2006〕107 号	ZJSP13-2006-0019
369	浙江省劳动和社会保障厅关于印发浙江省社会保险基金要情报告制度的通知	浙劳社监督〔2006〕182 号	ZJSP13-2006-0020
370	浙江省外国专家局关于印发外国专家来华工作许可办理规定等的通知	浙外专发〔2006〕2 号	ZJSP13-2006-0021
371	关于进一步完善高技能人才评价工作的若干意见	浙劳社培〔2006〕122 号	ZJSP13-2006-0022
372	关于规范我省出国人员换证职业资格证书编码的通知	浙劳社培〔2006〕188 号	ZJSP13-2006-0023
373	关于事业单位、民间非营利组织工作人员工伤有关问题的通知	浙劳社工伤〔2006〕90 号	ZJSP13-2006-0024
374	浙江省劳动和社会保障厅关于生育保险有关问题的批复	浙劳社厅字〔2006〕86 号	ZJSP13-2006-0025
375	浙江省劳动和社会保障厅 浙江省财政厅 浙江省人事厅 浙江省军区政治部 浙江省军区后勤部转发关于军人配偶随军未就业期间社会保险关系军地衔接有关问题的通知	浙劳社老〔2006〕12 号	ZJSP13-2006-0026
376	浙江省劳动和社会保障厅关于转发劳动保障部关于企业年金方案和基金管理合同备案有关问题的通知	浙劳社老〔2006〕22 号	ZJSP13-2006-0027
377	浙江省劳动和社会保障厅 浙江省财政厅关于调整省属企事业单位离休干部"两费"保障经费一次性提留标准的通知	浙劳社老〔2006〕47 号	ZJSP13-2006-0028
378	浙江省劳动和社会保障厅 浙江省财政厅关于 2005 年调整企业退休人员基本养老金的补充通知	浙劳社老〔2006〕117 号	ZJSP13-2006-0029
379	浙江省劳动和社会保障厅 浙江省财政厅关于 2006 年调整企业退休人员基本养老金的通知	浙劳社老〔2006〕118 号	ZJSP13-2006-0030
380	浙江省劳动和社会保障厅 浙江省财政厅关于调整企业计划外长期临时工晚年生活补助费标准的通知	浙劳社老〔2006〕123 号	ZJSP13-2006-0031
381	浙江省劳动和社会保障厅 浙江省财政厅关于调整企业职工死亡遗属生活困难补助费标准的通知	浙劳社老〔2006〕124 号	ZJSP13-2006-0032
382	浙江省劳动和社会保障厅关于进一步完善省部属企业职工退休退职审批工作的通知	浙劳社老〔2006〕128 号	ZJSP13-2006-0033
383	浙江省劳动和社会保障厅 浙江省财政厅印发关于完善企业职工基本养老保险制度的实施办法的通知	浙劳社老〔2006〕142 号	ZJSP13-2006-0034

续　表

	文件名	文号	编号
384	浙江省劳动和社会保障厅关于 2006 年企业退休人员基本养老金计发问题的通知	浙劳社老〔2006〕154 号	ZJSP13-2006-0035
385	浙江省劳动和社会保障厅关于完善行业单位职工基本养老金计发办法的意见	浙劳社老〔2006〕160 号	ZJSP13-2006-0036
386	浙江省劳动和社会保障厅　浙江省财政厅　浙江省人事厅　浙江省军区后勤部转发关于军队文职人员社会保险有关问题的通知	浙劳社老〔2006〕163 号	ZJSP13-2006-0037
387	浙江省劳动和社会保障厅关于 2006 年调整企业退休人员基本养老金的补充通知	浙劳社老〔2006〕164 号	ZJSP13-2006-0038
388	浙江省劳动和社会保障厅关于省属改制事业单位提前退休人员养老保险关系衔接问题的通知	浙劳社老〔2006〕166 号	ZJSP13-2006-0039
389	浙江省劳动和社会保障厅　浙江省财政厅关于调整企业职工和企业退休人员因病或非因工死亡后一次性抚恤费标准的通知	浙劳社老〔2006〕175 号	ZJSP13-2006-0040
390	浙江省劳动和社会保障厅　浙江省财政厅关于调整企业离休人员离休金的通知	浙劳社老〔2006〕180 号	ZJSP13-2006-0041
391	浙江省劳动和社会保障厅关于农民合同制工人视作缴费年限的批复	浙劳社厅字〔2006〕1 号	ZJSP13-2006-0042
392	浙江省劳动和社会保障厅关于原下乡知青被招收为劳动合同制职工前在小集体单位工作的时间能否视作缴费年限的批复	浙劳社厅字〔2006〕16 号	ZJSP13-2006-0043
393	浙江省劳动和社会保障厅关于特殊工种提前退休审批手续的批复	浙劳社厅字〔2006〕33 号	ZJSP13-2006-0044
394	浙江省劳动和社会保障厅关于类似工种能否认定为特殊工种的批复	浙劳社厅字〔2006〕34 号	ZJSP13-2006-0045
395	浙江省劳动和社会保障厅关于对参加工作时年龄不满十六周岁的职工工龄计算问题的批复	浙劳社厅字〔2006〕37 号	ZJSP13-2006-0046
396	浙江省劳动和社会保障厅关于“双缴”人员被判刑后服刑期间基本养老保险问题的批复	浙劳社厅字〔2006〕60 号	ZJSP13-2006-0047
397	浙江省劳动保障厅关于原国有企业职工因企业改制以个体劳动者身份退休后死亡其供养直系亲属认定问题的批复	浙劳社厅字〔2006〕61 号	ZJSP13-2006-0048
398	浙江省劳动和社会保障厅关于企业更改对职工自动离职决定之后职工连续工龄及缴费年限计算问题的批复	浙劳社厅字〔2006〕121 号	ZJSP13-2006-0049
399	浙江省劳动和社会保障厅关于破产改制企业退休人员死亡后供养直系亲属生活困难补助费问题的批复	浙劳社厅字〔2006〕122 号	ZJSP13-2006-0050
400	浙江省劳动和社会保障厅关于土征协议工是否可办理养老保险费补缴手续并享受养老保险待遇问题的批复	浙劳社厅字〔2006〕128 号	ZJSP13-2006-0051
401	浙江省劳动和社会保障厅关于原军校学员在读期间退伍后视作缴费年限问题的复函	浙劳社厅字〔2006〕129 号	ZJSP13-2006-0052
402	浙江省劳动和社会保障厅关于装饰板浸渍工等岗位能否列入特殊工种问题的批复	浙劳社厅字〔2006〕144 号	ZJSP13-2006-0053
403	浙江省劳动和社会保障厅关于原破产企业职工要求提前退休问题的批复	浙劳社厅字〔2006〕152 号	ZJSP13-2006-0054
404	浙江省劳动和社会保障厅关于部分环卫岗位提前退休工种的复函	浙劳社厅字〔2006〕171 号	ZJSP13-2006-0055
405	浙江省劳动和社会保障厅关于特殊工种实际名称与文件目录不同如何认定问题的批复	浙劳社厅字〔2006〕187 号	ZJSP13-2006-0056
406	浙江省劳动和社会保障厅关于延期退休人员养老金发放问题的批复	浙劳社厅字〔2006〕193 号	ZJSP13-2006-0057

续 表

	文 件 名	文 号	编 号
407	浙江省劳动和社会保障厅关于脱硫工等3个工种列入有毒有害工种范围的批复	浙劳社厅字〔2006〕208号	ZJSP13-2006-0058
408	关于基本医疗保险临床用血支付问题的通知	浙劳社医〔2006〕68号	ZJSP13-2006-0059
409	浙江省劳动和社会保障厅关于做好省级单位基本医疗保险临床用血支付政策实施工作的通知	浙劳社医〔2006〕97号	ZJSP13-2006-0060
410	浙江省劳动和社会保障厅关于转发劳动和社会保障部促进医疗保险参保人员充分利用社区卫生服务的指导意见的通知	浙劳社医〔2006〕110号	ZJSP13-2006-0061
411	浙江省劳动和社会保障厅关于调整基本医疗保险床位费支付标准的通知	浙劳社医〔2006〕114号	ZJSP13-2006-0062
412	浙江省劳动和社会保障厅关于用人单位向职工收取工作服费用有关问题的批复	浙劳社厅字〔2006〕24号	ZJSP13-2006-0063
413	浙江省劳动和社会保障厅关于进一步加强对用人单位实行不定时工作制和综合计算工时工作制管理的通知	浙劳社劳薪〔2006〕181号	ZJSP13-2006-0064
414	浙江省劳动和社会保障厅 省经贸委 省财政厅关于调整煤矿井下艰苦岗位津贴的通知	浙劳社劳薪〔2006〕144号	ZJSP13-2006-0065
415	转发国家八部委关于自主择业军队转业干部安置管理若干具体问题的意见	浙军转组〔2006〕4号	ZJSP13-2006-0066
416	关于委托实施外国人和台港澳人员在浙就业行政许可有关问题的通知	浙劳社就〔2005〕52号	ZJSP13-2005-0001
417	浙江省劳动和社会保障厅关于不符合领取失业保险金条件人员原有缴费时间予以保留有关时效问题的复函	浙劳社厅字〔2005〕98号	ZJSP13-2005-0002
418	浙江省劳动和社会保障厅关于失业保险费补缴有关问题的批复	浙劳社厅字〔2005〕123号	ZJSP13-2005-0003
419	关于调整台港澳居民在浙就业行政许可权限的通知	浙劳社就〔2005〕143号	ZJSP13-2005-0004
420	浙江省人事厅 浙江省公安厅转发人事部公安部关于在全国公安机关刑事科学技术、技术侦察队伍试行专业技术职位任职制度的通知	浙人公〔2005〕1号	ZJSP13-2005-0005
421	浙江省人事厅转发人事部关于做好香港、澳门居民参加内地统一举行的专业技术人员资格考试有关问题的通知	浙人专〔2005〕61号	ZJSP13-2005-0006
422	浙江省人事厅关于专业技术人员被判处有期徒刑宣告缓刑撤销原有专业技术职务任职资格有关问题的意见	浙人专〔2005〕65号	ZJSP13-2005-0007
423	浙江省人事厅 浙江省发改委转发人事部 国家发改委关于印发投资建设项目管理师职业水平认证制度暂行规定和投资建设项目管理师职业水平考试实施办法的通知	浙人专〔2005〕64号	ZJSP13-2005-0008
424	浙江省人事厅关于印发浙江省工艺美术系列高中级专业技术资格评价条件(试行)的通知	浙人专〔2005〕108号	ZJSP13-2005-0009
425	浙江省人事厅 浙江省财政厅关于提高在浙两院院士津贴标准的通知	浙人专〔2005〕177号	ZJSP13-2005-0010
426	浙江省人事厅 浙江省建设厅 浙江省水利厅转发人事部、建设部、水利部关于印发注册土木工程师(水利水电工程)制度暂行规定、注册土木工程师(水利水电工程)资格考试实施办法和注册土木工程师(水利水电工程)资格考核认定办法的通知	浙人专〔2005〕234号	ZJSP13-2005-0011
427	浙江省人事厅 浙江省建设厅 浙江省环保局转发人事部、建设部、国家环保总局关于印发注册环保工程师资格制度暂行规定、注册环保工程师资格考试实施办法和注册环保工程师资格考核认定办法的通知	浙人专〔2005〕235号	ZJSP13-2005-0012

续 表

	文 件 名	文 号	编 号
428	浙江省人事厅 浙江省建设厅关于印发二级建造师执业资格考试实施办法的通知	浙人专〔2005〕199 号	ZJSP13-2005-0013
429	浙江省人事厅关于在党委、人大、政府、政协独立设置的研究机构中开展专业技术资格评价工作的意见	浙人专〔2005〕202 号	ZJSP13-2005-0014
430	浙江省人事厅 浙江省建设厅关于印发浙江省房地产经纪人协理从业资格考试办法的通知	浙人专〔2005〕155 号	ZJSP13-2005-0015
431	浙江省人事厅 浙江省公安厅关于印发浙江省公安刑事科学技术、技术侦察专业技术职位设置实施办法(试行)的通知	浙人公〔2005〕213 号	ZJSP13-2005-0016
432	浙江省人事厅 浙江省地震局转发人事部、中国地震局关于印发地震安全性评价工程师制度暂行规定地震安全性评价工程师资格考试实施办法和地震安全性评价工程师资格考核认定办法的通知	浙人专〔2005〕233 号	ZJSP13-2005-0017
433	浙江省人事厅 浙江省建设厅转发人事部、建设部关于印发勘察设计注册石油天然气工程师制度暂行规定、勘察设计注册石油天然气工程师资格考试实施办法和勘察设计注册石油天然气工程师资格考核认定办法的通知	浙人专〔2005〕271 号	ZJSP13-2005-0018
434	省人事厅 省建设厅转发人事部、建设部关于印发勘察设计注册冶金工程师制度暂行规定、勘察设计注册冶金工程师资格考试实施办法和勘察设计注册冶金工程师资格考核认定办法的通知	浙人专〔2005〕272 号	ZJSP13-2005-0019
435	浙江省人事厅 浙江省建设厅转发人事部、建设部关于印发勘察设计注册采矿/矿物工程师制度暂行规定、勘察设计注册采矿/矿物工程师资格考试实施办法和勘察设计注册采矿/矿物工程师资格考核认定办法的通知	浙人专〔2005〕273 号	ZJSP13-2005-0020
436	浙江省人事厅 浙江省建设厅转发人事部、建设部关于印发勘察设计注册机械工程师制度暂行规定、勘察设计注册机械工程师资格考试实施办法和勘察设计注册机械工程师资格考核认定办法的通知	浙人专〔2005〕274 号	ZJSP13-2005-0021
437	浙江省人事厅办公室关于印发浙江省事业单位聘用合同书的通知	浙人办专〔2005〕17 号	ZJSP13-2005-0022
438	浙江省人事厅关于执行浙江省事业单位人员聘用制度试行细则若干问题的意见	浙人专〔2005〕290 号	ZJSP13-2005-0023
439	浙江省人事厅关于省属事业单位首次实行人员聘用制度若干问题的处理意见	浙人专〔2005〕291 号	ZJSP13-2005-0024
440	浙江省人事厅 浙江省财政厅 浙江省国有资产监督管理委员会 浙江省劳动和社会保障厅关于省属事业单位改制时已退休人员福利待遇所需经费提留等有关问题的意见	浙人薪〔2005〕73 号	ZJSP13-2005-0025
441	浙江省人事厅 浙江省民政厅 浙江省劳动和社会保障厅 浙江省财政厅关于由民政部门管理的机关事业单位退休人员有关待遇问题的通知	浙人薪〔2005〕214 号	ZJSP13-2005-0026
442	浙江省人事厅关于事业单位实行人员聘用制度若干工资待遇问题的处理意见	浙人薪〔2005〕289 号	ZJSP13-2005-0027
443	浙江省外国专家局关于印发聘请外国专家单位资格认可办理规定等的通知	浙外专发〔2005〕23 号	ZJSP13-2005-0028
444	中共浙江省委组织部 浙江省人事厅关于省级机关新录用公务员下基层锻炼的通知	浙人公〔2005〕193 号	ZJSP13-2005-0029
445	浙江省人事厅 浙江省卫生厅转发人事部卫生部关于印发公务员录用体检通用标准(试行)的通知	浙人公〔2005〕68 号	ZJSP13-2005-0030

续 表

	文 件 名	文 号	编 号
446	浙江省劳动争议仲裁委员会关于印发劳动争议仲裁证据若干问题的规定的通知	浙仲〔2005〕2 号	ZJSP13-2005-0031
447	关于印发浙江省高校职业技能鉴定试点方案的通知	浙劳社培〔2005〕28 号	ZJSP13-2005-0032
448	关于在全省地勘行业特有技术工种从业人员实行职业资格证书制度的通知	浙劳社培〔2005〕157 号	ZJSP13-2005-0033
449	浙江省劳动和社会保障厅转发劳动和社会保障部关于进一步推进矿山等高风险企业参加工伤保险工作的通知	浙劳社厅字〔2005〕12 号	ZJSP13-2005-0034
450	浙江省劳动和社会保障厅关于调整工伤护理费和供养直系亲属抚恤金的通知	浙劳社工伤〔2005〕82 号	ZJSP13-2005-0035
451	浙江省劳动和社会保障厅关于工伤保险问题的批复	浙劳社厅字〔2005〕37 号	ZJSP13-2005-0036
452	浙江省劳动和社会保障厅关于铁路企业工伤保险有关问题的复函	浙劳社厅字〔2005〕80 号	ZJSP13-2005-0037
453	关于工伤保险待遇支付问题的批复	浙劳社厅字〔2005〕92 号	ZJSP13-2005-0038
454	浙江省劳动和社会保障厅关于生育保险费率问题的批复	浙劳社厅字〔2005〕94 号	ZJSP13-2005-0039
455	浙江省劳动和社会保障厅关于铁路企业参加生育保险有关问题的批复	浙劳社厅字〔2005〕251 号	ZJSP13-2005-0040
456	浙江省劳动和社会保障厅 浙江省财政厅关于 2004 年调整企业退休人员基本养老金的补充通知	浙劳社老〔2005〕18 号	ZJSP13-2005-0041
457	浙江省劳动和社会保障厅 浙江省人事厅 浙江省财政厅 浙江省地方税务局关于省属事业单位改制后养老保险有关问题的处理意见	浙劳社老(2005〕30 号	ZJSP13-2005-0042
458	浙江省劳动和社会保障厅 浙江省人民政府国有资产监督管理委员会关于进一步规范省属国有企业办理企业年金有关问题的通知	浙劳社老〔2005〕45 号	ZJSP13-2005-0043
459	浙江省劳动和社会保障厅 浙江省财政厅 浙江省地方税务局 中共浙江省委老干部局 中国人民银行杭州中心支行关于建立行业单位离休干部“两费”保障机制的意见	浙劳社老〔2005〕80 号	ZJSP13-2005-0044
460	浙江省劳动和社会保障厅关于省属事业单位改制后养老保险关系衔接的意见	浙劳社老〔2005〕127 号	ZJSP13-2005-0045
461	浙江省劳动和社会保障厅关于进一步巩固深化 26 个经济发达县市养老保险全覆盖工作的通知	浙劳社老〔2005〕131 号	ZJSP13-2005-0046
462	浙江省劳动和社会保障厅 浙江省财政厅 浙江省残疾人联合会关于城镇贫困残疾人个体户参加基本养老保险给予适当补贴的通知	浙劳社老〔2005〕145 号	ZJSP13-2005-0047
463	浙江省劳动和社会保障厅 浙江省财政厅关于 2005 年调整企业退休人员基本养老金的通知	浙劳社老〔2005〕184 号	ZJSP13-2005-0048
464	浙江省劳动和社会保障厅 浙江省财政厅关于调整企业职工死亡遗属生活困难补助费标准的通知	浙劳社老〔2005〕188 号	ZJSP13-2005-0049
465	浙江省劳动和社会保障厅关于企业职工供养直系亲属生活困难补助费有关问题的批复	浙劳社厅字〔2005〕34 号	ZJSP13-2005-0050
466	浙江省劳动和社会保障厅关于归正人员养老保险有关问题的批复	浙劳社厅字〔2005〕78 号	ZJSP13-2005-0051
467	浙江省劳动和社会保障厅关于是否给企业退休人员发放统筹项目外养老金问题的批复	浙劳社厅字〔2005〕90 号	ZJSP13-2005-0052
468	浙江省劳动和社会保障厅关于杭州市天子岭废弃物处理总场部分工种列入特殊工种问题的批复	浙劳社厅字〔2005〕115 号	ZJSP13-2005-0053

续 表

	文 件 名	文 号	编 号
469	浙江省劳动和社会保障厅关于改制企业特殊工种问题的批复	浙劳社厅字〔2005〕116号	ZJSP13-2005-0054
470	浙江省劳动和社会保障厅关于关闭企业遗属生活困难补助问题的批复	浙劳社厅字〔2005〕117号	ZJSP13-2005-0055
471	浙江省劳动和社会保障厅关于企业职工退休年龄的批复	浙劳社厅字〔2005〕129号	ZJSP13-2005-0056
472	浙江省劳动和社会保障厅关于原征地人员参保后有关养老待遇享受问题的批复	浙劳社厅字〔2005〕137号	ZJSP13-2005-0057
473	浙江省劳动和社会保障厅关于临时工从事特殊工种能否提前退休问题的批复	浙劳社厅字〔2005〕138号	ZJSP13-2005-0058
474	浙江省劳动和社会保障厅关于刑满留场人员连续工龄计算问题的批复	浙劳社厅字〔2005〕145号	ZJSP13-2005-0059
475	浙江省劳动和社会保障厅关于羁押期间到达法定退休年龄的职工如何计算退休时间问题的批复	浙劳社厅字〔2005〕153号	ZJSP13-2005-0060
476	浙江省劳动和社会保障厅关于国家机关事业组织社会团体的劳动合同制工人参加养老保险问题的批复	浙劳社厅字(2005〕159号	ZJSP13-2005-0061
477	浙江省劳动和社会保障厅关于企业军转干部基本养老保险待遇有关问题的批复	浙劳社厅字〔2005〕187号	ZJSP13-2005-0062
478	浙江省劳动和社会保障厅关于审核职工退休有关问题的批复	浙劳社厅字〔2005〕188号	ZJSP13-2005-0063
479	浙江省劳动和社会保障厅关于企业退休人员交通事故死亡后有关待遇问题的批复	浙劳社厅字〔2005〕198号	ZJSP13-2005-0064
480	浙江省劳动和社会保障厅关于民办幼儿园教职工教龄能否视同缴费年限的批复	浙劳社厅字〔2005〕218号	ZJSP13-2005-0065
481	浙江省劳动和社会保障厅关于地方性津贴补贴是否列入退休金支付范围的批复	浙劳社厅字〔2005〕256号	ZJSP13-2005-0066
482	关于印发浙江省基本医疗保险和工伤保险药品目录的通知	浙劳社医〔2005〕77号	ZJSP13-2005-0067
483	关于将2003年我省适当补充的药品保留在基本医保用药范围内的通知	浙劳社医〔2005〕78号	ZJSP13-2005-0068
484	浙江省劳动和社会保障厅关于印发浙江省基本医疗保险医疗服务项目目录的通知	浙劳社医〔2005〕172号	ZJSP13-2005-0069
485	关于省级单位实施浙江省基本医疗保险医疗服务项目目录有关问题的通知	浙劳社医〔2005〕179号	ZJSP13-2005-0070
486	关于调整省级单位职工基本医疗保险部分政策的通知	浙劳社医〔2005〕192号	ZJSP13-2005-0071
487	浙江省劳动和社会保障厅关于境外就业中介机构查处管辖权限的批复	浙劳社厅字〔2005〕200号	ZJSP13-2005-0072
488	浙江省劳动和社会保障厅关于印发浙江省劳动保障书面审查和信用档案管理暂行办法的通知	浙劳社监〔2005〕48号	ZJSP13-2005-0073
489	浙江省劳动和社会保障厅关于值班时间可否作为工作时间计算的批复	浙劳社厅字〔2005〕31号	ZJSP13-2005-0074
490	关于印发浙江省国家安全机关技术侦察部门专业技术职位设置实施办法(试行)的通知	浙人公〔2005〕255号	ZJSP13-2005-0075
491	浙江省人事厅 浙江省劳动和社会保障厅 浙江省财政厅关于对企业退休军转干部发放补贴的通知	浙人军〔2005〕77号	ZJSP13-2005-0076
492	浙江省劳动和社会保障厅转发劳动保障部关于进一步做好失业调控工作的意见的通知	浙劳社就〔2004〕109号	ZJSP13-2004-0001
493	关于做好失业保险和城市居民最低生活保障制度衔接工作的通知	浙劳社就〔2004〕138号	ZJSP13-2004-0002

续 表

	文 件 名	文 号	编 号
494	关于加强境外人员就业管理工作的通知	浙劳社就〔2004〕142 号	ZJSP13-2004-0003
495	浙江省劳动和社会保障厅转发劳动和社会保障部办公厅关于对不符合领取失业保险金条件人员原有缴费时间的处理意见的通知	浙劳社厅字〔2004〕259 号	ZJSP13-2004-0004
496	关于委托实施外国人和台港澳人员在浙就业行政许可的通知	浙劳社就〔2004〕198 号	ZJSP13-2004-0005
497	浙江省人事厅 浙江省建设厅转发人事部、建设部关于印发建造师执业资格考试实施办法和建造师执业资格考核认定办法的通知	浙人专〔2004〕77 号	ZJSP13-2004-0006
498	浙江省人事厅 浙江省环境保护局转发人事部、国家环保总局关于印发环境影响评价工程师职业资格制度暂行规定、环境影响评价工程师职业资格考试实施办法和环境影响评价工程师执业资格考核认定办法的通知	浙人专〔2004〕74 号	ZJSP13-2004-0007
499	浙江省人事厅 浙江省教育厅关于印发浙江省中小学校教育管理职务试行办法、浙江省中小学校实验职务试行办法的通知	浙人专〔2004〕147 号	ZJSP13-2004-0008
500	浙江省人事厅关于未经委托自行参加外省评审取得专业技术职务任职资格问题的处理意见	浙人专〔2004〕187 号	ZJSP13-2004-0009
501	浙江省人事厅 浙江省教育厅关于扩大部分高校教师高级职务任职资格评审委员会及评审组评审权限的通知	浙人专〔2004〕188 号	ZJSP13-2004-0010
502	浙江省人事厅关于印发浙江省专业技术人员继续教育登记考核管理办法的通知	浙人教〔2004〕250 号	ZJSP13-2004-0011
503	浙江省人事厅 浙江省财政厅关于调整机关事业单位工作人员死亡丧葬补助费和遗属生活困难补助费标准的通知	浙人薪〔2004〕271 号	ZJSP13-2004-0012
504	浙江省人事厅 浙江省财政厅 浙江省卫生厅转发人事部、财政部、卫生部关调整卫生防疫津贴标准的通知	浙人薪〔2004〕128 号	ZJSP13-2004-0013
505	中共浙江省委组织部 浙江省人事厅关于非公有制经济组织从业人员被招收录用到国家机关事业单位后工龄计算有关问题的通知	浙人薪〔2004〕27 号	ZJSP13-2004-0014
506	浙江省人事厅关于市、县(市、区)公安机关非领导职务设置有关问题的通知	浙人公〔2004〕273 号	ZJSP13-2004-0015
507	浙江省人事厅关于杭州、宁波市公安机关非领导职务设置有关问题的通知	浙人公〔2004〕274 号	ZJSP13-2004-0016
508	浙江省劳动和社会保障厅关于农村养老保险有关问题的批复	浙劳社厅字〔2004〕134 号	ZJSP13-2004-0017
509	浙江省劳动和社会保障厅关于农村社会养老保险有关问题的批复	浙劳社厅字〔2004〕266 号	ZJSP13-2004-0018
510	浙江省劳动和社会保障厅关于原参加省级管理的用人单位工伤保险工作有关问题的通知	浙劳社工伤〔2004〕11 号	ZJSP13-2004-0019
511	浙江省劳动和社会保障厅 浙江省财政厅关于参加省级统筹的部分省部属企业工伤生育保险移交杭州市属地管理有关问题的通知	浙劳社工伤〔2004〕83 号	ZJSP13-2004-0020
512	浙江省劳动和社会保障厅关于金融行业用人单位参加工伤保险省级管理有关问题的通知	浙劳社工伤〔2004〕106 号	ZJSP13-2004-0021
513	浙江省劳动和社会保障厅转发劳动和社会保障部关于农民工参加工伤保险问题的通知	浙劳社工伤〔2004〕140 号	ZJSP13-2004-0022
514	浙江省劳动和社会保障厅关于企业职工见义勇为致伤可以视同为工伤的批复	浙劳社厅字〔2004〕27 号	ZJSP13-2004-0023
515	浙江省劳动和社会保障厅关于工伤保险费率调整问题的批复	浙劳社厅字〔2004〕155 号	ZJSP13-2004-0024

续 表

	文 件 名	文 号	编 号
516	浙江省劳动和社会保障厅关于印发国家题库分库浙江省网络运行管理办法的通知	浙劳社培〔2004〕63 号	ZJSP13-2004-0025
517	浙江省劳动和社会保障厅关于调整企业职工基本养老保险个人缴费比例的通知	浙劳社老〔2004〕10 号	ZJSP13-2004-0026
518	浙江省劳动和社会保障厅关于进一步推进养老保险全覆盖工作的通知	浙劳社老〔2004〕100 号	ZJSP13-2004-0027
519	浙江省劳动和社会保障厅关于贯彻企业年金试行办法和企业年金基金管理试行办法的通知	浙劳社老〔2004〕131 号	ZJSP13-2004-0028
520	浙江省劳动和社会保障厅转发劳动和社会保障部办公厅关于对异地居住退休人员领取养老金资格协助认证工作的通知	浙劳社老〔2004〕150 号	ZJSP13-2004-0029
521	浙江省劳动和社会保障厅 浙江省财政厅关于 2004 年调整企业退休人员基本养老金的通知	浙劳社老〔2004〕218 号	ZJSP13-2004-0030
522	浙江省劳动和社会保障厅 浙江省财政厅关于调整企业职工死亡丧葬补助费和遗属生活困难补助费标准的通知	浙劳社老〔2004〕224 号	ZJSP13-2004-0031
523	浙江省劳动和社会保障厅 浙江省财政厅关于调整企业计划外长期临时工晚年生活补助费标准的通知	浙劳社老〔2004〕225 号	ZJSP13-2004-0032
524	浙江省劳动和社会保障厅 浙江省财政厅关于调整企业离休人员离休金的通知	浙劳社老〔2004〕226 号	ZJSP13-2004-0033
525	浙江省劳动和社会保障厅关于把高级技师列入适当提高部分退休人员基本养老金范围问题的批复	浙劳社厅字〔2004〕1 号	ZJSP13-2004-0034
526	浙江省劳动和社会保障厅关于劳动合同制工人缴费年限计算问题的批复	浙劳社厅字〔2004〕9 号	ZJSP13-2004-0035
527	浙江省劳动和社会保障厅关于确定供养直系亲属问题的批复	浙劳社厅字〔2004〕39 号	ZJSP13-2004-0036
528	浙江省劳动和社会保障厅关于精减退职职工及其随迁子女连续工龄计算问题的批复	浙劳社厅字(2004〕71 号	ZJSP13-2004-0037
529	浙江省劳动和社会保障厅关于非国有企业职工及其供养直系亲属劳保福利问题的批复	浙劳社厅字〔2004〕113 号	ZJSP13-2004-0038
530	浙江省劳动和社会保障厅关于特殊工种提前退休问题的批复	浙劳社厅字〔2004〕129 号	ZJSP13-2004-0039
531	浙江省劳动和社会保障厅关于知识青年视同缴费年限计算有关问题的批复	浙劳社厅字〔2004〕140 号	ZJSP13-2004-0040
532	浙江省劳动和社会保障厅关于境内人员移居香港后养老保险问题的批复	浙劳社厅字〔2004〕149 号	ZJSP13-2004-0041
533	浙江省劳动和社会保障厅关于省农村信用社联合社基本养老保险问题的复函	浙劳社厅字〔2004〕189 号	ZJSP13-2004-0042
534	浙江省劳动和社会保障厅关于知识青年下乡插队时间工龄计算问题的批复	浙劳社厅字〔2004〕213 号	ZJSP13-2004-0043
535	浙江省劳动和社会保障厅关于原新疆生产建设兵团知青缴费年限计算问题的批复	浙劳社厅字〔2004〕221 号	ZJSP13-2004-0044
536	浙江省劳动和社会保障厅关于林业系统水上放运工能否办理提前退休的批复	浙劳社厅字〔2004〕222 号	ZJSP13-2004-0045
537	浙江省劳动和社会保障厅关于计划外临时工有关养老保险问题的批复	浙劳社厅字〔2004〕225 号	ZJSP13-2004-0046
538	浙江省劳动和社会保障厅关于企业部分船员可否比照列为特殊工种问题的批复	浙劳社厅字〔2004〕227 号	ZJSP13-2004-0047

续 表

	文件名	文号	编号
539	浙江省劳动和社会保障厅关于享受烈属定期抚恤金的人员能否再享受遗属生活困难补助费问题的批复	浙劳社厅字〔2004〕235号	ZJSP13-2004-0048
540	浙江省劳动和社会保障厅关于保养人员死亡后丧葬抚恤金问题的批复	浙劳社厅字〔2004〕244号	ZJSP13-2004-0049
541	浙江省劳动和社会保障厅关于知识青年下乡插队期间连续工龄计算问题的批复	浙劳社厅字〔2004〕269号	ZJSP13-2004-0050
542	浙江省劳动和社会保障厅关于企业离休干部被判刑后其养老保险待遇问题的批复	浙劳社厅字〔2004〕296号	ZJSP13-2004-0051
543	浙江省劳动和社会保障厅 财政厅 卫生厅关于印发浙江省省级单位职工基本医疗保险定点医疗机构考核暂行办法实施细则的通知	浙劳社医〔2004〕29号	ZJSP13-2004-0052
544	浙江省劳动和社会保障厅转发劳动保障部办公厅关于推进混合所有制企业和非公有制经济组织从业人员参加医疗保险的意见的通知	浙劳社医〔2004〕152号	ZJSP13-2004-0053
545	关于驻浙部队机关事业单位职工参加城镇职工基本医疗保险有关问题的通知	浙劳社医〔2004〕113号	ZJSP13-2004-0054
546	浙江省劳动和社会保障厅转发劳动和社会保障部关于落实艾滋病治疗政策的通知	浙劳社医〔2004〕124号	ZJSP13-2004-0055
547	浙江省劳动和社会保障厅关于基本医疗保险关系转移有关问题的通知	浙劳社医〔2004〕149号	ZJSP13-2004-0056
548	关于未经政府定价的浙江省基本医疗保险药品目录内药品基本医疗保险支付问题的通知	浙劳社医〔2004〕202号	ZJSP13-2004-0057
549	关于妥善解决破产关闭解散和改制企业退休人员参加基本医疗保险问题的意见	浙劳社医〔2004〕209号	ZJSP13-2004-0058
550	浙江省劳动和社会保障厅关于质保金是否属于保证金类费用问题的批复	浙劳社厅字〔2004〕84号	ZJSP13-2004-0059
551	浙江省劳动和社会保障厅关于用人单位使用童工案件适用政策法规有关问题的批复	浙劳社厅字〔2004〕85号	ZJSP13-2004-0060
552	浙江省劳动和社会保障厅 建设厅转发劳动保障部、建设部关于印发建设领域农民工工资支付管理暂行办法的通知	浙劳社监〔2004〕179号	ZJSP13-2004-0061
553	浙江省劳动和社会保障厅关于企业职工工资支付有关问题的批复	浙劳社厅字〔2004〕218号	ZJSP13-2004-0062
554	浙江省劳动和社会保障厅关于贯彻执行最低工资规定有关事项的通知	浙劳社劳薪〔2004〕40号	ZJSP13-2004-0063
555	浙江省劳动和社会保障厅关于要求界定出租车司机与出租车公司之间是否构成劳动关系的批复	浙劳社厅字〔2004〕237号	ZJSP13-2004-0064
556	浙江省人事厅 浙江省劳动和社会保障厅 浙江省财政厅关于贯彻浙委办〔2004〕30号文件有关问题的意见	浙人军〔2004〕156号	ZJSP13-2004-0065
557	浙江省劳动和社会保障厅关于职工出国定居后回国可否申领失业保险金问题的批复	浙劳社厅字〔2003〕153号	ZJSP13-2003-0001
558	关于浙江省失业保险条例实施中若干具体操作问题的通知	浙劳社就〔2003〕243号	ZJSP13-2003-0002
559	浙江省人事厅 浙江省环保局转发人事部、国家环保总局关于印发注册核安全工程师执业资格制度暂行规定、注册核安全工程师执业资格考试实施办法和注册核安全工程师执业资格考核认定办法的通知	浙人专〔2003〕185号	ZJSP13-2003-0003
560	浙江省人事厅 浙江省建设厅转发人事部、建设部关于印发建造师执业资格制度暂行规定的通知	浙人专〔2003〕114号	ZJSP13-2003-0004
561	浙江省人事厅 浙江省审计厅转发审计署、人事部关于修订印发审计专业技术初、中级资格考试规定及其实施办法的通知	浙人专〔2003〕45号	ZJSP13-2003-0005

续 表

	文 件 名	文 号	编 号
562	浙江省人事厅 浙江省国土资源厅转发人事部、国土资源部关于印发土地登记代理人职业资格制度暂行规定和土地登记代理人职业资格考试实施办法的通知	浙人专〔2003〕50 号	ZJSP13-2003-0006
563	浙江省人事厅 浙江省建设厅转发人事部、建设部关于印发注册公用设备工程师执业资格制度暂行规定、注册公用设备工程师执业资格考试实施办法和注册公用设备工程师执业资格考核认定办法的通知	浙人专〔2003〕93 号	ZJSP13-2003-0007
564	浙江省人事厅 浙江省建设厅转发人事部、建设部关于印发注册电气工程师执业资格制度暂行规定、注册电气工程师执业资格考试实施办法和注册电气工程师执业资格考核认定办法的通知	浙人专〔2003〕94 号	ZJSP13-2003-0008
565	浙江省人事厅 浙江省建设厅转发人事部、建设部关于印发注册化工工程师执业资格制度暂行规定、注册化工工程师执业资格考试实施办法和注册化工工程师执业资格考核认定办法的通知	浙人专〔2003〕95 号	ZJSP13-2003-0009
566	浙江省人事厅 浙江省建设厅 浙江省交通厅转发人事部、建设部、交通部关于印发注册土木工程师(港口与航道工程)执业资格制度暂行规定、注册土木工程师(港口与航道工程)执业资格考试实施办法和注册土木工程师(港口与航道工程)执业资格考核认定办法的通知	浙人专〔2003〕96 号	ZJSP13-2003-0010
567	浙江省人事厅关于印发浙江省优秀博士后奖励实施办法的通知	浙人专〔2003〕98 号	ZJSP13-2003-0011
568	浙江省人事厅关于停止在乡镇以下企事业单位开展会计、经济、统计和审计中初级职务任职资格评审的通知	浙人专〔2003〕212 号	ZJSP13-2003-0012
569	浙江省人事厅 浙江省质量技监局转发人事部、国家质量监督检验检疫总局关于印发注册设备监理师执业资格制度暂行规定注册设备监理师执业资格考试实施办法和注册设备监理师执业资格考核认定办法的通知	浙人专〔2003〕211 号	ZJSP13-2003-0013
570	浙江省人事厅关于印发浙江省海外高层次留学回国人才工作证实施办法的通知	浙人专〔2003〕238 号	ZJSP13-2003-0014
571	关于省属事业单位改制有关问题的处理意见	浙人政〔2003〕181 号	ZJSP13-2003-0015
572	关于贯彻实施社会保障基金现场监督规则的通知	浙劳社监督〔2003〕168 号	ZJSP13-2003-0016
573	关于建立被征地农民基本生活保障制度的指导意见	浙劳社农〔2003〕79 号	ZJSP13-2003-0017
574	关于在全省地勘行业特有技术工种从业人员实行职业资格证书制度的通知	浙劳社培〔2003〕54 号	ZJSP13-2003-0018
575	浙江省劳动和社会保障厅关于印发浙江省职业技能鉴定考务管理编码方案的通知	浙劳社培〔2003〕139 号	ZJSP13-2003-0019
576	浙江省劳动和社会保障厅关于印发浙江省省级重点技工学校评估细则(修订)的通知	浙劳社培〔2003〕205 号	ZJSP13-2003-0020
577	浙江省劳动和社会保障厅关于开展技工学校合格评估的通知	浙劳社培〔2003〕227 号	ZJSP13-2003-0021
578	浙江省劳动和社会保障厅 财政厅 人事厅转发劳动和社会保障部、财政部、人事部中国人民解放军总政治部后勤部关于转业到企业工作的军官、文职干部养老保险有关问题处理意见的通知	浙劳社老〔2003〕7 号	ZJSP13-2003-0022
579	浙江省劳动和社会保障厅关于调整企业离休人员离休金的通知	浙劳社老〔2003〕19 号	ZJSP13-2003-0023
580	浙江省劳动和社会保障厅 浙江省财政厅关于调整原行业统筹企业基本养老保险缴费比例的通知	浙劳社老〔2003〕59 号	ZJSP13-2003-0024
581	浙江省劳动和社会保障厅关于推进企业退休人员社会化管理服务工作的通知	浙劳社老〔2003〕85 号	ZJSP13-2003-0025

续 表

	文 件 名	文 号	编 号
582	浙江省劳动和社会保障厅 浙江省财政厅 中共浙江省委老干部局关于进一步落实省属企事业单位离休干部离休费、医疗费的通知	浙劳社老〔2003〕153 号	ZJSP13-2003-0026
583	浙江省劳动和社会保障厅 浙江省财政厅 浙江省农业厅 浙江省侨办转发劳动和社会保障部 财政部 农业部国务院侨务办公室关于农垦企业参加企业职工基本养老保险有关问题的通知	浙劳社老〔2003〕171 号	ZJSP13-2003-0027
584	浙江省劳动和社会保障厅关于行业单位 2003 年退休人员基本养老金计发问题的通知	浙劳社老〔2003〕172 号	ZJSP13-2003-0028
585	浙江省劳动和社会保障厅关于非公有制企业职工可否办理病退问题的批复	浙劳社老〔2003〕214 号	ZJSP13-2003-0029
586	浙江省劳动和社会保障厅 浙江省财政厅关于调整企业计划外长期临时工晚年生活补助费标准的通知	浙劳社老〔2003〕224 号	ZJSP13-2003-0030
587	浙江省劳动和社会保障厅 浙江省财政厅关于调整企业职工供养直系亲属生活困难补助费标准的通知	浙劳社老〔2003〕225 号	ZJSP13-2003-0031
588	浙江省劳动和社会保障厅 浙江省财政厅关于企业离休人员增加离休金的通知	浙劳社老〔2003〕231 号	ZJSP13-2003-0032
589	浙江省劳动和社会保障厅关于职工从事特殊工种工作年限问题的批复	浙劳社厅字〔2003〕60 号	ZJSP13-2003-0033
590	浙江省劳动和社会保障厅关于企业职工参加革命工作时间和连续工龄起点时间确认问题的批复	浙劳社厅字〔2003〕63 号	ZJSP13-2003-0034
591	浙江省劳动和社会保障厅关于参保人员双重参保养老保险待遇如何计发问题的批复	浙劳社厅字〔2003〕84 号	ZJSP13-2003-0035
592	浙江省劳动和社会保障厅关于养老金计发办法改革前 I 期矽肺退休后发展为Ⅱ、Ⅲ期矽肺有关待遇问题的复函	浙劳社厅字(2003〕108 号	ZJSP13-2003-0036
593	浙江省劳动和社会保障厅关于其他主管部门管理的船舶修造厂可否参照船舶工业特殊工种执行的批复	浙劳社厅字〔2003〕115 号	ZJSP13-2003-0037
594	浙江省劳动和社会保障厅关于乡镇企业职工从事特殊工种问题的批复	浙劳社厅字〔2003〕148 号	ZJSP13-2003-0038
595	浙江省劳动和社会保障厅关于破产解散企业职工遗属生活困难补助问题的批复	浙劳社厅字〔2003〕180 号	ZJSP13-2003-0039
596	浙江省劳动和社会保障厅关于享受被征地农民最低养老保障金对象能否同时享受遗属生活困难补助费问题的批复	浙劳社厅字〔2003〕181 号	ZJSP13-2003-0040
597	浙江省劳动和社会保障厅关于原企业退休人员刑满释放后养老待遇问题的批复	浙劳社厅字〔2003〕182 号	ZJSP13-2003-0041
598	浙江省劳动和社会保障厅关于企业撤销或更改对职工除名决定后职工连续工龄计算问题的批复	浙劳社厅字〔2003〕191 号	ZJSP13-2003-0042
599	浙江省劳动和社会保障厅关于企业职工连续工龄计算问题的批复	浙劳社厅字〔2003〕192 号	ZJSP13-2003-0043
600	浙江省劳动和社会保障厅关于杭州市弹簧公司提前退休工种的批复	浙劳社复〔2003〕3 号	ZJSP13-2003-0044
601	浙江省劳动和社会保障厅关于杭州市张小泉集团有限公司提前退休工种的批复	浙劳社复〔2003〕4 号	ZJSP13-2003-0045
602	浙江省劳动和社会保障厅关于县属集体企业社会养老保险应报未保问题的批复	浙劳社复〔2003〕6 号	ZJSP13-2003-0046
603	浙江省劳动和社会保障厅关于省部属企业基本养老保险移交有关问题的批复	浙劳社复〔2003〕12 号	ZJSP13-2003-0047

续 表

	文 件 名	文 号	编 号
604	浙江省劳动和社会保障厅关于国家电力公司华东勘测设计研究院离退休人员养老保险待遇等问题的复函	浙劳社函〔2003〕40 号	ZJSP13-2003-0048
605	浙江省劳动和社会保障厅转发劳动和社会保障部关于非全日制用工若干问题的意见的通知	浙劳社劳薪〔2003〕155 号	ZJSP13-2003-0049
606	关于基本医疗保险部分限制使用疗程药品使用有关问题的通知	浙劳社医〔2003〕8 号	ZJSP13-2003-0050
607	关于省级单位职工基本医疗保险定点零售药店管理有关问题的通知	浙劳社医〔2003〕70 号	ZJSP13-2003-0051
608	浙江省劳动和社会保障厅转发劳动和社会保障部办公厅关于完善城镇职工基本医疗保险保险定点医疗机构协议管理的通知	浙劳社医〔2003〕126 号	ZJSP13-2003-0052
609	浙江省劳动和社会保障厅关于印发浙江省基本医疗保险定点医疗机构考核暂行办法的通知	浙劳社医〔2003〕152 号	ZJSP13-2003-0053
610	浙江省劳动和社会保障厅关于省直单位下派干部就医管理有关问题的通知	浙劳社医〔2003〕151 号	ZJSP13-2003-0054
611	关于灵活就业人员参加城镇基本医疗保险问题的意见	浙劳社医〔2003〕218 号	ZJSP13-2003-0055
612	浙江省劳动和社会保障厅建设厅关于切实解决建筑业企业拖欠农民工工资建立欠薪保障制度的若干意见	浙劳社监〔2003〕232 号	ZJSP13-2003-0056
613	浙江省劳动和社会保障厅关于工具金服装费票务准备金是否属于保证金抵押金的批复	浙劳社复〔2003〕20 号	ZJSP13-2003-0057
614	浙江省劳动和社会保障厅关于行政处罚适用法规问题的批复	浙劳社厅字〔2003〕151 号	ZJSP13-2003-0058
615	浙江省劳动和社会保障厅关于企业停工停产歇业期间有关工资待遇的批复	浙劳社厅字〔2003〕123 号	ZJSP13-2003-0059
616	浙江省劳动和社会保障厅关于退休工人可否继续补员问题的批复	浙劳社厅字〔2003〕134 号	ZJSP13-2003-0060
617	浙江省劳动和社会保障厅关于承包土地经营雇用农民工劳动关系问题的批复	浙劳社厅字〔2003〕135 号	ZJSP13-2003-0061
618	转发人事部等六部委关于解决部分在企业工作的军队转业干部生活困难问题的通知	浙人办〔2003〕21 号	ZJSP13-2003-0062
619	浙江省劳动和社会保障厅转发劳动和社会保障部关于建立失业保险个人缴费记录的通知	浙劳社就〔2002〕184 号	ZJSP13-2002-0001
620	浙江省人事厅 浙江省新闻出版局转发人事部、新闻出版总署关于印发出版专业技术人员职业资格考试暂行规定和出版专业技术人员职业资格考试实施办法的通知	浙人专〔2002〕29 号	ZJSP13-2002-0002
621	浙江省人事厅 浙江省计委转发人事部、国家发展计划委员会关于印发注册咨询工程师(投资)执业资格制度暂行规定和注册咨询工程师(投资)执业资格考试实施办法的通知	浙人专〔2002〕67 号	ZJSP13-2002-0003
622	浙江省人事厅 浙江省建设厅转发人事部、建设部关于印发房地产经纪人员职业资格制度暂行规定和房地产经纪人职业资格考试实施办法的通知	浙人专〔2002〕74 号	ZJSP13-2002-0004
623	浙江省人事厅 浙江省卫生厅 浙江省计生委关于全省计划生育系统中、初级卫生技术职务任职资格评审有关问题的通知	浙人专〔2002〕139 号	ZJSP13-2002-0005
624	浙江省人事厅转发人事部办公厅关于调整经济专业技术资格考试专业设置的通知	浙人专〔2002〕52 号	ZJSP13-2002-0006

续 表

	文 件 名	文 号	编 号
625	浙江省人事厅 浙江省财政厅转发人事部、财政部关于调整注册资产评估师执业资格考试有关政策的通知	浙人专〔2002〕65 号	ZJSP13-2002-0007
626	浙江省人事厅转发人事部关于调整企业法律顾问执业资格考试有关规定的通知	浙人专〔2002〕53 号	ZJSP13-2002-0008
627	省人事厅 省建设厅转发人事部、建设部关于印发注册土木工程师(岩土)执业资格制度暂行规定、注册土木工程师(岩土)执业资格考试实施办法和注册土木工程师(岩土)执业资格考核认定办法的通知	浙人专〔2002〕104 号	ZJSP13-2002-0009
628	浙江省人事厅 浙江省质量技监局转发人事部、国家质量技术监督检验检疫总局关于珠宝玉石质量检验师执业资格考试报名条件调整及有关问题的通知	浙人专〔2002〕149 号	ZJSP13-2002-0010
629	浙江省人事厅 浙江省审计厅转发人事部审计署关于印发高级审计师资格评价办法(试行)的通知	浙人专〔2002〕144 号	ZJSP13-2002-0011
630	浙江省人事厅关于组建高级专业技术职务任职资格评审委员会专家库有关事项的通知	浙人专〔2002〕148 号	ZJSP13-2002-0012
631	浙江省人事厅 浙江省外贸易厅转发人事部对外贸易经济合作部关于印发国际商务专业人员职业资格制度暂行规定和国际商务专业人员职业资格考试实施办法的通知	浙人专〔2002〕179 号	ZJSP13-2002-0013
632	浙江省人事厅 浙江省经贸委转发人事部、国家安全生产监督管理局关于印发注册安全工程师执业资格制度暂行规定和注册安全工程师执业资格认定办法的通知	浙人专〔2002〕231 号	ZJSP13-2002-0014
633	浙江省人事厅关于印发浙江省博士后管理工作暂行办法的通知	浙人专〔2002〕243 号	ZJSP13-2002-0015
634	浙江省人事厅关于全省机关事业单位技术工人岗位等级规范和工资管理有关问题的通知	浙人薪〔2002〕90 号	ZJSP13-2002-0016
635	浙江省人事厅 浙江省财政厅关于省直机关工作人员特殊困难补助有关问题的通知	浙人薪〔2002〕57 号	ZJSP13-2002-0017
636	浙江省人事厅 浙江省劳动和社会保障厅 浙江省财政厅 浙江省人民政府侨务办公室关于归侨职工退休后待遇问题的通知	浙人薪〔2002〕156 号	ZJSP13-2002-0018
637	中共浙江省委组织部 浙江省委老干部局 浙江省人事厅 浙江省财政厅 浙江省劳动和社会保障厅转发中共中央组织部、人事部、财政部、劳动和社会保障部关于调整离休干部特需费标准的通知	浙人薪〔2002〕142 号	ZJSP13-2002-0019
638	浙江省人事厅关于有重大贡献高级专家劳动模范享受劳模荣誉津贴核准权限调整后有关问题的通知	浙人薪〔2002〕205 号	ZJSP13-2002-0020
639	关于印发社会保险基金监督举报工作管理办法实施意见的通知	浙劳社监督〔2002〕201 号	ZJSP13-2002-0021
640	关于印发社会保险基金行政监督办法实施意见的通知	浙劳社监督〔2002〕202 号	ZJSP13-2002-0022
641	浙江省劳动争议仲裁委员会关于印发劳动争议案件处理若干问题意见的通知	浙仲〔2002〕2 号	ZJSP13-2002-0023
642	浙江省劳动和社会保障厅关于调整企业职工基本养老保险个人缴费比例的通知	浙劳社老〔2002〕4 号	ZJSP13-2002-0024
643	浙江省劳动和社会保障厅转发劳动和社会保障部办公厅关于规范企业职工基本养老保险个人账户管理有关问题的通知	浙劳社老〔2002〕8 号	ZJSP13-2002-0025
644	浙江省劳动和社会保障厅 浙江省财政厅关于调整企业退休人员基本养老金的通知	浙劳社老〔2002〕34 号	ZJSP13-2002-0026

续 表

	文件名	文号	编号
645	浙江省劳动和社会保障厅关于企业退休(退职)人员基本养老金第一部分调整标准的通知	浙劳社老〔2002〕35号	ZJSP13-2002-0027
646	浙江省劳动和社会保障厅关于发布2001年全省职工平均工资的通知	浙劳社老〔2002〕41号	ZJSP13-2002-0028
647	浙江省劳动和社会保障厅关于发布2001年企业职工基本养老保险个人帐户记账利率的通知	浙劳社老〔2002〕47号	ZJSP13-2002-0029
648	浙江省劳动和社会保障厅转发劳动保障部关于开展基本养老保险费征缴稽核和基本养老金领取资格核查工作的通知	浙劳社老〔2002〕53号	ZJSP13-2002-0030
649	浙江省劳动和社会保障厅关于加强企业职工特殊工种提前退休审批工作的通知	浙劳社老〔2002〕61号	ZJSP13-2002-0031
650	浙江省劳动和社会保障厅转发劳动和社会保障部办公厅关于进一步规范基本养老金社会化发放工作的通知	浙劳社老〔2002〕62号	ZJSP13-2002-0032
651	浙江省劳动和社会保障厅 浙江省财政厅关于印制职工养老保险手册和职工退休、退职证的通知	浙劳社老〔2002〕64号	ZJSP13-2002-0033
652	浙江省劳动和社会保障厅 浙江省财政厅关于核定农村信用社职工基本养老保险统筹项目的通知	浙劳社老〔2002〕83号	ZJSP13-2002-0034
653	浙江省劳动和社会保障厅 浙江省财政厅关于调整原行业统筹企业2002年单位单位缴纳基本养老保险费比例的通知	浙劳社老〔2002〕91号	ZJSP13-2002-0035
654	浙江省劳动和社会保障厅 浙江省财政厅关于调整2001年度企业退休人员基本养老金的通知	浙劳社老〔2002〕109号	ZJSP13-2002-0036
655	浙江省劳动和社会保障厅关于进一步完善2002年企业退休人员基本养老金计发办法的通知	浙劳社老〔2002〕143号	ZJSP13-2002-0037
656	浙江省劳动和社会保障厅 浙江省人事厅 浙江省财政厅 浙江省科技厅 浙江省建设厅转发劳动和社会保障部等五部关于转制科研机构和工程勘察设计单位转制前离退休人员待遇调整等问题的通知	浙劳社老〔2002〕147号	ZJSP13-2002-0038
657	浙江省劳动和社会保障厅 浙江省统战部 浙江省财政厅 浙江省民政厅转发劳动和社会保障部统战部、财政部、民政部关于进一步解决部分原工商业者生活困难问题的通知	浙劳社老〔2002〕150号	ZJSP13-2002-0039
658	浙江省劳动和社会保障厅关于认定参加基本养老保险的退休人员连续工龄有关问题的通知	浙劳社老〔2002〕161号	ZJSP13-2002-0040
659	浙江省和社会保障厅 浙江省财政厅关于2002年调整企业退休人员基本养老金的通知	浙劳社老〔2002〕168号	ZJSP13-2002-0041
660	浙江省劳动和社会保障厅关于行业单位2002年退休人员基本养老金计发问题的通知	浙劳社老〔2002〕186号	ZJSP13-2002-0042
661	浙江省劳动和社会保障厅关于“文革”期间成户下放对象处理问题的批复	浙劳社复〔2002〕22号	ZJSP13-2002-0043
662	浙江省劳动和社会保障厅关于化工企业特殊工种问题的批复	浙劳社复〔2002〕31号	ZJSP13-2002-0044
663	浙江省劳动和社会保障厅关于职工判刑后又撤销原判有关政策问题的批复	浙劳社复〔2002〕44号	ZJSP13-2002-0045
664	浙江省劳动和社会保障厅关于有关人员办理退休手续问题的批复	浙劳社复〔2002〕45号	ZJSP13-2002-0046
665	浙江省劳动和社会保障厅关于杭州市第二纺织机械总厂和杭州纺织机械有限公司特殊工种办理提前退休的批复	浙劳社复〔2002〕46号	ZJSP13-2002-0047

续 表

	文 件 名	文 号	编 号
666	浙江省劳动和社会保障厅关于退休人员被判无期徒刑前羁押期间基本养老金待遇问题的批复	浙劳社复〔2002〕47 号	ZJSP13-2002-0048
667	浙江省劳动和社会保障厅关于企业伤残军人提前退休问题的批复	浙劳社复〔2002〕67 号	ZJSP13-2002-0049
668	浙江省劳动和社会保障厅关于在海拔 3500 米以上地区工作过的职工退休待遇问题的批复	浙劳社复〔2002〕88 号	ZJSP13-2002-0050
669	浙江省劳动和社会保障厅关于破产企业职工提前退休有关问题的复函	浙劳社函〔2002〕32 号	ZJSP13-2002-0051
670	浙江省劳动和社会保障厅 浙江省财政厅关于 2002 年企业基本养老保险正常缴费比例的复函	浙劳社函〔2002〕85 号	ZJSP13-2002-0052
671	浙江省劳动和社会保障厅关于企业外籍人员参加基本养老保险有关问题的复函	浙劳社函〔2002〕153 号	ZJSP13-2002-0053
672	关于临床输液受血者艾滋病梅毒检验项目可纳入基本医疗保险支付范围的通知	浙劳社医〔2002〕14 号	ZJSP13-2002-0054
673	关于中央直属和省属企事业单位按属地管理原则参加统筹地区基本医疗保险有关问题	浙劳社医〔2002〕13 号	ZJSP13-2002-0055
674	关于印发浙江省基本医疗保险医院制剂遴选暂行办法的通知	浙劳社医〔2002〕20 号	ZJSP13-2002-0056
675	关于在杭省属企事业单位离休干部离休费、医药费保障机制的实施办法	浙劳社医〔2002〕52 号	ZJSP13-2002-0057
676	浙江省劳动和社会保障厅关于个人账户资金年度结算等问题的通知	浙劳社医〔2002〕77 号	ZJSP13-2002-0058
677	转发劳动和社会保障部 财政部关于二等乙级以上伤残人民警察医疗待遇问题的通知	浙劳社医〔2002〕133 号	ZJSP13-2002-0059
678	浙江省劳动和社会保障厅 浙江省财政厅关于建立企业补充医疗保险的意见	浙劳社医〔2002〕149 号	ZJSP13-2002-0060
679	浙江省劳动和社会保障厅关于调整省级单位职工基本医疗保险门急诊配药量的通知	浙劳社医〔2002〕197 号	ZJSP13-2002-0061
680	关于调整基本医疗保险部分药品限制使用范围等问题的通知	浙劳社医〔2002〕196 号	ZJSP13-2002-0062
681	浙江省劳动和社会保障厅转发劳动和社会保障部办公厅关于国营企业实行劳动合同制度暂行规定废止后有关终止劳动合同支付生活补助费问题的复函	浙劳社法监〔2002〕50 号	ZJSP13-2002-0063
682	浙江省劳动和社会保障厅关于约定解除劳动合同经济补偿标准问题的批复	浙劳社复〔2002〕16 号	ZJSP13-2002-0064
683	浙江省劳动和社会保障厅关于因公部分丧失劳动能力职工劳动合同期满可以终止劳动合同的批复	浙劳社复〔2002〕26 号	ZJSP13-2002-0065
684	浙江省劳动和社会保障厅关于执行浙劳社法监〔2002〕50 号文件有关问题的批复	浙劳社复〔2002〕62 号	ZJSP13-2002-0066
685	浙江省劳动和社会保障厅关于宗教团体及宗教活动场所是否具备劳动用工主体资格的批复	浙劳社复〔2002〕91 号	ZJSP13-2002-0067
686	浙江省劳动和社会保障厅关于事实劳动关系有关问题的复函	浙劳社函〔2002〕37 号	ZJSP13-2002-0068
687	转发国务院军队转业干部安置工作小组、人事部、财政部关于印发自主择业的军队转业干部退役金发放管理办法的通知	浙军转干〔2002〕2 号	ZJSP13-2002-0069
688	浙江省自主择业军队转业干部安置和管理实施办法的通知	浙军转干〔2002〕4 号	ZJSP13-2002-0070

续 表

	文件名	文号	编号
689	浙江省劳动和社会保障厅关于省级基本医疗保险参保人员出国配药问题的复函	浙劳社函〔2002〕115号	ZJSP13-2002-0071
690	中共浙江省委组织部 浙江省人事厅关于简化省级机关事业单位工资基金人员计划管理有关问题的通知	浙人计〔2001〕240号	ZJSP13-2001-0001
691	浙江省人事厅关于印发浙江省人才市场中介组织管理办法的通知	浙人才〔2001〕187号	ZJSP13-2001-0002
692	浙江省人事厅 浙江省司法厅关于恢复公证员系列专业技术职务评审与聘任有关问题的通知	浙人专〔2001〕245号	ZJSP13-2001-0003
693	浙江省人事厅 浙江省质量技术监督局转发人事部、国家质量技术监督局关于印发质量专业技术人员职业资格考试暂行规定和质量专业技术人员职业资格考试实施办法的通知	浙人专〔2001〕81号	ZJSP13-2001-0004
694	转发人事部关于加强职称考试管理严肃考风考纪的通知	浙人专〔2001〕38号	ZJSP13-2001-0005
695	浙江省人事厅关于离退休人员不再评审专业技术职务任职资格的复函	浙人函〔2001〕56号	ZJSP13-2001-0006
696	浙江省委组织部 浙江省人事厅 浙江省财政厅关于建立优秀公务员机关工作人员健康休养制度的通知	浙人薪〔2001〕160号	ZJSP13-2001-0007
697	浙江省劳动和社会保障厅 浙江省财政厅 浙江省人事厅关于提高两航起义人员退休待遇的通知	浙人薪〔2001〕15号	ZJSP13-2001-0008
698	浙江省人事厅 浙江省财政厅关于省直机关事业单位未确定等级的退休技术工人补贴标准调整问题的通知	浙人薪〔2001〕167号	ZJSP13-2001-0009
699	中共浙江省委组织部 浙江省人事厅关于印发浙江省国家公务员录用面试考官资格管理办法(试行)的通知	浙人公〔2001〕97号	ZJSP13-2001-0010
700	中共浙江省委组织部 浙江省人事厅关于印发浙江省国家公务员录用资格管理办法(试行)的通知	浙人公〔2001〕98号	ZJSP13-2001-0011
701	浙江省劳动和社会保障厅关于调整长广集团公司2001年度退休人员基本养老金待遇控制比例的复函	浙劳社函〔2001〕73号	ZJSP13-2001-0012
702	浙江省劳动和社会保障厅 浙江省财政厅 中国人民银行杭州中心支行转发劳动和社会保障部 财政部 中国人民银行关于农村信用社参加基本养老保险社会统筹有关问题的通知	浙劳社〔2001〕250号	ZJSP13-2001-0013
703	浙江省劳动和社会保障厅 浙江省财政厅 浙江省人事厅关于提高两航起义人员退休待遇的通知	浙劳社险〔2001〕16号	ZJSP13-2001-0014
704	浙江省劳动和社会保障厅关于调整企业职工基本养老保险个人缴费比例的通知	浙劳社险〔2001〕10号	ZJSP13-2001-0015
705	浙江省劳动和社会保障厅 浙江省财政厅关于企业离休人员增加离休金的通知	浙劳社老〔2001〕26号	ZJSP13-2001-0016
706	浙江省劳动和社会保障厅 浙江省财政厅关于增发省属企业离休人员生活补贴费的通知	浙劳社老〔2001〕45号	ZJSP13-2001-0017
707	浙江省劳动和社会保障厅关于发布2000年企业职工基本养老保险个人账户记账利率的通知	浙劳社老〔2001〕53号	ZJSP13-2001-0018
708	浙江省劳动和社会保障厅关于发布2000年全省职工平均工资的通知	浙劳社老〔2001〕64号	ZJSP13-2001-0019
709	浙江省劳动和社会保障厅 浙江省财政厅关于返还2000年度企业职工基本养老保险省级调剂金的通知	浙劳社老〔2001〕65号	ZJSP13-2001-0020

续 表

	文 件 名	文 号	编 号
710	浙江省劳动和社会保障厅 浙江省地方税务局关于企业职工基本养老保险费征收职能全部移交地方税务部门的通知	浙劳社老〔2001〕73号	ZJSP13-2001-0021
711	浙江省劳动和社会保障厅转发关于退休人员被判刑后有关养老保险待遇问题的复函的通知	浙劳社老〔2001〕86号	ZJSP13-2001-0022
712	浙江省劳动和社会保障厅 浙江省财政厅关于调整企业职工供养直系亲属生活困难补助费标准的通知	浙劳社老〔2001〕87号	ZJSP13-2001-0023
713	浙江省劳动和社会保障厅 浙江省财政厅关于调整企业离休干部死亡后遗属生活困难补助费标准的通知	浙劳社老〔2001〕88号	ZJSP13-2001-0024
714	浙江省劳动和社会保障厅 浙江省财政厅关于调整企业计划外长期临时工晚年生活补助费标准的通知	浙劳社老〔2001〕89号	ZJSP13-2001-0025
715	浙江省劳动和社会保障厅关于企业退休(退职)人员基本养老金第一部分调整标准的通知	浙劳社老〔2001〕113号	ZJSP13-2001-0026
716	关于调整原行业统筹企业2001年单位缴纳基本养老保险费比例的通知	浙劳社老〔2001〕146号	ZJSP13-2001-0027
717	浙江省劳动和社会保障厅关于开展社会化管理服务试点工作的通知	浙劳社老〔2001〕160号	ZJSP13-2001-0028
718	浙江省劳动和社会保障厅关于行业单位2001年退休人员基本养老金计发问题的通知	浙劳社老〔2001〕185号	ZJSP13-2001-0029
719	浙江省劳动和社会保障厅关于进一步完善2001年企业退休人员基本养老金计发办法的通知	浙劳社老〔2001〕209号	ZJSP13-2001-0030
720	浙江省劳动和社会保障厅转发劳动和社会保障部办公厅关于严禁以物抵顶社会保险费的紧急通知	浙劳社老〔2001〕210号	ZJSP13-2001-0031
721	浙江省劳动和社会保障厅 中国工商银行浙江省分行关于做好企业离退休人员基本养老金异地发放工作的通知	浙劳社老〔2001〕215号	ZJSP13-2001-0032
722	浙江省劳动和社会保障厅关于印发职工基本养老保险低门槛准入低标准享受实施办法的通知	浙劳社老〔2001〕229号	ZJSP13-2001-0033
723	浙江省劳动和社会保障厅 浙江省财政厅关于调整企业离休人员养老金的通知	浙劳社老〔2001〕285号	ZJSP13-2001-0034
724	浙江省劳动和社会保障厅 浙江省财政厅 浙江省人事厅 浙江省机构编制委员会办公室转发劳动和社会保障部、财政部、人事部、中央机构编制委员会办公室关于职工在机关事业单位与企业之间流动时社会保险关系处理意见的通知	浙劳社老〔2001〕293号	ZJSP13-2001-0035
725	浙江省劳动和社会保障厅关于失业、协缴人员丧失劳动能力能否办理提前退休手续的批复	浙劳社复〔2001〕4号	ZJSP13-2001-0036
726	浙江省劳动和社会保障厅关于一人重保享受双份养老保险问题的批复	浙劳社复〔2001〕34号	ZJSP13-2001-0037
727	浙江省劳动和社会保障厅关于外国人、华侨及台湾、香港、澳门人员退休问题的批复	浙劳社复〔2001〕35号	ZJSP13-2001-0038
728	浙江省劳动和社会保障厅关于城镇集体企业职工从事特殊工种能否提前退休问题的批复	浙劳社复〔2001〕69号	ZJSP13-2001-0039
729	浙江省劳动和社会保障厅关于失业人员和职业介绍服务中心存档人员符合退休条件可否办理病退的批复	浙劳社复〔2001〕85号	ZJSP13-2001-0040
730	浙江省劳动和社会保障厅 浙江省财政厅关于2001年企业基本养老保险缴费比例的批复	浙劳社复〔2001〕87号	ZJSP13-2001-0041

续 表

	文　件　名	文　号	编　号
731	浙江省劳动和社会保障厅关于退休人员下落不明后应从何时停发退休待遇的批复	浙劳社复〔2001〕91 号	ZJSP13-2001-0042
732	浙江省劳动和社会保障厅关于非国有企业退休人员死亡后其供养直系亲属可否享受遗属生活困难补助和在职职工供养直系亲属可否享受医疗补助待遇问题的批复	浙劳社复〔2001〕104 号	ZJSP13-2001-0043
733	浙江省劳动和保障厅关于社会保险经办机构能否协助人民法院代扣退休人员基本养老金问题的批复	浙劳社复〔2001〕118 号	ZJSP13-2001-0044
734	浙江省劳动和社会保障厅关于一次性遣散的退休人员能否列入职工基本养老保险范围的批复	浙劳社复〔2001〕124 号	ZJSP13-2001-0045
735	浙江省劳动和社会保障厅关于未办理招工手续的知识青年下乡插队时间工龄计算问题的批复	浙劳社复〔2001〕138 号	ZJSP13-2001-0046
736	关于城镇职工基本医疗保险定点医疗机构和定点零售药店标牌制作管理问题的通知	浙劳社办医〔2001〕12 号	ZJSP13-2001-0047
737	关于印发浙江省省级单位职工基本医疗保险暂行规定实施细则的通知	浙劳社医〔2001〕97 号	ZJSP13-2001-0048
738	关于印发浙江省省级单位职工基本医疗保险个人账户管理暂行办法的通知	浙劳社医〔2001〕81 号	ZJSP13-2001-0049
739	浙江省劳动和社会保障厅 浙江省财政厅 浙江省卫生厅 浙江省药品监督管理局关于印发浙江省省级单位职工基本医疗保险费用结算暂行办法的通知	浙劳社医〔2001〕98 号	ZJSP13-2001-0050
740	关于印发浙江省省级单位职工基本医疗保险医疗服务设施范围和支付标准管理暂行办法的通知	浙劳社医〔2001〕104 号	ZJSP13-2001-0051
741	关于印发浙江省省级单位职工基本医疗保险用药管理暂行办法的通知	浙劳社医〔2001〕105 号	ZJSP13-2001-0052
742	关于印发浙江省省级单位职工基本医疗保险诊疗项目管理暂行办法的通知	浙劳社医〔2001〕106 号	ZJSP13-2001-0053
743	浙江省劳动和社会保障厅关于做好省级单位职工基本医疗保险外地就医管理工作的通知	浙劳社医〔2001〕152 号	ZJSP13-2001-0054
744	浙江省劳动和社会保障厅卫生厅关于省级单位职工基本医疗保险家庭病床管理问题的通知	浙劳社医〔2001〕161 号	ZJSP13-2001-0055
745	浙江省劳动和社会保障厅等部门关于省级单位二等乙级以上革命伤残军人医疗待遇问题的通知	浙劳社医〔2001〕162 号	ZJSP13-2001-0056
746	关于建立企事业单位离休干部离休费、医药费保障机制的意见	浙劳社医〔2001〕266 号	ZJSP13-2001-0057
747	关于获准出境定居的归侨侨眷职工医疗保险有关政策问题的通知	浙劳社医〔2001〕281 号	ZJSP13-2001-0058
748	关于调整省级子女统筹医疗个人自负医疗费比例等问题的通知	浙劳社医〔2001〕291 号	ZJSP13-2001-0059
749	浙江省人事厅关于同意省劳动保障监察总队依照公务员制度管理的复函	浙人函〔2001〕81 号	ZJSP13-2001-0060
750	浙江省劳动和社会保障厅关于对未履行劳动合同擅自离职的职工处理问题的批复	浙劳社复〔2001〕125 号	ZJSP13-2001-0061
751	浙江省劳动和社会保障厅关于省属国有企业建立新型劳动关系实施办法的补充意见	浙劳社劳薪〔2001〕20 号	ZJSP13-2001-0062
752	浙江省劳动和社会保障厅关于转发劳动和社会保障部工资集体协商试行办法的通知	浙劳社劳薪〔2001〕76 号	ZJSP13-2001-0063

续 表

	文　件　名	文　号	编　号
753	关于贯彻国办发〔2000〕62 号文件做好军队转业干部住房保障工作的通知	浙军转干〔2001〕14 号	ZJSP13-2001-0064
754	关于贯彻失业保险金申领发放办法意见的通知	浙劳社就〔2000〕218 号	ZJSP13-2000-0001
755	浙江省人事厅 浙江省建设厅转发人事部、建设部关于印发注册城市规划师执业资格制度暂行规定及注册城市规划师执业资格认定办法的通知	浙人职〔2000〕12 号	ZJSP13-2000-0002
756	浙江省人事厅关于省级党政机关机构改革分流人员专业技术职务任职资格评聘工作有关问题的通知	浙人专〔2000〕149 号	ZJSP13-2000-0003
757	浙江省委组织部 浙江省人事厅 浙江省财政厅关于部分建国前参军 1954 年后经组织动员复员的女同志生活困难补助费标准问题的通知	浙人薪〔2000〕15 号	ZJSP13-2000-0004
758	浙江省人事厅 浙江省财政厅关于机关事业单位工作人员死亡后遗属生活困难补助问题的通知	浙人薪〔2000〕70 号	ZJSP13-2000-0005
759	浙江省人事厅 浙江省劳动和社会保障厅关于获得硕士博士学位毕业研究生工龄计算问题的通知	浙人薪〔2000〕105 号	ZJSP13-2000-0006
760	浙江省人事厅 浙江省劳动和社会保障厅 浙江省财政厅关于省级专业经济管理部门和行政性公司转为经济实体后有关人员待遇的意见	浙人薪〔2000〕252 号	ZJSP13-2000-0007
761	关于印发国家题库浙江省分库运行管理试行办法的通知	浙劳培〔2000〕34 号	ZJSP13-2000-0008
762	浙江省劳动和社会保障厅关于对各类职业学校毕业生实行职业资格证书制度的通知	浙劳社培〔2000〕5 号	ZJSP13-2000-0009
763	关于印发浙江省职业技能竞赛管理办法的通知	浙劳社培〔2000〕18 号	ZJSP13-2000-0010
764	浙江省劳动厅关于发布 1999 年企业职工基本养老保险个人账户记账利率的通知	浙劳险〔2000〕56 号	ZJSP13-2000-0011
765	浙江省劳动厅关于发布一九九九年全省职工平均工资的通知	浙劳险〔2000〕57 号	ZJSP13-2000-0012
766	浙江省劳动厅关于进一步完善企业职工基本养老保险制度若干问题的通知	浙劳险〔2000〕96 号	ZJSP13-2000-0013
767	浙江省劳动和社会保障厅 浙江省经济体制改革委员会办公室 浙江省乡镇企业局关于印发关于试点企业职工参加基本养老保险若干问题的意见的通知	浙劳社险〔2000〕8 号	ZJSP13-2000-0014
768	浙江省劳动和社会保障厅关于进一步做好企业离退休人员养老金社会化发放工作的通知	浙劳社险〔2000〕11 号	ZJSP13-2000-0015
769	浙江省劳动和社会保障厅 浙江省邮政局关于进一步完善社会服务机构代发离退休人员养老金的通知	浙劳社险〔2000〕32 号 浙邮局〔2000〕158 号	ZJSP13-2000-0016
770	关于调整原行业统筹企业 2000 年缴纳基本养老保险费比例的通知	浙劳社险〔2000〕40 号 浙财社〔2000〕28 号	ZJSP13-2000-0017
771	浙江省劳动和社会保障厅 浙江省财政厅关于印发浙江省城镇企业职工基本养老保险调剂金征集、使用和管理试行办法的通知	浙劳社险〔2000〕43 号 浙财社〔2000〕43 号	ZJSP13-2000-0018
772	浙江省劳动和社会保障厅 浙江省财政厅关于返还养老保险一次性省级调剂金的通知	浙劳社险〔2000〕44 号 浙财社〔20001〕34 号	ZJSP13-2000-0019
773	浙江省劳动和社会保障厅关于科研院所转为企业后有关基本养老保险问题的通知	浙劳社险〔2000〕67 号	ZJSP13-2000-0020

续　表

	文　件　名	文　号	编　号
774	浙江省劳动和社会保障厅转发劳动和社会保障部社会保险事业管理中心关于建立欠缴基本养老保险费企业信息库的通知	浙劳社险〔2000〕100 号	ZJSP13-2000-0021
775	浙江省劳动保障厅关于行业单位 2000 年退休人员基本养老金计发办法的通知	浙劳社险〔2000〕101 号	ZJSP13-2000-0022
776	关于完善行业单位退休人员享受优异待遇问题的通知	浙劳社险〔2000〕125 号	ZJSP13-2000-0023
777	浙江省劳动和社会保障厅　浙江省财政厅关于调整企业部分离休人员离休待遇的通知	浙劳社险〔2000〕185 号 浙财社字〔2000〕34 号	ZJSP13-2000-0024
778	浙江省劳动和社会保障厅关于切实做好中断缴费人员养老保险关系接续工作的通知	浙劳社险〔2000〕186 号	ZJSP13-2000-0025
779	浙江省劳动和社会保障厅关于杭州市劳动局关于破产终止等企业职工家属劳保关系可否转移的请示的复函	浙劳社函〔2000〕6 号	ZJSP13-2000-0026
780	浙江省劳动和社会保障厅关于江山市人事劳动局关于破产企业职工遗属生活困难补助费如何发放等几个问题的请示的复函	浙劳社函〔2000〕16 号	ZJSP13-2000-0027
781	浙江省劳动和社会保障厅关于玉环县社保局关于是否发给退休人员午餐费等非统筹项目的请示报告的复函	浙劳社函〔2000〕17 号	ZJSP13-2000-0028
782	浙江省劳动和社会保障厅关于对瑞安市劳动局关于国有企业职工二次招工有关工龄问题的请示的复函	浙劳社函〔2000〕19 号	ZJSP13-2000-0029
783	浙江省劳动和社会保障厅关于企业中有重大贡献的高级专家退休时能否享受一次性补贴等问题的复函	浙劳社函〔2000〕25 号	ZJSP13-2000-0030
784	浙江省劳动和社会保障厅关于职工从事特殊工种有关退休问题的复函	浙劳社函〔2000〕38 号	ZJSP13-2000-0031
785	浙江省劳动厅关于完善长广集团公司职工基本养老保险社会统筹办法的批复	浙劳复〔2000〕4 号	ZJSP13-2000-0032
786	浙江省劳动和社会保障厅关于对缙云棉纺厂部分工人工龄问题的答复	浙劳社复〔2000〕9 号	ZJSP13-2000-0033
787	浙江省劳动厅关于对劳动鉴定后办理手续时限问题的批复	浙劳复〔2000〕17 号	ZJSP13-2000-0034
788	浙江省劳动和社会保障厅　浙江省财政厅关于 2000 年企业基本养老保险缴费比例的批复	浙劳社复〔2000〕35 号 浙财社〔2000〕42 号	ZJSP13-2000-0035
789	浙江省劳动和社会保障厅关于调整长广集团公司 2000 年度退休人员基本养老金封顶比例的批复	浙劳社复〔2000〕59 号	ZJSP13-2000-0036
790	浙江省劳动和社会保障厅关于城镇企业职工从事特殊工种能否办理提前退休问题的批复	浙劳社复〔2000〕65 号	ZJSP13-2000-0037
791	浙江省劳动和社会保障厅关于律师与律师事务所的劳动争议如何处理的批复	浙劳社复〔2000〕75 号	ZJSP13-2000-0038
792	浙江省劳动和社会保障厅关于职工除名前连续工龄计算问题的批复	浙劳社复〔2000〕77 号	ZJSP13-2000-0039
793	浙江省劳动和社会保障厅　浙江省药品监督管理局关于印发浙江省城镇职工基本医疗保险定点零售药店管理实施细则(试行)的通知	浙劳社险〔2000〕47 号	ZJSP13-2000-0040
794	浙江省劳动和社会保障厅卫生厅关于转发劳动和社会保障部、卫生部、国家中医药管理局关于印发城镇职工基本医疗保险定点医疗机构管理暂行办法的通知的通知	浙劳社险〔2000〕48 号	ZJSP13-2000-0041
795	浙江省劳动和社会保障厅　浙江省物价局　浙江省财政厅、浙江省卫生厅关于印发浙江省城镇职工基本医疗保险诊疗项目管理暂行办法的通知	浙劳社险〔2000〕49 号	ZJSP13-2000-0042

续 表

	文 件 名	文 号	编 号
796	浙江省劳动和社会保障厅 浙江省物价局 浙江省财政厅 浙江省卫生厅关于印发浙江省城镇职工基本医疗保险医疗服务设施范围和支付标准管理暂行办法的通知	浙劳社险〔2000〕50 号	ZJSP13-2000-0043
797	浙江省劳动和社会保障厅 浙江省物价局 浙江省发展计划委员会 浙江省经济贸易委员会 浙江省财政厅 浙江省卫生厅 浙江省药品监督管理局转发劳动和社会保障部等七部门关于印发城镇职工基本医疗保险用药范围管理暂行办法的通知	浙劳社险〔2000〕51 号	ZJSP13-2000-0044
798	浙江省劳动和社会保障厅物价局财政厅卫生厅转发劳动和社会保障部等五部门关于印发加强城镇职工基本医疗保险费用结算管理意见的通知的通知	浙劳社险〔2000〕52 号	ZJSP13-2000-0045
799	浙江省劳动和社会保障厅 浙江省计划生育委员会 浙江省财政厅 浙江省卫生厅关于解决计划生育手术费用的通知	浙劳社险〔2000〕108 号	ZJSP13-2000-0046
800	浙江省劳动和社会保障厅关于军队医院承担城镇职工基本医疗保险定点服务有关问题的通知	浙劳社险〔2000〕112 号	ZJSP13-2000-0047
801	浙江省劳动和社会保障厅关于职工工作时间问题的批复	浙劳社复〔2000〕69 号	ZJSP13-2000-0048
802	浙江省劳动厅关于对检察机关决定不起诉的当事人工资补发问题的复函	浙劳函〔2000〕20 号	ZJSP13-2000-0049
803	浙江省劳动和社会保障厅关于被兼并企业职工不愿与兼并企业签订劳动合同如何处理问题的复函	浙劳社函〔2000〕20 号	ZJSP13-2000-0050
804	浙江省劳动和社会保障厅关于劳动者提前解除劳动合同程序问题的复函	浙劳社函〔2000〕41 号	ZJSP13-2000-0051
805	浙江省劳动厅转发关于建立劳动力市场工资指导价位制度的通知的通知	浙劳薪〔2000〕81 号	ZJSP13-2000-0052
806	浙江省劳动和社会保障厅关于加强对企业实行不定时工作制和综合计算工时工作制管理的通知	浙劳社薪〔2000〕146 号	ZJSP13-2000-0053
807	关于事业单位实施失业保险有关问题的通知	浙劳就〔1999〕143 号 浙财社〔1999〕40 号 浙人退〔1999〕123 号	ZJSP13-1999-0001
808	关于启用职业资格证书和国家题库有关问题的通知	浙劳社培〔1999〕338 号	ZJSP13-1999-0002
809	浙江省劳动厅 财政厅关于调整企业职工和离退休人员死亡丧葬费标准的通知	浙劳险〔1999〕53 号 浙财社〔1999〕14 号	ZJSP13-1999-0003
810	浙江省劳动厅关于发布一九九八年全省社会平均工资的通知	浙劳险〔1999〕63 号	ZJSP13-1999-0004
811	浙江省劳动厅关于坚决制止和纠正违反国家规定办理企业职工提前退休问题的通知	浙劳险〔1999〕100 号	ZJSP13-1999-0005
812	浙江省劳动厅转发劳动和社会保障部关于抓紧回收挤占挪用社会保险基金的通知	浙劳险〔1999〕102 号	ZJSP13-1999-0006
813	浙江省劳动厅关于贯彻社会保险登记管理暂行办法有关问题的通知	浙劳险〔1999〕105 号	ZJSP13-1999-0007
814	浙江省劳动厅关于贯彻社会保险费申报缴纳管理暂行办法有关问题的通知	浙劳险〔1999〕106 号	ZJSP13-1999-0008
815	中共浙江省委组织部 浙江省人事厅 劳动厅 财政厅转发中共中央组织部、人事部、劳动和社会保障部、财政部关于给部分离退休专家发放生活补贴的通知	浙劳险〔1999〕111 号	ZJSP13-1999-0009
816	浙江省劳动厅关于省部属企业职工退休、退职审批问题的通知	浙劳险〔1999〕121 号	ZJSP13-1999-0010

续 表

	文 件 名	文 号	编 号
817	浙江省劳动厅 中国工商银行浙江省分行关于转发劳动和社会保障部、中国工商银行关于社会保险管理机构与中国工商银行进一步做好养老金社会化发放工作的通知的通知	浙劳险〔1999〕194 号	ZJSP13-1999-0011
818	浙江省劳动厅关于部分电力企业养老保险统筹移交浙江管理后若干问题处理意见的通知	浙劳险〔1999〕197 号	ZJSP13-1999-0012
819	浙江省劳动厅关于印发浙江省社会保险登记证管理、使用暂行办法的通知	浙劳险〔1999〕218 号	ZJSP13-1999-0013
820	浙江省劳动厅关于提高企业离退休人员基本养老金若干问题处理意见的通知	浙劳险〔1999〕228 号	ZJSP13-1999-0014
821	浙江省劳动厅 财政厅关于行业单位离休人员增加离休金的通知	浙劳险〔1999〕229 号 浙财社〔1999〕67 号	ZJSP13-1999-0015
822	浙江省劳动厅 财政厅关于提高企业离休人员养老金的通知	浙劳险〔1999〕230 号 浙财社〔1999〕68 号	ZJSP13-1999-0016
823	浙江省劳动厅关于 1999 年下半年退休、退职人员基本养老金计发问题的通知	浙劳险〔1999〕234 号	ZJSP13-1999-0017
824	浙江省劳动厅 财政厅关于调整企业职工供养直系亲属生活困难补助费标准的通知	浙劳险〔1999〕256 号 浙财社〔1999〕90 号	ZJSP13-1999-0018
825	浙江省劳动厅 财政厅关于调整计划外长期临时工晚年生活补助费标准的通知	浙劳险〔1999〕258 号 浙财社〔1999〕89 号	ZJSP13-1999-0019
826	浙江省劳动厅关于扩大养老保险覆盖面若干问题处理意见的通知	浙劳险〔1999〕267 号	ZJSP13-1999-0020
827	浙江省劳动厅关于转发劳动保障部办公厅关于给企业造成经济损失的职工办理退休手续问题的复函的通知	浙劳险〔1999〕283 号	ZJSP13-1999-0021
828	浙江省劳动厅 财政厅关于下发核定原行业统筹项目有关问题的通知	浙劳险〔1999〕290 号 浙财社〔1999〕115 号	ZJSP13-1999-0022
829	浙江省劳动厅关于调整企业职工个人缴纳基本养老保险费比例的通知	浙劳险〔1999〕310 号	ZJSP13-1999-0023
830	浙江省劳动厅 财政厅关于调整企业离休干部死亡后生活困难补助费标准的通知	浙劳险〔1999〕343 号 浙财社〔1999〕125 号	ZJSP13-1999-0024
831	浙江省社会保险管理局关于 1998 年我省企业职工基本养老保险个人账户记账利率的通知	浙社险〔1999〕9 号	ZJSP13-1999-0025
832	浙江省社会保险管理局关于 1998 年企业退休人员基本养老保险个人账户计息问题的通知	浙社险〔1999〕14 号	ZJSP13-1999-0026
833	浙江省社会保险管理局关于转发劳动和社会保障部办公厅关于严格执行职工基本养老保险个人账户转移政策的通知的通知	浙社险〔1999〕66 号	ZJSP13-1999-0027
834	浙江省社会保险管理局对关于病残退伍军人能否享受因战因公伤残待遇和退职改办退休的请示的复函	浙社险〔1999〕78 号	ZJSP13-1999-0028
835	浙江省社会保险管理局关于原长期临时工改为合同制工人缴费年限认定问题的复函	浙社险〔1999〕86 号	ZJSP13-1999-0029
836	浙江省社会保险管理局关于省部属企业化管理事业单位参加养老保险省级统筹试点有关问题的答复	浙社险〔1999〕90 号	ZJSP13-1999-0030
837	浙江省劳动厅关于扩大社会保险覆盖面加强基金收缴若干政策意见的通知	浙劳办〔1999〕103 号	ZJSP13-1999-0031

续 表

	文 件 名	文 号	编 号
838	浙江省劳动厅 财政厅转发国务院办公厅关于进一步做好国有企业下岗职工基本生活保障和企业离退休人员养老金发放工作有关问题的通知	浙劳办〔1999〕112 号 浙财社〔1999〕24 号	ZJSP13-1999-0032
839	浙江省劳动厅转发关于在劳动和社会保险管理信息系统中使用公民身份号码的通知的通知	浙劳办〔1999〕210 号	ZJSP13-1999-0033
840	浙江省劳动厅关于进一步加强再就业和社会保险扩面工作的通知	浙劳政〔1999〕89 号	ZJSP13-1999-0034
841	中共浙江省委组织部 浙江省人事厅 劳动厅 财政厅关于调整精减退职职工生活困难补助费标准的通知	浙劳薪〔1999〕237 号	ZJSP13-1999-0035
842	浙江省劳动厅 浙江省财政厅关于 1999 年企业基本养老保险缴费比例的批复	浙劳复〔1999〕62 号 浙财社〔1999〕76 号	ZJSP13-1999-0036
843	浙江省劳动厅关于 1999 年企业退休人员基本养老金过渡性调节金的批复	浙劳复〔1999〕66 号	ZJSP13-1999-0037
844	浙江省劳动厅关于企业职工退休审批问题的复函	浙劳函〔1999〕62 号	ZJSP13-1999-0038
845	浙江省劳动厅关于对萧山市社会保险管理局关于浙江省职工基本养老保险条例第二条第三款适用问题的请示的复函	浙劳函〔1999〕113 号	ZJSP13-1999-0039
846	浙江省劳动厅关于企业军队转业干部退休待遇问题的复函	浙劳函〔1999〕136 号	ZJSP13-1999-0040
847	浙江省劳动厅 财政厅关于企业离休人员增加离休金的通知	浙劳险〔1999〕5 号 浙财社〔1999〕8 号	ZJSP13-1999-0041
848	转发人事部关于坚决杜绝流动人员人事档案管理中弄虚作假等问题的通知	浙人才〔1999〕121 号	ZJSP13-1999-0042
849	浙江省劳动厅关于企业主管部门能否代替企业办理劳动合同终止手续问题的复函	浙劳函〔1999〕8 号	ZJSP13-1999-0043
850	浙江省劳动厅关于固定工解除劳动关系有关问题的复函	浙劳函〔1999〕26 号	ZJSP13-1999-0044
851	浙江省劳动厅关于工资问题的复函	浙劳函〔1999〕78 号	ZJSP13-1999-0045
852	浙江省劳动厅关于企业歇业以后职工如何处置问题的复函	浙劳函〔1999〕131 号	ZJSP13-1999-0046
853	浙江省劳动厅关于开展劳动力市场价位公布制度试点工作的通知	浙劳薪〔1999〕68 号	ZJSP13-1999-0047
854	浙江省劳动厅关于企业职工涉嫌违法犯罪被有关机关逮捕、拘留、取保候审及被判管制和被判处刑罚宣告缓刑期间工资待遇处理问题的通知	浙劳薪〔1999〕195 号	ZJSP13-1999-0048
855	浙江省劳动厅关于职工身份认定的复函	浙劳函〔1999〕123 号	ZJSP13-1999-0049
856	中共浙江省委组织部 浙江省人事厅关于印发浙江省特殊职位国家公务员录用办法(试行)的通知	浙人录〔1999〕202 号	ZJSP13-1999-0050
857	浙江省人事厅 省财政厅 省建设厅转发人事部、财政部、建设部关于调整城市下水道工人和环境卫生工人岗位津贴标准的通知	浙人薪〔1998〕88 号、 浙财工〔1998〕31 号	ZJSP13-1998-0001
858	浙江省人事厅 省财政厅 省环境保护局转发人事部、财政部、国家环境保护局关于调整环境保护监测津贴标准的通知	浙人薪〔1998〕91 号、 浙财工〔1998〕34 号	ZJSP13-1998-0002
859	浙江省人事厅关于事业单位享受教授、研究员待遇高级工程师工资待遇问题的通知	浙人薪〔1998〕177 号	ZJSP13-1998-0003
860	浙江省人事厅转发人事部关于禁止赎买工龄和违反规定办理提前退休等问题的通知	浙人退〔1998〕151 号	ZJSP13-1998-0004
861	关于摄影师行业职业技能培训及技术等级考核(鉴定)的通知	浙劳培〔1998〕18 号	ZJSP13-1998-0005

续 表

	文 件 名	文 号	编 号
862	浙江省劳动厅关于印发关于建立统一的企业职工基本养老保险制度的实施办法的通知	浙劳险〔1998〕43 号	ZJSP13-1998-0006
863	浙江省劳动厅关于发布一九九七年全省社会平均工资的通知	浙劳险〔1998〕49 号	ZJSP13-1998-0007
864	浙江省社会保险局关于进一步做好企业离退休人员养老金发放工作的通知	浙社险〔1998〕59 号	ZJSP13-1998-0008
865	浙江省劳动厅 财政厅关于转发关于印发企业基本养老保险缴费比例审批办法的通知	浙劳险〔1998〕142 号 浙财社〔1998〕24 号	ZJSP13-1998-0009
866	浙江省劳动厅 财政厅关于 1998 年调整企业退休人员基本养老金的通知	浙劳险〔1998〕192 号 浙财社〔1998〕44 号	ZJSP13-1998-0010
867	浙江省劳动厅关于省属企业职工退休审批问题的通知	浙劳险〔1998〕206 号	ZJSP13-1998-0011
868	浙江省劳动厅关于长广公司职工养老保险参加省级统筹试点问题的通知	浙劳险〔1998〕267 号	ZJSP13-1998-0012
869	浙江省社会保险管理局关于破产企业特殊工种岗位职工提前退休问题的复函	浙社险〔1998〕93 号	ZJSP13-1998-0013
870	浙江省劳动厅 浙江省财政厅关于 1998 年企业基本养老保险缴费比例的批复	浙劳复〔1998〕101 号 ~ 129、133 号 浙财社〔1998〕68 号 ~ 96、115 号	ZJSP13-1998-0014
871	浙江省总工会人事厅 劳动厅 财政厅关于提高 1955 年 ~ 1962 年农口系统省农业劳动模范、模范工作者退休优异待遇的通知	浙劳险〔1998〕248 号	ZJSP13-1998-0015
872	浙江省社会保险局对椒江区人事劳动局关于企业转制时一次性领取三项基金是否要纠正的请示的批复	浙社险〔1998〕23 号	ZJSP13-1998-0016
873	浙江省社会保险管理局关于印发机关、事业单位社会保险统计报表制度(暂行)的通知	浙社险〔1998〕66 号	ZJSP13-1998-0017
874	浙江省社会保险管理局关于土地征用工工龄计算问题的复函	浙社险〔1998〕71 号	ZJSP13-1998-0018
875	浙江省社会保险管理局关于认真做好基本养老保险行业统筹移交地方管理工作有关问题的通知	浙社险〔1998〕73 号	ZJSP13-1998-0019
876	浙江省社会保险管理局关于上报社会保险有关报表的通知	浙社险〔1998〕84 号	ZJSP13-1998-0020
877	浙江省劳动厅关于全面实行劳动合同制度后女职工退休有关问题的复函	浙劳复〔1998〕29 号	ZJSP13-1998-0021
878	浙江省劳动厅关于各地、市 1998 年企业退休人员基本养老金过渡性调节金的批复	浙劳复〔1998〕65—76 号 浙社险〔1998〕77 号	ZJSP13-1998-0022
879	浙江省劳动厅关于 1998 年企业退休人员基本养老金过渡性调节金的批复	浙劳复〔1998〕132 号	ZJSP13-1998-0023
880	浙江省劳动厅 财政厅关于省级统筹试点企业 1998 年基本养老保险缴费比例的批复	浙劳复〔1998〕133 号 浙财社〔1998〕115 号	ZJSP13-1998-0024
881	浙江省劳动厅关于如何理解“破产企业职工距离退休年龄不足 5 年的”含义的复函	浙劳函〔1998〕7 号	ZJSP13-1998-0025
882	关于原则同意长广集团公司关于统一企业职工基本养老保险制度的实施意见的复函	浙劳函〔1998〕117 号	ZJSP13-1998-0026
883	浙江省劳动厅关于企业职工离岗退养问题的复函	浙劳函〔1998〕126 号	ZJSP13-1998-0027
884	浙江省劳动厅关于领取一次性安置费的改制企业职工是否享受失业救济金待遇的复函	浙劳函〔1998〕142 号	ZJSP13-1998-0028

续 表

	文 件 名	文 号	编 号
885	浙江省交通厅 劳动厅 财政厅关于调整远洋船员航行津贴标准的通知	浙交〔1998〕210 号 浙劳薪〔1998〕133 号 浙财工〔1998〕65 号	ZJSP13-1998-0029
886	浙江省交通厅 劳动厅 财政厅关于调整船员航行伙食津贴标准的通知	浙交〔1998〕211 号 浙劳薪〔1998〕134 号 浙财工〔1998〕66 号	ZJSP13-1998-0030
887	浙江省劳动厅关于国有企业下岗分流人员劳动关系处理若干问题的通知	浙劳力〔1998〕180 号	ZJSP13-1998-0031
888	浙江省劳动厅关于破产、解体企业职工提前退休、离岗退养有关问题的复函	浙劳函〔1998〕145 号	ZJSP13-1998-0032
889	关于印发浙江省人事计划管理办法的通知	浙人计〔1997〕126 号	ZJSP13-1997-0001
890	浙江省人事厅 浙江省公安厅关于印发浙江省公安机关专业技术职务任职资格评审工作实施办法的通知	浙人职〔1997〕156 号	ZJSP13-1997-0002
891	省人事厅 省计经委关于开展评聘部分享受教授、研究员待遇高级工程师工作的通知	浙人职〔1997〕174 号	ZJSP13-1997-0003
892	省人事厅 省公安厅关于执行浙江省公安机关专业技术职务任职资格评审工作实施办法有关具体问题的补充通知	浙人职〔1997〕195 号	ZJSP13-1997-0004
893	省人事厅 省体委关于转发体育教练员职务等级标准和关于体育教练员职务等级标准若干问题的说明的通知	浙人职〔1997〕216 号	ZJSP13-1997-0005
894	浙江省委组织部 人事部关于机关事业单位工作人员工龄计算、参加工作时间认定及工龄变动后工资处理问题的通知	浙人薪〔1997〕166 号	ZJSP13-1997-0006
895	浙江省人事厅关于调整县以下事业单位农林科技人员岗位津贴发放办法的通知	浙人薪〔1997〕176 号	ZJSP13-1997-0007
896	浙江省人事厅 省财政厅 省教育委员会关于提高高师院校教师工资待遇的通知	浙人薪〔1997〕220 号、 〔1997〕财行 123 号、 浙教人〔1997〕422 号	ZJSP13-1997-0008
897	浙江省人事厅转发国家人事部关于机关事业单位因公(工)致残完全丧失工作能力人员退休费问题的复函	浙人退〔1997〕19 号	ZJSP13-1997-0009
898	浙江省人事厅 浙江省财政厅 浙江省教育委员会关于提高中小学、高师院校部分离退休教师待遇问题的通知	浙人退〔1997〕229 号、 〔1997〕财行 127 号、 浙教人〔1997〕438 号	ZJSP13-1997-0010
899	浙江省人事厅关于全国先进工作者退休后享受全国劳模待遇问题的通知	浙人退〔1997〕248 号	ZJSP13-1997-0011
900	关于印发浙江省国家公务员录用面试工作细则(试行)的通知	浙人干〔1997〕105 号	ZJSP13-1997-0012
901	浙江省劳动厅关于印发浙江省职业技能鉴定工作规程的通知	浙劳培〔1997〕317 号	ZJSP13-1997-0013
902	浙江省劳动厅 浙江省财政厅关于企业离休干部增加离休金的通知	浙劳险〔1997〕5 号 (1997)财社 3 号	ZJSP13-1997-0014
903	浙江省人事厅 浙江省劳动厅关于提高劳动模范待遇若干具体问题解答意见的通知	浙人退〔1997〕14 号 浙劳险〔1997〕12 号	ZJSP13-1997-0015
904	浙江省劳动厅关于转发劳动部关于加快养老金社会化发放工作的通知的通知	浙劳险〔1997〕48 号	ZJSP13-1997-0016
905	浙江省劳动厅 中国工商银行浙江省分行关于转发劳动部、工商银行总行关于社会保险管理机构委托中国工商银行代发养老金的通知	浙劳险〔1997〕60 号	ZJSP13-1997-0017

续 表

	文 件 名	文 号	编 号
906	浙江省劳动厅关于发布一九九六年全省社会平均工资的通知	浙劳险〔1997〕63 号	ZJSP13-1997-0018
907	浙江省劳动厅 浙江省经济体制改革委员会 浙江省计划和经济委员会 浙江省财政厅关于破产企业职工社会保险若干问题的处理意见	浙劳险〔1997〕109 号 〔1997〕财社 20 号	ZJSP13-1997-0019
908	浙江省劳动厅关于转发劳动部关于对社会保险固定资产进行清理的通知的通知	浙劳险〔1997〕185 号	ZJSP13-1997-0020
909	浙江省总工会 浙江省人事厅 浙江省劳动厅 浙江省财政厅关于改善和提高劳动模范待遇若干问题的通知	浙总工字〔1997〕48 号 浙劳险〔1997〕194 号	ZJSP13-1997-0021
910	浙江省劳动厅关于转发劳动部办公厅关于基本养老保险基金收支两条线管理规定未实行前有关问题的通知	浙劳险〔1997〕314 号	ZJSP13-1997-0022
911	浙江省劳动厅 浙江省财政厅关于企业离休人员增加离休金的通知	浙劳险〔1997〕323 号、 (1997)财社 111 号	ZJSP13-1997-0023
912	浙江省劳动厅 浙江省财政厅关于 1997 年调整企业退休人员基本养老金的通知	浙劳险〔1997〕324 号 (1997)财社 112 号	ZJSP13-1997-0024
913	浙江省劳动厅关于外商投资企业招聘的专业技术人员参加社会保险问题的复函	浙劳函〔1997〕42 号	ZJSP13-1997-0025
914	浙江省劳动厅关于破产企业职工社会保险处理问题的复函	浙劳函〔1997〕93 号	ZJSP13-1997-0026
915	转发中共中央组织部 人事部关于印发流动人员人事档案管理暂行规定的通知	浙人才〔1997〕130 号	ZJSP13-1997-0027
916	浙江省劳动厅关于印发浙江省企业技术工种技术等级津贴指导标准的通知	浙劳薪〔1997〕308 号	ZJSP13-1997-0028
917	浙江省劳动厅关于企业实行不定时工作制和综合计算工时工作制审批规定的通知	浙劳安〔1997〕272 号	ZJSP13-1997-0029
918	浙江省劳动厅关于职工最低工资和基本生活费标准计算范围的复函	浙劳函〔1997〕85 号	ZJSP13-1997-0030
919	浙江省劳动厅关于对刑满释放后撤销原判宣告无罪人员的工资待遇如何补发问题的复函	浙劳函〔1997〕54 号	ZJSP13-1997-0031
920	浙江省劳动厅 省财政厅 省审计厅关于印发企业工资内外收入检查工作规程的通知	浙劳计〔1997〕197 号 〔1997〕财工 71 号	ZJSP13-1997-0032
921	浙江省职称改革领导小组关于对职称改革工作若干问题的意见的通知	浙职改〔1996〕3 号	ZJSP13-1996-0001
922	转发劳动部公安部外贸交易经济合作部关于颁发外国人在中国就业管理规定的通知	浙劳就〔1996〕89 号	ZJSP13-1996-0002
923	关于印发浙江省国家公务员录用工作监督办法(试行)的通知	浙人干〔1996〕134 号	ZJSP13-1996-0003
924	浙江省劳动厅 浙江省财政厅关于调整企业退休人员易地安家补助费标准的通知	浙劳险〔1996〕10 号 (1996)财工 7 号	ZJSP13-1996-0004
925	中共浙江省委组织部 中共浙江省委老干部局 浙江省劳动厅 浙江省人事厅 浙江省财政厅关于调整企业离休干部离休金有关问题的通知	浙组〔1996〕19 号、 浙老干〔1996〕9 号、 浙劳险〔1996〕55 号、 浙人退〔1996〕42 号	ZJSP13-1996-0005
926	浙江省劳动厅关于调整一九九五年度企业退休人员基本养老金的通知	浙劳险〔1996〕56 号	ZJSP13-1996-0006
927	浙江省劳动厅关于印发浙江省企业职工基本养老保险覆盖计划的通知	浙劳险〔1996〕57 号	ZJSP13-1996-0007
928	浙江省劳动厅关于发布一九九五年全省社会平均工资的通知	浙劳险〔1996〕68 号	ZJSP13-1996-0008

续 表

	文 件 名	文 号	编 号
929	浙江省劳动厅关于违反中华人民共和国劳动法行政处罚办法第十七条之规定是否属行政处罚有关问题的复函	浙劳险〔1996〕74号	ZJSP13-1996-0009
930	浙江省劳动厅 浙江省财政厅关于企业离休干部增加离休金的通知	浙劳险〔1996〕87号 (1996)财工26号	ZJSP13-1996-0010
931	浙江省劳动厅关于转发劳动部关于企业职工基本养老保险基金转移问题的通知的通知	浙劳险〔1996〕106号	ZJSP13-1996-0011
932	浙江省劳动厅 浙江省财政厅 浙江省总工会关于调整企业职工供养直系亲属生活困难补助费标准的通知	浙劳险〔1996〕131号 (1996)财工41号	ZJSP13-1996-0012
933	浙江省劳动厅 浙江省财政厅 浙江省总工会关于调整计划外长期临时工晚年生活补助费标准的通知	浙劳险〔1996〕132号 (1996)财社35号	ZJSP13-1996-0013
934	浙江省劳动厅关于做好困难企业离退休人员生活保障工作的通知	浙劳险〔1996〕253号	ZJSP13-1996-0014
935	浙江省劳动厅转发劳动部关于暂不执行财政部颁发的养老保险基金等三项财务制度的紧急通知	浙劳险〔1996〕265号	ZJSP13-1996-0015
936	浙江省劳动厅 浙江省财政厅关于调整企业退休人员基本养老金的通知	浙劳险〔1996〕268号 (1996)财社88号	ZJSP13-1996-0016
937	关于印发浙江省人事代理暂行办法的通知	浙人才〔1996〕194号	ZJSP13-1996-0017
938	浙江省劳动厅转发劳动部关于企业职工流动若干问题的通知的通知	浙劳力〔1996〕240号	ZJSP13-1996-0018
939	浙江省劳动厅转发劳动部关于实行劳动合同制度若干问题的通知的通知	浙劳力〔1996〕241号	ZJSP13-1996-0019
940	浙江省劳动厅转发劳动部关于贯彻执行中华人民共和国劳动法若干问题的意见的通知	浙劳政〔1996〕70号	ZJSP13-1996-0020
941	浙江省劳动厅关于终止、解除劳动关系有关程序规定的通知	浙劳政〔1996〕149号	ZJSP13-1996-0021
942	省人事厅 省国有资产管理局关于转发人事部、国家国有资产管理局关于实施注册资产评估师执业资格制度有关规定的通知	浙人职〔1995〕189号	ZJSP13-1995-0001
943	浙江省职称改革领导小组关于加强职称改革工作统一管理的通知	浙职改〔1995〕3号	ZJSP13-1995-0002
944	浙江省人事厅关于高级专家退(离)休问题的函	浙人函〔1995〕64号	ZJSP13-1995-0003
945	浙江省人事厅关于机关和事业单位工作人员加班问题处理意见的通知	浙人薪〔1995〕19号	ZJSP13-1995-0004
946	浙江省人事厅 财政厅关于调整我省国家机关工作人员福利费提取标准的通知	浙人薪〔1995〕35号、 〔1995〕财行25号	ZJSP13-1995-0005
947	浙江省教育委员会 浙江省人事厅关于教龄满30年的退休教师计发退休费的实施意见的通知	浙教人〔1995〕162号、 浙人退〔1995〕55号	ZJSP13-1995-0006
948	关于劳动合同制工人子女统筹医疗问题的通知	浙人薪〔1995〕170号	ZJSP13-1995-0007
949	浙江省人事厅关于同意南丁格尔奖获得者享受省部级劳动模范、先进工作者待遇的批复	浙人复〔1995〕113号	ZJSP13-1995-0008
950	浙江省人事厅关于副省级退休干部能否享受护理费的函复	浙人复〔1995〕223号	ZJSP13-1995-0009
951	浙江省人事厅 浙江省财政厅关于调整退休干部易地安家补助费和住房困难补助费标准的通知	浙人退〔1995〕193号、 〔1995〕财行118号	ZJSP13-1995-0010
952	浙江省人事厅关于机关事业单位工作人员事假工资待遇问题的通知	浙人薪〔1995〕79号	ZJSP13-1995-0011
953	关于印发浙江省职业技能培训管理办法的通知	浙劳培〔1995〕110号	ZJSP13-1995-0012

续 表

	文 件 名	文 号	编 号
954	关于改进和加强技师评聘工作的通知	浙劳培〔1995〕225 号	ZJSP13-1995-0013
955	关于印发浙江省职业资格证书核发与管理规定的通知	浙劳培〔1995〕244 号	ZJSP13-1995-0014
956	浙江省劳动厅关于发布一九九四年全省社会平均工资的通知	浙劳险〔1995〕41 号	ZJSP13-1995-0015
957	浙江省劳动厅关于企业退休人员夏令清凉饮料费发放标准的复函	浙劳函〔1995〕44 号	ZJSP13-1995-0016
958	浙江省劳动厅 浙江省财政厅关于企业退休人员增加生活补贴费的通知	浙劳险〔1995〕50 号 (1995)财工 20 号	ZJSP13-1995-0017
959	浙江省劳动厅关于一九九四年度企业离退休人员基本养老金物价补偿问题的通知	浙劳险〔1995〕55 号	ZJSP13-1995-0018
960	浙江省劳动厅 浙江省财政厅关于引发企业职工基本养老保险基金实行省级统筹试点的暂行办法的通知	浙劳险〔1995〕100 号 (1995)财社 28 号	ZJSP13-1995-0019
961	浙江省劳动厅关于印发关于完善企业职工基本养老金计发办法的若干意见的通知	浙劳险〔1995〕173 号	ZJSP13-1995-0020
962	浙江省劳动厅关于企业职工养老保险基金转换问题的通知	浙劳险〔1995〕203 号	ZJSP13-1995-0021
963	浙江省劳动厅关于企业部分职工连续工龄与缴费年限计算问题的通知	浙劳险〔1995〕221 号	ZJSP13-1995-0022
964	浙江省劳动厅关于转发企业经济性裁减人员规定的通知	浙劳力〔1995〕2 号	ZJSP13-1995-0023
965	浙江省劳动厅关于全面实行劳动合同制度若干问题处理意见的通知	浙劳政〔1995〕103 号	ZJSP13-1995-0024
966	浙江省劳动厅关于全面实行劳动合同制度有关程序问题的通知	浙劳政〔1995〕120 号	ZJSP13-1995-0025
967	浙江省劳动厅转发劳动部违反中华人民共和国劳动法处罚办法的通知	浙劳力〔1995〕23 号	ZJSP13-1995-0026
968	浙江省职称改革领导小组关于专业技术职务评聘工作有关问题的通知	浙职改〔1994〕3 号	ZJSP13-1994-0001
969	浙江省职称改革领导小组办公室关于部分事业单位不再开展评聘专业技术职务工作的通知	浙职改办〔1994〕26 号	ZJSP13-1994-0002
970	关于部分职工工龄计算问题的通知	浙人薪〔1994〕117 号	ZJSP13-1994-0003
971	浙江省人事厅关于计算外业测绘人员退休费基数问题的复函	浙人函〔1994〕82 号	ZJSP13-1994-0004
972	浙江省人事厅 浙江省劳动厅 浙江省财政厅关于给工龄在三十年以上的退休归侨职工加发退休补贴费的通知	浙人退〔1994〕139 号、 〔1994〕财行 213 号	ZJSP13-1994-0005
973	省人事厅关于加强对省政府工作部门授予省级系统荣誉称号工作管理的通知	浙人奖〔1994〕113 号	ZJSP13-1994-0006
974	关于印发浙江省职业技能鉴定实施办法的通知	浙劳培〔1994〕215 号	ZJSP13-1994-0007
975	浙江省劳动厅关于发布一九九三年全省社会平均工资的通知	浙劳险〔1994〕83 号	ZJSP13-1994-0008
976	浙江省劳动厅关于一九九三年度企业离退休人员物价补偿问题的通知	浙劳险〔1994〕96 号	ZJSP13-1994-0009
977	浙江省劳动厅 浙江省财政厅关于调整企业职工和离退休人员死亡丧葬费、抚恤费、供养直系亲属生活困难补助费标准的通知	浙劳险〔1994〕118 号 〔1994〕财工 59 号	ZJSP13-1994-0010
978	浙江省劳动厅 浙江省财政厅关于调整企业离退休人员离退休金的通知	浙劳险〔1994〕120 号 〔1994〕财工 62 号	ZJSP13-1994-0011
979	中共浙江省委组织部 中共浙江省委老干部局 浙江省劳动厅 浙江省财政厅关于对我省企业离休干部增加离休金的补充通知	浙组〔1994〕23 号 浙老干〔1994〕11 号 浙劳险〔1994〕121 号 〔1994〕财工 63 号	ZJSP13-1994-0012

续 表

	文 件 名	文 号	编 号
980	中共浙江省委组织部 中共浙江省委老干部局 浙江省劳动厅 浙江省财政厅关于企业离休干部按参加革命工作年限计发生活补贴的通知	浙组〔1994〕24 号 浙老干〔1994〕12 号 浙劳险〔1994〕122 号 〔1994〕财工 64 号	ZJSP13-1994-0013
981	浙江省劳动厅关于省部属企业固定职工连续工龄视作缴费年限问题的通知	浙劳险〔1994〕123 号	ZJSP13-1994-0014
982	浙江省劳动厅 浙江省财政厅关于提高计划外长期临时工晚年生活补助费标准的通知	浙劳险〔1994〕146 号 〔1994〕财工 82 号	ZJSP13-1994-0015
983	浙江省劳动厅 浙江省财政厅关于适当调整企业精减退职职工生活困难补助费标准的通知	浙劳险〔1994〕147 号 〔1994〕财工 83 号	ZJSP13-1994-0016
984	浙江省劳动厅 浙江省邮电管理局关于乡镇邮电联营站等集体企业职工基本养老保险基金实行系统统筹的通知	浙劳险〔1994〕151 号 浙邮局劳(1994)第 90 号	ZJSP13-1994-0017
985	浙江省劳动厅关于农民合同制工人伤残、补助等待遇问题的通知	浙劳险〔1994〕172 号	ZJSP13-1994-0018
986	中共浙江省委老干部局 浙江省劳动厅关于企业离休干部一至二个月生活补贴费发放问题的通知	浙劳险〔1994〕213 号	ZJSP13-1994-0019
987	浙江省劳动厅关于职工退休年龄认定问题的复函	浙劳函〔1994〕15 号	ZJSP13-1994-0020
988	浙江省劳动厅关于企业对未按时缴纳社会养老保险金的职工作自动离职或除名处理问题的复函	浙劳函〔1994〕32 号	ZJSP13-1994-0021
989	浙江省劳动厅关于改革企业职工基本养老金计发办法有关问题的复函	浙劳函〔1994〕49 号	ZJSP13-1994-0022
990	浙江省劳动厅关于对参加工作时年龄不满十六周岁的职工工龄计算问题的批复	浙劳复〔1994〕50 号	ZJSP13-1994-0023
991	省人事厅关于同意高校党政人员靠用高校教育管理研究职务和学生思想政治教育专职教师职务评聘专业技术职务的批复	浙人复〔1993〕187 号	ZJSP13-1993-0001
992	浙江省劳动厅 浙江省财政厅关于提高精减退职职工生活困难补助费的通知	浙劳险〔1993〕40 号 〔1993〕财工 61 号	ZJSP13-1993-0002
993	浙江省劳动厅 浙江省财政厅关于铁路邮电电力企业劳动合同制工人养老保险基金移交问题的通知	浙劳险〔1993〕57 号 〔1993〕财中 20 号	ZJSP13-1993-0003
994	浙江省劳动厅 浙江省财政厅关于企业离退休人员增加生活补贴费的通知	浙劳险〔1993〕99 号 (1993)财工 166 号	ZJSP13-1993-0004
995	浙江省劳动厅关于劳动合同制工人退休养老基金年限问题处理意见的通知	浙劳险〔1993〕143 号	ZJSP13-1993-0005
996	浙江省劳动厅关于贯彻省人民政府关于改革企业职工基本养老金计发办法试行意见的实施办法的通知	浙劳险〔1993〕185 号	ZJSP13-1993-0006
997	浙江省职称改革领导小组关于印发浙江省关于企事业单位评聘专业技术职务若干问题的实施意见的通知	浙职改字〔1992〕1 号	ZJSP13-1992-0001
998	浙江省职称改革领导小组办公室关于印发部分系列破格申报晋升高级专业技术职务条件(试行)的通知	浙职改办〔1992〕23 号	ZJSP13-1992-0002
999	浙江省人事厅 省劳动厅关于对若干工龄计算问题处理意见的通知	浙人薪〔1992〕96 号	ZJSP13-1992-0003
1000	浙江省人事厅关于教龄津贴、护龄津贴计入退休费总数问题的通知	浙人退〔1992〕128 号	ZJSP13-1992-0004
1001	浙江省人事厅关于国家机关事业单位工作人员因私事出国出境假期工资待遇的通知	浙人薪〔1992〕74 号	ZJSP13-1992-0005

续 表

	文 件 名	文 号	编 号
1002	关于印发浙江省技工学校学生学籍管理实施细则的通知	浙劳培〔1992〕29 号	ZJSP13-1992-0006
1003	关于开展省级重点技工学校评估工作的通知	浙劳培〔1992〕37 号	ZJSP13-1992-0007
1004	浙江省劳动厅关于铁路、邮电、电力企业及其劳动合同制工人退休养老基金缴纳问题的通知	浙劳险〔1992〕113 号	ZJSP13-1992-0008
1005	浙江省劳动厅关于实施企业职工个人缴纳基本养老保险费的通知	浙劳险〔1992〕115 号	ZJSP13-1992-0009
1006	浙江省劳动厅关于调整和规范企业职工基本养老保险基金统筹办法的通知	浙劳险〔1992〕116 号	ZJSP13-1992-0010
1007	浙江省劳动厅 浙江省财政厅关于企业离退休人员增加离退休金的通知	浙劳险〔1992〕150 号 (1992)财工 269 号	ZJSP13-1992-0011
1008	浙江省养老保险基金会 省劳动厅 省工商银行关于建立企业职工养老保险省级统筹后备基金的通知	浙劳险〔1992〕160 号	ZJSP13-1992-0012
1009	浙江省劳动厅转发劳动部关于企业内部个人在承包中保险待遇问题的复函的通知	浙劳险〔1992〕175 号	ZJSP13-1992-0013
1010	浙江省劳动厅关于对浙劳险〔1992〕150 号文补充意见的通知	浙劳险〔1992〕197 号	ZJSP13-1992-0014
1011	浙江省劳动厅关于使用职工养老保险手册的通知	浙劳险〔1992〕198 号	ZJSP13-1992-0015
1012	浙江省劳动厅 浙江省计划经济委员会 浙江省经济体制改革办公室省人事厅 省总工会转发劳动部、国务院生产办、国家体改委、人事部、全国总工会关于深化企业劳动人事、工资分配、社会保险制度改革的意见的通知	浙劳政〔1992〕49 号	ZJSP13-1992-0016
1013	关于印发浙江省技师管理暂行办法的通知	浙劳人培〔1991〕53 号	ZJSP13-1991-0001
1014	关于技工学校进一步推行国家体育锻炼标准施行办法的通知	浙劳人培〔1991〕118 号	ZJSP13-1991-0002
1015	浙江省劳动厅转发劳动部关于认真贯彻国务院决定积极搞好城镇集体企业职工养老保险工作的通知	浙劳险〔1991〕36 号	ZJSP13-1991-0003
1016	浙江省劳动人事厅关于劳动合同制工人退休养老待遇等几个问题的通知	浙劳人险〔1991〕51 号	ZJSP13-1991-0004
1017	浙江省劳动厅关于劳动合同制工人退休养老几个问题处理意见的通知	浙劳险〔1991〕85 号	ZJSP13-1991-0005
1018	浙江省劳动人事厅关于应届中专毕业应聘去外商投资企业工作的有关工龄计算问题	浙劳人才(1991)164 号	ZJSP13-1991-0006
1019	中共浙江省委组织部 省劳动人事厅 省财政厅 省民政厅关于适当提高精减退职职工生活困难补助标准的通知	浙劳人险〔1991〕167 号 (1991)财行 211 号	ZJSP13-1991-0007
1020	浙江省劳动厅关于计划内临时工和计划外临时工招用为合同制工人有关问题的批复	浙劳复〔1991〕48 号	ZJSP13-1991-0008
1021	浙江省职称改革领导小组关于印发浙江省关于民办科技机构专业技术人员评聘专业技术职务的若干意见的通知	浙职改字〔1990〕11 号	ZJSP13-1990-0001
1022	浙江省职称改革领导小组关于转发浙江省关于在高校从事高等教育管理研究工作人员中聘任专业技术职务的意见(试行)的通知	浙职改字〔1990〕13 号	ZJSP13-1990-0002
1023	浙江省职称改革领导小组关于印发关于当前企事业单位专业技术职务评聘工作有关问题的意见的通知	浙职改字〔1990〕33 号	ZJSP13-1990-0003
1024	浙江省劳动人事厅科技干部局转发人事部关于高级专家退(离)休有关问题的通知的通知	浙劳人险(1990)71 号、 浙科干字(1990)18 号	ZJSP13-1990-0004
1025	浙江省劳动人事厅关于适当提高国营企业离退休人员待遇的通知	浙劳人险〔1990〕19 号	ZJSP13-1990-0005

续 表

	文件名	文号	编号
1026	浙江省劳动人事厅关于国家行政机关工作人员被判处管制、拘役期满收回工作后的工龄计算问题	浙劳人函(1990)27号	ZJSP13-1990-0006
1027	浙江省劳动人事厅 浙江省财政厅 浙江省公安厅 浙江省司法厅 浙江省外汇管理局转发关于台胞、台属赴台湾地区定居有关待遇等问题的规定的通知	浙劳人险〔1990〕61号	ZJSP13-1990-0007
1028	浙江省劳动人事厅关于执行浙劳人险〔1990〕18、19号文件中若干具体问题的通知	浙劳人险〔1990〕76号	ZJSP13-1990-0008
1029	浙江省劳动人事厅 省财政厅关于调整全民所有制企业职工死亡后抚恤费及供养直系亲属生活困难补助费标准的通知	浙劳人险〔1990〕205号 (90)财工260号	ZJSP13-1990-0009
1030	浙江省劳动人事厅转发劳动部关于加强养老保险基金的征缴和管理工作的通知的通知	浙劳人险〔1990〕239号	ZJSP13-1990-0010
1031	浙江省劳动人事厅关于外商投资企业中方专业技术和经营管理人员流动中有关工龄计算的规定	浙劳人才(1990)243号	ZJSP13-1990-0011
1032	浙江省劳动人事厅关于建国前在私营企业工作的人员退休费发放标准的批复	浙劳人复〔1990〕351号	ZJSP13-1990-0012
1033	浙江省委组织部 浙江省委老干部局 浙江省劳动人事厅 浙江省公安厅 浙江省粮食局关于做好西藏汉族干部、工人内调、退(离)休回浙江安置工作的通知	浙劳人计〔1989〕122号	ZJSP13-1989-0001
1034	中共浙江省委组织部 省劳动人事厅 省财政厅关于给部分建国前参军、一九五四年前后经组织动员复原的女同志生活困难补助的通知	浙劳人险〔1989〕16号 (1989)财行6号	ZJSP13-1989-0002
1035	浙江省劳动人事厅 省财政厅 省总工会关于调整部分非因工死亡职工配偶生活费标准的通知	浙劳人险〔1989〕159号、 (89)财工字217号 浙总工字(1989)33	ZJSP13-1989-0003
1036	浙江省劳动人事厅转发劳动部关于制止在退休、退职职工易地安置工作中乱收费的通知的通知	浙劳人险〔1989〕220号	ZJSP13-1989-0004
1037	浙江省劳动人事厅 中共浙江省委老干部局转发西藏自治区人事局等五部门关于统一离退休干部、工人交通费和其他补贴性待遇标准的通知的通知	浙劳人险〔1989〕224号	ZJSP13-1989-0005
1038	浙江省职称改革领导小组关于印发关于事业单位下一步专业技术职务评聘工作的意见的通知	浙职改字〔1989〕2号	ZJSP13-1989-0006
1039	浙江省职称改革领导小组印发关于浙江省青少年宫系统专业技术人员职务评聘工作的补充意见的通知	浙职改字〔1988〕31号	ZJSP13-1988-0001
1040	浙江省职称改革领导小组关于印发浙江省关于完善专业技术职务聘任制度的试行意见的通知	浙职改字〔1988〕49号	ZJSP13-1988-0002
1041	浙江省劳动人事厅 浙江省高级人民法院关于国家职工被人民法院宣告无罪或判决免予刑事处分后有关问题处理办法的通知	浙劳人教(1988)4号	ZJSP13-1988-0003
1042	浙江省劳动人事厅关于给按国发〔1978〕104号文件规定办理退职等人员增发生活补贴意见的通知	浙劳人险〔1988〕19号	ZJSP13-1988-0004
1043	浙江省劳动人事厅关于给退职职工等人员增发生活补贴的通知	浙劳人险〔1988〕64号	ZJSP13-1988-0005
1044	浙江省劳动人事厅 浙江省财政厅关于解决部分退休退职职工退休待遇偏低问题的通知	浙劳人险〔1988〕66号 (88)财行160号	ZJSP13-1988-0006

续 表

	文 件 名	文 号	编 号
1045	浙江省劳动人事厅 浙江省财政厅 浙江省总工会关于实行主要副食品零售价格变动给退职等人员适当补贴的通知	浙劳人险〔1988〕134 号 〔1988〕财工 178 号 省总工字〔1988〕27 号	ZJSP13-1988-0007
1046	浙江省劳动人事厅关于部分受株连子女在农村劳动期间工龄计算问题的通知	浙劳人教(1988)118 号	ZJSP13-1988-0008
1047	浙江省职称改革领导小组办公室印发实行专业技术职务聘任制工作规范的通知	浙职改办字〔1987〕6 号	ZJSP13-1987-0001
1048	浙江省职称改革领导小组关于转发省城乡建设厅、省地名委员会关于对我省地名专业人员技术职务聘任工作的意见的请示的通知	浙职改字〔1987〕62 号	ZJSP13-1987-0002
1049	浙江省职称改革领导小组关于转发浙江省党校系统实行教师职务任聘制实施细则(试行)的通知	浙职改字〔1987〕72 号	ZJSP13-1987-0003
1050	浙江省职称改革领导小组转发关于地方志编纂系统专业技术人员职务评聘工作意见的通知	浙职改字〔1987〕78 号	ZJSP13-1987-0004
1051	浙江省职称改革领导小组印发关于省属各类干部学校开展专业技术职务聘任工作的意见的通知	浙职改字〔1987〕80 号	ZJSP13-1987-0005
1052	中共浙江省委组织部 劳动人事厅关于转发中央组织部、劳动人事部关于女干部离休退休年龄的通知的通知	浙劳人险(87)145 号	ZJSP13-1987-0006
1053	浙江省劳动人事厅关于患矽肺病治疗、休养期间工龄计算等问题的复函	浙劳人函(87)8 号	ZJSP13-1987-0007
1054	浙江省劳动人事厅关于教龄、护龄津贴作为计算离退休人员离退休费基数的通知	浙劳人险(87)57 号	ZJSP13-1987-0008
1055	浙江省劳动人事厅转发劳动人事部关于退休养老基金和职工待业保险基金管理问题的通知	浙劳人险(87)104 号	ZJSP13-1987-0009
1056	浙江省劳动人事厅关于建国前参加革命工作的精减老工人可参照浙组〔1987〕1 号文件规定给予生活困难补助的通知	浙劳人险(87)114 号	ZJSP13-1987-0010
1057	浙江省劳动人事厅关于退休费统筹工作几个问题的通知	浙劳人险(87)188 号	ZJSP13-1987-0011
1058	浙江省劳动人事厅 省民政厅 省财政厅关于由工会移交给民政部门管理的国营企业退休工人病故后其供养直系亲属生活困难补助问题的通知	浙劳人险(87)286 号 (1987)财工 590 号 浙民安(87)183 号	ZJSP13-1987-0012
1059	浙江省劳动人事厅关于一九六五年省卫校招收的中医(药)代培生连续工龄计算问题的批复	浙劳人复(87)151 号	ZJSP13-1987-0013
1060	浙江省劳动人事厅关于精减职工被招收为计划内长期临时工后可否办理退休问题的批复	浙劳人复(87)173 号	ZJSP13-1987-0014
1061	浙江省劳动人事厅 浙江省水利厅关于处理基层水利员有关工资等问题的通知	浙劳人薪(87)303 号 浙水人(87)第 407 号	ZJSP13-1987-0015
1062	浙江省劳动人事厅关于对建国前入伍的军队复员干部,现是工人,分别作离退休办理的请示报告的批复	浙劳人复〔87〕305 号	ZJSP13-1987-0016
1063	关于印发浙江省关于实行专业技能职务聘任制度若干问题的试行规定和浙江省关于专业技术职务评审委员会组织法试行规定的通知	浙职改字〔1986〕10 号	ZJSP13-1986-0001
1064	浙江省劳动人事厅关于乡村医生(原赤脚医生)被吸收录用为区、乡(镇)计划生育专职干部后工龄计算问题的复函	浙劳人函(86)63 号	ZJSP13-1986-0002

续表

	文件名	文号	编号
1065	浙江省劳动人事厅 省财政厅 省总工会关于调整全民所有制企业职工死亡后丧葬费及供养直系亲属生活困难补助费标准的通知	浙劳人险(86)113号 (86)财工224号 省总工字(1986)25号	ZJSP13-1986-0003
1066	浙江省劳动人事厅关于贯彻执行省人民政府浙政〔1986〕35号文件中若干具体问题的解答意见	浙劳人险(86)128号	ZJSP13-1986-0004
1067	浙江省劳动人事厅关于浙劳人险(86)128号第二条规定的适用范围问题的解答	浙劳人复〔86〕264号	ZJSP13-1986-0005
1068	中共浙江省委组织部 中共浙江省委老干部局 浙江省劳动人事厅关于转发中央组织部、劳动人事部关于国营企业非国家机关行政级干部离休后分别享受司局级、处级待遇的通知的通知	浙劳人险(85)3号	ZJSP13-1985-0001
1069	中共浙江省委老干部局 浙江省劳动人事厅关于改变老干部离休荣誉证加盖钢印办法的通知	浙劳人险(85)36号	ZJSP13-1985-0002
1070	浙江省劳动人事厅 省财政厅关于企业职工死亡待遇的暂行规定	浙劳人险(85)120号 (85)财企407号	ZJSP13-1985-0003
1071	浙江省劳动人事厅 省财政厅 省民政厅关于提高精简退职老职工生活困难补助费标准的通知	浙劳人险(85)152号 (85)财行515号 浙民城字(85)347号	ZJSP13-1985-0004
1072	浙江省劳动人事厅转发关于解决原下乡知识青年插队期间工龄计算问题的通知的通知	浙劳人培(85)156号	ZJSP13-1985-0005
1073	中共浙江省委统战部 浙江省劳动人事厅关于落实原工商业者在"文革"期间附加工资处理问题的复函	浙统(1984)第34号 浙劳人薪(1984)第99号	ZJSP13-1984-0001
1074	浙江省劳动人事厅 浙江省财政厅关于对国家机关、全民企事业单位的离休、退休干部和工人发放生活补贴费的通知	浙劳人险(84)150号	ZJSP13-1984-0002
1075	浙江省劳动人事厅印发关于全民所有制单位使用劳动合同制工人若干政策暂行规定的通知	浙劳人计(84)183号	ZJSP13-1984-0003
1076	浙江省劳动人事厅 省财政厅关于对一九六〇年底以前经组织动员回家的职工给予生活困难补助的通知	浙劳人险(84)217号 (84)财行440号	ZJSP13-1984-0004
1077	浙江省劳动人事厅 省财政厅 省总工会关于发给计划外长期临时工晚年生活补助费的通知	浙劳人险(84)218号 (84)财企879号 省总工字(1984)50号	ZJSP13-1984-0005
1078	浙江省劳动人事厅转发劳动人事部关于贯彻执行我部劳人老〔1983〕20号文件中的一些具体问题的答复的通知	浙劳薪(83)15号	ZJSP13-1983-0001
1079	浙江省劳动局 省人事局 省侨务办公室 中国银行杭州分行 省总工会转发关于获准出国定居的退休、退职人员待遇支付问题的答复的通知	浙劳薪(83)90号	ZJSP13-1983-0002
1080	浙江省劳动局省人事局省财政厅转发关于提高职工退休费、退职生活费的最低保证数的通知的通知	浙劳薪(83)244号	ZJSP13-1983-0003
1081	浙江省公安厅 浙江省人事局 浙江省劳动局关于转发公安部劳动人事部关于刑满留场(厂)就业人员有关待遇问题的通知的通知	浙公劳(83)38号 浙劳薪(83)281号	ZJSP13-1983-0004
1082	浙江省劳动局转发劳动人事部保险福利司"对关于建国前参加工作的老工人退休待遇的通知中若干具体问题的答复"的函	浙劳薪(83)346号	ZJSP13-1983-0005
1083	浙江省劳动局关于海岛津贴可否作为计算退休费、退职生活费基数的复函	浙劳薪(82)252号	ZJSP13-1982-0001

续 表

	文 件 名	文 号	编 号
1084	浙江省人民政府宗教事务处浙江省劳动局关于转入企、事业单位工作的原宗教团体、教堂寺庙职工和宗教职业者工龄计算问题的通知	浙宗字(81)2号 浙劳薪(81)51号	ZJSP13-1981-0001
1085	浙江省劳动局 省人民政府宗教事务处关于转入企、事业单位工作的原宗教团体、教堂寺庙职工和宗教职业者工龄计算问题的补充通知	浙劳薪(81)58号 浙宗字(81)5号	ZJSP13-1981-0002
1086	浙江省劳动局 浙江省人事局关于执行国务院关于职工探亲待遇的规定的实施细则	浙劳薪(81)173号 浙人字(81)052号	ZJSP13-1981-0003
1087	浙江省劳动局 浙江省人事局 浙江省财政厅关于实行职工探亲假制度中若干具体问题的解答	浙劳薪(81)253号 浙人字(81)080 (81)财预633号	ZJSP13-1981-0004
1088	关于城镇街道集体所有制单位职工工龄计算问题的处理意见(摘录)	浙劳薪(80)21号	ZJSP13-1980-0001
1089	浙江省人事局民政厅 财政厅关于对贯彻执行省委(1980)24号文件中几个具体问题的答复	浙人字(80)067号 (80)民优字364号、 (80)财预863号	ZJSP13-1980-0002
1090	浙江省革命委员会批转省总工会 省劳动局关于获得全国、省级劳动模范的职工,在退休时享受优异待遇问题的请示报告	浙革(1979)154号	ZJSP13-1979-0001
1091	浙江省劳动局总工会关于贯彻执行国务院关于工人退休、退职的暂行办法中若干具体问题的处理意见	浙劳薪(79)127号 省总工字(79)51号	ZJSP13-1979-0002
1092	浙江省劳动局关于从兵团、农场病退、困退又重新参加工作的职工工龄等问题的处理意见	浙劳薪字(79)23号	ZJSP13-1979-0003
1093	浙江省内务局关于临时工被本单位招收为固定工后的工龄计算问题的复函	浙内劳(77)35号	ZJSP13-1977-0001
1094	浙江省内务局关于原是国家正式职工的工农兵大、中专院校毕业生分配工作后的工龄计算问题的函复	浙内劳(76)66号	ZJSP13-1976-0001
1095	浙江省内务局关于技工学校、半工半读学校学生在校学习期间是否计算工龄问题的复函	浙内劳(76)104号	ZJSP13-1976-0002
1096	浙江省内务局关于大专院校毕业生在农场劳动后分配去企业工作的劳保待遇问题给宁波市内务局的复函	浙内劳(73)第71号	ZJSP13-1973-0001
1097	浙江省内务局关于支宁“双反”受害人员和支宁返籍人员工龄计算问题的批复	浙内民(72)第43号	ZJSP13-1972-0001
1098	浙江省内务局关于处理当前劳动工资工作若干具体问题的通知	浙内劳(70)第31号	ZJSP13-1970-0001
1099	浙江省劳动局 浙江省总工会关于被精简职工再次参加工作后的工龄计算问题的联合通知	(64)劳薪字第262号 (64)险字第1-2-2号	ZJSP13-1964-0001

浙江省人力资源和社会保障厅废止失效行政规范性文件目录

序号	文件名	文号	说明
1	关于将杭州市公共实训基地建设管理经费列入失业保险基金支出范围有关问题的复函	浙人社函〔2011〕54号	被关于扩大失业保险基金支出范围试点有关问题的通知(浙人社发〔2012〕282号)替代废止。
2	关于宁波市公共实训基地建设管理经费纳入失业保险基金支出范围有关问题的复函	浙人社函〔2011〕454号	被关于扩大失业保险基金支出范围试点有关问题的通知(浙人社发〔2012〕282号)替代废止。
3	关于延长扩大失业保险基金支出范围试点政策有关问题的通知	浙人社发〔2009〕101号	被关于扩大失业保险基金支出范围试点有关问题的通知(浙人社发〔2012〕282号)替代并废止
4	中共浙江省委组织部 浙江省人事厅关于机关工作人员受政纪党纪处分和行政刑事处罚工资处理有关问题的通知	浙人发〔2008〕81号	被中共浙江省委组织部、省人力社保厅、省监察厅、省公务员局转发公务员受处分工资待遇处理有关问题的通知(浙人社发〔2011〕184号)和中共浙江省委组织部、省人力社保厅、省监察厅、省公务员局转发公务员被采取强制措施和受行政刑事处罚工资待遇处理有关问题的通知(浙人社发〔2011〕185号)替代废止
5	浙江省人事厅 浙江省财政厅转发国家外国专家局、财政部关于调整中长期出国(境)培训人员费用开支标准的通知的通知	浙人外〔2007〕16号	被国家外国专家局、财政部关于调整中长期出国(境)培训人员费用开支标准的通知(外专发〔2012〕126号)替代废止
6	省人事厅关于印发浙江省高级会计师资格评价条件(试行)的通知	浙人专〔2007〕276号	被浙江省高级会计师资格评价条件(浙人社发〔2011〕41号)替代废止
7	浙江省人事厅关于已参加社会养老保险的事业单位退休人员被判处有期徒刑刑满释放后有关生活待遇问题的通知	浙人薪〔2006〕57号	被中共浙江省委组织部、浙江省人力资源和社会保障厅、浙江省监察厅转发关于事业单位工作人员和机关工人被采取强制措施和受刑事处罚工资待遇处理有关问题的通知(浙人社发〔2013〕61号)替代废止
8	省人事厅 省财政厅关于印发浙江省博士后工作专项经费使用管理办法的通知	浙人专〔2006〕332号	被浙江省博士后工作专项经费使用管理办法(浙财社〔2012〕115号)替代废止
9	浙江省人事厅关于国家职工被判刑后又被人民法院宣告无罪后有关待遇问题处理的意见	浙人薪〔2005〕35号	被中共浙江省委组织部、省人力社保厅、省监察厅、省公务员局转发公务员被采取强制措施和受行政刑事处罚工资待遇处理有关问题的通知(浙人社发〔2011〕185号)替代废止
10	浙江省人事厅关于做好浙江省引进人才居住证制度实施工作有关问题的通知	浙人才〔2005〕53号	文件不适应现实需要,出台至今,无人办理
11	浙江省人事厅关于实行聘用制事业单位工作人员被判处有期徒刑缓刑期满后退休待遇问题的函	浙人函〔2004〕378号	被中共浙江省委组织部、浙江省人力资源和社会保障厅、浙江省监察厅转发关于事业单位工作人员和机关工人被采取强制措施和受刑事处罚工资待遇处理有关问题的通知(浙人社发〔2013〕61号)替代废止
12	浙江省人事厅 浙江省财政厅关于深化事业单位收入分配制度改革的意见	浙人薪〔2004〕206号	被2006年工资制度改革系列文件替代废止
13	浙江省人事厅 浙江省财政厅关于从2003年7月1日起调整测绘系统测绘队工作人员工资标准的通知	浙人薪〔2004〕30号	被浙江省人事厅、浙江省财政厅、浙江省测绘局转发人事部、财政部、国家测绘局关于印发测绘系统测绘队贯彻事业单位工作人员收入分配制度改革方案的实施意见的通知(浙人薪〔2007〕24号)替代废止

续　表

序号	文件名	文号	说明
14	浙江省人事厅 浙江省财政厅关于从2003年7月1日起调整野外地质勘探工作人员工资标准的通知	浙人薪〔2004〕46号	被浙江省人事厅、浙江省财政厅、浙江省国土资源厅关于转发地质勘探事业单位贯彻事业单位工作人员收入分配制度改革方案的实施意见的通知（浙人薪〔2007〕37号）替代废止
15	浙江省人事厅 浙江省财政厅关于从2003年7月1日起调整水产事业单位船员工资标准的通知	浙人薪〔2004〕50号	被浙江省人事厅、浙江省财政厅、浙江省海洋渔业局关于转发农业部所属水产事业单位船员贯彻事业单位工作人员收入分配制度改革方案的实施意见的通知（浙人薪〔2007〕103号）替代废止
16	浙江省人事厅 浙江省财政厅 浙江省交通厅关于从2003年7月1日起调整交通系统港航事业单位救捞、船务工程、港监船员、潜水员和船政等水上作业人员工资标准的通知	浙人薪〔2004〕69号	被浙江省人事厅、浙江省财政厅、浙江省交通厅关于转发交通部所属水上作业事业单位工作人员贯彻事业单位工作人员收入分配制度改革方案的实施意见的通知（浙人薪〔2007〕159号）替代废止
17	浙江省人事厅 浙江省财政厅转发人事部 财政部关于调整警衔津贴标准的通知	浙人薪〔2004〕23号	被浙江省人事厅、浙江省财政厅转发人事部、财政部关于调整警衔津贴标准的通知（浙人薪〔2006〕255号）替代废止
18	浙江省人事厅 浙江省财政厅关于建立密码人员岗位津贴的通知	浙人薪〔2004〕142号	被省人力社保厅、省财政厅转发关于调整密码人员岗位津贴标准的通知（浙人社发〔2012〕149号）替代废止
19	浙江省人事厅 浙江省财政厅关于调整省信访局岗位津贴标准的函	浙人函〔2004〕387号	被省人力社保厅、省财政厅转发关于调整国家信访局信访岗位津贴实施范围和标准的通知（浙人社发〔2010〕39号）替代废止
20	浙江省人事厅关于机关事业单位退休人员被判有期徒刑或有期徒刑宣告缓刑后有关生活待遇问题的通知	浙人薪〔2003〕60号	被中共浙江省委组织部、省人力社保厅、省监察厅、省公务员局转发公务员被采取强制措施和受行政刑事处罚工资待遇处理有关问题的通知（浙人社发〔2011〕185号）、中共浙江省委组织部、浙江省人力资源和社会保障厅、浙江省监察厅转发关于事业单位工作人员和机关工人被采取强制措施和受行政刑事处罚工资待遇处理有关问题的通知（浙人社发〔2013〕61号）替代废止
21	浙江省人事厅 浙江省财政厅关于调整人民警察值勤岗位津贴标准的通知	浙人薪〔2003〕110号	被省人事厅、省财政厅转发人事部、财政部关于执行人民警察值勤岗位津贴有关问题的通知（浙人薪〔2007〕320号）文件替代废止
22	省人事厅 省统计局关于印发浙江省高级统计师资格评价条件（试行）的通知	浙人专〔2003〕158号	被关于转发人力资源和社会保障部、国家统计局关于印发高级统计师资格评价办法（试行）的通知（浙人社发〔2012〕51号）代替废止
23	中共浙江省委组织部 浙江省人事厅关于国家机关和事业单位工作人员受政纪党纪处分工资处理问题的通知	浙人薪〔2002〕79号	被中共浙江省委组织部、浙江省人力资源和社会保障厅、浙江省监察厅转发关于事业单位工作人员和机关工人受处分工资待遇处理有关问题的通知（浙人社发〔2013〕60号）、中共浙江省委组织部、省人力社保厅、省监察厅、省公务员局转发公务员受处分工资待遇处理有关问题的通知（浙人社发〔2011〕184号）替代废止
24	浙江省人事厅 浙江省财政厅转发人事部 财政部关于调整警衔津标准的通知	浙人薪〔2002〕70号	被浙江省人事厅、浙江省财政厅转发人事部、财政部关于调整警衔津标准的通知（浙人薪〔2006〕255号）替代废止

续 表

序号	文 件 名	文 号	说 明
25	浙江省人事厅 浙江省财政厅关于从2001年10月1日起调整测绘系统测绘队工作人员工资标准的通知	浙人薪〔2002〕71号	被浙江省人事厅、浙江省财政厅、浙江省测绘局转发人事部、财政部、国家测绘局关于印发测绘系统测绘队贯彻事业单位工作人员收入分配制度改革方案的实施意见的通知(浙人薪〔2007〕24号)替代废止
26	浙江省人事厅 浙江省财政厅关于从2001年10月1日起调整野外地质勘探队工作人员工资标准的通知	浙人薪〔2002〕72号	被浙江省人事厅、浙江省财政厅、浙江省国土资源厅关于转发地质勘探事业单位贯彻事业单位工作人员收入分配制度改革方案的实施意见的通知(浙人薪〔2007〕37号)替代废止
27	浙江省人事厅 浙江省财政厅 浙江省海洋与渔业局关于从2001年10月1日起调整水产事业单位船员工资标准的通知	浙人薪〔2002〕73号	被浙江省人事厅、浙江省财政厅、浙江省海洋渔业局关于转发农业部所属水产事业单位船员贯彻事业单位工作人员收入分配制度改革方案的实施意见的通知(浙人薪〔2007〕103号)替代废止
28	浙江省人事厅 浙江省财政厅 浙江省交通厅关于从2001年10月1日起调整交通系统港航事业单位救捞、港务工程、工资标准的通知	浙人薪〔2002〕78号	被浙江省人事厅、浙江省财政厅、浙江省交通厅关于转发交通部所属水上作业事业单位工作人员贯彻事业单位工作人员收入分配制度改革方案的实施意见的通知(浙人薪〔2007〕159号)替代废止
29	浙江省人事厅 浙江省财政厅转发人事部 财政部关于调整警衔津贴标准的通知	浙人薪〔2002〕70号	被浙江省人事厅、浙江省财政厅转发人事部、财政部关于调整警衔津贴标准的通知(浙人薪〔2006〕255号)替代废止
30	浙江省人事厅关于事业单位职工受刑事处罚后被人民法院宣告无罪工资处理问题的通知	浙人函〔2001〕78号	被中共浙江省委组织部、浙江省人力资源和社会保障厅、浙江省监察厅转发关于事业单位工作人员和机关工人被采取强制措施和受行政刑事处罚工资待遇处理有关问题的通知(浙人社发〔2013〕61号)替代废止
31	中共浙江省委组织部 浙江省人事厅关于国家机关事业单位工作人员受行政刑事处罚后工资处理问题的通知	浙人薪〔2001〕216号	被中共浙江省委组织部、浙江省人力资源和社会保障厅、浙江省监察厅转发关于事业单位工作人员和机关工人受处分工资待遇处理有关问题的通知(浙人社发〔2013〕60号)替代废止
32	中共浙江省委组织部 浙江省人事厅关于机关事业单位工作人员在停职审查期间工资处理问题的通知	浙人薪〔2001〕217号	被中共浙江省委组织部、浙江省人力资源和社会保障厅、浙江省监察厅转发关于事业单位工作人员和机关工人受处分工资待遇处理有关问题的通知(浙人社发〔2013〕60号)、中共浙江省委组织部、省人力社保厅、省监察厅、省公务员局转发公务员受处分工资待遇处理有关问题的通知(浙人社发〔2011〕184号)替代废止
33	浙江省人事厅关于国家公务员机关工作人员被劳动教养或判处管制拘役缓刑期满后如何处理问题的复函	浙人函〔2001〕216号	被中共浙江省委组织部、省人力社保厅、省监察厅、省公务员局转发公务员被采取强制措施和受行政刑事处罚工资待遇处理有关问题的通知(浙人社发〔2011〕185号)替代废止
34	浙江省人事厅 浙江省财政厅 浙江省测绘局关于2001年调整测绘系统测绘队工作人员工资标准的通知	浙人薪〔2001〕197号	被浙江省人事厅、浙江省财政厅、浙江省测绘局转发人事部、财政部、国家测绘局关于印发测绘系统测绘队贯彻事业单位工作人员收入分配制度改革方案的实施意见的通知(浙人薪〔2007〕24号)替代废止
35	浙江省人事厅 浙江省财政厅 浙江省海洋与渔业局关于2001年调整水产事业单位船员工资标准的通知	浙人薪〔2001〕204号	被浙江省人事厅、浙江省财政厅、浙江省海洋渔业局关于转发农业部所属水产事业单位船员贯彻事业单位工作人员收入分配制度改革方案的实施意见的通知(浙人薪〔2007〕103号)替代废止

续 表

序号	文 件 名	文 号	说 明
36	浙江省人事厅 浙江省财政厅 浙江省国土资源厅关于2001年调整野外地质勘探队工作人员工资标准的通知	浙人薪〔2001〕198号	被浙江省人事厅、浙江省财政厅、浙江省国土资源厅关于转发地质勘探事业单位贯彻事业单位工作人员收入分配制度改革方案的实施意见的通知(浙人薪〔2007〕37号)替代废止
37	浙江省人事厅 浙江省财政厅 浙江省交通厅关于2001年调整交通系统港航事业单位救捞、航务工程、港监、潜水和航政等水上作业人员工资标准的通知	浙人薪〔2001〕212号	被浙江省人事厅、浙江省财政厅、浙江省交通厅关于转发交通部所属水上作业事业单位工作人员贯彻事业单位工作人员收入分配制度改革方案的实施意见的通知(浙人薪〔2007〕159号)替代废止
38	浙江省人事厅关于企业改制后被机关事业单位重新录用人员工龄计算问题的复函	浙人函〔2001〕64号	被浙江省人力资源和社会保障厅关于企业改制时已领取经济补偿金等人员有关问题的处理意见(浙人社发〔2010〕284号)替代废止
39	浙江省人事厅 浙江省财政厅关于调整体育运动员成绩津贴标准的函	浙人薪〔2001〕182号	被浙江省人事厅、浙江省财政厅、浙江省体育局转发人事部、财政部、国家体育总局关于印发体育运动员贯彻事业单位工作人员收入分配制度改革方案的实施意见的通知(浙人薪〔2007〕208号)替代废止
40	浙江省委组织部 浙江省人事厅关于印发浙江省国家公务员机关工作人员年休假管理办法的通知	浙人薪〔2001〕142号	被国务院职工带薪年休假条例替代废止
41	浙江省人事厅关于事业单位签订劳动合同人员解聘、辞退后经济补偿金计发基数问题的复函	浙人函〔2000〕200号	被浙江省人事厅关于事业单位实行人员聘用制度若干工资待遇问题的处理意见(浙人薪〔2005〕289号)替代废止
42	浙江省财政厅 浙江省劳动保障厅 浙江省人事厅关于调整省级子女统筹医疗个人自费医药费比例等问题的通知	浙人薪〔2000〕193号	被关于省本级子女统筹医保有关政策的复函(浙人社函〔2012〕414号)替代废止
43	浙江省人事厅 浙江省民政厅 浙江省财政厅关于机关事业单位工作人员死亡一次性抚恤金计发有关问题的通知	浙人薪〔1999〕211号、浙民优字〔1999〕219号、浙财社〔1999〕121号	被转发民政部、人力资源和社会保障部、财政部关于国家机关工作人员及离退休人员死亡一次性抚恤金发放有关问题的通知(浙民优〔2012〕76号)、转发人力资源和社会保障部、民政部、财政部关于事业单位工作人员和离退休人员死亡一次性抚恤金发放办法的通知(浙人发〔2008〕133号)替代废止
44	浙江省人事厅 浙江省财政厅关于调整退休干部职工管理工作活动经费标准的通知	浙人退〔1998〕104号、浙财行〔1998〕57号	被浙江省人事厅、浙江省财政厅关于调整退休干部职工管理工作活动经费标准的通知(浙人发〔2008〕166号)替代废止
45	关于印发浙江省实行专业技术职务结构比例宏观控制试行意见和高等学校等事业单位专业技术职务结构比例总体方案(试行)的通知	浙人职〔1998〕204号	被关于印发浙江省部分行业事业单位专业技术岗位结构比例控制标准(试行)的通知(浙人社发〔2010〕165号)替代并废止
46	浙江省人事厅关于机关、事业单位工作人员在各类假期期间职务(岗位)津贴计发办法的通知	浙人薪〔1997〕163号	被浙江省人事厅关于机关事业单位工资制度改革后工作人员假期工资待遇的通知(浙人发〔2008〕84号)替代废止
47	浙江省人事厅关于对1993年以前转业的军队技术干部工资处理问题的通知	浙人薪〔1997〕86号	被省人事厅、省劳动厅关于2006年及以后计划分配军队转业干部工资待遇确定有关问题的通知(浙人发〔2008〕85号)替代废止
48	浙江省人事厅 省测绘局关于测绘事业单位参照执行测绘系统测绘队工资标准的通知	浙人薪〔1997〕129号	被浙江省人事厅、浙江省财政厅、浙江省测绘局转发人事部、财政部、国家测绘局关于印发测绘系统测绘队贯彻事业单位工作人员收入分配制度改革方案的实施意见的通知(浙人薪〔2007〕24号)替代废止

续 表

序号	文件名	文号	说明
49	浙江省人事厅转发国家人事部关于退休干部被判处有期徒刑宣告缓刑期间能否增加退休费问题的函的通知	浙人退〔1997〕18号	被中共浙江省委组织部、省人力社保厅、省监察厅、省公务员局转发公务员被采取强制措施和受行政刑事处罚工资待遇处理有关问题的通知（浙人社发〔2011〕185号）替代废止
50	关于印发浙江省机关、事业单位增人计划卡管理办法的通知	浙人计〔1997〕108号	被中共浙江省委组织部、浙江省人事厅关于简化省级机关事业单位工资基金人员计划管理有关问题的通知（浙人计〔2001〕240号）替代废止
51	关于印发浙江省机关、事业单位工资基金管理实施细则的通知	浙人计〔1997〕180号	被中共浙江省委组织部、浙江省人事厅关于简化省级机关事业单位工资基金人员计划管理有关问题的通知（浙人计〔2001〕240号）替代废止
52	关于实施浙江省技工学校和就业训练中心及其他职业培训机构教师上岗资格认定办法的通知	浙劳培〔1997〕167号	被中华人民共和国教师法替代废止
53	中共浙江省委组织部 中共浙江省委老干部局 浙江省劳动厅 浙江省人事厅 浙江省财政厅关于调整企业离休干部离休金有关问题的通知	浙组〔1996〕19号、浙老干〔1996〕9号、浙劳险〔1996〕55号、浙人退〔1996〕42号	被转发中纪委等六部门关于机关企事业单位离休人员待遇有关问题的通知（浙纪〔2009〕14号）替代废止
54	浙江省劳动厅 工商局 个体劳动者协会 私营企业协会转发关于私营企业和个体工商户全面实行劳动合同制度的通知的通知	浙劳力〔1996〕113号	被劳动合同法替代废止
55	浙江省人事厅关于全国和省部级劳动模范、先进工作者奖励晋升工资有关问题的复函	浙人函〔1995〕67号	被浙江省人事厅、浙江省财政厅关于印发浙江省事业单位工作人员收入分配制度改革实施意见的通知（浙人薪〔2006〕307号）替代废止
56	关于给全国和省部级劳动模范、先进工作者奖励晋升工资的通知	浙人奖〔1995〕112号	被关于省部级以上劳动模范和先进工作者奖励晋升工资问题的函（浙人社函〔2012〕463号）替代废止
57	关于印发浙江省专业技术人员和管理人员人事委托管理暂行办法	浙人才〔1995〕81号	跟现行聘用制度浙江省人民政府关于转发省人事厅关于浙江省事业单位人员聘用制度试行细则的通知（浙政办发〔2004〕117号）存在冲突
58	关于印发外国人、华侨、台湾、香港、澳门人员在浙就业管理暂行规定的通知	浙劳就〔1995〕43号	被关于颁发外国人在中国就业管理规定的通知（劳部发〔1996〕29号）、台湾香港澳门在内地就业管理规定（劳动和社会保障部令第26号）和中华人民共和国外国人出境入境管理条例（国务院令637号）替代废止
59	浙江省职称改革领导小组办公室关于由各高评委办公室统一办理高级职务任职资格证书的通知	浙职改办〔1995〕18号	被省人事厅关于全省统一换发高级专业技术资格证书的通知（浙人专〔2007〕57号）替代废止
60	浙江省人事厅关于省二级局工资改革有关问题的通知	浙人薪〔1994〕121号	被关于省直副厅级机构工作人员高定工资有关问题的通知（浙人社发〔2009〕205号）替代废止
61	浙江省人事厅关于机关事业单位工资制度改革后职工假期工资待遇的通知	浙人薪〔1994〕67号	被浙江省人事厅关于机关事业单位工资制度改革后工作人员假期工资待遇的通知（浙人发〔2008〕84号）替代废止
62	浙江省劳动厅转发关于印发企业最低工资规定的通知的通知	浙劳薪〔1994〕97号	被最低工资规定替代废止

续　表

序号	文　件　名	文　号	说　明
63	浙江省职称改革领导小组关于当前职称改革工作若干问题的通知	浙职改〔1993〕3 号	被浙江省专业技术资格评审工作实施细则(试行)(浙人专〔2006〕351 号)替代废止
64	浙江省职称改革领导小组关于企事业单位评聘专业技术职务若干问题的实施意见的补充通知	浙职改〔1992〕7 号	被浙江省专业技术资格评审工作实施细则(试行)(浙人专〔2006〕351 号)替代废止
65	浙江省职称改革领导小组关于转发浙江省企业下一步专业技术职务评聘工作的意见的通知	浙职改字〔1990〕10 号	被浙江省专业技术资格评审工作实施细则(试行)(浙人专〔2006〕351 号)替代废止
66	浙江省职称改革领导小组关于印发关于当前企事业单位评聘专业技术职务工作若干问题的处理意见的通知	浙职改字〔1990〕17 号	被浙江省专业技术资格评审工作实施细则(试行)(浙人专〔2006〕351 号)替代废止
67	浙江省劳动人事厅关于教龄、护龄津贴作为计算离退休人员离退休基数的通知	浙劳人险(87)57 号	被浙江省人事厅关于教龄津贴、护龄津贴计入退休费总数问题的通知(浙人退〔1992〕128 号)替代废止
68	浙江省职称改革领导小组关于印发浙江省关于实行专业技术职务聘任制工作若干政策问题的规定的通知	浙职改字〔1987〕85 号	被浙江省专业技术资格评审工作实施细则(试行)(浙人专〔2006〕351 号)替代废止
69	浙江省劳动局转发劳动人事部保险福利局“对关于建国前参加工作的老工人退休待遇的通知中若干具体问题的答复”的函	浙劳薪(83)346 号	被省人力社保厅、省财政厅关于机关企事业单位建国前老工人待遇有关问题的通知(浙人社发〔2010〕41 号)替代废止
70	浙江省人力资源和社会保障厅 浙江省财政厅关于继续实施劳动者就业能力培训计划的通知	浙人社发〔2011〕169 号	年度性工作计划,适用期已过
71	浙江省人力资源和社会保障厅 浙江省财政厅关于加快实施劳动者就业能力培训计划的若干意见	浙人社发〔2010〕88 号	年度性工作计划,适用期已过
72	浙江省人力资源和社会保障厅关于进一步做好城乡居保工作的通知	浙人社发〔2010〕102 号	文件适用期已过
73	关于延长扶持政策继续做好减轻企业负担稳定就业局势有关工作的通知	浙人社发〔2010〕93 号	文件适用期已过
74	关于调整机关事业单位工作人员死亡后遗属生活困难补助费标准的通知	浙人社发〔2010〕52 号	年度性调整标准文件,适用期已过
75	关于调整机关事业单位计划外长期临时工晚年生活补助费标准的通知	浙人社发〔2010〕53 号	年度性调整标准文件,适用期已过
76	关于调整精减退职人员生活困难补助费标准的通知	浙人社发〔2010〕54 号	年度性调整标准文件,适用期已过
77	浙江省劳动和社会保障厅 浙江省财政厅 浙江省地方税务局关于进一步采取帮扶措施减轻企业负担稳定就业局势有关问题的通知	浙劳社就〔2009〕6 号	文件适用期已过
78	浙江省劳动和社会保障厅转发人力资源和社会保障部关于做好农村社会养老保险基金审计整改工作的通知	浙劳社农〔2008〕101 号	文件适用期已过

续 表

序号	文件名	文号	说明
79	浙江省人事厅 浙江省财政厅关于调整机关事业单位工作人员夜餐费补贴标准的通知	浙人发〔2008〕186号	省直标准已调整,文件实际上已不再适用
80	中共浙江省委组织部 浙江省人事厅 浙江省劳动和社会保障厅 浙江省财政厅关于调整精简退职人员生活困难补助费标准的通知	浙人薪〔2006〕7号	年度性调整标准文件,适用期已过
81	浙江省人事厅 浙江省财政厅关于调整机关事业单位计划外长期临时工晚年生活补助费标准的通知	浙人薪〔2006〕8号	年度性调整标准文件,适用期已过
82	浙江省人事厅 浙江省财政厅关于调整机关事业单位工作人员死亡后遗属生活困难补助费标准的通知	浙人薪〔2006〕9号	年度性调整标准文件,适用期已过
83	中共浙江省委组织部 浙江省人事厅 浙江省劳动和社会保障厅 浙江省财政厅关于调整精简退职人员生活困难补助费标准的通知	浙人薪〔2006〕193号	年度性调整标准文件,适用期已过
84	浙江省人事厅 浙江省财政厅关于调整机关事业单位计划外长期临时工晚年生活补助费标准的通知	浙人薪〔2006〕194号	年度性调整标准文件,适用期已过
85	浙江省人事厅 浙江省财政厅关于调整机关事业单位工作人员死亡后遗属生活困难补助费标准的通知	浙人薪〔2006〕195号	年度性调整标准文件,适用期已过
86	浙江省劳动和社会保障厅转发劳动和社会保障部关于进一步防范农村社会养老保险基金风险的紧急通知	浙劳社厅字〔2004〕264号	文件适用期已过
87	浙江省劳动和社会保障厅关于积极探索建立农村社会养老保险制度的通知	浙劳社农〔2004〕35号	文件适用期已过
88	浙江省劳动和社会保障厅转发劳动保障部关于做好当前农村养老保险工作的通知	浙劳社农〔2003〕147号	文件适用期已过
89	浙江省人事厅 浙江省财政厅关于建立省委政法委员会、省委处理法轮功问题领导小组专职工作人员特殊岗位津贴的通知	浙人薪〔2003〕111号	该项目已取消,实际上已不再适用
90	浙江省人事厅 浙江省财政厅关于调整省直机关专职老干部工作人员岗位津贴标准的通知	浙人薪〔2003〕112号	该项目已取消,实际上已不再适用
91	浙江省劳动和社会保障厅关于开展农村社会养老保险个人账户清理核对工作的通知	浙劳社农〔2002〕82号	文件适用期已过
92	浙江省劳动和社会保障厅转发劳动保障部2002年农村养老保险工作安排的通知	浙劳社农〔2002〕51号	文件适用期已过
93	省人事厅 省发展计划委员会转发人事部、国家发展计划委员会关于注册咨询工程师(投资)执业资格认定工作及有关问题的通知	浙人专〔2002〕154号	认定工作已经结束,实际上已不再适用
94	浙江省人事厅关于机构改革中机关工作人员在处分期内办理提前退休有关工资待遇问题的通知	浙人薪〔2002〕141号	已无此类群体,实际上已不再适用

续 表

序号	文 件 名	文 号	说 明
95	浙江省劳动和社会保障厅 浙江省民政厅关于认真做好农村社会养老保险工作移交的通知	浙劳社农〔2001〕217 号	文件适用期已过
96	浙江省人事厅关于从公安、司法院校应届毕业生中录用人民警察有关问题的补充通知	浙人公〔2001〕236 号	公务员录用资格考试已取消,实际上已不再适用
97	浙江省人事厅关于事业单位内部退休人员可否增加一级职务工资的复函	浙人函〔2001〕183 号	已无此类群体,实际上已不再适用
98	浙江省人事厅 浙江省财政厅关于调整公检法系统刑事技术人员保健津贴标准的通知	浙人薪〔2001〕140 号	该项目已取消,实际上已不再适用
99	浙江省人事厅 浙江省财政厅关于调整规范省直机关事业单位工作人员补贴标准的通知	浙人薪〔2001〕8 号	该项目已取消,实际上已不再适用
100	浙江省人事厅 浙江省财政厅关于调整机关工作人员夏令清凉饮料费标准的通知	浙人薪〔2001〕166 号	该项目已取消,实际上已不再适用
101	浙江省人事厅 浙江省出版联合集团关于浙江新华发行集团工资管理有关问题的通知	浙人薪〔2001〕210 号	该公司已转制,管理方式改变,实际上已不再适用
102	浙江省人事厅 浙江省机构改革领导小组关于审核省商业、物产、轻纺、煤炭、冶金集团有关退休人员待遇情况的函	浙人函〔2001〕40 号	该项工作已完成,实际上已不再适用
103	关于暂时保留农村社会养老保险机构名称的通知	浙劳社险〔2000〕37 号	文件适用期已过
104	浙江省人事厅 浙江省财政厅关于对省级机关单位离退休人员离退休费和生活补贴进行分类计算的通知	浙人薪〔2000〕133 号	阶段性工作已结束,实际上已不再适用
105	浙江省人事厅 浙江省财政厅关于对全省各地自行出台的机关事业单位工作人员地区性津补贴情况进行调查的通知	浙人薪〔2000〕51 号,浙财行〔2000〕92 号	该项工作已完成,实际上已不再适用
106	浙江省人事厅 浙江省财政厅关于同意调整省委办公厅机要局机要岗位福利补贴标准的复函	浙人函〔2000〕72 号	该项目已取消,实际上已不再适用
107	关于印发浙江省外来人才聘用证实施办法的通知	浙人才〔2000〕179 号	外来人才聘用证已不使用,文件实际上已不再适用
108	浙江省人事厅 浙江省财政厅关于调整机关、事业单位工作人员死亡后遗属生活困难补助费标准的通知	浙人薪〔1999〕166 号、浙财行〔1999〕116 号	年度性调整标准文件,适用期已过
109	浙江省人事厅关于实行职级工资制人员增加倒级差级别工资实施办法的通知	浙人薪〔1999〕169 号	经过工资制度改革,政策已不符合实际,实际上已不再适用
110	中共浙江省委组织部 浙江省人事厅 浙江省劳动厅 浙江省财政厅关于调整精简退职职工生活困难补助费标准的通知	浙人薪〔1999〕165 号、浙劳薪〔1999〕237 号、浙财社〔1999〕73 号	年度性调整标准文件,适用期已过
111	浙江省人事厅 浙江省财政厅关于调整机关、事业单位计划外长期临时工晚年生活补助费标准的通知	浙人薪〔1999〕167 号、浙财行〔1999〕117 号	年度性调整标准文件,适用期已过

续 表

序号	文件名	文号	说明
112	浙江省劳动厅关于进一步做好经营者年薪制试行工资的通知	浙劳薪〔1999〕144号	相关职能已移交省国资委,文件规定实际已不再适用
113	转发人事部办公厅关于落实李岚清同志批示杜绝人才招聘中假文凭现象的通知	浙人才〔1999〕70号	阶段性工作已结束,实际上已不再适用
114	浙江省劳动厅关于省属企业实行经营者年薪制的实施意见	浙劳薪〔1998〕253号	相关职能已移交省国资委,文件规定实际已不再适用
115	转发人事部关于转发湖北省人事厅关于加强全省农村乡土人才队伍建设的意见的通知	浙人才〔1998〕109号	阶段性工作已结束,实际上已不再适用
116	转发人事部办公厅关于印发人事代理工作座谈会纪要的通知	浙人才〔1998〕173号	阶段性工作已结束,实际上已不再适用
117	关于从公安、安全系统院校应届毕业生中录用人民警察有关问题的通知	浙人干〔1997〕122号	公务员录用资格考试已取消,实际上已不再适用
118	浙江省卫生厅 浙江省人事厅关于对晋升中、高级卫技职务人员实行医古文统一考试的通知	浙卫〔1994〕159号	根据关于职称外语等级考试有关问题的通知(浙人专〔2007〕80号),已停止该项考试,实际上已不再适用
119	浙江省文化厅 浙江省档案局 浙江省人事厅关于对晋升中、高级专业技术职务人员实行古汉语统一考试的通知	浙文职改〔1994〕15号	根据关于职称外语等级考试有关问题的通知(浙人专〔2007〕81号),已停止该项考试,实际上已不再适用
120	浙江省人事厅关于解决国家机关事业单位部分工作人员工资中突出问题的通知	浙人薪〔1993〕36号	情况发生变化,实际上已不再适用
121	浙江省人事厅关于调整国家机关、事业单位工作人员奖励工资标准若干问题的实施办法	浙人薪〔1992〕69号	情况发生变化,实际上已不再适用
122	浙江省人事厅关于春节慰问退休干部的通知	浙人退〔1992〕3号	特定时期政策,已执行完毕
123	浙江省人事厅关于春节期间慰问退休干部的通知	浙人退(1992)3号	特定时期的政策,实际上已不再适用
124	浙江省人事厅关于退休干部医药费开支问题的函	浙人函(1992)1号	特定时期的政策,实际上已不再适用
125	浙江省改革工资制度领导小组、人事厅贯彻国务院关于调整机关、事业单位工作人员工龄津贴标准的通知的通知	浙人薪(1992)8号	特定时期的政策,实际上已不再适用
126	浙江省人事厅转发人事部关于加强人才招聘管理工作的通知的通知	浙劳人才〔1991〕101号	阶段性工作已结束,实际上已不再适用
127	浙江省劳动人事厅关于劳动合同制工人退休养老待遇等几个问题的通知	浙劳人险(1991)51号	特定时期的政策,实际上已不再适用
128	浙江省劳动人事厅关于执行浙劳人险(1990)18号、19号文件中若干具体问题的通知	浙劳人险(1990)76号	特定时期的政策,实际上已不再适用
129	浙江省劳动人事厅关于建国前在私营企业工作的人员退休费发放标准的批复	浙劳人复(1990)351号	特定时期的政策,实际上已不再适用
130	浙江省劳动人事厅转发劳动部关于制止在退休、退职职工易地安置工作中乱收费的通知的通知	浙劳人险(1989)220号	特定时期的政策,实际上已不再适用

续 表

序号	文件名	文号	说明
131	浙江省劳动人事厅 财政厅关于调整国家机关、事业单位工作人员洗理费标准的通知	浙劳人险(1988)82号、(88)财行字182号	特定时期的政策,实际上已不再适用
132	浙江省劳动人事厅 财政厅关于解决部分退休职工退休待遇偏低问题的通知	浙劳人险(1988)66号、(88)财行160号	特定时期的政策,实际上已不再适用
133	浙江省劳动人事厅关于给退职职工等人员增发生活补贴费的通知	浙劳人险(1988)64号	特定时期的政策,实际上已不再适用
134	浙江省劳动人事厅关于给按国发(1978)104号文件规定办理退职等人员增发生活补贴费意见的通知	浙劳人险(1988)19号	特定时期的政策,实际上已不再适用
135	浙江省科技干部局关于办理部分退休高级专家领取原工资额退休费手续的通知	浙科干职字(86)102号	特定时期政策,已执行完毕
136	浙江省劳动人事厅关于贯彻执行省人民政府浙政(1985)35号文件中若干具体问题的解答意见	浙劳人险(86)128号	特定时期的政策,实际上已不再适用
137	浙江省劳动人事厅关于浙劳人险(86)128号文件第二条规定的适用范围问题的解答	浙劳人复(86)264号	特定时期的政策,实际上已不再适用
138	浙江省劳动人事厅 财政厅 中共浙江省委老干部局关于转发劳动人事部、财政部劳人老(1986)16号关于调整离休退休人员护理费标准的通知	浙劳人险(86)29号、(86)财行340号	特定时期的政策,实际上已不再适用
139	浙江省劳动人事厅 财政厅关于下放退休干部易地安置建房补助费审批权限和提高职工丧葬补助费标准的通知	浙劳人险(84)181号、(84)财行353号	特定时期的政策,实际上已不再适用
140	浙江省劳动人事厅转发劳动人事部关于贯彻执行我部劳人老(1983)20号文件中一些具体问题的答复的通知	浙劳人薪(83)15号	特定时期政策,已执行完毕
141	浙江省劳动局关于工人退休、退职当月工资照发问题的复函	浙劳薪(82)123号	特定时期的政策,实际上已不再适用
142	浙江省人事局关于连续病休在六个月以上的干部退休、退职时,其当月工资可按他们的标准工资发给的复函	浙人复字(82)087号	特定时期的政策,实际上已不再适用
143	浙江省劳动局关于退休工人的保留工资可作为计发退休费基数的意见	浙劳薪(82)214号	特定时期的政策,实际上已不再适用
144	浙江省人事局 财政厅关于退休干部回原籍安置住房困难补助标准的规定	浙人字(82)第102号、(82)财行字第300号	特定时期的政策,实际上已不再适用
145	浙江省劳动局关于在计发工人退休费、退职生活费时应包括保留工资在内的复函	浙劳薪(80)446号	特定时期的政策,实际上已不再适用
146	浙江省人事局 财政局关于对退休干部易地安家补助费问题的批复	(80)浙人复字第073号、(80)财预字233号	特定时期的政策,实际上已不再适用

浙江省人力资源和社会保障厅等18部门关于明确专业技术人员资格考试报考条件审查工作职责分工的通知

浙人社发〔2013〕226号

各市和义乌市人力资源和社会保障局、发改委、物价局、经信委(局)、民政局、国土局、测绘局、环保局、建设局(建委、建管局、房产管理局、住房保障局)、规划局、交通运输局、审计局、国税局、地税局、工商局、质监局、文广新局、食品药品监管局、安监局、档案局:

为进一步加强专业技术人员资格考试工作,优化工作流程,更好地为报考人员提供服务,根据各专业技术人员资格考试暂行规定,现就我省专业技术人员资格考试报考条件审查工作职责分工规定如下:

一、审计、注册建筑师、注册税务师等50项专业技术人员资格考试的报考人员资格审查工作由省审计厅、省建设厅、省国税局等省级行业主管部门负责。各地报考人员资格审查由当地相应行业主管部门组织实施,上级主管部门不再进行复查复核。

经济、国际商务等7项专业技术人员资格考试的报考人员资格审查工作由省人力社保厅负责。各地报考人员资格审查由当地人力社保部门组织实施,具体工作委托各级人事考试机构承担。

上述各项考试报考条件审查工作的职责分工详见附件。

二、各地各部门要认真落实职责分工,高度重视资格审查工作,按照“谁审查、谁负责”要求,切实把好资格审查关,要组织熟悉业务、责任心强的人员负责此项工作,公开条件程序,认真履行审查职责。对违反报考条件审查纪律的,视情节轻重按《专业技术人员资格考试违纪违规行为处理规定》(人力资源和社会保障部令第12号)第十一条、第十二条规定追究相关人员的责任。

三、各级人力社保部门及人事考试机构要进一步加强对各类专业技术人员资格考试报考条件审查工作的监督检查,在信息发布、材料报送等环节加强与相关行业主管部门的沟通、配合,密切协作,共同为报考人员提供优质、便捷的服务,确保各项考试安全、顺利进行。

附件:专业技术人员资格考试报考条件审查工作职责分工表

省人力社保厅　省发改委　省物价局
省经信委　省民政厅　省国土厅
省测绘局　省环保厅　省建设厅
省交通运输厅　省审计厅　省国税局
省工商局　省质监局　省出版局
省食品药品监管局　省安监局　省档案局
2013年12月5日

附件

专业技术人员资格考试报考条件审查工作职责分工表

考试简称	报考条件审查工作负责部门		备注
	省级	各地	
药学	省食品药品监管局	当地食品药品监管局	
医疗器械	省食品药品监管局	当地食品药品监管局	
执业药师	省食品药品监管局	当地食品药品监管局	
档案	省档案局	当地档案局	
审计	省审计厅	当地审计局	
注册建筑师	省建设厅	当地建设部门	共计2项考试
二级建造师	省建设厅	当地建设部门	
监理工程师	省建设厅	当地建设部门	
勘察设计行业	省建设厅	当地建设部门	共计16项考试
城市规划师	省建设厅	当地建设部门	
造价工程师	省建设厅	当地建设部门	
房地产估价师	省建设厅	当地建设部门	
房地产经纪人	省建设厅	当地建设部门	
房地产经纪人协理	省建设厅	当地建设部门	
物业管理师	省建设厅	当地建设部门	
投资建设项目管理师	省人力社保厅	当地人力社保部门	
咨询工程师	省工程咨询协会	省工程咨询协会指定的当地机构	
招标师	省发改委	当地发展和改革部门	
资产评估师	省资产评估协会	省资产评估协会	全省统一审核
注册测绘师	省测绘局	当地测绘部门	
环境影响评价工程师	省环保厅	省环境工程技术评估中心	全省统一审核
管理咨询师	省企业管理咨询协会	省企业管理咨询协会	全省统一审核
企业法律顾问	省经信委	设区市经信部门	
工业设计	省经信委	当地经信部门	
价格鉴证师	省物价局	当地物价部门	
安全工程师	省安监局	当地安监部门	
出版	省新闻出版局	当地新闻出版部门	
通信	省通信管理局	省通信管理局	全省统一审核
机动车检测维修	省交通运输厅	设区市运管部门	
注册税务师	省国税局	当地税务部门	
社会工作者	省民政厅	当地民政部门	

续 表

考试简称	报考条件审查工作负责部门		备注
	省级	各地	
土地登记代理人	省国土厅	当地国土部门	
注册计量师	省质监局	当地质监部门	
质量	省人力社保厅	当地人力社保部门	
设备监理	省人力社保厅	当地人力社保部门	
一级建造师	省人力社保厅	当地人力社保部门	
经济	省人力社保厅	当地人力社保部门	
国际商务	省人力社保厅	当地人力社保部门	
外销员	省人力社保厅	当地人力社保部门	
广告	省工商局	当地工商部门	

浙江省人力资源和社会保障厅 浙江省财政厅关于调整城乡居民社会养老保险基础养老金标准的通知

浙人社发〔2013〕243号

各市、县(市、区)人力资源和社会保障局、财政局,嘉兴市社会保障事务局:

根据《浙江省人民政府关于加快实施城乡居民社会养老保险制度的意见》(浙政发〔2011〕19号)精神,为保障城乡居民参保人员基本生活,共享经济社会发展成果,经省政府同意,从2014年1月1日起,全省城乡居民社会养老保险基础养老金最低标准由每人每月80元调整为100元。

调整城乡居民社会养老保险基础养老金标准,充分体现了省委、省政府对民生保障工作的重视和对广大城乡居民参保人员的关心。各地要高度重视,切实加强领导,精心组织实施,确保参保人员待遇及时调整到位。

浙江省人力资源和社会保障厅

浙江省财政厅

2013年12月30日

(此件主动公开)

浙江省人力资源和社会保障厅关于五级至十级工伤职工工伤待遇有关问题的批复

浙人社函〔2013〕100号

安吉县人力资源和社会保障局：

你局《关于五级至十级工伤职工工伤待遇有关问题的请示》（安人请〔2013〕20号）悉。经研究，现批复如下：

五级、六级工伤职工应该保留与用人单位的劳动关系，其包括安装辅助器具在内的各项工伤保险待遇由用人单位或者工伤保险基金按规定予以保障。五级、六级工伤职工经本人书面要求，可以与用人单位解除或者终止劳动关系。解除或者终止劳动关系之前，其应享受的工伤保险待遇，包括安装辅助器具的费用，按规定由用人单位或者工伤保险基金予以保障；与用人单位解除或者终止劳动关系，由工伤保险基金支付一次性工伤医疗补助金，由用人单位支付一次性伤残就业补助金。一次性工伤医疗补助金、一次性伤残就业补助金两项待遇的具体标准按浙人社发〔2011〕25号文件执行。

七级至十级工伤职工的工伤保险待遇参照处理。

浙江省人力资源和社会保障厅

2013年9月29日

浙江省人力资源和社会保障厅发文目录

2013 年浙江省人力资源和社会保障厅发文目录

1 月

本月厅发文目录：

1 月 8 日	浙人社发〔2013〕1 号	浙江省人力资源和社会保障厅关于下放部分人力资源社会保障工作行政审批及管理事项的通知
1 月 8 日	浙人社发〔2013〕2 号	中共浙江省委组织部等 5 部门关于防范和纠正公务员考录和国有企事业单位招聘中不正之风的实施意见
1 月 9 日	浙人社发〔2013〕3 号	中共浙江省委组织部 浙江省人力资源和社会保障厅关于印发流动人员人事档案工作服务规范的通知
1 月 11 日	浙人社发〔2013〕4 号	浙江省人力资源和社会保障厅 浙江省住房和城乡建设厅关于公布我省荣获全国住房城乡建设系统先进集体先进工作者和劳动模范名单的通知
1 月 11 日	浙人社发〔2013〕5 号	浙江省人力资源和社会保障厅关于公布 2012 年度注册测绘师资格考试合格人员名单的通知
1 月 11 日	浙人社发〔2013〕6 号	浙江省人力资源和社会保障厅关于公布 2012 年度价格鉴证师执业资格考试合格人员名单的通知
1 月 11 日	浙人社发〔2013〕7 号	浙江省人力资源和社会保障厅关于公布 2012 年度执业药师资格考试合格人员名单的通知
1 月 11 日	浙人社发〔2013〕8 号	浙江省人力资源和社会保障厅关于公布 2012 年度企业法律顾问资格考试合格标准及人员名单的通知
1 月 11 日	浙人社发〔2013〕9 号	浙江省人力资源和社会保障厅关于公布 2012 年度出版专业职业资格考试合格标准及人员名单的通知
1 月 11 日	浙人社发〔2013〕10 号	浙江省人力资源和社会保障厅关于公布 2012 年度物业管理师资格考试合格标准及人员名单的通知
1 月 11 日	浙人社发〔2013〕11 号	浙江省人力资源和社会保障厅关于公布 2012 年度国际商务专业人员职业资格考试合格人员名单的通知
1 月 11 日	浙人社发〔2013〕12 号	浙江省人力资源和社会保障厅关于公布 2012 年度房地产估价师、房地产经纪人执业资格考试合格人员名单的通知
1 月 14 日	浙人社发〔2013〕13 号	浙江省人力资源和社会保障厅 浙江省总工会 浙江省妇女联合会转发人力资源和社会保障部中华全国总工会中华全国妇女联合会关于开展 2013 年春风行动的通知
1 月 15 日	浙人社发〔2013〕14 号	浙江省人力资源和社会保障厅关于开展全省公共就业数据联网上传工作的通知
1 月 16 日	浙人社发〔2013〕15 号	浙江省人力资源和社会保障厅关于公布我省荣获全国人力资源社会保障系统先进集体和先进工作者名单的通知

续 表

1月16日	浙人社发〔2013〕16号	浙江省人力资源和社会保障厅 浙江省总工会转发关于评选全国工会系统先进集体和先进工作者的通知
1月16日	浙人社发〔2013〕17号	浙江省人力资源和社会保障厅等4部门关于公布我省荣获“十一五”时期全国节能减排先进集体和先进个人名单的通知
1月18日	浙人社发〔2013〕18号	浙江省人力资源和社会保障厅关于范振波等127位同志具有技工学校教师高级专业技术资格的通知
1月22日	浙人社发〔2013〕19号	浙江省人力资源和社会保障厅关于印发贯彻落实中央和省委有关规定切实改进工作作风的实施办法的通知
1月22日	浙人社发〔2013〕20号	浙江省人力资源和社会保障厅 浙江省广播电影电视局关于公布我省荣获全国广播电影电视系统先进集体、先进工作者和劳动模范名单的通知
1月22日	浙人社发〔2013〕21号	浙江省人力资源和社会保障厅 浙江省民族宗教事务委员会关于公布我省荣获全国宗教工作系统先进集体名单的通知
1月23日	浙人社发〔2013〕22号	浙江省人力资源和社会保障厅关于董金华等60人具有高级专业技术资格的通知
1月23日	浙人社发〔2013〕23号	浙江省人力资源和社会保障厅关于宣云菲等668人具有高级经济师、高级国际商务师资格的通知
1月23日	浙人社发〔2013〕24号	浙江省人力资源和社会保障厅关于转发人力资源社会保障部社会保险工作人员纪律规定的通知
1月25日	浙人社发〔2013〕25号	浙江省人力资源和社会保障厅 浙江省林业厅关于公布我省荣获全国林业系统先进集体劳动模范和先进工作者名单的通知
1月25日	浙人社发〔2013〕26号	浙江省人力资源和社会保障厅关于建立浙江省基本医疗保险专家库的通知
1月25日	浙人社发〔2013〕27号	浙江省人力资源和社会保障厅关于2012年度劳动保障监察工作目标管理任务完成情况的通报
1月25日	浙人社发〔2013〕28号	浙江省人力资源和社会保障厅关于发布2012年度企业职工基本养老保险和城乡居民社会养老保险个人账户记账利率的通知
1月27日	浙人社发〔2013〕29号	浙江省人力资源和社会保障厅关于公布2012年度通信专业技术人员初级和中级职业水平考试合格人员名单的通知
1月27日	浙人社发〔2013〕30号	浙江省人力资源和社会保障厅关于公布2012年度招标师职业水平考试合格人员名单的通知
1月27日	浙人社发〔2013〕31号	浙江省人力资源和社会保障厅关于公布2012年度二级注册计量师资格考试合格标准及人员名单的通知
1月27日	浙人社发〔2013〕32号	浙江省人力资源和社会保障厅关于公布2012年度一级注册计量师执业资格考试合格人员名单的通知
1月27日	浙人社发〔2013〕33号	浙江省人力资源和社会保障厅关于公布2012年度注册安全工程师执业资格考试合格人员名单的通知
1月27日	浙人社发〔2013〕34号	浙江省人力资源和社会保障厅关于公布2012年度造价工程师执业资格考试合格人员名单的通知
1月27日	浙人社发〔2013〕35号	浙江省人力资源和社会保障厅关于公布2012年度注册城市规划师执业资格考试合格人员名单的通知
1月29日	浙人社发〔2013〕36号	浙江省人力资源和社会保障厅关于印发陈加元和吴顺江同志在全省人力资源和社会保障工作电视电话会议上的讲话及2013年全省人力资源和社会保障工作要点的通知
1月29日	浙人社发〔2013〕37号	浙江省人力资源和社会保障厅 浙江省财政厅转发人力资源和社会保障部 财政部关于实行安全生产监管监察岗位津贴的通知

续 表

1月30日	浙人社发〔2013〕38号	浙江省人力资源和社会保障厅 浙江省食品药品监督管理局关于公布2012年度医药行业药学专业初、中级专业技术资格考试合格人员名单的通知
1月30日	浙人社发〔2013〕39号	浙江省人力资源和社会保障厅 浙江省食品药品监督管理局关于公布2012年度医疗器械行业初、中级专业技术资格考试合格人员名单的通知
1月30日	浙人社发〔2013〕40号	浙江省人力资源和社会保障厅 浙江省住房和城乡建设厅关于公布2012年度房地产经纪人协理从业资格考试合格人员名的通知
1月30日	浙人社发〔2013〕41号	浙江省人力资源和社会保障厅 浙江省统计局关于2012年度高级统计师资格考评结合考试合格标准及人员名单的通知
1月30日	浙人社发〔2013〕42号	浙江省人力资源和社会保障厅 浙江省档案局关于公布2012年度档案系列初、中级专业技术资格考试合格人员名单的通知
1月30日	浙人社发〔2013〕43号	浙江省人力资源和社会保障厅 浙江省档案局关于公布2012年度档案副研究馆员资格评价业务考试合格人员名单的通知
1月31日	浙人社发〔2013〕44号	浙江省人力资源和社会保障厅 浙江省公安厅 浙江省公务员局关于印发浙江省各级公安机关2013年考试录用特警工作实施方案的通知

2月

本月厅发文目录：

2月4日	浙人社发〔2013〕45号	浙江省人力资源和社会保障厅 浙江省食品药品监督管理局关于公布我省荣获全国食品药品监督管理系统先进集体名单的通知
2月4日	浙人社发〔2013〕46号	浙江省人力资源和社会保障厅 浙江省卫生厅关于公布我省荣获全国卫生系统先进集体先进工作者及白求恩奖章名单的通知
2月4日	浙人社发〔2013〕47号	浙江省人力资源和社会保障厅关于公布2012年度下半年翻译专业资格（水平）考试合格人员名单的通知
2月4日	浙人社发〔2013〕48号	浙江省人力资源和社会保障厅关于公布2012年度经济专业技术资格考试合格人员名单的通知
2月4日	浙人社发〔2013〕49号	浙江省人力资源和社会保障厅关于公布2012年度审计专业技术资格考试合格人员名单的通知
2月4日	浙人社发〔2013〕50号	浙江省人力资源和社会保障厅关于2013年上半年全国计算机技术与软件专业技术资格（水平）考试有关事项的通知
2月4日	浙人社发〔2013〕51号	浙江省人力资源和社会保障厅关于公布2012年度一级建造师执业资格考试合格标准及人员名单的通知
2月4日	浙人社发〔2013〕52号	浙江省人力资源和社会保障厅关于公布2012年度浙江省引进国外智力示范单位和成果示范推广基地名单的通知
2月5日	浙人社发〔2013〕53号	浙江省人力资源和社会保障厅关于2012年度先进处室（单位）评选及工作人员年度考核情况的通报
2月5日	浙人社发〔2013〕54号	浙江省人力资源和社会保障厅 浙江省农业厅 浙江省海洋与渔业局关于周湾等54人具有农业技术推广研究员任职资格的通知
2月5日	浙人社发〔2013〕55号	浙江省人力资源和社会保障厅 浙江省公安厅 浙江省工商行政管理局关于开展清理整顿人力资源市场秩序春雷专项行动的通知

续 表

2月6日	浙人社发〔2013〕56号	浙江省人力资源和社会保障厅关于公布2012年度二级建造师执业资格考试合格标准及人员名单的通知
2月6日	浙人社发〔2013〕57号	浙江省人力资源和社会保障厅关于盐酸埃克替尼片(凯美纳)纳入基本医疗保险支付范围的通知
2月7日	浙人社发〔2013〕58号	浙江省人力资源和社会保障厅 浙江省作家协会关于表彰全省作协系统先进集体和先进工作者的决定
2月16日	浙人社发〔2013〕59号	浙江省人力资源和社会保障厅转发人力资源和社会保障部关于做好2013年全国高校毕业生就业工作的通知
2月20日	浙人社发〔2013〕60号	中共浙江省委组织部 浙江省人力资源和社会保障厅 浙江省监察厅转发关于事业单位工作人员和机关工人受处分工资待遇处理有关问题的通知
2月20日	浙人社发〔2013〕61号	中共浙江省委组织部 浙江省人力资源和社会保障厅 浙江省监察厅转发关于事业单位工作人员和机关工人被采取强制措施和受行政刑事处罚工资待遇处理有关问题的通知
2月22日	浙人社发〔2013〕62号	浙江省人力资源和社会保障厅关于印发浙江省技工学校教师正高级专业技术资格评价条件(试行)和浙江省技工学校正高级教师专业技术资格试点评审办法的通知
2月25日	浙人社发〔2013〕63号	浙江省人力资源和社会保障厅关于印发浙江省人力资源和社会保障厅宣传工作制度的通知
2月25日	浙人社发〔2013〕64号	浙江省人力资源和社会保障厅关于做好2013年全省职业资格统一鉴定工作的通知
2月25日	浙人社发〔2013〕65号	浙江省人力资源和社会保障厅 浙江省文化厅关于印发浙江省图书资料中、高级专业技术资格评价条件(试行)的通知
2月26日	浙人社发〔2013〕66号	浙江省人力资源和社会保障厅 浙江省财政厅 浙江省人民政府侨务办公室关于调整我省退休归侨职工生活补贴标准的通知
2月26日	浙人社发〔2013〕67号	浙江省人力资源和社会保障厅关于2012年全省人力资源社会保障工作考核目标完成情况的通报
2月26日	浙人社发〔2013〕68号	浙江省人力资源和社会保障厅 浙江省科学技术厅关于公布我省荣获全国科技管理系统先进集体和先进工作者名单的通知
2月26日	浙人社发〔2013〕69号	浙江省人力资源和社会保障厅 浙江省人力资源和社会保障厅、中共浙江省委610办公室关于表彰2011—2012年度浙江省防范处理邪教工作先进集体和先进工作者的决定
2月28日	浙人社发〔2013〕70号	浙江省人力资源和社会保障厅 浙江省财政厅关于2013年调整企业退休人员基本养老金的通知
2月28日	浙人社发〔2013〕71号	浙江省人力资源和社会保障厅 浙江省审计厅关于2012年度高级审计师资格考评结合考试合格标准及人员名单的通知
2月28日	浙人社发〔2013〕72号	浙江省人力资源和社会保障厅关于做好工伤保险基金直查整改工作的通知

3月

本月厅发文目录:

3月1日	浙人社发〔2013〕73号	浙江省人力资源和社会保障厅 浙江省公安厅转发人力资源社会保障部公安部关于注册消防工程师制度暂行规定和注册消防工程师资格考试实施办法及注册消防工程师资格考核认定办法的通知
3月4日	浙人社发〔2013〕74号	浙江省人力资源和社会保障厅 浙江省公务员局关于严禁人力社保系统举办公务员录用考试培训班和出版辅导教材的通知

续 表

3月6日	浙人社发〔2013〕75号	浙江省人力资源和社会保障厅关于公布2012年享受政府特殊津贴人员名单的通知
3月6日	浙人社发〔2013〕76号	浙江省人力资源和社会保障厅关于公布2012年度勘察设计注册工程师执业资格考试合格人员名单的通知
3月6日	浙人社发〔2013〕77号	浙江省人力资源和社会保障厅关于公布2012年度会计专业技术资格考试合格人员名单的通知
3月6日	浙人社发〔2013〕78号	浙江省人力资源和社会保障厅关于公布2012年下半年计算机技术与软件专业技术资格(水平)考试合格人员名单的通知
3月12日	浙人社发〔2013〕79号	浙江省人力资源和社会保障厅关于印发2013年全省人力资源社会保障宣传工作要点的通知
3月15日	浙人社发〔2013〕80号	浙江省人力资源和社会保障厅转发人力资源社会保障部关于贯彻实施新修订的劳动合同法严格规范劳务派遣的通知
3月18日	浙人社发〔2013〕81号	浙江省人力资源和社会保障厅 浙江省档案局关于2012年度全省人力资源和社会保障系统通过档案工作目标管理省级认定情况的通报
3月18日	浙人社发〔2013〕82号	浙江省人力资源和社会保障厅关于转发人力资源社会保障部就业专项资金管理纪律规定的通知
3月18日	浙人社发〔2013〕83号	浙江省人力资源和社会保障厅关于公布2012年度统计专业技术资格考试合格人员名单的通知
3月18日	浙人社发〔2013〕84号	浙江省人力资源和社会保障厅关于印发浙江省人力资源和社会保障厅行政规范性文件管理办法的通知
3月21日	浙人社发〔2013〕85号	浙江省人力资源和社会保障厅 浙江省公安厅关于开展一级注册消防工程师资格考核认定申报工作的通知
3月21日	浙人社发〔2013〕86号	浙江省人力资源和社会保障厅关于公布2013年部分技工院校新设专业名单的通知
3月21日	浙人社发〔2013〕87号	中共浙江省委组织部 浙江省人力资源和社会保障厅 浙江省财政厅关于调整精减退职人员生活困难补助费标准的通知
3月26日	浙人社发〔2013〕88号	浙江省人力资源和社会保障厅关于开展2013年劳动保障书面审查和社会保险登记验证及稽核工作的通知

4月

本月厅发文目录：

4月1日	浙人社发〔2013〕89号	浙江省人力资源和社会保障厅关于表彰2012年度全省人力资源社会保障系统优秀调研成果的通报
4月1日	浙人社发〔2013〕90号	浙江省人力资源和社会保障厅关于印发2013年浙江省社保经办机构内控机制建设情况检查方案的通知
4月1日	浙人社发〔2013〕91号	浙江省人力资源和社会保障厅关于印发2013年重点调研课题和专项调研计划的通知
4月7日	浙人社发〔2013〕92号	浙江省人力资源和社会保障厅 浙江省财政厅关于调整机关事业单位工作人员死亡后遗属生活困难补助费标准的通知
4月8日	浙人社发〔2013〕93号	浙江省人力资源和社会保障厅 浙江省财政厅关于调整企业职工死亡后遗属生活困难补助费等标准的通知

续 表

4月9日	浙人社发〔2013〕94号	浙江省人力资源和社会保障厅关于公布2013年技工院校招生计划的通知
4月11日	浙人社发〔2013〕95号	浙江省人力资源和社会保障厅 浙江省总工会关于举办2013年浙江省"大佛龙井"杯茶艺师职业技能竞赛的通知
4月11日	浙人社发〔2013〕96号	浙江省人力资源和社会保障厅 浙江省卫生厅关于公布2012年度中级卫生专业技术资格考试省定合格人员名单的通知
4月12日	浙人社发〔2013〕97号	浙江省人力资源和社会保障厅关于做好人力资源社会保障基层工作平台与村级便民服务中心对接工作的通知
4月16日	浙人社发〔2013〕98号	中共浙江省委组织部 浙江省人力资源和社会保障厅 浙江省公务员局关于公布2013年全省各级机关考试录用公务员笔试合格分数线的通知
4月16日	浙人社发〔2013〕99号	浙江省人力资源和社会保障厅关于浙江省基本医疗保险、工伤保险和生育保险药品目录中部分药品进行调整规范的通知
4月18日	浙人社发〔2013〕100号	浙江省人力资源和社会保障厅 浙江省财政厅关于实施2013年浙江省技能大师工作室建设项目的通知
4月19日	浙人社发〔2013〕101号	浙江省人力资源和社会保障厅等8部门关于印发开展企业岗位大练兵技能大比武活动工作方案的通知
4月22日	浙人社发〔2013〕102号	浙江省人力资源和社会保障厅关于公布2012年—2013年度职业技能鉴定教材与题库开发项目的通知
4月22日	浙人社发〔2013〕103号	浙江省人力资源和社会保障厅 浙江省经济和信息化委员会 浙江省手工业合作社联合社关于公布我省荣获全国轻工行业先进集体先进工作者和劳动模范名单的通知
4月25日	浙人社发〔2013〕104号	浙江省人力资源和社会保障厅关于印发2013年度高级专业技术资格评审计划的通知
4月25日	浙人社发〔2013〕105号	浙江省人力资源和社会保障厅等4部门关于做好H7N9禽流感患者医疗保障工作的通知
4月25日	浙人社发〔2013〕106号	中共浙江省委组织部 浙江省人力资源和社会保障厅关于事业单位岗位管理制度实施后有关问题的意见
4月25日	浙人社发〔2013〕107号	中共浙江省委组织部等5部门关于做好台生和其他台湾居民来浙江就业创业工作的意见
4月26日	浙人社发〔2013〕108号	浙江省人力资源和社会保障厅关于切实做好2013年全省人力资源和社会保障工作的通知
4月27日	浙人社发〔2013〕109号	浙江省人力资源和社会保障厅 浙江省财政厅关于加强省直事业单位绩效考核的指导意见
4月28日	浙人社发〔2013〕110号	浙江省人力资源和社会保障厅关于表彰2012年度浙江省技术能手的通报

5月

本月厅发文目录：

5月2日	浙人社发〔2013〕111号	浙江省人力资源和社会保障厅关于印发浙江省就业和失业登记管理办法的通知
5月3日	浙人社发〔2013〕112号	浙江省人力资源和社会保障厅关于印发浙江省人力资源和社会保障12333集中短信服务平台建设方案的通知
5月3日	浙人社发〔2013〕113号	浙江省人力资源和社会保障厅关于做好2013年全省人力资源和社会保障统计分析工作的通知

续 表

5月7日	浙人社发〔2013〕114号	浙江省人力资源和社会保障厅 浙江省财政厅转发人力资源和社会保障部 财政部关于进一步完善公共就业服务体系有关问题的通知
5月8日	浙人社发〔2013〕115号	浙江省人力资源和社会保障厅关于公布2013年度省博士后科研项目择优资助人员名单的通知
5月8日	浙人社发〔2013〕116号	浙江省人力资源和社会保障厅关于公布2013年度省“钱江人才计划”C、D类项目择优资助人员名单的通知
5月8日	浙人社发〔2013〕117号	浙江省人力资源和社会保障厅等6部门关于开展就业政策落实和就业资金使用情况督查工作的通知
5月9日	浙人社发〔2013〕118号	浙江省人力资源和社会保障厅 浙江省财政厅关于进一步搞活事业单位绩效工资分配的指导意见
5月10日	浙人社发〔2013〕119号	浙江省人力资源和社会保障厅关于公布3所省级重点技工学校和3所高级技工学校名单的通知
5月13日	浙人社发〔2013〕120号	浙江省人力资源和社会保障厅关于对杭州爱德医院违规行为处理情况的通报
5月13日	浙人社发〔2013〕121号	浙江省人力资源和社会保障厅关于开展离休干部全省异地就医联网结算工作的通知
5月14日	浙人社发〔2013〕122号	浙江省人力资源和社会保障厅关于发布2012年全省在岗职工年平均工资的通知
5月14日	浙人社发〔2013〕123号	浙江省人力资源和社会保障厅 浙江省总工会关于公布我省荣获全国工会系统先进集体和先进工作者名单的通知
5月22日	浙人社发〔2013〕124号	浙江省人力资源和社会保障厅等5部门关于开展2013年浙江省首席技师评选活动的通知
5月22日	浙人社发〔2013〕125号	浙江省人力资源和社会保障厅等5部门关于开展第二届钱江技能大奖评选活动的通知
5月23日	浙人社发〔2013〕126号	浙江省人力资源和社会保障厅关于印发2013年浙江省城乡居民社会养老保险基金检查方案的通知
5月27日	浙人社发〔2013〕127号	中共浙江省委组织部等5部门关于印发浙江省专业技术人才知识更新工程(2013—2020)实施方案的通知
5月29日	浙人社发〔2013〕128号	浙江省人力资源和社会保障厅关于2013年度高级经济师资格申报工作有关事项的通知

6月

本月厅发文目录：

6月3日	浙人社发〔2013〕129号	浙江省人力资源和社会保障厅关于公布2013年职业技能培训教材开发项目的通知
6月5日	浙人社发〔2013〕130号	浙江省人力资源和社会保障厅关于2012年度各市劳动关系和谐指数情况的通报
6月8日	浙人社发〔2013〕131号	浙江省人力资源和社会保障厅转发人力资源社会保障部关于印发人事考试工作人员纪律规定的通知
6月8日	浙人社发〔2013〕132号	浙江省人力资源和社会保障厅转发人力资源社会保障部关于组织开展全国人力资源社会保障系统“六五”普法中期检查督导的通知
6月9日	浙人社发〔2013〕133号	浙江省人力资源和社会保障厅 浙江省财政厅关于开展2013年“金蓝领”高技能人才国(境)外培训工作的通知
6月9日	浙人社发〔2013〕134号	浙江省人力资源和社会保障厅 浙江省国土资源厅关于下放报国务院批准建设用地项目涉及有关被征地农民社会保障落实情况审核权限的通知

续 表

6月9日	浙人社发〔2013〕135号	浙江省人力资源和社会保障厅 浙江省残疾人联合会关于表彰全省残联系统先进集体和先进工作者的决定
6月14日	浙人社发〔2013〕136号	浙江省人力资源和社会保障厅等8部门关于印发2013年企业岗位大练兵技能大比武竞赛计划的通知
6月17日	浙人社发〔2013〕137号	浙江省人力资源和社会保障厅 浙江省残疾人联合会关于汪孝杰等26人取得医疗按摩士专业技术资格的通知
6月17日	浙人社发〔2013〕138号	浙江省人力资源和社会保障厅 浙江省教育厅 浙江省财政厅关于做好高校毕业生求职补贴发放工作的通知
6月18日	浙人社发〔2013〕139号	浙江省人力资源和社会保障厅等3部门关于印发浙江省鼓励省级重点企业研究院引进“海外工程师”暂行办法的通知
6月26日	浙人社发〔2013〕140号	浙江省人力资源和社会保障厅等4部门关于印发关于加强拒不支付劳动报酬案件查处衔接工作的意见的通知
6月26日	浙人社发〔2013〕141号	浙江省人力资源和社会保障厅关于印发2013年高校毕业生就业指导性意见的通知

7月

本月厅发文目录：

7月1日	浙人社发〔2013〕142号	浙江省人力资源和社会保障厅关于印发浙江省人力资源社会保障数据中心应用系统安全管理规范（试行）和浙江省人力资源社会保障数据中心数据库安全管理规范（试行）的通知
7月1日	浙人社发〔2013〕143号	浙江省人力资源和社会保障厅关于公布首批全省技工院校师资培训基地的通知
7月1日	浙人社发〔2013〕144号	浙江省人力资源和社会保障厅关于公布2013年度全国职称外语等级考试合格标准及有关事宜的通知
7月4日	浙人社发〔2013〕145号	浙江省人力资源和社会保障厅 浙江省社会管理综合治理委员会关于公布我省荣获全国社会管理综合治理先进集体先进工作者名单的通知
7月4日	浙人社发〔2013〕146号	浙江省人力社保厅 浙江省经济和信息化委员会 浙江省石油和化学工业行业协会关于公布我省荣获全国石油和化学工业先进集体劳动模范和先进工作者名单的通知
7月4日	浙人社发〔2013〕147号	浙江省人力资源和社会保障厅关于印发全省人力资源社会保障系统阳光政务网上办事大厅市、县（市、区）两级建设工作方案的通知
7月5日	浙人社发〔2013〕148号	浙江省人力资源和社会保障厅 浙江省广播电影电视局关于加强现代服务业影视产业高端人才培养工作的意见
7月5日	浙人社发〔2013〕149号	浙江省人力资源和社会保障厅关于实行劳动保障监察基层网格工作目标管理制度的通知
7月5日	浙人社发〔2013〕150号	浙江省人力资源和社会保障厅关于印发浙江省人力资源和社会保障厅关于创建省级人力资源服务产业园区的指导意见（试行）的通知
7月8日	浙人社发〔2013〕151号	浙江省人力资源和社会保障厅 浙江省公安厅关于公布2013年度公安机关刑事科学技术和技术侦察队伍专业技术职位专业考试合格标准的通知
7月11日	浙人社发〔2013〕152号	浙江省人力资源和社会保障厅 浙江省商务厅关于加强现代商务领域高端人才培养工作的意见

续 表

7月12日	浙人社发〔2013〕153号	浙江省人力资源和社会保障厅关于开展被征地农民基本生活保障制度与养老保险制度衔接情况调查的通知
7月15日	浙人社发〔2013〕154号	浙江省人力资源和社会保障厅 浙江省财政厅转发人力资源和社会保障部 财政部关于人民法院和人民检察院工作人员法定工作日之外加班发放补贴的通知
7月16日	浙人社发〔2013〕155号	浙江省人力资源和社会保障厅关于开展技工院校安全大检查的通知
7月24日	浙人社发〔2013〕156号	浙江省人力资源和社会保障厅转发人力资源社会保障部办公厅关于做好劳务派遣行政许可工作的通知
7月30日	浙人社发〔2013〕157号	浙江省人力资源和社会保障厅关于做好2013年离校未就业高校毕业生就业服务工作的通知
7月31日	浙人社发〔2013〕158号	浙江省人力资源和社会保障厅 浙江省文学艺术界联合会关于公布我省荣获全国文联系统先进集体和先进个人名单的通知

8月

本月厅发文目录：

8月1日	浙人社发〔2013〕159号	浙江省人力资源和社会保障厅关于公布第一批新疆阿克苏地区普通高校毕业生来浙培养计划实习工作先进集体和优秀个人名单的通知
8月5日	浙人社发〔2013〕160号	浙江省人力资源和社会保障厅等6部门关于开展“青年创业圆梦行动”的通知
8月6日	浙人社发〔2013〕161号	浙江省人力资源和社会保障厅 浙江省财政厅关于向突出贡献人才实行绩效工资总量倾斜的指导意见
8月6日	浙人社发〔2013〕162号	浙江省人力资源和社会保障厅关于做好省级大学生创业示范基地申报推荐工作的通知
8月6日	浙人社发〔2013〕163号	浙江省人力资源和社会保障厅关于裘玉平等9位同志具有技工学校教师正高级专业技术资格的通知
8月6日	浙人社发〔2013〕164号	中共浙江省委组织部 浙江省人力资源和社会保障厅关于组织编报2014年全省各级机关考试录用紧缺职位公务员需求计划的通知
8月6日	浙人社发〔2013〕165号	中共浙江省委组织部 浙江省人力资源和社会保障厅关于组织编报2014年全省各级机关考试录用公务员需求计划的通知
8月7日	浙人社发〔2013〕166号	浙江省人力资源和社会保障厅关于做好2013年人力资源和社会保障平安建设考核工作的通知
8月9日	浙人社发〔2013〕167号	浙江省人力资源和社会保障厅关于表彰2011—2013学年全省技工院校优秀教师和优秀教育工作者的通报
8月12日	浙人社发〔2013〕168号	转发人力资源社会保障部办公厅中华全国工商业联合会办公厅关于开展非公有制企业、商会(协会)劳动争议预防调解示范工作的通知
8月16日	浙人社发〔2013〕169号	浙江省人力资源和社会保障厅关于加大力度继续扶持景宁畲族自治县人力资源和社会保障事业发展的若干意见
8月19日	浙人社发〔2013〕170号	浙江省人力资源和社会保障厅关于公布应征入伍服义务兵役技工院校学生学费补偿名单的通知
8月19日	浙人社发〔2013〕171号	浙江省人力资源和社会保障厅关于举办数字媒体与动画游戏高级研修班的通知

续 表

8月20日	浙人社发〔2013〕172号	浙江省人力资源和社会保障厅关于2013年上半年全省人力资源和社会保障工作目标任务进展情况的通报
8月22日	浙人社发〔2013〕173号	浙江省人力资源和社会保障厅关于2013年企业退休人员基本养老金计发办法有关问题的通知
8月26日	浙人社发〔2013〕174号	浙江省人力资源和社会保障厅关于印发浙江省基本医疗保险技术标准专家和政策咨询专家成员名单的通知
8月28日	浙人社发〔2013〕175号	浙江省人力资源和社会保障厅关于公布2013年度省体育教练员职称外语考试合格标准及人员名单的通知
8月30日	浙人社发〔2013〕176号	浙江省人力资源和社会保障厅关于公布2013年浙江省人力资源和社会保障科学研究课题立项名单的通知
8月30日	浙人社发〔2013〕177号	浙江省人力资源和社会保障厅转发人力资源社会保障部关于开展2013年全国高校毕业生就业服务月活动的通知
8月30日	浙人社发〔2013〕178号	中共浙江省委政法委员会 中共浙江省委组织部 浙江省人力资源和社会保障厅 浙江省教育厅 浙江省公安厅 浙江省司法厅 浙江省公务员局关于印发浙江省公安和司法行政系统2013年招录人民警察(司法助理员)学员试点工作实施方案的通知

9月

本月厅发文目录:

9月2日	浙人社发〔2013〕179号	浙江省人力资源和社会保障厅关于公布2013年度管理咨询师等5项专业技术人员资格考试合格人员名单的通知
9月2日	浙人社发〔2013〕180号	浙江省人力资源和社会保障厅关于公布2013年上半年计算机技术与软件专业技术资格(水平)、翻译专业资格(水平)考试合格人员名单的通知
9月10日	浙人社发〔2013〕181号	浙江省人力资源和社会保障厅 浙江省机构编制委员会办公室 浙江省财政厅转发关于加强劳动人事争议处理效能建设的意见
9月12日	浙人社发〔2013〕182号	浙江省人力资源和社会保障厅关于公布浙江国泰密封材料股份有限公司等39家单位获准设立博士后科研工作站的通知
9月12日	浙人社发〔2013〕183号	浙江省人力资源和社会保障厅关于公布2013年度监理工程师执业资格考试合格人员名单的通知
9月12日	浙人社发〔2013〕184号	浙江省人力资源和社会保障厅关于组织实施离校未就业高校毕业生技能就业专项活动的通知
9月16日	浙人社发〔2013〕185号	浙江省人力资源和社会保障厅 浙江省科学技术厅 浙江省知识产权局关于公布我省荣获国家知识产权战略实施工作先进集体名单的通知
9月16日	浙人社发〔2013〕186号	浙江省人力资源和社会保障厅关于实施高技能人才培训项目的通知
9月16日	浙人社发〔2013〕187号	浙江省人力资源和社会保障厅 浙江省经济和信息化委员会 浙江省建材工业协会关于公布我省荣获全国建材行业先进集体先进工作者和劳动模范名单的通知
9月17日	浙人社发〔2013〕188号	浙江省人力资源和社会保障厅关于进一步加强和完善外国人就业管理工作有关问题的通知
9月25日	浙人社发〔2013〕189号	浙江省人力资源和社会保障厅 浙江省经济和信息化委员会关于印发浙江省高级工业设计师职业资格评价条件(试行)的通知

续 表

9月25日	浙人社发〔2013〕190号	浙江省人力资源和社会保障厅关于公布2013年度注册计量师和质量专业技术人员职业资格考试合格人员名单的通知
9月25日	浙人社发〔2013〕191号	浙江省人力资源和社会保障厅关于确认应思斌等16人具有高级专业技术资格的通知
9月26日	浙人社发〔2013〕192号	浙江省人力资源和社会保障厅关于举办2013年浙江省技工院校技能大赛的通知
9月27日	浙人社发〔2013〕193号	中共浙江省委组织部 浙江省人力资源和社会保障厅关于加强事业单位岗位聘期考核管理的指导意见
9月30日	浙人社发〔2013〕194号	浙江省人力资源和社会保障厅关于公布2013年度助理社会工作师、社会工作师职业水平考试合格人员名单的通知
9月30日	浙人社发〔2013〕195号	浙江省农民工工作联席会议关于印发浙江省2013年度农民工服务管理工作评估方案的通知
9月30日	浙人社发〔2013〕196号	浙江省人力资源和社会保障厅关于做好高校毕业生到村(社区)专职从事就业和社会保障工作的通知

9月

本月厅发文目录：

10月10日	浙人社发〔2013〕197号	中共浙江省委组织部 浙江省人力资源和社会保障厅关于事业单位新进人员有关问题的通知
10月11日	浙人社发〔2013〕198号	浙江省人力资源和社会保障厅 浙江省体育局关于公布我省荣获全国体育系统先进集体和先进工作者名单的通知
10月14日	浙人社发〔2013〕199号	浙江省人力资源和社会保障厅 浙江省财政厅关于印发高校毕业生网络创业认定暂行办法的通知
10月17日	浙人社发〔2013〕200号	浙江省人力资源和社会保障厅关于公布2013年度土地登记代理人职业资格考试合格人员名单的通知
10月18日	浙人社发〔2013〕201号	浙江省人力资源和社会保障厅 浙江省财政厅 浙江省地方税务局关于2013年对中小微工业企业实行社会保险费缴费比例临时性下浮的通知
10月22日	浙人社发〔2013〕202号	浙江省人力资源和社会保障厅关于公布2013年度注册建筑师执业资格考试合格人员名单的通知
10月22日	浙人社发〔2013〕203号	浙江省人力资源和社会保障厅关于公布2013年度卫生专业技术资格考试合格人员名单的通知
10月25日	浙人社发〔2013〕204号	中共浙江省委组织部 浙江省人力资源和社会保障厅 浙江省教育厅关于加强流动人员人事档案规范管理的通知
10月29日	浙人社发〔2013〕205号	浙江省人力资源和社会保障厅关于开展2013年“金蓝领”高技能人才培训工作的通知
10月30日	浙人社发〔2013〕206号	中共浙江省委组织部等8部门关于公布2013年度省151人才工程第一、二层次培养人员综合考评结果的通知
10月30日	浙人社发〔2013〕207号	中共浙江省委组织部等8部门关于公布2013年度省151人才工程第三层次培养人员的通知

10月

本月厅发文目录：

11月1日	浙人社发〔2013〕208号	浙江省人力资源和社会保障厅关于实施省内发达地区和欠发达地区人力资源对接工程的通知
11月4日	浙人社发〔2013〕209号	浙江省人力资源和社会保障厅关于公布2013年度二级建造师执业资格考试合格标准及人员名单的通知
11月4日	浙人社发〔2013〕210号	浙江省人力资源和社会保障厅关于公布第三批浙江省技能大师工作室名单的通知
11月4日	浙人社发〔2013〕211号	浙江省人力资源和社会保障厅关于做好第十二届中华技能大奖全国技术能手候选人和国家技能人才培育突出贡献候选单位候选个人推荐工作的通知
11月6日	浙人社发〔2013〕212号	浙江省人力资源和社会保障厅关于2012年度基本养老保险省级调剂金补助的通知
11月7日	浙人社发〔2013〕213号	浙江省人力资源和社会保障厅 浙江省工商业联合会关于公布我省荣获全国工商联系统先进集体和先进工作者名单的通知
11月11日	浙人社发〔2013〕214号	浙江省人力资源和社会保障厅 浙江省卫生厅关于公布我省荣获全国艾滋病防治工作先进集体和先进个人名单的通知
11月13日	浙人社发〔2013〕215号	浙江省人力资源和社会保障厅 浙江省财政厅关于印发浙江省高级会计师资格评价条件的通知
11月14日	浙人社发〔2013〕216号	中共浙江省委组织部等3部门关于调整浙江省公务员主管部门公务员申诉公正委员会组成人员的通知
11月14日	浙人社发〔2013〕217号	中共浙江省委组织部等3部门关于做好2013年省级机关处级公务员赴港培训学员选送工作的通知
11月18日	浙人社发〔2013〕218号	浙江省人力资源和社会保障厅关于公布2013年度注册税务师执业资格考试合格人员名单的通知
11月19日	浙人社发〔2013〕219号	中共浙江省委组织部 浙江省人力资源和社会保障厅关于公布浙江省事业单位专业技术二级岗位聘任人选名单的通知
11月22日	浙人社发〔2013〕220号	浙江省人力资源和社会保障厅 浙江省卫生厅关于确定2013年度中级卫生专业技术资格考试省定合格标准及有关问题的通知
11月22日	浙人社发〔2013〕221号	浙江省人力资源和社会保障厅 浙江省卫生厅关于公布2013年度护士执业资格考试合格人员名单的通知
11月22日	浙人社发〔2013〕222号	浙江省人力资源和社会保障厅关于规范技工院校设立审批工作的通知
11月27日	浙人社发〔2013〕223号	浙江省人力资源和社会保障厅关于公布2013年国家百千万人才工程我省入选人员名单的通知

12月

本月厅发文目录：

12月5日	浙人社发〔2013〕225号	浙江省人力资源和社会保障厅关于公布2013年浙江省技工院校技能大赛获奖名单的通知
12月5日	浙人社发〔2013〕226号	浙江省人力资源和社会保障厅等18部门关于明确专业技术人员资格考试报考条件审查工作职责分工的通知
12月6日	浙人社发〔2013〕227号	浙江省人力资源和社会保障厅 浙江省通信管理局关于吴洋等293人经考核认定取得通信专业技术人员职业水平的通知
12月9日	浙人社发〔2013〕228号	浙江省人力资源和社会保障厅 浙江省财政厅关于省直机关工作人员各类假期待遇的通知
12月9日	浙人社发〔2013〕229号	浙江省人力资源和社会保障厅 浙江省财政厅 浙江省卫生厅关于提高护士待遇有关问题的通知
12月11日	浙人社发〔2013〕230号	浙江省人力资源和社会保障厅 浙江省文学艺术界联合会关于表彰全省文联系统先进集体和先进个人的决定
12月11日	浙人社发〔2013〕231号	浙江省人力资源和社会保障厅关于印发浙江省人力资源和社会保障数据异地容灾备份中心建设技术方案的通知
12月16日	浙人社发〔2013〕232号	浙江省人力资源和社会保障厅关于公布首批省级大学生创业示范基地名单的通知
12月16日	浙人社发〔2013〕233号	浙江省人力资源和社会保障厅 浙江省财政厅关于调整企业退休军转干部生活补贴标准的通知
12月16日	浙人社发〔2013〕234号	浙江省人力资源和社会保障厅关于公布2013年度注册资产评估师、注册安全工程师、注册设备监理师资格考试合格人员名单的通知
12月19日	浙人社发〔2013〕235号	浙江省人力资源和社会保障厅关于印发公车管理制度等5项制度的通知
12月23日	浙人社发〔2013〕236号	中共浙江省委组织部 中共浙江省委宣传部 浙江省人力资源和社会保障厅 浙江省公务员局关于表彰第三届全省“人民满意的公务员”和“人民满意的公务员集体”的决定
12月23日	浙人社发〔2013〕237号	关于公布2013年度会计专业技术资格考试合格人员名单的通知
12月24日	浙人社发〔2013〕238号	浙江省人力资源和社会保障厅等5部门关于公布第二届浙江省首席技师名单的通知
12月25日	浙人社发〔2013〕239号	浙江省人力资源和社会保障厅等8部门关于表彰2013年企业岗位大练兵技能大比武活动优秀选手和优秀单位的通报
12月26日	浙人社发〔2013〕240号	转发人力资源社会保障部 中国残疾人联合会关于开展2014年就业援助月专项活动的通知
12月27日	浙人社发〔2013〕241号	浙江省人力资源和社会保障厅关于公布2013年度价格鉴证师、物业管理师资格考试合格人员名单的通知
12月30日	浙人社发〔2013〕242号	浙江省人力资源和社会保障厅 浙江省卫生厅关于加快推进全省社会保障卡(居民健康卡)“一卡通”建设工作的通知
12月30日	浙人社发〔2013〕243号	浙江省人力资源和社会保障厅 浙江省财政厅关于调整城乡居民社会养老保险基础养老金标准的通知
12月31日	浙人社发〔2013〕244号	浙江省人力资源和社会保障厅 浙江省财政厅关于企业职工基本养老保险参保人员因病或非因工死亡丧葬补助金和抚恤金有关问题的通知

主要统计资料

一、综　合

浙江省主要经济指标

项　　目	单　位	2013 年	比上年增减(%)
一、总人口	万人	4826.89	0.57
非农业人口	万人	1545.41	1.56
二、城镇登记失业率	%	3.01	0
三、全社会从业人员数	万人	3708.73	0.47
1. 城镇从业人员	万人	2068.84	4.47
其中:国有经济单位	万人	212.98	-5.19
城镇集体经济单位	万人	22.27	-13.81
其他各种经济类型单位	万人	836.36	1.6
城镇个体私营	万人	1033.59	8.56
2. 农村从业人员(含农村个体)	万人	1639.89	-4.16
四、农村劳动力转移就业技能培训	万人	22.82	-11.21
培训后转移就业率	%	80	-1.4
五、生产总值	亿元	37568.49	8.56
其中:第一产业	亿元	1784.62	6.86
第二产业	亿元	18446.65	6.55
第三产业	亿元	17337.22	10.97
人均生产总值	元/人	68462	8.21
六、财政总收入	亿元	6908.41	7.81
地方财政收入	亿元	3796.92	10.34
地方财政支出	亿元	4730.47	13.66
七、社会消费品零售总额	亿元	15225.54	12.05
八、城镇居民人均可支配收入	元	37851	9.55
九、农村居民人均纯收入	元	16106	10.68
十、城镇居民消费价格指数	%	102.3	0.1

注:根据省统计局资料,2013 年浙江省常住人口为 5498 万人。

全省基层劳动保障机构情况

单位：个、人

项目	个数	建立劳动保障工作机构	劳动保障工作人员				
				有编制的工作人员	获得职业资格人员	大专以上学历人员	女性
街道	426	426	2154	1079	1180	1752	1043
乡镇	920	920	3283	1965	1566	2718	1364

项目	个数	配备劳动保障工作人员的社区、村	劳动保障工作人员				
				专职工作人员	获得职业资格人员	大专以上学历人员	女性
社区	3224	3213	4828	3315	2956	3549	3402
行政村	26779	26724	29119	8738	9079	9208	9967

二、职工人数、职工工资

全省分行业城镇单位在岗职工年末人数

单位：万人

项目	在岗职工人数	比重(%)	其中		
			国有单位	城镇集体单位	其他单位
总计	1020.58	100	200.23	20.91	799.44
(一)农、林、牧、渔业	0.72	0.07	0.46	0.03	0.23
(二)采矿业	0.87	0.09	0.06	0.11	0.7
(三)制造业	353.95	34.68	2.96	1.23	349.76
(四)电力、热力、燃气及水生产和供应业	13.28	1.3	7.98	0.2	5.1
(五)建筑业	282.65	27.7	2.00	7.24	273.41
(六)交通运输、仓储和邮政业	38.4	3.76	1.82	0.5	36.09
(七)信息传输、软件和信息技术服务业	30.58	3	8.64	0.52	21.42
(八)批发和零售业	13.42	1.31	1.08	0.28	12.06
(九)住宿和餐饮业	15.11	1.48	1.31	0.1	13.7
(十)金融业	30.61	3	4.93	0.44	25.24
(十一)房地产业	16.73	1.64	0.98	0.23	15.49

续 表

项 目	在岗职工人数	比重(%)	其中		
			国有单位	城镇集体单位	其他单位
(十二)租赁和商务服务业	27.70	2.71	6.54	2.13	19.03
(十三)科学研究和技术服务业	14.75	1.45	6.88	0.39	7.48
(十四)水利、环境和公共设施管理业	10.30	1.01	5.83	0.74	3.73
(十五)居民服务、修理和其他服务业	2.06	0.2	0.54	0.22	1.31
(十六)教育	64.29	6.3	54.17	2.29	7.83
(十七)卫生和社会工作	36.98	3.62	30.21	4.07	2.7
(十八)文化、体育和娱乐业	6.47	0.63	4.91	0.07	1.5
(十九)公共管理、社会保障和社会组织	61.69	6.04	58.93	0.1	2.67

全省分行业单位就业人员年平均工资

单位：元

行 业	非私营单位	私营单位
总 计	56571	35302
(一)农、林、牧、渔业	47000	27932
(二)采矿业	46043	33613
(三)制造业	45895	33186
(四)电力、热力、燃气及水生产和供应业	93793	28185
(五)建筑业	43251	39113
(六)交通运输、仓储和邮政业	64156	38760
(七)信息传输、软件和信息技术服务业	106946	46003
(八)批发和零售业	54908	33766
(九)住宿和餐饮业	35829	30096
(十)金融业	124711	60961
(十一)房地产业	56607	36664
(十二)租赁和商务服务业	52569	37798
(十三)科学研究和技术服务业	82352	41481
(十四)水利、环境和公共设施管理业	46195	33611
(十五)居民服务、修理和其他服务业	44727	27718
(十六)教育	74700	34148
(十七)卫生和社会工作	86220	44432
(十八)文化、体育与娱乐业	73090	32170
(十九)公共管理、社会保障和社会组织	80118	—

三、就业和失业

全省劳动力供给情况

单位：万人

<table>
<tr><th></th><th></th><th></th><th></th><th colspan="2">分项合计</th></tr>
<tr><td rowspan="10">一、新成长劳动力</td><td rowspan="6">（一）增加项</td><td>当年满十六周岁的人口</td><td>49.4</td><td rowspan="6">127.03</td><td rowspan="10">48.28</td></tr>
<tr><td>中等职业学校毕业生</td><td>20.31</td></tr>
<tr><td>高中生毕业</td><td>29.84</td></tr>
<tr><td>高校本、专科毕业生</td><td>25.96</td></tr>
<tr><td>硕士毕业生</td><td>1.35</td></tr>
<tr><td>博士毕业生</td><td>0.17</td></tr>
<tr><td rowspan="4">（二）扣除项</td><td>高中和中等职业学校招生</td><td>45.9</td><td rowspan="4">78.75</td></tr>
<tr><td>高校本、专科招生</td><td>31.02</td></tr>
<tr><td>硕士研究生招生</td><td>1.6</td></tr>
<tr><td>博士研究生招生</td><td>0.23</td></tr>
<tr><td rowspan="2">二、下岗失业人员</td><td colspan="3">上年结转</td><td>33.41</td><td rowspan="2">81.61</td></tr>
<tr><td colspan="3">本年新增</td><td>48.2</td></tr>
<tr><td>三、复员、转业军人</td><td colspan="4">1.7</td><td>1.7</td></tr>
<tr><td colspan="5">合　计</td><td>131.59</td></tr>
</table>

全省按三次产业分布的全社会从业人员情况

	2012 年		2013 年	
	绝对数（万人）	构成（%）	绝对数（万人）	构成（%）
第一产业	522.01	14.14	506.95	13.67
第二产业	1880.92	50.96	1853.43	49.97
第三产业	1288.31	34.9	1348.35	36.36

全省按三次产业分布的城镇从业人员情况

	2011年		2012年	
	绝对数(万人)	构成(%)	绝对数(万人)	构成(%)
第一产业	5.28	0.28	4.98	0.25
第二产业	1045.38	55.2	1070.89	54.08
第三产业	843.05	44.52	904.35	45.67

全省城镇登记失业人员变化情况

单位：万人

项　　目	2012年	2013年
本年失业人员总数	78.99	81.61
其中：上年结转失业人员	31.67	33.41
本年增加失业人员	47.32	48.2
其中：由就业转失业	20.81	22.8
本年失业人员就业人数	42.28	44.31
其中：女性	20.18	21.15
本年末实有登记失业人数	33.41	34.93

全省城镇登记失业人员构成情况

单位：万人

项　　目		合计	其中女性
		34.93	15.22
失业时间	六个月以上	6.11	3.07
	六个月以下	24.9	12.15
文化程度	大专及以上	3.19	1.58
	中专和高中	12.6	5.94
	初中及以下	15.22	7.7
年龄(周岁)	16—24岁	5.48	2.63
	25岁及以上	25.53	12.59

全省下岗失业人员再就业情况

单位：万人

项目	2012 年	2013 年
城镇新增就业人数	98.68	104.34
城镇失业登记人数	33.41	34.93
城镇登记失业人员就业人数	42.28	44.31
下岗失业人员再就业人数	42.16	44.45
就业困难人员	16.77	16.08

全省享受各项就业扶持政策情况

单位：人、户

	享受职业培训补贴人数	享受职业介绍补贴人数	享受社会保险补贴人数	享受岗位补贴人数	享受技能鉴定补贴人数	享受小额担保贷款贴息人数	享受见习补贴人数	享受其他就业扶持政策人数	享受小额担保贷款贴息企业户数
合计	338400	346954	565058	211501	104962	2717	16240	335375	292

全省再就业资金使用情况

单位：亿元

使用总额	扶持公共就业服务经费	职业培训补贴	职业介绍补贴	社会保险补贴	岗位补贴	小额担保贷款贴息	技能鉴定补贴	见习补贴	其他
26.48	1.54	1.43	0.08	15.17	4.4	0.08	0.19	0.46	3.13

四、技工学校和就业培训

全省技工学校情况

项目		2012 年	2013 年	增减（%）
学校数（所）	合计	66	66	0
学生数（人）	在校学生数	106085	118587	11.78
	招生数	35537	37351	5.1
	其中：农业户口	25077	28679	14.36
	毕业生数	26610	27273	2.46

续 表

项　　目			2012 年	2013 年	增减(%)
教职工人数(人)	总　　计		8431	8877	5.29
	其　中	理论教师	4238	4857	8.24
		实习教师	1647	1734	5.28
		其　　他	2546	3160	24.12
兼职教师(人)			1049	974	-7.15

全省就业培训情况

项　　目	就业训练中心	民办职业培训	技工学校培训
一、职业培训机构数(个)	50	802	66
二、在职教职工人数(人)	356	7383	8877
其中:教师	153	4379	6321
兼职老师	817	4060	974
三、经费来源(万元)	4909	22425	—
四、培训人数(人)	169261	536911	281160
其中:女性	85804	227649	86509
五、结业人数(人)	153837	426361	214483
其中:初级	63185	198065	61547
中级	20101	70190	28777
高级(含技师、高级技师)	24147	51232	36036
其中:失业人员	29073	40268	18366
六、就业人数(人)	108493	215525	69237

五、监察和仲裁

全省劳动保障监察工作情况

项　　目	2012 年	2013 年
检查单位数(户)	227973	200015
涉及劳动者(万人)	725.18	507.85
劳动保障监察结案数(个)	33126	24687
结案率(%)	99.9	100

续 表

项 目	2012年	2013年
追发劳动者工资(万元)	97800	138443
涉及人数(万人)	21.52	17.18
清退风险抵押金(万元)	95.83	22.23
涉及人数(万人)	0.095	0.24
追缴社会保险费(万元)	1172	301.64
涉及人数(万人)	3.49	0.87
清退童工(人)	712	786

全省劳动人事争议仲裁机构案件处理情况

项 目			2012年	2013年
案件受理情况	受理案件数(件)		44632	50374
	其中	国有企业	621	1169
		集体企业	255	596
		港澳台及外资企业	2432	1540
		民营企业	39092	44468
		其他	2232	1451
	案件涉及人数(人)		78068	85286
处理情况	结案件数(件)		44006	50065
	其中	单位胜诉(件)	3363	4861
		劳动者胜诉(件)	13596	15595
		双方部分胜诉(件)	26106	27778

六、社会保险

全省社会保险基本情况

项 目	基本养老	其中:企业	失业	城镇职工基本医疗	工伤	生育
一、参保总人数	2375.4	2272.5	1144.53	1791.09	1826.06	1173.09
其中:在职职工	1976.53	1901.1	1144.53	1491.62	1826.06	1173.09

续 表

项 目		基本养老		失业	城镇职工基本医疗	工伤	生育
			其中：企业				
二、基金征缴率(%)			99.03	99.9	99.4	99.49	99.63
三、基金收支情况(亿元)	1. 当年基金收入	1320.58	1188.49	98.39	495.38	42.4	25.21
	2. 当年基金支出	984.37	858.46	48.5	376.94	35.07	21.34
	3. 当年基金结余	336.2	330.03	49.89	118.44	7.33	3.87
	4. 历年基金滚存结余	2309.47	2241.25	283.83	716.52	57.19	26.56

七、各市资料

各市年末总户数和总人口

单位：人

地 区	总户数(户)	总人口数(人)	按性别分		按农业和非农业分	
			男性	女性	农业人口	非农业人口
合 计	16224445	48268946	24450359	23818587	32814845	15454101
杭州市	2206634	7066098	3533238	3532860	3127338	3938760
宁波市	2235581	5801464	2891546	2909918	3657975	2143489
温州市	2287399	8072362	4189778	3882584	6375064	1697298
湖州市	855866	2624905	1304162	1320743	1695915	928990
嘉兴市	1043255	3459316	1706115	1753201	1867043	1592273
绍兴市	1615461	4416602	2211739	2204863	2814897	1601705
金华市	1834352	4733469	2417631	2315838	3643914	1089555
衢州市	883090	2542079	1305507	1236572	1994674	547405
舟山市	367815	973054	482945	490109	597764	375290
台州市	1915163	5940397	3046009	2894388	4853188	1087209
丽水市	979829	2639200	1361689	1277511	2187073	452127

注：本表数据来源为省公安厅。

各市城镇就业失业情况

单位：人

地区	上年末结转的登记失业人数	本年新登记的失业人数	女性	就业转失业	就业困难人员	高校毕业生	残疾人	本年登记失业人员就业人数	女性	就业困难人员	高校毕业生	残疾人	年末实有登记失业人数	女性	长期失业者	就业困难人员	高校毕业生	残疾人	年末从业人员总数	登记失业率%
杭州市	39700	151814	75878	85084	65222	7679	1135	131258	63086	64698	7562	781	46032	23767	16791	14662	6667	150	2442369	1.85
宁波市	82078	67404	34997	52201	17109	7099	143	80252	39738	22286	6453	179	69230	34150	762	4598	8146	211	3142600	2.16
温州市	25436	30405	12975	10641	11262	5229	230	30609	12961	11048	5442	221	25232	11813	7315	4408	2168	60	1278388	1.94
湖州市	26649	41139	19817	26520	11950	6327	426	41451	18946	12930	6541	426	26285	12746	4376	2381	2163	0	870043	2.93
嘉兴市	13847	31048	13858	11630	5965	5740	1	28631	12235	5988	5325	4	16264	8053	2040	3838	670	17	513724	3.07
绍兴市	39306	80225	34299	17012	11105	6075	40	71516	26511	7085	5017	69	48015	21007	11394	3535	4588	130	1610722	2.89
金华市	26185	37600	18737	10056	7958	7526	9	33908	17122	7507	9378	31	25841	12414	4031	3646	5347	27	922080	2.73
衢州市	12274	9000	4178	1723	2070	192	19	8163	3935	1754	251	19	13111	6869	1061	1032	78	0	405817	3.13
舟山市	5843	5228	2860	2745	2637	892	25	4399	2536	1784	1031	7	6160	3927	1985	2366	815	42	221754	2.7
台州市	29420	20698	10025	7271	5275	1293	129	24936	10268	5227	1220	135	25182	13021	6970	2590	1012	120	893453	2.74
丽水市	9363	7425	3931	3100	2366	667	47	8013	4115	3415	644	48	8761	4418	4400	4842	294	10	286887	2.96

各市城镇登记失业人员构成情况

单位：人

地区	合计		年龄（周岁）和性别						失业时间				文化程度					
			16—24岁		25—35岁		35岁以上		六个月以下		六个月及以上		大专及以上		中专及高中		初中及以下	
		其中女性	合计	其中女性	合计	其中女性	合计	其中女性	合计	其中女性	合计	其中女性	合计	其中女性	合计	其中女性	合计	其中女性
杭州市	46032	23767	2510	1281	11258	5818	32264	16668	29241	15113	16791	8654	6667	3471	12499	6008	26866	14288
宁波市	69230	34150	3038	1624	15842	9178	50350	23348	68468	34009	762	141	8146	4183	25411	12009	35673	17958
温州市	25232	11813	5931	2118	9692	4949	9609	4746	17917	7991	7315	3822	2168	962	12114	5574	10950	5277
嘉兴市	26285	12746	6996	3529	6851	3210	12438	6007	21909	10610	4376	2136	2163	1201	11387	5195	12735	6350
湖州市	16264	8053	2531	1260	4402	2029	9331	4764	14224	6921	2040	1132	670	385	6107	2675	9487	4993
绍兴市	48015	21007	12553	5601	13470	5859	21992	9547	36621	15412	11394	5595	4588	1598	27512	12186	15915	7223
金华市	25841	12414	7497	3634	8256	3941	10088	4839	21810	10250	4031	2164	5347	2526	10312	4889	10182	4999
衢州市	13111	6869	2398	1129	4467	2151	6246	3589	12050	6343	1061	526	78	41	5224	2312	7809	4516
舟山市	6160	3927	775	507	2139	1482	3246	1938	4175	2746	1985	1181	815	579	2644	1646	2701	1702
台州市	25182	13021	7630	4119	8637	4203	8915	4699	18212	9957	6970	3064	1012	735	9444	5195	14726	7091
丽水市	8761	4418	2913	1470	3059	1558	2789	1390	4361	2110	4400	2308	294	122	3328	1718	5139	2578

各市社会保险参保情况

单位：万人

地区	基本养老保险	其中：企业	城镇职工医疗保险	失业保险	工伤保险	生育保险	城乡居民社会养老保险	其中：农村	被征地农民
合计	2375.4	2272.5	1791.09	1144.32	1826.06	1173.17	1355.83	1258.45	424.17
杭州市	530.7	506.5	448.35	316.36	394.82	292.01	101.41	96.89	60.81
宁波市	508.94	508.84	346.28	231.56	283.38	245.54	132.87	127.17	86.95
温州市	260.85	236.96	153.42	102	227.76	87.98	218.56	187.94	56.35
湖州市	116.31	108.61	96.21	57.76	72.63	56.34	66.9	61.84	22.52
嘉兴市	219.51	209.39	180.87	104.11	154.42	128.47	75.33	70.92	38.77
绍兴市	220.38	211.8	173.07	108.87	186.02	125.01	121.99	111.54	47.12
金华市	160.25	151.56	125.43	70.6	148.94	70.56	165.37	157.94	37.19
衢州市	63.82	58.66	52.97	23.24	35.78	25.15	108.85	101.95	14.44
舟山市	40.9	38.84	35.81	20.27	28.31	18.99	31.94	29.28	14.45
台州市	161	155.17	122.32	89.53	219.15	76.94	231.67	215.27	34.22
丽水市	50.95	44.4	35.25	20.01	38.23	19.42	100.94	97.71	11.34

各市人力资源市场
工资指导价位

全省各市、县最低工资标准

地区	市、县	最低月工资标准	最低小时工资标准
杭州	市区	1470	12
	富阳	1310	10.7
	临安、桐庐、建德、淳安	1200	9.7
宁波	市区	1470	12
	慈溪、余姚、杭州湾新区	1310	10.7
	象山、奉化、宁海	1200	9.7
温州	市区	1470	12
	乐清、瑞安	1310	10.7
	永嘉、洞头、平阳、苍南、文成、泰顺	1200	9.7
嘉兴	市区、所属县	1310	10.7
湖州	市区	1310	10.7
	德清、安吉、长兴	1200	9.7
绍兴	市区、所属县	1310	10.7
金华	市区、义乌、东阳、永康	1310	10.7
	兰溪、浦江、武义	1200	9.7
	磐安	1080	8.7
衢州	市区、所属县	1200	9.7
台州	市区、临海、温岭、玉环	1310	10.7
	天台、仙居、三门	1200	9.7
舟山	市区、所属县	1310	10.7
丽水	市本级、莲都区、青田、缙云	1200	9.7
	龙泉、云和、庆元、遂昌、松阳、景宁	1080	8.7

杭州市人力资源市场工资指导价位

杭州市样本企业分布情况表

类型		企业	百分比
全部企业		2164	100.00
行业分布	农、林、牧、渔业	13	0.60
	采矿业	2	0.10
	制造业	1048	48.43
	电力、热力、燃气及水生产和供应业	20	0.92
	建筑业	149	6.89
	批发和零售业	290	13.40
	交通运输、仓储和邮政业	42	1.94
	住宿和餐饮业	121	5.59
	信息传输、软件和信息技术服务业	116	5.36
	金融业	22	1.02
	房地产业	28	1.29
	租赁和商务服务业	50	2.31
	科学研究和技术服务业	27	1.25
	水利、环境和公共设施管理业	6	0.28
	居民服务、修理和其他服务业	173	7.99
	教育	14	0.65
	卫生、社会保障和社会福利业	10	0.46
	文化、体育和娱乐业	33	1.52
合计		2164	100.00
规模分布	大型企业	106	4.91
	中型企业	509	23.52
	小型企业	1324	61.18
	微型企业	168	7.76
	未填写	57	2.63
合计		2164	100.00
登记注册类型分布	内资企业	1877	86.74
	国有	62	2.87
	集体	17	0.79

续　表

类　　型		企　业	百分比
登记注册类型分布	股份合作	7	0.32
	联营企业	2	0.09
	有限责任公司	1341	61.97
	股份有限公司	100	4.62
	私营企业	304	14.05
	其他企业	44	2.03
	港、澳、台商投资企业	94	4.34
	合资经营企业(港或澳、台资)	43	1.99
	合作经营企业(港或澳、台资)	2	0.09
	港、澳、台商独资经营企业	46	2.13
	港、在、台商投资股份有限公司	3	0.14
	外商投资企业	193	8.92
	中外合资经营企业	76	3.51
	中外合作经营企业	1	0.05
	外资企业	112	5.18
	外商投资股份有限公司	4	0.18
合　计		2164	100.00
企业用工人数分组	1—20 人	171	7.90
	20—50 人	668	30.87
	50—500 人	1179	54.48
	500 人以上	146	6.75
合　计		2164	100.00

杭州市劳动者样本分布情况表

类　　型		员　工	百分比	有效合计
全　部		184805		184805
性　别	男	111560	60.37	184805
	女	73245	39.63	
年　龄	18—25 岁	25139	13.60	184805
	26—35 岁	74609	40.37	
	36—45 岁	52498	28.41	
	46—55 岁	26532	14.36	
	56 岁及以上	6010	3.25	
	其他	17	0.01	

续 表

类型		员工	百分比	有效合计
工龄	1—5年	86941	47.05	184805
	6—10年	48658	26.33	
	11—15年	19765	10.69	
	16—20年	10143	5.49	
	21年及以上	19.301	10.44	
学历	研究生(含博士、硕士)	2730	1.48	184805
	大学本科	27997	15.15	
	大学专科	34913	18.89	
	高中、中专或技校	55913	30.26	
	初中及以下学历	63252	34.22	
职业	单位负责人	18630	10.08	184805
	专业技术人员	32360	17.51	
	办事人员	22847	12.36	
	商业、服务业人员	36131	19.55	
	农林牧渔水利业生产工人	152	0.09	
	生产运输工人	74.685	40.41	
职业等级	高级技师	91	0.09	110957
	技师	548	0.49	
	高级技能	2074	1.87	
	中级技能	4536	4.09	
	初级技能	14294	12.88	
	没有取得资格证书	89414	80.58	
专业技术职称	高级职称	1282	3.97	32367
	中级职称	4600	14.21	
	初级职称	9818	30.33	
	没有取得专业技术职称	16667	51.49	
职业技能等级	高级管理岗	3799	9.16	41481
	一级部门管理岗	14832	35.76	
	二级部门管理岗	3804	9.17	
	其他管理岗	19046	45.91	
用工形式	合同制度用工	177968	96.30	184805
	劳务派遣用工	6837	3.70	
劳动合同类型	固定期限	157283	85.10	184805
	无固定期限	20082	10.87	
	以完成一定工作任务为期限	603	0.33	
	其他	6837	3.70	

续 表

类 型		员 工	百分比	有效合计
入会情况	是	129776	70.22	184805
	否	55029	29.78	

杭州市分工种企业工资价位

单位：元

序号	工 种	高位数	中位数	低位数
1	企业董事	565740	99836	25635
2	企业经理	486728	99498	25868
3	企业职能部门经理或主管	267194	73526	24158
4	生产经营经理	288532	82154	27020
5	财务经理	287982	66484	23911
6	行政、人事经理	212665	59748	23450
7	人事经理	324785	65856	24485
8	销售和营销经理	273171	68875	22097
9	广告和公关经理	235602	67206	24641
10	采购经理	268309	67390	23594
11	计算机服务经理	504055	105211	22599
12	研究和开发经理	359072	116925	28015
13	餐厅、客房经理	133484	62410	27768
14	客房经理	114457	52718	26386
15	其他企业负责人	373027	70327	23076
16	其他企业管理人员	224264	60136	24005
17	教育科学研究人员	82127	54654	23529
18	化学研究人员	191819	62628	23128
19	生物科学研究人员	161034	68792	33599
20	农业科学研究人员	161676	81900	33120
21	医学研究人员	75966	53553	28000
22	其他科学研究人员	168967	60513	26375
23	测绘工程技术人员	125235	55948	29903
24	石油工程技术人员	63733	46020	32533
25	冶金工程技术人员	206847	91052	41094
26	化工工程技术人员	226308	75775	35509
27	机械工程技术人员	174265	62079	26633
28	航空工程技术人员	251802	56273	25800

续 表

序号	工 种	高位数	中位数	低位数
29	电子工程技术人员	95032	45918	21033
30	通信工程技术人员	177813	38404	20858
31	计算机与应用工程技术人员	207173	76873	22887
32	电气工程技术人员	151993	59484	23036
33	电力工程技术人员	144131	46659	21734
34	广播电影电视工程技术人员	162750	44161	30161
35	交通工程技术人员	96274	52397	26575
36	建筑工程技术人员	208459	46313	21480
37	建材工程技术人员	287419	91562	23367
38	林业工程技术人员	157989	70774	24273
39	水利工程技术人员	117882	53522	24208
40	纺织工程技术人员	121376	45204	20742
41	食品工程技术人员	184940	119816	45836
42	环境保护工程技术人员	178737	56030	22271
43	安全工程技术人员	150942	66526	25408
44	标准化、计量、质量工程技术人员	153173	61378	23161
45	工业管理工程技术人员	174899	71448	31708
46	其他工程技术人员	217498	52263	21044
47	植物保护技术人员	80012	43040	21100
48	园艺技术人员	55775	23434	21600
49	兽医兽药技术人员	63232	42918	30240
50	其他农业技术人员	70103	36207	27085
51	经济计划人员	284039	61883	31107
52	统计人员	105468	39180	21211
53	会计人员	134600	45866	21387
54	审计人员	140194	50586	22612
55	国际商务人员	131250	54324	24154
56	房地产业务人员	167026	78964	23329
57	其他经济业务人员	143892	65887	25634
58	保险业务人员	144152	52365	24336
59	证券业务人员	475408	163883	45901
60	其他金融业务人员	171689	55615	25091
61	记者	114014	54672	30883
62	编辑	100073	36018	21324
63	翻译	104969	53482	26138
64	图书资料与档案业务人员	223672	67813	21678

续 表

序号	工 种	高位数	中位数	低位数
65	其他新闻出版、文化工作者	335436	59715	31911
66	其他专业技术人员	148016	42985	20663
67	行政业务人员	164130	44850	21109
68	行政事务人员	98161	39425	20128
69	其他行政办公人员	125449	39669	20641
70	治安保卫人员	61281	29341	19940
71	消防人员	160564	42756	22139
72	其他安全保卫和消防人员	75855	32618	19948
73	电信业务人员	77948	44473	22703
74	电信通信传输业务人员	104555	55625	33326
75	其他办事人员和有关人员	123476	35784	20177
76	营业人员	83864	31462	19753
77	推销、展销人员	217714	64713	22148
78	采购人员	178814	52272	21601
79	商品监督和市场管理员	118857	55258	26798
80	其他购销人员	156664	42591	21431
81	保管人员	88565	36772	20195
82	储运人员	83434	42278	22104
83	其他仓储人员	84176	37842	21439
84	中餐烹饪人员	91452	37988	21871
85	西餐烹饪人员	69467	35985	21136
86	营养配餐人员	37646	27604	23549
87	餐厅服务员、厨工	50362	28409	20235
88	其他餐饮服务人员	67545	31434	19729
89	饭店服务人员	49936	27694	19653
90	旅游及公共游览场所服务员	56847	33007	19632
91	健身娱乐场所服务员	44800	26665	22571
92	其他饭店、旅游及健身娱乐场所服务人员	45886	29517	19004
93	公路道路运输服务人员	78351	55145	28510
94	铁路客货运输服务人员	105098	76786	39000
95	航空运输服务人员	118310	60180	31960
96	水上运输服务人员	79830	47313	35265
97	其他运输服务人员	71790	39111	25262
98	医疗卫生辅助服务人员	108740	30439	18955
99	社会中介服务人员	110934	40273	23296
100	物业管理人员	68282	28559	19640

续 表

序号	工 种	高位数	中位数	低位数
101	供水供热人员、锅炉工	100920	44697	21935
102	美发美容人员	40281	21062	19200
103	摄影服务人员	35232	20567	19800
104	洗染、织补人员	37176	29655	19138
105	日用机电产品维修人员	54337	35144	22716
106	办公设备维修人员	83485	37228	20896
107	保育、家庭服务员	30394	20562	19200
108	环境卫生人员	79423	25392	19620
109	其他社会服务和居民生活服务人员	69014	39537	20350
110	其他商业、服务业人员	118877	31680	18449
111	园艺作物生产人员	59271	43420	22800
112	其他畜牧业生产人员	47789	30841	25694
113	其他水利设施管理养护人员	62608	33088	31248
114	农林专用机械操作人员	52668	33445	31248
115	测绘人员	87264	47370	26832
116	炼铁人员	82770	51692	34671
117	炼钢人员	72529	58216	42758
118	金属轧制工	82595	50739	26577
119	铸铁管人员	64781	53865	42878
120	其他金属冶炼、轧制工	79200	57725	28900
121	化工产品生产通用工艺人员	75994	48226	32021
122	煤化工生产人员	145757	72258	51036
123	化学肥料生产人员	51329	35562	28890
124	无机化工产品生产人员	76163	39812	29306
125	基本有机化工产品生产人员	82273	45143	24752
126	合成树脂生产人员	64265	46275	33365
127	合成橡胶生产人员	88243	44323	26400
128	化学纤维生产人员	58858	41745	31102
129	精细化工产品生产人员	59191	38728	29542
130	复合材料加工人员	38704	30655	19837
131	日用化学品生产人员	90898	42557	22185
132	其他化工产品生产人员	142308	45564	25331
133	机械冷加工工	81347	46192	25448
134	机械热加工人员	76998	48552	24697
135	特种加工设备操作人员	114706	55208	26980
136	冷作钣金加工人员	70447	40041	25202

续 表

序号	工 种	高位数	中位数	低位数
137	工件表面处理加工人员	85607	43977	25227
138	磨料磨具制造加工人员	114276	43445	26223
139	其他机械制造加工人员	74877	37776	22070
140	基础件、部件装配人员	72880	36782	21612
141	机械设备装配人员	112193	44972	22344
142	动力设备装配人员	113242	48580	30577
143	电气元件及设备装配工	65891	41766	21100
144	电子专用设备装配调试人员	69212	34084	19914
145	仪器仪表装配人员	72841	38513	22308
146	运输车辆装配工	151998	37453	21820
147	医疗器械装配及假肢与矫形器制作人员	91503	62561	42789
148	日用机械电器制造装配人员	85949	48491	26256
149	五金制品制作装配人员	58426	36646	21824
150	船舶制造人员	38500	34500	30450
151	其他机电产品装配人员	44939	32057	21571
152	机械设备维修人员	100719	50574	25306
153	仪器仪表修理工	105609	53255	26419
154	其他机械设备修理人员	70176	37883	21117
155	电力设备安装人员	73812	31314	20632
156	发电运行值班人员	121678	85231	33853
157	输电、配电、变电设备值班人员	78452	39324	20613
158	电力设备检修人员	83753	51510	27349
159	供用电人员	131853	44612	29520
160	生产生活电力设备安装、操作、修理人员	100449	45505	22548
161	其他电力设备安装、运行、检修及供电人员	77470	50130	30327
162	电子器件制造人员	92414	41721	20873
163	电子元件制造人员	57145	39080	22898
164	电子设备装配调试人员	62582	35094	19773
165	电子产品维修人员	61960	40669	24059
166	其他电子元器件与电子设备制造、装调维修人员	49656	30115	21105
167	橡胶制品生产人员	66890	45202	29398
168	塑料制品加工人员	56863	35848	22534
169	其他橡胶和塑料制品生产人员	61970	39454	25396
170	纤维预处理人员	55478	37677	23579
171	纺纱人员	56315	41505	26168
172	织造人员	54139	32929	22751

续 表

序号	工　种	高位数	中位数	低位数
173	针织人员	51654	33662	23934
174	印染人员	65442	37882	25023
175	其他纺织、针织、印染人员	79300	36377	22528
176	裁剪缝纫工	58001	34650	19572
177	鞋帽制作工	41950	30965	24260
178	皮革、毛皮加工工	40340	24914	20558
179	缝纫制品再加工人员	50393	35567	21654
180	其他裁剪缝纫和毛皮革制作工	42920	30898	22581
181	制糖和糖制品加工人员	66683	42138	24014
182	乳品、冷冻食品及罐头、饮料制作人员	95980	66273	43154
183	粮油食品制作人员	128973	101358	47375
184	肉、蛋食品加工人员	37000	25507	24000
185	其他粮油、食品、饮料及饲料生产加工人员	49068	33553	23075
186	其他烟草及其制品加工人员	84539	65984	58730
187	生物技术制药人员	119707	43275	28857
188	药物制剂人员	65514	44355	24202
189	中药制药人员	85944	48067	28055
190	其他药品生产制造人员	53955	39157	23016
191	木材加工制作人员	78564	37118	25860
192	木材制品制作人员	95259	34071	23160
193	其他木材加工、人造板生产及木制品制作工	70606	34735	21699
194	制浆人员	65709	40289	29802
195	造纸人员	63321	38836	29832
196	纸制品制作人员	74163	37558	21888
197	其他制浆、造纸和纸制品生产加工人员	77397	35884	19975
198	水泥及水泥制品生产加工人员	55500	38605	22639
199	墙体屋面材料生产人员	72340	52926	33005
200	建筑防水密封材料生产人员	88607	37037	24120
201	装饰石材生产人员	56000	36205	26000
202	非金属矿及其制品生产加工人员	50586	34064	23156
203	其他建筑材料生产加工人员	77211	41770	18000
204	陶瓷制品生产人员	36093	26492	20334
205	搪瓷制品生产人员	44534	29645	20878
206	其他玻璃、陶瓷、搪瓷及其制品生产加工人员	53108	35611	25610
207	电影放映人员	35883	33126	31560
208	印前处理人员	62207	37835	20931

续 表

序号	工 种	高位数	中位数	低位数
209	印刷操作人员	95344	43166	20890
210	印后制作人员	80248	36221	19734
211	其他印刷人员	59100	30386	19888
212	漆器工艺品制作人员	47489	33978	25411
213	金属工艺品制作人员	51671	33823	25159
214	其他工艺、美术品制作人员	60338	36166	21547
215	文教用品制作人员	37511	28361	21621
216	乐器制作人员	69026	35983	25915
217	其他文化教育、体育用品制作人员	35798	27868	21253
218	土石方施工人员	66251	47076	21600
219	砌筑人员	43155	35864	25677
220	混凝土配置及制品加工人员	75151	36317	23107
221	钢筋加工人员	44404	36904	30183
222	施工架子搭设人员	44347	37066	33400
223	工程防水工	46273	38354	23759
224	装饰、装修、油漆工	42709	30222	21296
225	筑路、养护、维修人员	53750	33910	24532
226	机械电气工程设备安装工、管工	101746	42339	20836
227	其他工程施工人员	86533	36631	23630
228	公(道)路运输机械设备操作及有关人员	806073	43492	22168
229	水上运输设备操作及有关人员	52875	41860	32731
230	起重装卸机械操作及有关人员	82768	38902	21600
231	其他运输设备操作人员	97576	46641	25528
232	海洋环境调查与监测人员	56738	36758	26129
233	废物处理人员	76115	38577	25620
234	其他环境监测与废物处理人员	55693	39161	28517
235	检验人员	83035	40681	22111
236	航天器检验测试人员	80865	58101	36296
237	计量人员	79135	13536	21314
238	其他检验、计量人员	64814	35817	23358
239	包装人员	69576	33969	20515
240	机泵操作人员	76954	39616	21433
241	简单体力劳动人员	58341	33613	21015

杭州市分国民经济行业工资价位

单位：元

序号	行　业	高位数	中位数	低位数
1	一、农、林、牧、渔业	179330	44405	20961
2	1. 农业	210844	42710	20570
3	2. 林业	189137	104413	72497
4	3. 畜牧业	98288	32513	21600
5	4. 农、林、牧、渔服务业	149620	40818	21058
6	二、采矿业	84712	49328	23864
7	三、制造业	136085	43438	22227
8	1. 农副食品加工业	148490	44122	26161
9	2. 食品制造业	183433	76412	24589
10	3. 酒、饮料和精制茶制造业	187067	70667	40104
11	4. 纺织业	83173	37773	22786
12	5. 纺织服装、服饰业	76763	34856	20283
13	6. 皮革、毛皮、羽毛及其制品和制鞋业	71029	34142	21467
14	7. 木材加工和木、竹、藤、棕、草制品业	135654	39315	21321
15	8. 家具制造业	75876	37218	22778
16	9. 造纸和纸制品业	115713	42433	21473
17	10. 印刷和记录媒介复制业	130344	41715	21035
18	11. 文教、工美、体育和娱乐用品制造业	79422	37171	25621
19	12. 化学原料和化学制品制造业	255873	53512	23728
20	13. 医药制造业	182305	50277	24930
21	14. 化学纤维制造业	103140	39863	26360
22	15. 橡胶和塑料制品业	108723	46629	26459
23	16. 非金属矿物制品业	64352	32003	22104
24	17. 黑色金属冶炼和压延加工业	127595	55264	29288
25	18. 有色金属冶炼和压延加工业	106981	48949	26965
26	19. 金属制品业	112254	38959	22946
27	20. 通用设备制造业	112461	46537	25484
28	21. 专用设备制造业	157567	47842	20981
29	22. 汽车制造业	154049	45209	23639
30	23. 铁路、船舶、航空航天和其他运输设备制造业	123250	44351	25041
31	24. 电气机械和器材制造业	143438	47377	23855
32	25. 计算机、通信和其他电子设备制造业	124364	44223	21976
33	26. 仪器仪表制造业	311361	56128	22009
34	27. 其他制造业	118382	40071	20540

续　表

序号	行　业	高位数	中位数	低位数
35	28. 废弃资源综合利用业	126440	42760	21979
36	29. 金属制品、机械和设备修理业	86626	40693	22745
37	四、电力、热力、燃气及水生产和供应业	254649	62479	23137
38	1. 电力、热力生产和供应业	228346	61022	23540
39	2. 燃气生产和供应业	354613	67125	21763
40	3. 水的生产和供应业	190901	86624	25156
41	五、建筑业	160233	39806	20752
42	1. 房屋建筑业	85169	35851	21254
43	2. 土木工程建筑业	113207	40744	20593
44	3. 建筑安装业	149322	41949	21050
45	4. 建筑装饰和其他建筑业	222357	42230	20454
46	六、批发和零售业	173175	43159	19993
47	1. 批发业	212410	55549	20595
48	2. 零售业	119399	34154	19539
49	七、交通运输、仓储和邮政业	84579	48856	23822
50	1. 铁路运输业	36900	23750	22500
51	2. 道路运输业	78963	52229	27774
52	3. 航空运输业	55722	32659	20400
53	4. 装卸搬运和运输代理业	99316	37793	23880
54	5. 仓储业	103309	38748	20065
55	6. 邮政业	108590	35900	25019
56	八、住宿和餐饮业	86538	31497	20268
57	1. 住宿业	85527	30293	19866
58	2. 餐饮业	87654	33035	20801
59	九、信息传输、软件和信息技术服务业	220859	63561	21304
60	1. 电信、广播电视和卫星传输服务	117036	37313	19533
61	2. 互联网和相关服务	286400	79040	20672
62	3. 软件和信息技术服务业	190104	59747	21691
63	十、金融业	598195	94671	25664
64	1. 货币金融服务	189229	50563	32423
65	2. 资本市场服务	909603	212614	44611
66	3. 保险业	341673	71755	26245
67	4. 其他金融业	221360	50992	23172
68	十一、房地产业	271566	71193	22604
69	十二、租赁和商务服务业	192740	38622	19576
70	1. 租赁业	173233	34400	19940

续 表

序号	行　业	高位数	中位数	低位数
71	2. 商务服务业	198696	40092	19771
72	十三、科学研究和技术服务业	238718	60159	24507
73	1. 研究和试验发展	148455	63585	38158
74	2. 专业技术服务业	251938	58894	23987
75	3. 科技推广和应用服务业	152060	78670	30421
76	十四、水利环境和公共设施管理业	186401	59847	22922
77	1. 水利管理业	75000	37566	20760
78	2. 生态保护和环境治理业	209574	71667	26120
79	十五、居民服务、修理和其他服务业	122569	33820	18756
80	1. 居民服务业	87152	30900	17640
81	2. 机动车、电子产品和日用产品修理业	148026	50627	20485
82	3. 其他服务业	124746	33374	18989
83	十六、教育	82062	31407	22362
84	十七、卫生和社会工作	66596	29276	18151
85	十八、文化体育和娱乐业	211045	42175	22127
86	1. 新闻出版业	37200	29520	22560
87	2. 广播、电视、电影和影视录音制作业	349406	53918	22994
88	3. 文件艺术业	91982	46186	22593
89	4. 体育	85187	28873	20510
90	5. 娱乐业	81696	36637	24000

杭州市分登记注册类型企业工资价位

单位：元

序号	企业登记注册类型	高位数	中位数	低位数
1	国有	217643	51162	21270
2	集体	75311	31792	19238
3	股份合作	76357	38609	24034
4	联营企业	43011	26345	26208
5	有限责任公司	143860	39647	20609
6	股份有限公司	172727	49702	24999
7	私营企业	126379	36140	21882
8	其他企业	176585	68387	21067
9	合资经营企业(港或澳、台资)	122968	42794	22732
10	合作经营企业(港或澳、台资)	207956	49014	28373

续 表

序号	企业登记注册类型	高位数	中位数	低位数
11	港、澳、台商独资经营企业	115848	44265	22678
12	港、澳、台商投资股份有限公司	133126	47313	21445
13	外商投资企业	57424	43004	35844
14	中外合资经营企业	148909	52154	27206
15	中外合作经营企业	137509	46519	21489
16	外资企业	212160	51120	22981
17	外商投资股有限公司	124135	39016	25332

杭州市分专业技术等级企业工资价位

单位：元

序号	专业技术等级	高位数	中位数	低位数
1	高级管理岗	483782	96055	25434
2	一级部门管理岗	266010	69282	23686
3	二级部门管理岗	165690	39884	21303
4	其他管理岗	115175	37476	20205
5	高级职称	304057	77096	25309
6	中级职称	263049	70273	23396
7	初级职称	157349	50240	21519
8	没有取得专业技术职务	127608	49281	21344
9	高级技师	114474	55418	25943
10	技师	107473	53288	25741
11	高级技能	136694	52401	24955
12	中级技能	95740	47569	24603
13	初级技能	89347	40189	21046
14	没有取得资格证书	86083	38524	20688

杭州市分工种分学历企业工资价位

序号	工　种	硕士以上		
		高位数	中位数	低位数
1	企业董事	725256	180196	35699
2	企业经理	635923	174477	32660
3	企业职能部门经理或主管	433023	145349	28817

续 表

序号	工 种	硕士以上		
		高位数	中位数	低位数
4	生产经营经理	540780	148202	27948
5	财务经理	580092	176521	66935
6	行政、人事经理	341457	115994	29500
7	销售和营销经理	511394	144028	29324
8	研究和开发经理	309028	146455	45503
9	其他企业负责人	639392	270828	44550
10	其他企业管理人员	504413	145833	45415
11	化学研究人员	216163	109240	43213
12	生物科学研究人员	165367	88348	43026
13	农业科学研究人员	384120	256948	59450
14	其他科学研究人员	130287	80152	37431
15	化工工程技术人员	250235	99552	44413
16	机械工程技术人员	178720	91571	34331
17	电子工程技术人员	184657	74179	21432
18	通信工程技术人员	242642	70973	32200
19	计算机与应用工程技术人员	186103	124302	32397
20	电气工程技术人员	153930	84387	56090
21	建筑工程技术人员	172874	147279	30195
22	水利工程技术人员	137835	96230	66400
23	食品工程技术人员	169903	116059	61331
24	环境保护工程技术人员	148056	42964	22800
25	标准化、计量、质量工程技术人员	209373	121265	53417
26	工业管理工程技术人员	202144	117599	52304
27	其他工程技术人员	183983	161158	47390
28	会计人员	179292	65548	24000
29	审计人员	136599	51736	28000
30	国际商务人员	143103	69355	27224
31	证券业务人员	333187	197891	39340
32	其他金融业务人员	137173	70917	36000
33	其他专业技术人员	226344	108214	24796
34	行政业务人员	237912	124960	25568
35	行政事务人员	221777	75898	28999
36	其他行政办公人员	203122	85926	31572
37	其他办事人员和有关人员	122969	79752	21310
38	营业人员	104774	53533	19200

续 表

序号	工 种	硕士以上		
		高位数	中位数	低位数
39	推销、展销人员	255092	127466	23266
40	采购人员	291647	107856	38174
41	社会中介服务人员	152781	61725	24810
42	其他商业、服务业人员	193109	110680	29096
43	机械热加工人员	58200	26067	23100

杭州市分工种分学历企业工资价位

序号	工 种	本 科		
		高位数	中位数	低位数
1	企业董事	464417	137325	30635
2	企业经理	437862	125110	28066
3	企业职能部门经理或主管	226067	88963	26270
4	生产经营经理	209094	117345	30402
5	财务经理	246353	86664	25186
6	行政、人事经理	215907	68187	23477
7	人事经理	220407	81597	25718
8	销售和营销经理	246910	81754	23226
9	广告和公关经理	234501	69836	30494
10	采购经理	214754	89494	24991
11	计算机服务经理	278587	117067	23079
12	研究和开发经理	290401	125553	36811
13	其他企业负责人	197688	92568	26357
14	其他企业管理人员	190851	89583	26883
15	教育科学研究人员	89905	24556	23529
16	化学研究人员	130329	53395	25615
17	生物科学研究人员	139819	61564	32805
18	农业科学研究人员	150699	122529	24600
19	医学研究人员	84800	28494	18445
20	其他科学研究人员	163365	56220	26098
21	测绘工程技术人员	126475	63136	33521
22	石油工程技术人员	63733	46311	35733
23	冶金工程技术人员	210004	95760	45119
24	化工工程技术人员	248375	81622	38454
25	机械工程技术人员	194112	66542	29712

续 表

序号	工种	本科		
		高位数	中位数	低位数
26	电子工程技术人员	101842	48126	21491
27	通信工程技术人员	244802	58858	21496
28	计算机与应用工程技术人员	204778	79254	25205
29	电气工程技术人员	172416	75773	26428
30	电力工程技术人员	172500	65956	26100
31	广播电影电视工程技术人员	149691	40641	31965
32	建筑工程技术人员	231497	51593	21972
33	建材工程技术人员	224632	173793	33807
34	林业工程技术人员	207200	76941	28200
35	水利工程技术人员	130807	69769	28053
36	纺织工程技术人员	132195	57221	21302
37	食品工程技术人员	156427	132660	70703
38	环境保护工程技术人员	191219	56198	22185
39	安全工程技术人员	178093	75883	25200
40	标准化、计量、质量工程技术人员	163000	72803	35055
41	工业管理工程技术人员	189827	81445	36839
42	其他工程技术人员	159234	70023	21237
43	兽医兽药技术人员	64012	41115	35727
44	经济计划人员	223173	66020	32696
45	统计人员	171016	51682	21225
46	会计人员	168661	55776	22747
47	审计人员	137277	50646	23476
48	国际商务人员	117497	49640	23877
49	房地产业务人员	179388	81876	23439
50	其他经济业务人员	129615	73584	27834
51	保险业务人员	153352	70061	24077
52	证券业务人员	282503	157607	52657
53	其他金融业务人员	181717	57378	25523
54	记者	104735	54333	29425
55	编辑	106259	37837	21438
56	翻译	105517	51576	26336
57	图书资料与档案业务人员	159777	87282	21900
58	其他专业技术人员	145712	52416	20347
59	行政业务人员	157811	52263	21437
60	行政事务人员	113473	46356	21622
61	其他行政办公人员	132786	49907	21346
62	治安保卫人员	101500	36147	19802

续　表

序号	工　种	本　科		
		高位数	中位数	低位数
63	其他安全保卫和消防人员	142716	44302	30310
64	电信业务人员	105157	60264	21900
65	其他办事人员和有关人员	127326	39318	20483
66	营业人员	153087	41839	19975
67	推销、展销人员	254269	65748	21589
68	采购人员	224739	68640	24647
69	商品监督和市场管理员	147916	72928	42674
70	其他购销人员	159550	53974	21506
71	保管人员	115648	57591	22128
72	储运人员	86184	52857	22145
73	其他仓储人员	93054	50919	20400
74	餐厅服务员、厨工	68182	34190	22320
75	饭店服务人员	69173	33123	19852
76	旅游及公共游览场所服务员	62875	37883	20640
77	公路道路运输服务人员	64222	46576	22400
78	其他运输服务人员	72323	44421	26322
79	医疗卫生辅助服务人员	109146	53653	33571
80	社会中介服务人员	123130	46530	24750
81	物业管理人员	112908	47509	25174
82	环境卫生人员	159250	81899	30310
83	其他社会服务和居民生活服务人员	73382	51155	20999
84	其他商业、服务业人员	187905	66445	21081
85	金属轧制工	172727	68250	30197
86	化工产品生产通用工艺人员	76175	60941	45277
87	机械冷加工工	88082	46628	22964
88	机械热加工人员	79003	66892	44034
89	其他机械制造加工人员	153237	45401	22648
90	基础件、部件装配人员	81282	44108	18922
91	机械设备装配人员	169281	77156	34668
92	仪器仪表装配人员	123242	46347	21438
93	机械设备维修人员	140953	74812	34978
94	仪器仪表修理工	144697	75330	25512
95	其他机械设备修理人员	67997	47965	27264
96	发电运行值班人员	132323	105059	67318
97	生产生活电力设备安装、操作、修理人员	100672	64370	45601
98	电子器件制造人员	116318	57733	20518
99	电子设备装配调试人员	88482	40560	38859

续　表

序号	工　种	本　科		
		高位数	中位数	低位数
100	电子产品维修人员	88482	40560	38859
101	橡胶制品生产人员	70153	50240	33013
102	塑料制品加工人员	42000	27689	23808
103	其他纺织、针织、印染人员	140082	53709	25366
104	乳品、冷冻食品及罐头、饮料制作人员	98345	82743	55773
105	生物技术制药人员	82037	50546	34999
106	药物制剂人员	88580	49098	25500
107	其他药品生产制造人员	49656	35052	30000
108	纸制品制作人员	122369	91731	53065
109	印刷操作人员	96785	69611	35290
110	印后制作人员	99923	77564	61069
111	乐器制作人员	67177	31694	24703
112	其他工程施工人员	148800	58519	22100
113	检验人员	167111	56544	26310
114	其他检验、计量人员	96028	49349	30004
115	简单体力劳动人员	64187	42576	23307

杭州市分工种分学历企业工资价位

序号	工　种	大　专		
		高位数	中位数	低位数
1	企业董事	402298	99421	27064
2	企业经理	384180	88187	25553
3	企业职能部门经理或主管	238541	69575	23688
4	生产经营经理	231835	86584	28393
5	财务经理	242051	61575	23245
6	行政、人事经理	173612	57292	24111
7	人事经理	175693	57798	26294
8	销售和营销经理	235491	62677	21696
9	广告和公关经理	188205	51639	21600
10	采购经理	245735	64933	23378
11	计算机服务经理	256418	81579	22758
12	研究和开发经理	210795	81125	23060
13	餐厅、客房经理	134611	71764	33952

续 表

序号	工 种	大 专		
		高位数	中位数	低位数
14	客房经理	111589	58705	37320
15	其他企业负责人	194674	73228	22206
16	其他企业管理人员	182655	58982	23998
17	教育科学研究人员	76100	24945	23647
18	生物科学研究人员	166204	54267	29435
19	医学研究人员	72947	24601	20200
20	其他科学研究人员	154002	49886	25210
21	测绘工程技术人员	81791	52887	32090
22	冶金工程技术人员	210619	94495	42837
23	化工工程技术人员	208838	69773	32945
24	机械工程技术人员	171457	62430	29391
25	电子工程技术人员	85573	43928	20943
26	通信工程技术人员	84715	33471	20325
27	计算机与应用工程技术人员	142511	55938	21170
28	电气工程技术人员	124804	47651	21442
29	电力工程技术人员	147911	71207	21000
30	广播电影电视工程技术人员	157478	42613	29930
31	交通工程技术人员	62395	45078	32811
32	建筑工程技术人员	121632	40640	21115
33	建材工程技术人员	194591	53512	21600
34	林业工程技术人员	122508	49368	28200
35	水利工程技术人员	83673	42882	23456
36	纺织工程技术人员	130408	42722	22910
37	环境保护工程技术人员	160526	67822	22400
38	安全工程技术人员	117041	67368	23919
39	标准化、计量、质量工程技术人员	151048	61870	26459
40	工业管理工程技术人员	170387	74716	30557
41	其他工程技术人员	158493	45158	20622
42	兽医兽药技术人员	53703	44781	33146
43	经济计划人员	203190	69790	33214
44	统计人员	100245	42622	21312
45	会计人员	110057	42980	21196
46	审计人员	131076	52176	19980
47	国际商务人员	114325	61983	23980
48	房地产业务人员	152603	77142	23600
49	其他经济业务人员	148350	59473	27451
50	保险业务人员	105649	39453	24128

续 表

序号	工 种	大 专		
		高位数	中位数	低位数
51	证券业务人员	193650	114583	51837
52	其他金融业务人员	169150	48748	24192
53	编辑	78209	30163	20841
54	翻译	114277	61690	24664
55	图书资料与档案业务人员	233646	69639	21900
56	其他专业技术人员	138279	44306	20500
57	行政业务人员	122501	42298	21062
58	行政事务人员	95174	38683	20078
59	其他行政办公人员	99695	38897	21150
60	治安保卫人员	91448	44264	20735
61	其他安全保卫和消防人员	123000	47005	24379
62	电信业务人员	63666	44427	21818
63	其他办事人员和有关人员	144381	36422	20538
64	营业人员	113523	35309	19443
65	推销、展销人员	197689	63894	22001
66	采购人员	145730	48522	20522
67	商品监督和市场管理员	85698	47851	21680
68	其他购销人员	160845	50210	20004
69	保管人员	109757	41675	20208
70	储运人员	87725	47717	22279
71	其他仓储人员	90329	45678	23230
72	中餐烹饪人员	159861	51935	24660
73	西餐烹饪人员	120520	43940	29298
74	餐厅服务员、厨工	67419	30354	20330
75	其他餐饮服务人员	121370	41900	21053
76	饭店服务人员	64408	32840	21247
77	旅游及公共游览场所服务员	53607	31516	19727
78	健身娱乐场所服务员	36080	26896	21600
79	其他饭店、旅游及健身娱乐场所服务人员	55205	33266	22561
80	公路道路运输服务人员	71236	42903	25178
81	其他运输服务人员	50627	42893	33223
82	医疗卫生辅助服务人员	116970	62896	19123
83	社会中介服务人员	93380	36414	24342
84	物业管理人员	92894	37397	23122
85	供水供热人员、锅炉工	90208	51891	30077
86	办公设备维修人员	88331	48370	18000

续　表

序号	工　种	大　专		
		高位数	中位数	低位数
87	环境卫生人员	135295	49111	18282
88	其他社会服务和居民生活服务人员	73267	57310	23989
89	其他商业、服务业人员	134307	37669	19544
90	炼铁人员	75740	59480	48104
91	炼钢人员	73134	58410	50131
92	金属轧制工	108958	54945	34771
93	铸铁管人员	61327	54122	40096
94	化工产品生产通用工艺人员	84768	59584	38817
95	煤化工生产人员	145543	66161	51036
96	基本有机化工产品生产人员	73776	42464	29034
97	合成橡胶生产人员	76400	36400	26000
98	精细化工产品生产人员	103241	53713	35190
99	日用化学品生产人员	95342	59152	28650
100	其他化工产品生产人员	106042	46187	21725
101	机械冷加工工	78401	46927	28768
102	机械热加工人员	75914	57459	34130
103	特种加工设备操作人员	120557	78366	37793
104	工件表面处理加工人员	78257	45499	27271
105	其他机械制造加工人员	123561	41052	24610
106	基础件、部件装配人员	101506	54114	25164
107	机械设备装配人员	74511	46408	30901
108	动力设备装配人员	123242	49191	30379
109	电气元件及设备装配工	76385	42028	21831
110	仪器仪表装配人员	98805	45253	24209
111	运输车辆装配工	49005	32711	20724
112	医疗器械装配及假肢与矫形器制作人员	88255	65568	48800
113	日用机械电器制造装配人员	108087	61862	27883
114	其他机电产品装配人员	47279	34393	28473
115	机械设备维修人员	118351	62249	28351
116	仪器仪表修理工	104671	54902	25923
117	其他机械设备修理人员	81089	42578	21648
118	电力设备安装人员	126429	43431	20499
119	发电运行值班人员	124901	95871	37117
120	电力设备检修人员	78780	53129	33181
121	供用电人员	137849	52528	47358

续 表

序号	工 种	大 专		
		高位数	中位数	低位数
122	生产生活电力设备安装、操作、修理人员	106496	56933	26301
123	其他电力设备安装、运行、检修及供电人员	146186	53059	23642
124	电子器件制造人员	85589	55998	21120
125	电子元件制造人员	59198	41364	20542
126	电子设备装配调试人员	61397	42410	22184
127	电子产品维修人员	63626	41727	29495
128	其他电子元器件与电子设备制造、装调维修人员	59426	37583	25773
129	橡胶制品生产人员	82817	50322	31298
130	塑料制品加工人员	77725	43526	26869
131	其他橡胶和塑料制品生产人员	87567	37699	27515
132	织造人员	63044	36344	25800
133	针织人员	36000	32897	31364
134	印染人员	110693	62208	29713
135	其他纺织、针织、印染人员	127274	45371	25616
136	裁剪缝纫工	106267	54412	24760
137	乳品、冷冻食品及罐头、饮料制作人员	100099	69190	56008
138	粮油食品制作人员	132596	108615	79266
139	生物技术制药人员	75668	44933	23839
140	药物制剂人员	61458	47985	30414
141	中药制药人员	90384	62234	32803
142	其他药品生产制造人员	55144	41248	28000
143	木材加工制作人员	44434	32397	27014
144	纸制品制作人员	128808	83848	22427
145	印前处理人员	65753	39671	21700
146	印刷操作人员	119500	73338	31194
147	印后制作人员	109007	70919	31975
148	其他工艺、美术品制作人员	69691	39696	27235
149	乐器制作人员	60764	32852	25266
150	筑路、养护、维修人员	51155	31989	23945
151	机械电气工程设备安装工、管工	145859	56140	24575
152	其他工程施工人员	134620	48477	20536
153	公(道)路运输机械设备操作及有关人员	118322	50585	28961
154	检验人员	98760	47450	25905
155	航天器检验测试人员	72319	60126	37437
156	计量人员	75388	43160	25248

续 表

序号	工 种	大 专		
		高位数	中位数	低位数
157	其他检验、计量人员	74828	39083	26530
158	包装人员	145673	44115	25733
159	机泵操作人员	97211	57393	25672
160	简单体力劳动人员	79873	42248	23714

杭州市分工种分学历企业工资价位

序号	工 种	高中、中专、技校		
		高位数	中位数	低位数
1	企业董事	245729	72293	24897
2	企业经理	243840	65689	23525
3	企业职能部门经理或主管	181166	59300	23183
4	生产经营经理	186779	65234	24725
5	财务经理	137862	49973	23442
6	行政、人事经理	170901	47408	21346
7	人事经理	85333	43567	19461
8	销售和营销经理	198774	59741	21796
9	采购经理	190825	60040	23451
10	计算机服务经理	227638	64553	20400
11	研究和开发经理	159764	54251	21202
12	餐厅、客房经理	125757	56113	25595
13	客房经理	87695	41458	25848
14	其他企业负责人	130801	46020	21202
15	其他企业管理人员	116429	49777	23489
16	化学研究人员	79905	43855	23080
17	医学研究人员	35191	18989	18000
18	其他科学研究人员	41580	40364	30360
19	测绘工程技术人员	78000	60075	27896
20	冶金工程技术人员	205391	66241	29582
21	化工工程技术人员	186937	62702	33009
22	机械工程技术人员	113194	52319	24101
23	电子工程技术人员	72873	46486	21711
24	通信工程技术人员	60656	30883	22099

续 表

序号	工 种	高中、中专、技校		
		高位数	中位数	低位数
25	计算机与应用工程技术人员	152475	49769	20845
26	电气工程技术人员	103352	41639	22182
27	电力工程技术人员	98237	35948	22852
28	交通工程技术人员	99801	54668	23200
29	建筑工程技术人员	102655	34392	21148
30	建材工程技术人员	90990	49510	18000
31	林业工程技术人员	150938	94515	27000
32	水利工程技术人员	85749	49339	33138
33	纺织工程技术人员	88136	44714	22370
34	安全工程技术人员	120682	61603	32128
35	标准化、计量、质量工程技术人员	100959	43065	22201
36	工业管理工程技术人员	116093	47898	29051
37	其他工程技术人员	85223	43450	21727
38	经济计划人员	122908	49217	26091
39	统计人员	66057	33702	21994
40	会计人员	96810	37905	20757
41	国际商务人员	82158	67708	31743
42	其他经济业务人员	169852	55041	22902
43	其他专业技术人员	99701	40699	20492
44	行政业务人员	102897	40893	20809
45	行政事务人员	80446	37161	19796
46	其他行政办公人员	90145	35982	20731
47	治安保卫人员	58885	30711	20540
48	消防人员	97198	42182	25453
49	其他安全保卫和消防人员	79050	34193	20812
50	电信业务人员	60550	44162	24010
51	其他办事人员和有关人员	133886	36650	20211
52	营业人员	69149	31688	19573
53	推销、展销人员	199515	65168	22957
54	采购人员	114108	43102	21875
55	商品监督和市场管理员	93070	52046	29409
56	其他购销人员	122443	31315	19124
57	保管人员	82909	37286	20362
58	储运人员	92423	40555	21667
59	其他仓储人员	82909	38883	21354

续 表

序号	工 种	高中、中专、技校		
		高位数	中位数	低位数
60	中餐烹饪人员	94837	39909	21347
61	西餐烹饪人员	67451	35793	22987
62	餐厅服务员、厨工	51417	29397	20922
63	其他餐饮服务人员	66525	33182	20230
64	饭店服务人员	51036	28531	20136
65	旅游及公共游览场所服务员	64038	36845	20426
66	健身娱乐场所服务员	42315	25919	23936
67	其他饭店、旅游及健身娱乐场所服务人员	47559	27983	20515
68	公路道路运输服务人员	77536	52886	26594
69	其他运输服务人员	68452	39285	23649
70	医疗卫生辅助服务人员	70726	27291	18860
71	社会中介服务人员	56858	29007	22487
72	物业管理人员	62540	32084	20698
73	供水供热人员、锅炉工	119242	47966	24578
74	美发美容人员	35896	20491	19200
75	日用机电产品维修人员	57481	37061	24056
76	办公设备维修人员	74134	36676	19572
77	保育、家庭服务员	29460	22664	19200
78	环境卫生人员	103779	29865	19879
79	其他社会服务和居民生活服务人员	57545	30771	20583
80	其他商业、服务业人员	77054	28492	19423
81	农林专用机械操作人员	48708	32254	31248
82	测绘人员	79500	49242	26839
83	炼铁人员	76726	57621	39313
84	炼钢人员	73185	58513	49292
85	金属轧制工	73438	54600	32430
86	铸铁管人员	65122	53838	45684
87	化工产品生产通用工艺人员	76602	47167	31307
88	无机化工产品生产人员	83696	49571	32144
89	基本有机化工产品生产人员	82801	49948	28120
90	合成树脂生产人员	63325	47690	36322
91	合成橡胶生产人员	95520	57013	26400
92	化学纤维生产人员	81895	45938	32632
93	精细化工产品生产人员	64600	40205	29967
94	复合材料加工人员	39808	31923	20594

续 表

序号	工 种	高中、中专、技校		
		高位数	中位数	低位数
95	日用化学品生产人员	55646	37948	22600
96	其他化工产品生产人员	122791	51944	25962
97	机械冷加工工	87873	48923	27672
98	机械热加工人员	79715	49446	28090
99	特种加工设备操作人员	105942	49143	28916
100	冷作钣金加工人员	66850	40379	26712
101	工件表面处理加工人员	91676	47661	26859
102	磨料磨具制造加工人员	133679	64885	26329
103	其他机械制造加工人员	72036	38581	22938
104	基础件、部件装配人员	68385	35081	21262
105	机械设备装配人员	105035	46033	23557
106	动力设备装配人员	103242	55326	32500
107	电气元件及设备装配工	65990	44007	22009
108	电子专用设备装配调试人员	76720	38575	19914
109	仪器仪表装配人员	60702	43447	22489
110	运输车辆装配工	59393	36980	22574
111	医疗器械装配及假肢与矫形器制作人员	95259	62320	41184
112	日用机械电器制造装配人员	83182	47545	28133
113	五金制品制作装配人员	64155	35099	19173
114	其他机电产品装配人员	45807	32646	22478
115	机械设备维修人员	97310	50625	25150
116	仪器仪表修理工	82995	53180	28980
117	其他机械设备修理人员	70728	38741	21232
118	电力设备安装人员	65795	30359	20309
119	发电运行值班人员	114256	76204	34580
120	输电、配电、变电设备值班人员	83230	43519	22638
121	电力设备检修人员	80523	51692	27421
122	生产生活电力设备安装、操作、修理人员	92620	43625	22650
123	其他电力设备安装、运行、检修及供电人员	64138	49931	31435
124	电子器件制造人员	97877	45562	23587
125	电子元件制造人员	57447	42793	22818
126	电子设备装配调试人员	62900	34250	20644
127	电子产品维修人员	59170	37502	21312
128	其他电子元器件与电子设备制造、装调维修人员	49440	30294	20215
129	橡胶制品生产人员	71000	48394	30125

续 表

序号	工 种	高中、中专、技校		
		高位数	中位数	低位数
130	塑料制品加工人员	56920	37746	22948
131	其他橡胶和塑料制品生产人员	57448	42206	27594
132	纤维预处理人员	63978	45759	25567
133	纺纱人员	60044	41266	27877
134	织造人员	53349	31060	23874
135	针织人员	48948	32536	23169
136	印染人员	73778	39677	23413
137	其他纺织、针织、印染人员	67642	37495	23463
138	裁剪缝纫工	64941	32537	18514
139	鞋帽制作工	44167	33741	28873
140	皮革、毛皮加工工	40260	29028	20566
141	缝纫制品再加工人员	41562	32784	18927
142	其他裁剪缝纫和毛皮革制作工	41844	32709	21757
143	制糖和糖制品加工人员	75552	45949	24000
144	乳品、冷冻食品及罐头、饮料制作人员	84581	61095	41763
145	其他粮油、食品、饮料及饲料生产加工人员	56212	38220	25953
146	其他烟草及其制品加工人员	95685	69381	59726
147	生物技术制药人员	59834	36183	29150
148	药物制剂人员	65010	46514	26318
149	中药制药人员	71020	39244	27930
150	其他药品生产制造人员	54387	39104	22899
151	其他木材加工、人造板生产及木制品制作工	63500	29612	21500
152	制浆人员	42810	38086	31095
153	造纸人员	48621	39161	29232
154	纸制品制作人员	70941	36836	21281
155	其他制浆、造纸和纸制品生产加工人员	60000	36279	21325
156	水泥及水泥制品生产加工人员	56250	40553	21968
157	墙体屋面材料生产人员	70198	52651	33390
158	建筑防水密封材料生产人员	102631	37771	23102
159	非金属矿及其制品生产加工人员	49480	35033	24623
160	其他建筑材料生产加工人员	70179	31650	21000
161	其他玻璃、陶瓷、搪瓷及其制品生产加工人员	53756	40457	28326
162	印前处理人员	54024	33741	20585
163	印刷操作人员	93877	43085	20771
164	印后制作人员	74659	38403	20460

续 表

序号	工 种	高中、中专、技校		
		高位数	中位数	低位数
165	其他印刷人员	48835	25097	19170
166	乐器制作人员	55558	36135	27181
167	砌筑人员	43191	35488	26863
168	混凝土配置及制品加工人员	54600	30675	23781
169	钢筋加工人员	45736	37000	27506
170	施工架子搭设人员	49057	37273	31667
171	工程防水工	46288	39196	21439
172	装饰、装修、油漆工	41104	27799	21513
173	筑路、养护、维修人员	52613	31341	24080
174	机械电气工程设备安装工、管工	102786	40836	20483
175	其他工程施工人员	90588	36420	22103
176	公(道)路运输机械设备操作及有关人员	77096	45207	22386
177	水上运输设备操作及有关人员	54120	43428	33142
178	起重装卸机械操作及有关人员	94906	43148	21600
179	其他运输设备操作人员	101112	49998	26912
180	废物处理人员	76269	40692	26690
181	检验人员	71058	41074	21848
182	计量人员	75547	36229	20712
183	其他检验、计量人员	58486	36397	24862
184	包装人员	76870	35207	20684
185	机泵操作人员	71362	42051	19536
186	简单体力劳动人员	59912	33356	22558

杭州市分工种分学历企业工资价位

序号	工 种	初中以下		
		高位数	中位数	低位数
1	企业董事	219992	61594	20123
2	企业经理	199692	52957	22694
3	企业职能部门经理或主管	142964	51757	22447
4	生产经营经理	161328	59787	26911
5	财务经理	86844	44805	26600
6	行政、人事经理	94175	47888	23764

续 表

序号	工 种	初中以下		
		高位数	中位数	低位数
7	人事经理	85004	44130	21750
8	销售和营销经理	178291	47783	20766
9	采购经理	102126	50983	23118
10	餐厅、客房经理	92053	61495	33500
11	其他企业负责人	105523	54223	29233
12	其他企业管理人员	92442	43901	22092
13	化工工程技术人员	108000	52414	38836
14	机械工程技术人员	144332	43893	20198
15	电子工程技术人员	59600	35411	19842
16	通信工程技术人员	44070	30593	19789
17	计算机与应用工程技术人员	113900	35835	19800
18	电气工程技术人员	76365	38657	25046
19	电力工程技术人员	107758	30090	22544
20	建筑工程技术人员	82953	35578	21736
21	林业工程技术人员	106830	74483	19200
22	水利工程技术人员	51980	41265	33500
23	纺织工程技术人员	134141	41679	19992
24	标准化、计量、质量工程技术人员	119723	36923	21805
25	工业管理工程技术人员	151643	61340	26133
26	其他工程技术人员	68911	39494	23253
27	其他农业技术人员	57050	35341	33077
28	统计人员	60624	30207	20012
29	会计人员	96034	38311	20384
30	其他经济业务人员	140750	69367	30272
31	其他专业技术人员	75402	38763	21303
32	行政业务人员	117611	38090	20900
33	行政事务人员	93419	33241	19485
34	其他行政办公人员	83421	34868	19291
35	治安保卫人员	53412	27782	19658
36	其他安全保卫和消防人员	51590	29838	19435
37	其他办事人员和有关人员	68052	32498	19557
38	营业人员	52348	28391	20242
39	推销、展销人员	156774	51038	22096
40	采购人员	92392	37578	21400
41	商品监督和市场管理员	61723	40595	28133

续 表

序号	工种	初中以下		
		高位数	中位数	低位数
42	其他购销人员	124275	42470	19800
43	保管人员	70706	33039	19953
44	储运人员	68174	41262	22446
45	其他仓储人员	58265	34394	21319
46	中餐烹饪人员	83047	36414	22251
47	西餐烹饪人员	46428	34065	19060
48	营养配餐人员	35346	27237	23549
49	餐厅服务员、厨工	47715	27488	19818
50	其他餐饮服务人员	53934	30033	19398
51	饭店服务人员	39108	25327	19238
52	健身娱乐场所服务员	50852	28018	22351
53	其他饭店、旅游及健身娱乐场所服务人员	41778	29987	19926
54	公路道路运输服务人员	78964	57289	30283
55	其他运输服务人员	74663	38337	25445
56	医疗卫生辅助服务人员	33747	20569	18936
57	物业管理人员	48194	23798	19640
58	供水供热人员、锅炉工	70382	37149	20341
59	美发美容人员	30698	20809	19200
60	洗染、织补人员	37131	29805	19185
61	日用机电产品维修人员	45960	33495	21725
62	办公设备维修人员	85933	31338	19910
63	保育、家庭服务员	31032	20168	19200
64	环境卫生人员	49682	24830	18578
65	其他社会服务和居民生活服务人员	41607	29288	19724
66	其他商业、服务业人员	44510	24080	18131
67	园艺作物生产人员	62071	45887	24233
68	其他畜牧业生产人员	44026	30287	25405
69	农林专用机械操作人员	55308	34182	31248
70	测绘人员	91343	56040	29800
71	炼铁人员	64291	46055	33787
72	炼钢人员	69694	54683	21800
73	金属轧制工	72227	41534	23049
74	其他金属冶炼、轧制工	79200	55833	29867
75	化工产品生产通用工艺人员	63273	47121	32107
76	化学肥料生产人员	51329	35562	28890

续 表

序号	工 种	初中以下		
		高位数	中位数	低位数
77	无机化工产品生产人员	47157	36646	28408
78	基本有机化工产品生产人员	79772	31553	24056
79	合成树脂生产人员	57115	41687	28593
80	合成橡胶生产人员	66706	40209	26400
81	化学纤维生产人员	52458	41581	30901
82	精细化工产品生产人员	54821	38196	29433
83	复合材料加工人员	35241	29887	18827
84	日用化学品生产人员	47997	30413	21111
85	其他化工产品生产人员	51091	36279	25552
86	机械冷加工工	72859	43554	23375
87	机械热加工人员	73283	44945	22361
88	特种加工设备操作人员	114536	47509	24448
89	冷作钣金加工人员	71818	39595	24487
90	工件表面处理加工人员	76771	40629	24371
91	磨料磨具制造加工人员	65538	37802	26070
92	其他机械制造加工人员	64897	36751	21647
93	基础件、部件装配人员	64073	36945	21856
94	机械设备装配人员	74315	40597	20471
95	电气元件及设备装配工	63557	36170	21000
96	电子专用设备装配调试人员	45161	24606	19914
97	仪器仪表装配人员	43122	29842	21906
98	运输车辆装配工	522664	43952	22652
99	日用机械电器制造装配人员	84990	49023	22795
100	五金制品制作装配人员	52921	36782	23464
101	船舶制造人员	38500	34475	30450
102	其他机电产品装配人员	36280	29288	19841
103	机械设备维修人员	85523	46914	24534
104	仪器仪表修理工	117433	36829	27348
105	其他机械设备修理人员	63337	35794	21272
106	电力设备安装人员	43233	30170	21590
107	发电运行值班人员	97825	36280	25300
108	输电、配电、变电设备值班人员	73674	32531	20164
109	电力设备检修人员	94811	47115	24945
110	生产生活电力设备安装、操作、修理人员	110494	41528	22230
111	其他电力设备安装、运行、检修及供电人员	68904	48991	32700

续 表

序号	工 种	初中以下		
		高位数	中位数	低位数
112	电子器件制造人员	39750	27673	20370
113	电子元件制造人员	52084	33451	23974
114	电子设备装配调试人员	63238	32065	19727
115	其他电子元器件与电子设备制造、装调维修人员	39720	28694	21650
116	橡胶制品生产人员	58779	42741	29007
117	塑料制品加工人员	55514	35211	22451
118	其他橡胶和塑料制品生产人员	64996	36998	24345
119	纤维预处理人员	49340	36421	23490
120	纺纱人员	55856	41557	26029
121	织造人员	53916	33403	22414
122	针织人员	52478	34593	24514
123	印染人员	56835	37096	25360
124	其他纺织、针织、印染人员	60235	35586	22113
125	裁剪缝纫工	52660	34831	20161
126	鞋帽制作工	40857	29603	24000
127	皮革、毛皮加工工	40155	24407	20557
128	缝纫制品再加工人员	50598	35733	22029
129	其他裁剪缝纫和毛皮革制作工	43047	30656	23541
130	制糖和糖制品加工人员	63819	41954	24019
131	乳品、冷冻食品及罐头、饮料制作人员	94975	61862	39021
132	肉、蛋食品加工人员	37000	25122	24000
133	其他粮油、食品、饮料及饲料生产加工人员	44520	31547	22427
134	其他烟草及其制品加工人员	71465	64446	58391
135	生物技术制药人员	159831	40494	29415
136	药物制剂人员	65236	38926	23087
137	其他药品生产制造人员	53647	38438	22302
138	木材加工制作人员	80736	38303	25901
139	木材制品制作人员	95259	34264	23160
140	其他木材加工、人造板生产及木制品制作工	69849	36467	21779
141	制浆人员	74007	44532	29155
142	造纸人员	65309	39354	30871
143	纸制品制作人员	61249	36904	22313
144	其他制浆、造纸和纸制品生产加工人员	83196	36026	20016
145	水泥及水泥制品生产加工人员	54000	36625	24900
146	墙体屋面材料生产人员	72874	52823	33852

续 表

序号	工　种	初中以下		
		高位数	中位数	低位数
147	建筑防水密封材料生产人员	73227	36129	25170
148	装饰石材生产人员	56000	35711	26000
149	非金属矿及其制品生产加工人员	51468	33859	22861
150	其他建筑材料生产加工人员	77885	45598	22293
151	陶瓷制品生产人员	32922	26903	20521
152	搪瓷制品生产人员	45098	30242	20188
153	其他玻璃、陶瓷、搪瓷及其制品生产加工人员	46994	33809	24284
154	印前处理人员	52451	38737	23738
155	印刷操作人员	79115	38961	20862
156	印后制作人员	57511	31984	19123
157	其他印刷人员	60500	32691	19720
158	漆器工艺品制作人员	47489	33978	25411
159	金属工艺品制作人员	51737	33932	25453
160	其他工艺、美术品制作人员	46456	33547	20788
161	文教用品制作人员	37511	28371	21635
162	乐器制作人员	72624	37090	26074
163	砌筑人员	42917	36163	24151
164	混凝土配置及制品加工人员	80269	38698	22915
165	钢筋加工人员	43472	36831	32598
166	施工架子搭设人员	42204	36928	35000
167	工程防水工	46253	37665	28400
168	装饰、装修、油漆工	44147	32983	21120
169	筑路、养护、维修人员	54540	37795	25934
170	机械电气工程设备安装工、管工	71605	41726	20839
171	其他工程施工人员	69970	35570	25753
172	公(道)路运输机械设备操作及有关人员	89103	41440	21973
173	水上运输设备操作及有关人员	50156	41142	32526
174	起重装卸机械操作及有关人员	70154	36680	21752
175	其他运输设备操作人员	96422	44430	25363
176	废物处理人员	74674	38056	25398
177	其他环境监测与废物处理人员	48680	34514	28138
178	检验人员	65683	36848	21514
179	航天器检验测试人员	79700	53790	35031
180	计量人员	62792	33888	23507
181	其他检验、计量人员	61587	32778	21297

续 表

序号	工 种	初中以下		
		高位数	中位数	低位数
182	包装人员	57013	33094	20447
183	机泵操作人员	64961	36619	23731
184	简单体力劳动人员	55399	33391	20308

杭州市分行业企业人工成本水平和构成

单位：元、%

行 业	企业平均人工成本	构成							各项费用占人工成本比重(%)						
		从业人员劳动报酬	福利费用	教育经费	保险费用	劳动保护费用	住房费用	其他人工成本	从业人员劳动报酬	福利费用	教育经费	保险费用	劳动保护费用	住房费用	其他人工成本
总计	69916	48523	4717	542	7291	677	1345	6820	69.40	6.75	0.78	10.43	0.97	1.92	9.75
农、林、牧、渔业	183196	55957	4928	486	12637	1320	2852	105016	30.54	2.69	0.27	6.90	0.72	1.56	57.32
农业	70892	53330	4294	278	7158	2078	3338	417	75.23	6.06	0.39	10.10	2.93	4.71	0.58
林业	168813	107321	14286	714	37884	214	8393	0	63.57	8.46	0.43	22.44	0.13	4.97	0.00
畜牧业	48763	42327	1349	198	3548	349	437	556	86.78	2.77	0.41	7.28	0.72	0.90	1.14
农、林、牧、渔服务业	388856	50465	4434	813	16815	701	1343	314284	55.12	1.14	0.21	4.32	0.18	0.35	38.68
采矿业	185850	128954	17554	14773	8737	6	15826	0	69.38	9.45	7.95	4.70	0.00	8.52	0.00
其他采矿业	185850	128954	17554	14773	8737	6	15826	0	69.38	9.45	7.95	4.70	0.00	8.52	0.00
制造业	59111	43719	4261	367	5652	644	831	3638	73.96	7.21	0.62	9.56	1.09	1.41	6.15
农副食品加工业	58617	51090	795	560	3546	365	685	1576	87.15	1.36	0.96	6.05	0.62	1.17	2.69
食品制造业	56328	41284	3820	442	6036	483	1103	3160	73.29	6.78	0.78	10.72	0.86	1.96	5.61
酒、饮料和精制茶制造业	64158	53472	4773	556	4760	523	76	0	83.33	7.44	0.87	7.42	0.82	0.12	0.00
纺织业	63606	48140	4573	239	3809	615	331	5900	75.67	7.19	0.38	5.99	0.97	0.52	9.28
纺织服装、服饰业	47126	35633	3685	306	4013	453	369	2666	75.61	7.82	0.65	8.52	0.96	0.78	5.66
皮革、毛皮、羽毛及其制品和制鞋业	41202	31555	1949	223	2885	359	222	4009	76.59	4.73	0.54	7.00	0.87	0.54	9.73
木材加工及木、竹、藤、棕、草制品业	44746	33307	4249	456	3582	914	304	1934	74.43	9.50	1.02	8.01	2.04	0.68	4.32
家具制造业	50565	37691	1477	413	3379	286	502	6816	74.54	2.92	0.82	6.68	0.57	0.99	13.48
造纸及纸制品业	50774	35973	3254	420	5072	474	603	4978	70.85	6.41	0.83	9.99	0.93	1.19	9.80
印刷业和记录媒介的复制	68154	49474	6384	805	5800	1218	1754	2719	72.59	9.37	1.18	8.51	1.79	2.57	3.99

续 表

行 业	企业平均人工成本	构成							各项费用占人工成本比重(%)						
		从业人员劳动报酬	福利费用	教育经费	保险费用	劳动保护费用	住房费用	其他人工成本	从业人员劳动报酬	福利费用	教育经费	保险费用	劳动保护费用	住房费用	其他人工成本
文教、工美、体育和娱乐用品制造业	66508	49797	3398	540	3077	482	1217	7996	74.87	5.11	0.82	4.63	0.72	1.83	12.02
化学原料及化学制品制造业	72252	53254	5385	511	8986	1043	1500	1573	73.70	7.45	0.71	12.44	1.44	2.08	2.18
医药制造业	85259	59928	7854	414	10039	699	1387	4937	70.29	9.21	0.49	11.77	0.82	1.63	5.79
化学纤维制造业	64398	53757	1807	246	6202	370	995	1021	83.47	2.81	0.38	9.63	0.57	1.55	1.59
橡胶和塑料制品业	79187	58791	4457	200	7599	1105	1963	5073	74.23	5.63	0.25	9.60	1.40	2.48	6.41
非金属矿物制品业	46028	35819	2477	156	6828	445	183	120	77.82	5.38	0.34	14.83	0.97	0.40	0.26
黑色金属冶炼及压延加工业	44802	37233	2893	133	4112	298	133	0	83.09	6.46	0.30	9.18	0.67	0.30	0.00
有色金属冶炼及压延加工业	55728	46257	4015	1042	3753	164	153	343	83.00	7.20	1.87	6.73	0.31	0.27	0.62
金属制品业	49018	37551	4092	261	4620	608	366	1520	76.60	8.35	0.53	9.43	1.24	0.75	3.10
通用设备制造业	55072	40857	2973	250	7225	453	662	2652	74.19	5.40	0.45	13.12	0.82	1.20	4.82
专用设备制造业	67638	50824	4279	855	6612	718	1465	2885	75.13	6.33	1.26	9.78	1.06	2.17	4.27
汽车制造业	63330	50890	3092	527	5276	552	1221	1772	80.36	4.88	0.83	8.33	0.87	1.93	2.80
铁路、船舶、航空航天和其他运输设备制造	69813	60617	1850	270	6512	102	185	277	86.82	2.65	0.39	9.33	0.15	0.26	0.40
电气机械及器材制造业	61882	43060	4716	283	7425	624	1255	4520	69.58	7.62	0.46	12.00	1.01	2.03	7.30
计算机、通信和其他电子设备制造业	62261	44016	5190	474	5715	899	924	5041	70.70	8.34	0.76	9.18	1.44	1.48	8.10
仪器仪表制造业	60629	45131	4383	212	6616	217	2154	1917	74.44	7.23	0.35	10.91	0.36	3.55	3.16
其他制造业	58246	41657	4493	348	6061	733	763	4191	71.51	7.71	0.60	10.41	1.26	1.31	7.20
废弃资源综合利用业	45787	34162	4159	402	4108	644	1515	796	74.61	9.08	0.88	8.97	1.41	3.31	1.74
金属制品、机械和设备修理业	51185	35972	6685	211	5840	437	445	1596	70.28	13.06	0.41	11.41	0.85	0.87	3.12
电力、热力、燃气及水生产和供应业	78148	56436	4945	538	10307	548	3371	2003	72.22	6.33	0.69	13.19	0.70	4.31	2.56
电力、热力的生产和供应业	69168	48868	3725	330	9908	473	3266	2596	70.65	5.39	0.49	14.32	0.68	4.72	3.75
燃气生产和供应业	94512	74752	7382	509	8335	851	2683	0	79.09	7.81	0.54	8.82	0.90	2.84	0.00
水的生产和供应业	138417	89125	12275	3566	23769	391	7589	1703	64.39	8.87	2.58	17.17	0.28	5.48	1.23
建筑业	118873	58581	4227	675	7760	626	1474	45530	49.28	3.56	0.57	6.53	0.53	1.24	38.29
房屋建筑业	198374	92778	3598	821	5867	1080	1765	92465	46.78	1.81	0.41	2.96	0.54	0.89	46.61
土木工程建筑业	168361	58634	5566	372	11958	619	2991	88220	34.82	3.31	0.22	7.10	0.37	1.78	52.40

续 表

行业	企业平均人工成本	构成							各项费用占人工成本比重(%)						
		从业人员劳动报酬	福利费用	教育经费	保险费用	劳动保护费用	住房费用	其他人工成本	从业人员劳动报酬	福利费用	教育经费	保险费用	劳动保护费用	住房费用	其他人工成本
建筑安装业	65125	37722	5107	776	5738	896	788	14098	57.92	7.84	1.19	8.81	1.38	1.21	21.65
建筑装饰和其他建筑业	91743	52880	3732	681	7846	361	1119	25123	57.65	4.07	0.74	8.55	0.39	1.22	27.38
批发和零售业	65604	47938	4164	703	9201	556	1595	1446	73.07	6.35	1.07	14.03	0.85	2.43	2.20
批发业	74902	53985	4785	1068	10670	476	2302	1616	72.06	6.39	1.43	14.25	0.64	3.07	2.16
零售业	56984	42332	3589	364	7839	631	940	1289	74.28	6.30	0.64	13.76	1.11	1.65	2.26
交通运输、仓储和邮政业	73327	52118	3941	302	11841	724	2071	2329	71.08	5.37	0.41	16.15	0.99	2.82	3.18
铁路运输业	37273	29545	1818	0	5909	0	0	0	79.27	4.88	0.00	15.85	0.00	0.00	0.00
道路运输业	70949	47333	4501	368	12759	1346	2893	1749	66.71	6.34	0.52	17.98	1.90	4.08	2.47
航空运输业	444627	365672	2239	0	76716	0	0	0	82.24	0.51	0.00	17.25	0.00	0.00	0.00
装卸搬运和运输代理业	61378	47242	3343	317	7658	431	2244	143	76.96	5.45	0.52	12.48	0.70	3.66	0.23
仓储业	66719	42128	5047	183	10518	72	1322	7449	63.14	7.56	0.29	15.76	0.11	1.98	11.16
邮政业	29315	25105	698	388	2768	93	0	263	85.64	2.38	1.32	9.44	0.32	0.00	0.90
住宿和餐饮业	56124	40494	3698	328	7066	661	931	2946	72.15	6.59	0.58	12.59	1.19	1.66	5.25
住宿业	56263	40177	3738	232	7327	805	900	3084	71.41	6.64	0.41	13.02	1.44	1.60	5.48
餐饮业	55901	41000	3634	482	6648	431	981	2726	73.34	6.50	0.87	11.89	0.77	1.75	4.88
信息传输、软件和信息技术服务业	87202	63174	6285	1253	8771	532	2332	4856	72.44	7.21	1.44	10.06	0.61	2.67	5.57
电信、广播电视和卫星传输服务	81304	55079	4100	1307	14347	1882	1166	3423	67.74	5.05	1.61	17.65	2.31	1.43	4.21
互联网和相关服务	92030	69938	6443	1906	9158	252	2281	2052	75.99	7.00	2.08	9.95	0.27	2.48	2.23
软件和信息技术服务业	86209	61770	6400	1056	8244	514	2433	5792	71.65	7.42	1.23	9.56	0.60	2.82	6.72
金融业	143421	97933	8856	1807	15803	352	4178	14493	68.28	6.17	1.26	11.02	0.25	2.91	10.11
货币金融服务	250149	143832	22211	3648	15085	473	8372	56528	57.50	8.88	1.46	6.03	0.19	3.35	22.59
资本市场服务	227087	183740	5653	1237	25907	0	8102	2448	80.91	2.49	0.54	11.41	0.00	3.57	1.08
保险业	137340	103168	5589	356	19631	714	4638	3245	75.12	4.07	0.26	14.29	0.52	3.38	2.36
其他金融业	104822	70411	7140	1925	13023	259	2323	9740	67.17	6.81	1.84	12.42	0.25	2.22	9.29
房地产业	133561	101494	12092	2445	10383	1184	5376	589	75.99	9.05	1.83	7.77	0.89	4.03	0.44
房地产业	133561	101494	12092	2445	10383	1184	5376	589	75.99	9.05	1.83	7.77	0.89	4.03	0.44
租赁和商务服务业	66339	41360	6854	585	9834	1514	1430	4762	62.35	10.33	0.88	14.82	2.28	2.16	7.18
租赁业	87840	52934	10392	662	19690	1902	1962	297	60.26	11.82	0.75	22.42	2.17	2.23	0.34
商务服务业	56932	36297	5306	551	5522	1345	1197	6716	63.75	9.32	0.97	9.70	2.36	2.10	11.80
科学研究和技术服务业	101914	74490	4641	744	13083	523	3206	5227	73.09	4.55	0.73	12.84	0.51	3.15	5.13
研究与试验发展	74131	60783	6364	1136	4061	833	955	0	81.99	8.58	1.53	5.48	1.13	1.29	0.00
专业技术服务业	104395	76637	4542	658	13791	504	3412	4851	73.41	4.35	0.63	13.21	0.48	3.27	4.65

续 表

行 业	企业平均人工成本	构成							各项费用占人工成本比重(%)						
		从业人员劳动报酬	福利费用	教育经费	保险费用	劳动保护费用	住房费用	其他人工成本	从业人员劳动报酬	福利费用	教育经费	保险费用	劳动保护费用	住房费用	其他人工成本
科技推广和应用服务业	130680	68385	1641	1457	24581	0	5435	29180	52.33	1.26	1.11	18.81	0.00	4.16	22.33
水利、环境和公共设施管理业	79008	49678	7860	668	10005	642	3467	6688	62.88	9.95	0.85	12.66	0.81	4.39	8.46
水利管理业	73937	47759	7015	551	6152	428	1538	10494	64.59	9.49	0.75	8.32	0.58	2.08	14.19
生态保护和环境治理业	82389	50957	8423	746	12574	784	4754	4150	61.85	10.22	0.91	15.26	0.95	5.77	5.04
居民服务、修理和其他服务业	63145	45014	5029	393	7245	924	1290	3249	71.29	7.96	0.63	11.47	1.46	2.04	5.15
居民服务业	98621	68837	6973	489	13373	2010	905	6034	69.79	7.07	0.50	13.56	2.04	0.92	6.12
机动车、电子产品和日用产品修理业	57888	42825	4213	243	8246	304	1297	761	73.98	7.28	0.42	14.24	0.53	2.24	1.31
其他服务业	59944	42789	4884	393	6585	851	1328	3115	71.36	8.15	0.66	10.99	1.42	2.22	5.20
教育	69745	47069	10190	190	6141	1911	1592	2651	67.49	14.61	0.28	8.80	2.74	2.28	3.80
教育	69745	47069	10190	190	6141	1911	1592	2651	67.49	14.61	0.28	8.80	2.74	2.28	3.80
卫生和社会工作	71468	45766	12501	502	8262	633	2860	944	64.04	17.49	0.70	11.56	0.89	4.00	1.32
卫生	71468	45766	12501	502	8262	633	2860	944	64.04	17.49	0.70	11.56	0.89	4.00	1.32
文化、体育和娱乐业	86000	62498	6561	429	10113	324	2416	3659	72.67	7.63	0.50	11.76	0.38	2.81	4.25
新闻出版业	95667	81000	500	0	14167	0	0	0	84.67	0.52	0.00	14.81	0.00	0.00	0.00
广播、电视、电影和影视录音制作业	99147	68980	9617	575	14466	168	4435	906	69.58	9.70	0.58	14.59	0.17	4.47	0.91
文化艺术业	98229	75483	8369	242	8186	591	958	4401	76.84	8.52	0.25	8.33	0.60	0.98	4.48
体育	63448	32470	2004	933	8621	375	4766	14279	51.18	3.16	1.47	13.59	0.59	7.51	22.50
娱乐业	53056	42660	1903	295	7031	69	806	293	80.40	3.59	0.56	13.25	0.13	1.52	0.55

杭州市分登记注册类型企业人工成本水平和构成

单位：元、%

登记注册类型	企业平均人工成本	构成							各项费用占人工成本比重(%)						
		从业人员劳动报酬	福利费用	教育经费	保险费用	劳动保护费用	住房费用	其他人工成本	从业人员劳动报酬	福利费用	教育经费	保险费用	劳动保护费用	住房费用	其他人工成本
合计	69916	48523	4717	542	7291	677	1345	6820	69.41	6.75	0.77	10.43	0.97	1.92	9.75
内资企业	68594	47455	4561	555	7212	666	1254	6891	69.18	6.65	0.81	10.51	0.97	1.83	10.05
国有	85649	61554	5840	337	10797	645	2174	4303	71.87	6.82	0.39	12.61	0.75	2.54	5.02

续 表

登记注册类型	企业平均人工成本	构成							各项费用占人工成本比重(%)						
		从业人员劳动报酬	福利费用	教育经费	保险费用	劳动保护费用	住房费用	其他人工成本	从业人员劳动报酬	福利费用	教育经费	保险费用	劳动保护费用	住房费用	其他人工成本
集体	38330	28789	2343	107	6189	199	271	432	75.10	6.11	0.28	16.15	0.52	0.71	1.13
股份合作	54347	34322	7805	1786	6953	584	2801	94	63.16	14.36	3.29	12.79	1.08	5.15	0.17
联营企业	30198	23564			6634				78.03	0.00	0.00	21.97	0.00	0.00	0.00
有限责任公司	68744	47724	4677	601	7039	702	1235	6766	69.43	6.80	0.87	10.24	1.02	1.80	9.84
股份有限公司	93752	67395	5402	561	13070	976	2396	3952	71.88	5.76	0.60	13.94	1.04	2.56	4.22
私营企业	61790	40438	3761	418	5918	499	871	9885	65.44	6.09	0.68	9.58	0.81	1.40	16.00
其他企业	52201	38862	3588	383	5329	358	1098	2582	74.45	6.87	0.73	10.21	0.69	2.10	4.95
港、澳台商投资企业	64807	45072	5137	476	5801	571	1377	6373	69.55	7.93	0.74	8.95	0.88	2.12	9.83
合资经营企业(港或澳、台资)	60572	42907	4825	369	5722	607	1331	4812	70.83	7.97	0.61	9.45	1.00	2.20	7.94
合作经营企业(港或澳、台资)	99296	68414	4427	121	9438	759	3345	12793	68.91	4.46	0.12	9.50	0.76	3.37	12.88
港、澳、台商独资经营企业	68987	47183	5765	639	5578	548	1232	8042	68.39	8.36	0.93	8.09	0.79	1.79	11.65
港、澳、台商投资股份有限公司	41933	28167	627	18	8119	50	3166	1786	67.17	1.50	0.04	19.36	0.12	7.55	4.26
外商投资企业	85601	60874	6079	438	8803	835	2244	6328	71.12	7.10	0.51	10.28	0.98	2.62	7.39
中外合资经营企业	79338	56787	4430	412	8170	1123	1534	6883	71.58	5.58	0.52	10.30	1.42	1.93	8.67
中外合作经营企业	90000	78824	4412		5882		882		87.58	4.90	0.00	6.54	0.00	0.98	0.00
外资企业	90241	63575	7275	471	9266	699	2662	6292	70.46	8.06	0.52	10.27	0.77	2.95	6.97
外商投资股份有限公司	60606	49520	891	103	7254	69	2756	14	81.71	1.47	0.17	11.97	0.11	4.55	0.02

杭州市分隶属关系劳动者平均工资报酬和构成

单位：元/年

隶属关系	被调查劳动者工资报酬(元/年)	1.基本工资(类)	2.绩效奖金(类)	3.津补贴(类)	4.加班加点工资
全部	52031	30199	14817	3670	3345
中央	78057	32832	39968	3562	1695
省	75381	42424	26248	4214	2495
地市	53694	26923	19548	4465	2758
县	46391	30736	9316	3398	2941
街道、镇、乡	43547	30033	9717	1374	2423
居民、村民委员会	39025	27016	2135	8709	1165
其他	51185	30062	13587	3763	3773

杭州市分隶属关系企业人工成本水平和构成

单位：元/年

隶属关系	企业人工成本总计（元/年）	1. 从业人员劳动报酬	2. 福利费用	3. 教育经费	4. 保险费用	5. 劳动保护费用	6. 住房费用	7. 其他人工成本
全部	69916	48523	4717	542	7291	677	1345	6820
中央	113599	72847	7787	872	13740	713	3453	14186
省	81509	55010	5259	627	10884	625	2530	6574
地市	78457	52470	5379	475	7590	633	1579	10332
县	65985	49197	4051	478	6606	906	1358	3388
街道、镇、乡	63257	45290	5219	400	6745	678	648	4278
居民、村民委员会	36208	27992	3099	73	4337	197	56	454
其他	69022	47960	4460	596	7147	666	1344	6849

杭州市不同职业劳动者平均工资报酬及构成

单位：元/年

职业	平均工资报酬	构成			
		基本工资（类）	绩效奖金（类）	津补贴（类）	加班加点工资
全部	52031	30199	14817	3670	3345
单位负责人	93242	55142	29802	6129	2169
企业负责人	93242	55142	29802	6129	2169
企业董事	139194	85076	42878	9656	1584
企业经理	130844	79159	42228	7390	2067
企业职能部门经理或主管	87966	51669	28372	5483	2442
生产经营经理	97234	52319	33777	7841	3297
财务经理	84244	53766	22192	6571	1715
行政、人事经理	71426	45167	19124	5416	1719
人事经理	87534	53329	27325	5553	1327
销售和营销经理	84640	46159	31331	5075	2075
广告和公关经理	79109	44705	24161	9288	955
采购经理	83036	46402	27729	6998	1907
计算机服务经理	137644	106319	27603	2230	1492
研究和开发经理	132314	88587	35628	6818	1281
餐厅、客房经理	66052	36610	22664	3607	3171

续 表

职 业	平均工资报酬	构 成			
		基本工资（类）	绩效奖金（类）	津补贴（类）	加班加点工资
客房经理	56258	38594	10778	4973	1913
其他企业负责人	95820	61565	28011	4927	1317
其他企业管理人员	72942	41811	23337	5550	2244
专业技术人员	62943	37156	19641	3988	2158
科学研究人员	62809	47719	9367	5346	377
哲学研究人员	35808	20355	10313	2166	2974
经济学研究人员	46858	28200	13427	3790	1441
法学研究人员	51039	28945	21844	250	
教育科学研究人员	25299	18569	4677	2053	
数学研究人员	103750	51950	26000	22200	3600
化学研究人员	71470	50132	12779	7322	1237
生物科学研究人员	74497	37068	32750	3871	808
农业科学研究人员	232857	186451		46406	
医学研究人员	26216	23373	1825	538	480
其他科学研究人员	67916	58007	7489	2289	131
工程技术人员	69314	39889	22977	4072	2376
地质勘探工程技术人员	51153	37939	7131	3512	2571
测绘工程技术人员	60087	43739	8209	1493	6646
矿山工程技术人员	67200	42000	14400	10800	
石油工程技术人员	46428	38555	6712	1161	
冶金工程技术人员	97784	94698	2752	28	306
化工工程技术人员	86765	37776	41149	4344	3496
机械工程技术人员	69746	38608	23002	4208	3928
航空工程技术人员	75691	51186	21435	3070	
电子工程技术人员	48347	30757	11544	4650	1396
通信工程技术人员	50625	35158	12015	3158	294
计算机与应用工程技术人员	84514	57578	21314	4525	1097
电气工程技术人员	65068	31286	26893	4608	2281
电力工程技术人员	53913	28868	13540	7207	4298
广播电影电视工程技术人员	54516	32887	16577	4145	907
交通工程技术人员	54068	26688	20227	5119	2034
铁路工程技术人员	67200	62400		4800	
建筑工程技术人员	60019	36915	19100	3633	371
建材工程技术人员	105239	51358	49167	4215	499

续表

职业	平均工资报酬	构成			
		基本工资（类）	绩效奖金（类）	津补贴（类）	加班加点工资
林业工程技术人员	74778	44483	29190	893	212
水利工程技术人员	57035	20319	31853	4848	15
纺织工程技术人员	50447	32169	11726	5154	1398
食品工程技术人员	118909	30458	79914	6666	1871
环境保护工程技术人员	65168	40909	19282	4561	416
安全工程技术人员	70771	39032	15684	11109	4946
标准化、计量、质量工程技术人员	66755	29933	28285	4906	3631
工业管理工程技术人员	77831	37218	31611	4762	4240
其他工程技术人员	65602	32283	24570	2203	6546
农业技术人员	40860	25537	8962	4380	1981
土壤肥料技术人员	51661	35439	9398	6824	
植物保护技术人员	44622	25428	10727	8467	
园艺技术人员	25613	20099	3699	1348	467
兽医兽药技术人员	43730	28745	7712	4728	2545
其他农业技术人员	38459	20939	11855	2224	3441
经济业务人员	57493	30717	20903	4590	1283
经济计划人员	80856	37136	35814	4508	3398
统计人员	44046	25692	13060	3348	1946
会计人员	52281	31778	15167	3971	1365
审计人员	56600	27661	21119	7638	182
国际商务人员	58966	26555	23978	6964	1469
房地产业务人员	82182	49627	27824	4267	464
其他经济业务人员	69671	29544	35549	3993	585
金融业务人员	118069	66955	46516	4361	237
银行业务人员	84154	36905	40400	6792	57
保险业务人员	58584	28924	22347	7232	81
证券业务人员	193642	111042	78204	4008	388
其他金融业务人员	64376	38408	23185	2622	161
新闻出版文化工作者	51090	22733	22890	4649	818
记者	58227	15323	36998	5707	199
编辑	41025	20631	16813	3107	474
校对员	36170	27628	4176	4366	
播音员及节目主持人	55645	17312	30343	7261	729
翻译	55896	33143	12675	7506	2572

续 表

职 业	平均工资报酬	构 成			
		基本工资（类）	绩效奖金（类）	津补贴（类）	加班加点工资
图书资料与档案业务人员	79362	23613	49798	5225	726
其他新闻出版、文化工作者	74389	27245	40997	6134	13
其他专业技术人员	51251	33625	11750	3298	2578
办事人员	44699	28257	10367	3709	2366
行政办公人员	48247	30982	11244	3950	2071
行政业务人员	54402	33649	13149	4717	2887
行政事务人员	43372	28099	10395	3241	1637
其他行政办公人员	46349	31497	9512	3891	1449
安全保卫和消防人员	32764	20397	5632	3276	3459
人民警察	54557	19453	34904	200	
治安保卫人员	31592	19514	5296	3334	3448
消防人员	51591	28652	14148	3633	5158
其他安全保卫和消防人员	35668	23153	6138	3019	3358
邮政和电信业务人员	46048	22858	18092	3139	1959
电信业务人员	45352	21819	18829	3061	1643
电信通信传输业务人员	58288	29128	20969	5638	2553
其他邮政电信业务人员	38013	28015	3944	651	5403
其他办事人员和有关人员	42990	26634	10390	3485	2481
商业、服务业人员	47158	23336	17368	3698	2756
购销人员	58893	26716	27604	3026	1547
营业人员	35529	22365	9881	1709	1574
推销、展销人员	75752	27613	43195	3703	1241
采购人员	61798	31976	20868	5456	3498
拍卖、典当及租赁业务人员	21172	17240	3732	200	
废旧物资回收利用人员	27105	21600	5505		
商品监督和市场管理员	58771	24223	28674	3435	2439
其他购销人员	51655	41485	8264	1177	729
仓储人员	41274	23102	10168	3382	4622
保管人员	40288	22355	10511	3314	4108
储运人员	44385	24117	11146	3592	5530
其他仓储人员	40831	24453	7733	3359	5286
餐饮服务人员	34064	20721	7596	2433	3314
中餐烹饪人员	41710	23344	11561	2785	4020
西餐烹饪人员	37865	26039	7188	1662	2976

续 表

职业	平均工资报酬	构成			
		基本工资（类）	绩效奖金（类）	津补贴（类）	加班加点工资
调酒和茶艺人员	32447	21271	4810	2889	3477
营养配餐人员	28147	15818	3870	5572	2887
餐厅服务员、厨工	29790	18675	5855	2321	2939
其他餐饮服务人员	33900	22236	6151	2113	3400
饭店、旅游及健身娱乐场所服务人员	29679	21107	5197	1526	1849
饭店服务人员	29111	21289	4555	1474	1793
旅游及公共游览场所服务员	34035	21206	9724	1814	1291
健身娱乐场所服务员	28105	20149	2300	1423	4233
其他饭店、旅游及健身娱乐场所服务人员	30110	19339	6933	1727	2111
运输服务人员	52084	11755	20209	12422	7698
公路道路运输服务人员	54802	12137	19482	14011	9172
铁路客货运输服务人员	76833	38035	33802	3718	1278
航空运输服务人员	61006	48092	10791	1107	1016
水上运输服务人员	49174	30792	14025	1000	3357
其他运输服务人员	40957	8823	23087	6784	2263
医疗卫生辅助服务人员	37327	22212	10822	3944	349
医疗卫生辅助服务人员	37327	22212	10822	3944	349
社会服务和居民生活服务人员	34363	20688	8137	3222	2316
社会中介服务人员	45662	23146	19804	2656	56
物业管理人员	31423	18011	7300	2958	3154
供水供热人员、锅炉工	48043	25303	9592	9473	3675
美发美容人员	22563	18263	1815	2006	479
摄影服务人员	22304	20188	1942	156	20
洗染、织补人员	29334	24393	918	1531	2490
浴池服务人员	34027	22909	10868	250	
日用机电产品维修人员	35840	22425	10915	1423	1077
办公设备维修人员	39887	23901	8101	3414	4471
保育、家庭服务员	21460	18246	1645	1569	
环境卫生人员	30126	20249	4056	2992	2829
其他社会服务和居民生活服务人员	40573	26607	9147	4216	603
其他商业、服务业人员	39083	26099	8834	2268	1882
农林牧渔水利业生产工人	34699	21233	9486	1767	2213
种植业生产人员	42455	33983	6782	1510	180
大田农作物生产人员	30000	30000			

续 表

职 业	平均工资报酬	构 成			
		基本工资（类）	绩效奖金（类）	津补贴（类）	加班加点工资
园艺作物生产人员	42823	29846	10335	2360	282
中药材生产人员	49700	49000	700		
其他种植业生产人员	24000	24000			
畜牧业生产人员	32357	17569	13448	396	944
实验动物饲养人员	36255	25002	7403	711	3139
其他畜牧业生产人员	32083	17047	13872	374	790
渔业生产人员	23078	14262	6480	1185	1151
水产养殖人员	23078	14262	6480	1185	1151
水利设施管理养护人员	35198	19954	6881	3847	4516
水土保持作业人员	28620	12000	4200	8820	3600
其他水利设施管理养护人员	35856	20748	7150	3350	4608
其他农林牧渔水利业生产工人	35218	20559	6895	3252	4512
农林专用机械操作人员	35218	20559	6895	3252	4512
生产运输工人	41659	24895	9127	2898	4739
勘测及矿物开采工	48299	35524	10038	2492	245
地质勘查人员	43111	18251	24130	730	
测绘人员	49372	39099	7122	2856	295
金属冶炼轧制工	52848	45798	5209	622	1219
炼铁人员	53097	34619	14027	1685	2766
炼钢人员	58099	57936	72	11	80
半导体材料制备人员	35757	12387	23157	213	
金属轧制工	51510	46825	3209	373	1103
铸铁管人员	53858	51476	1967	415	
碳素制品人员	40500	22000	12000	3000	3500
硬质合金生产人员	41150	22000	12000	3000	4150
其他金属冶炼、轧制工	57025	38469	15625	1852	1079
化工产品生产人员	45082	26038	7817	5408	5819
化工产品生产通用工艺人员	49382	21407	15719	6039	6217
煤化工生产人员	77317	27066	7935	28225	14091
化学肥料生产人员	36572	36572			
无机化工产品生产人员	42433	32882	3229	3050	3272
基本有机化工产品生产人员	46827	29808	5604	5187	6228
合成树脂生产人员	46777	22407	2136	6503	15651
合成橡胶生产人员	46922	25983	3012	9787	8140

续 表

职　业	平均工资报酬	构　成			
		基本工资（类）	绩效奖金（类）	津补贴（类）	加班加点工资
化学纤维生产人员	42392	27816	4582	5844	4150
合成革生产人员	44750	36000	5750	1000	2000
精细化工产品生产人员	39851	25742	6105	3148	4856
信息记录材料生产人员	35940	26310		9630	
复合材料加工人员	30385	15158	2830	4493	7904
日用化学品生产人员	45330	37694	3630	2116	1890
其他化工产品生产人员	53154	31805	8361	6348	6640
机械制造加工人员	44972	26347	11495	2726	4404
机械冷加工工	47634	26988	14472	2114	4060
机械热加工人员	49010	30307	9927	3641	5135
特种加工设备操作人员	58395	27568	18809	3379	8639
冷作钣金加工人员	41581	28471	9598	919	2593
工件表面处理加工人员	46252	26728	11407	2420	5697
磨料磨具制造加工人员	48639	24507	13505	2507	8120
航天器件加工成型人员	28908	24588		4320	
其他机械制造加工人员	39914	23749	9259	3019	3887
机电产品装配工	42977	22164	11238	3523	6052
基础件、部件装配人员	38876	20782	9008	2480	6606
机械设备装配人员	49437	27348	18012	2472	1605
动力设备装配人员	53245	24508	6536	17528	4673
电气元件及设备装配工	42111	18507	9045	6827	7732
电子专用设备装配调试人员	36267	22962	3008	5434	4863
仪器仪表装配人员	40318	24189	10197	4676	1256
运输车辆装配工	47546	41469	4581	1496	
医疗器械装配及假肢与矫形器制作人员	63394	59363	1438	2593	
日用机械电器制造装配人员	50011	21517	14890	4124	9480
五金制品制作装配人员	37343	17976	9176	2004	8187
船舶制造人员	34494	20447	14047		
其他机电产品装配人员	32293	23653	5562	1933	1145
机械设备修理人员	51467	28557	13274	4558	5078
机械设备维修人员	53065	27214	14814	5063	5974
仪器仪表修理工	55769	46808	5863	2468	630
其他机械设备修理人员	39435	25638	8566	2814	2417
电力设备安装、运行、检修及供电人员	51204	28107	15186	3979	3932

续 表

职 业	平均工资报酬	构 成			
		基本工资（类）	绩效奖金（类）	津补贴（类）	加班加点工资
电力设备安装人员	34448	24863	3033	3722	2830
发电运行值班人员	83747	23419	48563	6233	5532
输电、配电、变电设备值班人员	41238	20276	12906	3230	4826
电力设备检修人员	52314	41982	6198	2110	2024
供用电人员	51594	21235	10658	13805	5896
生产生活电力设备安装、操作、修理人员	48718	22424	17225	4018	5051
其他电力设备安装、运行、检修及供电人员	50883	31639	10851	5953	2440
电子元器件与设备制造、装配调试及维修人员	40216	27534	5623	2439	4620
电子器件制造人员	44702	31578	3829	2295	7000
电子元件制造人员	39267	32083	3152	3109	923
电子设备装配调试人员	36315	17712	11821	2259	4523
电子产品维修人员	41144	26504	5770	2892	5978
其他电子元器件与电子设备制造、装调维修人员	31157	24012	3937	1441	1767
橡胶塑料制品生产人员	44431	18299	16825	2206	7101
橡胶制品生产人员	45790	17727	19029	1706	7328
塑料制品加工人员	36618	19883	4933	5793	6009
其他橡胶和塑料制品生产人员	40309	23695	8459	2195	5960
纺织、针织、印染人员	38068	24284	8097	2042	3645
纤维预处理人员	38041	22763	1114	242	13922
纺纱人员	41452	26318	6343	4819	3972
织造人员	34030	26173	3028	1273	3556
针织人员	34486	24878	6755	882	1971
印染人员	39353	14596	22193	603	1961
其他纺织、针织、印染人员	39286	27131	5607	2517	4031
裁剪缝纫和皮革、毛皮制品加工制作人员	34889	25398	3667	2178	3646
裁剪缝纫工	35477	26193	3695	1794	3795
鞋帽制作工	31388	28379	693	1782	534
皮革、毛皮加工工	25964	22004	1965	953	1042
缝纫制品再加工人员	35635	20225	5750	5280	4380
其他裁剪缝纫和毛皮革制作工	31228	27078	296	1387	2467
粮油、食品、饮料生产加工及饲料生产加工人员	49451	26983	10564	3512	8392
制糖和糖制品加工人员	42787	23167	5576	1793	12251
乳品、冷冻食品及罐头、饮料制作人员	66952	25927	20090	6673	14262
食品添加剂及调味品制作人员	38750	33250	2500	2250	750

续 表

职业	平均工资报酬	构成			
		基本工资（类）	绩效奖金（类）	津补贴（类）	加班加点工资
粮油食品制作人员	98582	45358	34086	9036	10102
肉、蛋食品加工人员	26275	20829	2773	2443	230
其他粮油、食品、饮料及饲料生产加工人员	34051	26347	2942	1331	3431
烟草及其制品加工人员	67070	15720	46937	2569	1844
其他烟草及其制品加工人员	67070	15720	46937	2569	1844
药品生产人员	44248	26042	8799	2617	6790
合成药物制造人员	36871	10620	14371	7080	4800
生物技术制药人员	49415	22977	9936	8659	7843
药物制剂人员	44455	29256	5757	1481	7961
中药制药人员	49915	23026	19229	5629	2031
其他药品生产制造人员	39022	20698	13631	655	4038
木材加工、人造板生产及木材制品制作人员	38898	26522	3600	4553	4223
木材加工制作人员	40115	23288	2637	7437	6753
人造板生产人员	26200	18500	500	7200	
木材制品制作人员	39201	29943	7202	971	1085
其他木材加工、人造板生产及木制品制作工	36986	31037	3201	1146	1602
制浆、造纸和纸制品生产加工人员	39559	25478	5476	3131	5474
制浆人员	42011	27537	6298	7964	212
造纸人员	40243	26299	5944	7872	128
纸制品制作人员	39651	24752	5731	3026	6142
其他制浆、造纸和纸制品生产加工人员	38460	28933	3803	1608	4116
建筑材料生产加工人员	42719	28072	9383	2868	2396
水泥及水泥制品生产加工人员	38445	21928	6815	4969	4733
墙体屋面材料生产人员	52756	47076	2917	2533	230
建筑保温及吸音材料生产人员	21100	18000	1000	1000	1100
装饰石材生产人员	37004	27405	2750	3308	3541
非金属矿及其制品生产加工人员	34629	15918	14683	1491	2537
其他建筑材料生产加工人员	42679	20308	16328	1903	4140
玻璃、陶瓷、搪瓷及其制品生产加工人员	31674	27428	1094	823	2329
陶瓷制品生产人员	26795	22100		109	4586
搪瓷制品生产人员	30289	25935	1709	1189	1456
其他玻璃、陶瓷、搪瓷及其制品生产加工人员	36425	32603	1391	1048	1383
广播影视品制作、播放及文物保护作业人员	39196	20253	4078	9729	5136
影视制品制作人员	50500	20400	5200	22850	2050

续 表

职　业	平均工资报酬	构　成			
		基本工资（类）	绩效奖金（类）	津补贴（类）	加班加点工资
音像制品制作复制人员	43960	27320		16640	
电影放映人员	33245	18072	4854	2408	7911
印刷人员	41332	20198	8976	3902	8256
印前处理人员	38428	20827	8457	2422	6722
印刷操作人员	46165	21841	11856	3942	8526
印后制作人员	38980	18766	7022	4860	8332
其他印刷人员	32096	17499	4022	2226	8349
工艺、美术品制作人员	35285	20789	10707	1045	2744
珠宝首饰加工制作人员	30000	30000			
漆器工艺品制作人员	34331	32068	1270		993
金属工艺品制作人员	34711	20719	10505		3487
美术品制作人员	35038	24000	6000	2280	2758
其他工艺、美术品制作人员	37145	16512	15085	3876	1672
文化教育、体育用品制作人员	37577	22985	241	6515	7836
文教用品制作人员	28496	22678	57	8	5753
乐器制作人员	38261	23003	252	7002	8004
其他文化教育、体育用品制作人员	27999	23126	429	15	4429
建筑和工程施工人员	37694	28234	2743	3255	3462
土石方施工人员	46445	41544	4814	87	
砌筑人员	35567	35259	268	4	36
混凝土配置及制品加工人员	38908	34682	3298	557	371
钢筋加工人员	36981	36524	123	83	251
施工架子搭设人员	37437	37437			
工程防水工	37235	36271		705	259
装饰、装修、油漆工	30576	28451	1115	385	625
筑路、养护、维修人员	34922	20388	3722	3263	7549
机械电气工程设备安装工、管工	46150	27363	12309	3191	3287
其他工程施工人员	40302	26639	2203	6663	4797
运输设备操作人员及有关人员	45207	22874	14045	4402	3886
公（道）路运输机械设备操作及有关人员	45615	22463	14378	5001	3773
铁路、地铁运输设备操作及有关人员	61774	33953	13532	6565	7724
水上运输设备操作及有关人员	42036	19777	16333	1533	4393
起重装卸机械操作及有关人员	41532	22953	11976	2420	4183
其他运输设备操作人员	49606	25956	14743	5132	3775

续　表

职　业	平均工资报酬	构　成			
		基本工资（类）	绩效奖金（类）	津补贴（类）	加班加点工资
环境监测与废物处理人员	40556	19347	11418	4970	4821
环境监测人员	51025	29672	11839	5143	4371
海洋环境调查与监测人员	37537	22481	11941	877	2238
废物处理人员	41076	16776	12316	6047	5937
其他环境监测与废物处理人员	39672	27918	6207	3695	1852
检验、计量人员	42508	27318	8435	2913	3842
检验人员	43058	28287	7799	3042	3930
航天器检验测试人员	58200	19227	31175	6479	1319
计量人员	40032	27124	8204	2254	2450
其他检验、计量人员	37426	20923	10963	1748	3792
其他生产、运输设备操作人员及有关人员	35476	21827	6718	2310	4621
包装人员	36189	24106	5245	2943	3895
机泵操作人员	41531	31688	5300	1909	2634
简单体力劳动人员	34826	20449	7243	2159	4975

杭州市不同职业分性别、分学历劳动者平均工资报酬

单位：元/年

职　业	性　别		学　历				
	男	女	研究生（含博士、硕士）	大学本科	大学专科	高中、中专或技校	初中及以下学历
全　部	57368	43904	151621	79177	58384	45303	38159
单位负责人	99933	78884	204926	116382	84528	65130	55178
企业负责人	99933	78884	204926	116382	84528	65130	55178
企业董事	143596	112928	228671	163141	132606	84750	73484
企业经理	132715	124158	232956	156680	111275	79287	64264
企业职能部门经理或主管	92144	79351	173762	103442	81874	67910	58000
生产经营经理	99514	87228	199900	132735	99289	73137	66687
财务经理	100398	77468	223482	106728	75909	56145	47313
行政、人事经理	70784	71868	131434	82049	65514	56977	50032
人事经理	81443	91005	224409	108428	66341	45172	45450
销售和营销经理	89197	72844	191419	98329	75860	69671	57205
广告和公关经理	78560	79657	208266	81229	61323	61217	

续 表

职 业	性 别		学 历				
	男	女	研究生（含博士、硕士）	大学本科	大学专科	高中、中专或技校	初中及以下学历
采购经理	89644	63211	156531	115808	79266	69404	53459
计算机服务经理	129593	168844	358050	141140	106196	99001	
研究和开发经理	135742	108080	160499	143295	91545	62015	71715
餐厅、客房经理	66300	65769		81789	74652	60025	61779
客房经理	70116	52235		68861	62642	45060	
其他企业负责人	102090	78292	409954	116458	89270	52016	56704
其他企业管理人员	79843	59057	197226	103394	68821	53828	46587
专业技术人员	67311	54414	129380	73853	55906	46689	42137
科学研究人员	73698	50448	123928	50589	41326	30416	36011
工程技术人员	71254	62590	127695	78559	58368	49022	45589
农业技术人员	40980	40567	53287	47132	43345	31515	35740
经济业务人员	69771	52003	72921	64046	55181	46049	51324
金融业务人员	144551	90638	210423	118241	61630	67420	69718
新闻出版文化工作者	48671	52003	93778	50671	48947	47839	47495
其他专业技术人员	54703	43977	121495	68538	51333	44581	40682
办事人员	47168	42112	133271	55521	45355	41682	34751
行政办公人员	53851	44184	138917	59583	45014	41481	39706
安全保卫和消防人员	32994	29774		44751	51443	33786	30078
邮政和电信业务人员	47864	45654		57447	46223	44341	34597
其他办事人员和有关人员	46786	38770	99396	46219	45633	44719	34756
商业、服务业人员	55183	37976	126907	70520	56912	43823	34685
购销人员	72409	43124	135566	74791	64824	52185	34020
仓储人员	44518	36578	25200	56853	47441	41080	37205
餐饮服务人员	37851	30565		36445	41223	35498	32437
饭店、旅游及健身娱乐场所服务人员	31428	28818	20520	36450	33788	30057	26491
运输服务人员	55325	42198		49967	44293	50720	53522
医疗卫生辅助服务人员	36001	38427		56603	63926	31329	21753
社会服务和居民生活服务人员	35576	33117	105280	54242	45207	34776	26884
其他商业、服务业人员	41092	37374	120134	74068	45500	32322	25530
农林牧渔水利业生产工人	36359	32594		27624		35037	34720
种植业生产人员	45627	25800		24000		29520	46830
畜牧业生产人员	33305	31497				38440	31438

续 表

职业	性别		学历				
	男	女	研究生（含博士、硕士）	大学本科	大学专科	高中、中专或技校	初中及以下学历
渔业生产人员	24319	19978					23078
水利设施管理养护人员	38928	30722				38392	32536
其他农林牧渔水利业生产工人	33804	36632		31248		34071	36000
生产运输工人	44639	36773	69979	63850	52192	43429	38550
勘测及矿物开采工	50218	27829		43221	37419	48308	52697
金属冶炼轧制工	53675	48959	25466	76878	58317	55314	45421
化工产品生产人员	46524	40280	105309	78486	55095	48518	41421
机械制造加工人员	47079	37252	36547	60197	51044	47066	41839
机电产品装配工	46473	37124	452234	68180	50277	43290	39539
机械设备修理人员	51687	45923		74982	60632	51416	46664
电力设备安装、运行、检修及供电人员	52096	45582		82019	62837	48642	42977
电子元器件与设备制造、装配调试及维修人员	42585	37768		47792	44728	42771	31254
橡胶塑料制品生产人员	47192	36873	49727	42620	50837	47504	41795
纺织、针织、印染人员	39249	37194	63540	90410	57936	37624	37052
裁剪缝纫和皮革、毛皮制品加工制作人员	35499	34620	38500	39764	55141	34066	34616
粮油、食品、饮料生产加工机饲料生产加工人员	58172	37197		83601	82962	50165	37965
烟草及其制品加工人员	67961	61342			67313	71231	64542
药品生产人员	46149	42681	50730	48748	47483	44204	42052
木材加工、人造板生产及木材制品制作人员	40544	37405			33297	32815	39998
制浆、造纸和纸制品生产加工人员	42242	35884		88618	66773	38514	38341
建筑材料生产加工人员	43439	37425		42294	39728	41744	43324
玻璃、陶瓷、搪瓷及其制品生产加工人员	33442	27483			48562	34218	30720
广播影视品制作、播放及文物保护作业人员	39258	38906		43386	51700	40979	29184
印刷人员	45573	35480		69652	61164	41656	36863
工艺、美术品制作人员	38288	33814	30000	42105	37917	41861	34408
文化教育、体育用品制作人员	39077	37115		32465	34836	36569	38575
建筑和工程施工人员	38325	32573		49618	43480	36319	37617
运输设备操作人员及有关人员	45533	42474	60346	37489	54346	46817	43361
环境监测与废物处理人员	41568	37093		46948	42085	41224	39754
检验、计量人员	48859	38369	69466	62694	49669	41428	38000
其他生产、运输设备操作人员及有关人员	37126	33106	53033	53939	48130	35799	34468

杭州市不同职业分年龄段劳动者平均工资报酬

单位：元/年

职业	18—25岁	26—35岁	36—45岁	46—55岁	56岁及以上
总计	38565	53721	54892	53574	55738
单位负责人	42418	74599	103962	113701	115997
企业负责人	42418	74599	103962	113701	115997
企业董事	47719	95314	127020	154859	145377
企业经理	56011	96383	121789	157754	172966
企业职能部门经理或主管	43472	73085	105946	94971	88568
生产经营经理	49786	77674	102817	107675	118844
财务经理	35673	62693	97259	93056	98861
行政、人事经理	42527	57353	88964	86087	68576
人事经理	32240	69691	106826	127121	55752
销售和营销经理	43075	72004	107005	116265	86609
广告和公关经理	34298	62125	136229	125177	95965
采购经理	47491	80432	85331	93207	68779
计算机服务经理	44875	148801	134729	236378	168904
研究和开发经理	49114	115020	160558	152585	268451
餐厅、客房经理	46921	62826	74013	58383	71858
客房经理		55597	54432	68321	
其他企业负责人	33538	72552	94693	135253	172819
其他企业管理人员	39366	65840	85250	74949	69597
专业技术人员	42828	65005	70617	64984	59769
科学研究人员	27591	56698	114441	141394	128010
工程技术人员	45285	70652	80592	75133	70435
经济业务人员	41217	55860	66139	67311	79943
金融业务人员	60333	115112	165778	149911	30800
新闻出版文化工作者	43310	48275	74306	76651	117394
其他专业技术人员	39689	55348	53160	46889	45680
办事人员	34832	45895	48603	44662	42856
行政办公人员	35009	47629	57241	51460	55629
安全保卫和消防人员	31935	35292	32613	31444	30976
邮政和电信业务人员	41918	45190	60423	40339	60608
其他办事人员和有关人员	34741	44697	43546	44976	41847
商业、服务业人员	37716	52054	48114	41870	39430

续 表

职 业	18—25 岁	26—35 岁	36—45 岁	46—55 岁	56 岁及以上
购销人员	41787	61070	64357	58272	60531
仓储人员	38724	43127	40693	40467	40179
餐饮服务人员	29962	34913	35588	34871	36586
饭店、旅游及健身娱乐场所服务人员	30230	31466	28491	28578	26514
运输服务人员	40573	47407	53603	53543	54910
医疗卫生辅助服务人员	36004	35690	46755	25613	34747
社会服务和居民生活服务人员	36308	40151	32841	29110	30542
其他商业、服务业人员	36786	45551	34386	33228	30126
农林牧渔水利业生产工人	30717	33081	34355	33440	41308
种植业生产人员	26865	26952	43734	36759	56804
畜牧业生产人员	27697	35484	32513	32110	29686
渔业生产人员	32700	21890	21267		
水利设施管理养护人员		34192	36036		
其他农林牧渔水利业生产工人	35608	34118	36479	33048	
生产运输工人	38156	43517	42081	40690	41774
勘测及矿物开采工	30461	49949	55247	46030	65021
金属冶炼轧制工	46968	52942	54587	50416	54717
化工产品生产人员	44123	48824	44632	42472	39919
机械制造加工人员	41045	48991	44997	41554	40654
机电产品装配工	38266	43743	44162	46743	49681
机械设备修理人员	41732	52637	54721	51390	53963
电力设备安装、运行、检修及供电人员	40181	52121	56657	50686	53423
电子元器件与设备制造、装配调试及维修人员	38251	43623	36511	44052	37060
橡胶塑料制品生产人员	43094	46630	43363	42167	43219
纺织、针织、印染人员	36534	39183	38727	36099	36447
裁剪缝纫和皮革、毛皮制品加工制作人员	34113	35232	35877	32814	32156
粮油、食品、饮料生产加工及饲料生产加工人员	46651	52063	48123	44320	48895
烟草及其制品加工人员	63421	71748	70578	64787	64232
药品生产人员	42979	44438	43624	45837	45881
木材加工、人造板生产及木材制品制作人员	33240	35764	39327	41582	72426
制浆、造纸和纸制品生产加工人员	40499	44225	41736	36860	31815
建筑材料生产加工人员	34343	45441	44273	39871	36592
玻璃、陶瓷、搪瓷及其制品生产加工人员	33124	33953	32539	29679	28889

续 表

职 业	18—25 岁	26—35 岁	36—45 岁	46—55 岁	56 岁及以上
广播影视品制作、播放及文物保护作业人员	31560	45005	37377	35729	33602
印刷人员	39427	45188	39770	34575	38192
工艺、美术品制作人员	36947	35977	33231	29807	
文化教育、体育用品制作人员	33897	37020	39563	40117	26300
建筑和工程施工人员	37896	37604	37398	38527	36139
运输设备操作人员及有关人员	39616	42580	45329	46521	53201
环境监测与废物处理人员	34506	41318	39939	41549	40179
检验、计量人员	38578	44426	40810	44578	52532
其他生产、运输设备操作人员及有关人员	33446	36409	36927	34924	33385

杭州市管理、技术、技能岗位分参加工作时间劳动者平均工资报酬

单位：元/年

参加工作时间 岗位等级	全部	1—5 年	6—10 年	11—15 年	16—20 年	21 年及以上
全 部	52031	42811	53544	63792	72237	67089
管理岗位级别	66500	45753	61039	80489	101120	99235
高级管理岗	127774	81176	90240	113603	154527	188184
一级部门管理岗	84393	63949	74457	91871	110752	109614
二级部门管理岗	50595	36653	50181	66377	89930	80834
其他管理岗	43520	37564	46281	52518	59628	48174
专业技术职称	62941	52311	67783	76174	81234	76494
高级职称	94586	61618	88340	100119	104379	114486
中级职称	84863	65015	83368	95788	98358	87604
初级职称	58080	48997	63159	70891	77581	64798
没有取得专业技术职务	57321	52179	63573	64461	65825	60941
职业技能等级	43440	39453	45988	50005	51520	47417
高级技师	58874	35903	60563	66669	67449	62086
技师	53359	34176	52457	64369	66643	61622
高级技能	54348	42492	54361	56384	64201	54765
中级技能	53190	42210	51750	53778	60287	61101
初级技能	43828	39087	46569	51153	50945	47895
没有取得资格证书	42496	39428	45472	49016	48814	43140

杭州市管理、技术、技能岗位平均工时、平均工资报酬及构成

单位：元/年

岗位等级	平均周工时（小时/周）	平均工资报酬	构成			
			基本工资（类）	绩效奖金（类）	津补贴（类）	加班加点工资
全 部	43	52031	30199	14817	3670	3345
管理岗位级别	42	66500	40332	19095	4796	2277
高级管理岗	41	127774	74532	42706	8609	1927
一级部门管理岗	42	84393	50173	26495	5494	2231
二级部门管理岗	42	50595	33244	11545	3694	2112
其他管理岗	42	43520	27259	10133	3711	2417
专业技术职称	41	62941	37156	19640	3987	2158
高级职称	40	94586	47243	39735	6109	1499
中级职称	40	84863	45954	32138	5064	1707
初级职称	41	58080	33056	19259	3852	1913
没有取得专业技术职务	42	57321	36368	14869	3607	2477
职业技能等级	44	43440	24382	11811	3157	4090
高级技师	42	58974	38263	18568	6508	4935
技师	43	58359	35239	16560	3651	2909
高级技能	42	55348	35332	13482	2457	3077
中级技能	43	54190	34355	12369	3669	3797
初级技能	44	43828	26767	8830	4153	4078
没有取得资格证书	45	42496	23187	12190	2982	4137

杭州市不同学历分性别、分年龄劳动者平均工资报酬

单位：元/年

学历和性别	合计	18—25岁	26—35岁	36—45岁	46—55岁	56岁及以上
全 部	52031	38565	53721	54892	53574	55738
研究生（含博士、硕士）	151621	80884	116936	197218	261772	320525
大学本科	79177	46013	69473	118968	136939	151042
大学专科	58384	39458	53396	74076	87706	98740
高中、中专或技校	45303	37063	45541	48222	49839	55622
初中及以下学历	38159	35544	37789	38539	38178	40153

续 表

学历和性别	合计	18—25 岁	26—35 岁	36—45 岁	46—55 岁	56 岁及以上
男	57368	40187	58974	62685	58662	56368
研究生(含博士、硕士)	164498	59661	127674	198285	274368	267982
大学本科	86652	48057	75179	126084	140800	155865
大学专科	64909	41901	58831	81629	93998	98931
高中、中专或技校	49277	38822	50121	53213	51969	56899
初中及以下学历	41237	36095	40715	42940	40949	40945
女	43904	36419	45888	44803	43793	48704
研究生(含博士、硕士)	123619	103623	97875	194120	198222	1038608
大学本科	66985	43568	60635	105231	123482	105228
大学专科	48720	36594	45761	61829	74177	96288
高中、中专或技校	38254	34453	37525	39880	44914	40383
初中及以下学历	34161	34846	34338	34278	33620	31623

杭州市分用工形式、参加工会情况和性别劳动者平均工时、平均工资报酬

单位：元/年

用工形式/参加工会情况/性别	平均周工时(小时/周)	平均工资报酬	构成			
			基本工资(类)	绩效工资(类)	津补贴(类)	加班加点工资
总　计	43	52031	30197	14817	3670	3345
一、用工形式	43	52031	30197	14817	3670	3345
(一)劳动合同类型	43	52639	30529	15130	3711	3266
1. 固定期限	43	50277	29537	13984	3543	3212
2. 无固定期限	43	71478	38171	24451	5090	3766
3. 以完成一定工作任务为期限	44	41085	34729	3820	1769	765
(二)劳务派遣工	47	36223	21560	6670	2605	5386
二、参加工会情况	43	52031	30197	14817	3670	3345
1. 工会会员	43	54796	30558	17144	3605	3489
2. 非工会会员	44	45510	29348	9331	3826	3004
三、性别	43	52031	30197	14817	3670	3345
1. 男	43	57368	32110	17451	4067	3738
2. 女	43	43904	27285	10805	3067	2746

杭州市分登记注册类型、企业规模劳动者平均工资报酬及构成

单位：元/年

登记注册类型/企业规模	平均工资报酬	构成			
		基本工资（类）	绩效工资（类）	津补贴（类）	加班加点工资
总　计	52031	30197	14817	3670	3345
一、登记注册类型	52032	30198	14818	3670	3344
内资企业	50620	29573	15354	3246	2446
国有	64826	35273	24303	2514	2734
集体	34888	23707	2283	8556	340
股份合作	40913	24496	8511	7440	466
联营企业	28024	21595		2919	3508
有限责任公司	48164	29776	13162	2860	2364
股份有限公司	59534	26638	23523	5858	3513
私营企业	43535	29465	9783	2437	1848
其他企业	74246	24199	42872	5232	1942
港、澳、台商投资企业	49390	30023	9928	3380	6059
合资经营企业（港或澳、台资）	48805	25913	12677	4279	5934
合作经营企业（港或澳、台资）	62639	42817	16179	1983	1659
港、澳、台商独资经营企业	49264	32170	7552	2837	6704
港、澳、台商投资股份有限公司	53315	44976	6519	550	1269
外商投资企业	60596	33383	15178	5935	6098
中外合资经营企业	59334	28138	20663	4345	6187
中外合作经营企业	52915	43397		9518	
外资企业	64412	41051	10037	7745	5577
外商投资股份有限公司	46151	27305	2401	7522	8922
二、企业规模	51518	29828	14629	3676	3384
1．大型企业	61627	31481	22714	3583	3848
2．中型企业	51581	29887	13766	4324	3603
3．小型企业	44529	28565	9789	3217	2957
4．微型企业	37542	28553	6179	1736	1072

宁波市人力资源市场工资指导价位

宁波市全日制就业人员工资指导价位

单位：元/人·年

序号	工　种	高位数	中位数	低位数	平均数
1	企业董事	406000	100000	45000	171133
2	企业经理	437286	107364	44816	186479
3	企业职能部门经理或主管	245400	72000	38200	128789
4	生产经营经理	260331	86400	41500	121241
5	财务经理	197444	70690	35720	102131
6	行政、人事经理	168895	62100	34650	89448
7	人事经理	251209	76699	34702	118837
8	销售和营销经理	184889	58000	31893	89320
9	广告和公关经理	132000	53120	26592	62911
10	采购经理	116230	51360	32983	66619
11	计算机服务经理	289389	88661	31200	133136
12	研究和开发经理	206398	84000	44515	106361
13	餐厅、客房经理	124850	75000	35600	81619
14	客房经理	110960	63000	22200	64542
15	其他企业负责人	200538	75921	35000	121905
16	其他企业管理人员	159124	52067	28581	78339
17	化学研究人员	170000	75000	50000	131093
18	医学研究人员	99410	47743	23492	55913
19	地质勘探工程技术人员	296469	45802	23496	114878
20	测绘工程技术人员	55313	42000	34712	45090
21	石油工程技术人员	73185	44449	27195	47563
22	冶金工程技术人员	118457	51120	43200	69891
23	化工工程技术人员	166029	91289	28610	93942
24	机械工程技术人员	123691	55762	33356	68561
25	电子工程技术人员	82027	59160	42865	62150
26	通信工程技术人员	100000	61206	36615	69887
27	计算机与应用工程技术人员	119453	57940	30000	67828

续 表

序号	工 种	高位数	中位数	低位数	平均数
28	电气工程技术人员	136953	67226	35640	79777
29	电力工程技术人员	139853	40800	26400	65006
30	交通工程技术人员	187000	98000	35680	102325
31	建筑工程技术人员	98500	46440	24408	61934
32	建材工程技术人员	79285	42700	22400	48815
33	水利工程技术人员	84722	49000	42000	58645
34	水产工程技术人员	60808	46243	30000	46178
35	纺织工程技术人员	61235	34895	28178	42616
36	食品工程技术人员	82800	54710	41591	58861
37	环境保护工程技术人员	145719	81679	39858	88628
38	安全工程技术人员	126507	91972	40002	87902
39	标准化、计量、质量工程技术人员	101824	42506	30072	53822
40	工业管理工程技术人员	147474	68520	33963	83749
41	其他工程技术人员	110009	46800	26000	59342
42	船舶指挥和引航人员	345626	158922	88711	189142
43	其他飞机和船舶技术人员	117082	102372	34722	85848
44	经济计划人员	122279	54765	27490	71895
45	统计人员	96247	36660	25370	50151
46	会计人员	118846	45999	27270	64180
47	审计人员	124935	51740	27499	71181
48	国际商务人员	91785	40829	25744	52144
49	房地产业务人员	100414	59112	24858	55119
50	其他经济业务人员	155065	99726	33679	98621
51	银行业务人员	322755	144478	72280	180051
52	保险业务人员	424228	88440	43118	171801
53	证券业务人员	496068	156234	36669	231754
54	其他金融业务人员	441485	115200	28415	187819
55	编辑	124567	61850	32000	71934
56	翻译	100407	44487	19800	60002
57	图书资料与档案业务人员	107852	56240	37850	67588
58	其他专业技术人员	87300	38698	26400	50463
59	行政业务人员	111785	53934	28742	64993
60	行政事务人员	78635	40849	24360	47918
61	其他行政办公人员	140193	44500	25320	86082
62	治安保卫人员	42676	25624	21077	29785
63	消防人员	97664	40041	25935	55739

续 表

序号	工 种	高位数	中位数	低位数	平均数
64	其他安全保卫和消防人员	45113	28965	20763	32292
65	邮政业务人员	70154	40864	25640	44950
66	电信业务人员	42507	39726	24000	36460
67	电信通信传输业务人员	43505	31884	21399	32184
68	其他邮政电信业务人员	72396	36434	21600	46608
69	营业人员	46489	28280	22480	32544
70	推销、展销人员	78792	36626	19600	46204
71	采购人员	66743	38974	26400	44548
72	拍卖、典当及租赁业务人员	114444	74700	25800	74248
73	废旧物资回收利用人员	32798	29007	17640	26643
74	其他购销人员	111090	49063	28400	65137
75	保管人员	71110	32696	21720	39693
76	储运人员	64200	39330	26118	43560
77	其他仓储人员	59528	38508	25222	41363
78	中餐烹饪人员	69830	36000	22462	41476
79	西餐烹饪人员	50417	34902	25010	38845
80	调酒和茶艺人员	42000	26580	22800	29099
81	餐厅服务员、厨工	40000	30000	19800	30945
82	其他餐饮服务人员	43026	25200	20220	30041
83	饭店服务人员	39300	27870	19224	28827
84	旅游及公共游览场所服务员	36024	21185	17640	24630
85	健身娱乐场所服务员	43200	21600	20400	26809
86	其他饭店、旅游及健身娱乐场所服务人员	37200	22500	20400	26127
87	公路道路运输服务人员	60318	45082	26844	44563
88	铁路客货运输服务人员	72872	64735	41514	62837
89	航空运输服务人员	102356	35592	21024	50781
90	水上运输服务人员	106634	58682	26080	61001
91	其他运输服务人员	99305	80653	18392	66543
92	医疗卫生辅助服务人员	39487	20800	19800	28102
93	社会中介服务人员	50467	33255	26075	38179
94	物业管理人员	44592	28500	17640	30993
95	供水供热人员、锅炉工	88862	48411	33519	57203
96	洗染、织补人员	57846	33654	26400	37109
97	日用机电产品维修人员	56919	37785	27794	39497
98	办公设备维修人员	57924	29025	19200	33676
99	环境卫生人员	38598	22124	17926	25996

续 表

序号	工　种	高位数	中位数	低位数	平均数
100	其他社会服务和居民生活服务人员	75571	46393	25193	49760
101	其他商业、服务业人员	45451	25025	17640	28821
102	园艺作物生产人员	79651	61080	21600	49704
103	家畜饲养人员	43371	37534	34365	38338
104	家禽饲养人员	29507	26158	25934	26812
105	其他畜牧业生产人员	44600	34400	27800	34600
106	水产品加工人员	33720	30000	17640	27016
107	其他水利设施管理养护人员	64715	58351	44265	57892
108	地质勘查人员	57553	36088	22034	37514
109	矿物处理人员	72068	59622	54401	61851
110	炼铁人员	70736	59622	48000	59722
111	炼钢人员	74494	57204	28975	53109
112	铁合金冶炼人员	40500	35000	32000	36142
113	重有色金属冶炼人员	52456	38624	28657	40444
114	轻有色金属冶炼人员	37384	29087	27402	31175
115	金属轧制工	91344	53579	32000	60222
116	硬质合金生产人员	34716	27695	24353	28705
117	其他金属冶炼、轧制工	68408	38943	32237	46748
118	化工产品生产通用工艺人员	147901	107622	31530	95691
119	石油炼制生产人员	141952	111965	91352	114692
120	煤化工生产人员	65511	56151	34027	52226
121	化学肥料生产人员	40434	37444	29270	35875
122	无机化工产品生产人员	41745	39021	37207	41817
123	合成树脂生产人员	88246	76231	27600	64629
124	化学纤维生产人员	39360	26453	21860	29656
125	精细化工产品生产人员	51678	43822	29820	43004
126	复合材料加工人员	49150	33231	25712	35801
127	其他化工产品生产人员	50138	36200	23992	36626
128	机械冷加工	71357	39000	25920	43498
129	机械热加工人员	58865	40582	26983	42709
130	特种加工设备操作人员	107497	62937	36454	73926
131	冷作钣金加工人员	76925	44023	30000	48907
132	工件表面处理加工人员	59554	37629	25738	39775
133	磨料磨具制造加工人员	59110	39120	30000	42137
134	其他机械制造加工人员	49711	33462	21200	35438
135	基础件、部件装配人员	85662	34805	23586	45331

续 表

序号	工 种	高位数	中位数	低位数	平均数
136	机械设备装配人员	82757	46933	24920	51643
137	动力设备装配人员	48784	39406	27875	39600
138	电气元件及设备装配工	61033	34800	21028	38003
139	电子专用设备装配调试人员	67260	40438	24528	43420
140	仪器仪表装配人员	47312	31194	24360	34075
141	运输车辆装配工	90589	32982	26870	41282
142	医疗器械装配及假肢与矫形器制作人员	56166	43096	37348	45029
143	日用机械电器制造装配人员	47816	33937	24920	36052
144	五金制品制作装配人员	43481	33801	19530	33060
145	船舶制造人员	88766	60146	42572	64135
146	其他机电产品装配人员	50095	37451	30780	38203
147	机械设备维修人员	76045	45169	26311	48981
148	仪器仪表修理工	105484	69664	47929	73538
149	其他机械设备修理人员	59800	36999	28089	42143
150	电力设备安装人员	67129	45395	30470	48802
151	发电运行值班人员	141588	90160	43585	92230
152	输电、配电、变电设备值班人员	142476	113456	27501	94800
153	电力设备检修人员	144678	113304	37879	97684
154	供用电人员	120235	46736	30984	58644
155	生产生活电力设备安装、操作、修理人员	105460	49335	29507	61017
156	其他电力设备安装、运行、检修及供电人员	62781	51673	34320	53006
157	电子器件制造人员	50081	41087	22680	39658
158	电子元件制造人员	39300	28680	20614	29364
159	电池制造人员	40573	33225	21564	31983
160	电子设备装配调试人员	47219	33000	24996	36464
161	电子产品维修人员	50794	39644	26640	39704
162	其他电子元器件与电子设备制造、装调维修人员	155904	149471	21200	95343
163	橡胶制品生产人员	48732	32700	25862	37527
164	塑料制品加工人员	45000	33361	22420	33913
165	其他橡胶和塑料制品生产人员	53095	33889	21500	37218
166	纤维预处理人员	47772	31320	23334	34914
167	纺纱人员	43554	32163	26227	33863
168	织造人员	50414	36000	29256	43979
169	针织人员	48209	30019	17640	32824
170	印染人员	48963	34199	27600	36740
171	其他纺织、针织、印染人员	44003	30656	26209	33555
172	裁剪缝纫工	47295	33654	25685	36984
173	皮革、毛皮加工工	70682	54902	46743	59332

续 表

序号	工 种	高位数	中位数	低位数	平均数
174	缝纫制品再加工人员	52230	34001	20610	35169
175	其他裁剪缝纫和毛皮革制作工	52320	34830	22332	37306
176	粮油生产加工人员	56880	40932	28968	40802
177	乳品、冷冻食品及罐头、饮料制作人员	50448	36056	31262	40398
178	粮油食品制作人员	44748	34635	31486	36961
179	肉、蛋食品加工人员	35704	29540	28169	30336
180	其他粮油、食品、饮料及饲料生产加工人员	58735	23932	20360	29936
181	生物技术制药人员	49940	40820	36620	42136
182	药物制剂人员	32513	28559	24231	28430
183	其他药品生产制造人员	46700	36140	33740	38298
184	木材加工制作人员	38000	34000	23149	32402
185	木材制品制作人员	43000	31056	20622	31608
186	其他木材加工、人造板生产及木制品制作工	34800	30000	24000	28845
187	制浆人员	68555	50000	36445	51694
188	造纸人员	72853	43290	30716	47602
189	纸制品制作人员	45053	31223	23394	33416
190	其他制浆、造纸和纸制品生产加工人员	32393	27420	17640	26127
191	水泥及水泥制品生产加工人员	65620	45496	35613	48229
192	装饰石材生产人员	53024	45967	44151	47559
193	其他建筑材料生产加工人员	57490	39526	20692	42725
194	陶瓷制品生产人员	36979	31202	23128	30686
195	印前处理人员	58328	42643	22800	41376
196	印刷操作人员	58051	43494	27720	43601
197	印后制作人员	39770	26045	19200	27172
198	其他印刷人员	47228	30850	19221	33419
199	玩具制作人员	33499	25296	24648	26790
200	金属工艺品制作人员	59737	37085	34500	41502
201	文教用品制作人员	51461	38608	25226	38911
202	体育用品制作人员	41600	35600	30600	36228
203	其他文化教育、体育用品制作人员	39004	29206	21125	30318
204	土石方施工人员	63545	40000	35000	47247
205	砌筑人员	43884	40000	35400	40372
206	混凝土配置及制品加工人员	48074	40000	25072	37975
207	钢筋加工人员	41000	35192	25012	34115
208	施工架子搭设人员	60774	40000	25000	46442
209	工程防水工	55000	40000	24050	37096
210	装饰、装修、油漆工	46000	40000	24050	35883
211	机械电气工程设备安装工、管工	58279	44550	33146	45878

续 表

序号	工 种	高位数	中位数	低位数	平均数
212	其他工程施工人员	113062	58396	24000	65794
213	公(道)路运输机械设备操作及有关人员	72226	46800	28356	49915
214	铁路、地铁运输设备操作及有关人员	109845	82395	64353	81777
215	水上运输设备操作及有关人员	112444	69238	41754	77178
216	起重装卸机械操作及有关人员	115232	64751	33288	74130
217	其他运输设备操作人员	121078	47929	31901	61997
218	环境监测人员	84298	70869	42447	65933
219	废物处理人员	55820	33707	23178	37430
220	检验人员	58336	34452	25527	40667
221	计量人员	90951	47326	27186	52172
222	其他检验、计量人员	50000	30000	25000	35176
223	包装人员	47923	31476	22643	34239
224	机泵操作人员	93354	32000	17640	40782
225	简单体力劳动人员	48220	33402	23300	35566

宁波市不同国民经济行业工资指导价位

一、农、林、牧、渔业

单位：元/人·年

序号	工 种	高位数	中位数	低位数	平均数
1	企业经理	87200	58400	32712	63156
2	销售和营销经理	70750	57359	46400	57729
3	其他企业管理人员	71000	56910	37022	79791
4	水产工程技术人员	42000	31500	28000	33250
5	食品工程技术人员	82800	55250	36000	57325
6	其他工程技术人员	54800	45800	30000	43178
7	会计人员	56000	45250	24408	43085
8	其他专业技术人员	72100	38300	32900	44160
9	行政业务人员	43240	39000	31073	37771
10	行政事务人员	44000	35146	28400	35444
11	其他行政办公人员	45268	31748	25887	32955
12	推销、展销人员	58918	49682	40483	48185
13	其他购销人员	38000	24200	21200	26600
14	保管人员	38600	34202	31200	34033
15	家畜饲养人员	43371	37534	34365	38338
16	其他畜牧业生产人员	44600	34400	27800	34600

续 表

序号	工　种	高位数	中位数	低位数	平均数
17	水产品加工人员	31500	30000	25000	28555
18	乳品、冷冻食品及罐头、饮料制作人员	50448	36056	31262	40398
19	检验人员	43783	35869	31315	36853
20	简单体力劳动人员	36267	30804	25659	31138

二、制造业

单位：元/人·年

序号	工　种	高位数	中位数	低位数	平均数
1	企业董事	393200	100898	48000	164444
2	企业经理	282615	91096	43216	132274
3	企业职能部门经理或主管	142062	64629	38336	83515
4	生产经营经理	257616	71342	38000	107248
5	财务经理	138800	62400	34853	81111
6	行政、人事经理	119523	54320	31200	70749
7	人事经理	135000	62500	33600	75950
8	销售和营销经理	125009	50000	29370	74107
9	广告和公关经理	78199	33729	26386	48253
10	采购经理	106279	50000	34000	63872
11	计算机服务经理	179960	77499	30108	101430
12	研究和开发经理	218040	87000	45000	111250
13	其他企业负责人	150000	58330	32680	87502
14	其他企业管理人员	127829	50000	28690	66859
15	测绘工程技术人员	56137	44574	34908	44993
16	石油工程技术人员	72574	40241	25937	44187
17	冶金工程技术人员	118457	51204	43305	70005
18	化工工程技术人员	163788	94581	36200	97761
19	机械工程技术人员	115365	54000	30956	64890
20	电子工程技术人员	81680	59160	43042	62064
21	通信工程技术人员	250000	89700	17640	142697
22	计算机与应用工程技术人员	119400	55542	31950	65952
23	电气工程技术人员	136953	55589	34127	73274
24	电力工程技术人员	80000	42420	25989	47676
25	交通工程技术人员	87475	41444	27000	51391
26	建筑工程技术人员	147396	90964	29030	85845
27	建材工程技术人员	99782	57243	24000	62024

续 表

序号	工 种	高位数	中位数	低位数	平均数
28	纺织工程技术人员	61075	33858	27799	42176
29	环境保护工程技术人员	133694	78338	45175	82009
30	安全工程技术人员	130152	100285	41800	95998
31	标准化、计量、质量工程技术人员	102531	41096	29504	52477
32	工业管理工程技术人员	112500	55111	32280	65762
33	其他工程技术人员	91000	54870	30010	59673
34	经济计划人员	113237	32325	26574	48423
35	统计人员	62273	34112	25167	40514
36	会计人员	73608	39600	26400	46649
37	审计人员	115544	43200	32210	57517
38	国际商务人员	85628	38816	25744	48373
39	其他经济业务人员	119969	72199	30000	73537
40	编辑	124567	108562	98471	110040
41	翻译	119558	45550	20827	63776
42	图书资料与档案业务人员	97817	68335	32359	66200
43	其他专业技术人员	61223	35755	26602	41746
44	行政业务人员	77404	44591	26503	49226
45	行政事务人员	64000	38755	26399	43386
46	其他行政办公人员	68100	37272	24000	44022
47	治安保卫人员	53960	28015	21077	34063
48	消防人员	112054	81934	29125	74564
49	其他安全保卫和消防人员	45074	29173	21450	31409
50	推销、展销人员	79968	37766	19600	46244
51	采购人员	66158	38800	27200	45161
52	其他购销人员	88820	43720	19740	58485
53	保管人员	53908	32434	23700	36229
54	储运人员	57989	39145	26677	41242
55	其他仓储人员	48328	34501	25000	35365
56	其他运输服务人员	52182	31032	23178	34941
57	供水供热人员、锅炉工	97407	65695	26526	59420
58	洗染、织补人员	57846	33965	26400	37294
59	办公设备维修人员	63502	47431	28932	45766
60	环境卫生人员	36151	23772	17640	26119
61	水产品加工人员	35400	30000	17640	25995
62	地质勘查人员	36324	27136	21964	29131
63	矿物处理人员	69206	59270	54401	60378

续 表

序号	工 种	高位数	中位数	低位数	平均数
64	炼铁人员	70736	59622	48000	59722
65	炼钢人员	74494	57204	28975	53109
66	铁合金冶炼人员	40500	35000	32000	36142
67	重有色金属冶炼人员	52456	38624	28657	40444
68	轻有色金属冶炼人员	37384	29087	27402	31175
69	金属轧制工	91394	53589	32000	60247
70	硬质合金生产人员	34716	27695	24353	28705
71	其他金属冶炼、轧制工	68408	38943	32237	46748
72	化工产品生产通用工艺人员	149832	111831	40441	102516
73	石油炼制生产人员	141952	111965	91352	114692
74	煤化工生产人员	67881	57810	54138	58452
75	化学肥料生产人员	40554	38693	35788	37567
76	无机化工产品生产人员	41745	39021	37439	41920
77	合成树脂生产人员	91778	79076	63746	77396
78	化学纤维生产人员	39360	26453	21860	29656
79	精细化工产品生产人员	51678	43822	29820	43004
80	复合材料加工人员	49150	33231	25712	35801
81	其他化工产品生产人员	50138	36200	23992	36626
82	机械冷加工	71353	38740	25838	43140
83	机械热加工人员	54816	39776	26683	40811
84	特种加工设备操作人员	60777	47085	30559	46891
85	冷作钣金加工人员	53381	39092	30000	40527
86	工件表面处理加工人员	59555	37599	25323	39811
87	磨料磨具制造加工人员	59097	39060	30000	42093
88	其他机械制造加工人员	49701	33600	21200	35324
89	基础件、部件装配人员	86038	35133	24611	46290
90	机械设备装配人员	82937	47165	24920	51838
91	动力设备装配人员	48488	38866	27761	38305
92	电气元件及设备装配工	61033	34800	21028	38049
93	电子专用设备装配调试人员	67260	48800	26065	47077
94	仪器仪表装配人员	47401	31032	23572	33973
95	运输车辆装配工	41746	30456	26487	32999
96	医疗器械装配及假肢与矫形器制作人员	56166	43096	37348	45029
97	日用机械电器制造装配人员	47816	33937	24920	36054
98	五金制品制作装配人员	44797	35614	24960	34976
99	船舶制造人员	88766	60146	42572	64135

续 表

序号	工　种	高位数	中位数	低位数	平均数
100	其他机电产品装配人员	50095	37451	30780	38203
101	机械设备维修人员	62668	40697	25134	43647
102	仪器仪表修理工	106003	70935	49117	74234
103	其他机械设备修理人员	58700	36000	27744	40191
104	电力设备安装人员	67434	55686	35831	52173
105	发电运行值班人员	134636	89741	55154	93752
106	输电、配电、变电设备值班人员	45157	29270	23500	32419
107	电力设备检修人员	63279	47664	28951	47199
108	供用电人员	38520	34620	28584	36289
109	生产生活电力设备安装、操作、修理人员	70685	39765	26300	45748
110	其他电力设备安装、运行、检修及供电人员	63701	51659	31200	53136
111	电子器件制造人员	50375	42048	35217	42219
112	电子元件制造人员	39300	28778	20584	29395
113	电池制造人员	40573	33225	21564	31983
114	电子设备装配调试人员	43500	31450	24996	32176
115	电子产品维修人员	50794	39644	26640	39704
116	其他电子元器件与电子设备制造、装调维修人员	155904	149471	21200	95343
117	橡胶制品生产人员	48000	31967	25811	34856
118	塑料制品加工人员	45000	33305	22420	33869
119	其他橡胶和塑料制品生产人员	53095	33889	21500	37218
120	纤维预处理人员	47772	31320	23334	34914
121	纺纱人员	43554	32163	26227	33863
122	织造人员	50414	36000	29340	44015
123	针织人员	48209	30019	17640	32824
124	印染人员	48963	34199	27600	36740
125	其他纺织、针织、印染人员	43691	30648	26209	33522
126	裁剪缝纫工	47200	33656	25687	36972
127	皮革、毛皮加工工	70682	54902	46743	59332
128	缝纫制品再加工人员	52651	33515	20592	34971
129	其他裁剪缝纫和毛皮革制作工	43152	27600	18496	29819
130	粮油生产加工人员	56880	40932	28968	40802
131	粮油食品制作人员	44748	34635	31486	36961
132	其他粮油、食品、饮料及饲料生产加工人员	58735	23932	20360	29936
133	生物技术制药人员	49940	40820	36620	42136

续 表

序号	工 种	高位数	中位数	低位数	平均数
134	药物制剂人员	32513	28559	24231	28430
135	其他药品生产制造人员	46700	36140	33740	38298
136	木材加工制作人员	38000	34000	23149	32402
137	木材制品制作人员	43000	30643	20622	31533
138	其他木材加工、人造板生产及木制品制作工	34800	30000	24000	28845
139	制浆人员	68555	50000	36445	51694
140	造纸人员	72853	43290	30716	47602
141	纸制品制作人员	45438	28498	22741	32559
142	其他制浆、造纸和纸制品生产加工人员	32523	27431	18305	26497
143	水泥及水泥制品生产加工人员	65885	45469	35886	48516
144	装饰石材生产人员	53024	45967	44151	47559
145	陶瓷制品生产人员	36523	27801	22405	28481
146	印前处理人员	59760	43668	25418	42861
147	印刷操作人员	58051	43496	27720	43620
148	印后制作人员	39976	26100	20000	27338
149	其他印刷人员	47228	30850	19221	33419
150	玩具制作人员	33499	25296	24648	26790
151	金属工艺品制作人员	59737	37085	34500	41502
152	文教用品制作人员	51461	38608	25226	38911
153	其他文化教育、体育用品制作人员	38992	29192	21125	30239
154	混凝土配置及制品加工人员	58002	45896	33917	46168
155	机械电气工程设备安装工、管工	57600	38000	26634	40395
156	公(道)路运输机械设备操作及有关人员	72473	40826	27364	46834
157	铁路、地铁运输设备操作及有关人员	109845	82395	64353	81777
158	起重装卸机械操作及有关人员	70872	37150	25200	42296
159	其他运输设备操作人员	52731	37512	25140	39196
160	环境监测人员	84298	71163	34965	62016
161	废物处理人员	58254	34128	26960	38497
162	检验人员	57384	34332	25404	40233
163	计量人员	74154	43209	26682	46646
164	其他检验、计量人员	42466	28011	24000	31679
165	包装人员	48047	31794	22643	34421
166	机泵操作人员	43681	28697	17640	31304
167	简单体力劳动人员	46205	33475	23777	34553

三、电力、热力、燃气气及水生产和供应业

单位：元/人·年

序号	工　种	高位数	中位数	低位数	平均数
1	企业经理	536083	184896	72074	262823
2	企业职能部门经理或主管	238378	139700	68699	148245
3	生产经营经理	268208	184419	40350	157420
4	销售和营销经理	104659	86612	63088	94749
5	其他企业负责人	297820	89138	45600	127021
6	其他企业管理人员	63682	60000	51552	60689
7	计算机与应用工程技术人员	40136	38314	38300	39109
8	电气工程技术人员	71701	54830	43200	55840
9	电力工程技术人员	160389	130556	84000	126150
10	建筑工程技术人员	77518	44294	38514	54458
11	工业管理工程技术人员	166458	132730	119034	136788
12	其他工程技术人员	60474	47112	39966	48891
13	经济计划人员	83100	38932	37586	49502
14	统计人员	69000	39122	37828	45597
15	会计人员	75520	41268	38300	52311
16	行政业务人员	64586	45131	40350	53349
17	行政事务人员	155063	44559	37854	81639
18	其他行政办公人员	62832	46156	33600	48538
19	营业人员	42087	38529	37536	39239
20	采购人员	41496	38462	37467	38866
21	保管人员	39533	38262	37644	38508
22	供水供热人员、锅炉工	80007	45766	38062	54497
23	发电运行值班人员	161046	108367	17708	89029
24	输电、配电、变电设备值班人员	150816	134951	120056	135099
25	电力设备检修人员	154378	126934	108485	126154
26	供用电人员	148569	120235	109519	124401
27	生产生活电力设备安装、操作、修理人员	43347	40100	38147	40357
28	机械电气工程设备安装工、管工	54111	40121	38028	43003
29	检验人员	118996	107777	63694	100947
30	机泵操作人员	64145	62664	56794	61399

四、建筑业

单位：元/人·年

序号	工　种	高位数	中位数	低位数	平均数
1	企业经理	534600	159212	56196	220301
2	企业职能部门经理或主管	202911	105200	39300	110814
3	生产经营经理	347008	119620	58800	169018
4	财务经理	180000	86450	36000	104299
5	行政、人事经理	188300	99600	48120	106060
6	人事经理	258097	130760	52400	153162
7	销售和营销经理	139085	51069	44587	76773
8	采购经理	265208	71000	37000	115095
9	其他企业负责人	180000	151606	39600	138640
10	其他企业管理人员	130800	90780	59868	96358
11	测绘工程技术人员	55313	42000	36000	48958
12	化工工程技术人员	230955	167206	114753	166130
13	机械工程技术人员	185761	100624	60566	113754
14	通信工程技术人员	275863	121531	58649	145853
15	计算机与应用工程技术人员	82320	71820	39273	67279
16	电气工程技术人员	199389	122250	58978	124946
17	建筑工程技术人员	104500	48000	24700	69349
18	建材工程技术人员	105890	51876	39864	59290
19	环境保护工程技术人员	218293	130768	86384	135532
20	安全工程技术人员	90040	59966	37824	64716
21	标准化、计量、质量工程技术人员	79569	68632	56707	68454
22	工业管理工程技术人员	213893	122682	68529	132619
23	其他工程技术人员	93797	35900	24200	48287
24	经济计划人员	70000	47800	33220	50760
25	统计人员	65530	46690	28000	46816
26	会计人员	79309	48630	28000	51489
27	其他经济业务人员	77220	50260	25700	51290
28	其他专业技术人员	70000	40876	17640	42839
29	行政业务人员	116967	76149	43279	81490
30	行政事务人员	66620	33890	19200	39128
31	其他行政办公人员	165638	111276	39000	112665
32	治安保卫人员	75830	42311	22896	44358
33	其他邮政电信业务人员	70000	45000	28075	48366
34	采购人员	61920	50000	36050	56190
35	保管人员	52600	36770	24000	38152

续 表

序号	工 种	高位数	中位数	低位数	平均数
36	公路道路运输服务人员	45589	38579	27428	37716
37	园艺作物生产人员	31200	21600	20000	23693
38	机械冷加工	70411	36408	32157	46554
39	机械热加工人员	78720	57200	39031	57936
40	冷作钣金加工人员	77205	58414	36731	55872
41	机械设备维修人员	67470	50160	36073	50210
42	仪器仪表修理工	66384	55876	48800	56462
43	生产生活电力设备安装、操作、修理人员	65845	50783	38400	50557
44	土石方施工人员	49603	40000	35000	42965
45	砌筑人员	43462	40000	35450	40252
46	混凝土配置及制品加工人员	41427	37883	24372	35837
47	钢筋加工人员	41000	35192	25012	34112
48	施工架子搭设人员	50968	40000	25000	41792
49	工程防水工	55000	40000	24050	35883
50	装饰、装修、油漆工	46000	40000	17640	36860
51	机械电气工程设备安装工、管工	55938	46348	34748	45783
52	其他工程施工人员	59630	47028	31088	45353
53	公(道)路运输机械设备操作及有关人员	70000	54823	34512	53631
54	水上运输设备操作及有关人员	55940	46900	38290	47047
55	起重装卸机械操作及有关人员	70235	52753	38941	53884
56	其他运输设备操作人员	44200	41440	33868	40188
57	检验人员	57323	51984	38983	47876
58	其他检验、计量人员	36000	28000	25000	31237
59	机泵操作人员	60969	57606	47949	55765
60	简单体力劳动人员	48529	34447	32600	37236

五、批发和零售业

单位：元/人·年

序号	工 种	高位数	中位数	低位数	平均数
1	企业经理	351370	112295	49816	181622
2	企业职能部门经理或主管	141552	49748	28514	67698
3	生产经营经理	91640	60840	30000	62970
4	财务经理	309962	81944	35823	125568
5	行政、人事经理	278000	66740	36000	116831
6	人事经理	141430	58477	32911	70118

续 表

序号	工 种	高位数	中位数	低位数	平均数
7	销售和营销经理	173549	61190	37160	93418
8	广告和公关经理	132000	70766	49440	79377
9	采购经理	141310	60000	31427	72235
10	计算机服务经理	196100	101992	65550	129428
11	研究和开发经理	91800	66400	42806	67985
12	其他企业负责人	191208	57200	35804	78949
13	其他企业管理人员	92238	43138	32883	60439
14	机械工程技术人员	60552	42278	36224	45709
15	计算机与应用工程技术人员	71223	26890	24398	37665
16	统计人员	69762	35610	22092	67109
17	会计人员	77940	41656	25915	50122
18	国际商务人员	155670	58790	36020	75892
19	其他经济业务人员	58081	39177	28509	76573
20	其他金融业务人员	51214	38297	28415	37717
21	编辑	72634	55397	33784	55314
22	其他专业技术人员	70128	43402	30840	46796
23	行政业务人员	89898	42487	25148	67856
24	行政事务人员	59724	35961	24174	40047
25	其他行政办公人员	80764	46548	27900	54150
26	治安保卫人员	38280	26734	21096	29518
27	消防人员	35397	30073	23924	29618
28	其他邮政电信业务人员	60620	43860	27538	48662
29	营业人员	41007	28388	22633	31310
30	推销、展销人员	74013	27696	19509	37655
31	采购人员	67528	39374	21987	42555
32	废旧物资回收利用人员	31263	28722	17640	25862
33	其他购销人员	116780	81807	36802	82755
34	保管人员	44921	26834	20891	31255
35	储运人员	54096	33600	20350	38616
36	其他仓储人员	52096	38823	22920	40485
37	办公设备维修人员	73691	34537	28454	41390
38	环境卫生人员	33100	18876	18000	23827
39	其他商业、服务业人员	47063	28485	21400	33300
40	机械设备维修人员	96090	50898	25800	59270
41	生产生活电力设备安装、操作、修理人员	71960	34080	30768	40104
42	裁剪缝纫工	33480	28993	24042	28650

续 表

序号	工　种	高位数	中位数	低位数	平均数
43	公(道)路运输机械设备操作及有关人员	66470	57404	29180	51807
44	包装人员	42346	31500	26580	33022
45	简单体力劳动人员	62550	43200	26400	47222

六、交通运输、仓储和邮政业

单位：元/人·年

序号	工　种	高位数	中位数	低位数	平均数
1	企业经理	660000	187256	59192	283818
2	企业职能部门经理或主管	225886	155711	61910	155700
3	生产经营经理	191041	119100	75470	129006
4	财务经理	292431	110740	43200	137412
5	行政、人事经理	202420	118918	56596	132191
6	人事经理	337690	140500	55010	153103
7	销售和营销经理	232000	97826	39100	136264
8	计算机服务经理	224836	153788	28772	128845
9	其他企业负责人	206696	114325	69910	144855
10	其他企业管理人员	386145	210607	65818	224467
11	机械工程技术人员	132792	105901	52761	101535
12	通信工程技术人员	154962	100782	75754	102655
13	计算机与应用工程技术人员	141964	94854	54020	94974
14	电气工程技术人员	126092	105366	56398	99512
15	电力工程技术人员	113632	54009	32854	68143
16	交通工程技术人员	193609	110862	30000	111953
17	建筑工程技术人员	116715	81135	47729	82052
18	环境保护工程技术人员	121711	114311	79109	104516
19	安全工程技术人员	111925	105895	74872	100926
20	工业管理工程技术人员	111080	98425	43980	93930
21	其他工程技术人员	161592	106060	65451	108145
22	船舶指挥和引航人员	346970	159196	92327	190168
23	其他飞机和船舶技术人员	117082	102372	34722	85848
24	经济计划人员	118414	94901	50007	90892
25	统计人员	116010	74498	43299	77879
26	会计人员	144826	75650	40172	84079
27	国际商务人员	107695	73115	17640	73451
28	其他经济业务人员	161582	105307	84617	114875

续 表

序号	工　种	高位数	中位数	低位数	平均数
29	图书资料与档案业务人员	118846	107852	46000	102111
30	其他专业技术人员	188468	102729	54000	113635
31	行政业务人员	142179	62784	41820	81132
32	行政事务人员	99713	53243	24600	58790
33	其他行政办公人员	85502	50800	25000	55281
34	治安保卫人员	64164	35160	29175	44254
35	消防人员	97604	42598	38998	56618
36	其他安全保卫和消防人员	100170	72348	49238	72049
37	邮政业务人员	76215	56344	44411	58569
38	其他邮政电信业务人员	74922	45427	25092	50378
39	营业人员	76800	45600	38407	51997
40	推销、展销人员	82931	51072	18000	49976
41	采购人员	105010	71390	49924	77356
42	废旧物资回收利用人员	38248	29521	18482	28523
43	保管人员	98826	75049	35172	68612
44	储运人员	137147	98947	83350	98830
45	其他仓储人员	67070	41188	30000	46187
46	公路道路运输服务人员	62330	46282	26844	46003
47	铁路客货运输服务人员	72890	64922	42248	63599
48	航空运输服务人员	102356	35592	21024	50781
49	水上运输服务人员	94315	53227	25800	56961
50	其他运输服务人员	101016	84443	18425	76685
51	医疗卫生辅助服务人员	130721	96479	51600	100170
52	供水供热人员、锅炉工	100322	95803	40924	83293
53	环境卫生人员	58802	43246	30141	45653
54	其他社会服务和居民生活服务人员	80892	44459	17640	45163
55	其他商业、服务业人员	69814	26100	17640	36994
56	地质勘查人员	62858	47307	43323	50089
57	化工产品生产通用工艺人员	35689	30837	24598	30850
58	煤化工生产人员	41496	35366	23523	34518
59	机械冷加工	113896	94884	61206	93897
60	机械热加工人员	111086	105305	72721	100110
61	特种加工设备操作人员	110781	102978	96288	103668
62	冷作钣金加工人员	106859	100923	95103	101670
63	其他机械制造加工人员	110828	100107	90070	101050
64	机械设备装配人员	72361	37756	32882	44751

续 表

序号	工 种	高位数	中位数	低位数	平均数
65	运输车辆装配工	111666	98767	77191	95351
66	机械设备维修人员	106536	54329	39142	66581
67	其他机械设备修理人员	105133	56139	53815	65193
68	发电运行值班人员	106853	96901	42668	85541
69	输电、配电、变电设备值班人员	108979	98144	90311	99815
70	电力设备检修人员	107841	95712	57612	83260
71	生产生活电力设备安装、操作、修理人员	110753	102949	88588	100480
72	其他电力设备安装、运行、检修及供电人员	59106	53305	48049	53203
73	机械电气工程设备安装工、管工	101348	97476	87328	95594
74	其他工程施工人员	123534	100502	64683	98159
75	公(道)路运输机械设备操作及有关人员	92230	53023	39173	57404
76	水上运输设备操作及有关人员	112665	70131	44412	78459
77	起重装卸机械操作及有关人员	117428	99754	40080	85108
78	其他运输设备操作人员	124209	56681	35950	73715
79	检验人员	83647	38748	28440	46231
80	计量人员	102155	91148	58248	85026
81	其他检验、计量人员	94032	69600	42756	70045
82	机泵操作人员	98670	94759	47919	88374
83	简单体力劳动人员	104156	66989	28377	62241

七、住宿和餐饮业

单位：元/人·年

序号	工 种	高位数	中位数	低位数	平均数
1	企业经理	181584	93300	43500	114262
2	财务经理	192000	96000	51300	107699
3	行政、人事经理	115200	75260	53600	80560
4	人事经理	225000	81820	39650	98667
5	销售和营销经理	159791	67500	50000	91148
6	广告和公关经理	180000	117959	74600	120086
7	采购经理	132000	48000	37000	71881
8	计算机服务经理	135000	80000	66530	96013
9	餐厅、客房经理	124850	75000	35600	82787
10	客房经理	110960	63000	22200	64542
11	其他企业负责人	120987	60360	31440	65925
12	其他企业管理人员	138498	64737	33550	76716

续 表

序号	工 种	高位数	中位数	低位数	平均数
13	计算机与应用工程技术人员	54520	34450	30000	39073
14	电气工程技术人员	42300	33245	26520	33211
15	电力工程技术人员	42585	32000	21000	31433
16	其他工程技术人员	42000	26193	22800	29333
17	统计人员	33720	25200	21600	27578
18	会计人员	43200	30900	24000	34307
19	审计人员	31120	24600	22500	25512
20	其他专业技术人员	41000	33600	24001	31804
21	行政业务人员	116495	58816	44286	68083
22	行政事务人员	54900	33120	22896	39257
23	其他行政办公人员	37200	24470	20210	27631
24	治安保卫人员	34000	27120	19500	26809
25	消防人员	40402	26734	19700	28715
26	其他安全保卫和消防人员	36646	27368	20400	28173
27	其他邮政电信业务人员	45916	29860	19000	29929
28	营业人员	32067	27000	22150	27680
29	推销、展销人员	67214	39570	24826	44923
30	采购人员	43590	32400	24000	33413
31	保管人员	30720	25500	21600	26617
32	中餐烹饪人员	52008	34800	24000	37113
33	西餐烹饪人员	52800	34251	22669	39368
34	餐厅服务员、厨工	39276	30956	20795	30971
35	其他餐饮服务人员	30985	24000	20400	25705
36	饭店服务人员	38400	27870	19212	28363
37	健身娱乐场所服务员	41486	21600	20100	26367
38	其他饭店、旅游及健身娱乐场所服务人员	37200	24000	19200	28262
39	供水供热人员、锅炉工	31278	27600	25200	27856
40	办公设备维修人员	34690	32136	26825	31352
41	环境卫生人员	27600	22200	18627	22193
42	其他商业、服务业人员	31049	25155	21000	25649
43	机械设备维修人员	43964	32420	31770	34619
44	电力设备安装人员	32420	30470	26400	31562
45	生产生活电力设备安装、操作、修理人员	34310	31120	25200	30368
46	工程防水工	30550	24260	24050	25480
47	装饰、装修、油漆工	31770	24700	23400	26938
48	机械电气工程设备安装工、管工	54849	46320	32322	43491
49	其他检验、计量人员	36000	28000	25000	30091

八、信息传输、软件和信息技术服务业

单位：元/人·年

序号	工　种	高位数	中位数	低位数	平均数
1	企业经理	176677	125452	48000	113740
2	企业职能部门经理或主管	76340	52000	38700	54095
3	生产经营经理	75318	64267	55391	65033
4	财务经理	80072	40419	26400	46827
5	行政、人事经理	60080	44793	39000	47958
6	销售和营销经理	77448	53810	21600	51667
7	计算机服务经理	39000	37140	35280	37140
8	电子工程技术人员	98170	74909	28608	76386
9	通信工程技术人员	73040	54727	36580	55153
10	计算机与应用工程技术人员	82365	45000	30000	52766
11	建筑工程技术人员	69485	54760	36795	54255
12	环境保护工程技术人员	54521	42680	20000	39689
13	标准化、计量、质量工程技术人员	84592	66557	29526	60978
14	其他工程技术人员	48136	39150	22724	37214
15	会计人员	49165	24848	18000	30857
16	其他专业技术人员	66000	26400	17640	35486
17	行政业务人员	39594	31987	24379	31987
18	行政事务人员	48766	36706	21966	58589
19	其他行政办公人员	87066	43685	34676	50125
20	推销、展销人员	63747	32963	19200	36413
21	采购人员	72010	39815	39600	46956
22	保管人员	29373	18960	18000	20974
23	其他运输服务人员	29193	19200	17640	20546
24	办公设备维修人员	24000	19800	18000	20408
25	其他商业、服务业人员	31200	20160	18000	23423

九、金融业

单位：元/人·年

序号	工　种	高位数	中位数	低位数	平均数
1	企业经理	1359877	526400	249132	677003
2	企业职能部门经理或主管	938076	481053	139133	505698
3	生产经营经理	1133815	772194	267579	719335
4	财务经理	682429	479345	135433	429349
5	行政、人事经理	640387	233869	44000	326980

续 表

序号	工　种	高位数	中位数	低位数	平均数
6	人事经理	597427	248489	171759	318698
7	销售和营销经理	358980	240171	157149	253800
8	计算机服务经理	547830	441752	127288	365223
9	其他企业管理人员	440000	264187	164824	287465
10	计算机与应用工程技术人员	247184	111887	32200	130469
11	建筑工程技术人员	137920	89865	40400	83206
12	经济计划人员	288195	121959	95918	156383
13	统计人员	506119	167799	101260	211787
14	会计人员	260138	131711	86731	159077
15	审计人员	550476	203754	109524	255891
16	其他经济业务人员	148438	109837	42400	106198
17	银行业务人员	322755	144478	72280	180051
18	保险业务人员	458956	122773	51201	182887
19	证券业务人员	538681	247946	82866	286629
20	其他金融业务人员	642770	163981	75800	272140
21	其他专业技术人员	121220	60936	26184	68653
22	行政业务人员	343478	130919	57835	164170
23	行政事务人员	236091	95030	42480	125140
24	其他行政办公人员	862549	235968	92338	375035
25	营业人员	45000	34700	23200	34619

十、房地产业

单位：元/人·年

序号	工　种	高位数	中位数	低位数	平均数
1	企业经理	819781	796340	198005	602607
2	企业职能部门经理或主管	437548	276080	52000	246454
3	生产经营经理	175955	152011	63961	135984
4	财务经理	323674	175955	52100	205070
5	行政、人事经理	320922	105915	56932	131573
6	人事经理	320922	207423	141680	231181
7	销售和营销经理	178700	134201	109480	141236
8	其他企业负责人	275090	236547	198005	236547
9	其他企业管理人员	211452	106080	84397	121146
10	经济计划人员	448791	129216	86891	178435
11	会计人员	320639	79945	38544	119529

续　表

序号	工　种	高位数	中位数	低位数	平均数
12	行政业务人员	116000	43591	28742	58406
13	行政事务人员	118160	97074	27250	78711
14	其他行政办公人员	140856	35507	20800	72954
15	房地产业务人员	100414	59112	24858	55119

十一、租赁和商务服务业

单位：元/人·年

序号	工　种	高位数	中位数	低位数	平均数
1	企业经理	143050	55234	52000	98132
2	企业职能部门经理或主管	93082	51103	45850	65208
3	财务经理	82900	58000	46800	64108
4	行政、人事经理	92600	60080	32600	64587
5	人事经理	54500	43860	34800	44255
6	销售和营销经理	70920	43470	37320	46742
7	其他企业管理人员	36999	18000	17640	21507
8	机械工程技术人员	99984	48000	24996	52461
9	电力工程技术人员	36000	33600	22800	31640
10	环境保护工程技术人员	54521	42680	20000	39689
11	其他工程技术人员	58800	40986	22724	40297
12	会计人员	48792	41761	24600	37646
13	国际商务人员	58314	30120	25320	36458
14	其他专业技术人员	118755	55918	42000	64117
15	行政业务人员	56400	30500	25000	39654
16	行政事务人员	57600	35510	27000	42735
17	其他行政办公人员	48792	28972	24000	33122
18	治安保卫人员	25010	21480	21000	22564
19	其他安全保卫和消防人员	33000	28170	22452	29723
20	营业人员	36588	22869	17640	25281
21	推销、展销人员	36086	33000	24000	32220
22	采购人员	40320	33000	22800	32794
23	保管人员	64000	45064	25200	45573
24	物业管理人员	50350	43450	31200	41820
25	其他商业、服务业人员	53524	39465	29707	40181
26	机械设备装配人员	31200	22800	20400	24150

十二、居民服务、修理和其他服务业

单位：元/人·年

序号	工　种	高位数	中位数	低位数	平均数
1	企业经理	263530	97713	44046	125933
2	企业职能部门经理或主管	153122	54570	26435	72588
3	生产经营经理	156740	84659	35508	87370
4	财务经理	157686	72000	34500	96191
5	行政、人事经理	166352	79600	38500	84694
6	人事经理	74950	40848	17640	43204
7	销售和营销经理	369604	77081	34560	131219
8	采购经理	56130	47550	19600	41704
9	其他企业负责人	94150	47800	30500	54264
10	其他企业管理人员	106000	31060	27420	51936
11	计算机与应用工程技术人员	134477	62224	36000	73330
12	电气工程技术人员	36755	30190	23547	31064
13	电力工程技术人员	33700	28500	21600	30979
14	交通工程技术人员	109902	95853	51523	89481
15	建筑工程技术人员	69600	42000	23429	46837
16	建材工程技术人员	54600	33690	21520	38017
17	水利工程技术人员	60000	48000	42000	50286
18	水产工程技术人员	69173	50530	37350	52642
19	食品工程技术人员	76593	54710	45035	59129
20	环境保护工程技术人员	87109	81415	72952	80537
21	安全工程技术人员	86385	44524	37000	54933
22	标准化、计量、质量工程技术人员	76371	39491	34552	44540
23	工业管理工程技术人员	131946	96842	17640	75954
24	其他工程技术人员	47748	39609	25520	39696
25	会计人员	106005	49861	26315	60080
26	审计人员	95533	57757	38556	64385
27	国际商务人员	175592	60350	33541	86024
28	其他经济业务人员	68352	31200	26400	46777
29	其他金融业务人员	127200	115200	103200	113486
30	其他专业技术人员	74271	48550	25200	48684
31	行政业务人员	62400	40300	22470	43037
32	行政事务人员	78635	39900	22200	45345
33	其他行政办公人员	69129	45008	23948	46152
34	治安保卫人员	41407	28500	20239	29001
35	消防人员	38737	26355	25664	29081

续 表

序号	工 种	高位数	中位数	低位数	平均数
36	其他安全保卫和消防人员	39208	27440	24029	31446
37	营业人员	42452	27696	19650	30621
38	推销、展销人员	94151	61445	26316	67382
39	采购人员	48000	35100	20350	36303
40	其他购销人员	49063	39456	32135	43110
41	保管人员	48320	32220	23400	34956
42	其他仓储人员	55031	34014	21540	36005
43	中餐烹饪人员	42550	37048	27480	35484
44	餐厅服务员、厨工	36000	22638	17940	25983
45	其他餐饮服务人员	40192	24720	17640	26506
46	医疗卫生辅助服务人员	23800	20800	19800	21232
47	物业管理人员	39058	27120	17640	27501
48	环境卫生人员	26280	21044	18030	21762
49	其他社会服务和居民生活服务人员	73017	59899	26600	52174
50	其他商业、服务业人员	41461	20400	17640	24834
51	电力设备检修人员	34057	33744	32500	33581
52	供用电人员	50696	44036	30370	42583
53	生产生活电力设备安装、操作、修理人员	73501	39831	29000	46121
54	其他运输设备操作人员	35555	32857	27467	32803
55	环境监测人员	79205	69973	62610	69795
56	检验人员	48180	32946	25728	35712
57	其他检验、计量人员	96768	50844	28000	57141
58	包装人员	33000	25728	24528	27133
59	简单体力劳动人员	48290	31534	21914	33251

宁波市不同专业技术等级、不同登记注册类型和不同学历工资指导价位

一、分管理岗位、专业技术等级、职业技能等级工资指导价位

单位：元/人·年

管理岗位/专业技术等级/职业技能等级	高位数	中位数	低位数	平均数
高级管理岗	390840	94414	41021	163089
一级部门管理岗	203694	64671	33000	103407
二级部门管理岗	173799	55043	21600	94915
其他管理岗	75128	36377	21480	44587

续 表

管理岗位/专业技术等级/职业技能等级	高位数	中位数	低位数	平均数
高级职称	284728	112103	36042	144862
中级职称	212747	96935	34700	118411
初级职称	126751	56002	30151	70712
没有取得专业技术职称	119807	44000	27839	67294
高级技师	177401	116572	52932	110054
技师	143689	113204	42989	105300
高级技能	120511	85721	42000	83381
中级技能	100586	52339	31884	60139
初级技能	61793	34859	22540	39146
没有取得资格证书	57484	34474	22267	39005

二、分登记注册类型工资指导价位

单位：元/人·年

企业登记注册类型	高位数	中位数	低位数	平均数
国有	132805	55179	21480	71619
集体	70792	58170	19217	50724
股份合作	72000	40827	24000	46798
有限责任	73069	35842	22000	46435
股份有限公司	178506	63194	26966	96107
私营企业	54000	32460	21600	38257
其他企业	90108	39189	22100	50496
港、澳、台商投资企业	55180	39000	30620	41805
外商投资企业	44286	32058	25200	35242

三、分学历工资指导价位

单位：元/人、年

学　历	高位数	中位数	低位数	平均数
研究生	422246	114421	40800	181445
大学本科	207419	77065	34009	109640
大学专科	118118	51404	27750	68867
高中、中专和技校	77976	40438	24906	47445
初中及以下	53680	32553	21600	37155

温州市人力资源市场工资指导价位

温州市分工种工资指导价位

单位：元/人·年

序号	工　种	高位数	中位数	低位数
1	企业董事	236182	72000	33458
2	企业经理(厂长)	263679	77619	35627
3	党委书记	228275	77630	31381
4	工会主席	184563	65554	28110
5	生产或经营经理	174258	65234	27412
6	财务经理	144569	67980	25112
7	行政经理	123560	65487	28891
8	人事经理	144872	55698	26421
9	销售和营销经理	145678	48657	23451
10	广告和公关经理	99852	64325	24850
11	采购经理	84210	51020	27643
12	研究和开发经理	119653	61250	31654
13	办公室主任	116657	51234	27653
14	物资管理部门经理	116635	60254	26121
15	建筑工程项目经理	116348	75364	39448
16	进出口业务部经理	241230	63243	31231
17	船长	195367	134548	60957
18	大副	132563	98000	37120
19	二副	107234	92687	32124
20	大管轮	128963	103255	30756
21	二管轮	108456	89037	29781
22	轮机长	142378	112345	33452
23	水手长	66458	52003	28021
24	保安部经理	89516	42114	22358
25	地质勘探工程技术人员	102000	48563	35621
26	测绘工程技术人员	101216	42997	24568
27	矿山工程技术人员	61259	29885	25634

续　表

序号	工　种	高位数	中位数	低位数
28	石油工程技术人员	68523	38695	22657
29	冶金工程技术人员	103365	45887	25034
30	化工工程技术人员	68234	34520	25639
31	医药工程技术人员	136571	43257	23351
32	机械工程技术人员	96645	33564	23456
33	机械设计工程技术人员	94654	36000	25978
34	机械制造工程技术人员	64874	48201	24129
35	仪器仪表工程技术人员	62000	37000	25000
36	设备工程技术人员	74564	48523	23567
37	其他机械工程技术人员	68557	38000	25001
38	电子工程技术人员	69781	42897	25121
39	电子材料工程技术人员	42000	30000	20000
40	电子元器件工程技术人员	68548	33600	23451
41	其他电子工程技术人员	60000	35000	25000
42	通信工程技术人员	105022	45000	22384
43	计算机与应用工程技术人员	115698	48523	30022
44	计算机硬件技术人员	78654	38698	26453
45	计算机软件技术人员	84231	50024	28032
46	计算机网络技术人员	118567	39638	21345
47	计算机系统分析技术人员	90325	46720	27535
48	其他计算机与应用工程技术人员	85234	47983	22354
49	电气工程技术人员	92200	37411	21003
50	电力工程技术人员	127402	82000	32124
51	交通工程技术人员	74235	46546	33125
52	汽车运用工程技术人员	48354	34568	22567
53	船舶运用工程技术人员	102588	68957	28452
54	其他交通工程技术人员	82564	60235	33258
55	建筑工程技术人员	107896	55421	24527
56	建材工程技术人员	96573	51245	24502
57	林业工程技术人员	87658	35567	26785
58	水利工程技术人员	89569	75125	49025
59	纺织工程技术人员	56204	38457	28059
60	食品工程技术人员	73324	44236	26158
61	环境保护工程技术人员	57821	25361	20061
62	安全工程技术人员	114586	61157	30004
63	标准化、计量、质量工程技术人员	71212	38000	25400

续 表

序号	工 种	高位数	中位数	低位数
64	其他工程技术人员	107850	48782	28654
65	飞机和船舶技术人员	80056	58863	30023
66	西医医师	112450	60056	32562
67	公共卫生医师	68452	49568	33562
68	药剂人员	73254	58214	31259
69	医疗技术人员	71234	41258	30045
70	护理人员	62854	33918	25428
71	其他卫生专业技术人员	57875	30021	23345
72	经济计划人员	102456	39458	23569
73	统计人员	96541	31655	27885
74	会计人员	110250	42120	36491
75	出纳	93258	33436	31525
76	审计人员	103422	45896	27451
77	国际商务人员	85214	30000	21023
78	报关员	70048	45000	23056
79	房地产开发业务人员	92215	57869	31026
80	不动产销售员	50000	36000	20000
81	其他经济业务人员	85456	45000	23654
82	银行外汇管理员	135669	77685	51125
83	银行清算员	120366	76598	37412
84	银行信贷员	150277	94572	55697
85	银行国外业务员	113257	78698	59912
86	银行信托业务员	119560	80032	62856
87	银行信用卡业务员	121565	83421	48789
88	银行储蓄员	130057	73024	50386
89	其他银行业务人员	175480	85478	42235
90	保险推销员	110354	41287	23412
91	保险理赔员	68975	35214	24568
92	其他保险业务人员	124780	52526	24578
93	证券发行员	90458	48324	25000
94	证券交易员	82147	44563	23450
95	证券投资顾问	60000	36000	24000
96	其他证券业务人员	113468	59974	28657
97	产品开发设计人员	82856	37542	21035
98	服装设计人员	80254	35000	19687
99	室内装饰设计人员	60000	44256	26453

续 表

序号	工　种	高位数	中位数	低位数
100	广告设计人员	72445	46452	25632
101	鞋样设计人员	84462	48000	22335
102	文字记者	82540	63524	52316
103	文字编辑	82104	37425	27412
104	美术编辑	58467	35624	28547
105	英语翻译	54638	39548	34212
106	图书资料与档案业务人员	105486	44578	20135
107	行政业务办公人员	105687	42689	23568
108	行政执法人员	77258	43512	29000
109	其他行政业务人员	81108	38452	23057
110	秘书	97845	32548	23450
111	公关员	78569	32567	21053
112	收发员	75468	33521	19948
113	打字员	55000	30719	25480
114	计算机操作员	70239	43126	23025
115	制图员	54532	33384	28028
116	办公室文员	62254	29445	24531
117	劳资人员	108733	36004	18956
118	总务	107428	44235	18632
119	其他行政事务人员	95624	35358	19654
120	生产管理人员	113570	39457	23452
121	施工管理人员	87532	65785	32140
122	其他行政办公人员	95241	41205	21034
123	保安员	53200	29068	25740
124	违禁品检查员	45321	28647	19548
125	金融守押员	82457	38268	23874
126	其他治安保卫人员	95687	35465	20347
127	消防人员	93587	32056	19451
128	邮政营业员	68580	48780	25600
129	邮件处理员	65250	49750	25500
130	投递员	68730	40950	27420
131	报刊发行员	60450	52350	25030
132	其他邮政业务人员	75280	60560	28550
133	电信业务营业员	93136	43166	24000
134	话务员	74753	42137	24000
135	其他电信业务人员	93532	58342	28320

续 表

序号	工　种	高位数	中位数	低位数
136	线务员	87958	48907	24000
137	通信电力机务员	124439	97782	67984
138	市话测量员	107620	48000	24000
139	其他电信通信传输业务人员	122126	89410	69468
140	其他办事人员和有关人员	85647	32120	19452
141	营业员	52539	28782	25974
142	营销员	88653	34528	21032
143	收银员	51407	28275	25311
144	其他营业人员	83261	35683	19537
145	推销员	65487	27469	24193
146	出版物发行员	47512	38625	20312
147	其他推销、展销人员	68932	32068	22145
148	采购员	73779	34879	31967
149	收购员	72168	35021	25032
150	其他采购人员	57243	38125	24469
151	租赁业务员	50028	42365	31247
152	其他拍卖、典当及租赁业务人员	44267	29651	21324
153	废旧物资回收利用人员	37658	25432	18873
154	医药商品购销员	53468	37021	28900
155	仓库管理员	60232	32942	30212
156	保管员	81254	31265	25349
157	理货员	41035	29757	27339
158	商品养护员	40000	28400	22100
159	其他保管人员	66452	35674	22312
160	商品储运员	64520	29873	23450
161	商品护运员	34522	24526	20132
162	医药商品储运员	52264	32188	24219
163	其他储运人员	58706	26353	21028
164	导游	54325	29876	23166
165	康乐服务员	31200	24500	23100
166	其他健身和娱乐场所服务人员	32450	27540	23550
167	其他饭店、旅游及健身娱乐场所服务人员	42130	24680	21035
168	园林植物保护工	28452	23129	20287
169	汽车客运服务员	42105	32296	25368
170	汽车货运站务员	46503	36748	22145
171	汽车运输调度员	65782	35647	23126

续 表

序号	工 种	高位数	中位数	低位数
172	公路收费及监控员	34587	26549	20315
173	其他公路道路运输服务人员	50566	25432	19873
174	旅客列车乘务员	38786	26548	20318
175	车站客运服务员	43698	29542	25320
176	行包运输服务员	49875	30251	20354
177	航空运输地面服务员	96875	66483	24687
178	船舶业务员	75498	45368	33982
179	港口客运员	56420	45892	33255
180	其他水上运输服务人员	82578	56891	33872
181	物业管理工	78546	38657	27458
182	供水生产工	45631	28650	19234
183	生活燃料供应工	47657	32540	22451
184	锅炉操作工	65421	29852	21327
185	其他供水、供热及生活燃料供应服务人员	68784	34562	26577
186	眼镜验光员	28872	24561	20130
187	眼镜定配工	27875	23428	18653
188	其他验光配镜人员	34567	288679	18671
189	家用电子产品维修工	33576	29573	18874
190	家用电器产品维修工	42157	33450	22368
191	钟表维修工	25462	22354	18647
192	其他日用机电产品维修人员	48000	25450	21032
193	办公设备维修工	57200	30000	22000
194	其他办公设备维修人员	58460	33400	22100
195	垃圾清运工	30040	20040	17640
196	保洁员	45870	23128	17880
197	其他环境卫生人员	37125	22010	17640
198	其他商业、服务业人员	42000	29500	18200
199	花卉园艺工	39200	22001	18400
200	中药材生产人员	39540	28560	23200
201	炼钢人员	62478	38500	27651
202	铁合金冶炼人员	41020	33210	22450
203	重有色金属冶炼人员	43500	36000	27500
204	轻有色金属冶炼人员	55000	50000	42600
205	金属轧制人员	44252	25450	21004
206	其他金属冶炼、轧制人员	41000	27500	18780
207	化工产品生产工	47650	23120	18655

续 表

序号	工 种	高位数	中位数	低位数
208	车工	47918	39923	28392
209	铣工	46969	39455	27664
210	刨插工	52000	26400	22100
211	磨工	46800	35178	24144
212	镗工	55822	46735	33813
213	钻床工	58062	32214	24648
214	摇臂钻工	43238	34294	20355
215	加工中心操作工	64376	39455	27664
216	仪表车工	38922	32669	26403
217	制齿工	50375	44122	19110
218	抛磨光工	45786	36686	19708
219	拉床工	43160	35893	24570
220	锯床工	46782	32581	23129
221	铸造工	49725	45240	38012
222	锻造工	57931	37232	28124
223	冲压工	37336	32630	27794
224	剪切工	48100	37869	31473
225	焊工	48035	40287	31174
226	金属热处理工	45500	40014	37830
227	注塑工	34190	31681	28782
228	吹膜工	53417	47840	40924
229	电切削工	43200	29840	21286
230	线切割工	48685	43277	35321
231	冷作钣金加工工	48685	41655	34931
232	镀层工	42670	25873	21278
233	涂装工	46715	31000	18755
234	电焊条制造工	42350	24517	22304
235	基础件装配工	38982	28405	20241
236	部件装配工	53400	30000	18200
237	装配钳工	41977	35854	25064
238	工具钳工	52000	43264	31629
239	动力设备装配工	53468	37211	24876
240	电气元件及设备装配工	34567	25124	18960
241	电子专用设备装配调试工	35458	22459	20320
242	仪器仪表装配工	34587	29861	18752
243	运输车辆装配工	36450	28550	21236

续 表

序号	工　种	高位数	中位数	低位数
244	空调机装配工	38827	23569	21048
245	剃须刀装搭工	29876	23546	18897
246	眼镜装搭工	38245	24520	20128
247	五金制品制作装配人员	47650	24538	18678
248	机修钳工	51020	34650	22580
249	汽车修理工	92870	43520	22150
250	船舶修理工	81205	56784	43872
251	仪器仪表修理工	42127	29870	21352
252	锅炉设备安装工	48579	24567	20850
253	电力电缆安装工	75428	43251	23219
254	电力工程内线安装工	42578	27560	19245
255	送电.配电线路工	84520	47520	24567
256	变电站值班员	106586	75876	35648
257	专业电力设备检修工	108542	81569	30127
258	电气实验员	98568	74214	31285
259	用电监察员	94587	75218	47638
260	抄表核算收费员	88547	72148	45670
261	电能计量装置检修员	92547	76549	36542
262	继电保护工	92540	65487	35241
263	电气检修工	80120	57822	26320
264	高压实验工	93500	58420	26452
265	装表接电工	97852	76128	23450
266	发电运行值班员	94560	75680	36452
267	常用电机检修工	52480	31200	24560
268	维修电工	63970	40131	34853
269	电子器件制造工	30200	24530	21056
270	电子元件制造工	33450	23100	18560
271	电池制造工	25450	23120	19572
272	有线通信传输设备调试工	28743	25564	23238
273	橡胶制品生产工	33245	25123	19457
274	塑料制品加工工	36250	24120	18650
275	纤维预处理人员	32127	23588	20120
276	织造人员	49088	26457	21032
277	针织人员	44359	32577	25442
278	印染人员	66451	30112	23582
279	裁剪工	47775	38883	21099

续 表

序号	工 种	高位数	中位数	低位数
280	缝纫工	58756	28554	21033
281	裁缝	58449	30000	21042
282	服装整烫工	37568	23547	18657
283	制鞋工	56670	27650	19886
284	鞋包工	52347	28657	19047
285	皮鞋成型工	35425	27378	24570
286	鞋底组合工	55648	25000	18657
287	鞋跟喷漆工	45103	36782	18694
288	撬模工	37206	28028	25506
289	车包工	61532	33384	28028
290	复抓工	51000	29560	22540
291	复底工	44850	38363	25415
292	皮鞋制帮工	62486	30247	18724
293	皮鞋划裁工	57894	30000	19543
294	鞋楦定型工	41358	25640	18694
295	皮革加工工	54738	29452	19840
296	毛皮加工工	34200	25420	22530
297	制粉工	34250	28567	24876
298	制油工	42587	27758	24561
299	冷食品制作工	52987	37547	27624
300	酿酒工	48657	38754	32100
301	酱油酱类制作工	32450	25412	19876
302	食醋制作工	33458	24567	18964
303	味精制作工	55426	33549	28420
304	糕点装饰工	35210	26452	19870
305	屠宰加工工	62451	37800	25875
306	药品生产制造工	47530	33256	20123
307	纤维板工	42560	32457	22125
308	手工木工	39657	30000	24550
309	制浆工	35478	25420	18457
310	造纸工	48000	28000	19500
311	纸制品制作工	38000	27500	18600
312	水泥生产制造工	46870	40265	35122
313	水泥制品工	40215	33287	22104
314	印刷操作工	55872	37000	23500
315	印后制作工	36540	23900	20046

续 表

序号	工　种	高位数	中位数	低位数
316	文体用品乐器制作工	33540	24560	18750
317	自来水笔制作工	38200	28540	20120
318	圆珠笔制作工	35244	26500	21500
319	铅笔制作工	35233	27560	21279
320	制笔装搭工	33928	28522	23335
321	砌筑工	36540	26000	22320
322	混凝土工	35680	28200	22148
323	钢筋工	34520	24352	20000
324	架子工	29540	24536	21473
325	装饰、装修、油漆工	56870	38760	24500
326	机械电气工程设备安装工、管工	47684	35452	23582
327	电工	48100	40287	34879
328	木工	49556	43121	30732
329	预决算员	95248	46577	25432
330	汽车驾驶员	84567	35421	28765
331	公共汽车驾驶员	50210	39566	31224
332	长途客运驾驶员	52122	36000	22572
333	货运车驾驶员	42302	37791	32617
334	小车驾驶员	51286	31020	21023
335	机车乘务员	37560	31560	28500
336	船舶水手	84578	56420	34000
337	起重装卸机械驾驶员	81275	41253	24637
338	检验员	46140	32006	25857
339	计量员	57658	30210	21359
340	包装工	35017	26442	21528
341	简单体力劳动工	40650	28367	21352
342	普工	37281	30030	25795

温州市餐饮饭店业、美容美发业分工种工资指导价位

单位：元/人·年

序号	工　种	高位数	中位数	低位数
1	餐厅经理	69500	53700	41100
2	客房经理	69200	48200	30000
3	厨师长	73500	28000	18800
4	中式烹调师	72600	35800	18000

续　表

序号	工　种	高位数	中位数	低位数
5	中式面点师	58000	34400	18000
6	西式烹调师	51200	33000	18000
7	西式面点师	56000	32000	18000
8	调酒师	38000	24000	18000
9	餐厅服务员	36100	20300	17640
10	餐具清洗保管员	35700	26300	17640
11	前厅服务员	31200	21000	17640
12	客房服务员	37200	19800	17640
13	餐厅领班	40000	24000	18000
14	前厅领班	41400	24900	18000
15	客房领班	41000	22500	18000
16	其他中式烹饪人员	52100	31200	17640
17	营养配餐员	30000	19400	17640
18	其他营养配餐人员	32800	22500	17640
19	其他餐厅服务人员	32600	19000	17640
20	其他餐饮服务人员	32900	19700	17640
21	其他饭店服务人员	34100	26300	17640
22	旅店服务员	35400	24900	17640
23	美容师	38400	26400	19200
24	美发师	48000	31200	21600

温州市餐饮饭店业、美容美发业分工种工资指导价位

单位：元/人·年

隶属关系	高位数	中位数	低位数	平均数
中央	193672	97258	42567	108567
省(自治区、直辖市)	176487	63528	46852	57426
地区	127658	35899	18640	46257
县及县以下	74583	26567	18102	31549

温州市分隶属关系工资指导价位

单位：元/人·年

企业登记注册类型	高位数	中位数	低位数	平均数
内资企业	134568	28654	18239	40087
国有企业	173368	49028	20547	68147

续 表

企业登记注册类型	高位数	中位数	低位数	平均数
集体企业	61254	29367	17865	33651
股份合作企业	68752	29338	20144	33572
联营企业	69227	47216	26683	46753
有限责任公司	98652	27543	18784	36671
股份有限公司	173582	39867	19672	60958
私营企业	57423	23640	18623	26754
其他企业	118965	57538	18527	58072
港、澳、台商投资企业	78546	29561	19580	39844
外商投资企业	104321	27864	18547	38452

温州市分登记注册类型工资指导价位

单位：元/人·年

专业技术等级	高位数	中位数	低位数	平均数
初级工	63259	26247	18024	32801
中级工	98453	37548	20416	42965
高级工	113249	41280	24652	48662
技师	138671	50437	27116	56720
高级技师	167524	75423	31688	88637
其他人员	72586	29874	18542	34654
正高级专业技术职务	272596	92450	42315	119643
副高级专业技术职务	234452	83579	34578	104658
中级专业技术职务	196872	65742	28427	88651
初级专业技术职务	146420	51436	24025	63279
未评定技术职务人员	110128	37568	19675	51134

温州市分专业技术等级工资指导价位

单位：元/人·年

学　历	高位数	中位数	低位数	平均数
博士及以上	387764	100756	48000	155962
硕士	274680	77431	26671	102460
本科	206077	61025	23734	78642
大专	156747	41037	20412	54576

续 表

学　历	高位数	中位数	低位数	平均数
高中、中专、技校	105478	32452	18467	39578
初中及以下	65428	27657	18203	31055

温州市分学历工资指导价位

单位：元/人·月

学　历	高位数	中位数	低位数	平均数
硕士	6000	4200	2400	4023
本科	4422	2659	1865	2796
大专	3821	2355	1629	2503
高中、中专、技校	3032	2200	1527	2344

温州市初次就业大中专毕业生分工种工资指导价位

单位：元/人·月

序号	工　种	高位数	中位数	低位数	平均数
1	企业经理(厂长)	6000	3500	3000	3850
2	生产或经营经理	3800	2900	2500	2950
3	财务经理	3600	2600	2200	2650
4	销售和营销经理	3000	2400	2000	2450
5	化工工程技术人员	2900	2000	1700	2200
6	医药工程技术人员	3300	2000	1700	2150
7	机械工程技术人员	3300	2400	2000	2600
8	机械设计工程技术人员	3600	3000	1800	2800
9	计算机与应用工程技术人员	3100	2400	1800	2550
10	计算机网络技术人员	4000	2200	1900	2450
11	其他工程技术人员	4000	2600	1800	2850
12	经济计划人员	2900	2400	1900	2400
13	统计人员	2800	2100	1850	2150
14	会计人员	3300	2500	1900	2550
15	出纳	3000	2400	1800	2400
16	国际商务人员	3500	2400	2000	2400
17	其他经济业务人员	3500	2600	2000	2750
18	产品开发设计人员	4000	2200	1700	2550

续 表

序号	工　种	高位数	中位数	低位数	平均数
19	服装设计人员	3000	2300	1800	2050
20	鞋样设计人员	4000	2500	2000	2600
21	行政业务办公人员	2900	2400	1900	2600
22	其他行政业务人员	2900	2200	1800	2250
23	秘书	2800	2500	1900	2500
24	计算机操作员	2500	2000	1800	2150
25	制图员	2500	2000	1700	2000
26	办公室文员	2900	2200	1650	2150
27	劳资人员	2900	2300	1800	2450
28	其他行政事务人员	2900	2200	1700	2300
29	生产管理人员	3800	2500	1900	2750
30	其他行政办公人员	3000	2300	1700	2500
31	保安员	2600	2200	1800	2100
32	营业员	2100	1900	1600	1850
33	营销员	2500	2100	1700	2250
34	收银员	2300	2100	1800	2100
35	其他营业人员	2700	2300	1800	2300
36	推销员	2400	2200	1800	2150
37	采购员	2800	2400	1800	2300
38	仓库管理员	2900	2100	1800	2250
39	保管员	2800	2500	2000	2550
40	餐厅服务员	2000	1800	1500	1800
41	前厅服务员	2200	1700	1500	1750
42	车工	2900	2100	1600	2300
43	铣工	2800	2300	1700	2350
44	电工	2900	2300	1800	2300
45	检验员	2800	2300	1600	2300
46	计量员	2900	2200	1800	2200
47	包装工	2500	2200	1800	2250
48	普工	2000	1800	1500	1750

湖州市人力资源市场工资指导价位

2013年度湖州市区企业部分职业(工种)人力资源市场工资指导价位表

单位：元

序号	职业(工种)	高位数		中位数		低位数		平均数	
		年薪	月薪	年薪	月薪	年薪	月薪	年薪	月薪
第一大类　单位负责人员									
1	企业董事	351500	29292	80000	6667	27160	2263	120606	10051
2	企业经理(厂长)	261663	21805	80000	6667	41424	3452	89599	7467
3	生产或经营经理	182727	15227	72092	6008	21784	1815	65170	5431
4	财务经理	184118	15343	55520	4627	22236	1853	61627	5136
5	行政经理	148404	12367	53760	4480	23268	1939	51496	4291
6	人事经理	159413	13284	50000	4167	23952	1996	55763	4647
7	销售和营销经理	238413	19868	63480	5290	31944	2662	71284	5940
8	广告和公关经理	198000	16500	60000	5000	27835	2320	70654	5888
9	采购经理	182400	15200	48000	4000	24912	2076	55928	4661
10	研究和开发经理	140004	11667	65000	5417	39000	3250	72446	6037
11	餐厅经理	84900	7075	50000	4167	23000	1917	60474	5040
12	客房经理	67200	5600	40000	3333	24000	2000	54272	4523
13	工程项目经理	216500	18042	65004	5417	35004	2917	84942	7079
14	物业经理	100000	8333	60000	5000	30000	2500	59172	4931
第二大类　专业技术人员									
15	测绘工程技术人员	99996	8333	51948	4329	30000	2500	36531	3044
16	冶金工程技术人员	84000	7000	50004	4167	24996	2083	50000	4167
17	化工工程技术人员	66228	5519	50000	4167	30000	2500	47852	3988
18	医药工程技术人员	80000	6667	50000	4167	30000	2500	50667	4222
19	机械工程技术人员	94080	7840	50000	4167	36000	3000	72895	6075
20	机械设计工程技术人员	105369	8781	64000	5333	40000	3333	74093	6174
21	机械制造工程技术人员	125000	10417	55000	4583	30000	2500	61321	5110
22	仪器仪表工程技术人员	125000	10417	49000	4083	44000	3667	63550	5296
23	设备工程技术人员	110000	9167	49354	4113	31800	2650	52574	4381
24	其他机械工程技术人员	80000	6667	39590	3299	26900	2242	42815	3568

续 表

序号	职业(工种)	高位数		中位数		低位数		平均数	
		年薪	月薪	年薪	月薪	年薪	月薪	年薪	月薪
25	电子工程技术人员	58759	4897	43000	3583	38340	3195	52434	4370
26	电子元器件工程技术人员	80000	6667	40000	3333	30000	2500	30000	2500
27	电子仪器与测量工程技术人员	80000	6667	40000	3333	29000	2417	80000	6667
28	其他电子工程技术人员	40000	3333	30000	2500	29000	2417	29000	2417
29	通信工程技术人员	70630	5886	50544	4212	39996	3333	49880	4157
30	计算机与应用工程技术人员	80000	6667	46000	3833	32000	2667	49830	4153
31	计算机硬件技术人员	84996	7083	60000	5000	35000	2917	57795	4816
32	计算机软件技术人员	85000	7083	54000	4500	50000	4167	56000	4667
33	计算机网络技术人员	80000	6667	43500	3625	25000	2083	44775	3731
34	计算机系统分析技术人员	80000	6667	45000	3750	35000	2917	80000	6667
35	其他计算机与应用工程技术人员	60000	5000	36000	3000	28600	2383	35733	2978
36	电气工程技术人员	100000	8333	42000	3500	30000	2500	41967	3497
37	电力工程技术人员	84000	7000	55800	4650	32000	2667	53300	4442
38	交通工程技术人员	87770	7314	56102	4675	29052	2421	48229	4019
39	汽车运用工程技术人员	55000	4583	34927	2911	25000	2083	37464	3122
40	船舶运用工程技术人员	55000	4583	46000	3833	25000	2083	46000	3833
41	建筑工程技术人员	135333	11278	60000	5000	45000	3750	58687	4891
42	建筑工程监理人员	130000	10833	50000	4167	32000	2667	53538	4462
43	建筑工程预决算员	88000	7333	57000	4750	36000	3000	46816	3901
44	建材工程技术人员	84000	7000	66000	5500	48000	4000	66000	5500
45	纺织工程技术人员	65856	5488	36540	3045	27732	2311	35756	2980
46	食品工程技术人员	58884	4907	46248	3854	30996	2583	35380	2948
47	环境保护工程技术人员	80000	6667	62500	5208	45000	3750	62500	5208
48	安全工程技术人员	92000	7667	55000	4583	27300	2275	56378	4698
49	标准化、计量、质量工程技术人员	100000	8333	60000	5000	40000	3333	64173	5348
50	电机与电器工程技术人员	56000	4667	37740	3145	30000	2500	33164	2764
51	园林绿化工程技术人员	60000	5000	35000	2917	30000	2500	40000	3333
52	广告设计人员	80004	6667	60000	5000	28000	2333	39300	3275
53	模具工程师	62998	5250	50000	4167	40000	3333	50962	4247
54	平面设计师	60000	5000	38477	3206	30000	2500	42163	3514
55	生产组织与管理工程技术人员	110000	9167	46000	3833	25200	2100	52742	4395
56	室内装饰设计人员	60000	5000	40000	3333	30000	2500	43606	3634
57	服装设计人员	90000	7500	70000	5833	40000	3333	67857	5655
58	建筑工程设计员	99996	8333	60000	5000	45000	3750	36716	3060
59	经济计划人员	80000	6667	58000	4833	50000	4167	61143	5095
60	统计人员	49889	4157	32000	2667	19206	1601	33120	2760

续 表

序号	职业(工种)	高位数		中位数		低位数		平均数	
		年薪	月薪	年薪	月薪	年薪	月薪	年薪	月薪
61	会计人员	147867	12322	40000	3333	20697	1725	45186	3766
62	审计人员	65000	5417	38052	3171	21996	1833	36057	3005
63	国际商务人员	80004	6667	70000	5833	60000	5000	70000	5833
64	文字编辑	73728	6144	65000	5417	60000	5000	65000	5417
65	美术编辑	65000	5417	42000	3500	36000	3000	42000	3500
66	英语翻译	80000	6667	50000	4167	36000	3000	80000	6667
67	图书资料与档案业务人员	60000	5000	36100	3008	30000	2500	39962	3330
第三大类　办事员和有关人员									
68	秘书	85000	7083	32460	2705	26004	2167	38941	3245
69	出纳	68940	5745	30978	2582	18013	1501	33829	2819
70	公关员	70000	5833	35000	2917	23772	1981	38458	3205
71	收发员	36912	3076	35230	2936	27000	2250	38429	3202
72	打字员	47500	3958	30000	2500	17000	1417	31372	2614
73	计算机操作员	45000	3750	32004	2667	25224	2102	28915	2410
74	制图员	60000	5000	35004	2917	25000	2083	35714	2976
75	保安员	50305	4192	24167	2014	15720	1310	26366	2197
76	话务员	32400	2700	26400	2200	18000	1500	26394	2200
77	行政事务人员	69854	5821	31200	2600	17582	1465	33927	2827
第四大类　商业/服务业人员									
78	报关员	60384	5032	33842	2820	25000	2083	36230	3019
79	房地产开发业务人员	135000	11250	69996	5833	31080	2590	41418	3452
80	营业员	69250	5771	29952	2496	20004	1667	27013	2251
81	收银员	39167	3264	26000	2167	18696	1558	27554	2296
82	推销员	54876	4573	40000	3333	21312	1776	40891	3408
83	采购员	58396	4866	37000	3083	20080	1673	46761	3897
84	收购员	40000	3333	28536	2378	21600	1800	33933	2828
85	租赁业务员	39400	3283	28000	2333	21600	1800	39400	3283
86	废旧物资回收利用人员	42960	3580	32833	2736	26400	2200	33271	2773
87	医药商品购销员	52000	4333	36500	3042	29000	2417	38500	3208
88	保管员	55500	4625	26400	2200	21600	1800	32091	2674
89	理货员	50300	4192	36000	3000	22823	1902	34479	2873
90	商品养护员	32000	2667	30500	2542	29000	2417	30500	2542
91	冷藏工	30000	2500	28926	2411	24588	2049	28053	2338
92	商品储运员	30000	2500	28389	2366	24000	2000	28389	2366
93	商品护运员	36000	3000	34000	2833	33600	2800	34533	2878
94	医药商品储运员	24000	2000	22800	1900	21600	1800	22800	1900

续 表

序号	职业(工种)	高位数		中位数		低位数		平均数	
		年薪	月薪	年薪	月薪	年薪	月薪	年薪	月薪
95	中式烹调师	81900	6825	56076	4673	27600	2300	34247	2854
96	中式面点师	81900	6825	40644	3387	22500	1875	30718	2560
97	西式烹调师	81900	6825	45000	3750	32400	2700	34040	2837
98	西式面点师	44352	3696	35933	2994	32000	2667	35723	2977
99	营养配餐员	25000	2083	19000	1583	16700	1392	19925	1660
100	餐厅服务员	40854	3405	25000	2083	18000	1500	26237	2186
101	餐具清洗保管员	27600	2300	20200	1683	15720	1310	21155	1763
102	前厅服务员	39700	3308	25236	2103	22896	1908	25398	2117
103	客房服务员	41365	3447	25236	2103	20700	1725	25018	2085
104	园林植物保护工	35000	2917	30000	2500	25000	2083	30000	2500
105	康乐服务员	36000	3000	25500	2125	21600	1800	26644	2220
106	汽车客运服务员	62000	5167	49535	4128	27000	2250	47018	3918
107	汽车运输调度员	64000	5333	47725	3977	36000	3000	46992	3916
108	车站客运服务员	62000	5167	49535	4128	27000	2250	47018	3918
109	行包运输服务员	60000	5000	48520	4043	34000	2833	47760	3980
110	车站货运员	52000	4333	46510	3876	30000	2500	43755	3646
111	锅炉操作工	50706	4226	33423	2785	21888	1824	33489	2791
112	洗衣师	32400	2700	27600	2300	24300	2025	27975	2331
113	染色师	60000	5000	50000	4167	40000	3333	50000	4167
114	家用电器产品维修工	77600	6467	33600	2800	28000	2333	77600	6467
115	办公设备维修工	40000	3333	24700	2058	19444	1620	26760	2230
116	垃圾清运工	36000	3000	20000	1667	18000	1500	23400	1950
117	保洁员	47304	3942	20000	1667	17352	1446	23248	1937
118	旅游服务人员	36000	3000	23400	1950	15720	1310	22875	1906
119	物业管理人员	50000	4167	22000	1833	16700	1392	25284	2107
120	保健按摩师	36792	3066	28980	2415	26400	2200	29190	2433
121	仓储人员	50000	4167	30000	2500	17667	1472	30635	2553
122	储运人员	40000	3333	33571	2798	25000	2083	33571	2798
123	购销人员	55000	4583	45000	3750	40000	3333	45714	3810
124	水上运输服务人员	20000	1667	18000	1500	15720	1310	17745	1479
125	运输服务人员	41000	3417	40000	3333	35000	2917	39333	3278
126	水上运输设备操作及有关人员	73832	6153	59550	4963	56120	4677	62263	5189
127	物流从业员	88000	7333	29000	2417	25000	2083	40967	3414
128	外贸业务员	63588	5299	37092	3091	23232	1936	25011	2084
129	加油员	35000	2917	32500	2708	30000	2500	32500	2708

续 表

序号	职业(工种)	高位数		中位数		低位数		平均数	
		年薪	月薪	年薪	月薪	年薪	月薪	年薪	月薪
第五大类　农、林、牧、渔、水利业生产人员									
130	花卉园艺工	30000	2500	25923	2160	25000	2083	26712	2226
131	家畜饲养人员	35000	2917	26000	2167	15720	1310	35000	2917
132	动物疫病防治人员	50000	4167	45000	3750	40000	3333	50000	4167
133	水产品加工人员	42000	3500	25000	2083	24000	2000	28400	2367
第六大类　生产、运输设备操作及有关人员									
134	炼铁人员	50000	4167	40000	3333	35000	2917	41250	3438
135	炼钢人员	50000	4167	37500	3125	25000	2083	37100	3092
136	金属轧制人员	50000	4167	36500	3042	25000	2083	38492	3208
137	铸铁管人员	50000	4167	41000	3417	35000	2917	41750	3479
138	化工产品生产工	50000	4167	34000	2833	22000	1833	34615	2885
139	车工	50380	4198	40000	3333	21920	1827	40739	3395
140	铣工	50670	4223	38000	3167	24996	2083	40389	3366
141	刨插工	50380	4198	35000	2917	20000	1667	39545	3295
142	磨工	50000	4167	38000	3167	24500	2042	42103	3509
143	镗工	54875	4573	45000	3750	24996	2083	43750	3646
144	钻床工	45925	3827	40000	3333	28500	2375	46158	3847
145	加工中心操作工	42000	3500	33600	2800	28553	2379	55070	4589
146	制齿工	30000	2500	25000	2083	20000	1667	30000	2500
147	抛磨光工	54500	4542	25000	2083	18000	1500	26976	2248
148	拉床工	50000	4167	35000	2917	20000	1667	35000	2917
149	锯床工	42389	3532	34000	2833	20000	1667	34500	2875
150	铸造工	44795	3733	40000	3333	20000	1667	40632	3386
151	锻造工	50000	4167	40000	3333	20000	1667	41467	3456
152	冲压工	55500	4625	35000	2917	19000	1583	35882	2990
153	剪切工	45500	3792	32500	2708	20250	1688	33442	2787
154	焊工	49210	4101	40000	3333	24100	2008	41785	3482
155	金属热处理工	50004	4167	37000	3083	25000	2083	38360	3197
156	铆工	50000	4167	35000	2917	20000	1667	35000	2917
157	探伤工	50000	4167	33000	2750	20000	1667	32979	2748
158	冷作钣金加工工	43908	3659	30000	2500	22000	1833	37333	3111
159	镀层工	54000	4500	35000	2917	20000	1667	39636	3303
160	涂装工	60480	5040	39750	3313	21500	1792	45906	3826
161	数控人员	40091	3341	35000	2917	20800	1733	36470	3039
162	基础件装配工	21600	1800	18200	1517	15720	1310	18136	1511
163	部件装配工	40000	3333	30000	2500	15720	1310	27332	2278

续 表

序号	职业(工种)	高位数		中位数		低位数		平均数	
		年薪	月薪	年薪	月薪	年薪	月薪	年薪	月薪
164	装配钳工	50000	4167	30824	2569	20000	1667	33353	2779
165	工具钳工	35000	2917	31517	2626	30000	2500	31517	2626
166	运输车辆装配工	42000	3500	34998	2917	24000	2000	33999	2833
167	机修钳工	65102	5425	39516	3293	21760	1813	40849	3404
168	汽车修理工	65624	5469	32000	2667	16648	1387	36645	3054
169	仪器仪表修理工	28000	2333	23456	1955	21168	1764	24398	2033
170	锅炉设备安装工	40000	3333	39000	3250	20000	1667	41083	3424
171	电力工程内线安装工	40000	3333	25000	2083	22000	1833	22000	1833
172	专业电力设备检修工	50000	4167	35000	2917	20000	1667	38000	3167
173	常用电机检修工	50000	4167	40000	3333	35000	2917	38833	3236
174	维修电工	56000	4667	35000	2917	16400	1367	39767	3314
175	电子器件制造工	31000	2583	29300	2442	27600	2300	29300	2442
176	电子元件制造工	40000	3333	29300	2442	27600	2300	50000	4167
177	橡胶制品生产工	42600	3550	34329	2861	30720	2560	35494	2958
178	塑料制品加工工	50000	4167	35500	2958	18500	1542	33996	2833
179	纺纱人员	46000	3833	36500	3042	25000	2083	35811	2984
180	织造人员	45467	3789	36000	3000	21800	1817	38516	3210
181	针织人员	51515	4293	35000	2917	18000	1500	34270	2856
182	印染人员	43680	3640	34000	2833	27899	2325	38396	3200
183	裁剪工	45778	3815	40000	3333	23016	1918	45778	3815
184	缝纫工	43008	3584	33518	2793	18108	1509	34296	2858
185	裁缝	55000	4583	38500	3208	25000	2083	41667	3472
186	制鞋工	45078	3757	36210	3018	25200	2100	45078	3757
187	皮革加工工	42161	3513	38000	3167	30000	2500	42161	3513
188	毛皮加工工	40000	3333	35529	2961	17645	1470	35529	2961
189	冷食品制作工	35000	2917	29750	2479	24000	2000	29750	2479
190	糕点、面包烘焙工	57090	4758	33408	2784	23400	1950	33408	2784
191	豆制品制作工	38000	3167	28374	2365	21000	1750	28374	2365
192	饲料生产加工工	45000	3750	34700	2892	25000	2083	34850	2904
193	药品生产制造工	40000	3333	34500	2875	24000	2000	33000	2750
194	手工木工	58333	4861	48683	4057	31200	2600	48683	4057
195	机械木工	32000	2667	30000	2500	28000	2333	32000	2667
196	水泥生产制造工	42000	3500	32202	2684	25000	2083	32183	2682
197	土石方施工人员	48000	4000	36000	3000	25000	2083	35671	2973
198	砌筑工	49569	4131	42000	3500	25000	2083	49569	4131
199	混凝土工	48922	4077	42000	3500	25000	2083	48922	4077

续 表

序号	职业(工种)	高位数		中位数		低位数		平均数	
		年薪	月薪	年薪	月薪	年薪	月薪	年薪	月薪
200	钢筋工	49014	4085	42000	3500	25000	2083	49014	4085
201	架子工	50663	4222	42000	3500	25000	2083	50663	4222
202	防水工	60000	5000	44000	3667	25000	2083	43286	3607
203	装饰、装修、油漆工	43001	3583	38400	3200	29800	2483	43001	3583
204	机械电气工程设备安装工、管工	51806	4317	40000	3333	30000	2500	51806	4317
205	电工	56000	4667	40000	3333	20909	1742	39963	3330
206	木工	72000	6000	40131	3344	27246	2271	40131	3344
207	汽车驾驶员	74987	6249	39130	3261	19314	1610	38130	3178
208	起重装卸机械驾驶员	55000	4583	35000	2917	17500	1458	37222	3102
209	检验员	52944	4412	33272	2773	19314	1610	33272	2773
210	计量员	48635	4053	34335	2861	23000	1917	34335	2861
211	包装工	44000	3667	31755	2646	20300	1692	31755	2646
212	简单体力劳动工	49333	4111	28800	2400	15720	1310	28232	2353
213	粉笔制作工	42000	3500	36500	3042	30000	2500	36250	3021
214	车间普通操作工	45000	3750	37300	3108	28000	2333	36900	3075
215	冷镪工	49000	4083	40500	3375	35000	2917	41250	3438
216	叉车工	42000	3500	41000	3417	38000	3167	40500	3375
217	发泡工	31000	2583	25000	2083	18200	1517	24800	2067
218	硫化工	60000	5000	35250	2938	15720	1310	36555	3046
	全部职业(工种)加权平均	68975	5748	37925	3160	23008	1917	39575	3298

2013 年度湖州市区企业部分职业(工种)人力资源市场工资指导价位表

单位：元

项　目	序号	高位数		中位数		低位数		平均数	
		年薪	月薪	年薪	月薪	年薪	月薪	年薪	月薪
按职称等级分类:									
1. 正高级专业技术职务	1	133464	11122	99996	8333	83328	6944	105600	8800
2. 副高级专业技术职务	2	115152	9596	99996	8333	76680	6390	98208	8184
3. 中级专业技术职务	3	97248	8104	59988	4999	53460	4455	70236	5853
4. 初级专业技术职务	4	59580	4965	41568	3464	31488	2624	43704	3642
5. 未评定技术职务人员	5	48312	4026	35316	2943	26508	2209	39324	3277
按技术等级分类:									
1. 高级技师	1	96000	8000	71004	5917	53784	4482	73596	6133

续 表

项 目	序号	高位数		中位数		低位数		平均数	
		年薪	月薪	年薪	月薪	年薪	月薪	年薪	月薪
2. 技师	2	74232	6186	66984	5582	51756	4313	62628	5219
3. 高级工	3	63648	5304	55788	4649	50580	4215	57948	4829
4. 中级工	4	50808	4234	43500	3625	39576	3298	44628	3719
5. 初级工	5	43548	3629	36000	3000	31884	2657	38364	3197
6. 其他人员	6	50628	4219	30504	2542	15720	1310	37452	3121
按学历分类:									
1. 博士	1	198564	16547	150000	12500	99996	8333	149520	12460
2. 硕士	2	115956	9663	99036	8253	91596	7633	105888	8824
3. 本科	3	103536	8628	53736	4478	41172	3431	66144	5512
4. 大专	4	74856	6238	47976	3998	34896	2908	47568	3964
5. 高中、中专、技校	5	44796	3733	36180	3015	29676	2473	36672	3056
6. 初中及以下	6	39996	3333	30000	2500	16200	1350	32004	2667

2013年度湖州市区企业职工分专业技术等级、技能等级和学历人力资源市场工资指导价位表

单位：元

序号	职业(工种)	高位数		中位数		低位数		平均数	
		年薪	月薪	年薪	月薪	年薪	月薪	年薪	月薪
1	服装设计人员	90996	7583	88500	7375	86004	7167	88500	7375
2	服装裁剪工	56004	4667	51996	4333	41004	3417	51600	4300
3	服装缝纫工	50400	4200	47040	3920	40320	3360	45924	3827
4	服装包装工	45996	3833	41004	3417	39000	3250	42000	3500
5	服装检验工	49992	4166	46500	3875	40212	3351	45564	3797

注：工资收入包括计时工资、计件工资、奖金、津贴和补贴等工资性收入，不含加班加点工资。

嘉兴市人力资源市场工资指导价位

嘉兴市企业2013年度部分职业（工种）人力资源市场工资指导价位

单位：元

序号	职业（工种）	高价位	中价位	低价位
1	砌筑工	54830	45480	35590
2	混凝土工	54450	44120	33550
3	抹灰工	48650	40780	33190
4	钢筋工	51140	42860	33840
5	架子工	53360	44600	36760
6	木工	58530	44540	33910
7	油漆工	50850	42820	30970
8	装饰装修油漆工	67210	55740	42090
9	建筑紧固件生产工	55230	42190	33280
10	三合板制作技术	48080	44360	33200
11	三合板一线操作工	53000	48500	33500
12	地板操作工	52000	45500	32500
13	机械电子组装工	45580	38430	30060
14	机械工程师	120780	77980	59310
15	平磨	47790	42220	28710
16	盘磨工	43400	30770	25340
17	橡胶成型辅助工	41440	32410	26440
18	模具工	56950	41960	33570
19	光学粗磨	54370	47010	37630
20	光学精磨	55770	45980	37950
21	光学抛光	55980	47980	40410
22	光学磨边	50200	45730	34550
23	仪表工	51350	42650	37990
24	洁具铝材工	40500	27840	27530
25	洁具裁边工	42350	35580	27330
26	洁具装配工	52850	43650	36550
27	洁具成型工	48770	43240	33230

续 表

序号	职业(工种)	高价位	中价位	低价位
28	皮革手套制作工	51500	39500	30080
29	皮件制作工	48940	41240	31660
30	制鞋工	49430	33010	27580
31	橡胶制品工	38560	33660	27380
32	生产(部门)主管	97680	73680	55970
33	财务主管(经理)	104560	70950	47150
34	企业管理人员	103500	100870	88690
35	工程技术人员	114670	86960	48110
36	会计	88910	72870	42960
37	出纳员	81080	66660	29440
38	电池制造工	48920	36920	31030
39	镀膜	53190	45880	39450
40	刻度	47980	38060	34750
41	造价工程师	122400	83340	63780
42	施工员	74230	55750	46140
43	沥青摊铺工	43160	35350	29060
44	沥青摊铺拌和工	41800	34560	31380
45	纺织纤维物理性能检验工	47500	38650	31950
46	纺织纤维分级别检验工	43460	35620	29730
47	纺织挡车工	44500	36590	30260
48	纺丝工(手工)	44680	35340	29380
49	自动缫丝车工	36750	31170	26140
50	缫丝工	36620	31350	27940
51	无纺布工	39680	29020	25430
52	织袜挡车工	45020	35600	29060
53	精编操作工	49680	37050	31520
54	精编挡车工	47720	37930	26330
55	羊毛衫套口工	47540	38870	27950
56	羊毛衫整烫工	41310	36480	30220
57	羊毛衫横机	42400	31750	26430
58	羊毛衫剪片工	41060	29420	25750
59	前后道工	34910	28700	23880
60	服装缝纫工	43610	35440	28390
61	服装检验工	41070	33510	27810
62	服装制版工	55850	44350	34640
63	服装裁剪工	46550	38030	31820

续　表

序号	职业(工种)	高价位	中价位	低价位
64	服装打样工	54490	46140	37970
65	服装大烫工	44800	35160	29200
66	染色工	46890	36750	27930
67	印染洗涤工	41890	34750	29930
68	印染拉毛工	41640	32070	29290
69	毛皮加工工	58150	46250	31330
70	毛皮划裁工	87740	67810	39640
71	皮革加工工	58530	46980	41730
72	电脑刺绣工	49540	44340	35620
73	仓库保管员	41510	30810	22290
74	西小瓜种植	56980	45680	35580
75	大棚蔬菜种植	53780	41000	33570
76	花卉园艺工	37980	29110	21570
77	食品包装设计	48520	39450	31280
78	食品爆花操作工	41530	37680	27650
79	食品营运主管	43770	39650	33240
80	食品检验员	42770	38550	33870
81	酿酒工	35190	31870	28950
82	酿酒销售	55440	50070	42390
83	灌酒工	35040	31130	27660
84	粽子销售经理	213450	163480	108000
85	粽子营销经理	177550	119240	73510
86	裹粽子工	43540	36750	30060
87	箱包设计研发	63890	51630	40980
88	医药商品购销员	106710	71920	45250
89	医药保管员	55850	40070	36430
90	医药调剂员	56870	43590	36200
91	冷藏工	119720	75410	47520
92	公交大客驾驶员	57260	46940	36050
93	公交中巴驾驶员	43810	38200	30710
94	长途大客驾驶员	75880	70740	50620
95	货车驾驶员	96770	85090	77820
96	汽车驾驶员	61650	42710	39370
97	汽车保洁工	48970	43640	37990
98	机动车加油工	47630	27490	23210
99	物流管理员	55910	39900	30620

续 表

序号	职业(工种)	高价位	中价位	低价位
100	物流装卸工	47760	36150	32880
101	物流配送工	37440	32040	30880
102	港口理货员	58100	48850	36100
103	报关员	86080	61700	46590
104	银行押运员	53310	31140	28840
105	银行信贷员	135540	87440	75700
106	银行储蓄员	94960	75560	37170
107	银行客户经理	197870	142610	102190
108	人力资源师	110760	84620	81070
109	车站客运服务员	44470	41640	36770
110	船舶轮机员	95670	75570	52960
111	船舶驾驶员	137490	88290	77410
112	家政服务员	36640	31800	21790
113	抄水表工	62110	55700	53230
114	净水工	60830	59490	54270
115	水质检验工	60630	57350	53750
116	污水处理工	46200	39590	31130
117	化学检验工	48070	41390	32940
118	垃圾处理工	38970	32720	26670
119	泵站操作工	40460	36710	32980
120	纸张分切工	47850	35670	35060
121	看纸工	49360	39090	32870
122	太阳能发炮工	42730	33020	29850
123	太阳能涂膜工	31960	28650	25990
124	太阳能剪板工	33130	31640	26730
125	太阳能焊接工	35680	29560	25460
126	投递员	48410	43460	38290
127	话务员	49400	33080	22780
128	保育员	45780	43790	39600
129	保洁员	35510	29350	25650
130	保安员	44340	32390	22100
131	邮政营业员	52720	47770	36490
132	电信业务营业员	64240	33260	32910
133	通信接线员	43700	33860	27380
134	网络销售员	60500	45670	32780
135	网络销售维护	55480	45900	33650

续 表

序号	职业（工种）	高价位	中价位	低价位
136	电器产品维修工	45930	38270	30380
137	超市收银员	33570	28770	24480
138	美容师	93500	71650	53900
139	美发师	88650	61530	47560
140	保健按摩师	64710	49870	37650
141	养老护理员	33380	26920	21150
142	保险推销员	135600	87750	51630
143	家电销售	233860	159780	95600
144	地板销售	72560	61130	51490
145	外贸业务员	123680	109420	90560
146	物业管理员	54110	30580	28740
147	眼镜验光员	35600	28760	23590
148	眼镜定配工	35360	29640	23280
149	客房服务员	34550	30050	29160
150	餐厅服务员	33970	31300	29280
151	酒店前厅服务员	34810	29230	29020
152	超市营业员	33110	28250	27520
153	皮服营业员	55880	44140	33450
154	箱包营业员	42050	33670	25080
155	电子产品操作工	43520	35660	28090
156	太阳能包装工	34950	30130	25600
157	太阳能封口工	34750	31230	28760
158	太阳能设备安装工	39360	34850	27860
159	天车工	42850	36550	32670
160	炉前工	53880	48110	41060
161	压延工	49770	41390	33280
162	化工苯酐操作工	55980	45010	31670
163	制图员	145800	85700	50020
164	汽车配件包装工	41250	35690	29440
165	汽车配件压机工	51340	41050	34580
166	家电研发	178980	144590	88890
167	家电装配工	39050	32650	26750
168	铣工	52580	39730	32880
169	办公设备维修工	41170	33890	28880
170	计算机文字录入员	63360	47810	45350
171	计算机维修工	55790	41530	38360

续 表

序号	职业(工种)	高价位	中价位	低价位
172	用户通信终端维修员	78350	41290	33570
173	千斤顶车工	33450	29080	24350
174	千斤顶装配工	32850	26680	24590
175	千斤顶统计员	33350	29840	26300
176	编辑	81430	71350	49920
177	记者	74540	66910	48800
178	摄影师	86750	66950	49480
179	导游	51660	42580	35170
180	房地产开发业务员	125500	102800	90540
181	摩托车维修工	75750	51460	48990
182	数控机床操作工	63490	52330	34990
183	电气设备安装工	61360	46480	38890
184	锻工	45580	36540	30850
185	加工中心操作员	44420	33160	26140
186	机修钳工	50080	42960	31880
187	电子产品维修工	46850	37950	29910
188	保全工	48350	44750	42090
189	邮件处理员(新增)	55130	43170	34350
190	邮政储蓄员(新增)	57730	49710	42190
191	报刊发行员(新增)	61440	45490	37210
192	船舶水手(新增)	77840	65290	57630
193	船舶修理工(新增)	48960	45130	41080
194	物流单证员(新增)	52290	35980	29590
195	物流调度员(新增)	43720	38270	33970
196	物流经理(新增)	82960	63610	49200
197	物流仓储主管(新增)	56580	48490	38810
198	产品研发设计(新增)	87380	55440	42250
199	LCD 外形设计(新增)	88570	76830	58990
200	光伏材料检验工(新增)	34580	32870	28450
201	光伏晶硅硅片制造工(新增)	37580	34680	28990
202	光伏晶锭制造工(新增)	38950	36490	29020
203	光伏薄膜组件制造工(新增)	39360	37570	29830
204	仪器仪表修理工(新增)	39150	34950	29240
205	物流分拣人员(新增)	43800	37980	34360
206	电动车装配工(新增)	37920	31920	26750
207	电器产品检验工(新增)	39240	33040	26960
208	硅片检验员(新增)	42510	37490	31410

嘉兴市企业2013年度部分职业(工种)不同技能等级人力资源市场工资指导价位

单位：元

序号	工种(等级)		高价位	中价位	低价位
209	焊工	高级	59590	48980	43490
		中级	36450	32670	27440
		初级	35770	28390	23090
210	维修电工(电工)	高级	85980	67390	46890
		中级	53720	46200	38450
		初级	43850	37430	28640
211	锅炉操作工	高级	45900	37300	32280
		中级	40770	35460	30170
		初级	35950	30620	26480
212	中式烹调师	高级	64740	55320	48770
		中级	49620	37670	34080
		初级	38950	34130	32600
213	车工	高级	47800	37930	33550
		中级	38600	33980	29340
		初级	30100	28450	24080
214	钳工	高级	63280	49640	40230
		中级	45750	36450	32980
		初级	34930	31760	26330
215	制革工	高级	89600	66550	57230
		中级	68730	53690	47600
		初级	41980	33430	29070
216	汽车修理工	高级	83670	57620	31070
		中级	50080	37950	24930
		初级	28060	25690	24760
217	园林绿化工	高级	59980	49570	29010
		中级	35460	33350	28030
		初级	24630	23790	22390
218	太阳能利用工	高级	49930	39090	36150
		中级	39620	33580	29010
		初级	34850	30620	27630
219	叉车工	高级	53670	39160	33250
		中级	36670	28250	25080
		初级	30720	24240	22650

续 表

序号	工种(等级)		高价位	中价位	低价位
220	数控车工	高级	68250	46360	32470
		中级	44040	39390	32500
		初级	33980	31070	27750

嘉兴市企业 2013 年度部分职业(工种)不同技能等级人力资源市场工资指导价位

单位：元

价位 学历	指导价位(年薪)		
	高价位	中价位	低价位
硕士(研究生)	121170	83280	63720
本科	73530	50320	35480
大专	57740	43230	31400

绍兴市人力资源市场工资指导价位

2013年绍兴市职业(工种)工资指导价位

单位：元、人

序号	职　业	高位数	较高位数	中位数	较低位数	低位数	平均数
1	企业经理	380336	195971	116101	75000	53032	149225
2	生产经营经理	249906	140581	88969	57836	38378	107444
3	财务经理	209961	116930	72443	50172	41507	89292
4	行政经理	199889	111977	71904	58790	45203	81821
5	人事经理	183151	118518	61040	42815	41383	87032
6	销售和营销经理	257658	120990	70189	48617	31639	99429
7	广告和公关经理	108422	74240	54191	37858	31648	61970
8	采购经理	119398	90775	62956	45819	32943	72376
9	计算机服务经理	160865	119170	92781	57865	39862	92988
10	研究和开发经理	215533	143376	84672	49865	41841	99698
11	餐厅、客房经理	127493	101084	39897	37162	35164	62741
12	客房经理	106019	70949	50802	46017	39793	62744
13	其他企业负责人	202449	116496	60328	47891	34610	85189
14	其他企业管理人员	137423	81995	49280	37858	25019	62177
15	化学研究人员	102356	62762	53756	39463	35195	61322
16	地质勘探工程技术人员	148543	127404	111969	74397	63840	105831
17	测绘工程技术人员	103320	82859	60480	50172	31508	66697
18	冶金工程技术人员	118423	91478	53499	38498	31395	66045
19	化工工程技术人员	82587	55536	45830	41747	29704	54104
20	机械工程技术人员	148995	90740	65051	44748	29285	73076
21	电子工程技术人员	88021	69000	61718	28477	23473	64586
22	计算机与应用工程技术人员	109644	83916	63867	47895	29111	61266
23	电气工程技术人员	115421	86696	64390	50372	32474	69390
24	电力工程技术人员	106374	94878	81860	44341	33993	72021
25	交通工程技术人员	105633	76820	56097	49293	42141	57136
26	建筑工程技术人员	108224	78644	68040	49720	39885	72011
27	建材工程技术人员	85930	74672	72762	48130	37336	74241

续 表

序号	职　业	高位数	较高位数	中位数	较低位数	低位数	平均数
28	水利工程技术人员	94160	83139	65912	25086	23258	59848
29	纺织工程技术人员	104069	70418	47691	36158	22472	54848
30	食品工程技术人员	77457	60509	53125	38647	35709	48811
31	环境保护工程技术人员	74849	65581	63439	56236	49370	62600
32	安全工程技术人员	108061	76654	60502	41585	36485	62337
33	标准化、计量、质量工程技术人员	72336	62711	54808	35063	30372	49200
34	工业管理工程技术人员	105161	72594	56607	37487	29807	59768
35	其他工程技术人员	103785	72594	48048	37396	25108	59113
36	园艺技术人员	41327	33974	29107	21219	20876	29779
37	经济计划人员	85040	66545	43426	37776	27839	51219
38	统计人员	69722	45565	36671	29905	23098	40051
39	会计人员	94160	63301	43142	33886	25461	50218
40	审计人员	102643	75698	51255	37629	27823	61178
41	国际商务人员	70620	58680	36467	33866	26376	41946
42	房地产业务人员	77624	64046	37498	33386	27649	47388
43	其他经济业务人员	97056	53061	37412	29360	25722	44564
44	银行业务人员	267146	186335	125810	92273	66487	143347
45	保险业务人员	121755	89067	50659	35321	21392	61321
46	证券业务人员	141302	112526	55465	39345	27172	74421
47	其他金融业务人员	128544	87310	59698	42502	30749	67065
48	记者	81984	69560	60515	44549	36006	62505
49	编辑	75672	62972	54960	45049	36808	55853
50	翻译	95156	69147	58742	47171	39503	56789
51	图书资料与档案业务人员	78586	58785	58665	50253	28729	55672
52	其他新闻出版、文化工作者	82297	80679	67125	68332	65832	73030
53	其他专业技术人员	83088	65754	46879	36352	25598	50918
54	行政办公人员	48948	42619	34189	33235	30701	37205
55	行政业务人员	93849	59712	46427	36345	27047	50300
56	行政事务人员	67579	49205	36960	31447	23697	40220
57	其他行政办公人员	77832	52268	37808	30754	21450	43017
58	治安保卫人员	48773	34545	26604	23358	19285	29998
59	消防人员	37980	30038	26127	25738	25966	28728
60	其他安全保卫和消防人员	50854	38883	29030	26575	22667	32653
61	邮政业务人员	107682	97366	100131	102170	99419	99529
62	电信业务人员	106290	87225	32890	27160	23584	52340
63	电信通信传输业务人员	114258	99614	85252	77225	38304	82303

续 表

序号	职 业	高位数	较高位数	中位数	较低位数	低位数	平均数
64	其他邮政电信业务人员	104138	87139	59201	27571	19933	59838
65	其他办事人员和有关人员	60336	43157	36335	29605	20495	37426
66	购销人员	38341	38917	38289	34996	31207	36185
67	营业人员	55831	39334	32348	27696	23157	34581
68	推销、展销人员	110935	56986	40902	30804	24781	49129
69	采购人员	75882	51347	39917	30374	24515	43619
70	商品监督和市场管理员	49706	42486	35420	30300	24367	34944
71	其他购销人员	113646	81989	50853	38986	29326	60436
72	保管人员	54124	45417	31755	26822	21345	35665
73	储运人员	59062	45160	38160	29832	24453	40515
74	仓储人员	53255	48278	34474	23753	22701	37068
75	餐饮服务人员	54732	41121	29119	22053	19261	31792
76	中餐烹饪人员	61450	46548	36200	29832	24380	39607
77	西餐烹饪人员	59641	54368	43377	35650	30370	43817
78	调酒和茶艺人员	45045	41570	40286	37290	35112	39917
79	营养配餐人员	39774	38969	39917	40246	39990	39554
80	餐厅服务员、厨工	50846	41182	32127	26941	20981	34250
81	饭店、旅游及健身娱乐场所服务人员	56703	42529	37494	23529	19936	36123
82	饭店服务人员	45010	33801	28302	26912	23138	30894
83	旅游及公共游览场所服务员	53125	36297	24931	21825	22018	30110
84	健身娱乐场所服务员	31850	29932	28909	29426	28000	29604
85	其他饭店、旅游及健身娱乐场所服务人员	44906	38655	33526	31992	22831	36098
86	公路道路运输服务人员	64782	41507	37907	35595	30942	40182
87	其他运输服务人员	115447	82688	55429	46472	27349	68171
88	医疗卫生辅助服务人员	44478	38980	27104	25934	25482	33510
89	物业管理人员	43053	35934	27579	23205	23410	28588
90	供水供热人员、锅炉工	77928	67807	44253	33010	28376	49382
91	美发美容人员	65911	61863	45088	41408	30145	51740
92	摄影服务人员	44657	35026	33415	27660	25684	32340
93	验光配镜人员	48510	43864	40779	32256	28629	41019
94	洗染、织补人员	37386	27724	24835	23407	19848	26769
95	浴池服务人员	43934	44118	24095	25446	25169	32429
96	日用机电产品维修人员	34663	34443	34804	31624	28269	33285
97	办公设备维修人员	47565	40986	35624	29602	26450	36015
98	环境卫生人员	38115	35373	23784	20313	17773	27570
99	其他社会服务和居民生活服务人员	74464	46585	31589	20416	18058	37323

续 表

序号	职 业	高位数	较高位数	中位数	较低位数	低位数	平均数
100	其他商业、服务业人员	67233	45196	32093	26662	21364	37019
101	地质勘查人员	63525	58830	60480	60597	44517	57960
102	钻井人员	70971	59808	59942	55727	54962	60674
103	轻有色金属冶炼人员	47026	39560	40289	41402	41561	42913
104	金属轧制工	51189	41191	37801	37052	29822	39929
105	其他金属冶炼、轧制工	45144	41181	38465	38632	35785	39765
106	化工产品生产通用工艺人员	41720	35199	29001	28301	26326	31702
107	无机化工产品生产人员	36635	37349	36321	36660	35732	36855
108	有机化工产品生产人员	60578	55851	51332	48866	44191	51532
109	合成树脂生产人员	71073	60470	54271	46421	31389	52595
110	合成橡胶生产人员	44006	44828	46086	47358	47777	46086
111	化学纤维生产人员	70267	48905	37055	34770	32168	42919
112	合成革生产人员	45026	42094	36314	35629	31129	37625
113	精细化工产品生产人员	51476	46218	34182	27097	27337	36669
114	日用化学品生产人员	34298	33180	32962	33239	32268	33516
115	其他化工产品生产人员	51323	45886	37444	31824	28331	39190
116	机械冷加工工	74507	53013	43408	36631	24722	45076
117	机械热加工人员	53343	49199	43743	34713	27528	42351
118	特种加工设备操作人员	50070	48396	47457	49169	35221	47694
119	冷作钣金加工人员	93213	87034	57525	51413	45911	64928
120	工件表面处理加工人员	62420	35298	35952	36951	23589	38651
121	磨料磨具制造加工人员	64152	53946	45481	42124	38024	48846
122	其他机械制造加工人员	62370	64136	40897	35151	24124	46421
123	基础件、部件装配人员	46338	41059	34736	27843	22916	33917
124	机械设备装配人员	77339	72292	46123	33257	26292	50547
125	动力设备装配人员	50516	39945	34133	30727	29739	32141
126	电气元件及设备装配工	42702	36473	31198	24664	22338	33931
127	电子专用设备装配调试人员	50857	42105	39566	34573	25308	39204
128	日用机械电器制造装配人员	70713	52311	40832	33164	25181	45103
129	五金制品制作装配人员	36048	35425	32330	27595	27839	31634
130	其他机电产品装配人员	47216	43199	37863	28340	28591	36499
131	机械设备修理人员	105478	105697	97331	45004	28699	77315
132	机械设备维修人员	72209	54713	40957	34477	25582	47062
133	仪器仪表修理工	54984	43001	41008	32262	29233	38813
134	其他机械设备修理人员	77515	62975	49515	43038	27759	51081
135	电力设备安装人员	97418	90898	45548	45691	36823	60434

续 表

序号	职 业	高位数	较高位数	中位数	较低位数	低位数	平均数
136	发电运行值班人员	65762	58435	50297	45582	42880	52830
137	输电、配电、变电设备值班人员	137841	103754	71508	53140	28428	73414
138	电力设备检修人员	98267	64089	52976	43681	29348	56258
139	供用电人员	141792	112197	46019	44259	29796	72195
140	生产生活电力设备安装、操作、修理人员	84732	48293	33891	29459	25832	41992
141	其他电力设备安装、运行、检修及供电人员	114470	47719	39068	39134	29113	50258
142	电子器件制造人员	49271	45183	35665	25554	22667	35696
143	电子元件制造人员	46771	38006	34188	27455	24264	33860
144	电池制造人员	48807	43030	37692	34510	27440	37958
145	电子设备装配调试人员	49905	47307	40956	41681	29822	42668
146	电子产品维修人员	56784	43058	31582	28340	27086	36434
147	其他电子元器件与电子设备制造、装调维修人员	36934	29188	25588	25059	22158	27016
148	橡胶制品生产人员	45777	39927	40656	39261	28487	39315
149	塑料制品加工人员	46570	39907	31252	27093	22777	33507
150	纺织、针织、印染人员	62834	46268	38243	28538	22045	38810
151	纤维预处理人员	46292	39260	33868	31871	22038	35717
152	纺纱人员	58807	48319	36794	32399	24264	40062
153	织造人员	56434	42358	33694	28271	20863	36504
154	针织人员	46640	36707	28929	26527	23647	31922
155	印染人员	65921	49509	39505	33141	24831	42798
156	其他纺织、针织、印染人员	56092	46225	32064	27525	20790	36017
157	裁剪缝纫工	47089	39568	31965	27467	21627	33272
158	皮革、毛皮加工工	41043	36731	34182	29109	22982	36028
159	缝纫制品再加工人员	36263	29650	26186	25119	23876	27810
160	其他裁剪缝纫和毛皮革制作工	32363	30833	27942	25979	23826	28846
161	粮油、食品、饮料生产加工及饲料生产加工人员	71831	68786	50042	38613	21781	53092
162	乳品、冷冻食品及罐头、饮料制作人员	60433	38190	30203	28994	26960	34760
163	酿酒人员	51535	43539	36807	34705	31243	39568
164	屠宰加工人员	62734	39887	27700	27222	26397	34584
165	肉、蛋食品加工人员	40662	35239	26528	27437	26486	30722
166	其他粮油、食品、饮料及饲料生产加工人员	36036	34206	33869	33412	33708	33772
167	药品生产人员	50371	40759	39308	32517	21497	37859
168	合成药物制造人员	70122	51394	44259	42675	40292	48880
169	生物技术制药人员	43110	43614	42621	42070	40011	41808
170	药物制剂人员	42938	34849	28158	29599	27619	32543
171	中药制药人员	55429	50295	42696	38155	32909	44444

续 表

序号	职　业	高位数	较高位数	中位数	较低位数	低位数	平均数
172	其他药品生产制造人员	50383	39767	33381	26849	24286	34501
173	木材加工制作人员	49199	30262	30886	30454	29594	32232
174	木材制品制作人员	57673	52241	30603	24349	24564	35387
175	制浆人员	48210	45218	38206	31476	24888	37551
176	造纸人员	42360	39224	36857	32327	28236	35536
177	纸制品制作人员	52810	42918	33206	29476	21888	35551
178	其他制浆、造纸和纸制品生产加工人员	41428	31932	29720	27818	24515	28913
179	水泥及水泥制品生产加工人员	47061	37011	28884	25443	18526	30726
180	墙体屋面材料生产人员	47220	38244	28779	27337	19152	31094
181	建筑保温及吸音材料生产人员	42625	40266	34546	35437	27579	35896
182	其他建筑材料生产加工人员	44804	45075	43082	43368	42360	44290
183	电影放映人员	52326	50433	39051	37810	33177	41377
184	印前处理人员	47021	47912	39131	23142	18918	37103
185	印刷操作人员	46106	43757	36288	27386	20521	34924
186	印后制作人员	46277	46464	40463	21768	20301	33936
187	漆器工艺品制作人员	46317	39952	38100	37630	33937	38416
188	工艺、美术品制作人员	46332	34443	30240	26103	26334	32220
189	土石方施工人员	52886	47400	36624	34804	33858	42681
190	砌筑人员	55266	52627	47962	44118	37620	47186
191	混凝土配置及制品加工人员	55968	51367	44352	37290	37620	43738
192	钢筋加工人员	54075	50039	44755	37290	37620	44708
193	施工架子搭设人员	59400	50200	42571	36951	37278	44081
194	工程防水工	52939	51855	48686	46002	42134	49092
195	装饰、装修、油漆工	52994	51087	46630	42680	37278	46745
196	古建筑修建人员	109184	84198	74043	74025	74680	85131
197	筑路、养护、维修人员	49340	35197	36171	28032	24043	33818
198	机械电气工程设备安装工、管工	105023	70999	40286	36951	24056	51184
199	其他工程施工人员	39163	39560	40656	38533	17456	36773
200	运输设备操作人员及有关人员	34269	34728	35010	35869	36110	34824
201	公(道)路运输机械设备操作及有关人员	79466	67053	53997	41326	29450	54201
202	水上运输设备操作及有关人员	50688	48866	41392	36803	31880	41775
203	起重装卸机械操作及有关人员	67644	59206	47053	41481	29040	48498
204	其他运输设备操作人员	58791	49017	43905	37290	27039	43508
205	环境监测人员	37465	37013	30449	24732	22380	30969
206	废物处理人员	54877	47328	41170	30374	28989	39675
207	其他环境监测与废物处理人员	34560	33604	31933	31134	29570	32525

续 表

序号	职 业	高位数	较高位数	中位数	较低位数	低位数	平均数
208	检验、计量人员	31399	31185	29858	30397	29623	30552
209	检验人员	62370	52305	36624	30949	25448	40455
210	计量人员	57951	37805	32117	29459	26083	36381
211	其他检验、计量人员	69309	64430	39032	34444	25919	45140
212	其他生产、运输设备操作人员及有关人员	49801	40866	33777	26849	18810	44454
213	包装人员	51084	41383	32937	29673	21311	34544
214	机泵操作人员	72574	64388	46676	34465	25919	48998
215	简单体力劳动人员	50611	47085	33196	27337	19310	35596

2012 年绍兴市主要行业人工成本状况

单位：元

项目 行业	从业人员人均人工成本(元/人、年)	人工成本占总成本比例	人工成本构成比例						
			从业人员劳动报酬	福利费用	教育经费	社会保险费用	劳动保护费用	住房费用	其他人工费用
总体状况	5.57	23.8%	75.0%	5.4%	0.8%	11.1%	1.1%	2.9%	3.7%
制造业	4.97	11.7%	78.5%	7.3%	0.8%	9.6%	1.3%	0.6%	1.9%
电力、热力燃气及水生产和供应业	9.18	8.9%	69.8%	5.5%	3.4%	10.5%	1.9%	5.6%	3.2%
建筑业	5.57	18.6%	79.7%	2.9%	0.5%	3.9%	0.3%	0.2%	12.6%
批发和零售业	5.56	5.6%	70.6%	5.1%	0.2%	12.9%	2.3%	2.9%	6.0%
交通运输、仓储和邮政业	6.05	25.3%	69.4%	3.8%	0.5%	12.7%	0.2%	4.2%	9.1%
住宿和餐饮业	4.79	31.8%	78.3%	5.0%	0.1%	12.5%	0.3%	2.7%	1.2%
信息传输、软件和信息技术服务业	8.09	40.2%	80.4%	4.1%	0.5%	13.2%	0.5%	1.3%	0.0%
金融业	14.25	28.5%	69.1%	6.5%	1.1%	14.8%	0.8%	5.7%	1.9%
房地产业	11.04	14.7%	77.2%	8.3%	0.5%	7.3%	2.8%	2.3%	1.7%
租赁和商务服务业	4.68	15.0%	82.1%	1.1%	0.4%	13.1%	0.3%	1.4%	1.6%
居民服务、修理和其他服务业	4.73	18.7%	70.0%	9.7%	0.5%	12.0%	0.7%	5.1%	2.0%

金华市人力资源市场工资指导价位

金华市区企业 2013 年部分职业（工种）人力资源市场工资指导价位

单位：元/月

序号	职业名称	高位数	中位数	低位数
1	企业经理（厂长）	14420	7080	2480
2	副经理（副厂长）	11660	5840	2190
3	生产或经营经理	6920	4180	2110
4	财务经理	6630	4090	2010
5	行政经理	5850	3230	1960
6	人事经理	5850	3220	1960
7	销售和营销经理	6920	4120	1990
8	广告和公关经理	5290	4250	1960
9	采购经理	5010	2950	1860
10	研究和开发经理	7470	3710	2320
11	餐厅经理	4620	2540	1780
12	客房经理	4340	2230	1760
13	保安部经理	4250	2410	1780
14	仓储部经理	4490	2410	1830
15	质管部经理	5060	2760	1830
16	物业经理	4380	2480	1790
17	化工工程技术人员	5010	3130	1790
18	医药工程技术人员	5840	4250	1930
19	机械工程技术人员	4340	2710	1680
20	设备工程技术人员	4380	2680	1680
21	仪器仪表工程技术人员	3570	2530	1610
22	电子工程技术人员	5330	3070	1830
23	电子元器件工程技术人员	5310	2960	1770
24	通信工程技术人员	7180	3540	1980
25	计算机与应用工程技术人员	5340	2840	1860
26	计算机硬件技术人员	5340	3190	1860
27	计算机软件技术人员	6390	3190	1960

续 表

序号	职业名称	高位数	中位数	低位数
28	计算机网络技术人员	4360	2840	1780
29	电气工程技术人员	5840	3260	1780
30	电力工程技术人员	5340	3230	1780
31	建筑工程技术人员	8560	4360	2210
32	安全工程技术人员	5760	3130	1730
33	纺织工程技术人员	4980	2940	1860
34	食品工程技术人员	3650	2230	1730
35	其他工程技术人员	5730	3180	1710
36	统计人员	3420	2030	1490
37	会计人员	3750	2410	1520
38	出纳	3650	2150	1530
39	房地产业务人员	4260	2510	1620
40	银行信贷员	6980	4890	2320
41	银行储蓄员	5290	3480	1980
42	金融守押员	4950	3320	2070
43	保险推销员	4370	2780	1730
44	保险理赔员	6610	4190	2060
45	其他保险业务人员	4290	2570	1610
46	行政业务办公人员	4180	2560	1610
47	人事劳资人员	4070	2570	1670
48	秘书	4100	2780	1790
49	收发员	2380	1840	1460
50	打字员	2380	1890	1460
51	治安保卫人员	2620	2030	1460
52	投递员	2460	1790	1600
53	报刊发行员	1720	1560	1460
54	邮件处理员	5210	3640	1810
55	计算机操作员	2590	2010	1460
56	话务员	4410	2870	1830
57	营业员	2050	1630	1460
58	收银员	1970	1640	1460
59	推销员	3690	2010	1530
60	采购员	3070	2030	1520
61	医药商品购销员	3430	2570	1680
62	保管员	2410	1790	1460
63	理货员	1790	1670	1460

续 表

序号	职业名称	高位数	中位数	低位数
64	防损员	2010	1690	1520
65	保鲜员	1730	1570	1460
66	冷藏工	2350	1880	1460
67	其他保管人员	2260	1680	1460
68	商品储运员	2260	1870	1460
69	中式烹调师	4780	2790	1600
70	中式面点师	3940	2390	1520
71	西式烹调师	4130	2540	1600
72	西式面点师	3940	2170	1520
73	调酒师	3410	2420	1780
74	茶艺师	3070	2010	1560
75	其他调酒和茶艺人员	3430	2870	1460
76	餐厅服务员	1810	1560	1460
77	餐具清洗保管员	1630	1560	1460
78	前厅服务员	2060	1610	1460
79	客房服务员	1810	1560	1460
80	其他餐饮、旅店服务人员	2240	1640	1460
81	导游	2800	2250	1530
82	园林植物保护工	2050	1570	1460
83	花卉园艺工	2050	1580	1460
84	保健按摩师	2730	2040	1520
85	健身和娱乐场所服务人员	2120	1610	1460
86	汽车客运服务员	2300	1980	1520
87	车站客运服务员	2240	1890	1460
88	公交车驾驶员	3420	2780	1780
89	物业管理人员	2570	1670	1460
90	保育员	3560	2730	2010
91	家政服务人员	1770	1570	1460
92	锅炉操作工	2620	1960	1460
93	美容师	3050	1740	1460
94	美发师	3430	2040	1530
95	其他美容美发人员	2980	1760	1460
96	洗衣师	2010	1730	1460
97	摄影师	3910	2330	1530
98	冲印工	3050	2150	1570
99	眼镜验光员	2170	1880	1530

续 表

序号	职业名称	高位数	中位数	低位数
100	眼镜定配工	1880	1780	1520
101	家用电器产品维修工	2170	2130	1680
102	家用电子产品维修工	2190	2130	1660
103	办公设备维修人员	1980	1760	1520
104	垃圾清运工	1810	1580	1460
105	保洁员	1800	1580	1460
106	其他环境卫生人员	1730	1550	1460
107	勤杂工	1780	1560	1460
108	蔬菜加工工	2180	1770	1460
109	果类产品加工工	1980	1770	1460
110	金属轧制人员	2220	1720	1460
111	化工产品生产工	2280	1720	1460
112	车工	3750	2460	1730
113	铣工	3430	2250	1710
114	刨插工	3080	2040	1570
115	磨工	3080	1880	1610
116	镗工	3120	2000	1680
117	钻床工	2860	2040	1610
118	加工中心操作工	2570	2040	1610
119	制齿工	2670	1860	1570
120	抛磨光工	2920	2250	1790
121	拉床工	2600	1860	1610
122	锯床工	2740	2060	1610
123	铸造工	3070	2250	1710
124	锻造工	2850	1860	1710
125	冲压工	3120	2040	1720
126	剪切工	2570	1880	1660
127	焊工	3940	2520	1770
128	模具工	3370	2560	1850
129	金属热处理工	2700	2170	1590
130	电切削工	2340	2000	1570
131	冷作钣金加工工	2520	1950	1550
132	镀层工	2560	1980	1570
133	涂装工	2580	1960	1570
134	注塑工	2560	1880	1520
135	绕线工	2740	2040	1600

续 表

序号	职业名称	高位数	中位数	低位数
136	行车工	3060	1980	1720
137	基础件装配工	2980	1940	1660
138	部件装配工	2710	1990	1570
139	装配钳工	2820	2040	1570
140	工具钳工	3030	2460	1710
141	动力设备装配工	2860	2340	1720
142	电子元件及设备装配工	2780	2360	1650
143	机修钳工	3070	2230	1710
144	汽车修理工	3080	2170	1620
145	仪器仪表修理工	2570	1860	1570
146	通讯交换设备调试工	2880	1960	1490
147	电力工程内线安装工	3030	2040	1710
148	专业电力设备检修工	2820	2150	1710
149	电工	3020	2250	1620
150	维修电工	3040	2250	1710
151	电子元件制造工	2740	1790	1570
152	印染人员	3370	2160	1720
153	电子计算机维修工	2820	2250	1620
154	橡胶塑料制品生产工	2320	2040	1490
155	针织人员	3020	1960	1490
156	织造人员	3400	2150	1620
157	整烫工	3510	2200	1570
158	挡车工	3030	2040	1520
159	裁剪工	2580	1920	1570
160	缝纫工	2480	1950	1570
161	乳品加工工	2290	1780	1460
162	冷食品制作工	2320	1820	1460
163	食品罐头加工工	2160	1800	1460
164	糕点面包烘焙工	2220	1730	1460
165	屠宰加工工	2160	1560	1480
166	肉蛋食品加工工	1800	1520	1460
167	饮料制作工	2050	1640	1460
168	火腿腌制工	2322	1990	1570
169	药品生产制造工	2480	1860	1570
170	木工	2740	1840	1520
171	手工木工	2740	1840	1610

续 表

序号	职业名称	高位数	中位数	低位数
172	机械木工	2980	2050	1690
173	精细木工	3580	2560	1930
174	纸制品制作工	1970	1680	1460
175	水泥生产制造工	2890	1970	1570
176	水泥制品工	3080	2250	1600
177	印前处理工	2410	1880	1520
178	印刷操作工	2560	2130	1570
179	印后制作工	2260	1980	1520
180	建筑工程施工人员	6490	4280	1880
181	砌筑工	3280	2250	1730
182	混凝土工	3420	2250	1730
183	钢筋工	3430	2540	1770
184	架子工	4070	2710	1890
185	防水工	3030	2380	1850
186	管道工	2460	2130	1730
187	装饰、装修工	3420	3010	1870
188	建筑油漆工	3580	2540	1870
189	工程设备安装工	3750	2780	2160
190	电气设备安装工	3930	2950	2390
191	汽车驾驶员	3950	2320	1730
192	起重装卸机械驾驶员	3030	2350	1780
193	检验员	2680	2040	1590
194	计量员	2680	1980	1590
195	包装工	2340	1880	1460
196	简单体力劳动工	2060	1630	1460

衢州市人力资源市场工资指导价位

衢州市区企业2013年部分职业(工种)劳动力市场工资指导价位

单位：元/月

序号	职业(工种)	高位数	中位数	低位数
1	企业厂长(经理)	18200	9200	3800
2	企业副厂长(副经理)	10100	5600	3000
3	生产或经营经理	9000	4300	2280
4	财务经理	7500	4300	2200
5	人力资源经理	6600	3780	2000
6	行政经理	6600	3800	2000
7	销售和营销经理	7000	4200	2100
8	广告和公关经理	5350	4000	1900
9	采购经理	6600	3880	2100
10	研究和开发经理	6400	3500	2000
11	餐饮部经理	4200	2800	2000
12	客房部经理	4000	2700	1990
13	工程部经理	5200	3800	2450
14	保安部经理	3500	2600	1900
15	仓储部经理	3600	2700	2000
16	商品部经理	3500	2500	1900
17	物业经理	3600	2600	1960
18	机械工程技术人员	4000	3000	2350
19	冶金工程技术人员	4600	3100	2550
20	纺织工程技术人员	3500	2500	1900
21	化工工程技术人员	4900	2600	1950
22	化工设备工程技术人员	5000	3000	2200
23	质量工程技术人员	5000	3000	1900
24	环保工程技术人员	5000	2950	2100
25	医药工程技术人员	5100	3400	2100
26	交通工程技术人员	5150	3300	1950
27	建筑工程技术人员	5200	3400	2000

续　表

序号	职业(工种)	高位数	中位数	低位数
28	建筑工程监理人员	4980	3100	1950
29	电力工程技术人员	8890	5000	2800
30	水利工程技术人员	4900	3200	1980
31	测绘工程技术人员	7900	4600	2300
32	通讯工程技术人员	5350	3000	1950
33	仪器仪表工程技术人员	4360	2980	1960
34	计算机与应用工程技术人员	4200	2400	1900
35	计算机硬件技术人员	4300	2500	1900
36	计算机软件技术人员	4300	2500	1900
37	计算机网络技术人员	4700	3400	1900
38	计算机系统分析技术人员	4300	2700	1900
39	其他计算机与应用工程技术人员	4300	2600	1900
40	拍卖师	6000	3400	2200
41	律师	12000	5500	2000
42	文秘	3850	2450	1960
43	财务人员	3500	2400	1900
44	统计人员	3100	2480	1950
45	人事劳资人员	3000	2500	1900
46	商场柜组长	2950	2050	1900
47	商场营业员	2300	1880	1600
48	仓库保管	2450	2100	1900
49	物业管理人员	2500	1900	1600
50	典当业务员	2900	2500	1800
51	检验员	4350	2900	2000
52	计量员	2900	2350	1800
53	报关员	3800	2450	1800
54	话务员	3570	2300	1700
55	资产评估人员	5250	3680	2300
56	银行信贷员	5900	3660	2200
57	银行储蓄员	4320	3000	1970
58	其他银行业务人员	4360	3160	1910
59	保险推销员	5200	3520	1700
60	保险理赔员	4100	3100	1700
61	其他保险业务人员	4600	3170	1700
62	广告设计人员	4360	2080	1750
63	服装设计人员	4610	2580	1750

续 表

序号	职业(工种)	高位数	中位数	低位数
64	室内装饰设计人员	4000	2500	1700
65	理货员	2450	1900	1700
66	推销员	3460	2560	1700
67	收银员	3380	1900	1700
68	营销员	2560	1900	1700
69	保安员	2260	1900	1650
70	打字员	2100	1900	1600
71	收发员	2100	1900	1600
72	客房服务员	2150	1810	1600
73	前厅服务员	2350	1950	1800
74	健身娱乐场所服务员	2200	1900	1700
75	中式烹调师	6380	3000	1900
76	中式面点师	4100	2500	1800
77	西式烹调师	4150	2500	1800
78	西式面点师	4100	2400	1800
79	营养配餐员	3260	1960	1710
80	餐厅服务员	2800	2110	1800
81	点菜员	2250	1980	1600
82	餐具清洗保管员	2000	1800	1600
83	其他餐饮服务人员	1950	1800	1650
84	导游	3470	2040	1700
85	家政服务人员	5000	2300	1700
86	护理人员	2900	1950	1750
87	足浴按摩师	3100	2070	1700
88	洗衣师	1910	1760	1600
89	美容师	3360	1970	1670
90	美发师	3850	2100	1630
91	摄影师	3580	2310	1660
92	眼镜验光员	2100	1850	1650
93	眼镜定配工	2100	1850	1650
94	汽车驾驶员	4500	3000	2000
95	汽车客运服务员	2150	1880	1670
96	汽车修理工	4100	2180	1700
97	电工	3500	2400	1750
98	装卸工	2300	2000	1780
99	冷藏工	2580	1970	1700

续 表

序号	职业(工种)	高位数	中位数	低位数
100	酿酒工	2100	1850	1600
101	酱油酱类制作工	2000	1860	1650
102	味精制作工	2000	1860	1600
103	乳品加工工	2300	1900	1700
104	食品罐头加工工	2100	1950	1700
105	糕点面包烘焙工	3500	2050	1700
106	豆制品制作工	2900	2210	1680
107	腌腊肠类制品加工工	2240	1730	1600
108	屠宰加工工	2530	1930	1700
109	肉蛋食品加工工	2110	1930	1670
110	饲料生产加工工	2100	1920	1750
111	钻探工	3120	2360	1900
112	矿井开掘工	3300	2550	1970
113	井下采石工	2670	2360	1920
114	支护工	2460	2000	1760
115	矿运工	2280	1960	1780
116	井下作业工	2500	2070	1820
117	矿山提升机操作工	2110	1840	1620
118	井下辅助工	2130	1820	1600
119	井下地测工	2140	1850	1650
120	背断工	3460	2750	2190
121	采掘工	3160	2850	2110
122	倒矿工	3100	2850	2450
123	井下电工	3120	2670	2290
124	井下运输工	3200	2710	2360
125	信号工	3000	2280	2080
126	绞车工	3100	2500	1930
127	印刷设计制板工	2820	1980	1790
128	印刷操作工	2530	1930	1640
129	印后操作工	2520	2080	1920
130	打浆工	2560	2040	1750
131	和浆工	2190	1950	1690
132	造纸工	2300	2060	1750
133	洗杂工	1890	1700	1600
134	清卫工	2000	1850	1600
135	锅炉操作工	2830	2140	1800

续 表

序号	职业（工种）	高位数	中位数	低位数
136	复卷工	2490	2060	1750
137	复卷辅助工	2350	1890	1600
138	蒸煮工	2450	1880	1600
139	精选工	2450	1830	1600
140	看网工	2300	1880	1600
141	看毯工	2360	1830	1600
142	看汽工	2400	1980	1800
143	熬胶工	2350	1840	1600
144	卷纸工	2450	1980	1600
145	抄纸工	2500	2030	1750
146	熔纸工	2380	2030	1700
147	打包工	2250	1880	1600
148	仪表工	2150	1830	1600
149	金属冶炼工	2950	2150	1950
150	车工	3300	2800	1950
151	铣工	3300	2800	1900
152	刨插工	3300	2180	1800
153	磨工	3000	2130	1880
154	镗工	2900	1960	1750
155	钻床工	2800	2060	1750
156	数控人员	4100	2550	1950
157	制齿工	3050	2120	1700
158	加工中心操作工	2800	2020	1860
159	抛磨光工	3280	2350	1750
160	炼钢工	3810	2850	1960
161	铸造工	4020	2950	2340
162	铁合金冶炼工	3000	2040	1900
163	铸铁管人员	3210	2420	1960
164	金属扎制工	3050	2160	1960
165	发电工	2580	2060	1800
166	化工操作	2550	2060	1800
167	化工分析	3060	2280	1900
168	化工安全	3040	2280	1900
169	化工工艺	3100	2060	1800
170	化工产品生产工	2160	2050	1820
171	橡胶制品生产工	2600	1950	1800

续 表

序号	职业(工种)	高位数	中位数	低位数
172	塑料制品加工工	2530	1900	1700
173	炼塑工	2550	1900	1750
174	筛料工	2560	1950	1700
175	成型工	2300	1950	1700
176	制革配料工	2270	1950	1750
177	拉床工	2460	1950	1750
178	锯床工	2880	1950	1750
179	锻造工	2660	2010	1850
180	冲压工	2800	2050	1860
181	剪切工	2830	2020	1800
182	铆工	3160	2230	1860
183	普通车工	2870	2000	1800
184	浇注工	3300	2230	1960
185	探伤工	3100	1950	1720
186	焊工	3560	3000	1860
187	金属热处理工	2900	2110	1450
188	冷作钣金加工工	2860	1980	1700
189	镀层工	2690	1950	1750
190	涂装工	2820	2030	1860
191	夹具工	2460	2000	1800
192	下钻工	2290	1880	1600
193	基础件装配工	2540	2250	1700
194	部件装配工	3000	2360	1830
195	动力设备装配工	3200	2470	1880
196	电子设备装配工	2950	2450	1840
197	机修钳工	3600	2400	1730
198	装配钳工	2650	1850	1650
199	工具钳工	3080	2250	1850
200	球磨工	2670	1940	1750
201	复合肥操作工	2570	1900	1700
202	行车工	3500	2450	1800
203	制酸工	2640	2440	1850
204	高配工	2770	2300	1820
205	原料工	2270	1980	1600
206	熔烧工	3500	2220	1700
207	水泥制品工	2530	1930	1750

续 表

序号	职业(工种)	高位数	中位数	低位数
208	化成工	2690	2030	1750
209	制革准备工	2660	2080	1800
210	制革整理工	2470	1920	1750
211	纺纱人员	2180	1950	1770
212	织造人员	2220	1950	1700
213	针织人员	2170	1900	1700
214	印染人员	2620	1950	1700
215	服装裁剪工	2440	1820	1600
216	服装缝纫工	2490	1900	1700
217	服装检验工	2340	1800	1650
218	泥工	3500	2270	1900
219	混凝土工	2880	2050	1960
220	手工木工	3400	2180	1900
221	机械木工	2970	2160	1880
222	精细木工	3110	2290	1920
223	架子工	2930	2170	1880
224	钢筋工	2980	2120	1860
225	油漆工	3550	2580	2000
226	管道工	2460	2070	1880
227	起重驾驶员	3010	2210	1830
228	搬运工	2600	2000	1800
229	包装工	2000	1900	1700
230	环境卫生人员	1920	1750	1500
231	垃圾清运工	2440	1990	1750
232	勤杂工	1800	1500	1300
233	简单体力劳动工	2000	1800	1600

舟山市人力资源市场工资指导价位

舟山市企业2013年部分职业（工种）人力资源市场工资指导价位

单位：元/月

序号	工　种	高位数	中位数	低位数
1	企业董事	21062	7332	3225
2	企业经理（厂长）	20070	7828	3530
3	生产或经营经理	13190	5187	2928
4	财务经理	11505	4793	2814
5	行政经理	9700	4512	2850
6	人事经理	10336	4200	2775
7	销售和营销经理	10800	4533	2750
8	广告和公关经理	8360	4150	2550
9	采购经理	9722	4379	2506
10	研究和开发经理	11530	5143	2862
11	餐厅经理	6060	3709	2450
12	客房经理	5500	3416	2336
13	物业经理	6000	3632	2368
14	工程项目经理	14860	6191	3500
15	地质勘探工程技术人员	6300	4160	2700
16	测绘工程技术人员	6615	3919	2631
17	化工工程技术人员	5987	3655	2262
18	医药工程技术人员	5952	3197	2190
19	机械工程技术人员	7010	4143	2230
20	机械设计工程技术人员	7300	4031	2307
21	机械制造工程技术人员	6800	3692	2180
22	仪表仪器工程技术人员	6051	3572	2087
23	设备工程技术人员	6538	3694	2360
24	其他机械工程技术人员	6400	3368	2092
25	电子工程技术人员	6035	3352	2164
26	电子材料工程技术人员	5610	3103	2065
27	电子元器件工程技术人员	5580	3100	2055

续 表

序号	工　种	高位数	中位数	低位数
28	广播视听设备工程技术人员	5800	3526	2010
29	电子仪器与测量工程技术人员	5367	3022	2004
30	其他电子工程技术人员	5100	2980	2000
31	通信工程技术人员	7600	4590	1961
32	计算机与应用工程技术人员	6238	3501	1935
33	计算机硬件技术人员	5762	3320	2035
34	计算机软件技术人员	6391	3233	2103
35	计算机网络技术人员	6255	3160	2083
36	计算机系统分析技术人员	6100	3210	2286
37	其他计算机与应用工程技术人员	5000	3000	2020
38	电气工程技术人员	7836	4600	2370
39	电力工程技术人员	7525	4612	2330
40	邮政工程技术人员	6590	3662	2060
41	建筑工程技术人员	6972	3770	2134
42	建筑工程监理人员	6900	3736	2167
43	建材工程技术人员	5607	3500	1967
44	交通工程技术人员	6505	3861	2100
45	汽车运用工程技术人员	5308	3100	2105
46	船舶运用工程技术人员	6800	4592	2458
47	水上交通工程技术人员	7051	4479	2100
48	船舶检验工程技术人员	8062	4788	2503
49	其他交通工程技术人员	6000	3541	1986
50	纺织工程技术人员	4902	2707	2048
51	林业工程技术人员	4865	2651	1936
52	水利工程技术人员	6007	3682	2155
53	海洋工程技术人员	5340	3693	2122
54	环境保护工程技术人员	5567	3265	2031
55	食品工程技术人员	4360	2879	1960
56	水产工程技术人员	5061	2992	2064
57	安全工程技术人员	6278	3360	2010
58	标准化、计量、质量工程技术人员	5360	3342	2100
59	其他工程技术人员	4922	3159	1970
60	房地产开发业务人员	6930	3626	2071
61	经济业务人员	4360	3067	1902
62	统计人员	4070	2639	1865
63	会计人员	6051	3013	1920

续 表

序号	工　种	高位数	中位数	低位数
64	出纳	4017	2521	1808
65	资产评估人员	5697	3628	2002
66	审计人员	5845	3623	2120
67	国际商务人员	5648	3202	2145
68	报关员	5500	2850	2200
69	银行信贷员	7060	4837	3180
70	银行储蓄员	5500	4125	2780
71	银行信托业务员	7031	4769	3152
72	银行信用卡业务员	5736	4100	2700
73	其他银行业务人员	6520	4270	3068
74	保险业务人员	6060	3569	2163
75	保险推销员	7300	4067	2005
76	保险理赔员	5593	3512	2175
77	律师	18050	5580	3061
78	服装设计人员	5590	3329	2232
79	室内装饰设计人员	5302	3234	2258
80	广告设计人员	6235	4120	2300
81	行政业务办公人员	4616	2600	1830
82	秘书	5082	2983	2060
83	人事劳资人员	4935	2835	1811
84	公关员	4897	2800	1981
85	打字员	3513	2242	1780
86	计算机操作员	4550	2665	1820
87	制图员	4622	2751	1903
88	保安员	3970	2007	1509
89	邮件处理员	3500	2857	2171
90	邮政营业员	3500	2886	2000
91	报刊发行员	3465	2616	2020
92	投递员	2929	2031	1635
93	其他邮政业务人员	3729	2662	2000
94	电信业务营业员	3850	2515	1768
95	话务员	3300	2431	1697
96	线务员	4100	3385	2100
97	用户通信终端维修员	3800	2769	2251
98	其他电信业务人员	4120	2810	1868
99	营业员	3674	2247	1637

续　表

序号	工　种	高位数	中位数	低位数
100	收银员	3202	2190	1658
101	推销员	4966	2689	1733
102	采购员	4866	2883	1857
103	保管员	3517	2295	1780
104	理货员	3462	2391	1892
105	商品养护员	2867	2041	1833
106	保鲜员	2656	2067	1762
107	冷藏工	3563	2257	2100
108	商品储运员	2621	2163	1995
109	商品护运员	3020	2280	2006
110	中式烹调师	6312	3537	2315
111	中式面点师	5620	3186	2075
112	其他中式烹饪人员	5800	3022	1961
113	西式烹调师	5655	2960	2100
114	西式面点师	4230	2793	2030
115	其他西式烹饪人员	4560	2569	1973
116	调酒师	3532	2215	1800
117	茶艺师	3500	2215	1850
118	其他调酒、茶艺人员	3105	2100	1730
119	餐厅服务员	3402	2156	1675
120	餐具清洗保管员	2735	1833	1600
121	其他餐厅服务员	3155	1921	1600
122	前厅服务员	3302	2067	1650
123	客房服务员	3147	2129	1725
124	旅店服务员	2500	2000	1600
125	其他饭店服务人员	2550	1897	1662
126	导游	3773	2575	1792
127	保健按摩师	3864	2415	2000
128	家庭服务员	2831	2010	1562
129	保育员	3000	1961	1685
130	育婴员	8310	4032	3020
131	汽车客运服务员	3000	2327	1790
132	车站客运服务员	3170	2355	1822
133	汽车售票员	3500	2500	1680
134	汽车运输调度员	4500	3550	1960
135	船舶业务员	6825	4307	2360

续 表

序号	工 种	高位数	中位数	低位数
136	港口客运员	3750	3350	2090
137	港口码头管理员	4000	2800	1850
138	外轮理货员	3530	2671	2011
139	水上运输服务员	3620	2600	1805
140	物流师	8933	5516	2635
141	职业指导员	2655	1899	1650
142	社会中介服务人员	4005	2052	1655
143	物业管理工	3616	2175	1670
144	供水生产工	3020	2380	1790
145	供水供应工	2998	2356	1790
146	生活燃料供应工	2900	2300	1700
147	污水处理工	3025	2300	1895
148	锅炉操作工	4185	2672	1920
149	美容师	5112	2609	1800
150	美发师	5970	3164	1865
151	其他美发美容人员	5010	2540	1769
152	化妆师	6100	3022	2000
153	摄影师	4438	3128	2293
154	其他摄影服务人员	4300	2692	1783
155	眼镜验光员	2961	2026	1672
156	眼镜定配工	3032	2105	1695
157	洗衣师	2800	2200	1709
158	办公设备维修工	3300	2052	1680
159	家用电器产品维修工	3866	2599	1821
160	家用电子产品维修工	3910	2500	1800
161	盆景工	2631	2060	1650
162	花卉园艺工	2566	2000	1650
163	绿化工	2500	1901	1600
164	保洁员	2568	1870	1523
165	垃圾清运工	2656	1957	1600
166	其他环境卫生人员	2200	1800	1500
167	水产养殖人员	2804	1920	1660
168	水产品加工人员	3500	2183	1706
169	远洋捕捞人员	5600	4010	3300
170	氨机操作工	4012	2721	1900
171	化工产品生产工	4267	2893	1833

续　表

序号	工　种	高位数	中位数	低位数
172	车工	5098	3133	1829
173	铣工	4885	3067	1899
174	刨插工	4820	2917	1778
175	磨工	4800	2983	1866
176	镗工	4725	3107	1910
177	钻床工	4611	2933	1841
178	加工中心操作工	5800	3300	1930
179	制齿工	4504	2656	1795
180	抛磨光工	4500	2850	1709
181	拉床工	4667	2717	1785
182	锯床工	4232	2833	1725
183	铸造工	4818	2898	1700
184	锻造工	4697	2987	1700
185	冲压工	4525	2722	1690
186	剪切工	4300	2608	1765
187	焊工	5300	3300	1920
188	金属热处理工	4685	2872	1849
189	电切削工	4018	2787	1800
190	冷作钣金加工工	4359	2822	1965
191	镀层工	4300	2517	1770
192	涂装工	4818	3024	1849
193	基础件装配工	4500	2560	1765
194	部件装配工	4500	2500	1700
195	装配钳工	4300	2650	1900
196	工具钳工	4500	3000	1930
197	电气元件及设备装配工	4410	2646	1722
198	钳工	4400	2623	1800
199	机修钳工	5025	3192	1813
200	汽车修理工	5569	3500	1703
201	船舶修理工	6012	3660	2010
202	摩托车维修工	3500	2500	1600
203	仪器仪表修理工	4157	2398	1749
204	电力工程内线安装工	4528	2610	1960
205	专业电力设备检修工	6267	3891	2128
206	维修电工	4618	2764	1780
207	水电抄表工	2680	2011	1580

续 表

序号	工 种	高位数	中位数	低位数
208	常用电机检修工	4167	2433	2035
209	计算机修理工	4032	2703	2020
210	电子器件制造工	3873	2342	1760
211	电子元件制造工	3500	2202	1650
212	塑料制品加工工	3350	2126	1700
213	纺纱人员	3221	2205	1685
214	织造人员	3530	2228	1706
215	针织人员	3517	2117	1690
216	服装裁剪工	3615	2330	1657
217	服装缝纫工	3438	2293	1680
218	缝纫品整型工	3400	2100	1650
219	裁缝	3883	2408	1883
220	制鞋工	2920	2013	1605
221	酿酒工	2800	1900	1657
222	饮料制作工	2600	1890	1600
223	糕点、面包烘焙工	2810	2034	1588
224	糕点装饰工	2568	1965	1570
225	印前处理工	4860	3053	1800
226	印刷操作工	4837	3124	1810
227	印后制作工	3915	2570	1700
228	玩具制作工	2791	2008	1654
229	砌筑工	6249	3966	2083
230	木工	6249	4066	2399
231	混凝土工	5207	3961	2083
232	钢筋工	5624	3983	2100
233	架子工	4852	3542	2000
234	防水工	4891	3716	2033
235	电工	4780	3649	2100
236	装饰装修工	5033	3866	2105
237	建筑油漆工	4921	3752	2055
238	工程设备安装工、管工	5000	3700	2000
239	土石方施工人员	4990	3800	2010
240	土石方机械操作工	5500	3960	2238
241	建筑工程施工员	8200	4156	2530
242	建筑工程预决算员	8000	3900	2250
243	500总吨以下船长	11000	9500	7600

续 表

序号	工 种	高位数	中位数	低位数
244	500 总吨以下大副	9500	8000	6500
245	500 总吨以下二副	8300	7000	5200
246	500 总吨以下三副	8200	6500	5000
247	500 总吨以下水手	4500	4300	4000
248	750kW 以下轮机长	11000	9000	7500
249	750kW 以下值轮	7000	6000	5300
250	500 总吨以上船长	37000	32000	28000
251	500 总吨以上大副	29000	26000	21000
252	500 总吨以上二副	12500	10000	8000
253	500 总吨以上三副	8000	7000	6500
254	500 总吨以上水手	5200	4300	4000
255	750kW 以上轮机长	28000	24000	18000
256	750kW 以上大管轮	24000	21000	17000
257	750kW 以上二管轮	11000	9000	7000
258	船舶甲板设备操作工	5213	2866	2000
259	船舶机舱设备操作工	5412	2800	2000
260	船体制造工	5600	3650	2130
261	船体装配工	5600	3650	2100
262	船舶涂装工	5100	3565	2155
263	船舶气割工	5210	3394	2007
264	船舶电焊工	6000	3852	2105
265	船舶冷作工	5200	3314	2260
266	船舶起重工	4900	3140	2152
267	船舶轮机装配工	5800	3712	2500
268	船舶钳工	5500	3524	2260
269	船舶管系工	5200	3444	2260
270	船舶电气装配工	5203	3300	2100
271	船舶电工	5902	3695	2260
272	船舶电气钳工	5132	3500	2100
273	船舶电器安装工	5000	3360	2108
274	船舶修理工	5674	3795	2130
275	船舶附件制造工	4300	2927	1801
276	船舶架子工	4023	2867	2000
277	港口系缆工	2890	2305	1650
278	港口机械操作工	3233	2502	1798
279	港口机械维修工	3500	2766	1869

续 表

序号	工 种	高位数	中位数	低位数
280	叉车司机	3750	2610	1755
281	门吊(门机)司机	4500	2804	1880
282	起重装卸机械驾驶员	5185	2998	1810
283	桥式起重机操作工	4350	2687	1750
284	货车驾驶员	4500	2755	1893
285	公交车驾驶员	5400	4420	3412
286	客车驾驶员	6300	4275	2365
287	汽车驾驶员	4563	2628	1907
288	油品储运调和操作工	3561	2257	1800
289	产品检验员	3600	2293	1700
290	产品计量员	3500	2200	1700
291	包装工	3250	2022	1590
292	简单体力劳动工	3312	2075	1310
293	家政服务钟点工	40元/小时	30元/小时	25元/小时

舟山市企业2013年不同学历毕业生初次就业工资指导价位

单位：元/月

学 历	高位数	中位数	低位数
研究生	5657	3780	2420
本科	4678	2765	1862
大专	4219	2515	1682
高中、中专、技校	4093	2340	1575

注：本工资价位不分职业和工种。

台州市人力资源市场工资指导价位

台州市2013年部分职业(工种)劳动力市场工资指导价位

单位：元/月

序号	岗 位	高位数	中位数	低位数
1	企业高级管理人员	26750	13560	4635
2	厂长(经理)	16050	9040	4120
3	副厂长(经理)	13947	7207	3749
4	部门经理及管理人员	9129	5239	2643
5	生产或经营管理	9764	5198	2850
6	财务经理	11856	5378	2588
7	人事经理	10525	4989	2719
8	销售和营销经理	10651	4868	2556
9	广告和公关经理	6593	5594	3480
10	行政经理	9700	5258	2719
11	采购经理	9890	5325	2610
12	计算机服务经理	7354	5059	2393
13	研究和开发经理	10271	7831	2719
14	餐厅经理	6086	5197	2937
15	客房经理	5453	4019	2066
16	科学研究人员	7735	5442	3535
17	工程研究人员	8939	5519	2393
18	测绘工程师	6340	5175	3046
19	矿山工程技术人员	6213	5034	2719
20	化工工程师	6086	5029	3100
21	医药工程师	8368	5786	2610
22	机械工程师	8559	5664	2937
23	仪器仪表工程师	6974	5300	3002
24	计算机工程师	6213	4836	2502
25	系统分析员	5199	4233	2393
26	电器工程师	6721	5874	3208
27	电力工程师	8242	6833	3590

续 表

序号	岗 位	高位数	中位数	低位数
28	交通工程技术人员	5453	5356	2719
29	建筑工程师	6974	4899	2610
30	建筑设计师	8496	7831	4568
31	经济计划人员	6721	5314	2393
32	经济业务人员	6847	4944	2338
33	统计师	7608	5175	2719
34	财会人员	6213	5288	1958
35	出纳	5199	3946	1741
36	会计	7354	4755	2066
37	对外经贸业务员	6086	4616	2393
38	报关员	6593	3969	2066
39	金融业务人员	5579	4895	3046
40	银行业务人员	7354	5442	2502
41	信贷业务人员	9129	6427	2719
42	保险业务员(按业务量计发)	10397	6573	1958
43	保险理赔员	6593	4712	2175
44	证券业务员	5833	5288	3046
45	工艺美术专业人员	5072	3915	2285
46	广告设计人员	9129	5455	2588
47	图书资料档案业务人员	4818	3401	1849
48	行政办公人员	6974	4616	1794
49	行政业务人员	6340	4475	1903
50	人事劳资业务人员	6213	4325	1849
51	行政事务人员	6721	4336	2066
52	秘书	4818	4082	1958
53	打字员	3613	2658	1741
54	安全保卫和消防人员	3931	3076	1741
55	治安保卫人员	4057	2938	1686
56	邮政业务人员	6974	4175	2393
57	电信业务人员	6706	4825	2502
58	话务员	3297	2571	1501
59	购销人员	6974	4475	2285
60	营业人员	3550	3416	1469
61	营业员	3741	3076	1522
62	收银员	4105	3217	1577
63	推销展销人员	6467	3776	2285

续 表

序号	岗 位	高位数	中位数	低位数
64	推销员	6403	3783	2338
65	出版物发行员	7354	4308	2066
66	采购人员	5706	3496	1958
67	市场管理员	4438	3468	2285
68	其他购销人员	4946	3334	2230
69	医药商品购销员	4185	3130	1849
70	仓储人员	2789	2378	1469
71	保管人员	3550	2938	1522
72	储运人员	3931	3188	2013
73	餐饮服务人员	3424	2841	1522
74	中餐烹饪人员	8749	4788	1741
75	餐厅服务员	3487	2520	1577
76	饭店服务人员	3170	2646	1903
77	前厅服务员	3297	2835	1958
78	客房服务员	3106	2772	1522
79	旅游游览场所服务员	2410	2016	1469
80	康乐服务员	3550	3150	1501
81	公路运输服务人员	4185	3213	1577
82	汽车客运服务人员	3170	2205	1522
83	运输服务人员	3043	2079	1522
84	医疗卫生辅助服务人员	4438	3024	1903
85	物业管理人员	3931	2772	1577
86	供水热及生活燃料人员	4057	2646	1632
87	锅炉操作工	4185	2772	1794
88	美容美发人员	6340	3906	1958
89	美发师	6974	4158	2556
90	办公设备维修人员	3550	2243	1577
91	家庭服务员	2663	2268	1524
92	环境卫生人员	2536	2016	1460
93	农副林特产品加工工	4057	2772	1794
94	矿物开采工	3550	2394	1469
95	矿物处理工	3424	2079	1463
96	金属轧制人员	3931	2898	1849
97	化工产品生产工	4946	3402	1577
98	机械制造加工工	4185	3150	1632
99	机械冷加工工	4946	3528	2285

续 表

序号	岗 位	高位数	中位数	低位数
100	车工	4818	2772	1435
101	铣工	4185	2646	1460
102	刨插工	3931	2683	1577
103	磨工	4248	3276	1632
104	镗工	3678	2772	1577
105	钻床工	4185	2961	1741
106	加工中心操作工	4438	3087	1632
107	制齿工	3804	2646	1794
108	机械热加工工	3550	2205	1577
109	铸造工	4818	2898	1849
110	锻造工	4692	3087	1958
111	冲压工	4057	2772	1686
112	焊工	5325	3276	1794
113	金属热处理工	4185	2772	1849
114	特种加工设备操作工	4438	2772	1686
115	电切削工	4818	3087	2013
116	冷作钣金加工工	4946	3402	1958
117	工件表面处理加工工	3487	2646	1632
118	涂装工	4818	3024	1849
119	机电产品装配工	4438	3276	1741
120	机械设备装配工	5325	3465	2285
121	装配钳工	4946	3024	1610
122	工具钳工	5136	3402	1903
123	仪器仪表装配工	4946	3339	1794
124	运输车辆装配工	5199	3276	1903
125	机械设备维修工	5199	3339	1958
126	机修钳工	5009	3276	1501
127	汽车修理工	4565	3251	1903
128	仪器仪表修理工	4057	2898	1849
129	电力设备装运检修工	6721	4095	2393
130	电力设备安装工	7228	3906	2285
131	电力工程内线安装工	8622	4536	2610
132	专业电力设备检修工	10144	4662	2828
133	维修电工	5681	2898	1903
134	电子元器件制造装调工	4185	2646	1522
135	计算机维修工	6467	4032	2066

续 表

序号	岗 位	高位数	中位数	低位数
136	橡胶塑料制品生产人员	4438	2898	1470
137	纺织针织印染工	3550	2205	1405
138	裁剪缝纫毛皮革制作工	4438	2520	1501
139	药品生产制造工	4185	3402	1936
140	木材人造板生产制作工	3424	2394	1522
141	木工	4248	2772	1686
142	纸制品制作工	3424	2268	1501
143	工艺、美术制作工	4057	3150	1741
144	工程施工人员	5706	3780	2066
145	土石方施工人员	5199	3528	2013
146	砌筑工	3741	2772	1522
147	混凝土工	3550	2646	1794
148	钢筋工	4185	3213	2066
149	架子工	4057	2772	1849
150	装饰、装修工	6340	3654	2121
151	工程设备安装工	4946	3339	1958
152	管工	3804	3024	1460
153	驾驶员和运输设备操作工	5325	4158	2393
154	机动车驾驶员	6593	4032	1741
155	起重装卸机械操作工	5072	3717	1958
156	检验、计量人员	3550	2772	1741
157	检验员	4438	3402	1632
158	计量员	4057	3150	1686
159	生产运输简单体力工人	3550	2268	1460
160	包装工	3678	2394	1469
161	环境监测废物处理人员	4438	2646	1460
162	音响调音员	3550	2898	1632
163	制版印刷人员	3170	2268	1460
164	纺织工程师	4438	3528	2175
165	审计师	5706	4158	2719
166	通信工程师	6467	4410	2937
167	邮政工程师	6593	4662	3154
168	房地产业务人员	4438	3402	2013
169	美容师	6467	3654	2175
170	水产品加工工	3678	2898	1501
171	土木建筑工程师	6593	4410	2719

续 表

序号	岗 位	高位数	中位数	低位数
172	林业工程师	5072	4032	2610
173	家具设计师	6213	4158	2937
174	环境保护工程师	5706	4032	2719
175	资产评估人员	7354	4158	2610
176	农业技术人员	4565	3654	2393
177	食品工程师	5579	4032	2610
178	房地产开发业务人员	4185	3276	2066
179	化妆师	6340	3654	2175
180	商品监督和市场管理员	3487	2646	1501
181	护理员	3931	3150	1958
182	社会和居民服务人员	3550	2772	1849
183	验光配镜人员	4438	2961	2013
184	修脚师	3550	2961	1903
185	保育、家庭服务员	3297	2961	2285
186	铁路运输服务人员	3931	3150	1958
187	社会中介服务人员	3424	2898	1794
188	摄影服务人员	4438	3528	2393
189	浴池服务人员	2917	2709	1610
190	保健按摩师	4818	3465	2013
191	电子工程师	8908	5438	3156
192	广播影视工程师	10178	6292	3206
193	生物工程技术人员	10491	6342	3214
194	记者	10392	6251	3562
195	编辑	10556	6342	3671
196	校对员	3837	3179	1931
197	播音员及节目主持人	3812	2872	1557
198	导游	4173	2475	1463
199	健身娱乐场所服务员	2906	2689	1469
200	摄影师	8089	5085	2297
201	服装设计人员	4269	3034	2058
202	室内装潢设计人员	4269	3034	2058
203	垃圾清运工	5217	4376	2060
204	保洁员	2568	2070	1535
205	抛磨光工	2675	2288	1535
206	糕点、面包烘焙工	4628	3895	1629
207	水泥生产制造工	2722	2276	1535

续 表

序号	岗 位	高位数	中位数	低位数
208	地质勘探工程技术人员	6288	3522	2285
209	工程监理技术人员	5217	3522	2285
210	设备工程技术人员	4959	3587	2162
211	药剂人员	4585	3192	2243
212	不动产销售员	3210	2260	1545
213	律师	4623	3206	2174
214	行政执法人员	3343	2528	1622
215	收发员	2675	2034	1535
216	金融守押员	4267	3687	2841
217	电子计算机维修工	4045	3155	1777
218	冲印师	3260	2313	1535
219	眼镜定配工	3953	2459	1545
220	常用电机检修工	4045	3155	1777

丽水市人力资源市场工资指导价位

丽水市区企业2013年度部分职业(工种)劳动力市场工资指导价位

单位：元/年

序号	职　位	高位数	中位数	低位数
1	企业董事	248400	66000	30000
2	企业经理(厂长)	250524	65440	27240
3	生产或经营经理	136150	33600	21469
4	财务经理	131550	54500	32400
5	行政经理	195573	48760	25539
6	人事经理	116905	39350	33600
7	销售和营销经理	119700	45000	23880
8	广告和公关经理	41876	36492	23699
9	采购经理	63600	48000	30000
10	研究和开发经理	435000	60000	28666
11	餐厅经理	44420	35635	26710
12	客房经理	46252	30156	21400
13	地质勘探工程技术人员	124550	94150	72550
14	医药工程技术人员	43670	26400	21600
15	化工工程技术人员	90000	34800	27880
16	机械工程技术人员	61856	32400	21654
17	机械设计工程技术人员	33560	24158	21680
18	仪器仪表工程技术人员	39920	26990	19686
19	机械制造工程技术人员	65000	30896	20400
20	设备工程技术人员	44520	34960	16860
21	其他机械工程技术人员	30050	20018	15662
22	建筑工程技术人员	137586	44312	23680
23	电子元器件工程技术人员	41617	32561	19862
24	通信工程技术人员	109860	58960	29988
25	计算机与应用工程技术人员	61875	33000	26400
26	计算机软件技术人员	91285	44088	31580
27	计算机网络技术人员	51152	44852	21098

续 表

序号	职 位	高位数	中位数	低位数
28	其他计算机应用工程技术人员	53658	28970	17920
29	电力工程技术人员	120088	59065	39988
30	邮政工程技术人员	81990	31058	23588
31	交通工程技术人员	114550	78200	52400
32	汽车运用工程技术人员	41690	29550	25980
33	建筑施工人员	69000	37200	28800
34	建材工程技术人员	72305	39956	25600
35	水利工程技术人员	112520	47852	20800
36	环境保护工程技术人员	35350	25460	16250
37	安全工程技术人员	109800	80946	26802
38	标准化、计量、质量工程技术人员	59848	34085	20980
39	其他工程技术人员	78331	46814	35438
40	农业技术人员	59830	30840	23510
41	西医医师	45680	30472	21056
42	中医医师	35786	30472	20088
43	经济计划人员	63105	38000	22200
44	统计人员	85888	30000	22800
45	会计人员	107528	30000	17950
46	出纳	58243	25200	18000
47	审计人员	75960	41609	31035
48	资产评估人员	35210	28850	24000
49	房地产开发业务人员	129700	77366	25237
50	不动产销售员	39390	31889	22942
51	银行外汇管理员	59800	31200	20790
52	银行清算员	110050	55990	30560
53	银行信贷员	80160	68950	39000
54	银行信用卡业务员	82150	48365	27990
55	其他银行业务人员	78790	45640	20160
56	保险推销员	47800	21750	20900
57	保险理赔员	49952	32258	19265
58	其他保险业务人员	64815	42665	20666
59	律师	120000	48980	23500
60	服装设计人员	76800	30880	19800
61	室内装饰设计人员	40900	23500	16880
62	广告设计人员	43160	27938	22085
63	图书资料与档案业务人员	40000	30000	21600

续 表

序号	职　位	高位数	中位数	低位数
64	行政业务办公人员	68280	29080	17400
65	其他行政业务人员	53253	44283	20640
66	秘书	180000	40140	19244
67	打字员	27120	24560	19856
68	计算机操作员	32400	21900	16356
69	制图员	33500	25680	16080
70	办公室文员	50663	26400	18000
71	办公室主任	93845	36000	25200
72	后勤人员	60000	21700	16356
73	其他行政事务人员	71096	49334	16200
74	其他行政办公人员	72400	30000	21960
75	保安员	47000	25000	15000
76	金融守押员	93640	40120	26870
77	集邮业务员	51100	38800	24000
78	邮政营业员	71536	39400	29000
79	话务员	54500	30860	19872
80	线务员	45920	35200	20050
81	销售员	36000	30000	20400
82	营业员	51840	26600	20160
83	收银员	46878	22056	17204
84	推销员	63660	30000	20160
85	其他推销、展销人员	55836	30000	19800
86	采购员	46632	28496	20400
87	收购员	32150	23500	15660
88	保管员	38000	26557	16800
89	理货员	23813	18056	15277
90	商品护运员	26200	21600	17900
91	其他储运人员	29200	24200	18880
92	中式烹调师	58400	32580	21800
93	中式面点师	43258	28960	15208
94	其他中式烹饪人员	40200	19900	15600
95	餐厅服务员	31594	20580	17900
96	餐具清洗保管员	23702	20200	17698
97	其他餐厅服务人员	28200	21980	17800
98	其他餐饮服务人员	31943	20752	17805
99	前厅服务员	27982	22800	19800

续 表

序号	职 位	高位数	中位数	低位数
100	客房服务员	28096	22800	19400
101	客户服务管理师	35187	27000	15142
102	其他饭店服务人员	22400	19600	16180
103	导游	53960	38320	15440
104	盆景工	26328	19200	14400
105	汽车货运站务员	33480	23600	17600
106	汽车运输调度员	43800	30184	24840
107	其他公路道路运输服务人员	33158	24085	19028
108	车站客运服务员	34520	24280	18560
109	车站货物员	25210	21250	17980
110	生活燃料供应工	41000	25752	18010
111	物业管理工	43080	24150	15400
112	供水生产工	37860	32418	17400
113	锅炉操作工	36000	24120	18960
114	保洁员	42097	20295	14400
115	办公设备维修工	31200	24840	16400
116	其他商业、服务人员	37600	24200	15400
117	花卉园艺工	28520	2260	15400
118	化工产品生产工	46452	32780	19600
119	数控车工	66719	41973	23916
120	车工	50807	34683	18000
121	铣工	59961	43215	21224
122	磨工	60000	42000	25109
123	钻床工	55461	38154	31548
124	镗工	32680	21820	15420
125	加工中心操作工	36520	27876	18500
126	抛磨光工	52105	28620	18000
127	拉床工	30800	21200	15650
128	铸造工	51925	31140	24000
129	冲压工	60000	28176	22614
130	剪切工	32568	28569	24000
131	模具工	39980	31439	25940
132	焊工	49728	35712	23328
133	金属热处理工	35652	26800	18756
134	冷作钣金加工工(钣金工)	48000	29900	16880
135	电切削工	33980	21580	16860

续 表

序号	职 位	高位数	中位数	低位数
136	电器元件及设备装配工	53949	34470	24069
137	镀层工	33100	21530	16832
138	涂装工	51900	31200	19500
139	基础件装配工	27500	25200	18850
140	部件装配工	48000	35814	25200
141	制笔装配工	31022	26322	20151
142	钳工	44892	32782	21001
143	机修钳工	70000	37856	14700
144	汽车修理工	45531	30582	26610
145	电力工程内线安装工	60000	28790	22346
146	专业电力设备检修工	59300	24180	21000
147	常用电机检修工	56400	33800	21350
148	维修电工	45600	24720	19920
149	印染人员	67716	42984	36216
150	裁剪工	60176	29176	16401
151	缝纫工	39840	24840	15326
152	皮革加工工	30285	25320	21600
153	毛皮加工工	28660	22670	15640
154	冷食品制作工	31796	24360	18128
155	糕点、面包烘焙工	42500	19760	15220
156	肉、蛋食品加工工	33260	25400	16100
157	营林工	34700	21300	14965
158	园木绿化工	29800	19500	14000
159	消毒员	29920	22590	16780
160	药剂员	36580	26058	18990
161	手工木工	41380	28668	21900
162	美容师	42300	32000	22190
163	美发师	43640	34250	19980
164	摄影师	31856	23800	19200
165	后期制作	30000	28800	24000
166	药品生产制造工	28735	20835	15350
167	雕刻	110000	60000	20126
168	水泥制品工	28000	20000	14756
169	砌筑工	52800	31067	15856
170	混凝土工	52800	35000	14400
171	拉丝	41947	34344	26251

续 表

序号	职 位	高位数	中位数	低位数
172	钢筋工	47520	23680	17650
173	架子工	58080	25682	19400
174	防水工	58080	25640	19640
175	弹力定型	39336	33504	30564
176	弹力拉毛	44064	36828	29064
177	装饰、装修、油漆工	72000	27156	21480
178	管工	47520	23220	16980
179	电工	47520	30891	19920
180	木工	78000	52800	40800
181	汽车驾驶员	50000	30000	20160
182	公交车驾驶员	57191	53401	45383
183	起重机械装卸驾驶员	64870	40000	17890
184	叉车工	27240	24480	21720
185	检验员	48366	30000	18884
186	计量员	47310	36000	21506
187	包装工	42000	30000	18093
188	业务主管	31008	25200	20160
189	车间主任	42000	35350	23730
190	简单体力劳动工	30000	24240	14400
191	门卫	20290	17986	14400
192	月嫂	66000	54000	42000
193	陪护、护理人员	120 元/天	80 元/天	50 元/天

索 引

B

C

D

F

G

H

图书在版编目（CIP）数据

浙江人力资源和社会保障年鉴. 2014 / 潘伟梁主编；《浙江人力资源和社会保障年鉴》编纂委员会编. —杭州：浙江大学出版社，2014.11

ISBN 978-7-308-14075-1

Ⅰ.①浙… Ⅱ.①潘…②浙… Ⅲ.①人力资源管理—浙江省—2014—年鉴②社会保障—浙江省—2014—年鉴 Ⅳ.①F249.275.5-54②D632.1-54

中国版本图书馆 CIP 数据核字（2014）第 269979 号

浙江人力资源和社会保障年鉴 2014

《浙江人力资源和社会保障年鉴》编纂委员会 编

主　　编　潘伟梁

责任编辑　冯社宁
出版发行　浙江大学出版社
（杭州市天目山路 148 号　邮政编码 310007）
（网址：http://www.zjupress.com）
排　　版　杭州林智广告有限公司
印　　刷　浙江海虹彩色印务有限公司
开　　本　889mm×1194mm　1/16
印　　张　34
字　　数　920 千
彩　　插　16
版 印 次　2014 年 11 月第 1 版　2014 年 11 月第 1 次印刷
书　　号　ISBN 978-7-308-14075-1
定　　价　260.00 元

浙江大学出版社发行部邮购电话：(0571) 88925591；http://zjdxcbs.tmall.com